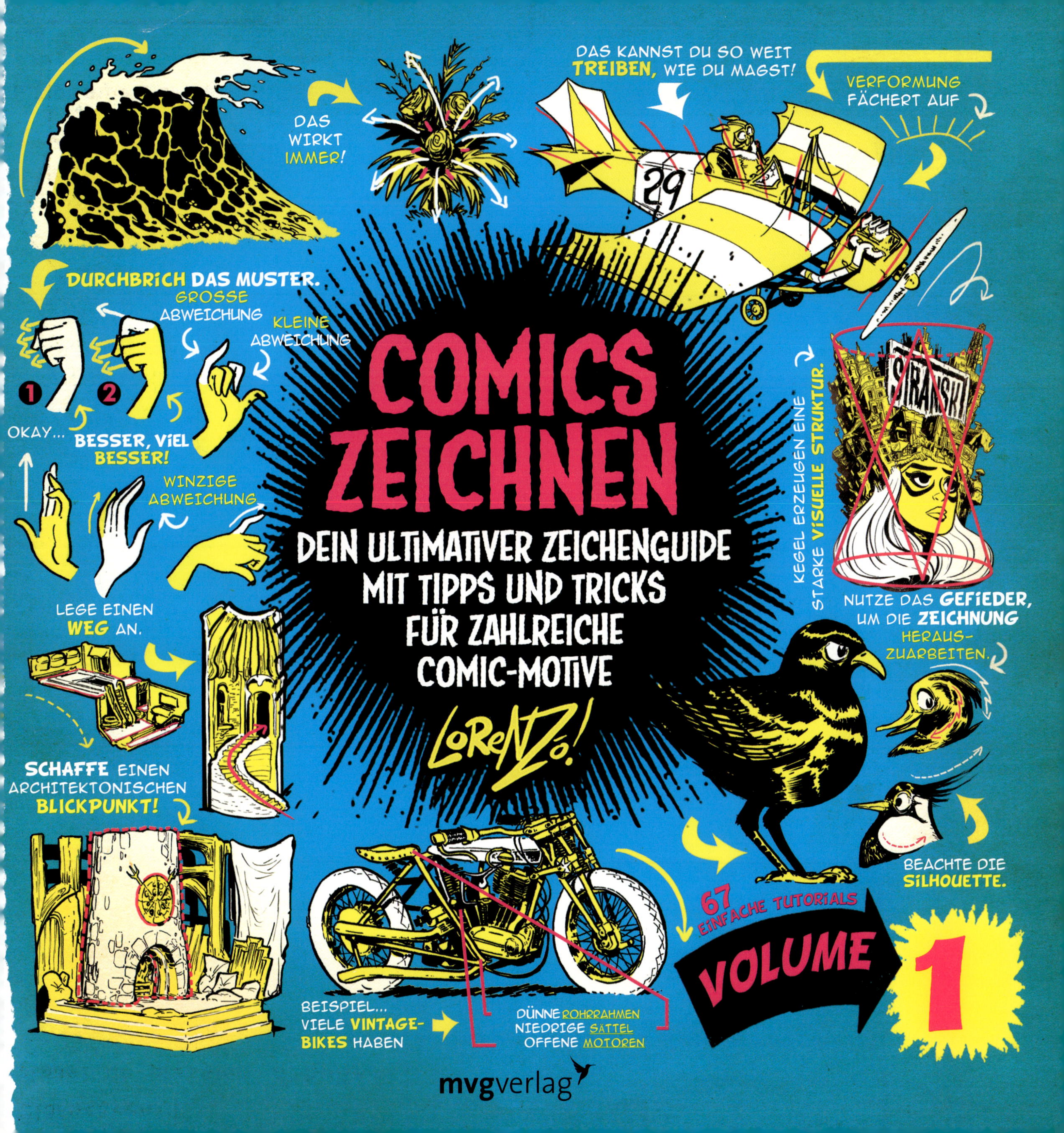
COMICS ZEICHNEN
DEIN ULTIMATIVER ZEICHENGUIDE MIT TIPPS UND TRICKS FÜR ZAHLREICHE COMIC-MOTIVE
LORENZO!
DAS WIRKT IMMER!
DAS KANNST DU SO WEIT TREIBEN, WIE DU MAGST!
VERFORMUNG FÄCHERT AUF
DURCHBRICH DAS MUSTER.
GROSSE ABWEICHUNG
KLEINE ABWEICHUNG
1
2
OKAY...
BESSER, VIEL BESSER!
WINZIGE ABWEICHUNG
KEGEL ERZEUGEN EINE STARKE VISUELLE STRUKTUR.
NUTZE DAS GEFIEDER, UM DIE ZEICHNUNG HERAUSZUARBEITEN.
LEGE EINEN WEG AN.
SCHAFFE EINEN ARCHITEKTONISCHEN BLICKPUNKT!
BEACHTE DIE SILHOUETTE.
67 EINFACHE TUTORIALS
VOLUME 1
BEISPIEL... VIELE VINTAGE-BIKES HABEN
DÜNNE ROHRRAHMEN
NIEDRIGE SÄTTEL
OFFENE MOTOREN
mvgverlag

COMICS ZEICHNEN

67 EINFACHE TUTORIALS

VOLUME 1

Dieses Buch ist der einzigartigen Gemeinschaft von Künstlern gewidmet, die dieses Projekt unterstützen und ihm zum Leben verholfen haben!

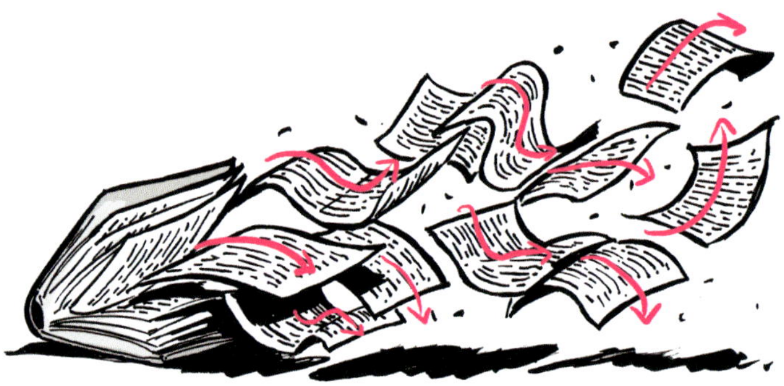

COMICS ZEICHNEN

MIT LORENZO!

VOLUME 1

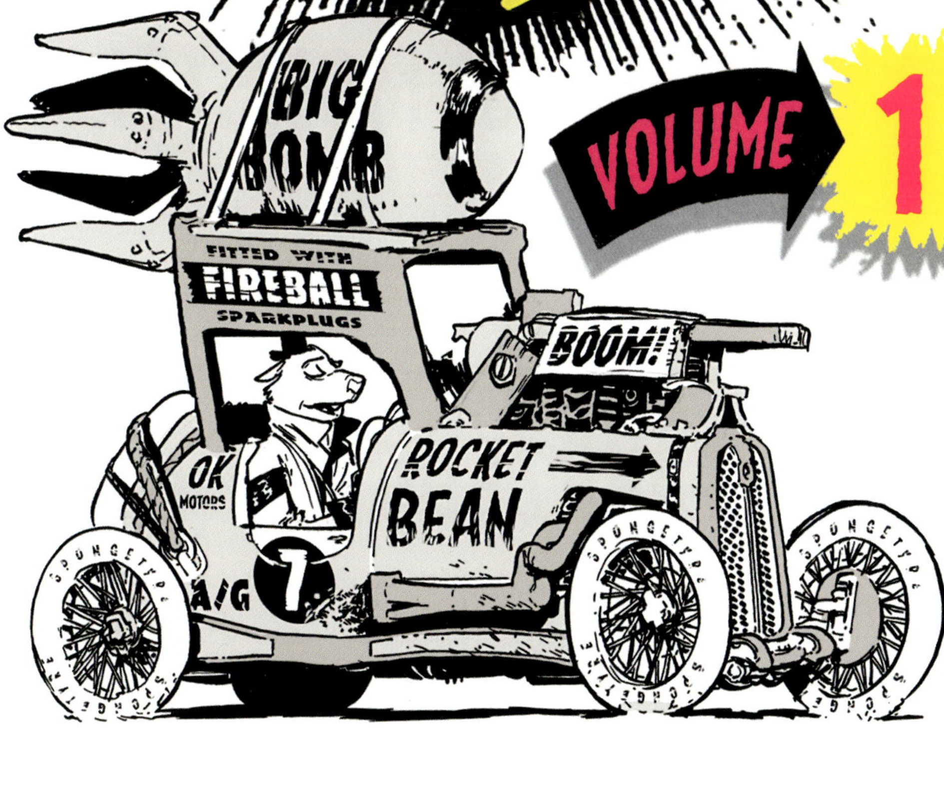

INHALT

KAPITEL EINS CHARAKTER-ENTWURF

KAPITEL ZWEI TIERE & MONSTER

KAPITEL DREI FAHRZEUGE & MASCHINEN

KAPITEL VIER DIE ELEMENTE

KAPITEL FÜNF GESTALTUNG & KOMPOSITION

KAPITEL SECHS NATUR

KAPITEL SIEBEN WELTEN ERSCHAFFEN

EINLEITUNG

Willkommen im ersten Teil der [COMICS ZEICHNEN]-Sammlung!

Ich habe diese Reihe ursprünglich als KOSTENLOSE Online-Ressource für Künstler und Kreative geschaffen. Ich möchte damit eine Alternative zu bezahlten Bildungseinrichtungen wie Malschulen, Online-Kurse oder Abo-Dienste bieten, die verhindern, dass Menschen sich künstlerisch bilden, ohne STÄNDIG ins Portemonnaie greifen zu müssen. Meine Übungen werden NIEMALS hinter Bezahlschranken oder Abo-Modellen verschwinden, sie werden online immer KOSTENLOS bleiben, für JEDEN und für ALLE ZEIT.

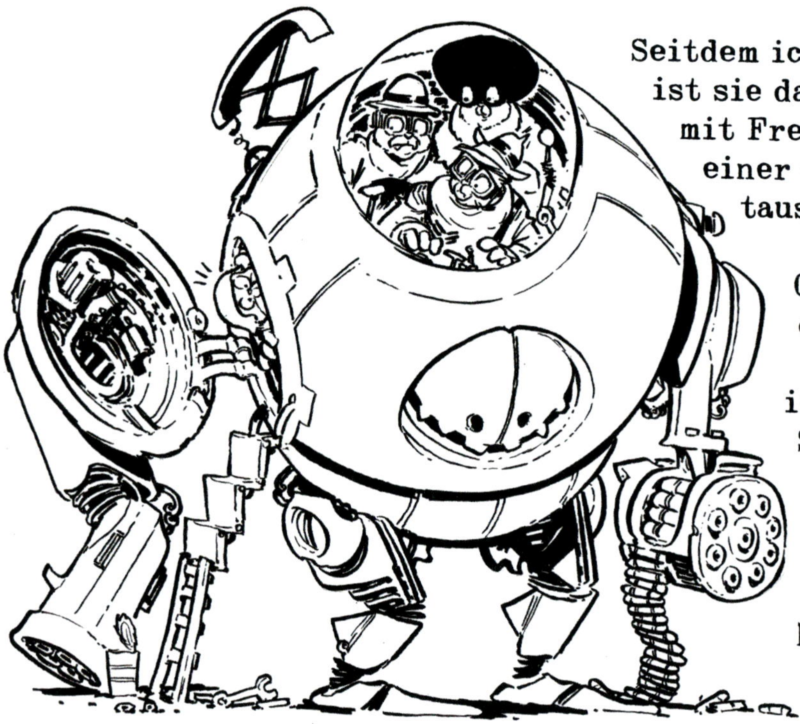

Seitdem ich diese Sammlung begonnen habe, ist sie dank Menschen wie dir, die sie mit Freunden und Followern teilen, zu einer Quelle geworden, die Hunderttausende Kreative jede Woche nutzen.

Ganz HERZLICHEN DANK also, denn ohne die Horden an Comic-Fans, die meine Tutorials im Netz verbreiten, wäre diese Serie nichts. Ich habe euch allen SO VIEL zu verdanken, weil ihr euch die Zeit nehmt, diese Plattform zu unterstützen, und ihr auf eure wunderbare Art helft zu wachsen.

Sind die Online-Tutorials für alle gedacht, dann ist dieses Buch, dass du jetzt in Händen hältst, ganz ausdrücklich für MICH geschaffen.

Als ich Kind war, verschlang ich alte Bücher über Zeichentrickfilme und Comics. Ich liebe all die kleinen Details, und zwar nicht nur in den Charakteren, sondern auch in ALLEM ANDEREN. In dem kleinen Dorf, in dem ich aufwuchs, durchstöberte ich die Antiquariate auf der Suche nach einem Zeichenbuch, das mir die Geheimnisse hinter diesen verblüffend lebendigen Welten erklären würde.

Vor ein paar Jahren erkannte ich, dass ich mein GANZES LEBEN nach diesem einen Buch gesucht, es aber nie gefunden hatte.

Weil es nicht existierte.

Warum? Nun, die Antwort ist simpel. Um zu erklären, wie man die Persönlichkeit und das Wesen so vieler verschiedener Elemente und Gegenstände – und Charaktere – einfängt, brauchte man nicht EIN Buch, sondern eine GANZE ENZYKLOPÄDIE von Büchern, von denen jedes mit TAUSENDEN Tipps, Tricks und Anleitungen gefüllt wäre.

Wer in aller Welt würde sich ein so abartig RIESIGES Projekt antun wollen?

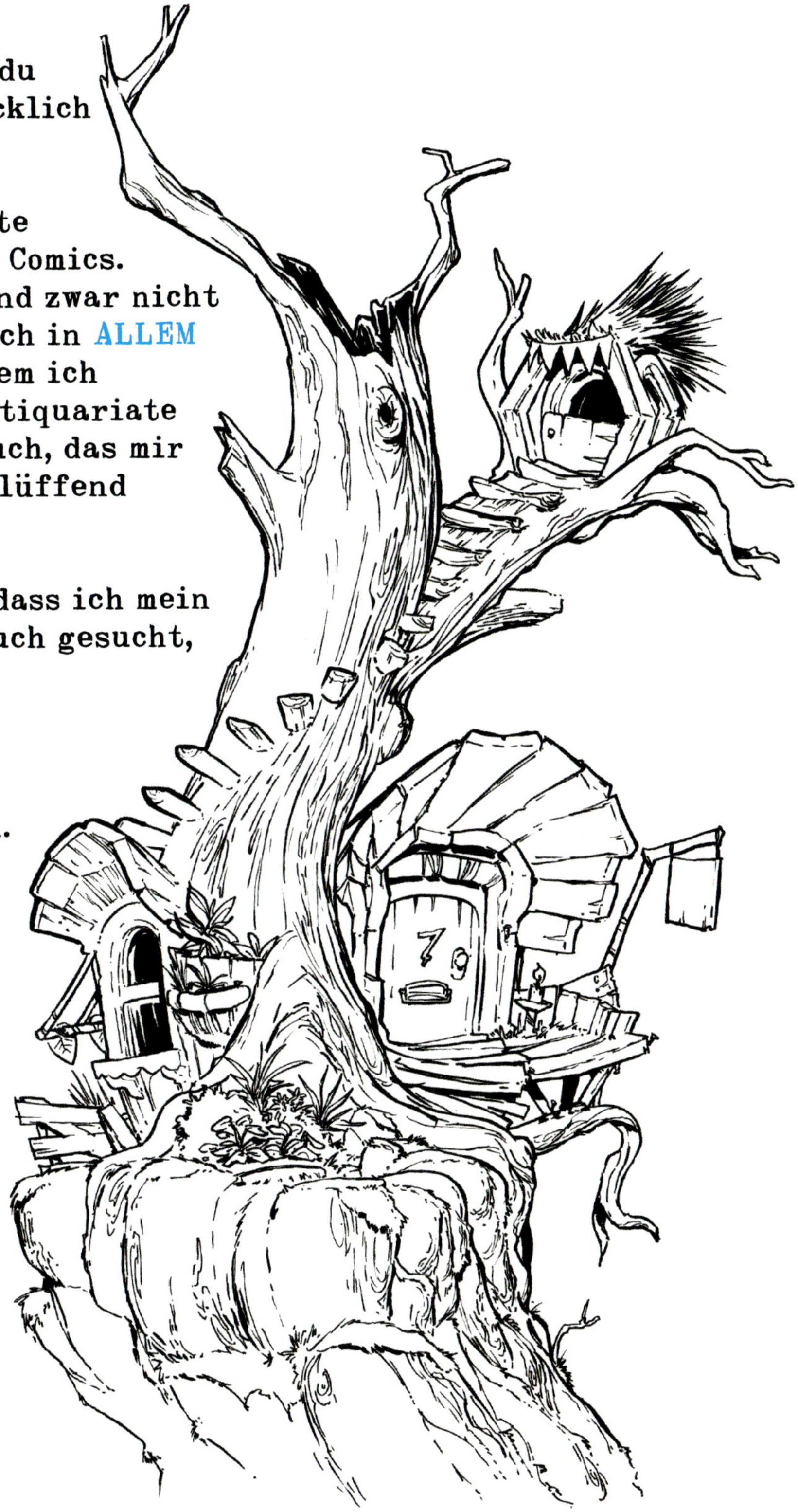

Nun, anscheinend ICH.

Am Anfang hatte ich keine Ahnung, ob irgendjemand Interesse an einer Reihe solcher Zeichenbücher haben würde, oder ob sich außer mir tatsächlich jemand dafür interessierte, wie man Dinge wie Kabel und Drähte oder Zeitungen malt oder irgendwelche der vielen ach-so-banalen Dinge, die mich faszinieren und die ich gerne zeichnend zum Leben erwecke. Trotzdem wusste ich, dass ich all diese Ideen nicht in einem Regal verstauben lassen wollte, selbst wenn ich der EINZIGE MENSCH bleiben sollte, der die gedruckten Exemplare dieser Bücher jemals in den Händen hält. Und so entstand mein Plan, dies ALLES KOSTENLOS zu teilen.

Ein Projekt dieser Größenordnung unbezahlt anzugehen, würde einige Opfer verlangen, allem voran SCHLAF. Also BISS ICH DIE ZÄHNE ZUSAMMEN und stellte meinen Wecker jeden Morgen auf 4 UHR.

Zunächst stellte ich eine Liste mit Ideen für Übungen zusammen. Erst waren es zehn, dann zwanzig und dann immer mehr und mehr und MEHR, und das war noch, bevor von allen Seiten Vorschläge auf mich einprasselten.

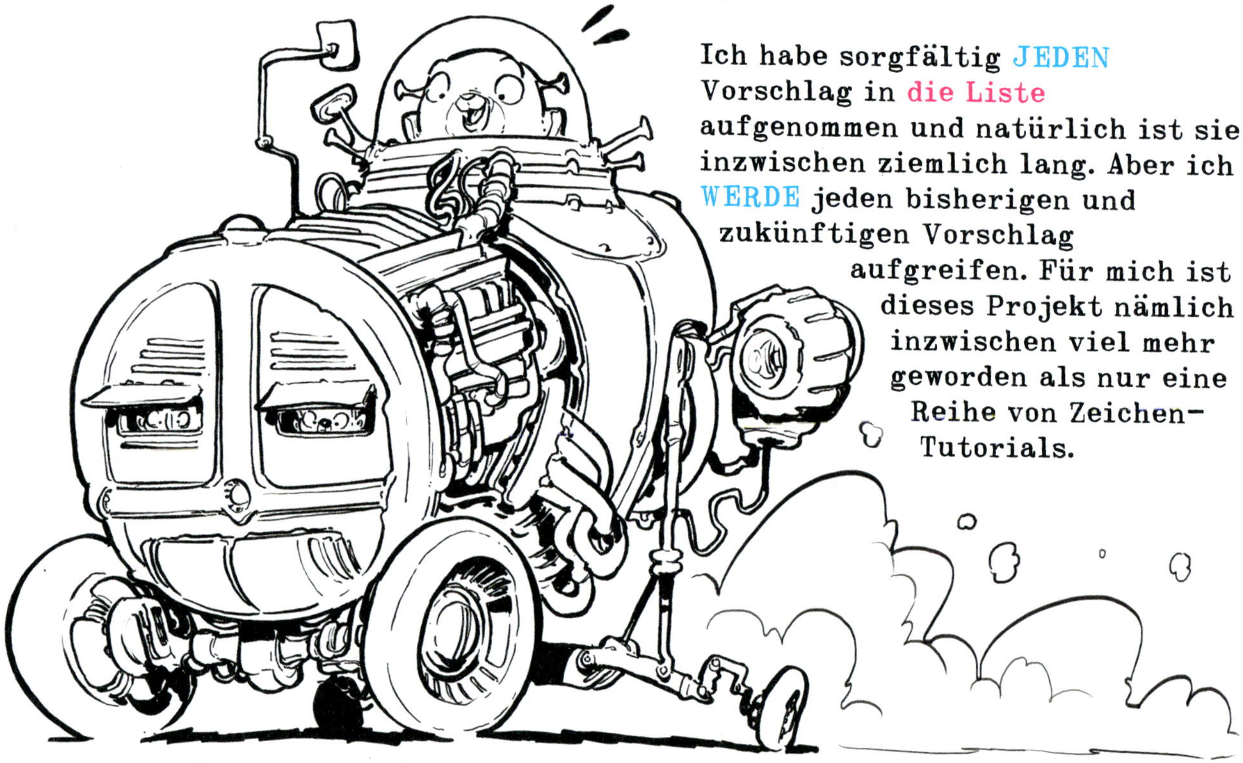

Ich habe sorgfältig JEDEN Vorschlag in die Liste aufgenommen und natürlich ist sie inzwischen ziemlich lang. Aber ich WERDE jeden bisherigen und zukünftigen Vorschlag aufgreifen. Für mich ist dieses Projekt nämlich inzwischen viel mehr geworden als nur eine Reihe von Zeichen-Tutorials.

Es ist meine Liebeserklärung an das ZEICHNEN SELBST.

Solange ich denken kann, drehte sich mein Leben um das Zeichnen. Es hat mich INSPIRIERT, mir beigebracht, auf GEDULDIGE ART PRODUKTIV zu sein, mir gezeigt, dass der wahre Lohn HARTER ARBEIT niemals der offensichtlichste ist. Dank des Zeichnens kann ich MICH in feineren Nuancen und viel scharfsinniger AUSDRÜCKEN, als ich es mit Worten je könnte, habe UNGLAUBLICHE Erfahrungen machen dürfen, die ich für unerreichbar hielt, und mich in eine Gemeinschaft aus einigen der freundlichsten und großherzigsten Menschen eingeführt, die ich JE kennengelernt habe.

Ich hoffe, dieses Buch kann DIR ein wenig vom Staunen und der Freude vermitteln, die Kunst und Kreativität uns schenken können, aber dieses Buch ist KEIN Zeichenkurs, denn das ist nicht die Art und Weise, wie wir lernen. Wir lernen, indem wir mit etwas anfangen, das wir LIEBEN, und es weiter erkunden. Fang also NICHT mit der ersten Übung an, sondern blättere durch das Buch, bis du etwas findest, das DICH interessiert, und fang dort an. Und von da suche weiter, blättere zurück, springe vor und immer so weiter. Manche Tutorials nutzt du vielleicht nie, andere bieten dir jedes Mal, wenn du sie liest, neue Einsichten.

Am meisten wünsche ich mir aber, dass du dieses Buch NICHT im Auslieferungszustand ins Regal schiebst, sondern dass es Ohren, Risse, Knicke und Tintenkleckse bekommt und du es mit vielen kleinen Notizen bekritzelst. Denn das würde mir zeigen, dass ich erreicht habe, was ich mir vorgenommen habe: ein ZEICHEN-NACHSCHLAGEWERK zu schaffen, dass auf deiner langen Reise der Kreativität dein ständiger Begleiter wird.

Ich hoffe, du bist jede Woche dabei, wenn ich neue englischsprachige und KOSTENLOSE Tutorials auf www.TheEtheringtonBrothers.blogspot.com veröffentliche.

Danke, dass du dieses Buch möglich gemacht hast!

Tschüss!

LORENZO!

Frühjahr 2018

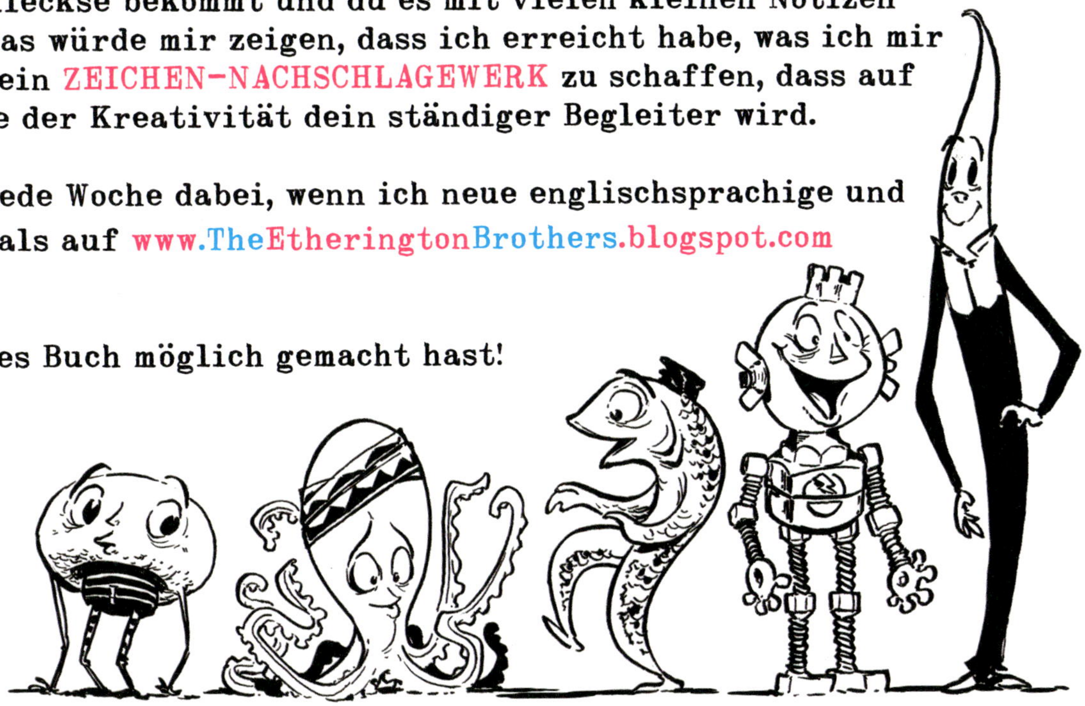

KAPITEL EINS

CHARAKTER-ENTWURF

EINFACHE SCHUHE

DA FÜSSE TATSÄCHLICH NICHT SEHR **FLEXIBEL** SIND, KANN MAN SIE MIT EIN PAAR EINFACHEN **FORMEN** FESTHALTEN:

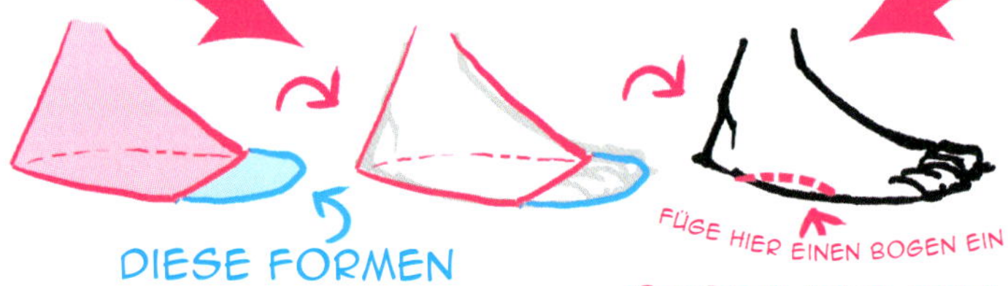

DIESE FORMEN BLEIBEN GLEICH.

ODER LASS DEN FUSS FLACH

DIESE ZWEI **EINFACHEN FORMEN** LASSEN SICH FÜR ALLE **FUSSSTELLUNGEN** NUTZEN.

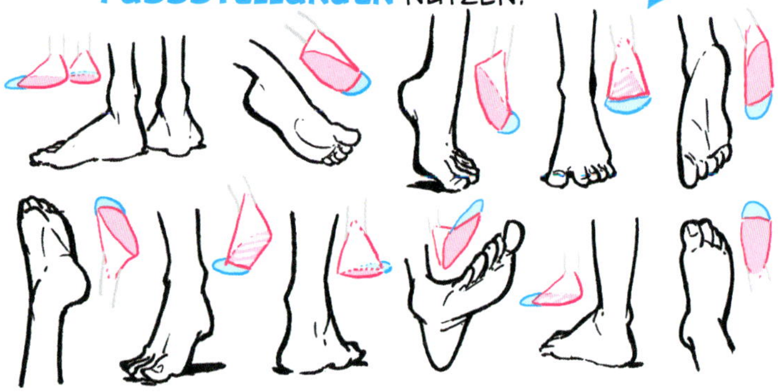

UM SCHUHE ZU VERSTEHEN, MÜSSEN WIR DEN FUSS VEREINFACHEN.

BEI EINEM FUSS IN EINER **SOCKE** KANN MAN DIE EINFACHEN FORMEN DEUTLICH ERKENNEN.

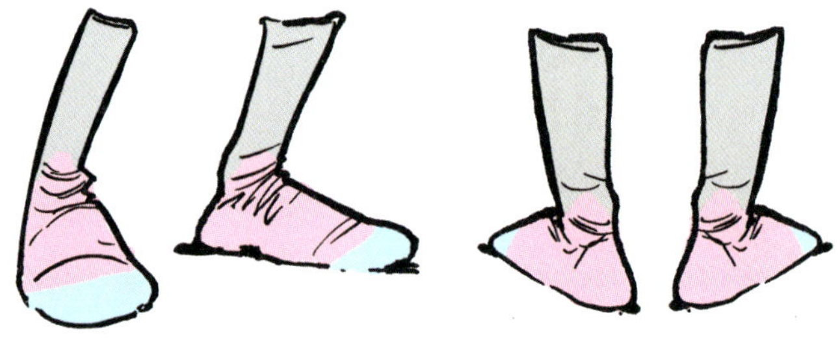

WENDE DIES NUN AUF EINEN **EINFACHEN SCHUH** AN.

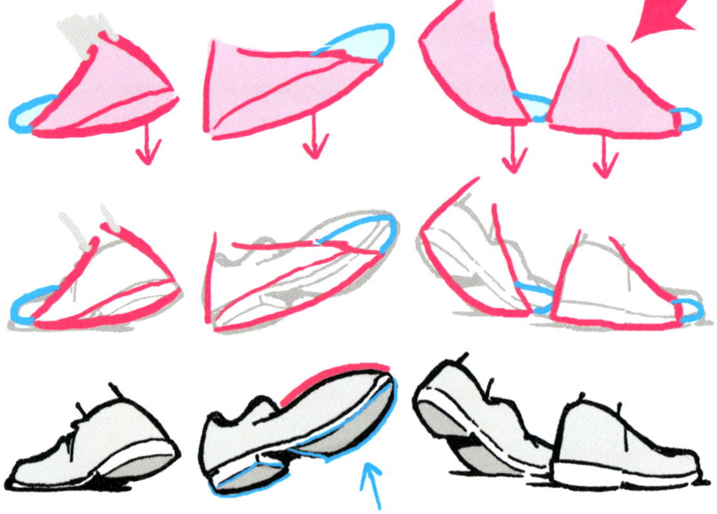

WIR FÜGEN DEN ABSATZ AN UND MACHEN DIE SPITZE BAUCHIGER.

VON **UNTEN** SIEHT DIE SOHLE AUS WIE EIN **OVAL** MIT EINER TRENNLINIE FÜR DEN ABSATZ.

VON DER OBERSEITE IST NUR EIN STREIFEN SICHTBAR.

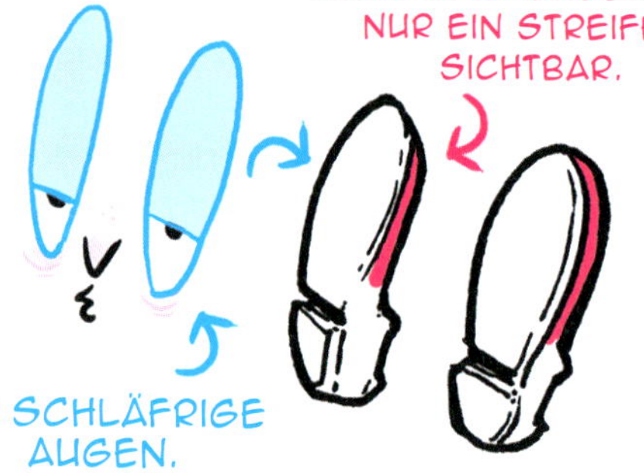

WIE SCHLÄFRIGE AUGEN.

TUTORIAL #1

GIB DEN SCHUHEN ETWAS **CHARAKTER**, INDEM DU DIE SOHLEN **LEICHT BIEGST.**

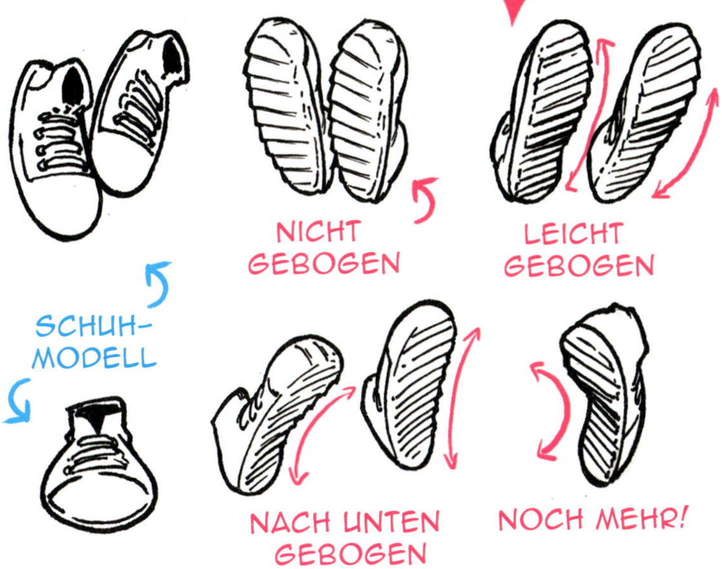

DU KANNST DIE BIEGUNG AUCH BEI **KLEINEREN BEWEGUNGEN** NUTZEN.

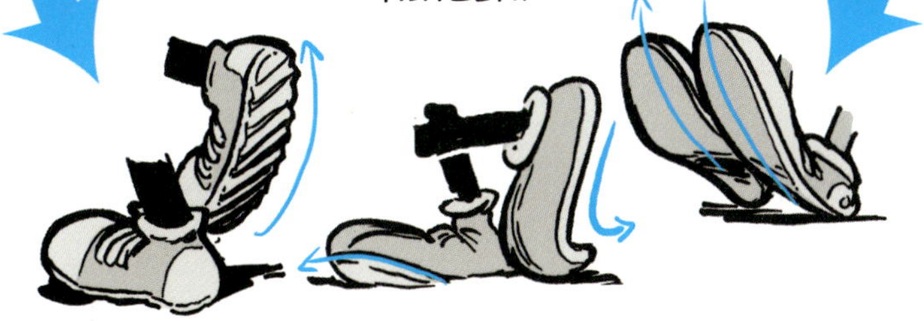

DIE MEISTEN SCHUHE **VERGRÖSSERN** ODER **VERÄNDERN** NUR DAS **AUSSEHEN** VON **FERSE**, ZEHEN ODER **BEIDEM**.

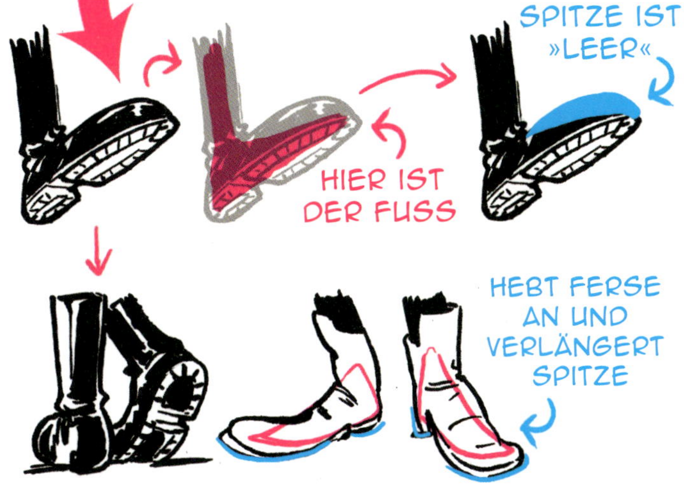

MEHR **BLICKWINKEL** UND **STILE**:

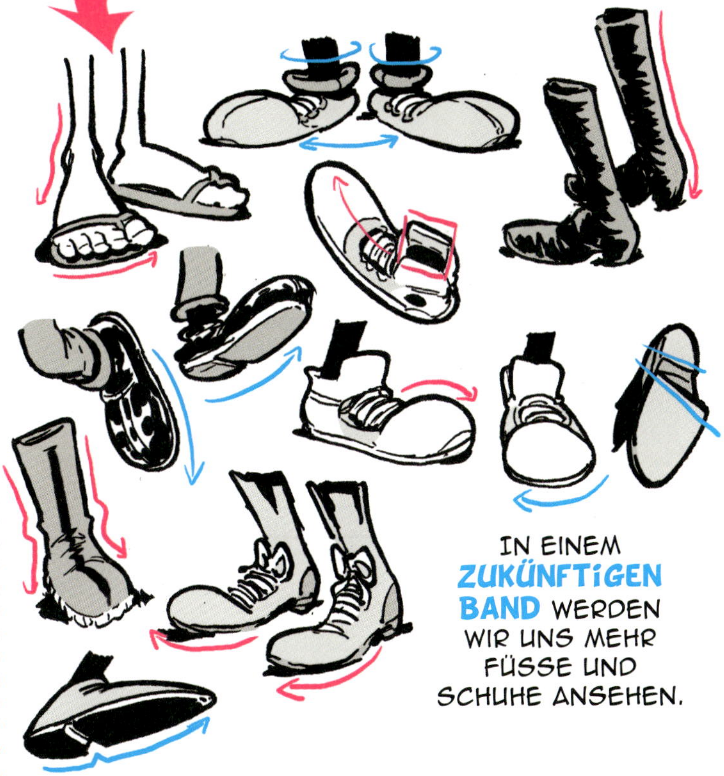

IN EINEM **ZUKÜNFTIGEN BAND** WERDEN WIR UNS MEHR FÜSSE UND SCHUHE ANSEHEN.

STRANSKI MÄDCHENHÄNDE

TEIL A

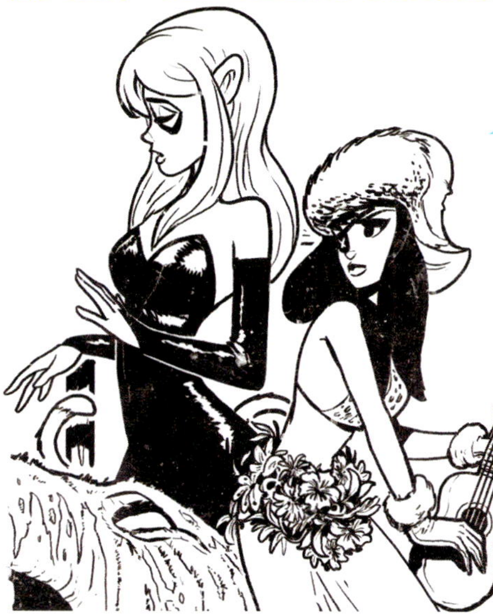

DIE STRANSKI **MÄDCHENHÄNDE** SIND REALISTISCH, ABER STARK **VEREINFACHT** UND **STILISIERT.**

BEGINNE FÜR EINE FLACHE HANDFLÄCHE MIT NUR **ZWEI FORMEN.**

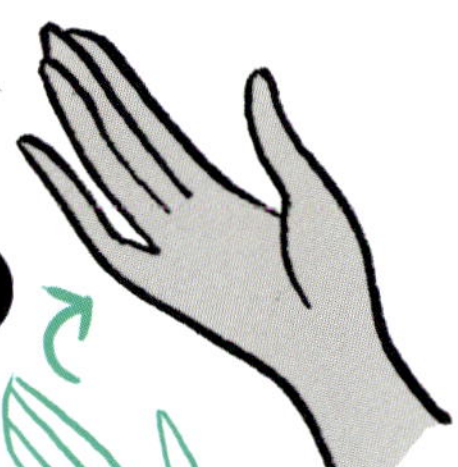

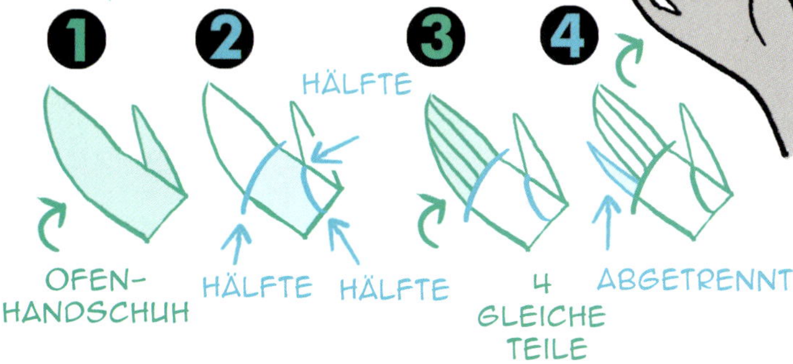

ACHTE AUF DIE **GERADEN LINIEN** UND DIE **BÖGEN.**

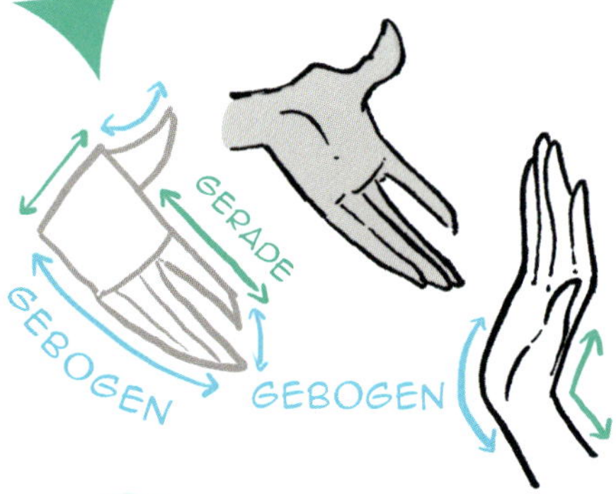

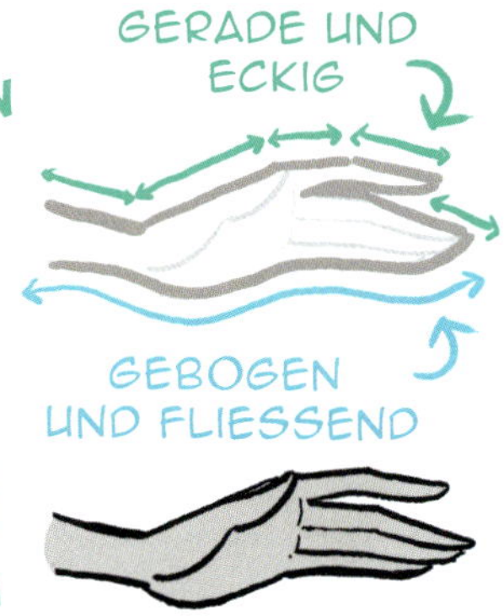

DER GEGENSATZ **GERADE/GEBOGEN** IST BESONDERS BEIM ZEICHNEN DER **FINGER** WICHTIG, AUCH WENN ER VIEL DEZENTER IST.

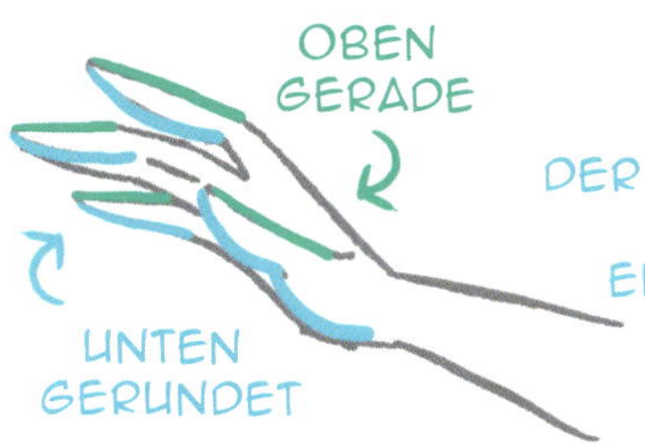

GIB DER OBERSEITE DER FINGERSPITZEN MANCHMAL EINEN KLEINEN BOGEN.

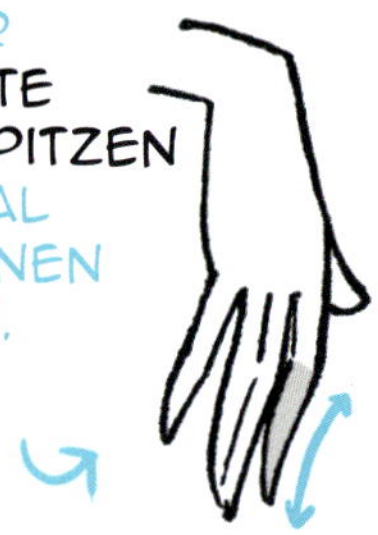

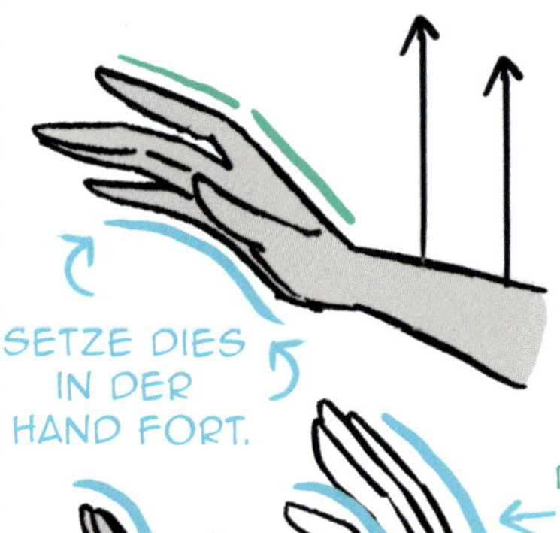

SETZE DIES IN DER HAND FORT.

VON NAHEM SIND FINGERSPITZEN LEICHT GERUNDET.

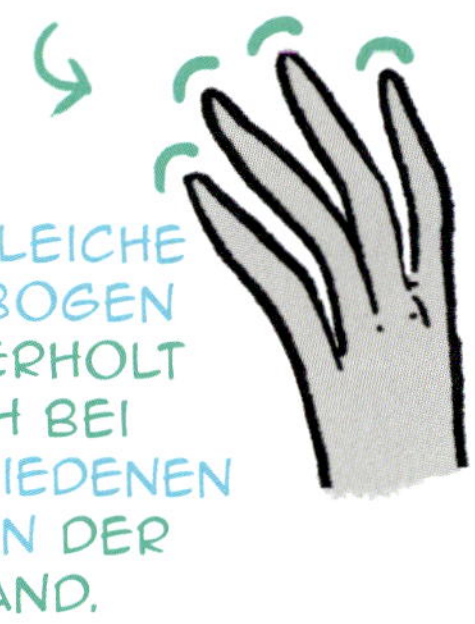

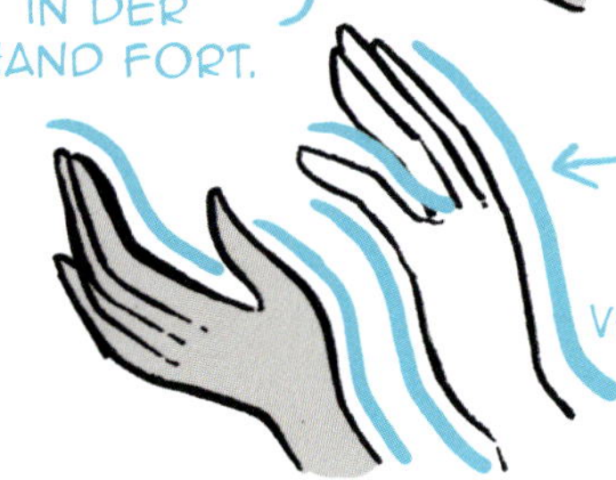

DER GLEICHE »S«-BOGEN WIEDERHOLT SICH BEI VERSCHIEDENEN TEILEN DER HAND.

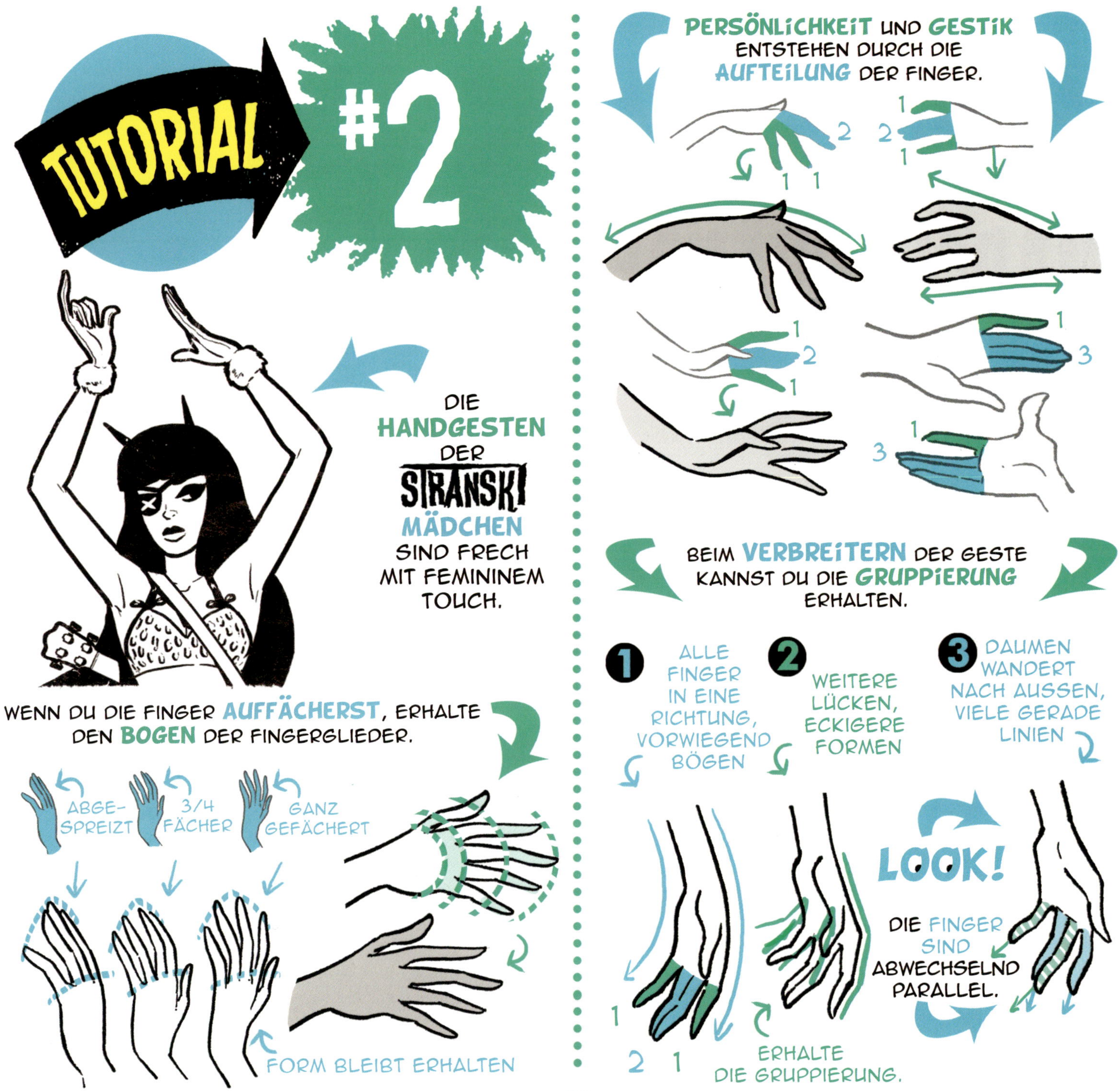
TUTORIAL #2
DIE HANDGESTEN DER STRANSKI MÄDCHEN SIND FRECH MIT FEMININEM TOUCH.
WENN DU DIE FINGER AUFFÄCHERST, ERHALTE DEN BOGEN DER FINGERGLIEDER.
ABGESPREIZT
3/4 FÄCHER
GANZ GEFÄCHERT
FORM BLEIBT ERHALTEN
PERSÖNLICHKEIT UND GESTIK ENTSTEHEN DURCH DIE AUFTEILUNG DER FINGER.
BEIM VERBREITERN DER GESTE KANNST DU DIE GRUPPIERUNG ERHALTEN.
1 ALLE FINGER IN EINE RICHTUNG, VORWIEGEND BÖGEN
2 WEITERE LÜCKEN, ECKIGERE FORMEN
3 DAUMEN WANDERT NACH AUSSEN, VIELE GERADE LINIEN
ERHALTE DIE GRUPPIERUNG.
LOOK!
DIE FINGER SIND ABWECHSELND PARALLEL.

STRANSKI MÄDCHENHÄNDE

TEIL B

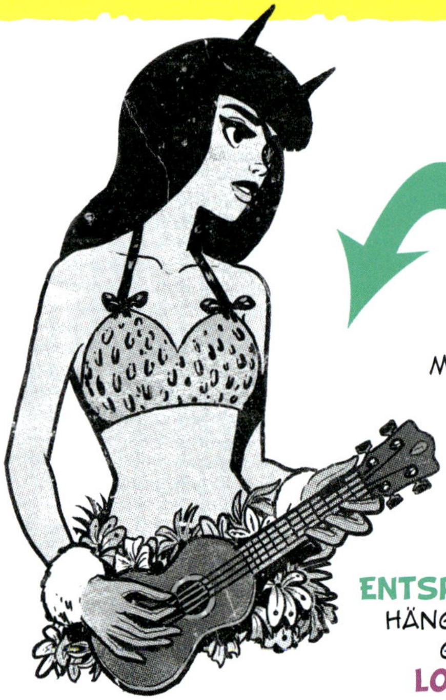

DIE STRANSKI MÄDCHENHÄNDE MÜSSEN KOMPLEXE **GESTEN** RAFFINIERT **VERMITTELN.**

ENTSPANNTE FINGER HÄNGEN AM FESTEN GELENK WIE **LOSER STOFF.**

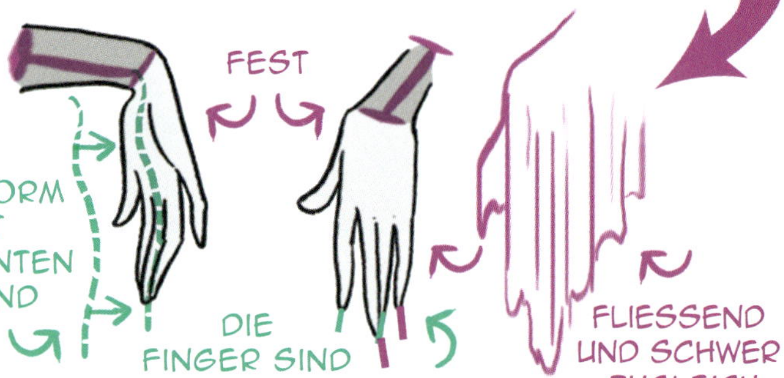

DER WICHTIGSTE TRICK BEIM ZEICHNEN VON HÄNDEN:

SELBST DIE EINFACHSTE POSE BEKOMMT **PERSÖNLICHKEIT**, WENN MAN **DAS MUSTER DURCHBRICHT.**

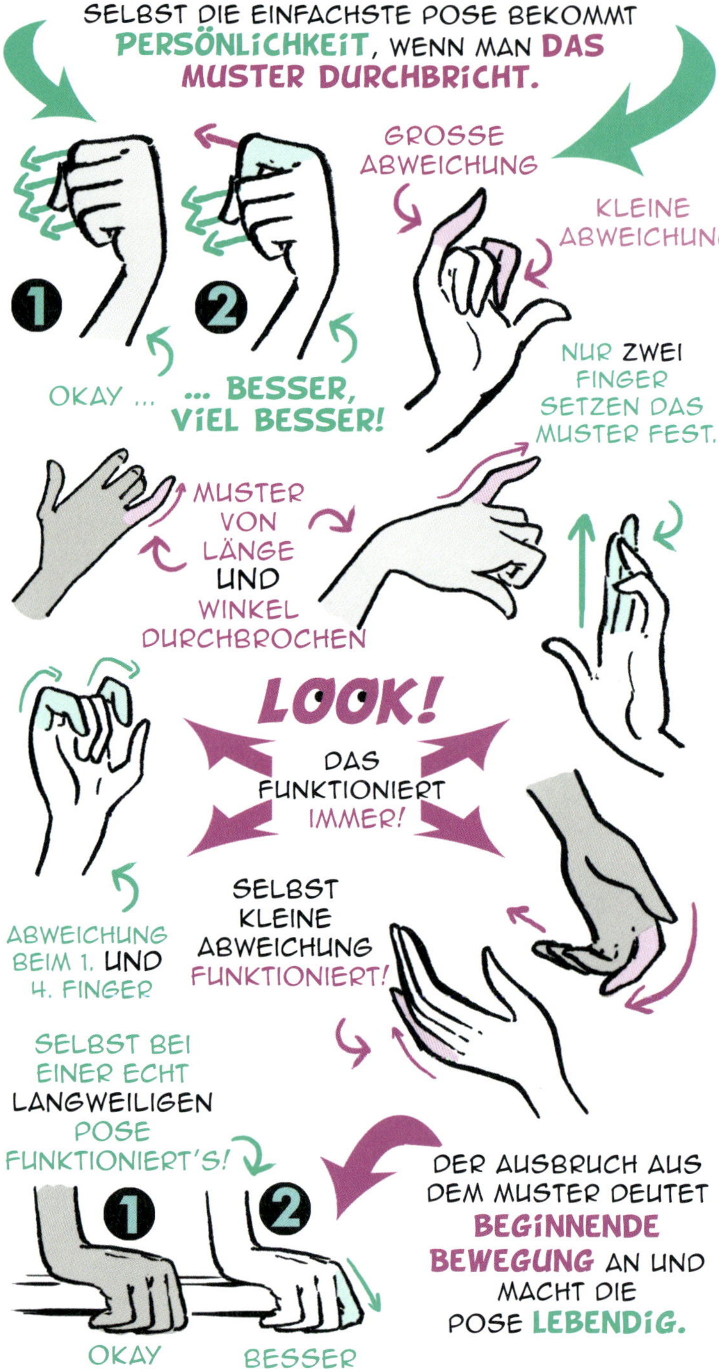

DER AUSBRUCH AUS DEM MUSTER DEUTET **BEGINNENDE BEWEGUNG** AN UND MACHT DIE POSE **LEBENDIG.**

TUTORIAL #3

BEI **STRANSKI** LENKEN DIE MÄDCHENHÄNDE DIE **AUFMERKSAMKEIT** OFT AUF WICHTIGE **DETAILS.**

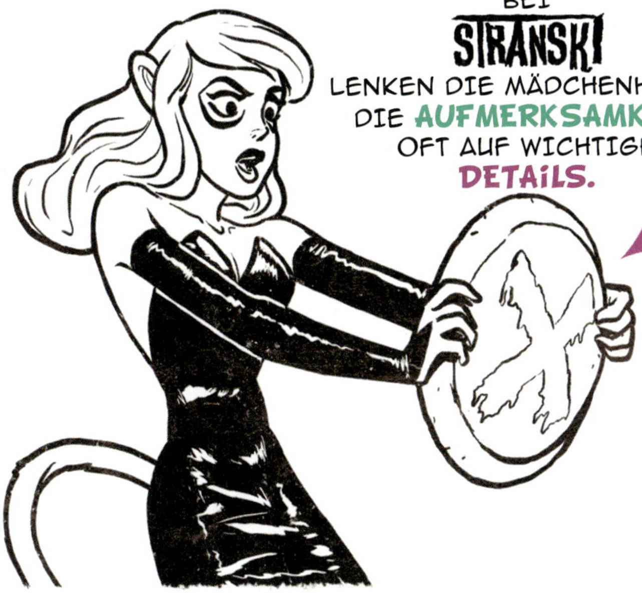

STELL DIR **BEWEGUNG** WIE EIN SEIL VOR, AN DEM EINE GESTE ENTLANGLÄUFT.

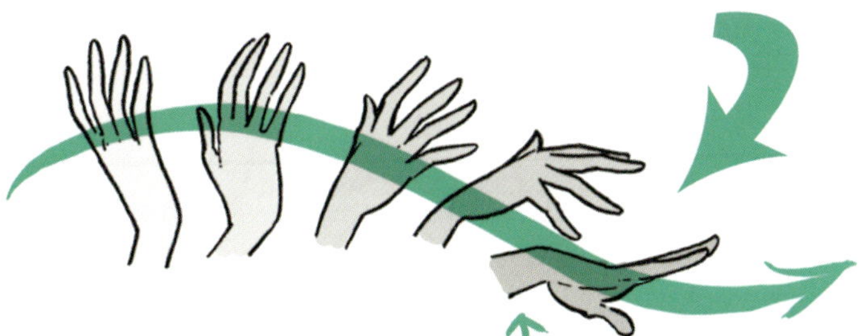

SUCHE GELEGENHEITEN, **BEWEGUNG** MIT KLEINEN **ÜBERTREIBUNGEN** ZU BETONEN.

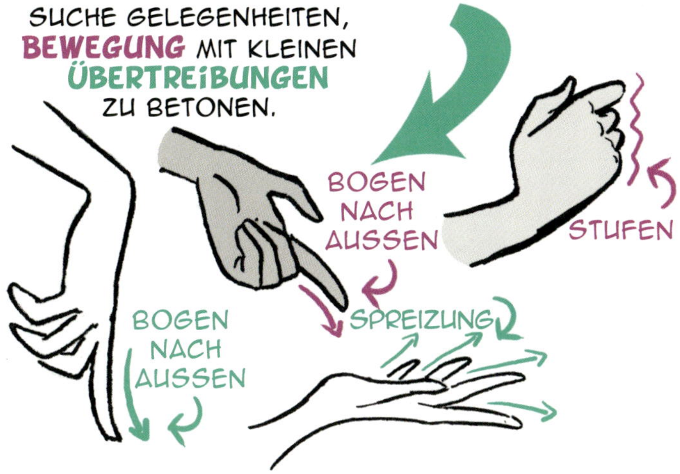

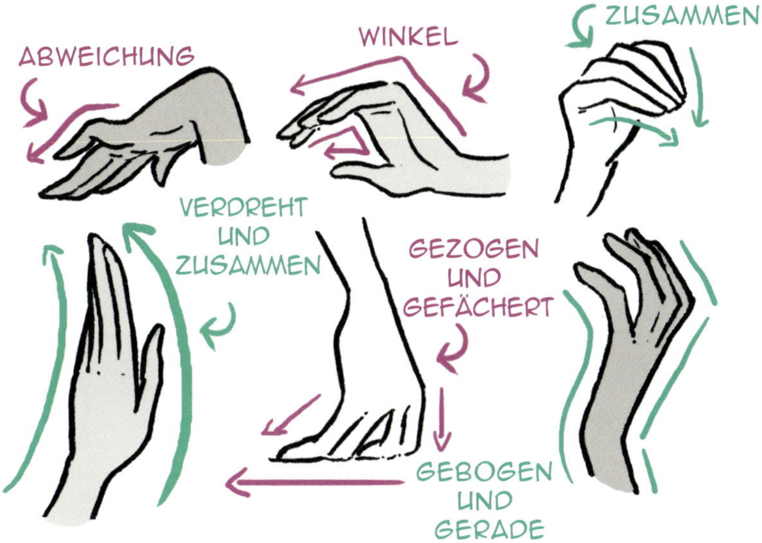

ES SIND ALLES NUR **RECHTECKE** UND **RÖHREN!**

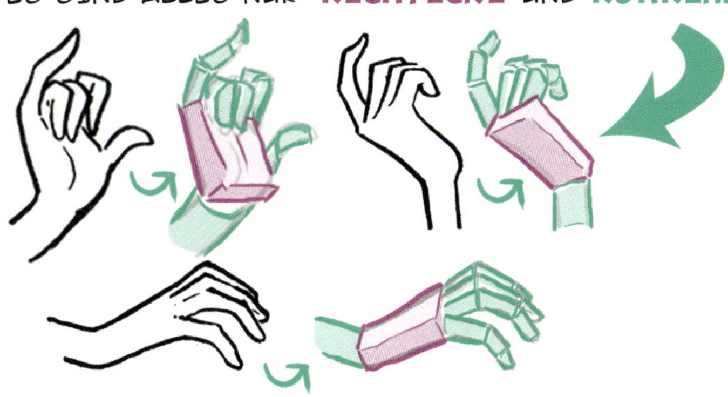

HÄNDE

VORLAGEN-SATZ

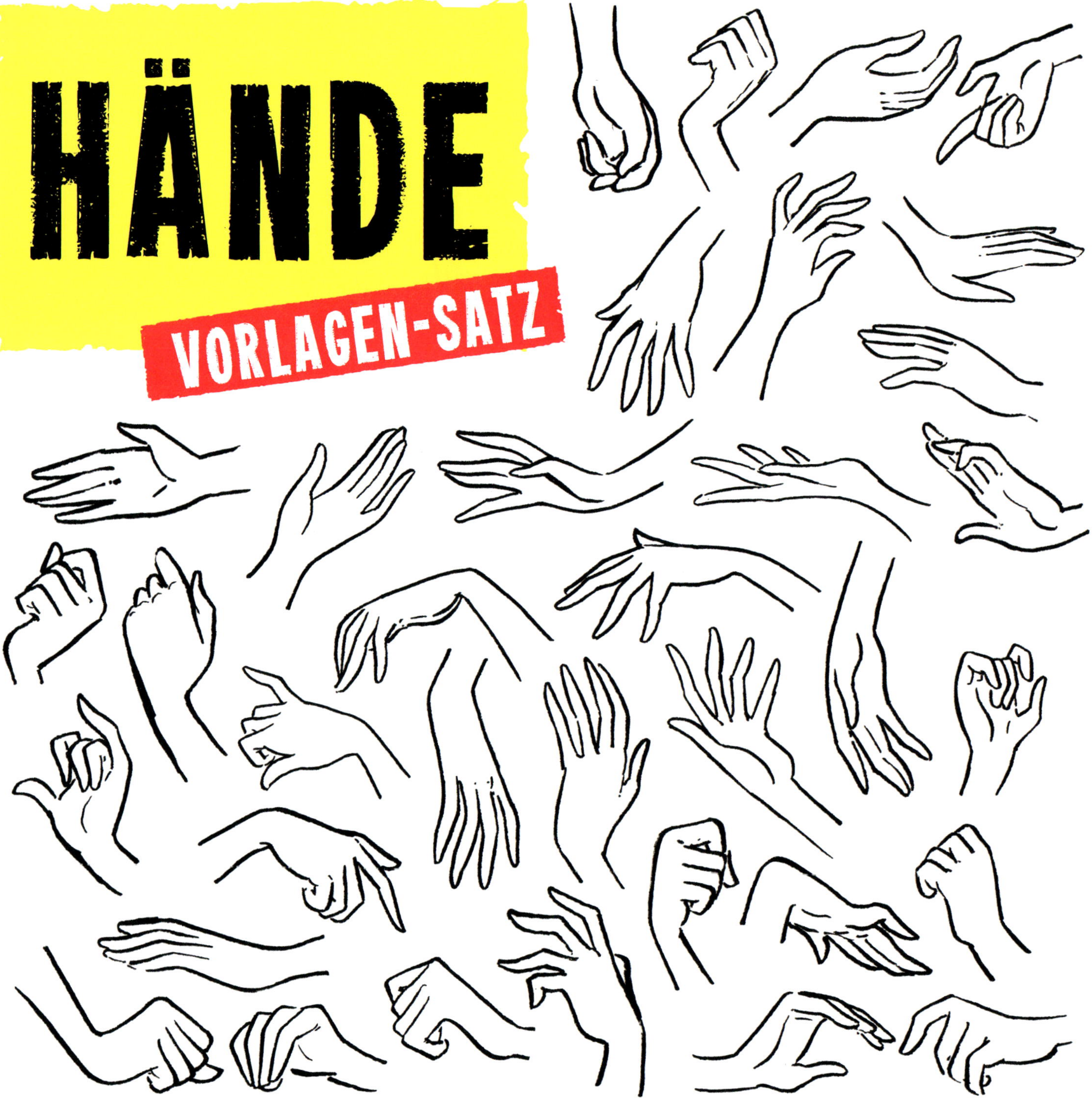

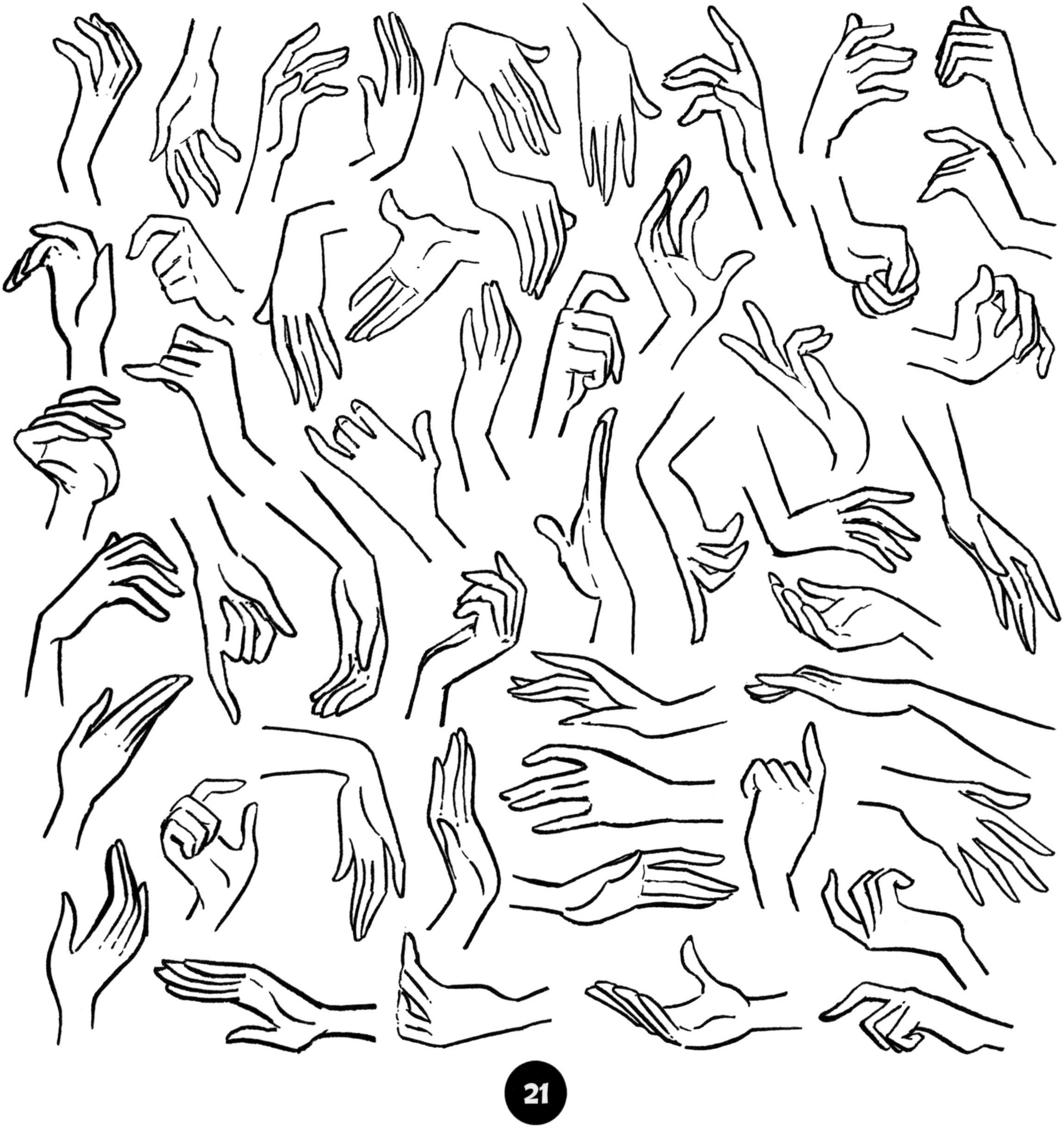

NASEN

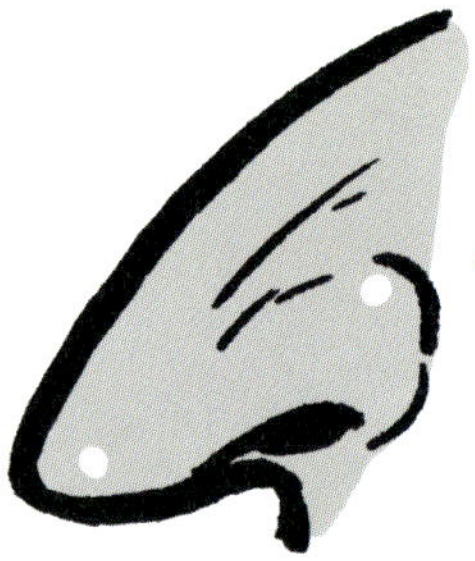

DIE NASE IST DER **PLASTISCHSTE** TEIL DES GESICHTS UND BIETET DAHER VIELE **MÖGLICHKEITEN FÜR VARIATIONEN.**

VON **VORNE** WIRD DIE NASE MIT »**M**« UND »**h**« GEMALT.

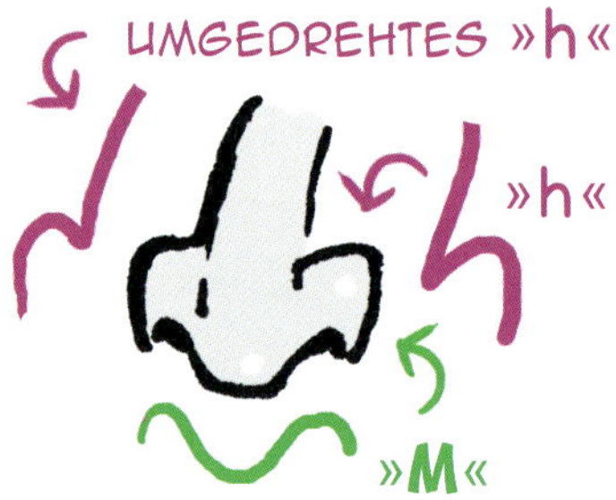

VON DER **SEITE** BENUTZT MAN EIN »**L**« UND EIN »**U**«.

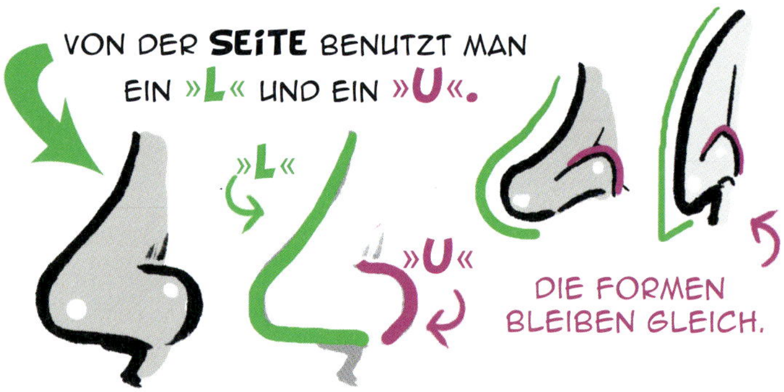

BESSER ALS JEDES ANDERE GESICHTSMERKMAL LÄSST SICH DIE NASE FAST BIS ZUR **UNKENNTLICHKEIT VERFORMEN** UND BLEIBT TROTZDEM »NASE«.

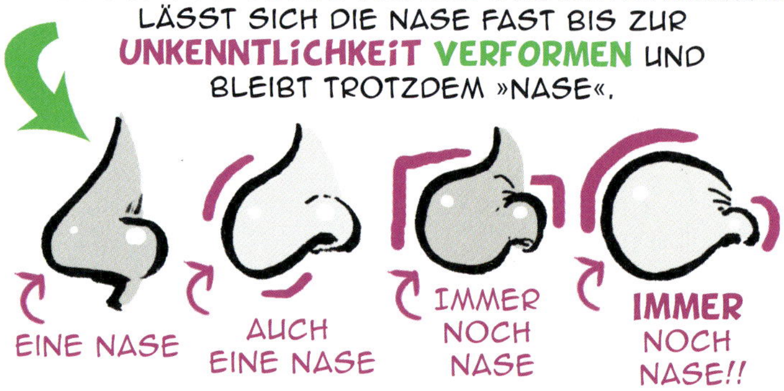

DIESE **VIELGESTALTIGKEIT** DER NASE ERÖFFNET DIR **UNENDLICHE MÖGLICHKEITEN** FÜR DEINEN ENTWURF.

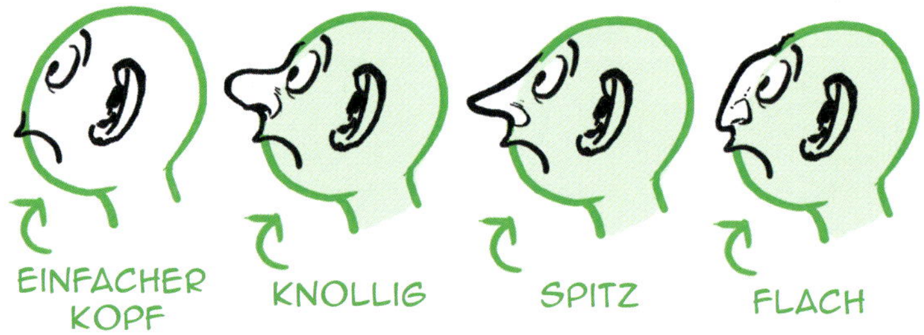

LOOK! VÖLLIG ANDERE CHARAKTERE, NUR DURCH VERSCHIEDENE NASEN!

DIE NASE HAT **DREI** HAUPTTEILE, DIE DU **EINZELN** ÜBERSPITZT ZEICHNEN KANNST.

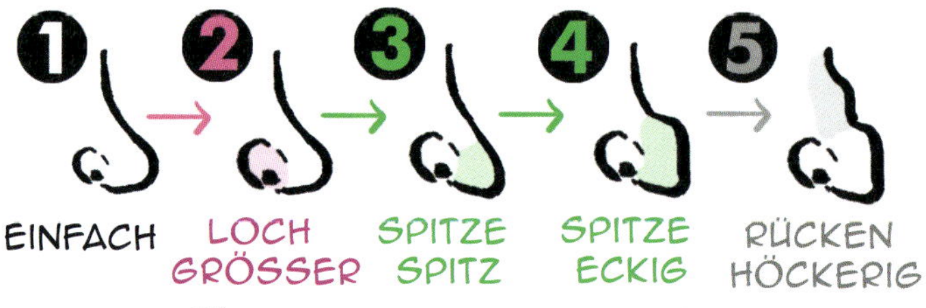

BEI JEDEM SCHRITT ERHÄLTST DU EINE ANDERE NASE!

TUTORIAL #4

DER EINFACHSTE UND **KLARSTE BLICKWINKEL**, UM DEINE NASE ANZULEGEN, IST DAS **PROFIL**.

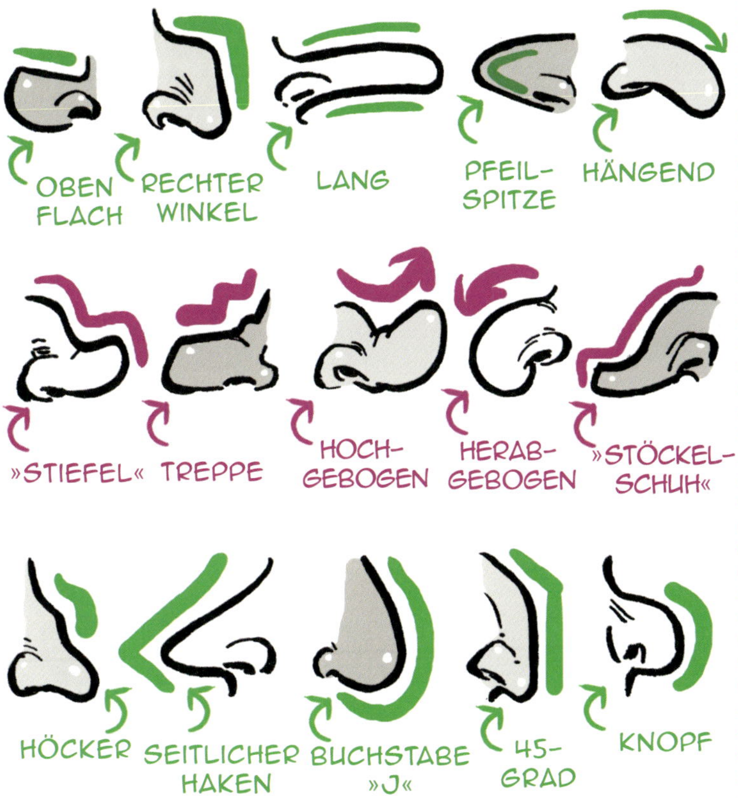

SO VIEL AUSWAHL!

UM DIE NASE AUS **ANDEREN BLICKWINKELN** ZU MALEN, MUSST DU IHR **VOLUMEN** BEDENKEN.

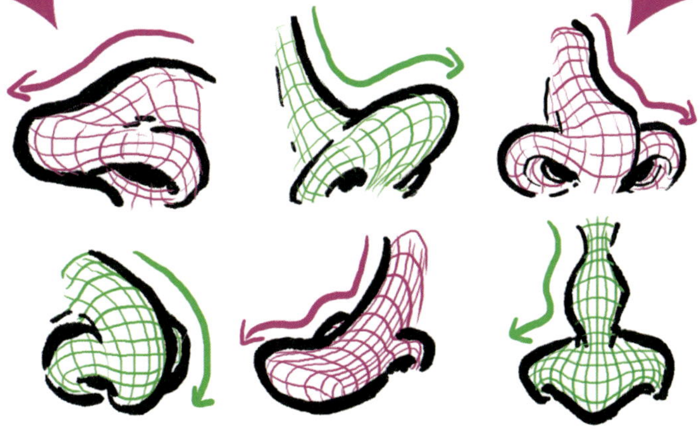

WENN DU MEHR ZUM ZEICHNEN MIT RASTER WISSEN WILLST, SCHAU AUF SEITE **116** UND **117**:

»IN 3D DENKEN«

DIE **RÜCKENLINIE** DER NASE KANN SICH NACH **INNEN** UND **AUSSEN** WÖLBEN.

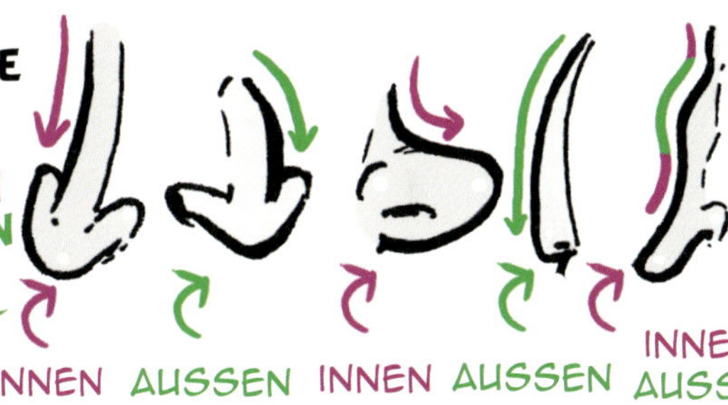

DENK DARAN: DER **RÜCKEN** IST DER FESTE, NICHT BEWEGLICHE TEIL AUS KNOCHEN. ABER **SPITZE** UND **NASENLÖCHER** SIND **BEWEGLICH.**

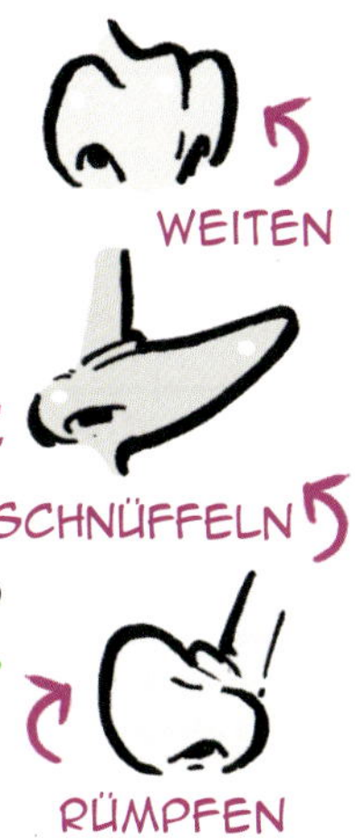

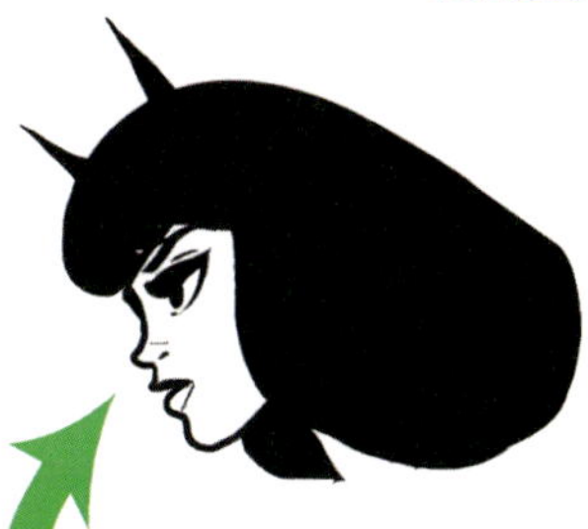

IM **PROFIL** IST DIE NASE DIE **AUFFÄLLIGSTE** FORM IM GESICHT DEINER FIGUR!

OHREN

BEVOR WIR **ORIGINELLE** OHRFORMEN ENTWERFEN, SCHAUEN WIR UNS MAL DEN **TRADITIONELLEN** ANSATZ AN.

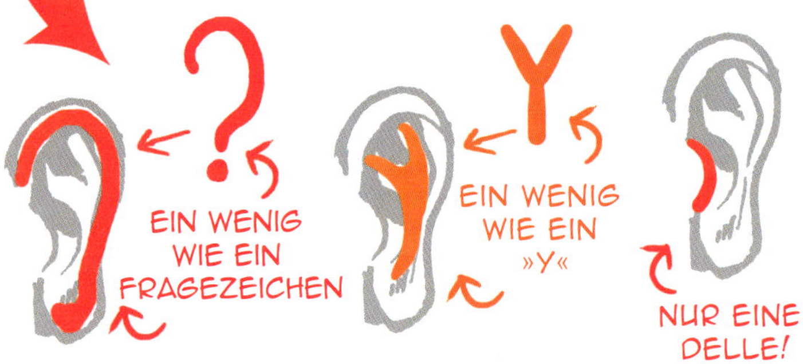

UND HIER DIE **ANATOMISCHEN NAMEN** DER TEILE DES OHRS:

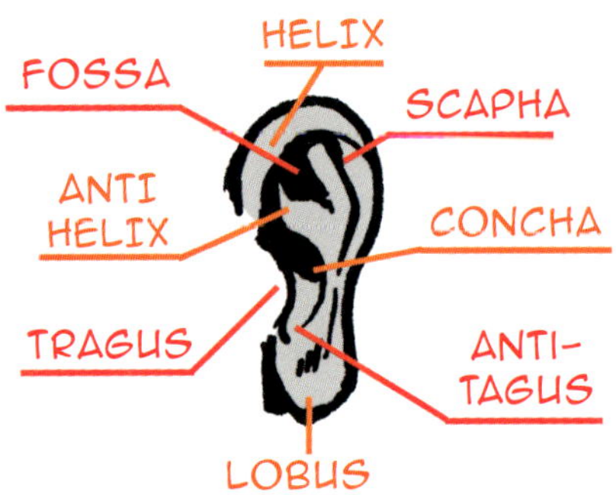

ALL DIESE **REGELN** DARFST DU ABER RUHIG **BRECHEN**.

WENN DU EINIGE ELEMENTE **VEREINFACHST** UND ANDERE **BEZEICHNEST**, ERHÄLTST DU EINE ENDLOSE VIELFALT AN FORMEN.

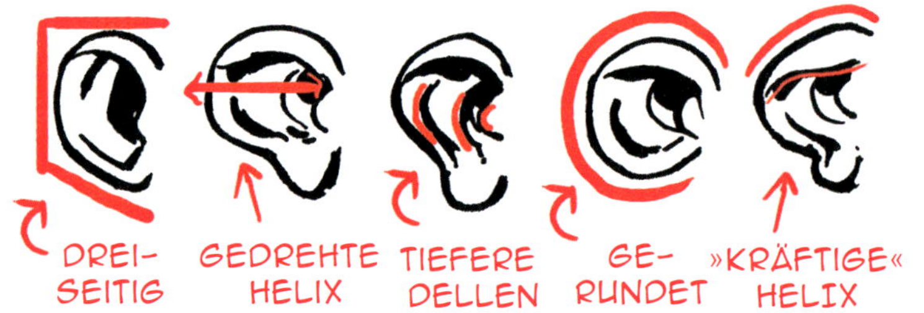

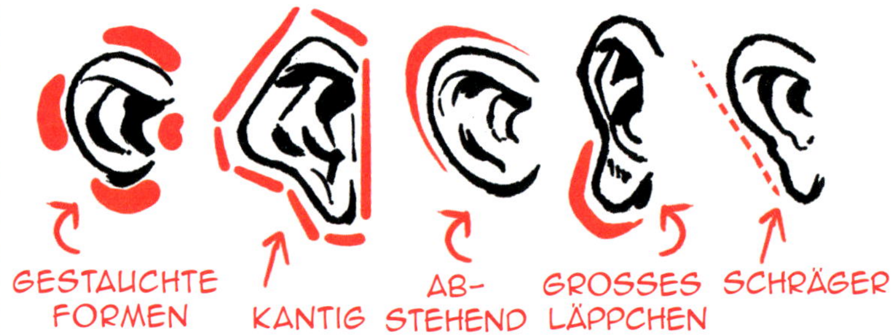

VON **HINTEN** SIEHST DU, DASS DAS OHR **VOM** KOPF ABSTEHT.

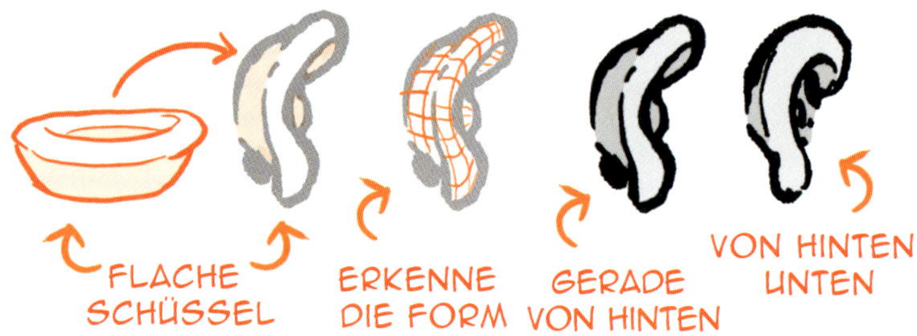

TUTORIAL #5

DA DIE OHREN VOM KOPF ABSTEHEN, KANNST DU DAMIT **LAGE** UND **WINKEL** DES KOPFS TOLL ZEIGEN.

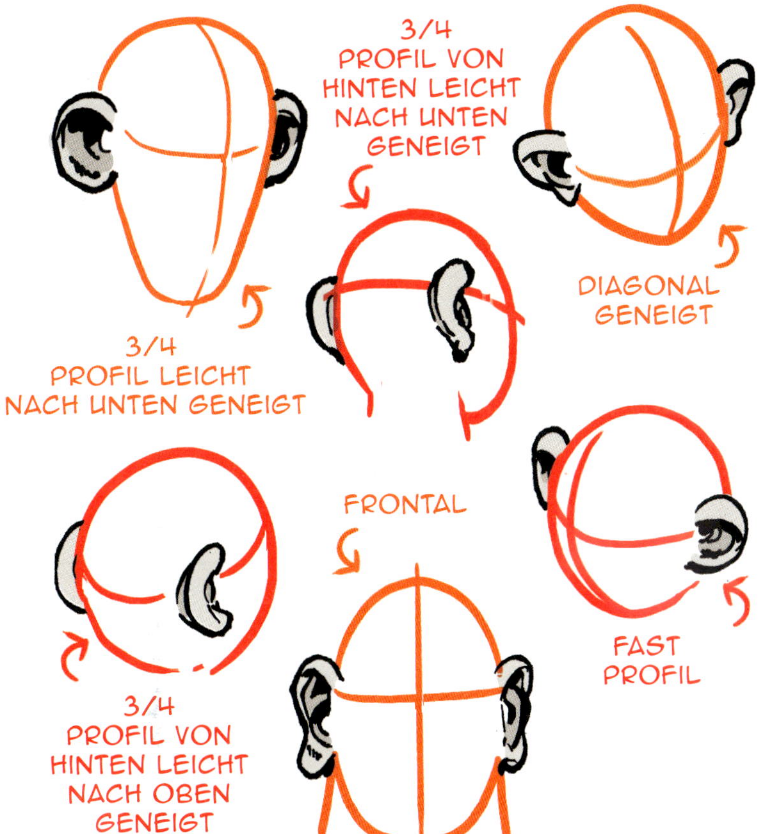

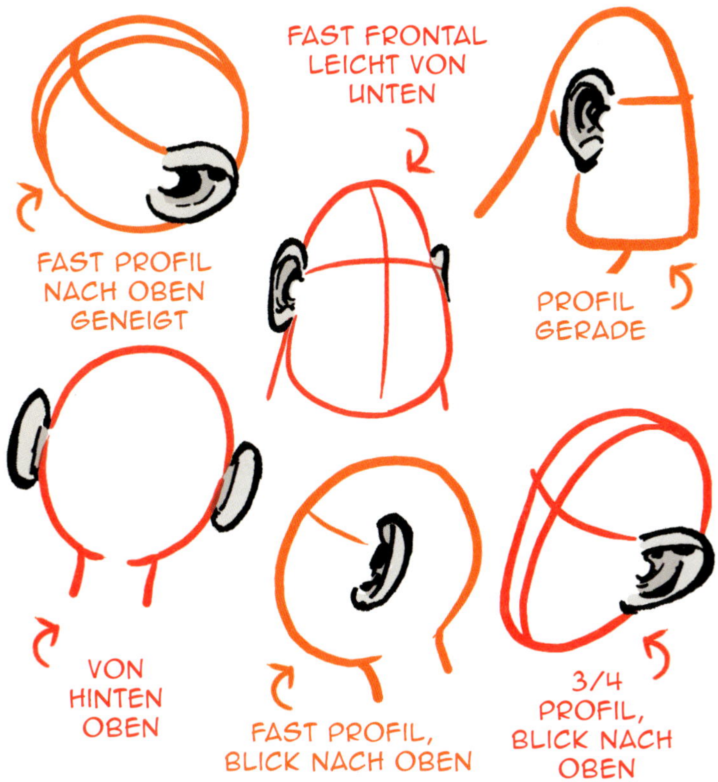

INDEM DU JEDER FIGUR IHRE GANZ **EIGENE** OHRFORM GIBST, KANNST DU IHRE **PERSÖNLICHKEIT** UNTERSTREICHEN.

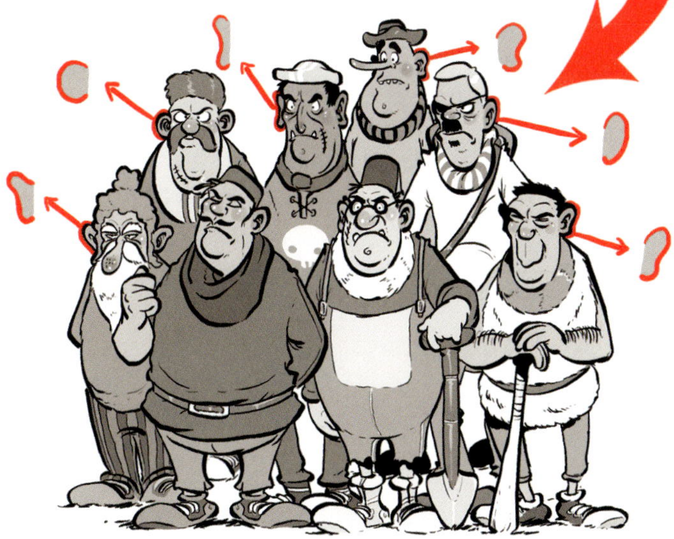

STRANSKI MÄDCHENHAAR

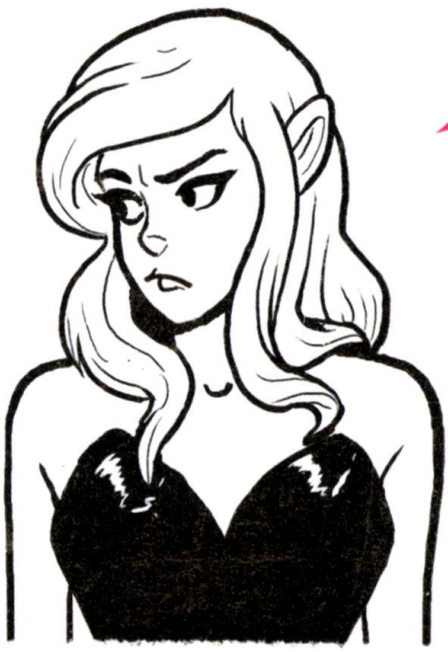

BEI DEN HAAREN DER STRANSKI **MÄDCHEN** GEHT ES VOR ALLEM UM VOLUMEN UND **GEWICHT**.

UM ZU VERSTEHEN, WIE HAARE **WACHSEN**, SCHAUEN WIR UNS ZUERST DEN **HAARANSATZ** AN.

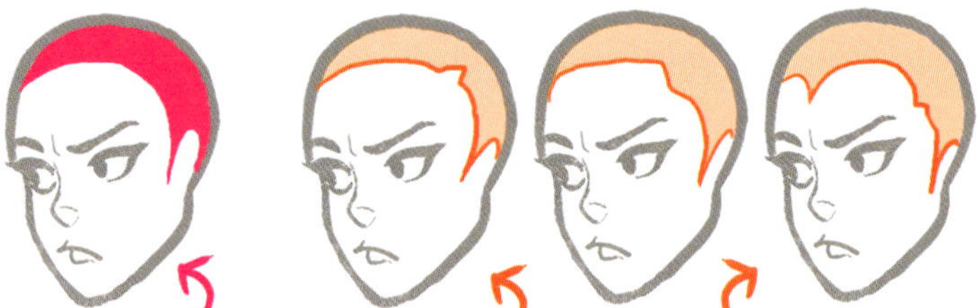

EIN PAAR **PRAKTISCHE DINGE** FÜR DEN **HINTERKOPF:**

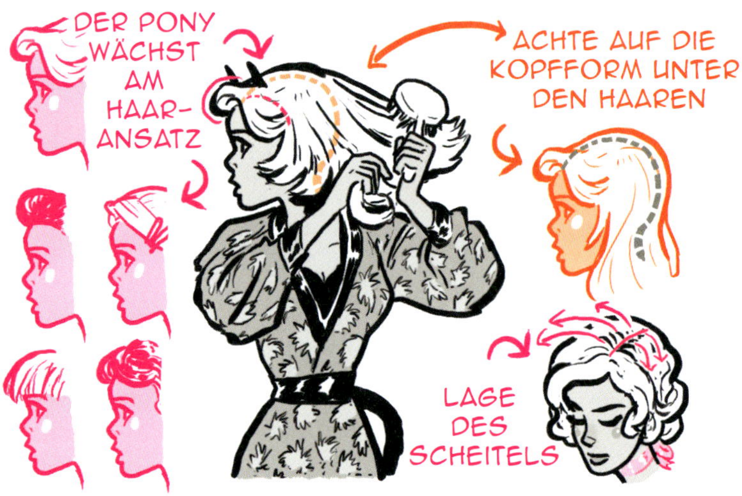

WELLIGES UND **GELOCKTES** HAAR HAT VIEL **VOLUMEN.**

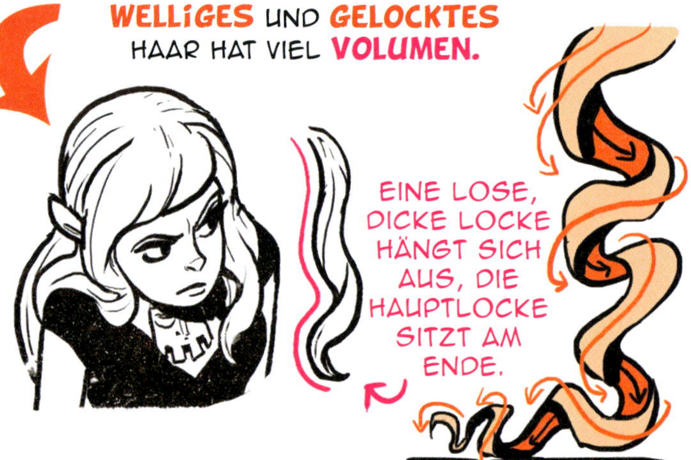

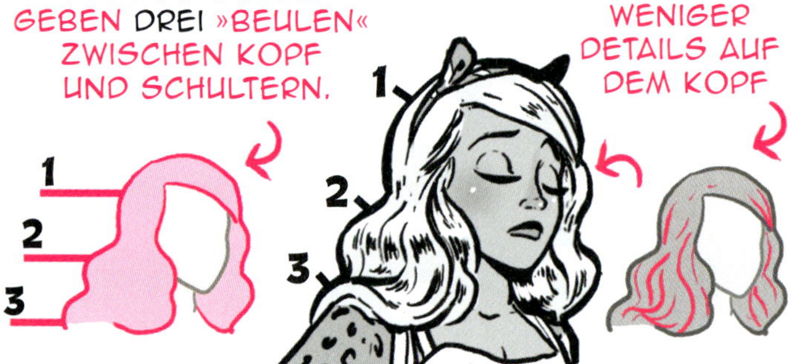

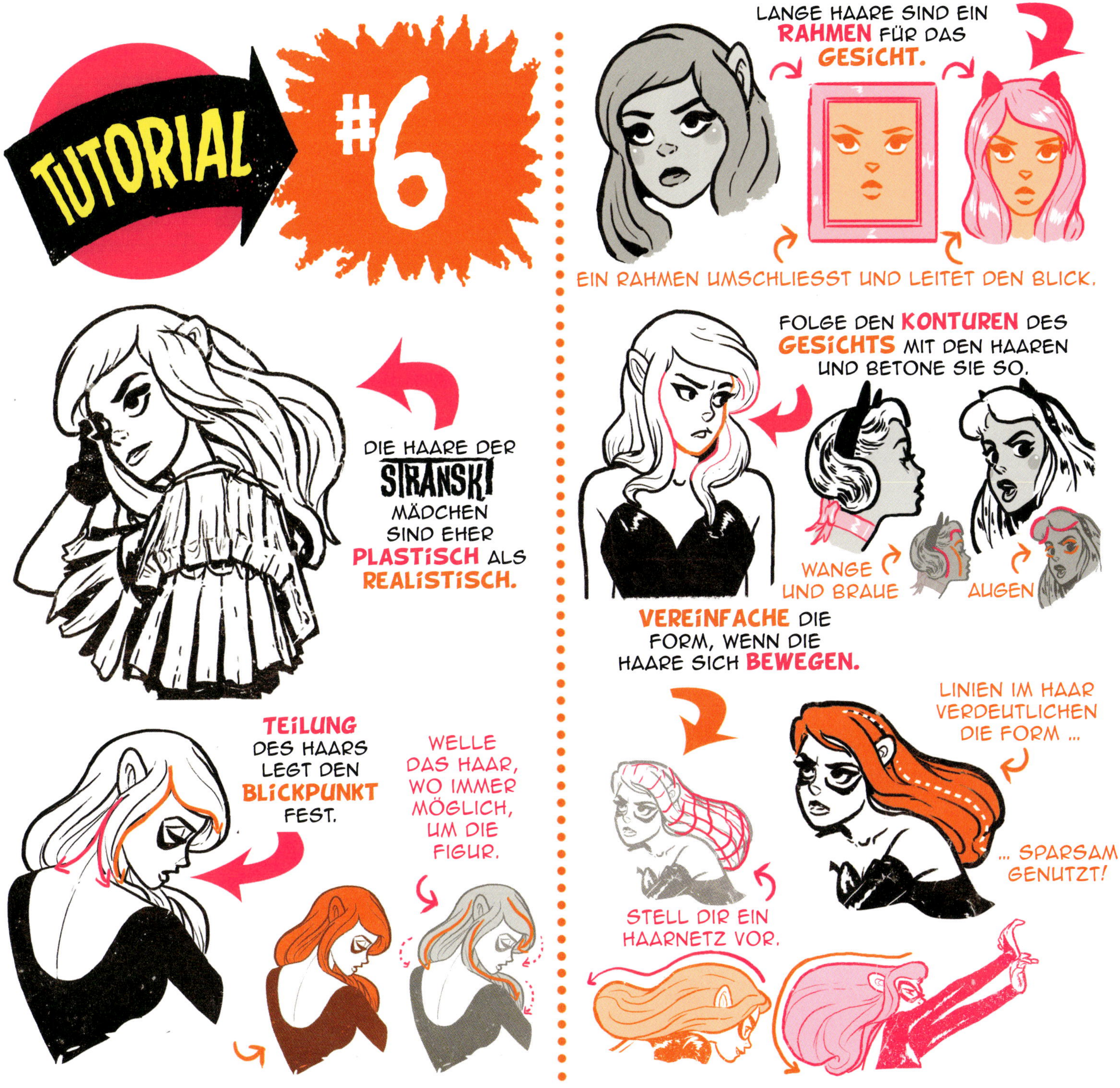
TUTORIAL #6
LANGE HAARE SIND EIN RAHMEN FÜR DAS GESICHT.
EIN RAHMEN UMSCHLIESST UND LEITET DEN BLICK.
DIE HAARE DER STRANSKI MÄDCHEN SIND EHER PLASTISCH ALS REALISTISCH.
FOLGE DEN KONTUREN DES GESICHTS MIT DEN HAAREN UND BETONE SIE SO.
WANGE UND BRAUE
AUGEN
VEREINFACHE DIE FORM, WENN DIE HAARE SICH BEWEGEN.
TEILUNG DES HAARS LEGT DEN BLICKPUNKT FEST.
WELLE DAS HAAR, WO IMMER MÖGLICH, UM DIE FIGUR.
LINIEN IM HAAR VERDEUTLICHEN DIE FORM ...
... SPARSAM GENUTZT!
STELL DIR EIN HAARNETZ VOR.

1940ER FRISUREN

VIELE FRISUREN DER 40ER-JAHRE ZEICHNEN SICH DURCH **PLASTISCHE**, IN SCHMALZ **GEHAUENE** ELEMENTE AUS.

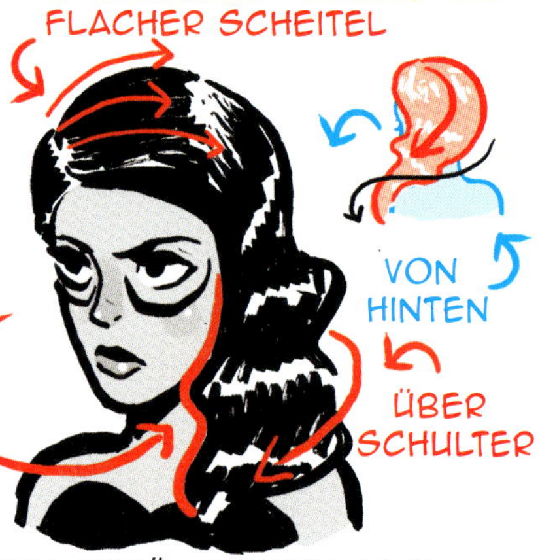

VIELLEICHT EINE DER BERÜHMTESTEN UND **MARKANTESTEN** STYLING-TRICKS DER ÄRA SIND **VICTORY ROLLS.**

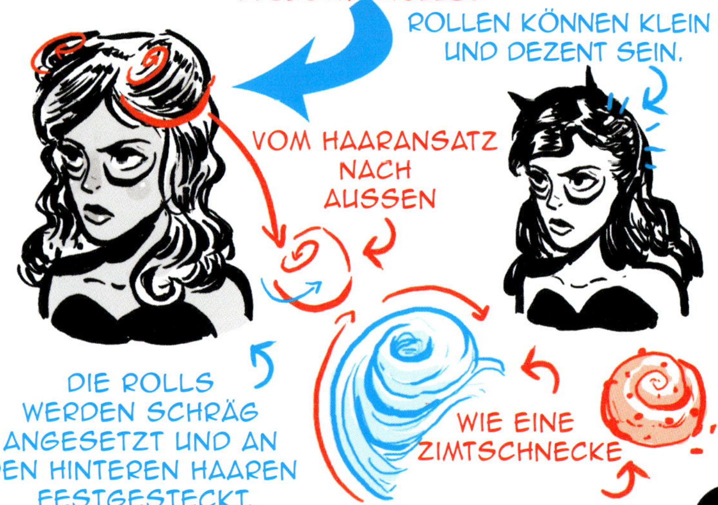

VICTORY ROLLS LASSEN SICH IN VERSCHIEDENEN **VARIATIONEN** STYLEN.

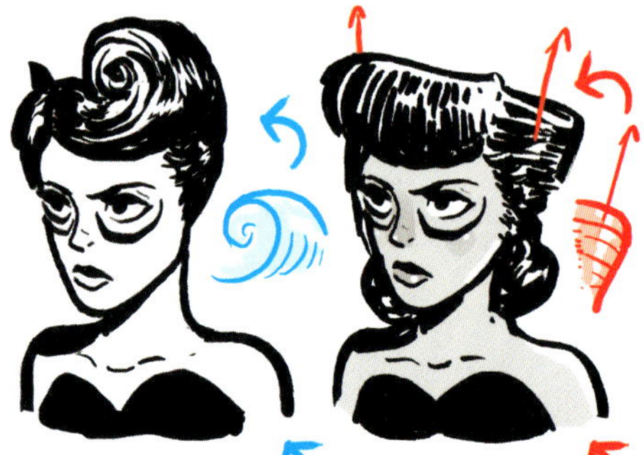

IN DEN 40ER-JAHREN WAREN ABER AUCH **KURZE LOCKENFRISUREN** IN.

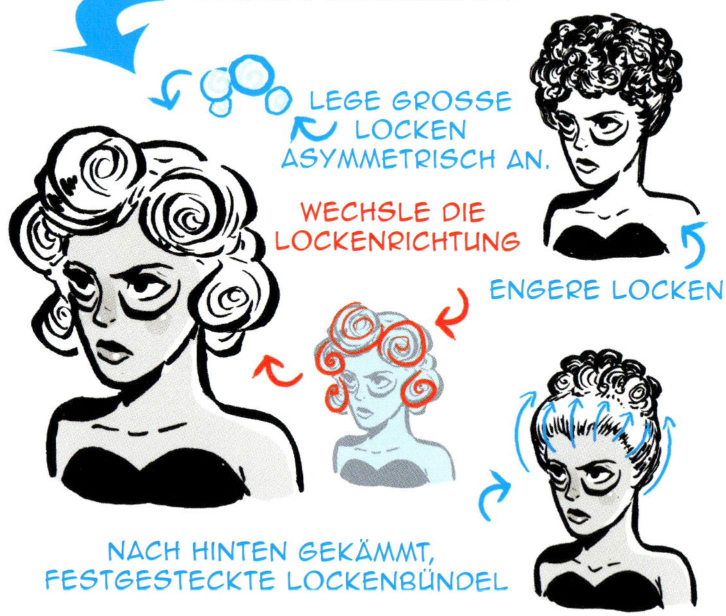

SEITENSCHEITEL MIT **GROSSEN WELLEN** BEI MITTELLANGEM HAAR

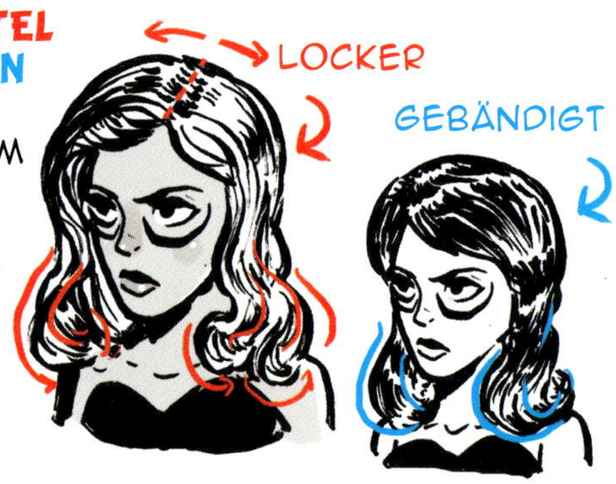

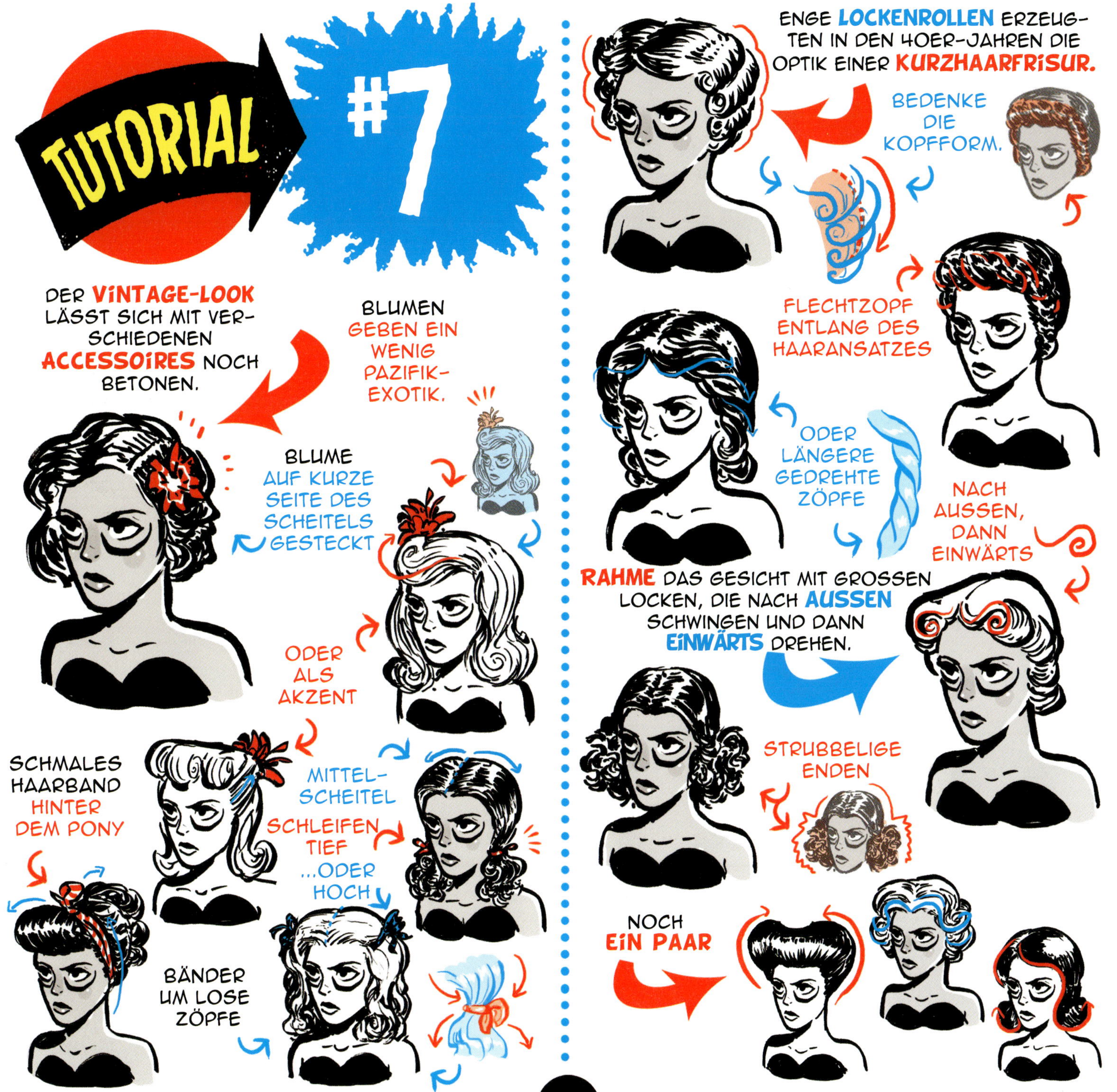
TUTORIAL
#7
DER VINTAGE-LOOK LÄSST SICH MIT VERSCHIEDENEN ACCESSOIRES NOCH BETONEN.
BLUMEN GEBEN EIN WENIG PAZIFIK-EXOTIK.
BLUME AUF KURZE SEITE DES SCHEITELS GESTECKT
ODER ALS AKZENT
SCHMALES HAARBAND HINTER DEM PONY
MITTEL-SCHEITEL
SCHLEIFEN TIEF
...ODER HOCH
BÄNDER UM LOSE ZÖPFE
ENGE LOCKENROLLEN ERZEUGTEN IN DEN 40ER-JAHREN DIE OPTIK EINER KURZHAARFRISUR.
BEDENKE DIE KOPFFORM.
FLECHTZOPF ENTLANG DES HAARANSATZES
ODER LÄNGERE GEDREHTE ZÖPFE
NACH AUSSEN, DANN EINWÄRTS
RAHME DAS GESICHT MIT GROSSEN LOCKEN, DIE NACH AUSSEN SCHWINGEN UND DANN EINWÄRTS DREHEN.
STRUBBELIGE ENDEN
NOCH EIN PAAR

WÜTENDE GESICHTER

JEDER AUSDRUCK **BETONT** VERSCHIEDENE **HAUPTMERKMALE** DES GESICHTS.

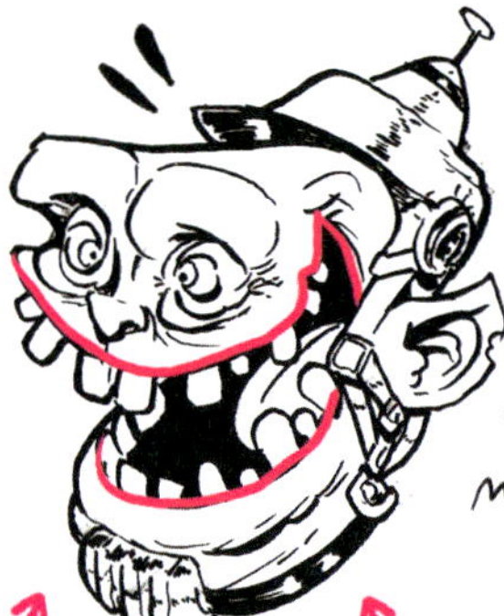

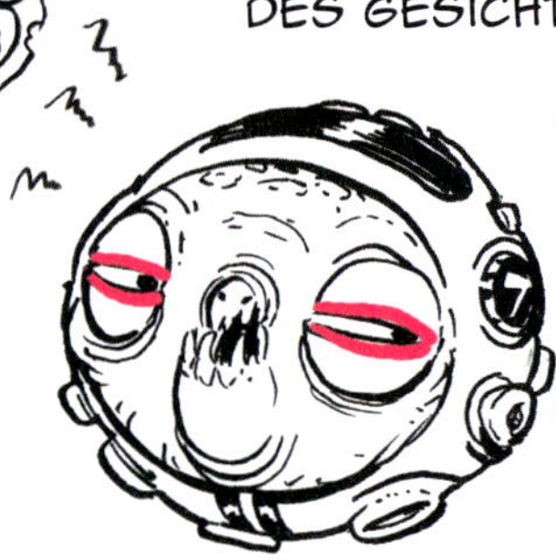

UM DAS HAUPTMERKMAL EINES GESICHTSAUSDRUCKS ZU FINDEN, VERSUCH VOR DEM **SPIEGEL** IN **ZEITLUPE** SO EIN GESICHT ZU ZIEHEN.

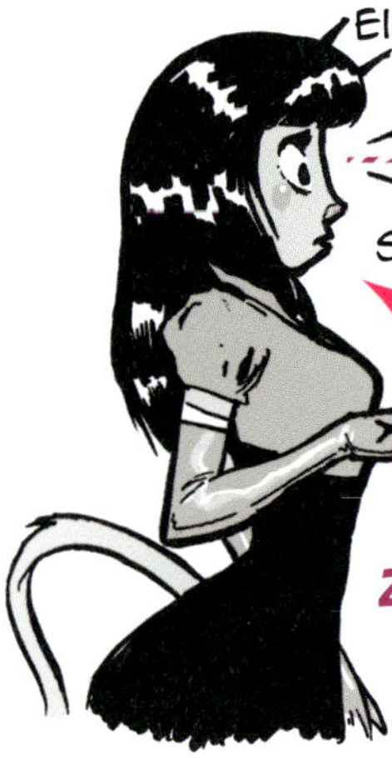

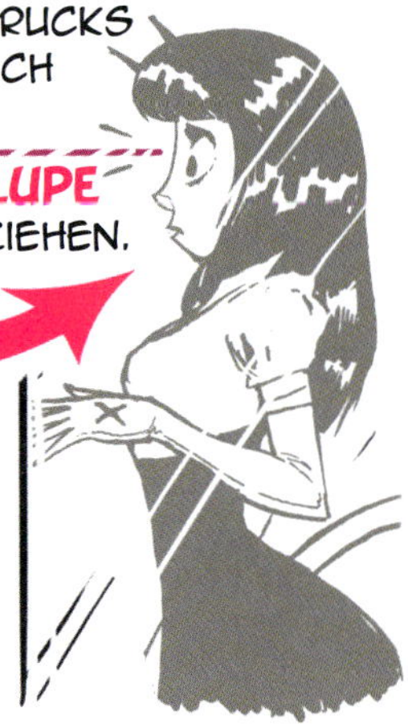

WAS IMMER SICH **ZUERST BEWEGT,** IST DAS HAUPTMERKMAL.

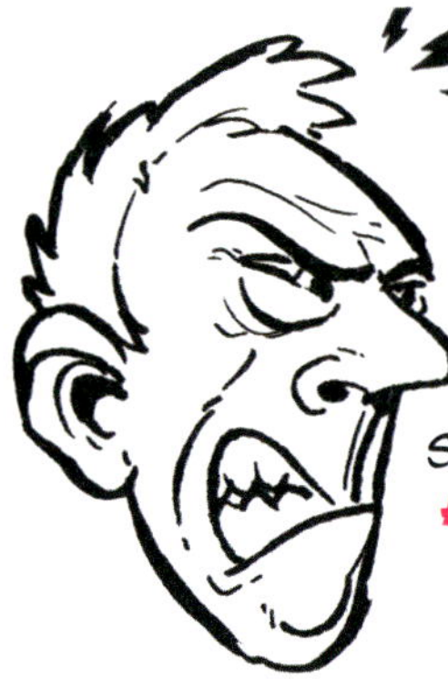

BEI **WUT** BEWEGEN SICH ZUERST DIE **AUGENBRAUE,** DANN DIE **LIPPEN.**

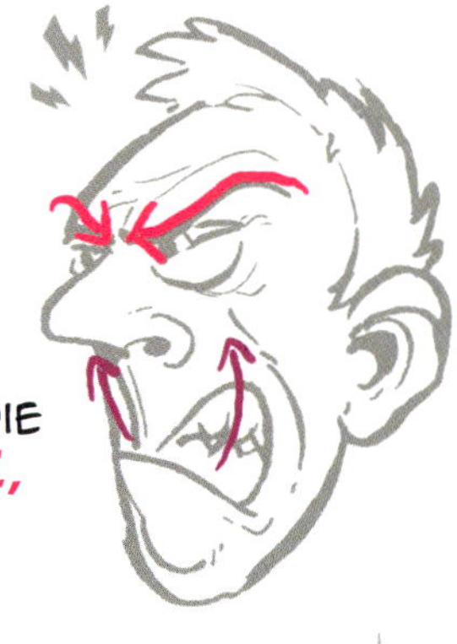

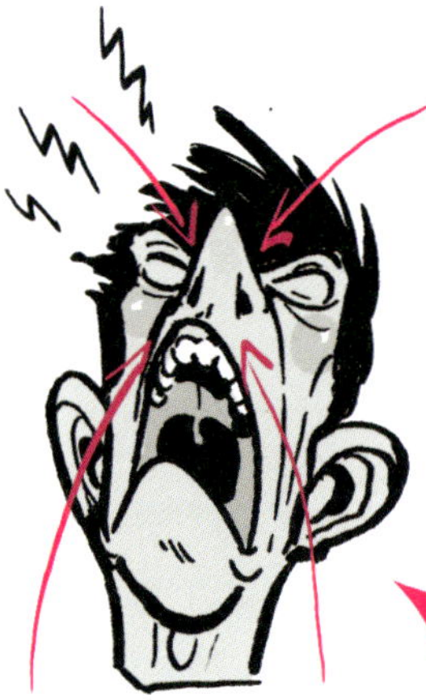

SEKUNDÄRE MERKMALE NUTZEN WIR, UM DEN **FOKUS** ZU BETONEN.

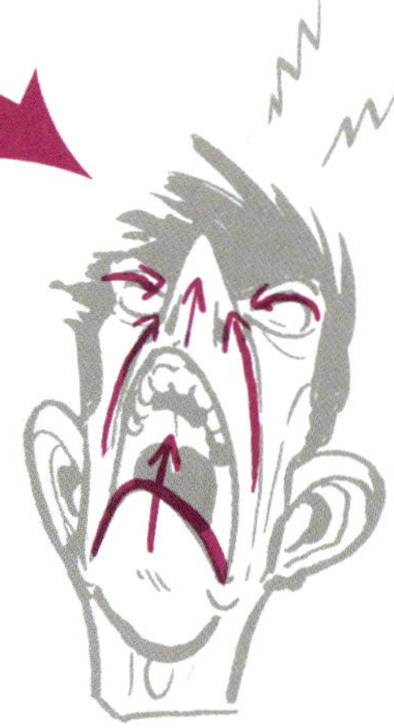

ERKENNE ERST DIE **BEWEGUNG** IM AUSDRUCK UND ZEICHNE DANN DIE MERKMALE.

WUT IST EIN DUNKLES GEFÜHL, NUTZE ALSO REICHLICH **SCHWERE LINIEN** UND **SCHATTEN!**

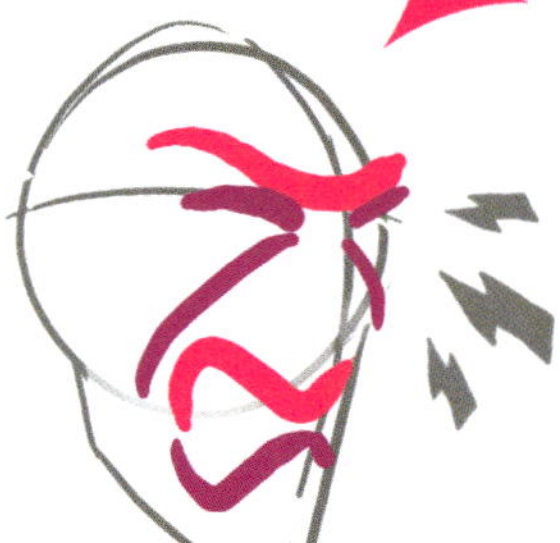

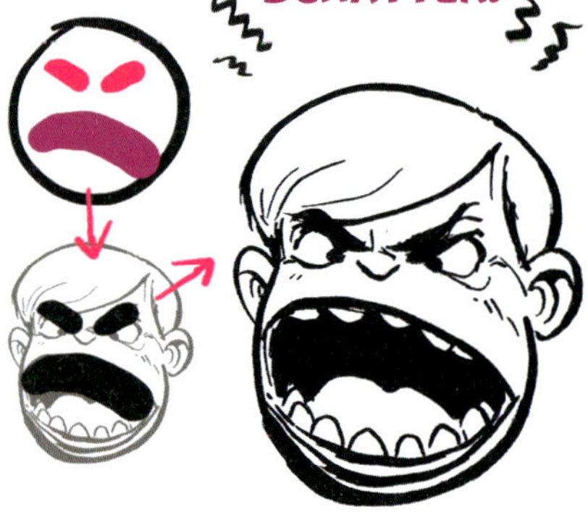

TUTORIAL #8

DAS MASS DER WUT SPIEGELT SICH IN IMMER **KANTIGEREN GESICHTSZÜGEN.**

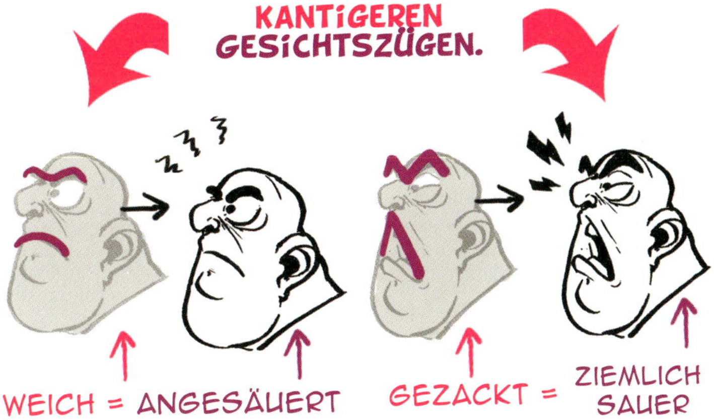

DAS VERHÄLTNIS DER **RICHTUNG VON BLICK** UND **GESICHT** ÄNDERT SICH MIT WACHSENDEM ÄRGER.

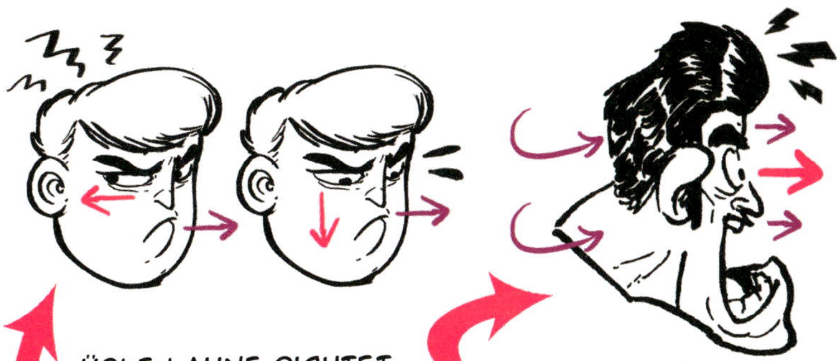

ÜBLE LAUNE RICHTET SICH NACH **INNEN** AUGEN SCHAUEN NACH **UNTEN** ODER ZUR **SEITE.**

WUT RICHTET SICH NACH **AUSSEN** DER KOPF **FOLGT** DER BLICKRICHTUNG.

ASYMMETRISCHE GESICHTSZÜGE DEUTEN VERLUST DER KONTROLLE AN.

EIN GENEIGTER KOPF DEUTET AN, DASS DIE FIGUR GRÜBLERISCH IST.

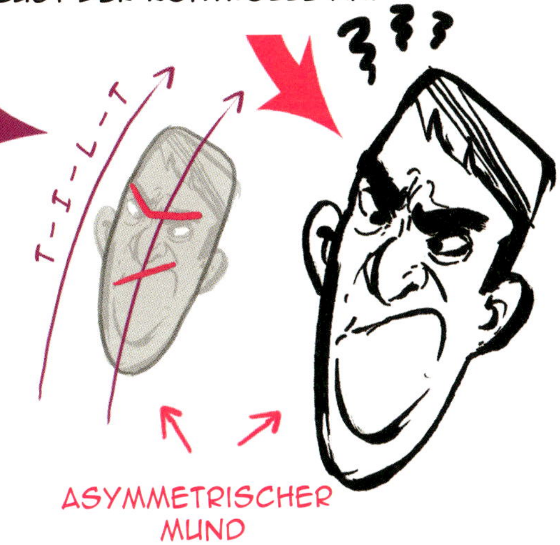

GEGENLÄUFIGE ASYMMETRIE

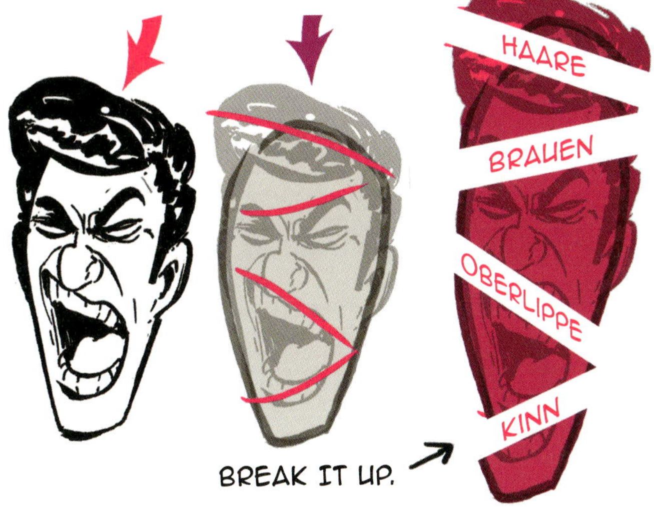

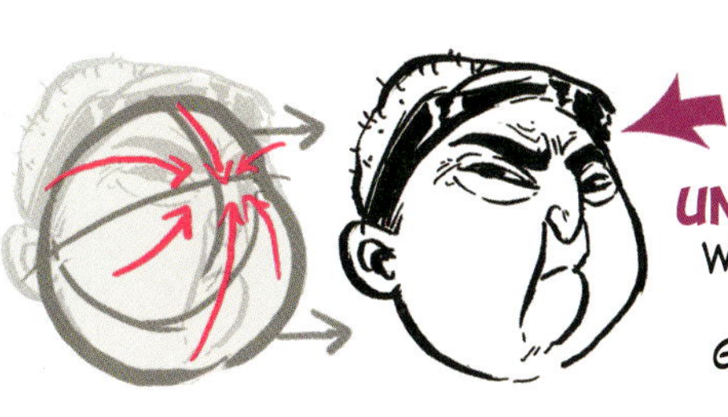

BEI **UNTERDRÜCKTER** WUT **VERENGEN** SICH DIE GESICHTSZÜGE ZUR MITTE.

MIENENSPIEL ANREGUNGEN!

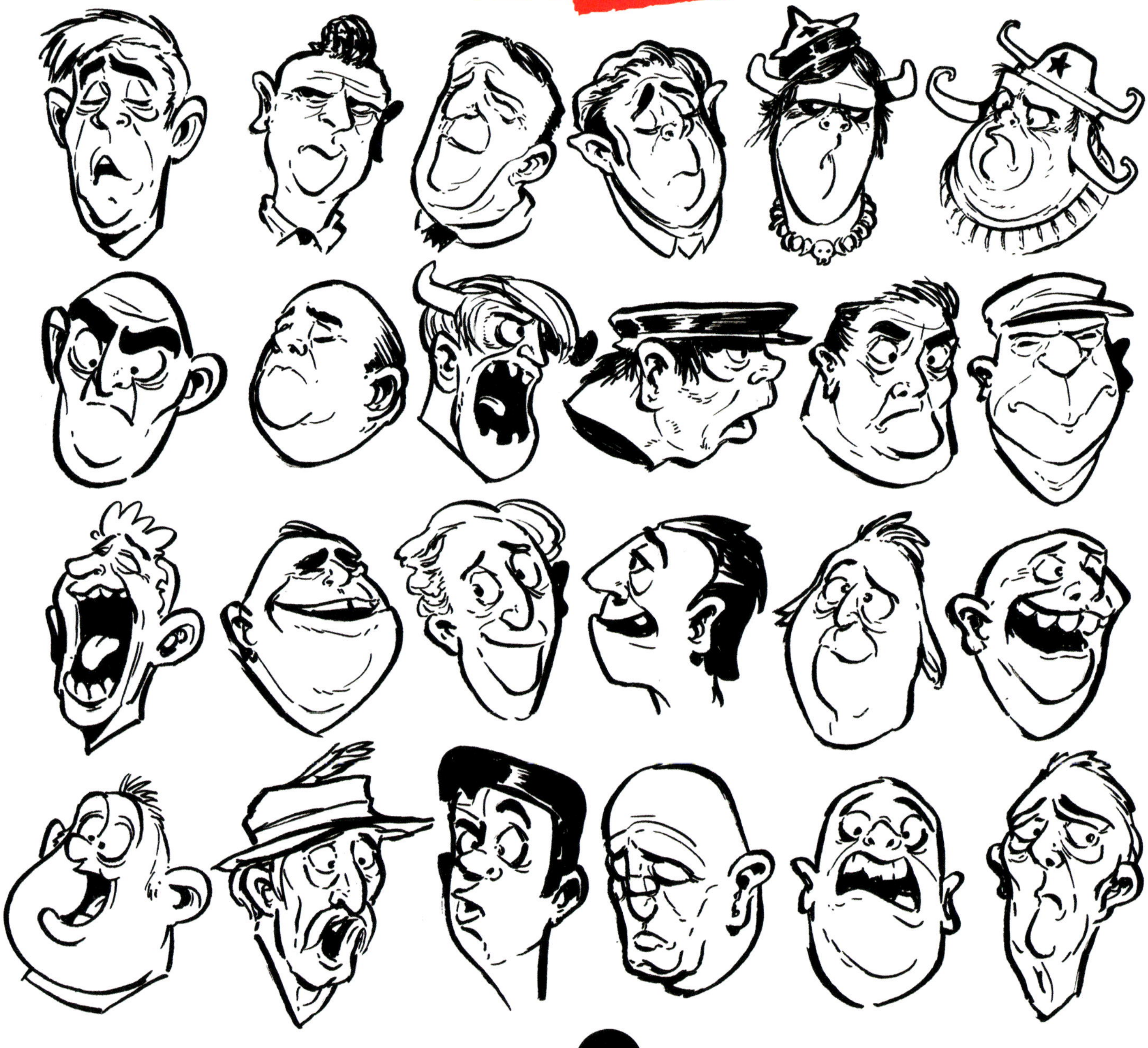

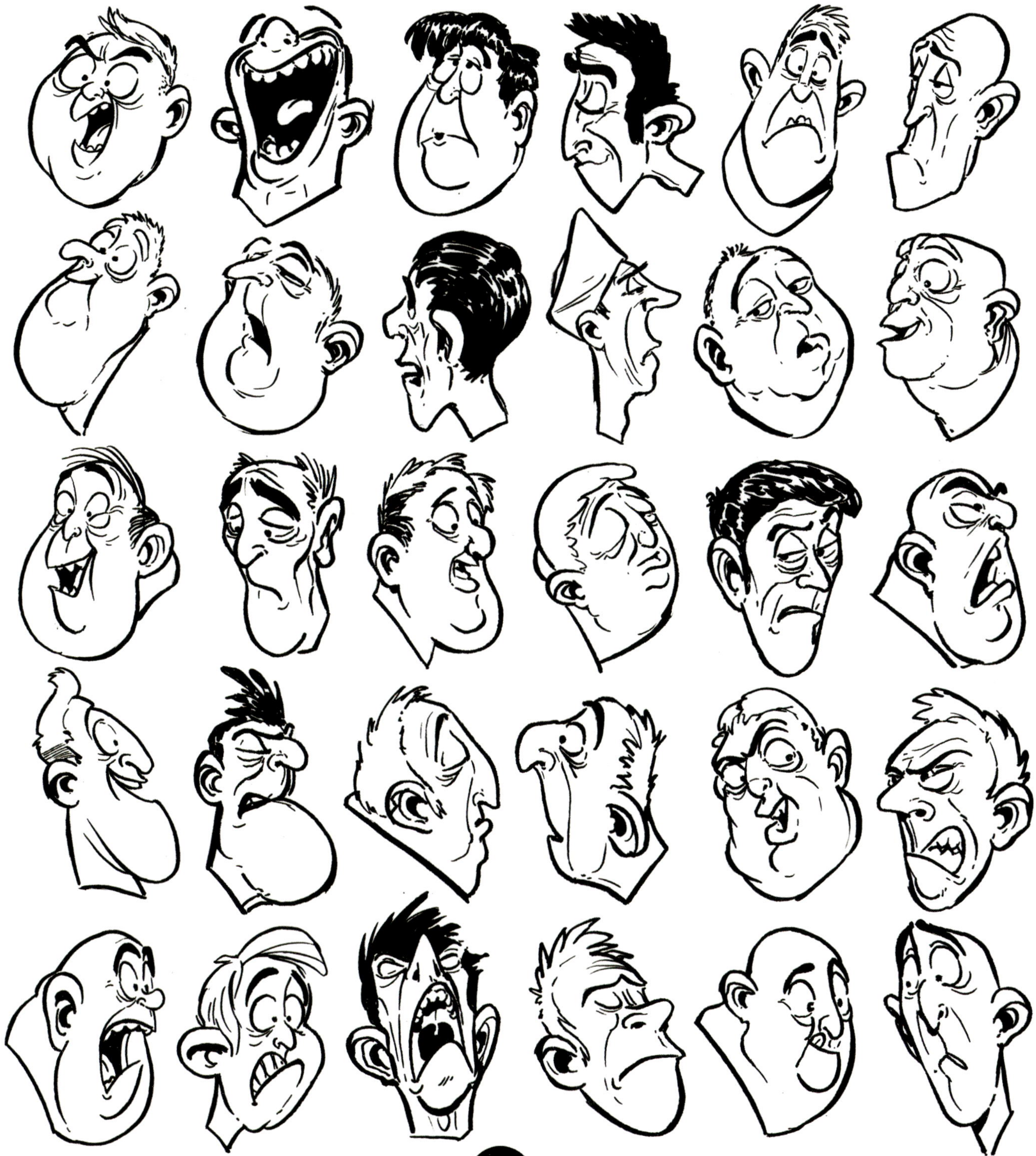

GLÜCKLICHE GESICHTER

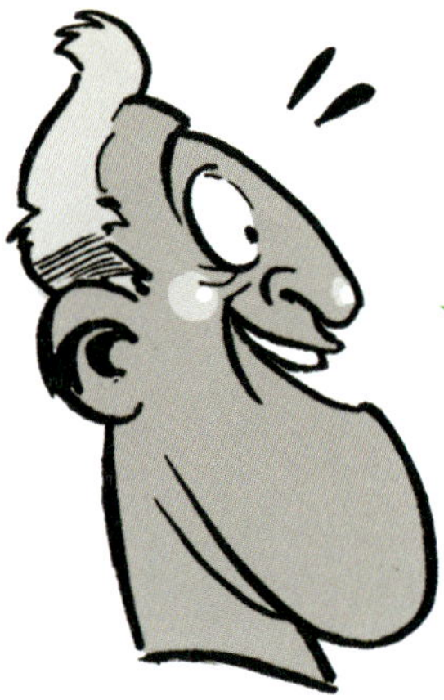

EINE **GLÜCKLICHE MIENE ÖFFNET DAS GESICHT.**

BEIM BREITEN LÄCHELN IST VON **AUGEN UND ZÄHNEN MEHR ZU SEHEN** ALS BEI DEN MEISTEN GESICHTSAUSDRÜCKEN.

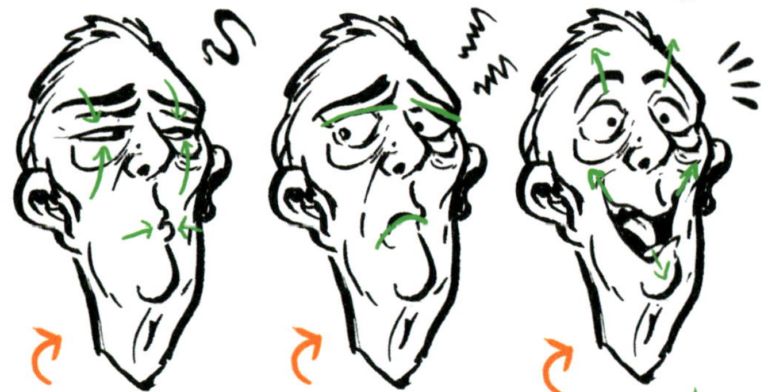

MISSTRAUEN SORGE FREUDE

HOCHZIEHENDE AUGENBRAUEN UND NACH UNTEN ZIEHENDES **KINN** LEGEN AUGEN UND ZÄHNE FREI.

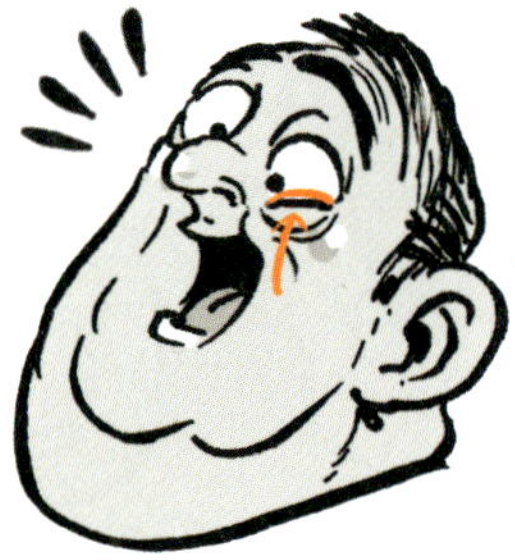

DIE WINKEL DES LÄCHELNS **STAUCHEN DIE WANGEN** UND KÖNNEN DIE **UNTERLIDER** HOCHSCHIEBEN.

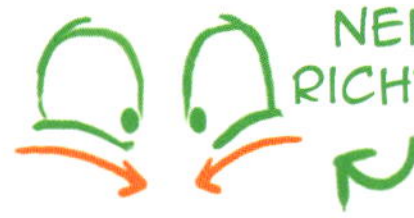

VERHALTENERE FREUDE KANNST DU ERZEUGEN, INDEM DU DIE **WEITUNG** HAUPTSÄCHLICH AUF **EINEN BEREICH** DES GESICHTS BESCHRÄNKST.

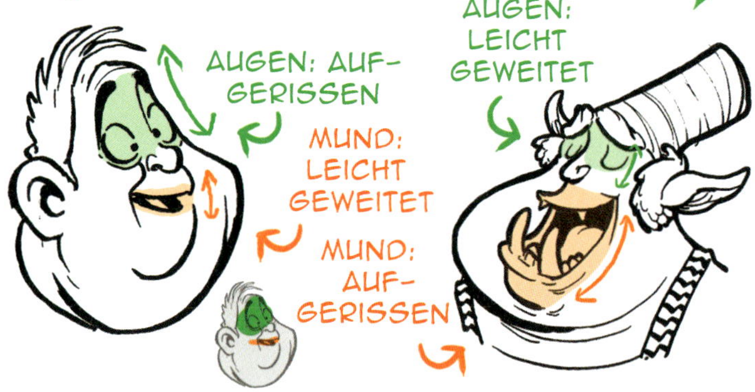

EIN BREITES GRINSEN MIT **GESCHLOSSENEM MUND STAUCHT** EINEN BREITEN BEREICH QUER ÜBER DIE MITTE DES GESICHTS.

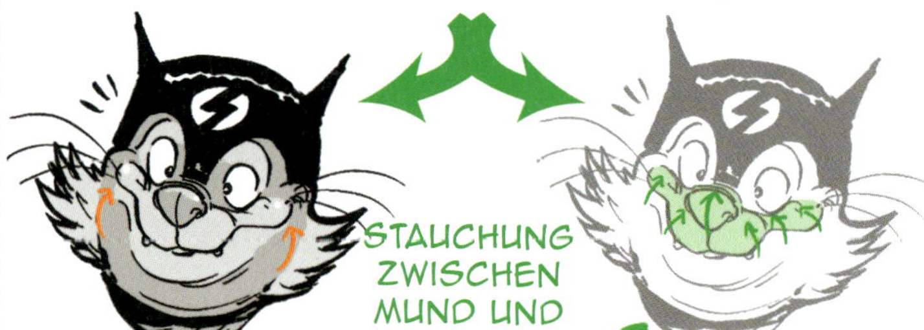

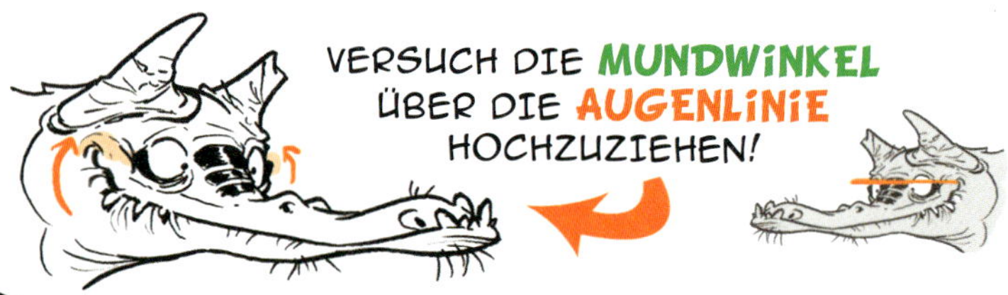

VERSUCH DIE **MUNDWINKEL** ÜBER DIE **AUGENLINIE** HOCHZUZIEHEN!

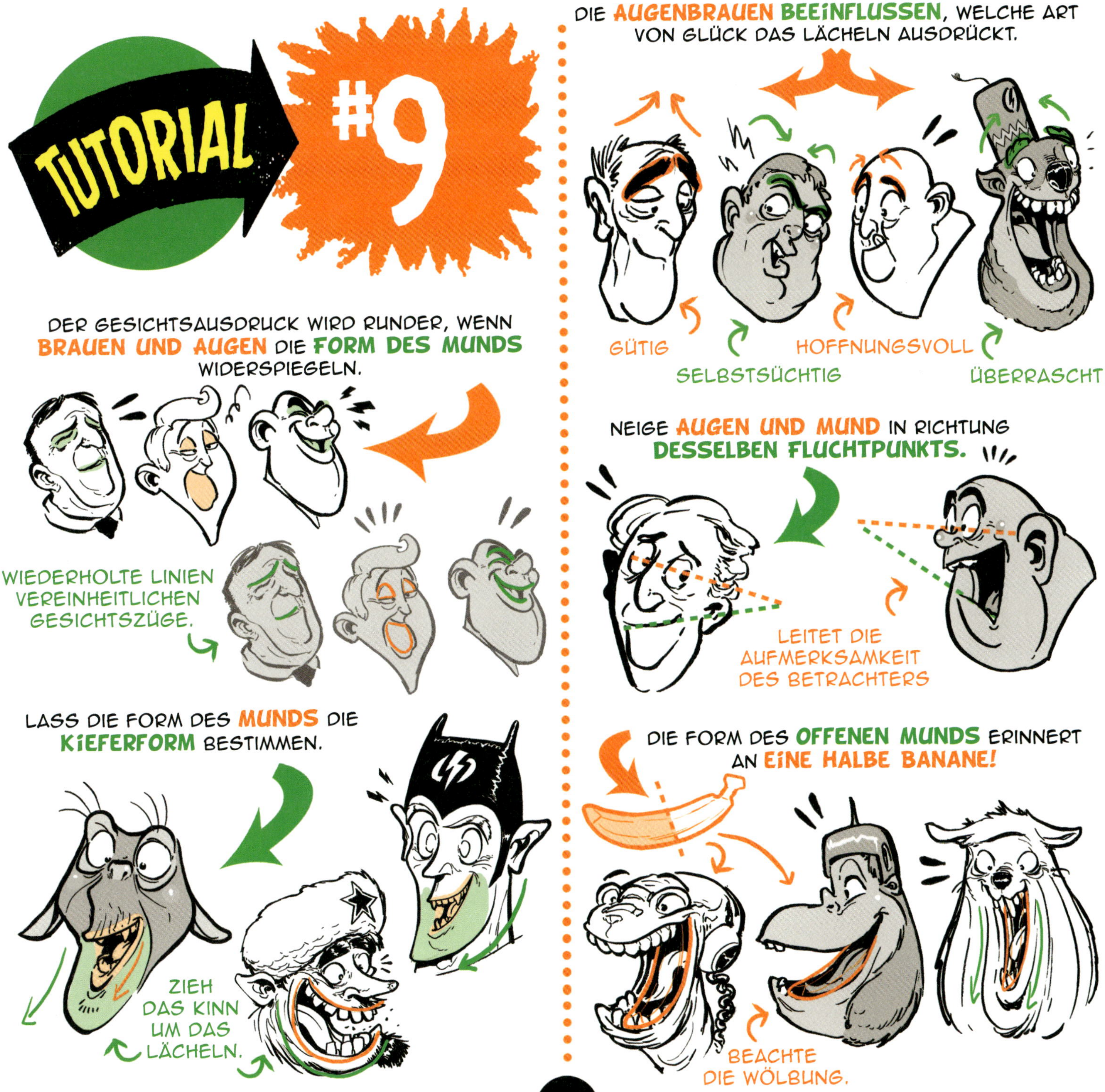
TUTORIAL #9
DER GESICHTSAUSDRUCK WIRD RUNDER, WENN BRAUEN UND AUGEN DIE FORM DES MUNDS WIDERSPIEGELN.
WIEDERHOLTE LINIEN VEREINHEITLICHEN GESICHTSZÜGE.
LASS DIE FORM DES MUNDS DIE KIEFERFORM BESTIMMEN.
ZIEH DAS KINN UM DAS LÄCHELN.
DIE AUGENBRAUEN BEEINFLUSSEN, WELCHE ART VON GLÜCK DAS LÄCHELN AUSDRÜCKT.
GÜTIG
SELBSTSÜCHTIG
HOFFNUNGSVOLL
ÜBERRASCHT
NEIGE AUGEN UND MUND IN RICHTUNG DESSELBEN FLUCHTPUNKTS.
LEITET DIE AUFMERKSAMKEIT DES BETRACHTERS
DIE FORM DES OFFENEN MUNDS ERINNERT AN EINE HALBE BANANE!
BEACHTE DIE WÖLBUNG.

KÖRPER FORMEN

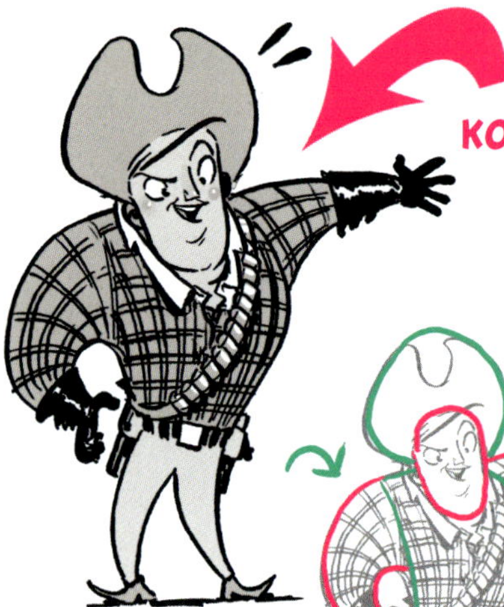

JEDE NOCH SO **KOMPLEXE FIGUR** LÄSST SICH IN **EINFACHE FORMEN** ZERLEGEN.

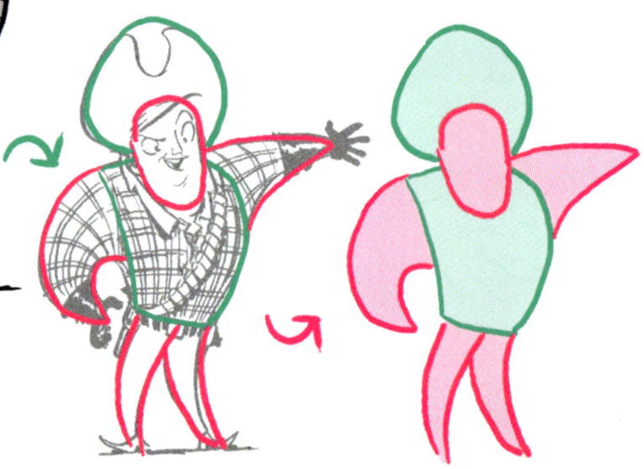

JE MEHR **DURCHLAUFENDE LINIEN** ES ZWISCHEN DEN FORMEN GIBT, DESTO BESSER SIND SIE ZU **EINER FORM** KOMBINIERBAR.

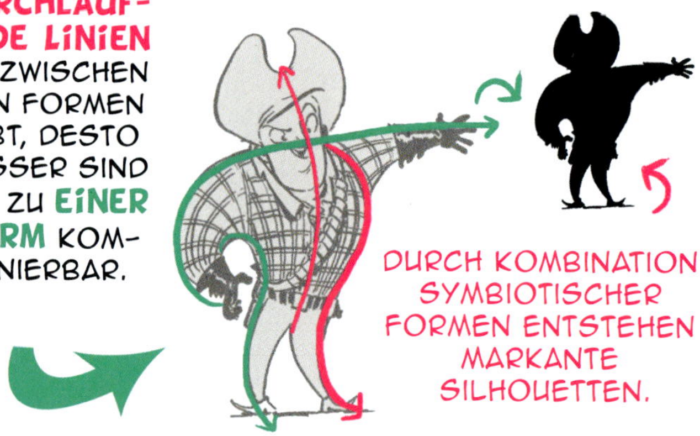

DURCH KOMBINATION SYMBIOTISCHER FORMEN ENTSTEHEN MARKANTE SILHOUETTEN.

LOOK! FÜR DEN ENTWURF **EINES CHARAKTERS** BENÖTIGST DU **NUR 7 FORMEN.**

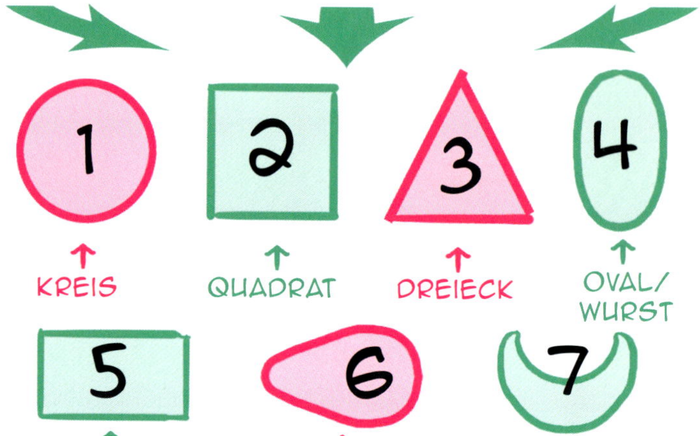

KREIS — QUADRAT — DREIECK — OVAL/WURST

RECHTECK — TROPFEN/EI — BANANE/MOND

WENN DU DIESE FORMEN ZEICHNEN KANNST, **KANNST DU ALLES ZEICHNEN.**

JE **WENIGER FORMEN** DEN KERN DEINES ENTWURFS BILDEN, **DESTO MARKANTER** WIRD ER.

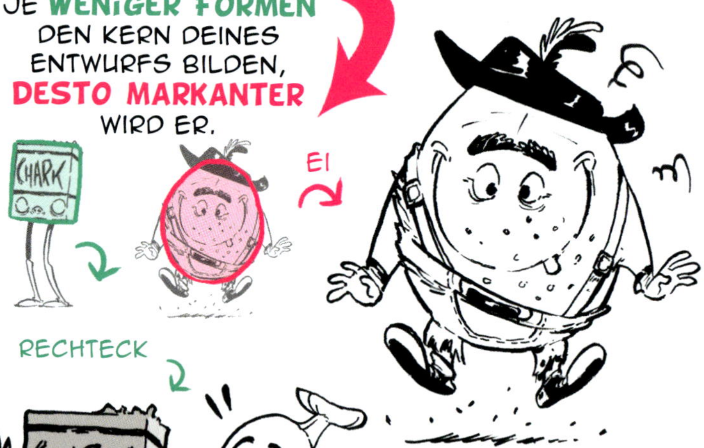

RECHTECK

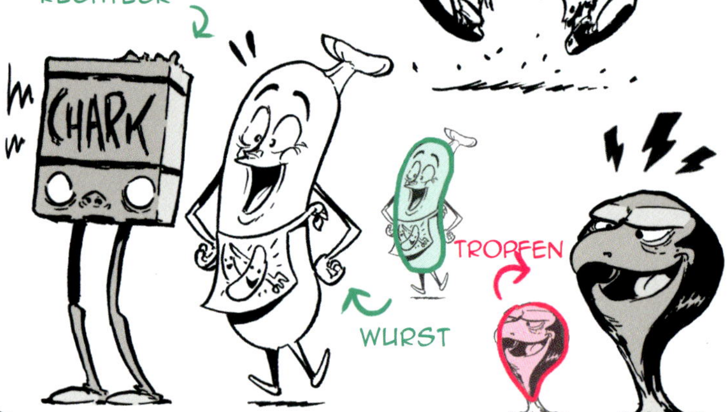

TUTORIAL #10

SEHR WIRKSAM SIND ENTWÜRFE, DIE SICH AUS EINER **PRIMÄREN** UND EINER **SEKUNDÄREN** FORM AUFBAUEN.

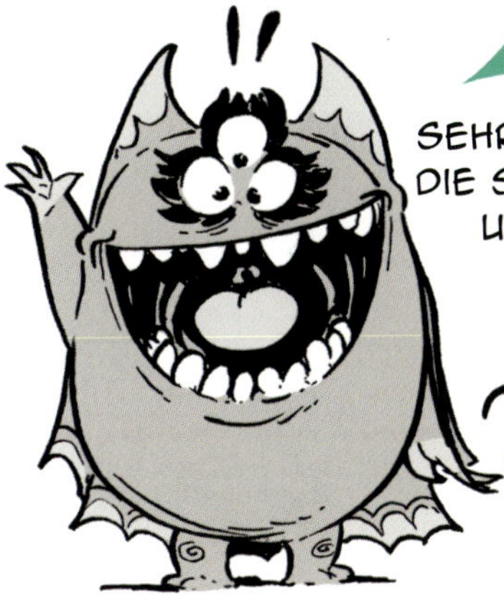

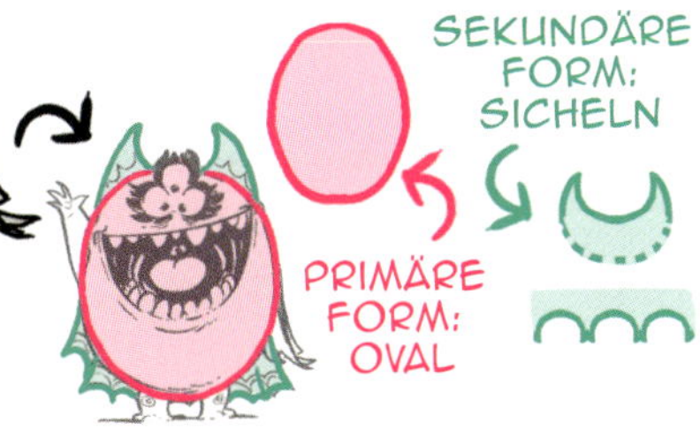

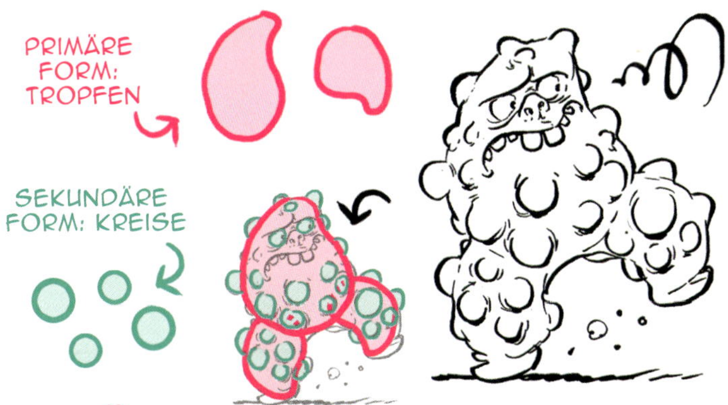

PRIMÄR/ SEKUNDÄR LÄSST SICH AUCH AUF DAS GESICHT ANWENDEN

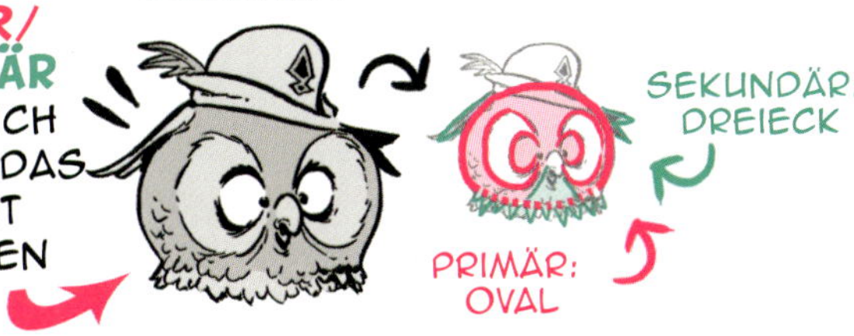

WENN DU EINE **FORM MEHRFACH** UND UNTERSCHIEDLICH **GEDREHT** VERWENDEST, BLEIBT AUCH EIN KOMPLEXERER ENTWURF **AUSGEWOGEN.**

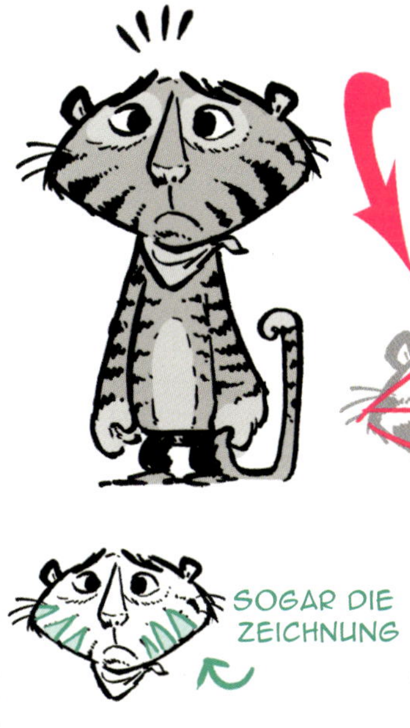

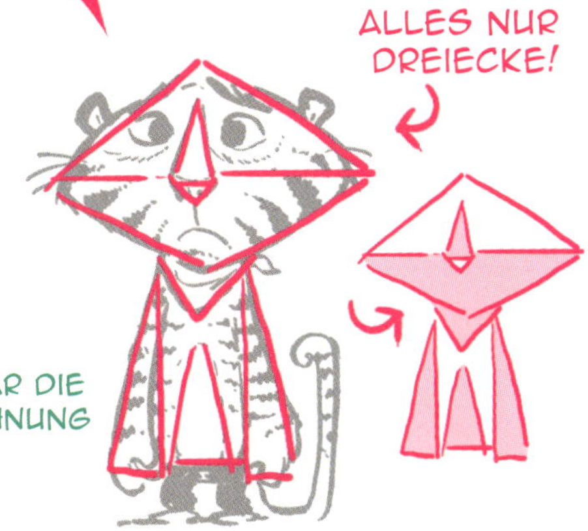

MANCHMAL FUNKTIONIERT ES ABER AUCH GUT, GEGENSÄTZLICHE FORMEN **ZU KOMBINIEREN.**

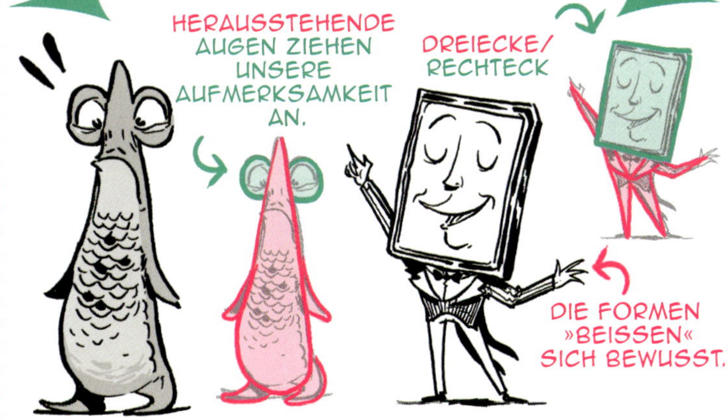

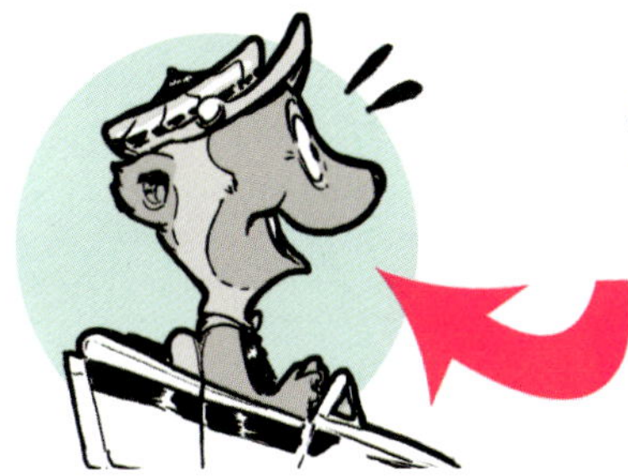

AUF DEN NÄCHSTEN SEITEN FINDEST DU **MEHR** IDEEN ZU **FORMEN** UND CHARAKTERENTWURF.

CHARAKTERE ANREGUNGEN!

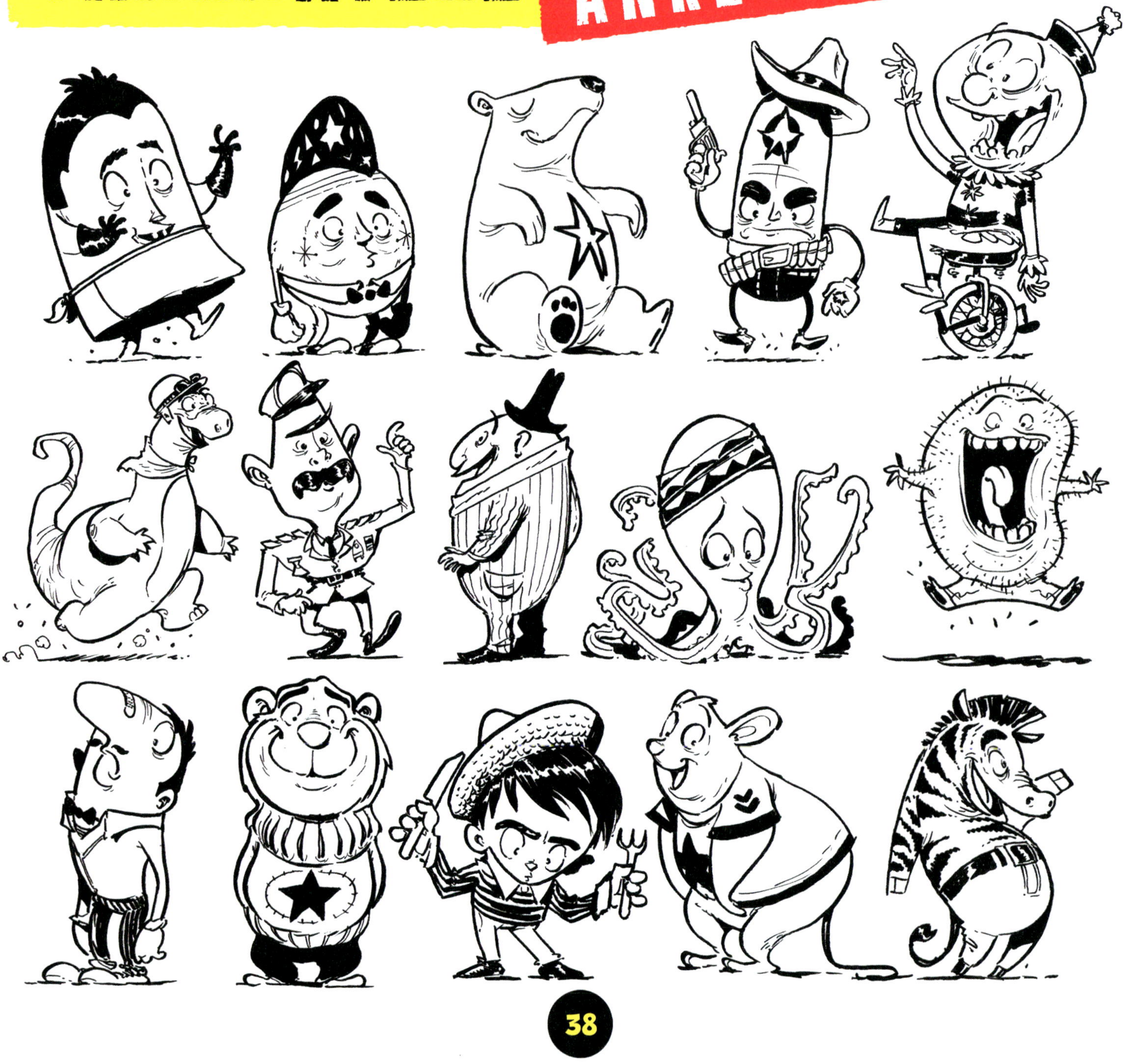

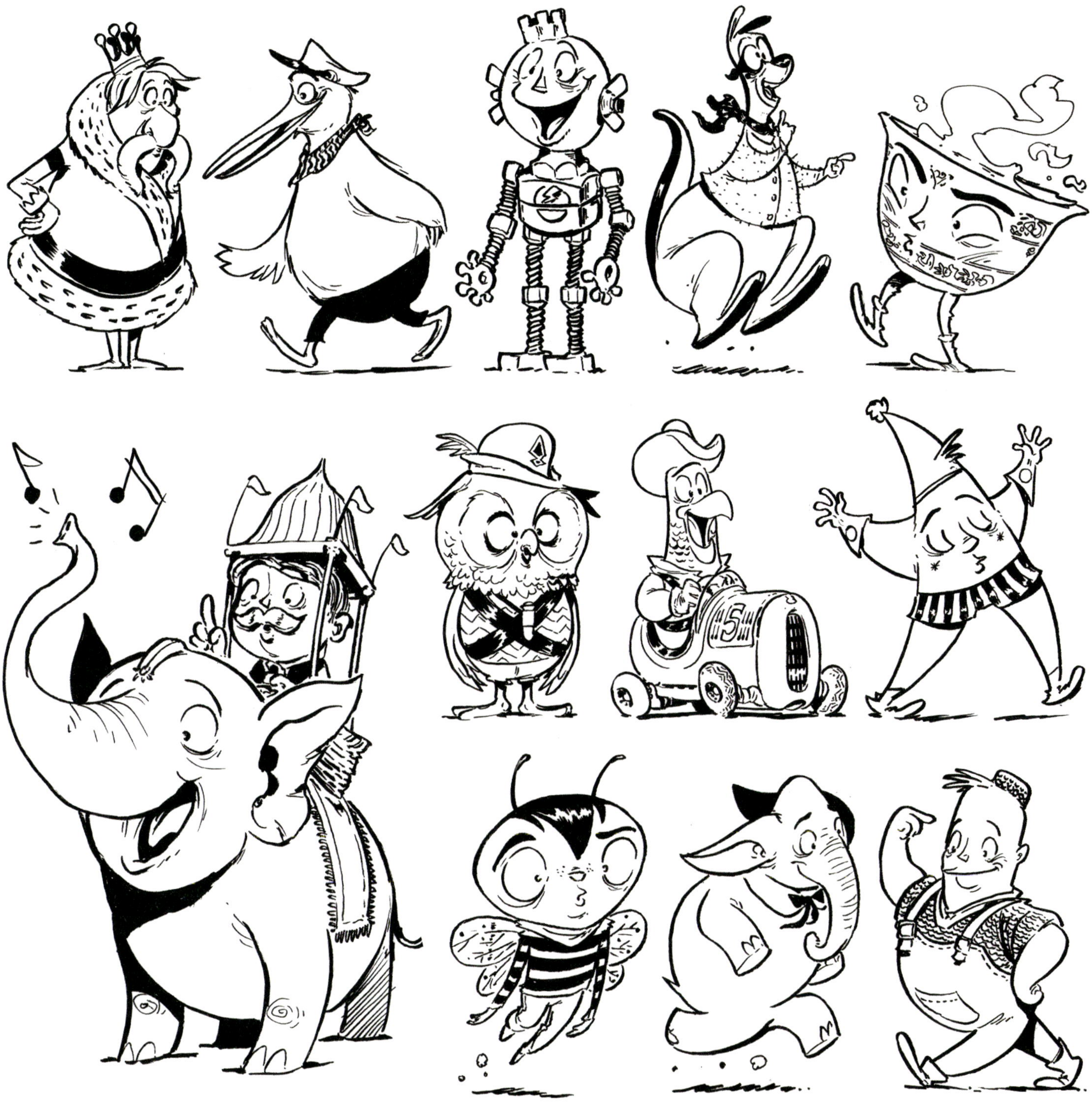
5

3-TEILIGE FIGUREN

INDEM DU FIGUREN IN **DREI TEILE** UNTERTEILST, KANNST DU EINE **GROSSE BANDBREITE UNTERSCHIEDLICHER CHARAKTERE** ENTWERFEN.

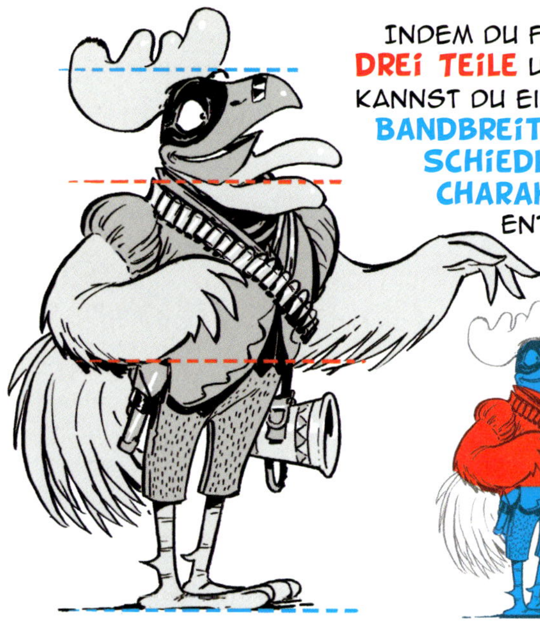

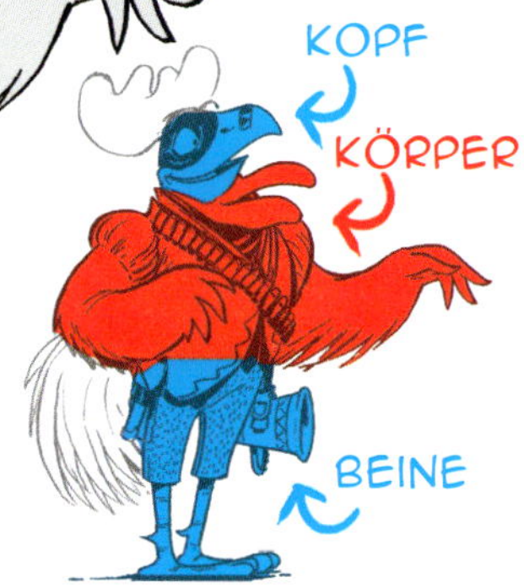

1 BEGINNE DAMIT, WILLKÜRLICH DREI TEILE UNTERSCHIEDLICHER **LÄNGE** (**KURZ, MITTEL** ODER **LANG**) ZU KOMBINIEREN.

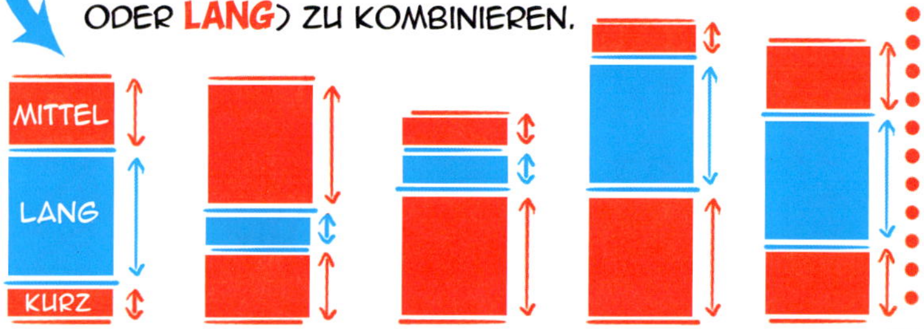

2 DANN WÄHLE WILLKÜRLICH DIE **BREITE: SCHMAL, MITTEL** ODER **BREIT.**

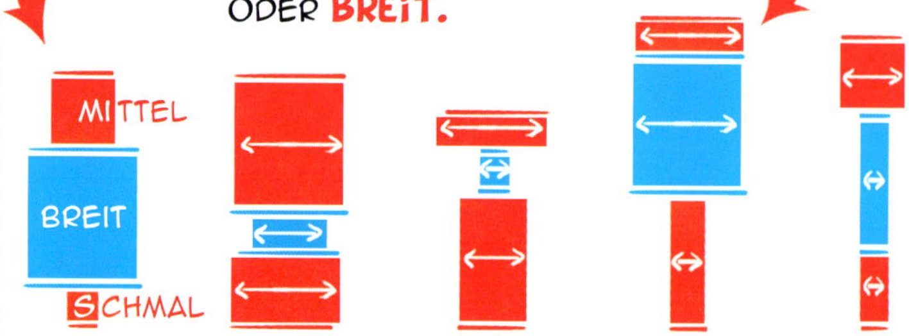

3 ZEICHNEN WIR DIE FORMEN MIT **KÄSTEN** NACH, ERKENNT MAN BEREITS VERSCHIEDENE PROPORTIONEN.

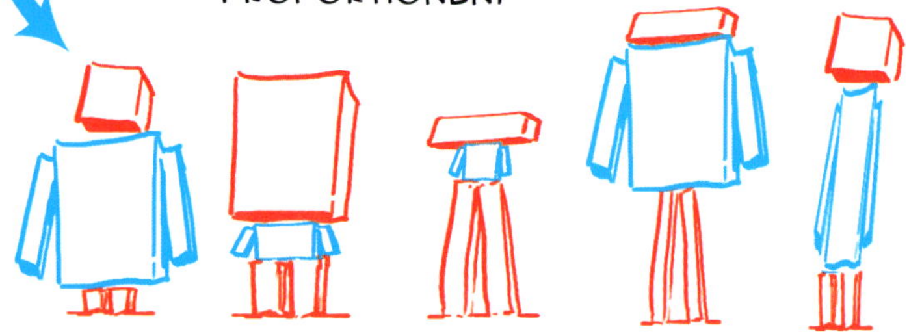

4 **VERBINDE DIE FORMEN** MIT **GERUNDETEN** ODER **ECKIGEN LINIEN.**

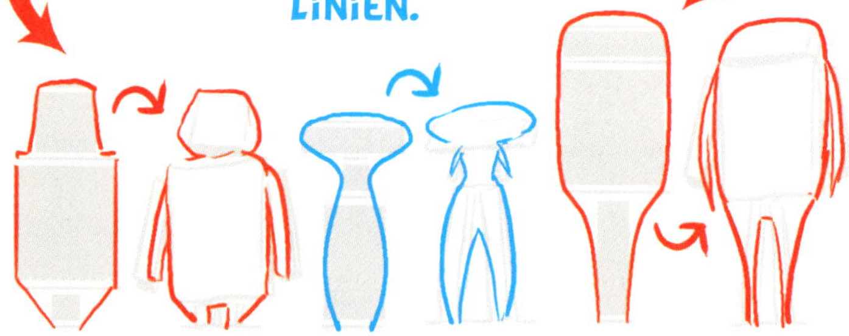

5 DA DIE PROPORTIONEN KLAR SIND, KANNST DU NUN ERSTE **KLEINE SKIZZEN** ANLEGEN. TESTE VERSCHIEDENSTE ENTWÜRFE FÜR JEDE FORM. DAS **KLAPPT IMMER!**

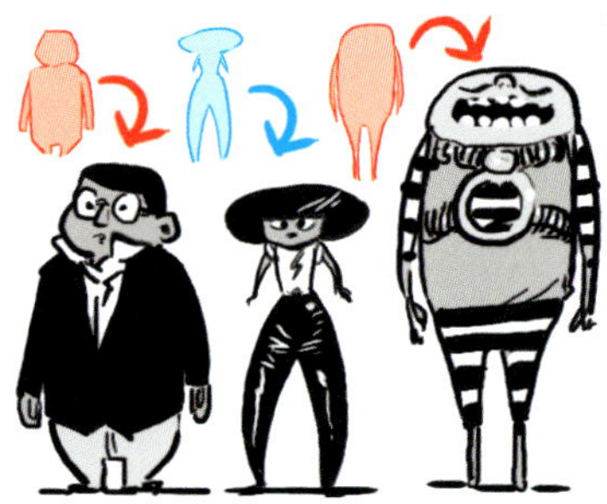

TUTORIAL #11

DIE 3-TEILE-METHODE IST ZWAR NUR EIN MÖGLICHER ANSATZ, UM FIGUREN ZU ENTWICKELN, ABER SIE HILFT DIR AUCH, DIE **PROPORTIONEN** ANDERER FIGUREN BESSER **ZU VERSTEHEN.**

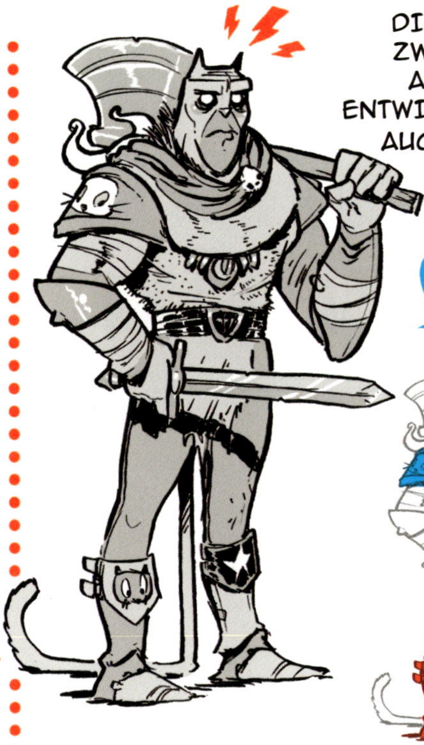

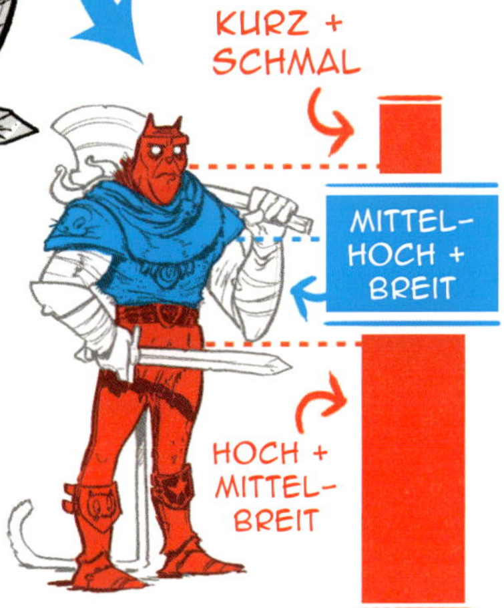

DIE METHODE DER DREI TEILE IST SO EFFEKTIV, DASS DU AUS **EINEM CHARAKTER** UNENDLICH **VIELE VARIATIONEN** ERZEUGEN KANNST.

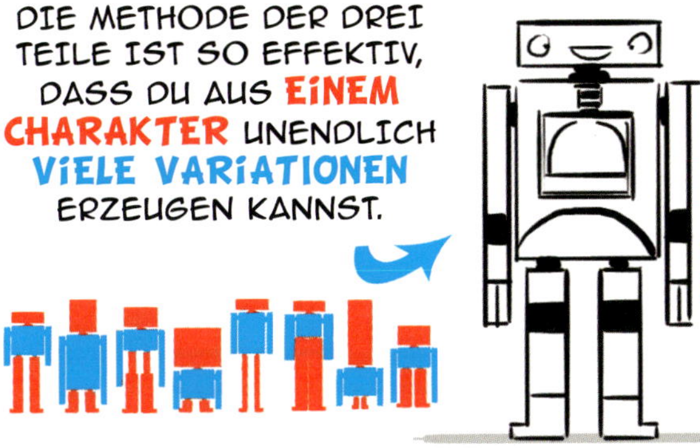

BEGINNEN WIR MIT DIESEM EINFACHEN ROBOTER ...

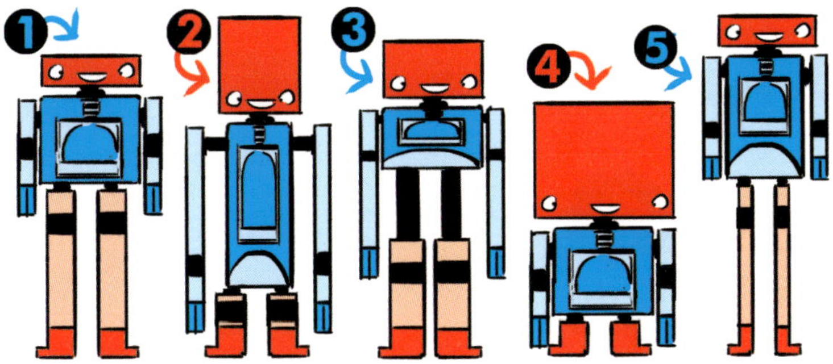

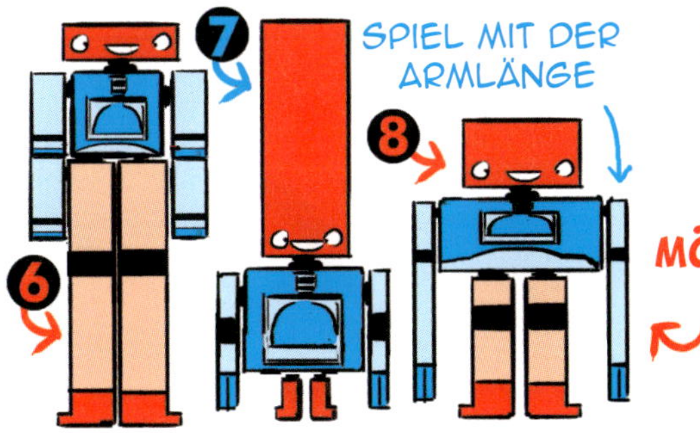

ALLEIN BEIM ÄNDERN VON BREITE UND HÖHE DER DREI TEILE SIND DIE **MÖGLICHKEITEN ENDLOS!**

SCHAU EINMAL, WAS PASSIERT, WENN DU DAS **HAUPTVOLUMEN** EINER FIGUR IN **UNTERSCHIEDLICHEN BEREICHEN** ANSETZT.

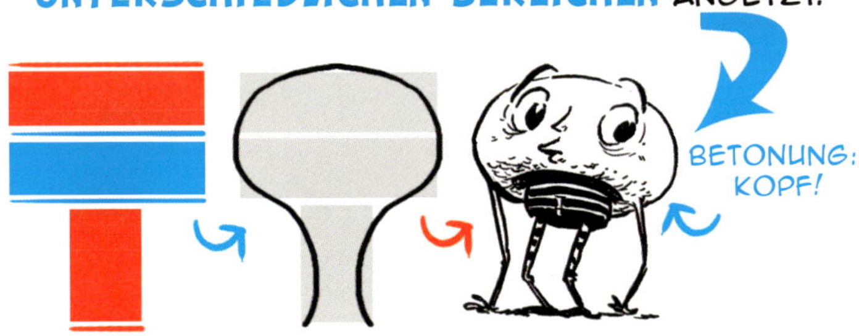

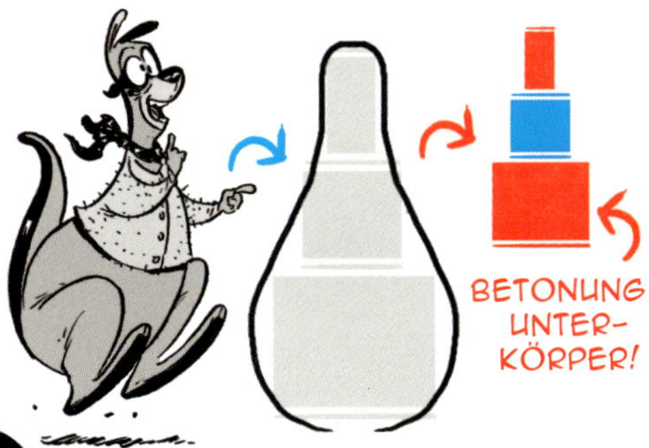

IN SPÄTEREN BÄNDEN ERFÄHRST DU **NOCH MEHR** DARÜBER, WIE DU **FORMEN** ZUM **ENTWURF** VON FIGUREN NUTZEN KANNST.

RENNENDE FIGUREN

BEI LAUFENDEN FIGUREN GEHT ES UM **GEWICHT**, **GLEICHGEWICHT** UND **ANTRIEB.**

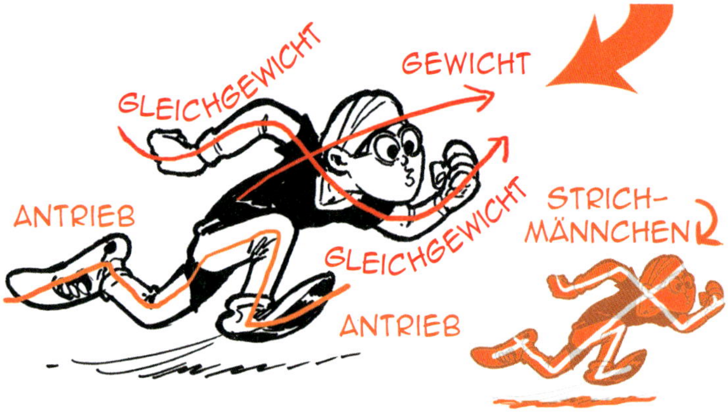

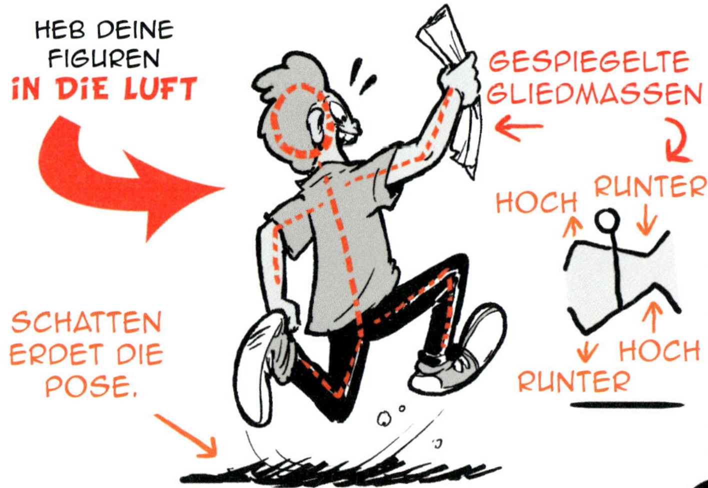

SCHAUEN WIR UNS DIE EINZELNEN **LAUFPHASEN AN:**

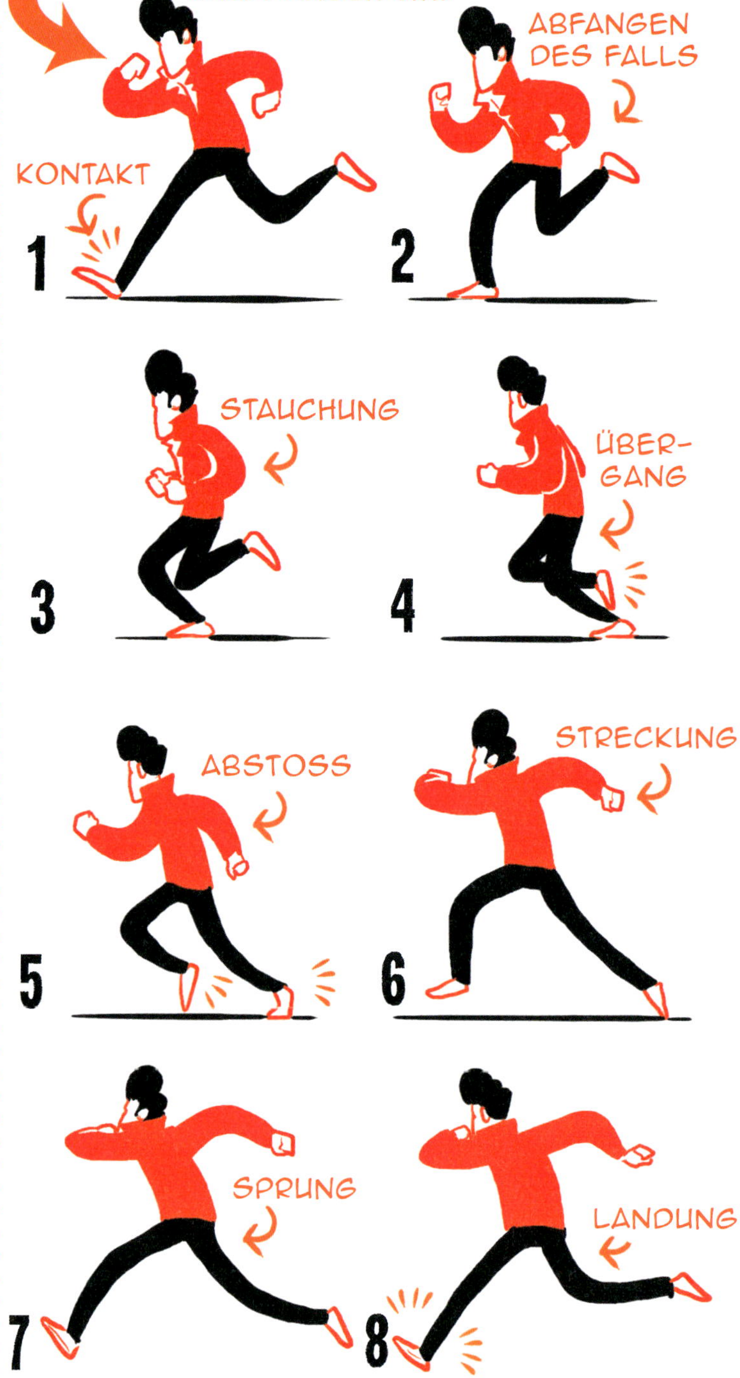

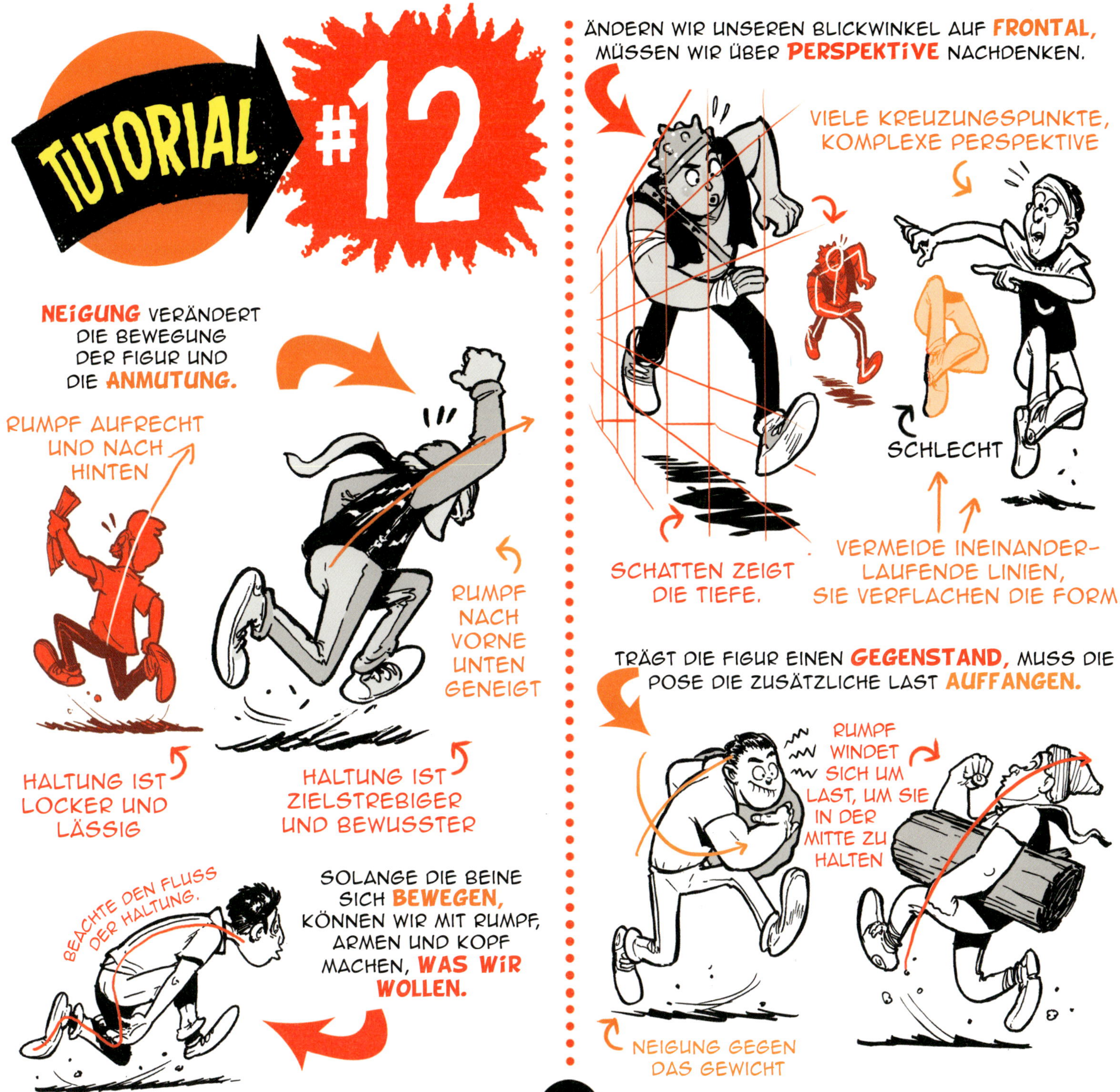
TUTORIAL #12
NEIGUNG VERÄNDERT DIE BEWEGUNG DER FIGUR UND DIE ANMUTUNG.
RUMPF AUFRECHT UND NACH HINTEN
RUMPF NACH VORNE UNTEN GENEIGT
HALTUNG IST LOCKER UND LÄSSIG
HALTUNG IST ZIELSTREBIGER UND BEWUSSTER
BEACHTE DEN FLUSS DER HALTUNG.
SOLANGE DIE BEINE SICH BEWEGEN, KÖNNEN WIR MIT RUMPF, ARMEN UND KOPF MACHEN, WAS WIR WOLLEN.
ÄNDERN WIR UNSEREN BLICKWINKEL AUF FRONTAL, MÜSSEN WIR ÜBER PERSPEKTIVE NACHDENKEN.
VIELE KREUZUNGSPUNKTE, KOMPLEXE PERSPEKTIVE
SCHLECHT
SCHATTEN ZEIGT DIE TIEFE.
VERMEIDE INEINANDER-LAUFENDE LINIEN, SIE VERFLACHEN DIE FORM.
TRÄGT DIE FIGUR EINEN GEGENSTAND, MUSS DIE POSE DIE ZUSÄTZLICHE LAST AUFFANGEN.
RUMPF WINDET SICH UM LAST, UM SIE IN DER MITTE ZU HALTEN
NEIGUNG GEGEN DAS GEWICHT

KAPITEL ZWEI

TIERE & MONSTER

HÖRNER

ES GIBT UNZÄHLIGE ARTEN VON **HÖRNERN,** DIE DU FÜR DEINE FIGUREN UND MONSTER NUTZEN KANNST. BEGINNEN WIR MIT EIN **PAAR KLEINEN:**

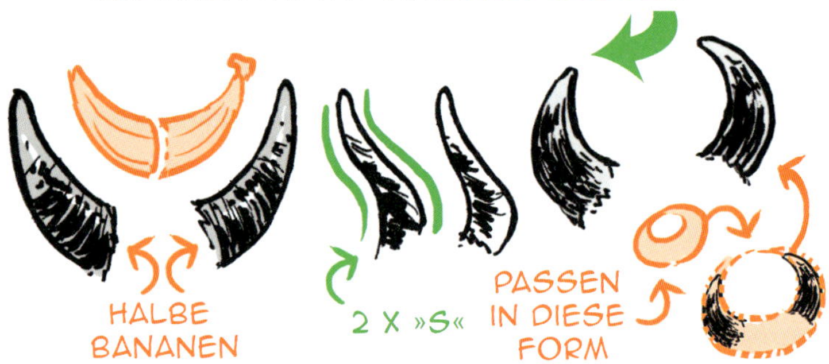

EINIGE ARTEN WIE ZIEGEN HABEN DEUTLICHE **DELLEN** AN DEN HÖRNERN, OFT NUR AN DER **VORDERKANTE** DER WÖLBUNG.

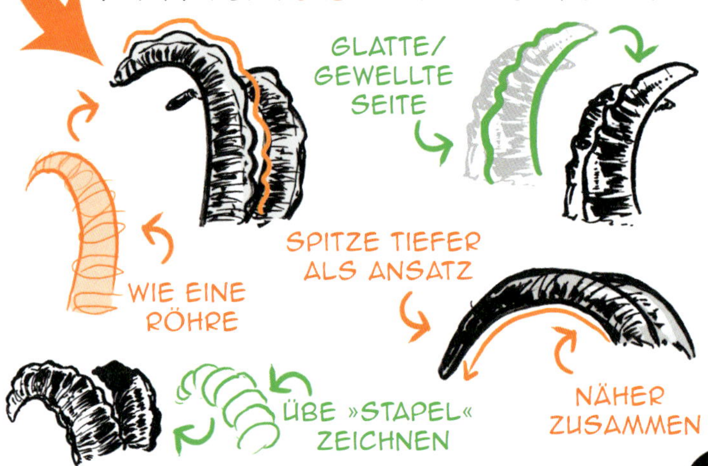

AN **SPITZE UND ANSATZ** STÄRKER **VERJÜNGEN,** DAZWISCHEN SCHWÄCHER

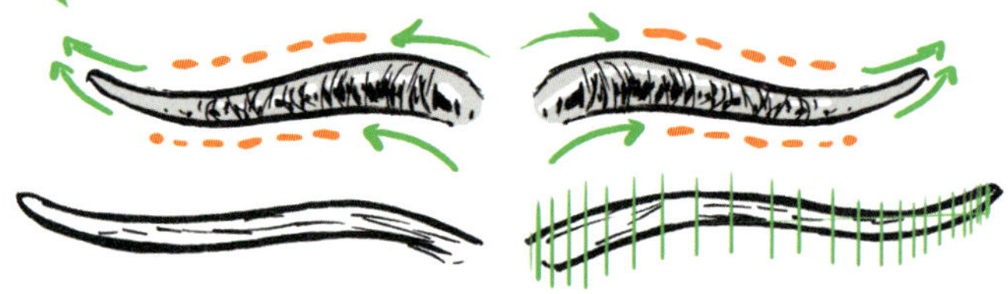

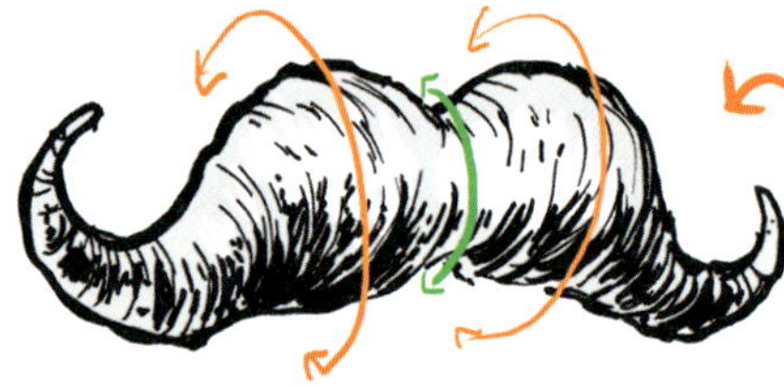

KOMPAKTERE VARIANTEN HABEN EINE **PLASTISCHERE FORM.**

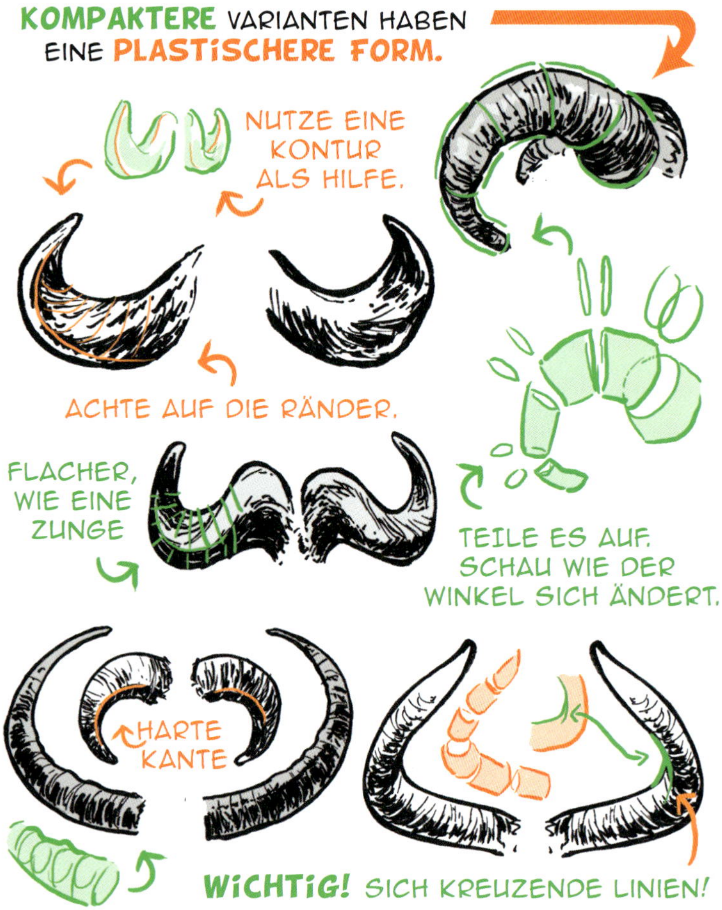

TUTORIAL #13

FÜR LÄNGERE, GEDREHTE UND **GESCHWUNGENE HÖRNER** MÜSSEN WIR UNS AUF DIE KONTUREN KONZENTRIEREN UND DIE **HÖRNER IN GEDANKEN AUFTEILEN.**

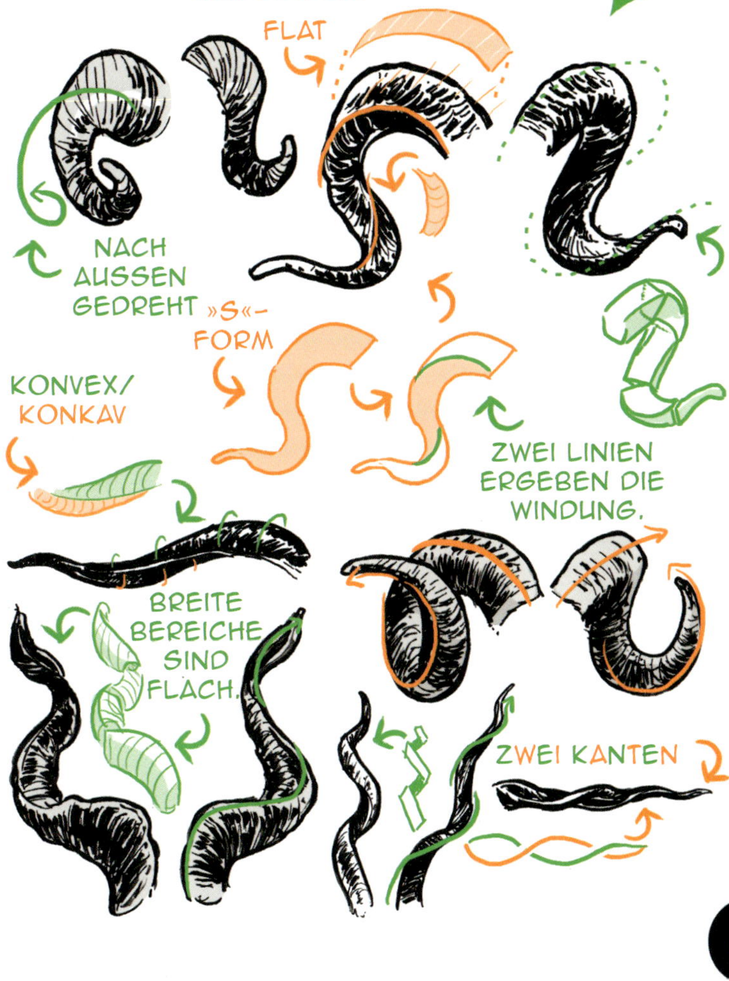

MIT DIESEN INFORMATIONEN KANNST DU NUN GANZ **EIGENE HÖRNER ERFINDEN!** JE **AUFWENDIGER,** DESTO BESSER!

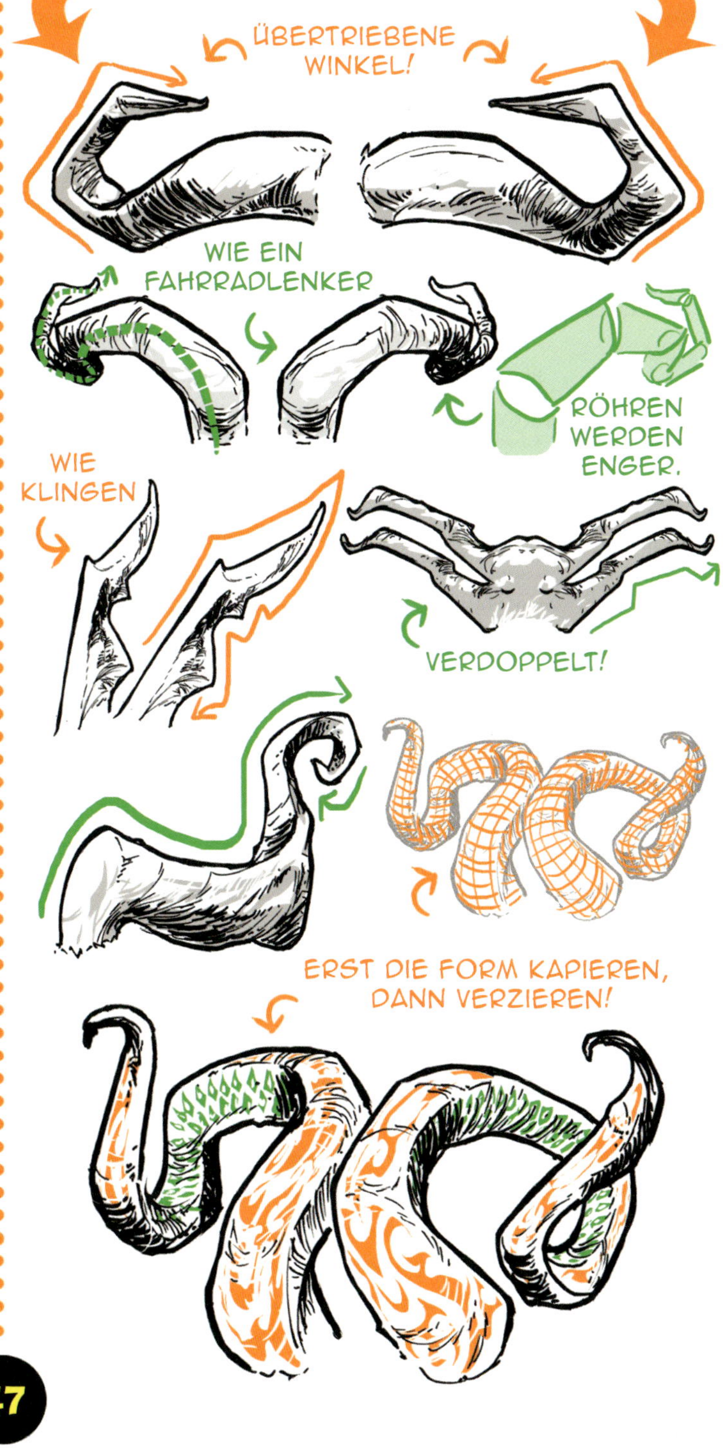

MONSTER-TENTAKEL

BEGINNE MIT EINER EINFACHEN **FLIESSENDEN** LINIE, UM DEN FLUSS DER **BEWEGUNG** DES TENTAKELS EINZUFANGEN.

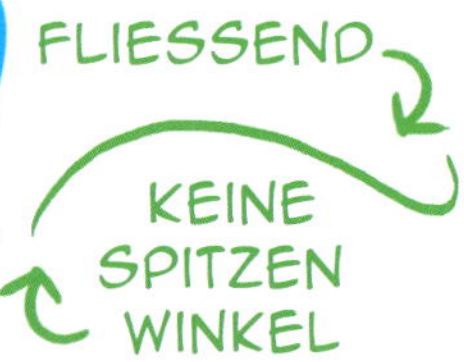

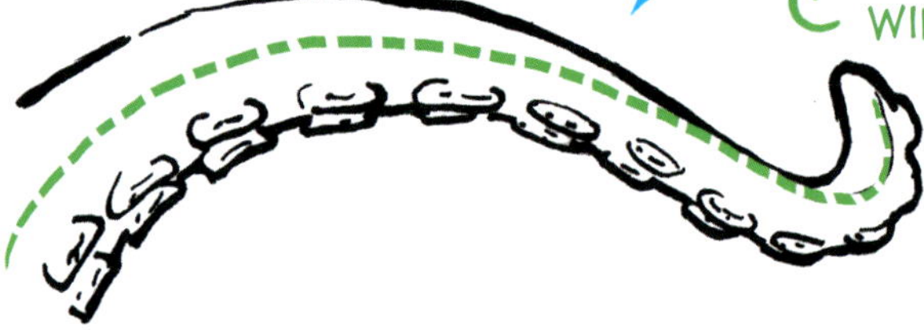

DENK IMMER DARAN: TENTAKEL HABEN EINE **ZYLINDRISCHE FORM!**

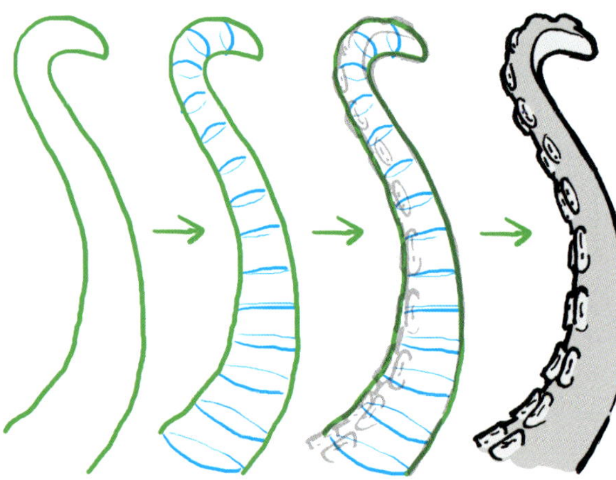

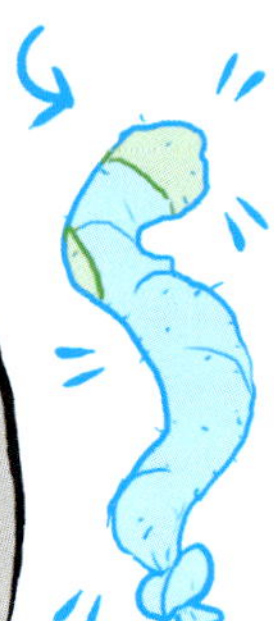

MIT **WINDUNGEN** KÖNNEN WIR VIEL **TIEFE UND DIMENSIONALITÄT** ERREICHEN.

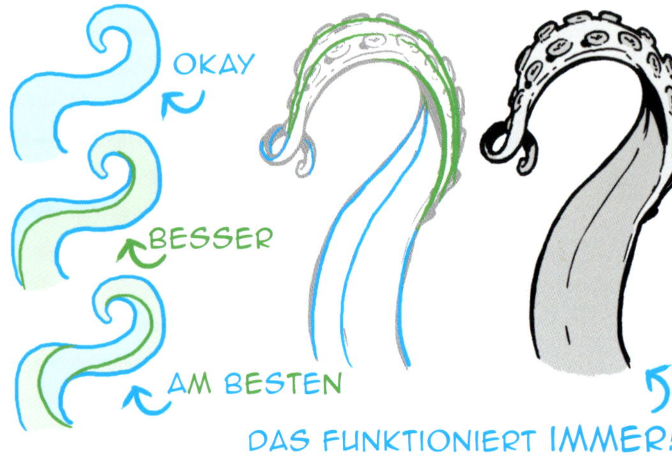

KONTURLINIEN UND DIE **PLATZIERUNG DER SAUGNÄPFE** BETONEN DIE WINDUNG.

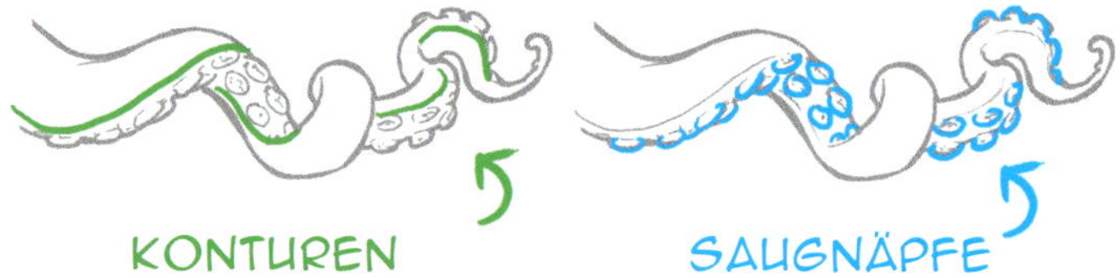

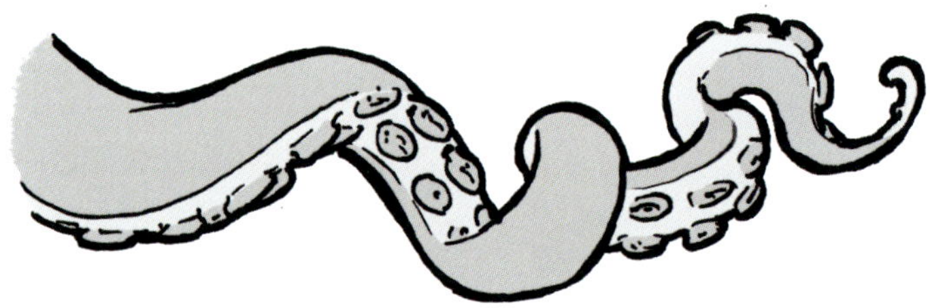

DIE SAUGNÄPFE SITZEN **JE ZU ZWEIT** AUF EINER LINIE UND SIND IN WINDUNGEN NUR **TEILWEISE SICHTBAR.**

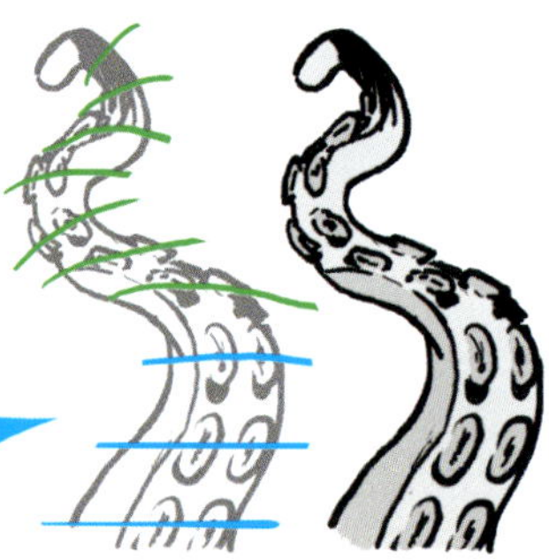

TUTORIAL #14

JE **DÜNNER** DER TENTAKEL WIRD, DESTO FEINER IST SEIN **BEWEGUNGSUMFANG.**

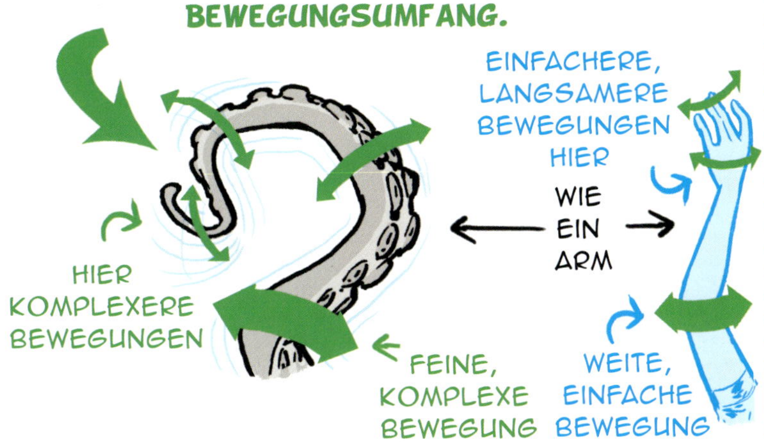

NUTZE ABGERUNDETE **ECKEN,** WENN DER TENTAKEL **SICH WINDET** ODER EINROLLT.

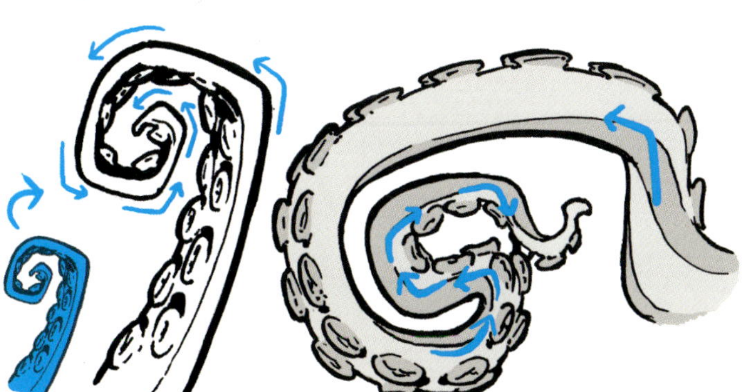

VARIIERE **FORM, LÄNGE UND BREITE,** WENN DU **MEHRERE** TENTAKEL ZEICHNEST.

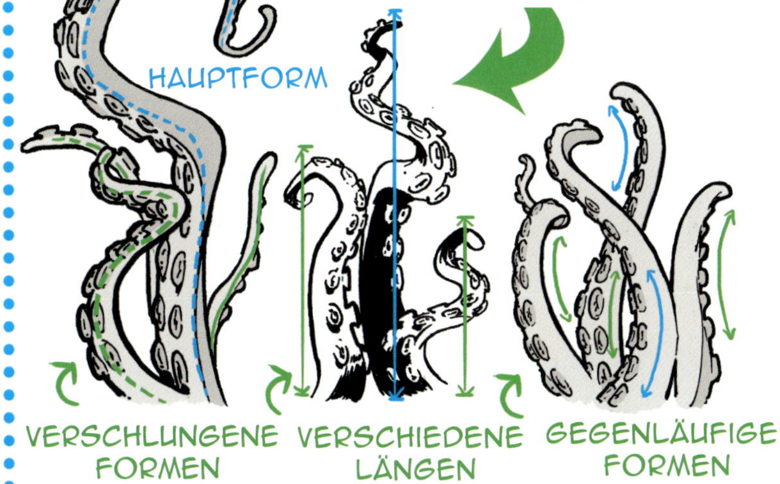

WEITERE **POSEN** UND **GESTEN**

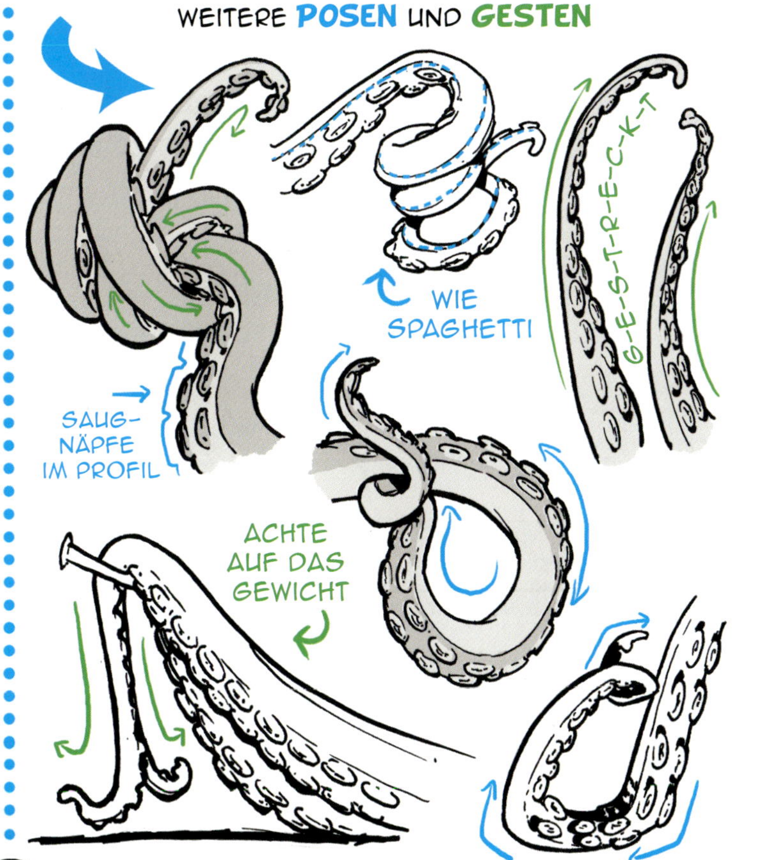

SCHWEINE

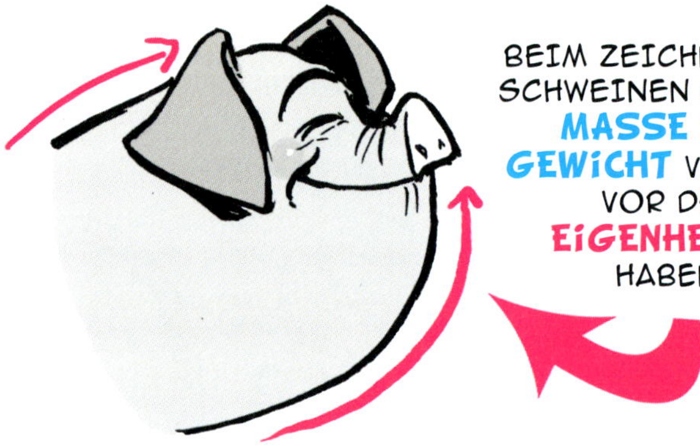

BEIM ZEICHNEN VON SCHWEINEN SOLLTEN **MASSE UND GEWICHT** VORRANG VOR DEN **EIGENHEITEN** HABEN.

AUFGRUND DER MASSE WIRD DIE **GRUNDFORM** DES KOPFS SEHR **VEREINFACHT** DARGESTELLT.

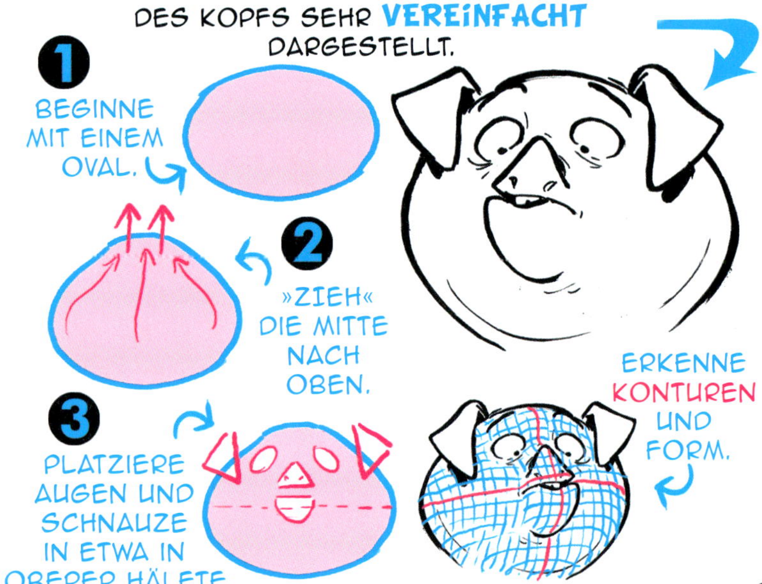

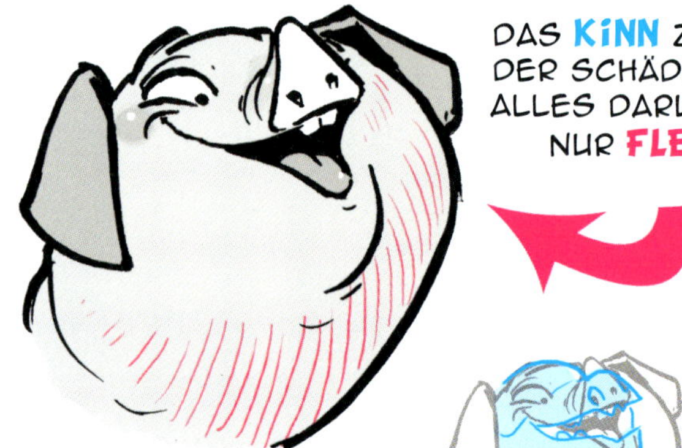

DAS **KINN** ZEIGT, WO DER SCHÄDEL ENDET, ALLES DARUNTER IST NUR **FLEISCH.**

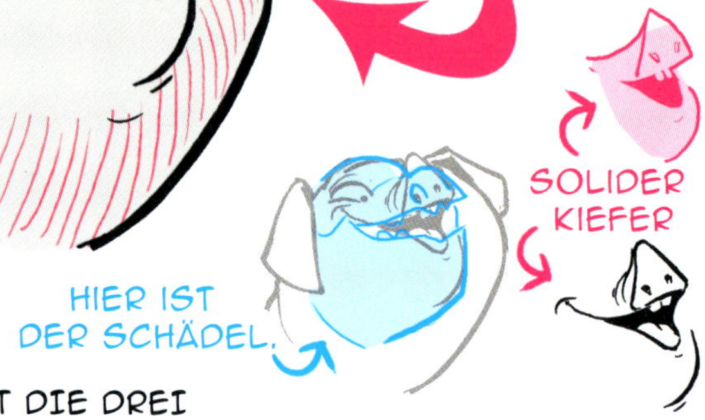

DU KANNST DIE DREI RECHT **EBENEN FLÄCHEN** VON **NASE UND OHREN** NUTZEN, UM FORM UND NEIGUNG FESTZULEGEN.

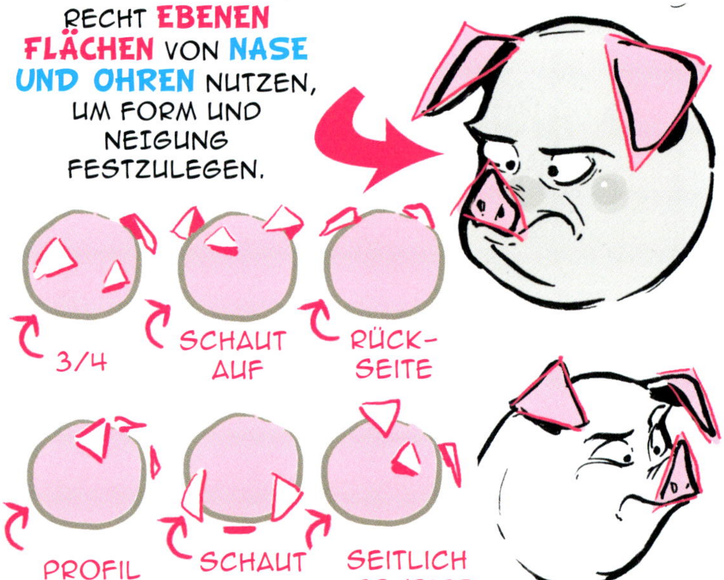

KOMPAKT GEHALTENE GESICHTSZÜGE **UNTERSTREICHEN** DEN EINDRUCK DER **DICHT GEPACKTEN MASSE.**

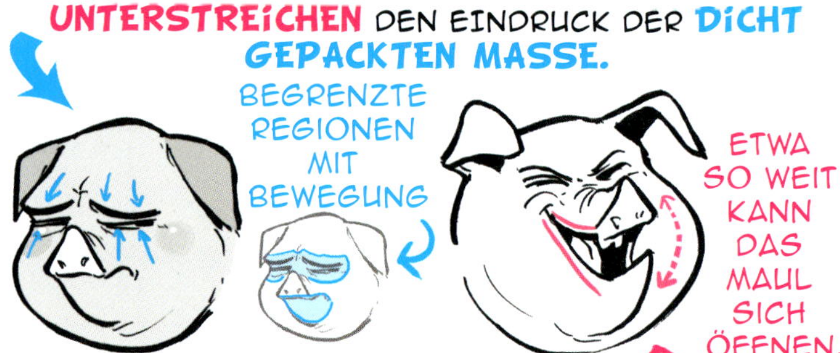

TUTORIAL #15

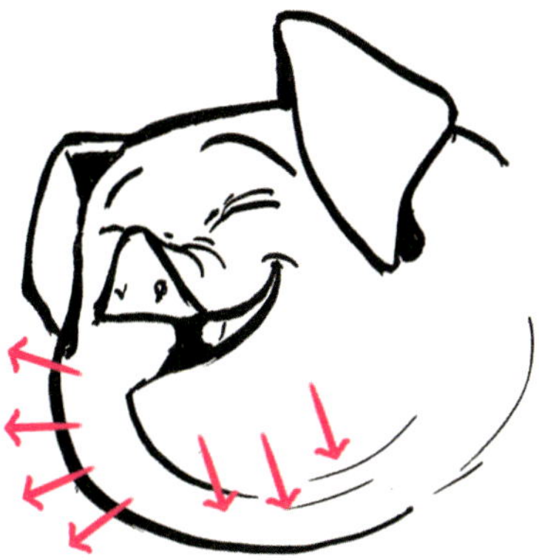

DIE BEWEGUNG DES KOPFS **STAUCHT UND STRECKT** DIE **WEICHEREN PARTIEN.**

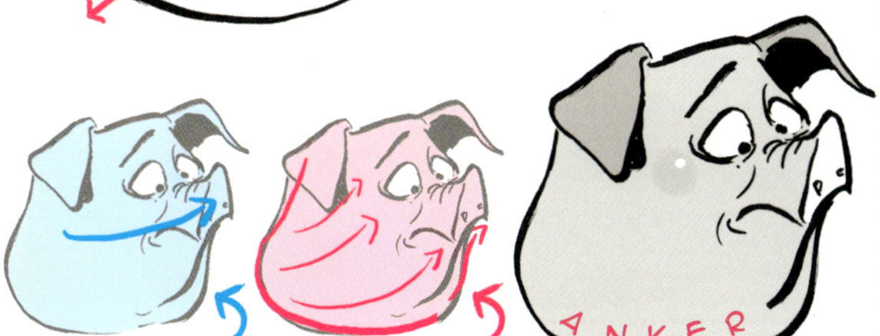

KOPFDREHUNG GEDEHNTE HAUT

EINEN **HALS** SEHEN WIR EIGENTLICH NIE, DER KOPF GEHT **NAHTLOS IN DEN KÖRPER** ÜBER.

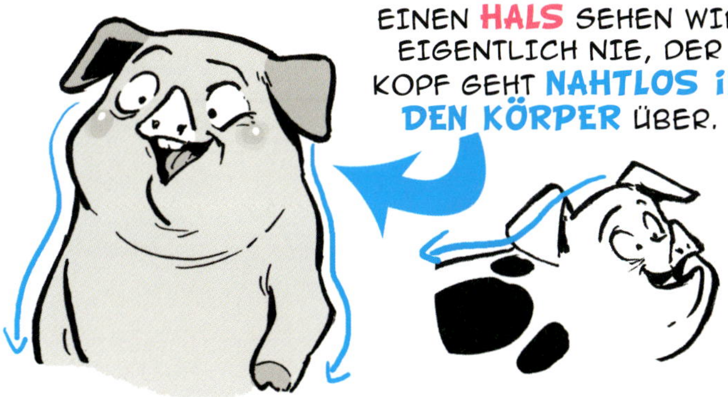

WIE DER KOPF, HAT AUCH DER KÖRPER EINE **SEHR EINFACHE GRUNDFORM**

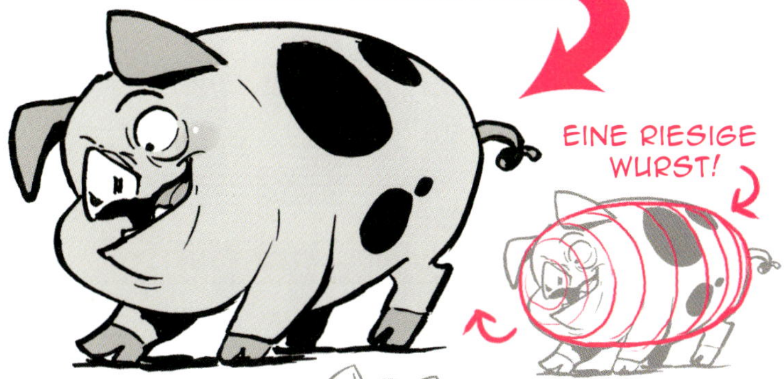

EINE RIESIGE WURST!

SCHLIESSE DEN KOPF IN DIESER GROBEN PHASE IN DIE FORM MIT EIN.

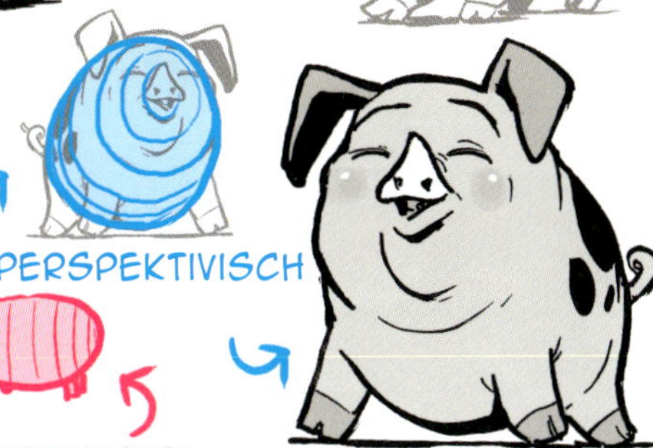

PERSPEKTIVISCH

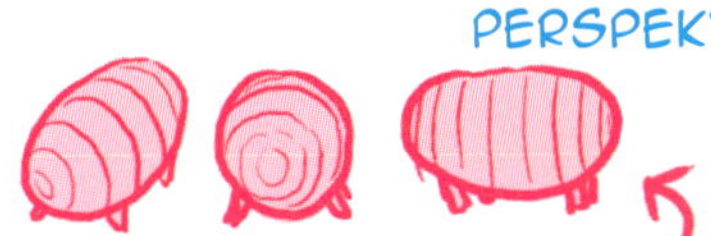

BEACHTE DEN BLICKWINKEL.

ZEIG, DASS DER KÖRPER **WENIG FLEXIBEL** IST, INDEM DU DIE **FORM** MÖGLICHST BEIBEHÄLTST.

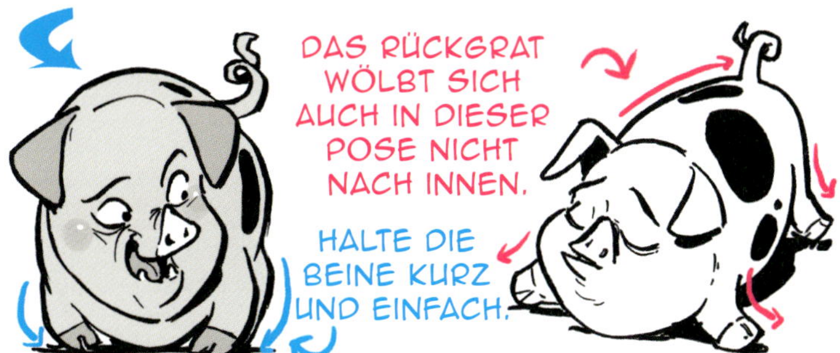

DAS RÜCKGRAT WÖLBT SICH AUCH IN DIESER POSE NICHT NACH INNEN.

HALTE DIE BEINE KURZ UND EINFACH.

BEI MANCHEN POSEN MUSST DU DIE **FORM DURCHBRECHEN,** ABER VERSUCH DAS **VOLUMEN ZU ERHALTEN.**

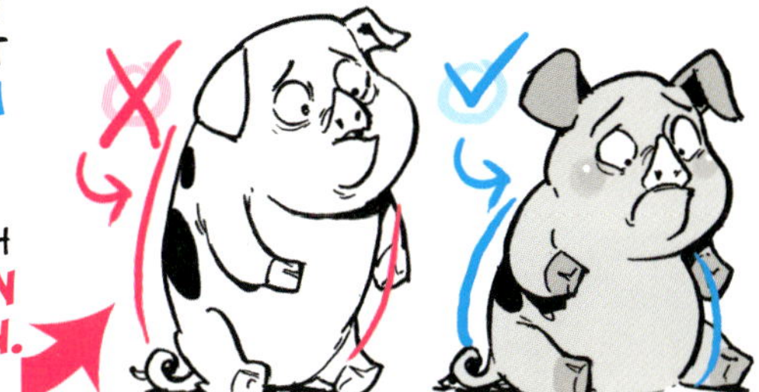

ABWÄRTS GESTAUCHT

VOGEL-KÖPFE

EIN VOGELKOPF HAT NUR ZWEI PRÄGNANTE DETAILS, **AUGEN** UND **SCHNABEL.**

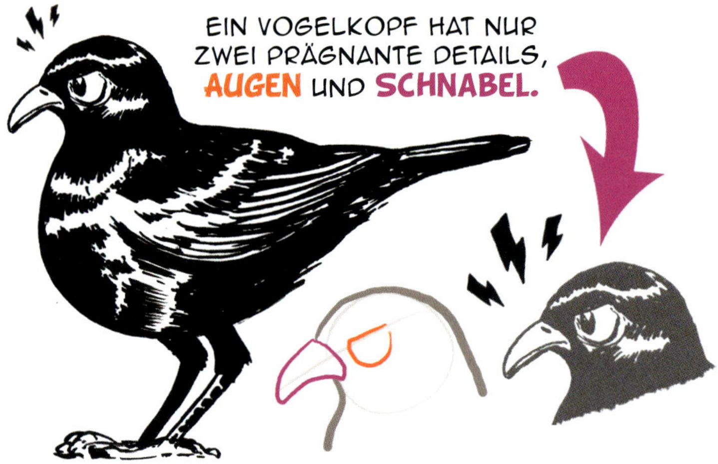

ABER ALLEINE DAS SPIEL MIT DEN PROPORTIONEN VON **AUGEN** UND **SCHNABEL** ERMÖGLICHT UNS ENDLOSE VARIATIONEN DES CHARAKTERS.

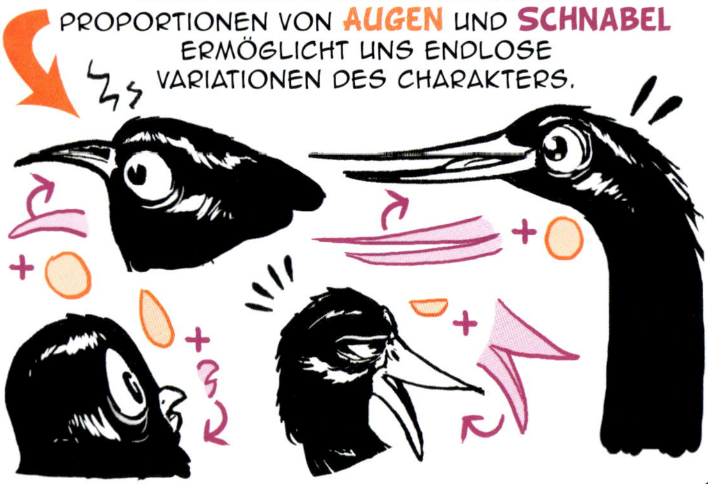

NUTZE DAS **GEFIEDER,** UM DIE **ZEICHNUNG** HERAUSZUARBEITEN.

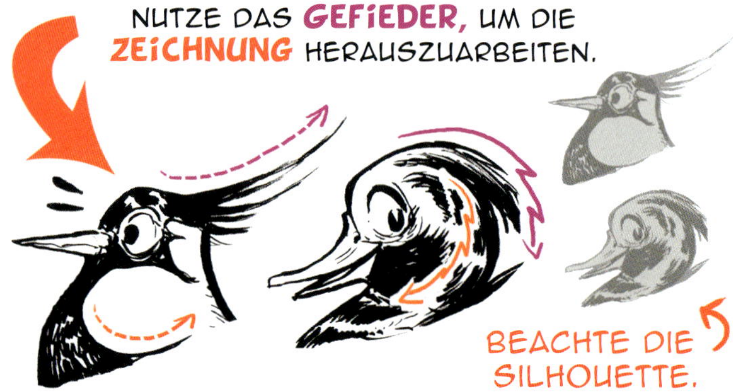

FEDERN SOLLTEN ZUDEM EINEN **RHYTHMUS** HABEN, DER DEN **BLICK AUF AUGEN** UND SCHNABEL LENKT.

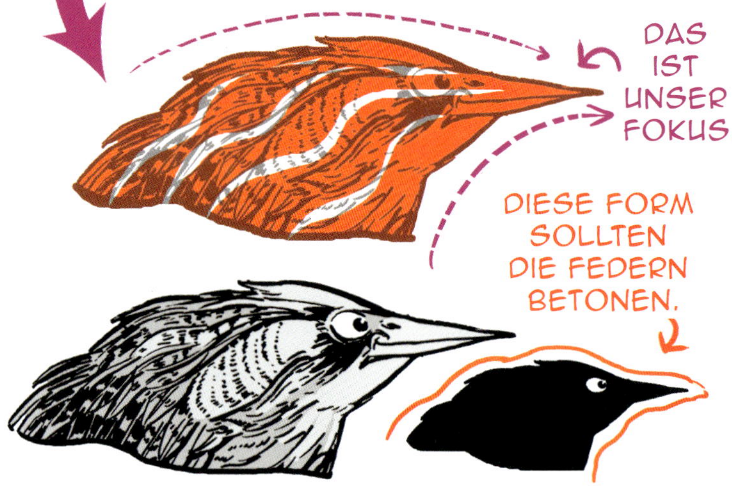

NUTZE **DUNKLE TÖNE,** UM DIE **HAUPTFORMEN** IN ZEICHNUNG UND GEFIEDER ZU BETONEN.

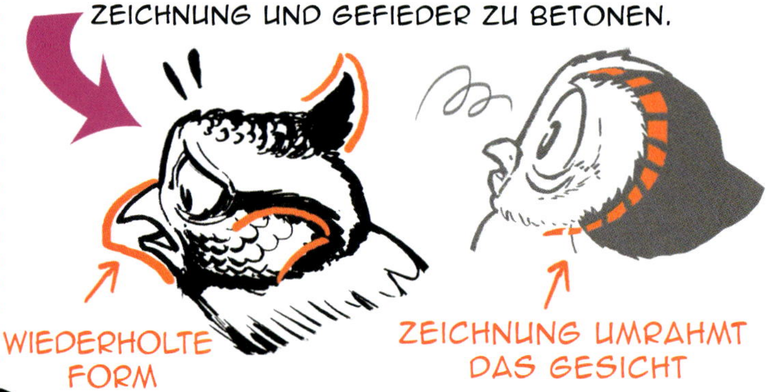

TUTORIAL #16

NUTZE BEIM ENTWURF DIE **FORMEN,** UM DIE **PERSÖNLICHKEIT** DES CHARAKTERS DARZUSTELLEN.

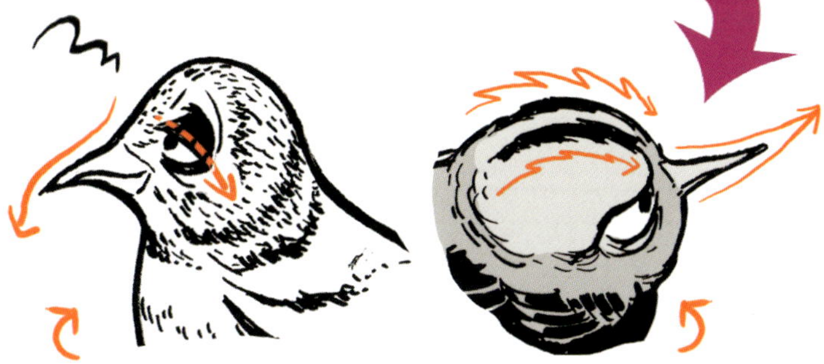

ENTSPANNTE ZÜGE = GELASSEN

SPITZE ZÜGE = ANGESPANNT

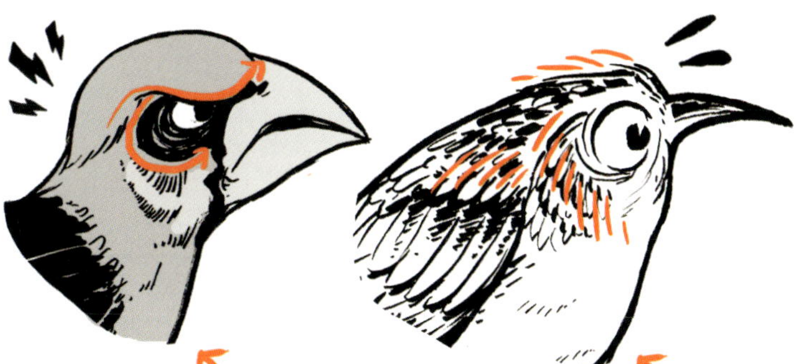

DUNKLE ZEICHNUNG UM AUGEN = MÜRRISCH

AUFGEPLUSTERTES, STRUPPIGES GEFIEDER = SCHÜCHTERN

VERSCHIEDEN GEFORMTE UND GEÖFFNETE **SCHNÄBEL** UND ANGEDEUTETE VERSCHIEDENE **CHARAKTERZÜGE.**

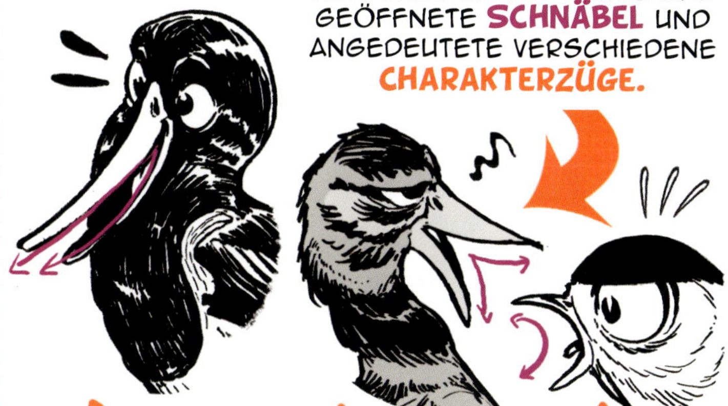

VERTRAUENSVOLL

WISSEND

NERVÖS

NUTZE **ZEICHNUNGEN** UM DIE AUGEN, UM DEN **GESICHTSAUSDRUCK** HERAUSZUARBEITEN UND ZU BETONEN.

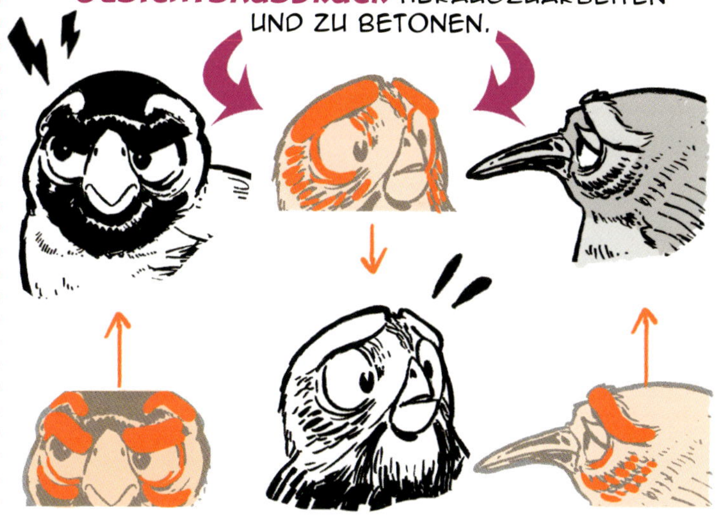

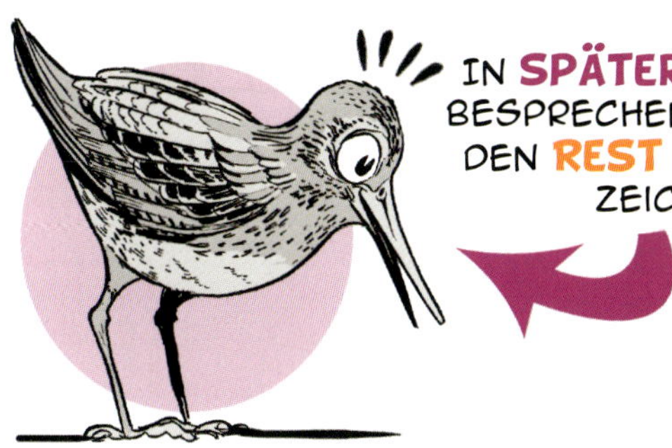

IN **SPÄTEREN BÄNDEN** BESPRECHEN WIR, WIE WIR DEN **REST** DES VOGELS ZEICHNEN!

PFERDE-KÖPFE

IN VIER SCHRITTEN LÄSST SICH EIN SIMPLER **PFERDEKOPF** ZEICHNEN:

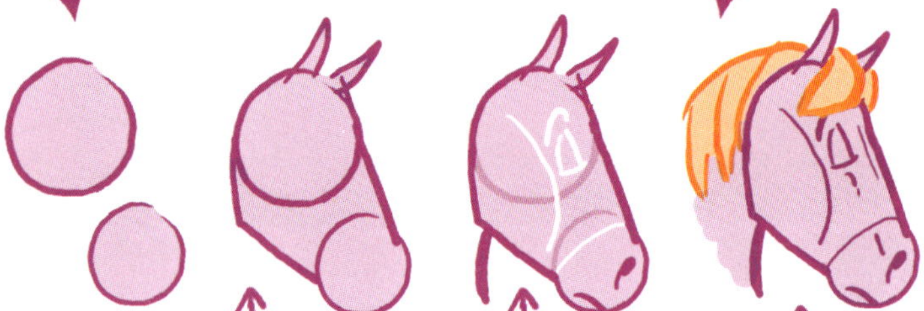

BAUE DIE ZEICHNUNG FÜR EINEN SEITLICHEN **BLICKWINKEL** UM DAS **VERHÄLTNIS** DER BEIDEN KREISE ZUEINANDER AUF.

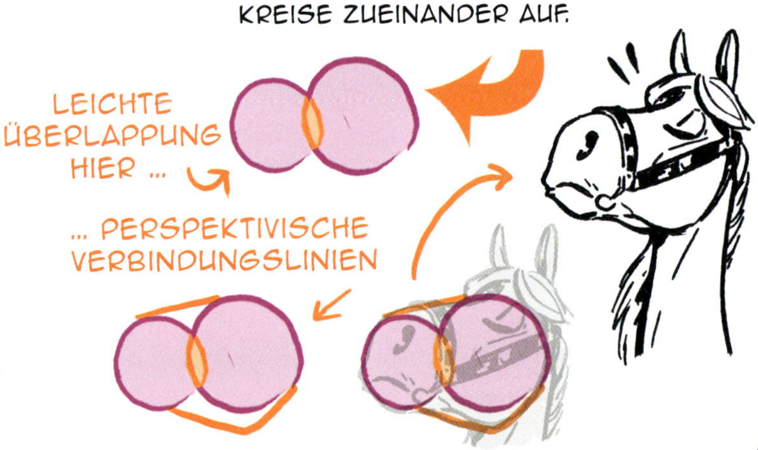

AUCH BEIM ZEICHNEN DES KOPFS VON **HINTEN** BLEIBEN DIE REGELN FÜR DIE GRUNDFORMEN **ERHALTEN.**

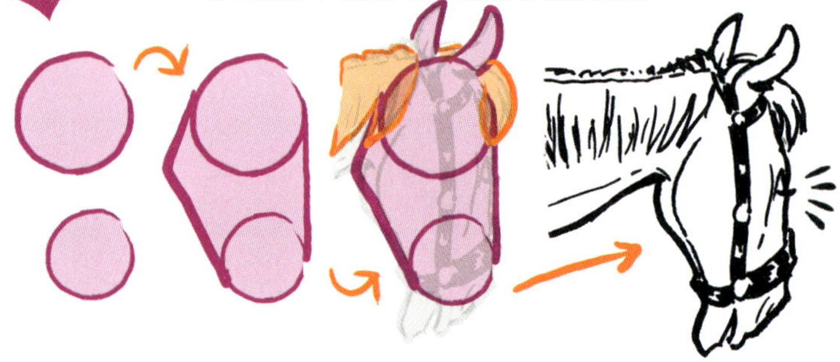

DIE **OHREN** BRINGEN VIEL BEWEGUNG, ABER BRING SIE ZUERST AUF EINER **KREISLINIE** IN POSITION.

OHREN SIND **ZYLINDRISCH**

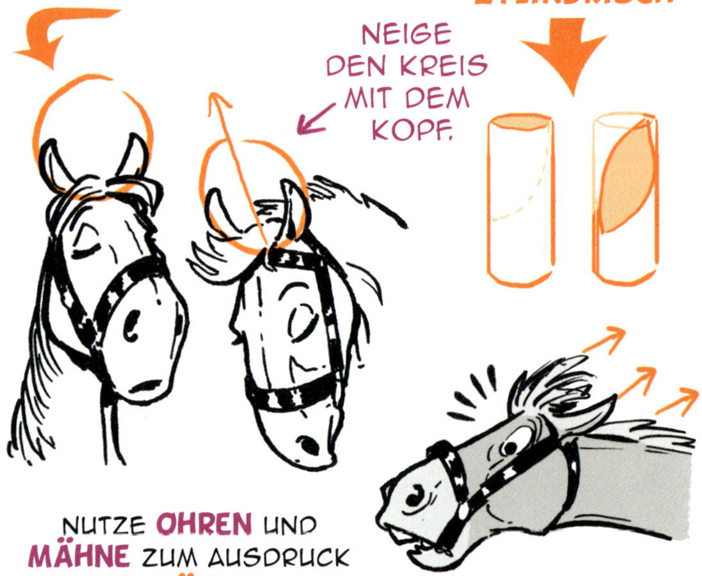

NUTZE **OHREN** UND **MÄHNE** ZUM AUSDRUCK VON **GEFÜHLEN** UND **AKTION.**

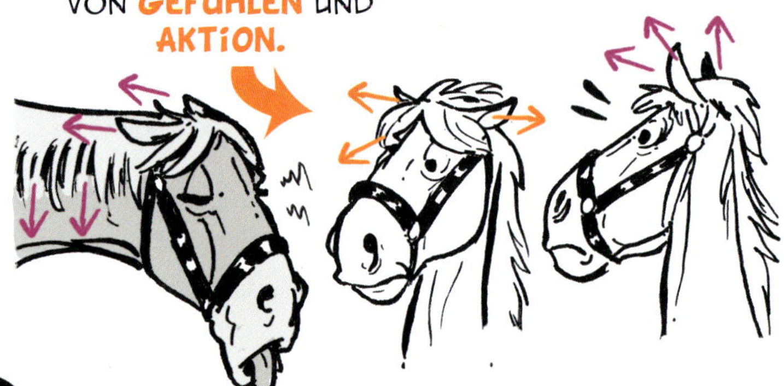

TUTORIAL #17

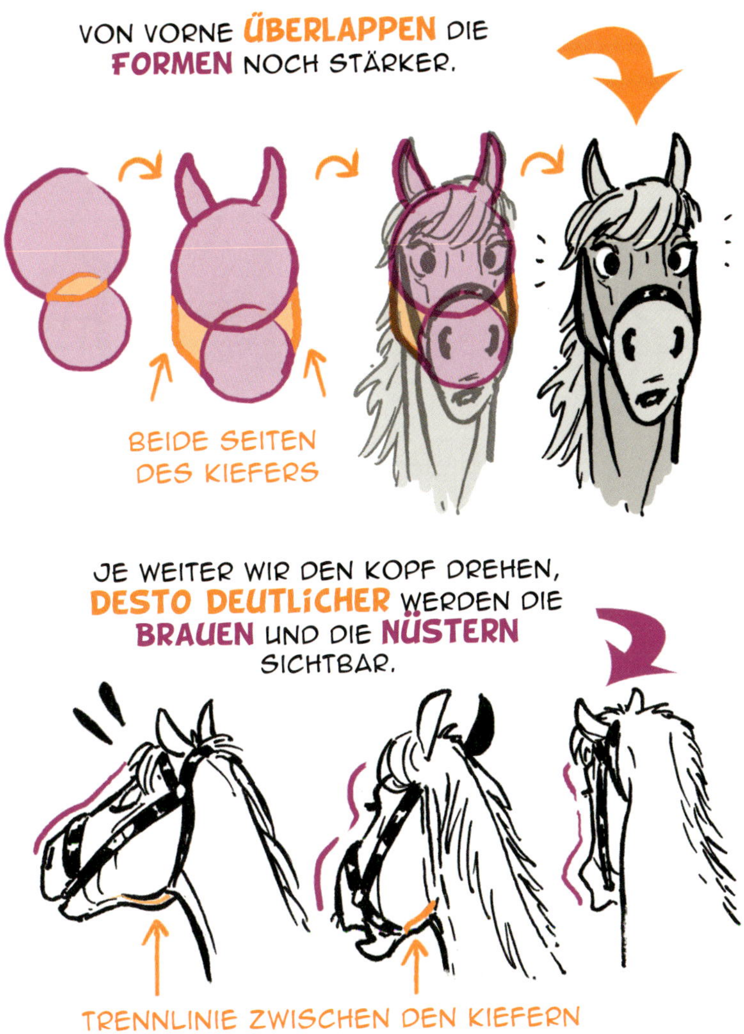

VON VORNE ÜBERLAPPEN DIE FORMEN NOCH STÄRKER.
BEIDE SEITEN DES KIEFERS
JE WEITER WIR DEN KOPF DREHEN, DESTO DEUTLICHER WERDEN DIE BRAUEN UND DIE NÜSTERN SICHTBAR.
TRENNLINIE ZWISCHEN DEN KIEFERN

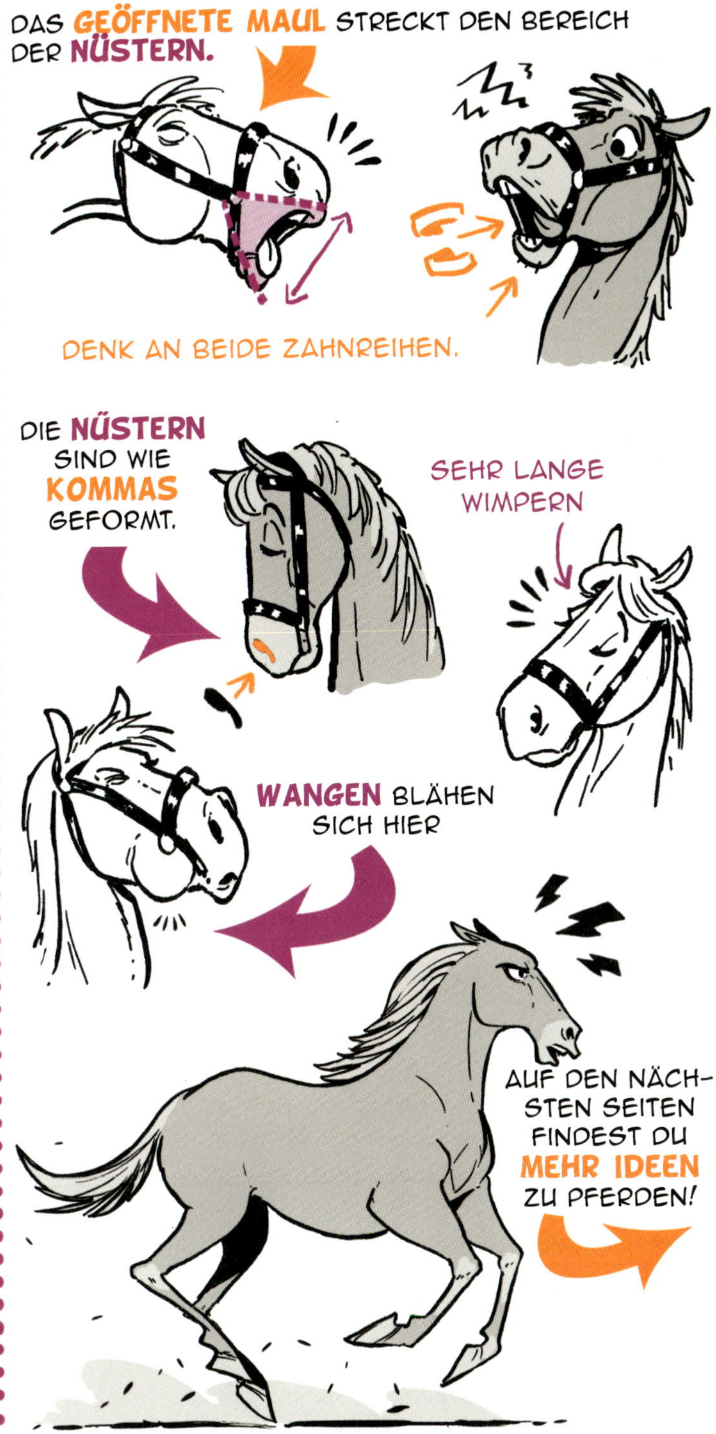

DAS GEÖFFNETE MAUL STRECKT DEN BEREICH DER NÜSTERN.
DENK AN BEIDE ZAHNREIHEN.
DIE NÜSTERN SIND WIE KOMMAS GEFORMT.
SEHR LANGE WIMPERN
WANGEN BLÄHEN SICH HIER
AUF DEN NÄCHSTEN SEITEN FINDEST DU MEHR IDEEN ZU PFERDEN!

PFERDE

ANREGUNGEN!

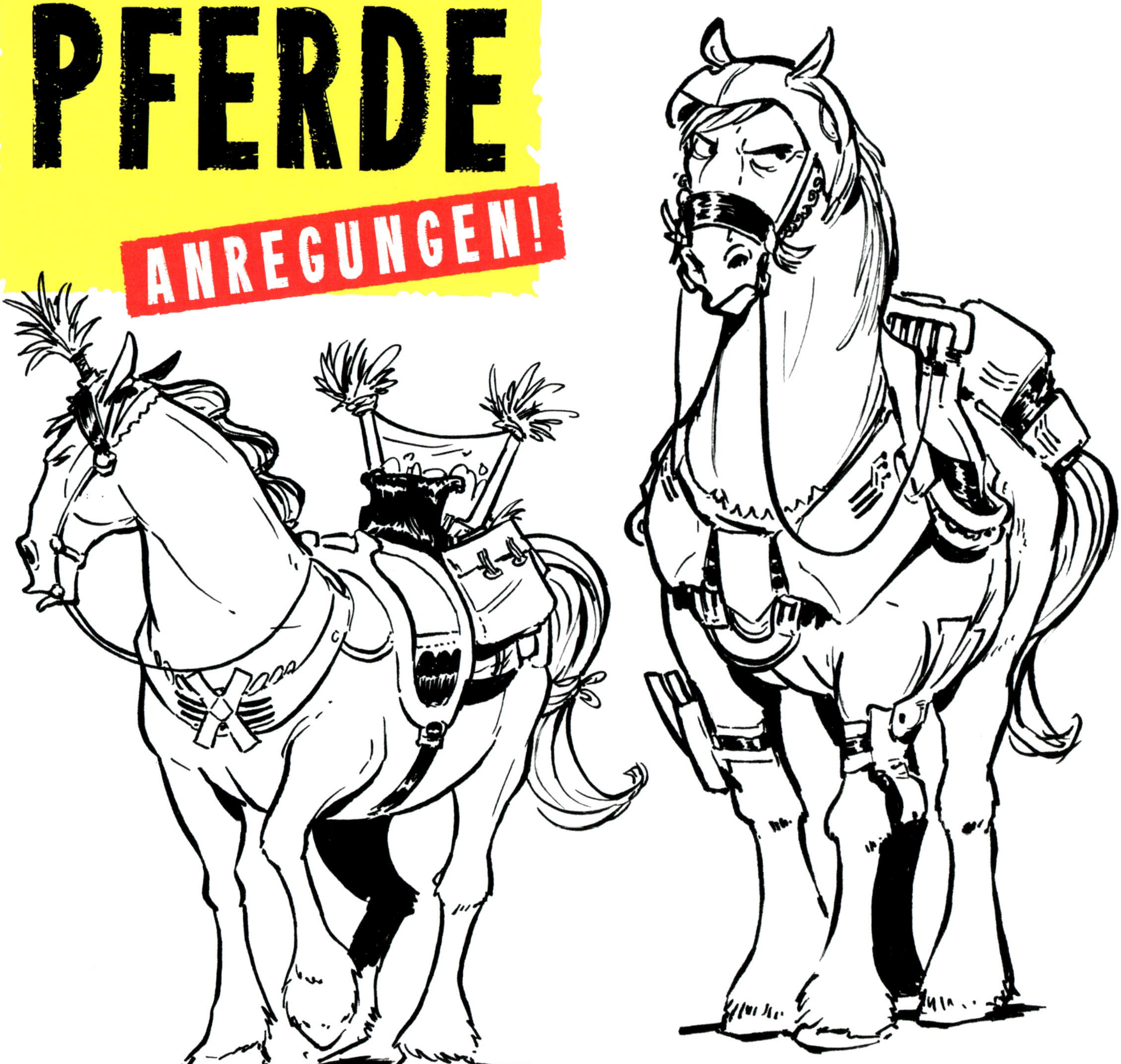

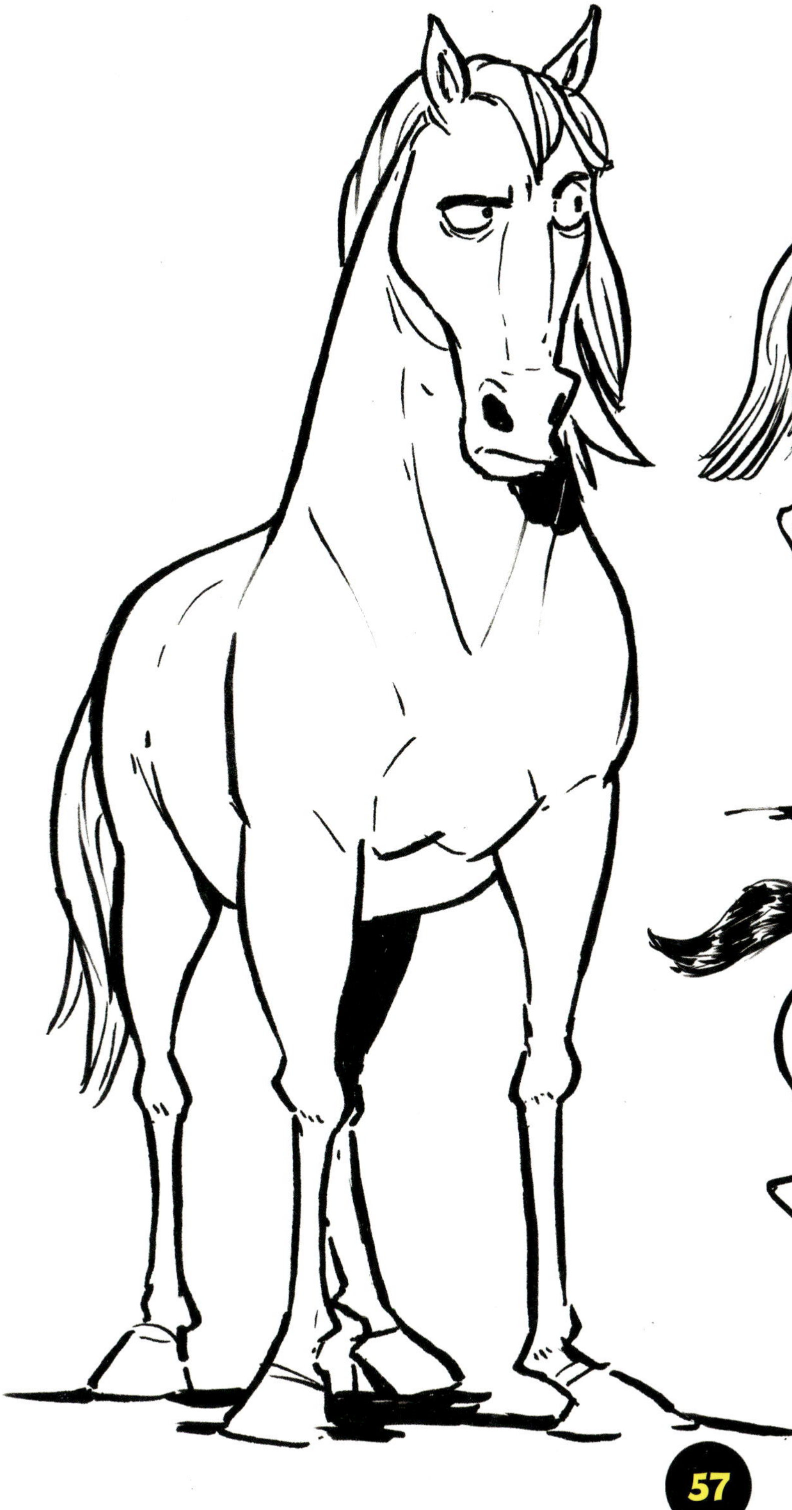

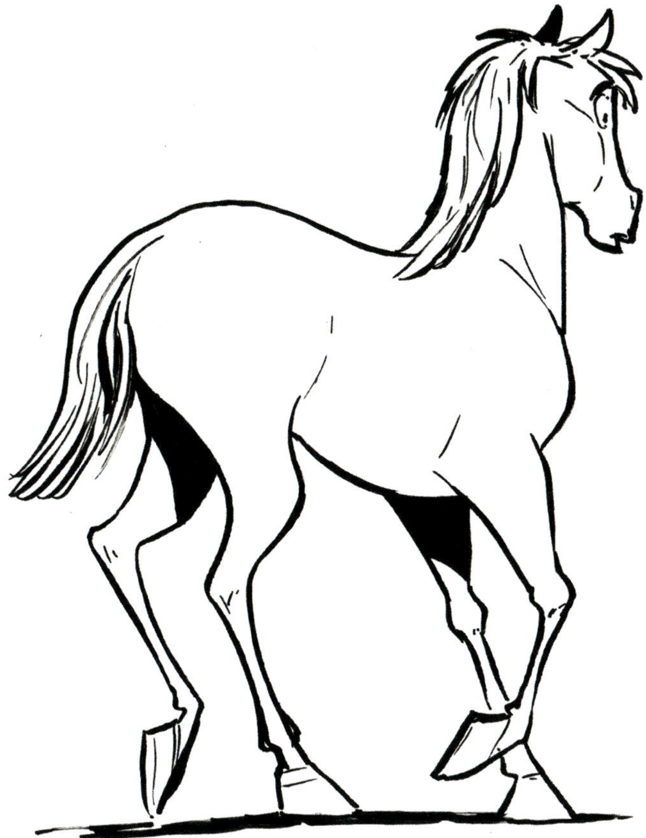

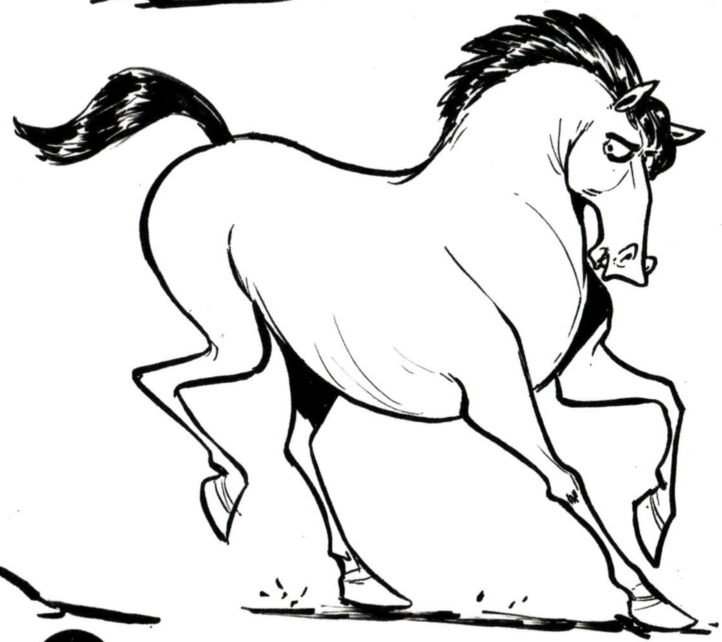

MONSTER KÖPFE

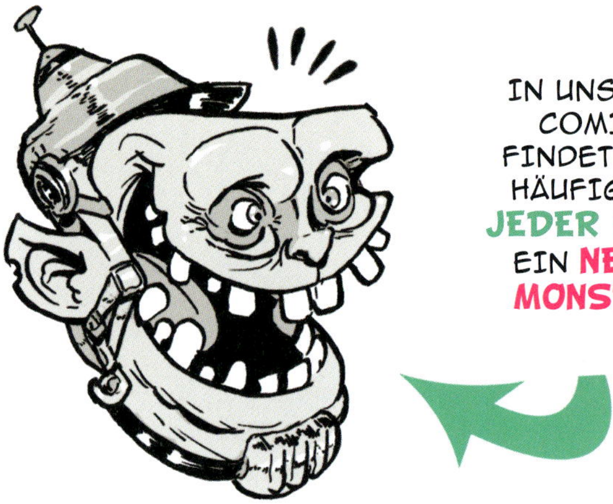

IN UNSEREN COMICS FINDET SICH HÄUFIG AUF **JEDER SEITE** EIN **NEUES MONSTER.**

DIE KOMBINATION **VERSCHIEDENSTER** FORMEN ERGIBT EINE **VIELFALT AN GESICHTSZÜGEN.**

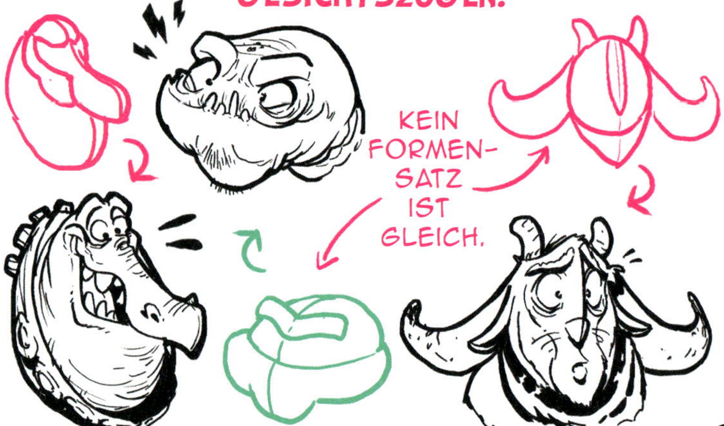

BAUE DEINEN ENTWURF UM DEN **SCHÄDEL** AUF.

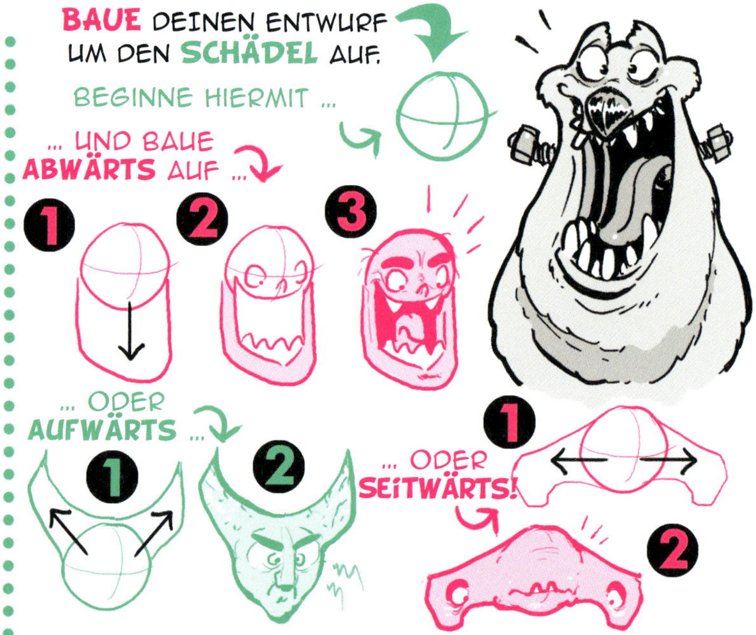

VERSUCH DAS PROFIL SO ZU **ENTWERFEN**, DASS SICH DIE FORMEN DER **OBEREN UND UNTEREN LINIEN** WIEDERHOLEN.

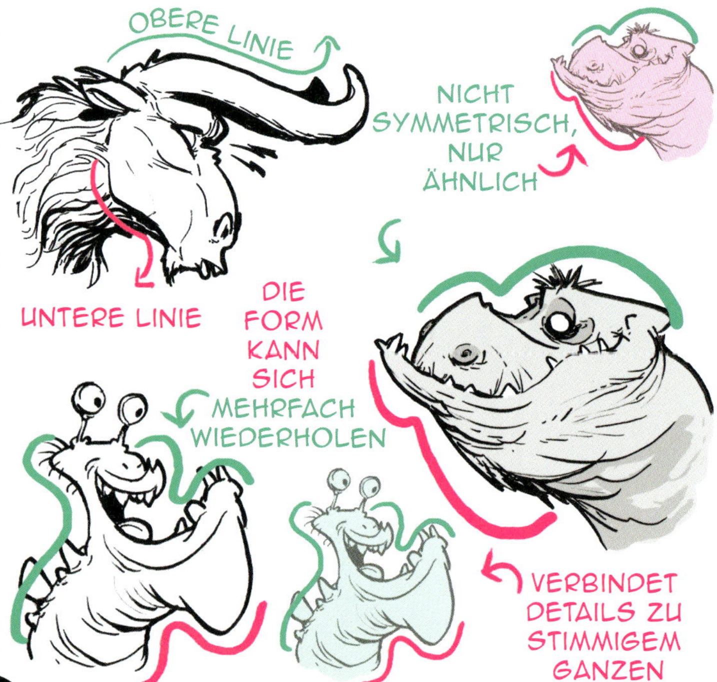

TUTORIAL #18

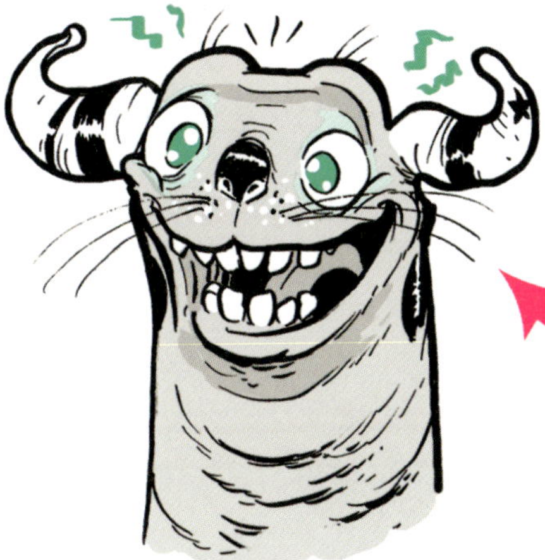

BEIM ENTWURF VON MONSTERN **SPIELT** DIE **PLATZIERUNG DER AUGEN** EINE WICHTIGE ROLLE.

STELL DIR DIE **AUGEN** DES MONSTERS WIE ZWEI **SCHEIBEN** VOR, DIE DU **ÜBERALL** HINSCHIEBEN KANNST!

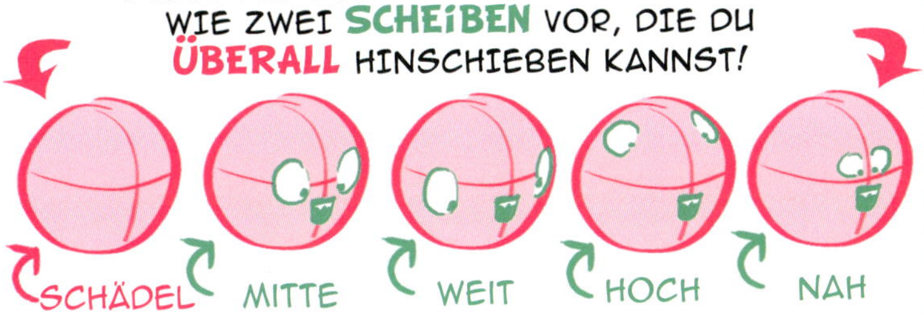

SPIEL MIT DEN AUGEN: PLATZIERE SIE **IM** ODER **AUF** DEM SCHÄDEL.

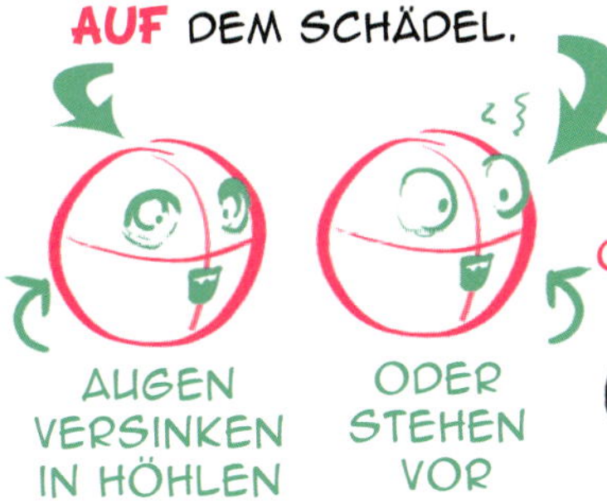

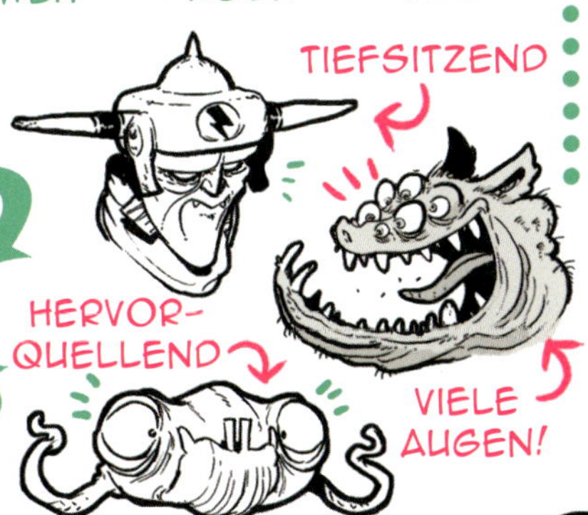

MONSTER KÖNNEN **IRGENDWIE** AUSSEHEN. DU KANNST **JEGLICHE FORMEN** KOMBINIEREN.

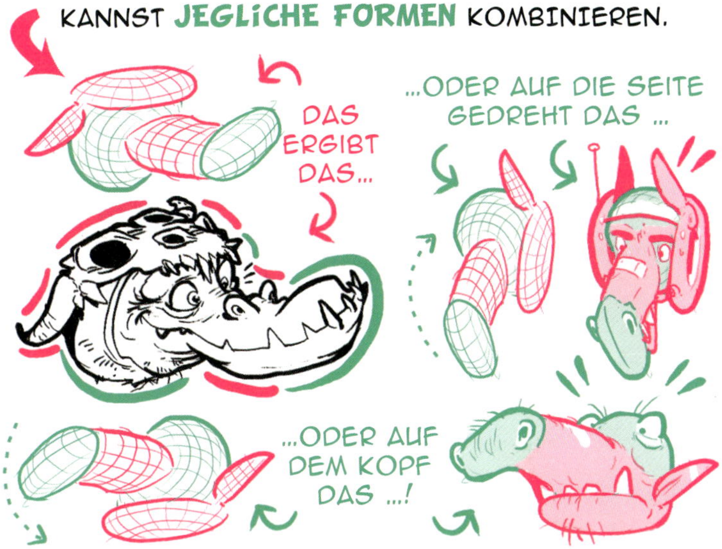

SPIELE MIT **FORM UND ANORDNUNG,** WENN DU DIE **ZÄHNE** EINFÜGST.

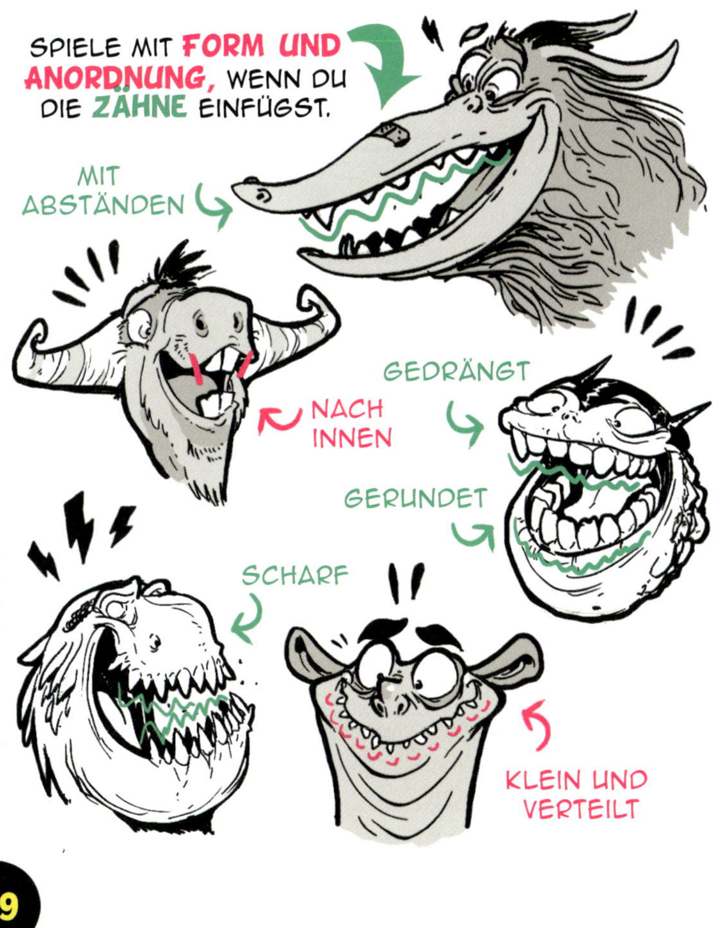

MONSTER KÖPFE

ANREGUNGEN!

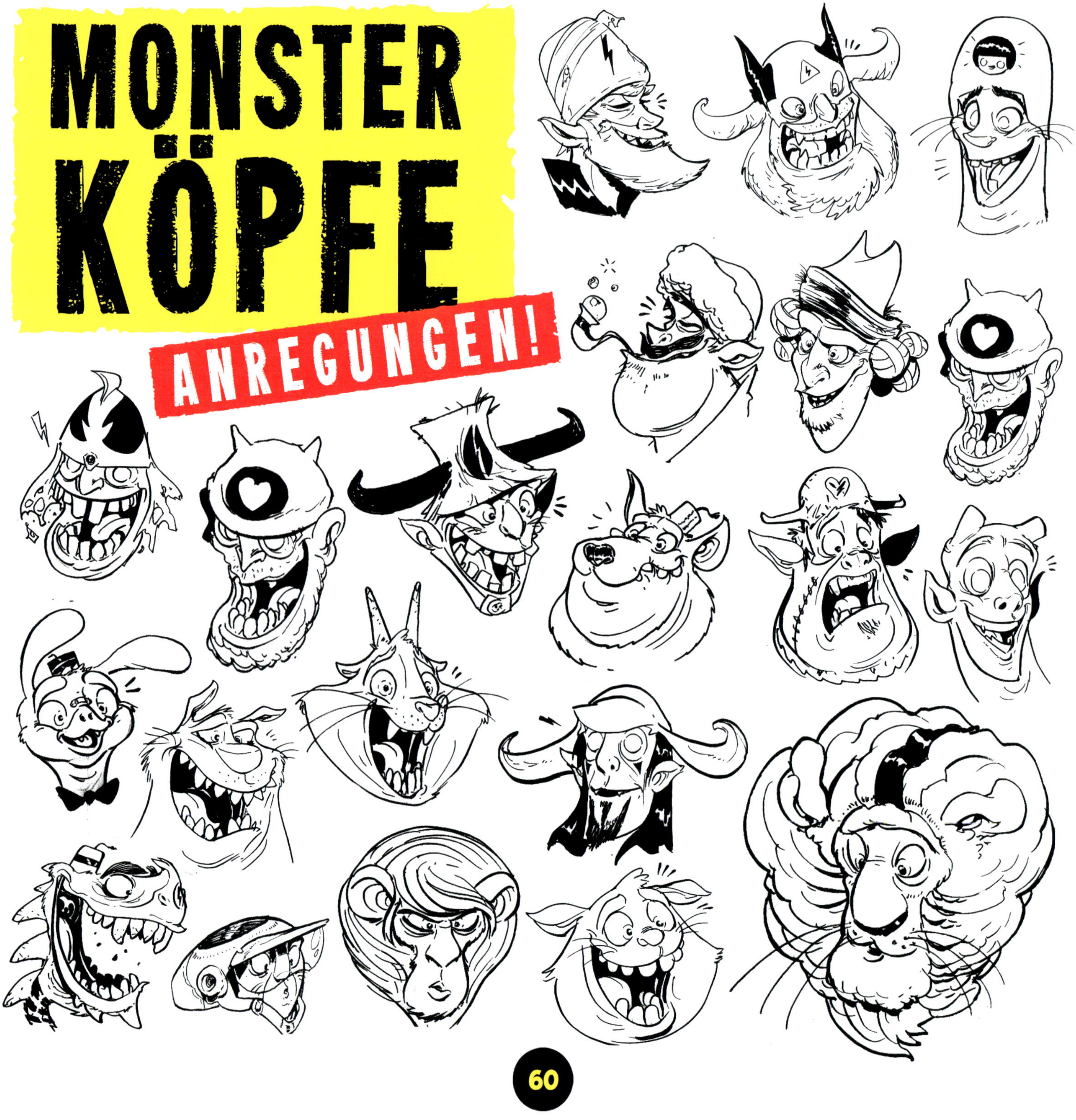

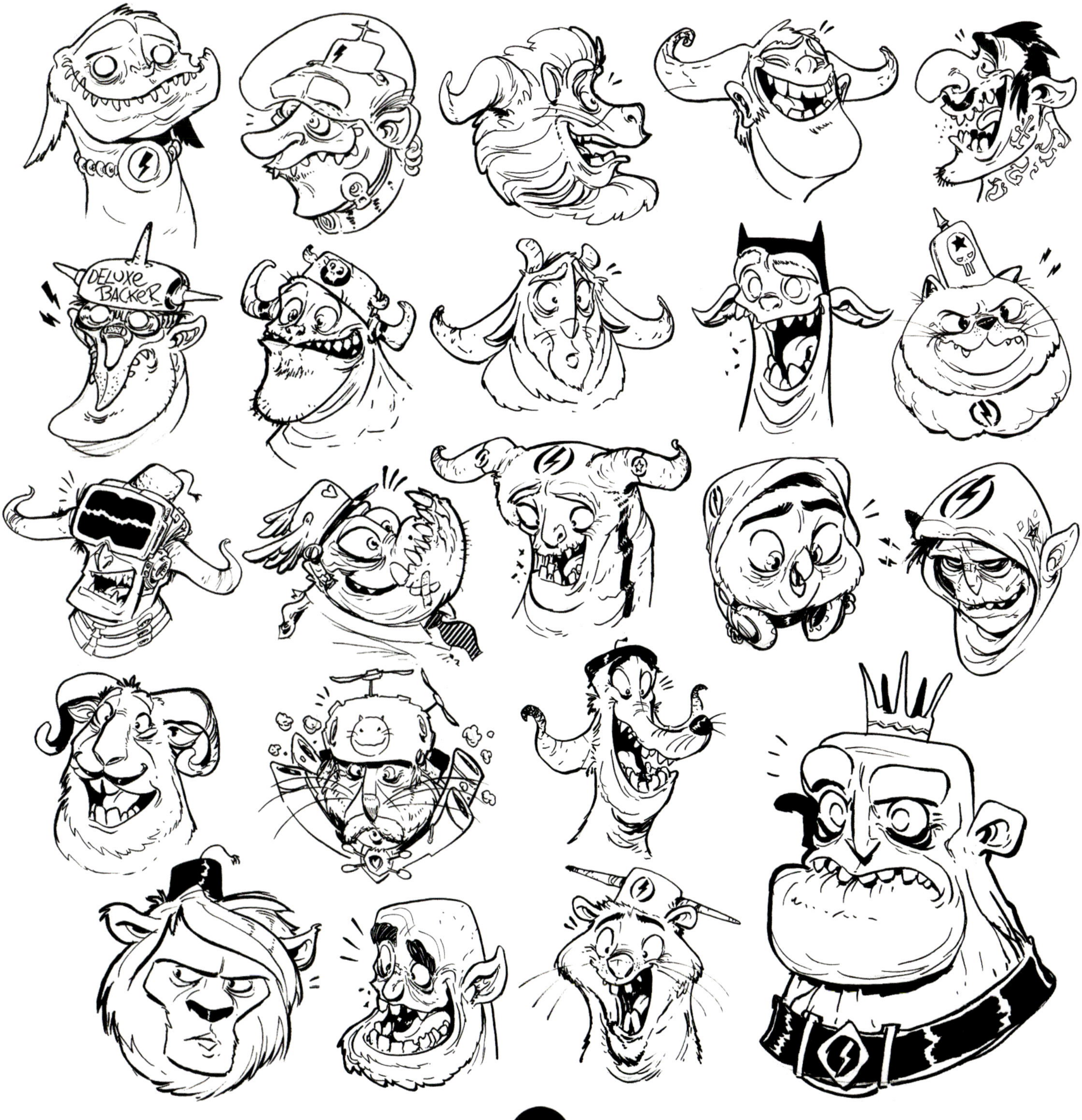
DELUXE
BACKER

EICHHÖRNCHEN EICHHÖRNCHEN EICHHÖRNCHEN

DIE **GRUNDFORM** DES KÖRPERS DES EICHHÖRNCHENS BASIERT AUF EINER **GESTRECKTEN ACHT.**

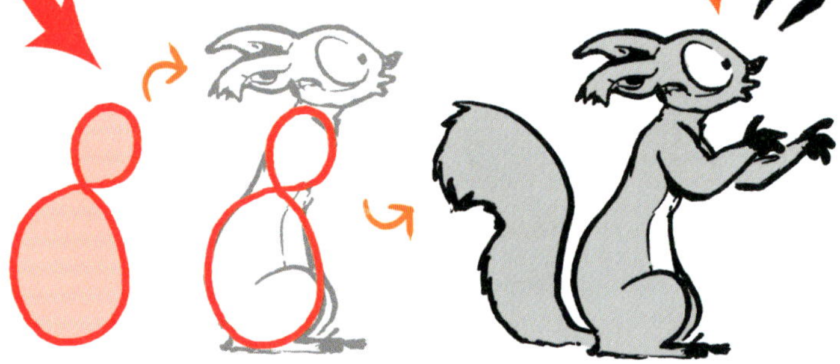

DIE BEINE SIND SICH **VERJÜNGENDE ZICKZACKLINIEN,** DIE ARME PRAKTISCH **BANANEN.**

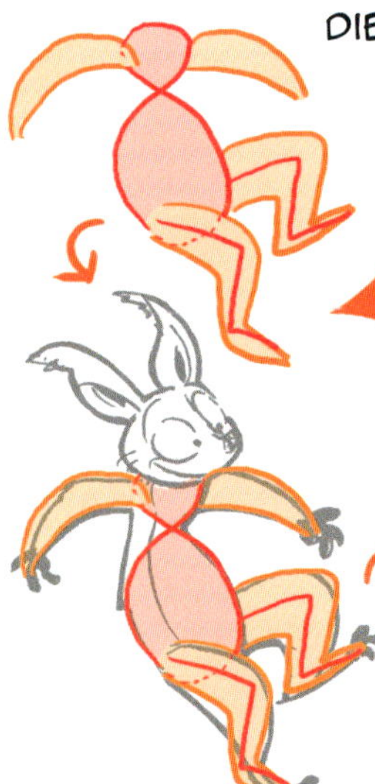

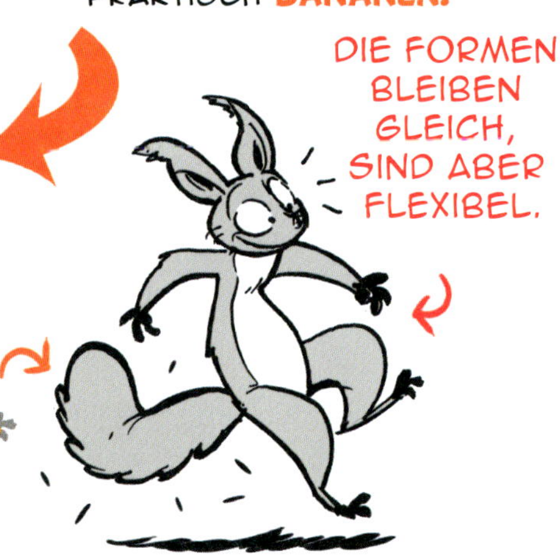

STELL DIR DEN SCHWANZ IN DEN MEISTEN POSEN MIT ZWEI SEITEN VOR, EINER **»GLATTEN«** UND EINER **»FLAUSCHIGEN«.**

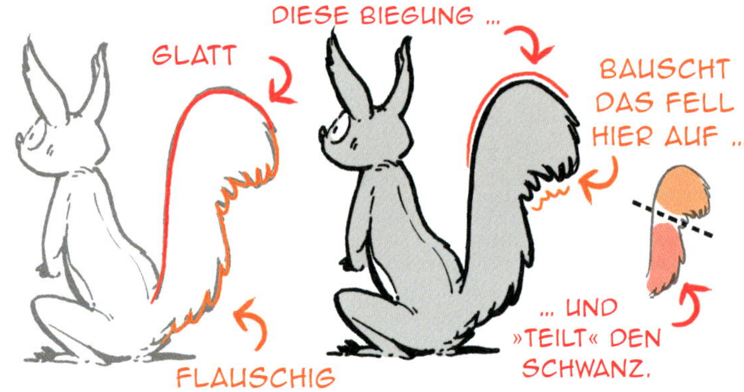

VON VORNE GESEHEN IST DER **KOPF** EIN **OVAL,** IM PROFIL HAT ER EHER **EIFORM.**

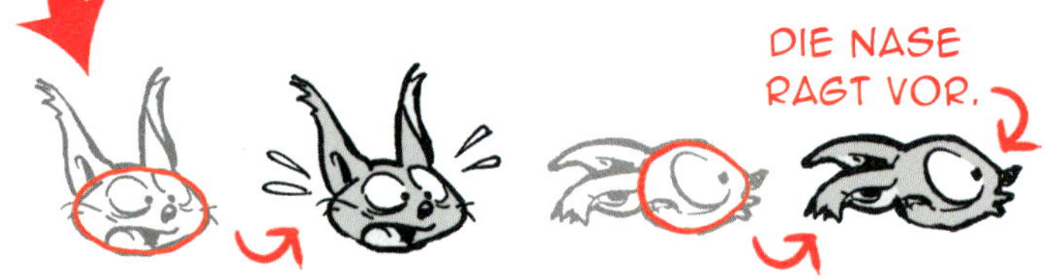

IN BEWEGUNG SOLLTE EINE **GEWELLTE LINIE** DURCH **KÖRPER** UND **SCHWANZ** LAUFEN.

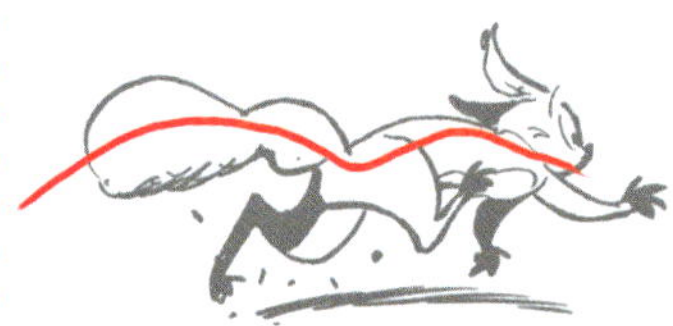

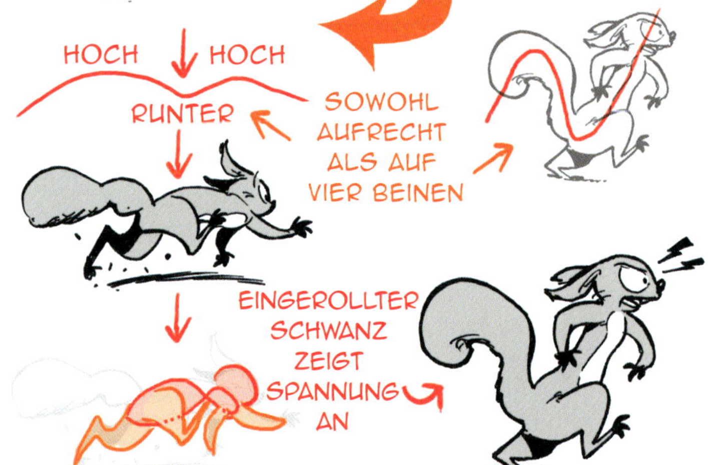

TUTORIAL #19

NUTZE DEN SCHWANZ ALS **SPIEGELBILD** DES **KÖRPERS**.

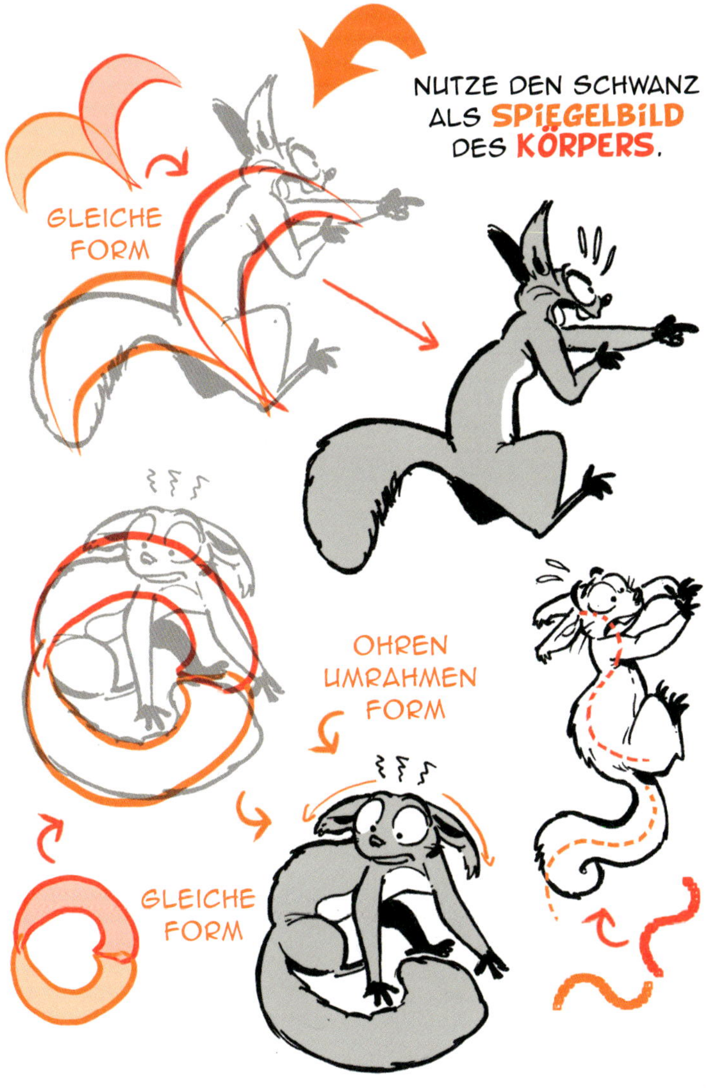

NUTZE DIE NATÜRLICHE **LÄNGE** DER KÖRPERTEILE, UM DEHNUNGEN UND **STRECKUNGEN** IN DER BEWEGUNG ZU BETONEN.

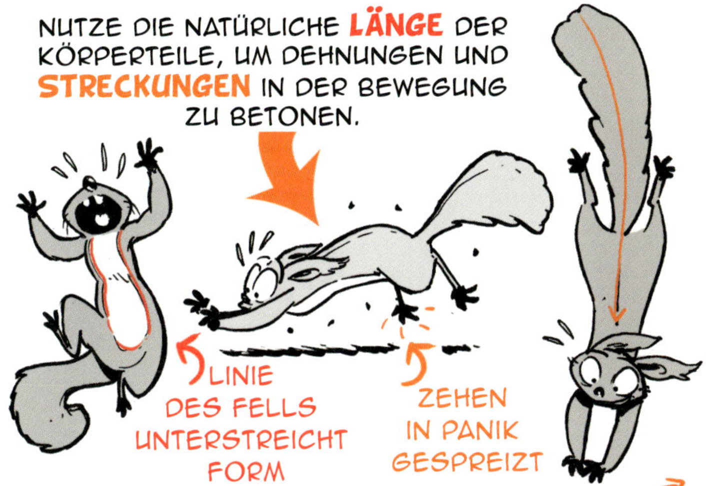

NOCH EIN PAAR **BLICKWINKEL** UND **POSEN:**

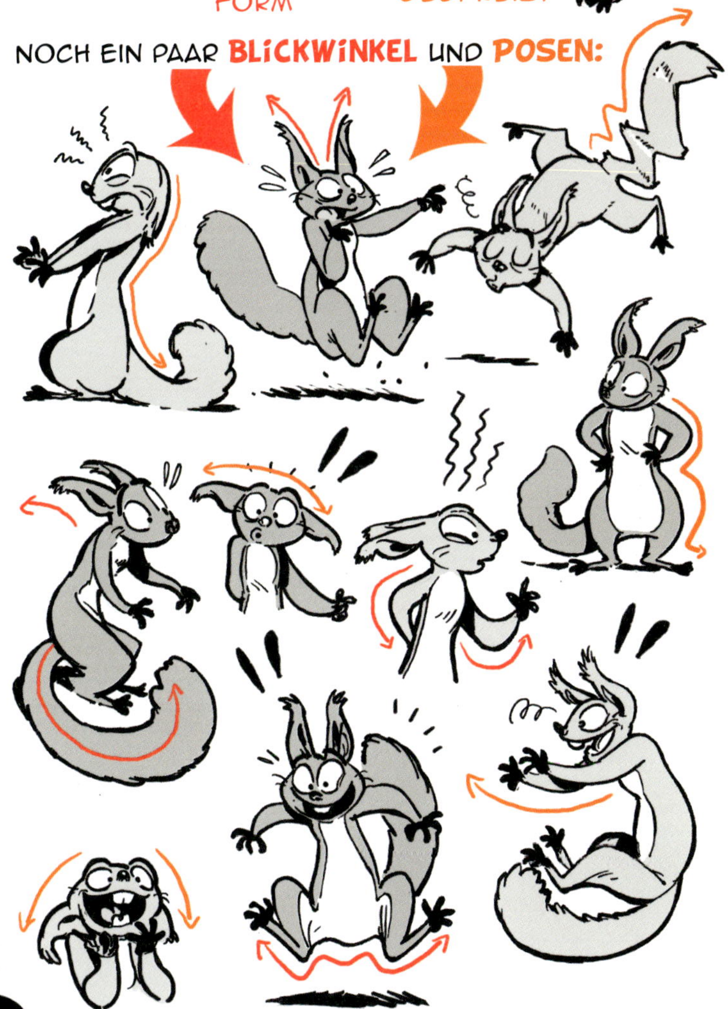

DACKEL

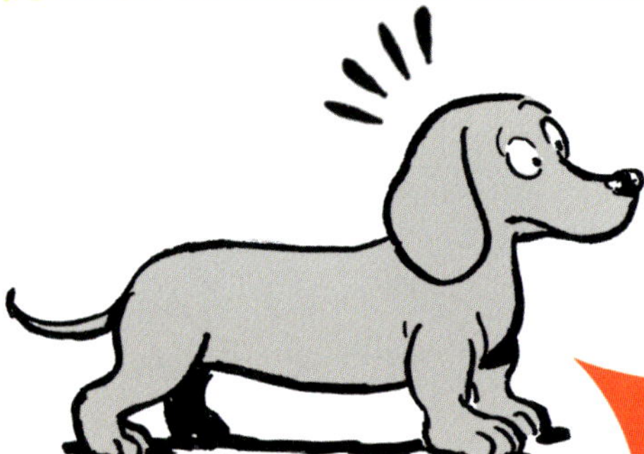

DACKEL SIND TOLLE CHARAKTERE, WEIL SIE SCHON WIE EINE OPTISCHE **ÜBERTREIBUNG** WIRKEN.

GRUNDSÄTZLICHE REGEL ZU DEN PROPORTIONEN: DER PLATZ ZWISCHEN VORDER- UND HINTERBEINEN UND DIE BREITE DES KÖRPERS SOLLTEN IN ETWA **DEM SCHÄDEL ENTSPRECHEN.**

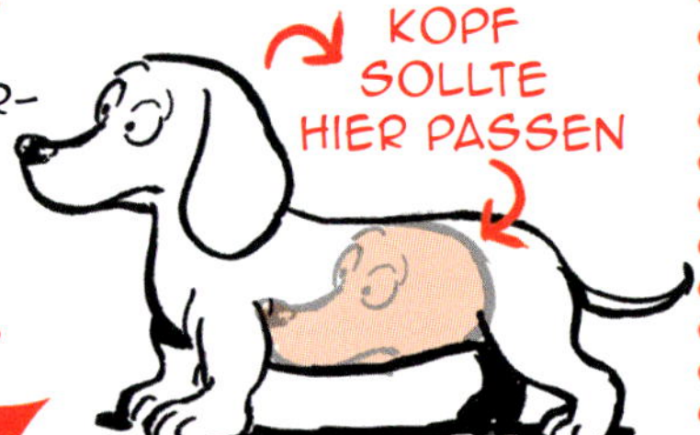

KOPF SOLLTE HIER PASSEN

ABER DU KANNST DEN KÖRPER AUCH **STRECKEN** UND ES WIRKT IMMER NOCH!

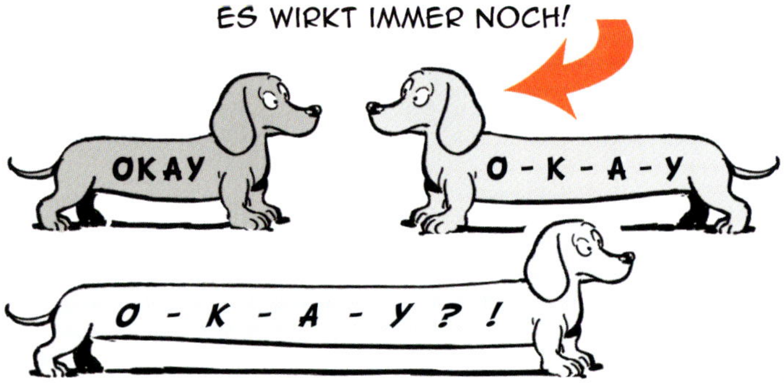

DU KANNST DEN KÖRPER MIT HILFE VON **3 KREISEN** ANLEGEN.

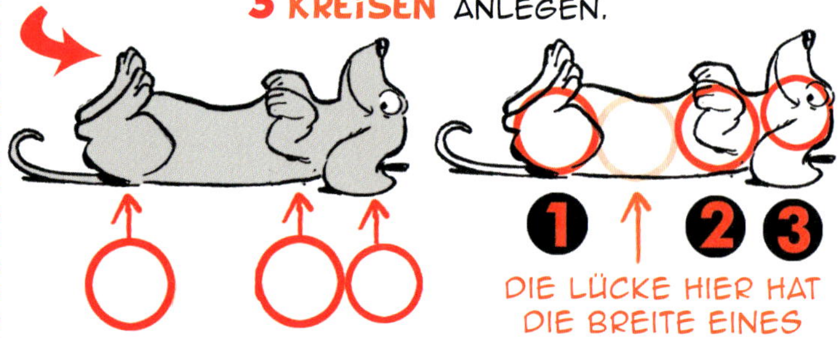

DIE LÜCKE HIER HAT DIE BREITE EINES VIERTEN KREISES.

STELL DIR DIE KREISE ALS **KUGELN** VOR, UM DIE **FORM** BESSER ZU VERSTEHEN.

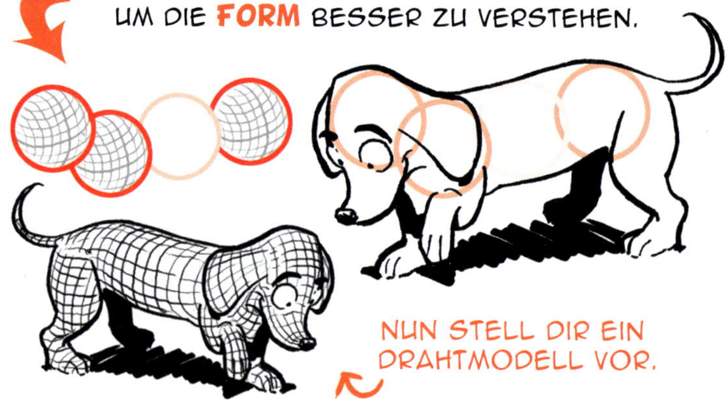

NUN STELL DIR EIN DRAHTMODELL VOR.

DER **KOPF** BESTEHT AUS EINER REIHE VON **»S«-FORMEN.**

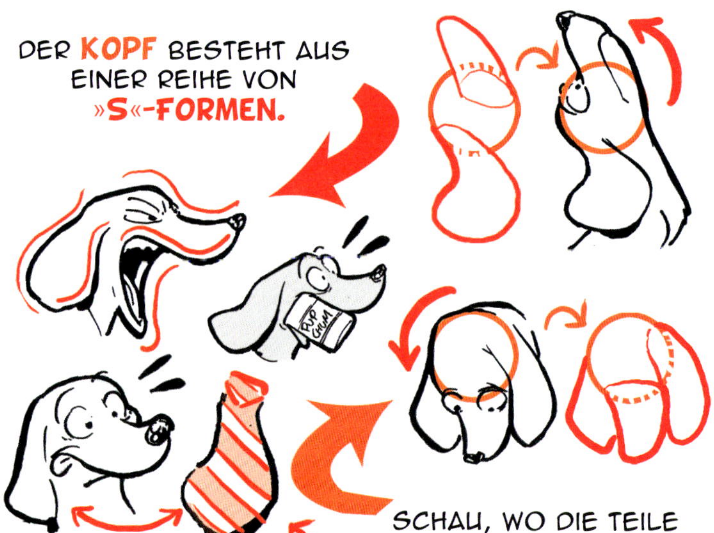

SCHAU, WO DIE TEILE AUF DER **KUGEL** FÜR DEN **SCHÄDEL** LIEGEN.

DAS OHR IST WIE EINE KURZE, BREITE KRAWATTE.

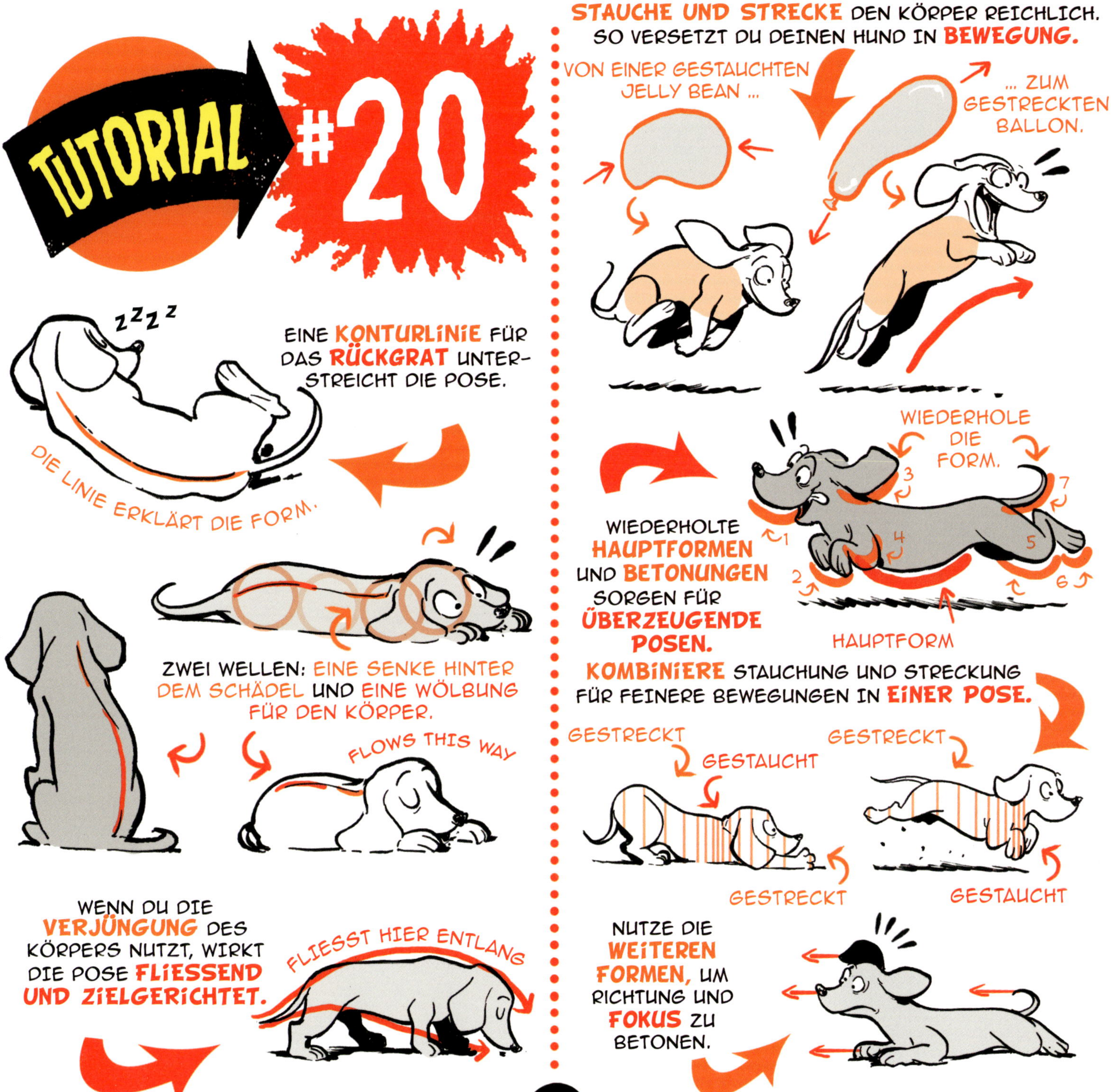
TUTORIAL #20
EINE KONTURLINIE FÜR DAS RÜCKGRAT UNTERSTREICHT DIE POSE.
DIE LINIE ERKLÄRT DIE FORM.
ZWEI WELLEN: EINE SENKE HINTER DEM SCHÄDEL UND EINE WÖLBUNG FÜR DEN KÖRPER.
FLOWS THIS WAY
WENN DU DIE VERJÜNGUNG DES KÖRPERS NUTZT, WIRKT DIE POSE FLIESSEND UND ZIELGERICHTET.
FLIESST HIER ENTLANG
STAUCHE UND STRECKE DEN KÖRPER REICHLICH. SO VERSETZT DU DEINEN HUND IN BEWEGUNG.
VON EINER GESTAUCHTEN JELLY BEAN ...
... ZUM GESTRECKTEN BALLON.
WIEDERHOLE DIE FORM.
WIEDERHOLTE HAUPTFORMEN UND BETONUNGEN SORGEN FÜR ÜBERZEUGENDE POSEN.
HAUPTFORM
KOMBINIERE STAUCHUNG UND STRECKUNG FÜR FEINERE BEWEGUNGEN IN EINER POSE.
GESTRECKT
GESTAUCHT
GESTRECKT
GESTRECKT
GESTAUCHT
GESTAUCHT
NUTZE DIE WEITEREN FORMEN, UM RICHTUNG UND FOKUS ZU BETONEN.

KAPITEL DREI

FAHRZEUGE & MASCHINEN

DETAILS AN MASCHINEN

UM KOMPLEXE **MASCHINEN ZU ENTWERFEN,** MUSST DU ZUERST DIE **HAUPTFORMEN** VERSTEHEN.

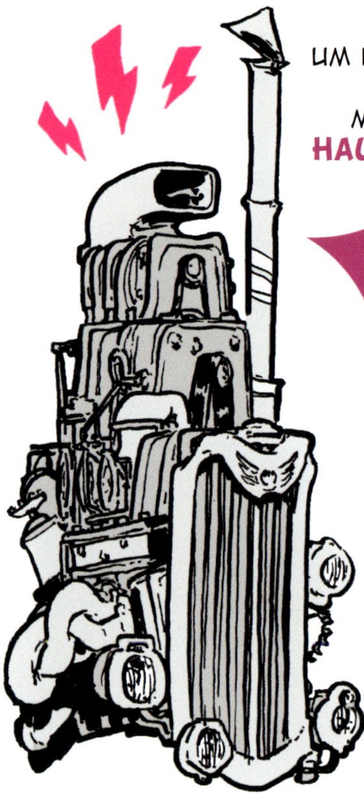

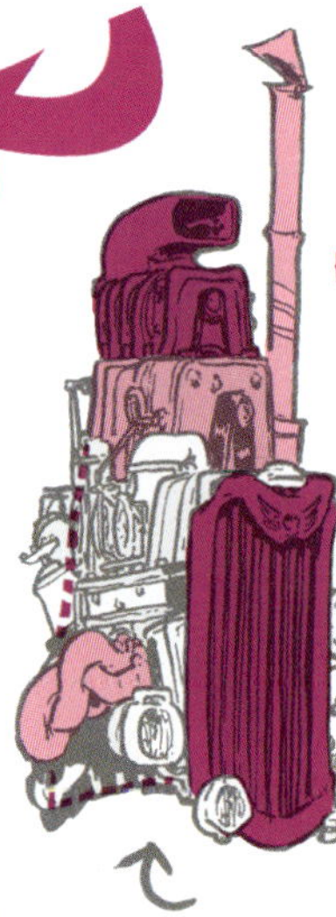

DIE HAUPTFORMEN SIND FARBIG.

SEKUNDÄRE DETAILS SIND GRAU.

BEVOR DU DIE **DETAILS** AUSSCHMÜCKST, MÜSSEN DIE HAUPTFORMEN STEHEN. **AUF IHNEN BAUT** DEIN ENTWURF AUF.

HIER EINE KLEINE ÜBUNG ZUM AUSSCHMÜCKEN MIT **DETAILS.** KÜMMERE DICH NICHT DARUM, WIE DAS DING AUSSIEHT ODER WAS ES SEIN SOLL. KONZENTRIERE DICH NUR AUF DEN **SCHRITTWEISEN AUSBAU.**

1 MALE WILLKÜRLICH EIN PAAR FORMEN.

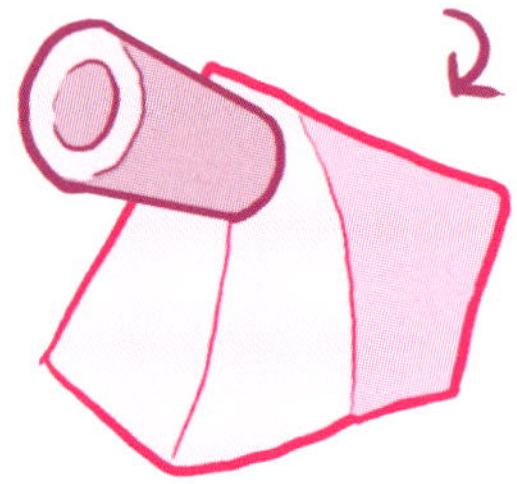

2 FÜGE KLEINERE FELDER UND FORMEN HINZU

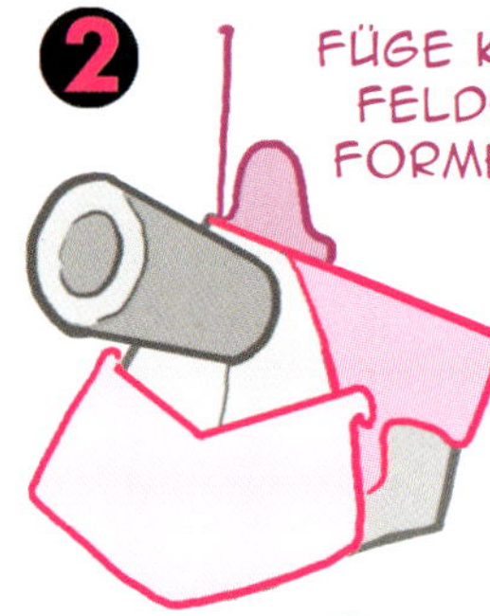

3 FÜGE ERHABENE TEILE UND KLEINERE FORMEN HINZU.

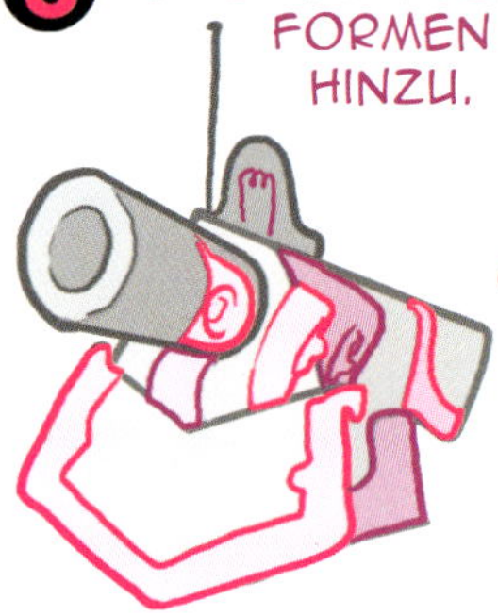

4 FÜGE TEXTUR, DETAILS WIE SCHLITZE KONTUREN, KRATZER ETC. HINZU.

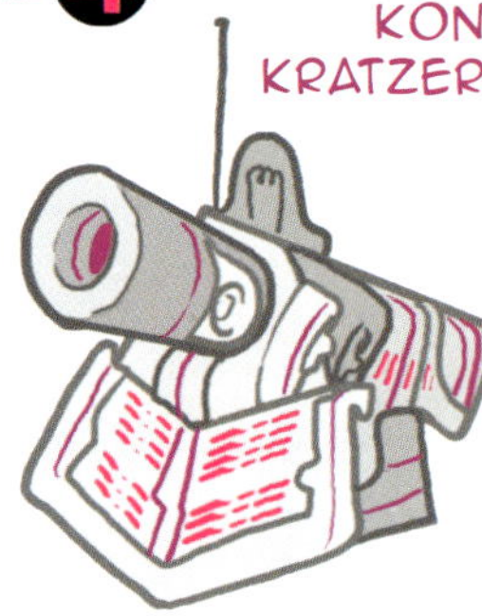

JETZT KANNST DU SCHICHTWEISE AUFBAUEN. VERGISS NICHT, DIE **DETAILS** AUF DIE **HAUPTBEREICHE** ZU VERTEILEN ...

ZU VIELE DETAILS!

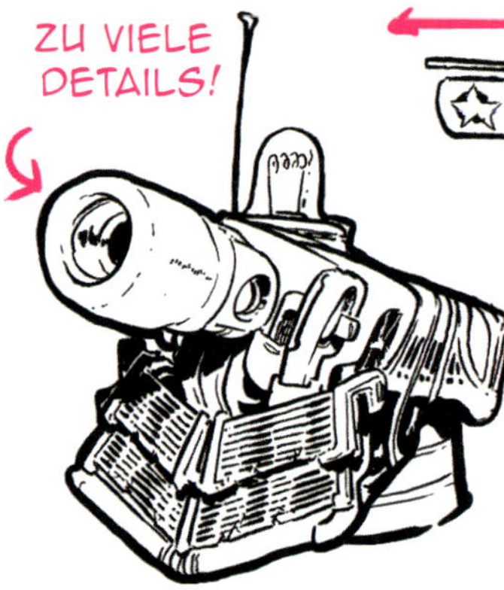

BESSER!

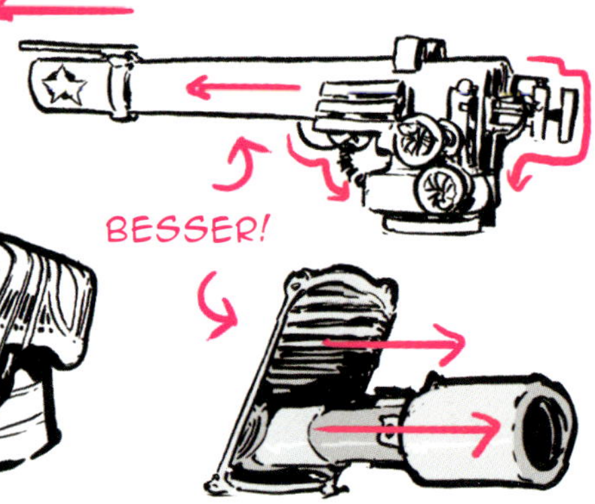

TUTORIAL #21

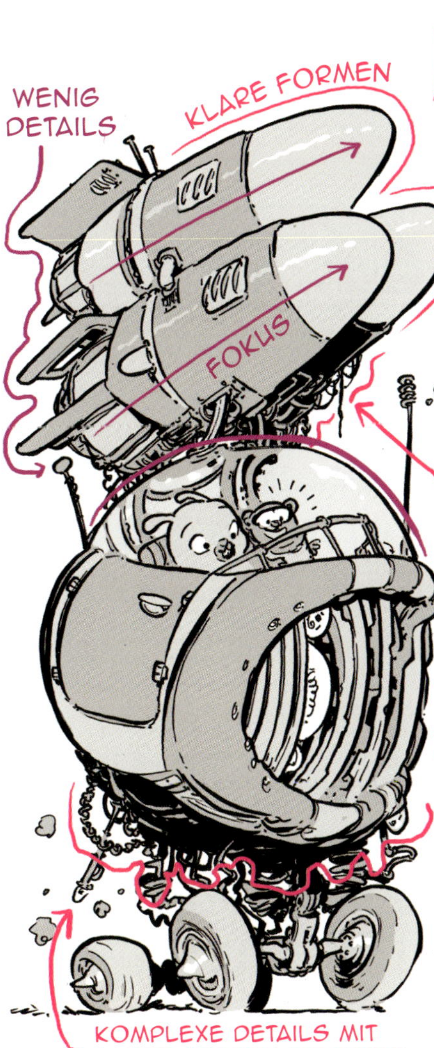

DURCH NUR WENIGE DETAILLIERTE BEREICHE **LENKST DU DEN BLICK** DES BETRACHTERS.

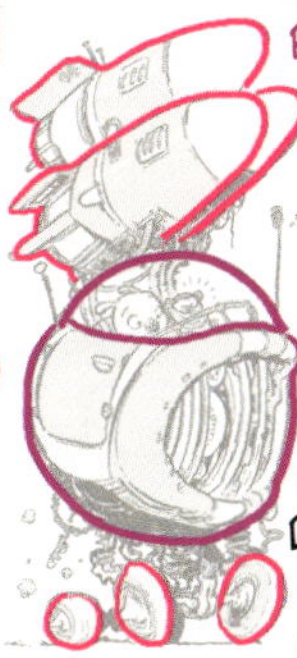

DIE DETAILS SOLLTEN DIE HAUPTFORM STÜTZEN, NICHT VON IHR ABLENKEN.

FÜR DIE **FUNKTION** WICHTIGE DETAILS WIE ZAHNRÄDER, KETTEN, LICHTER, HEBEL ETC. LASSEN EINE MASCHINE **GLAUBWÜRDIGER** ERSCHEINEN.

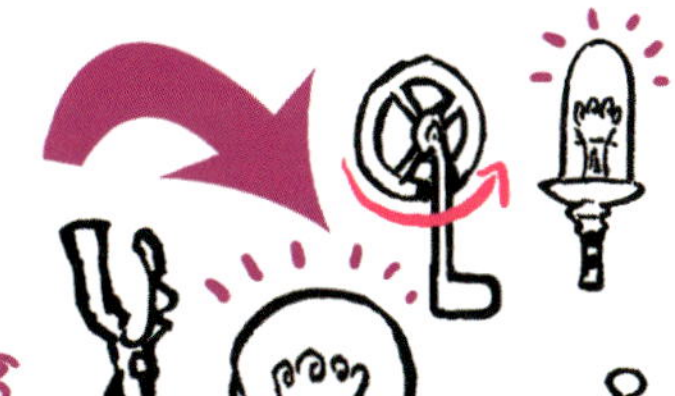

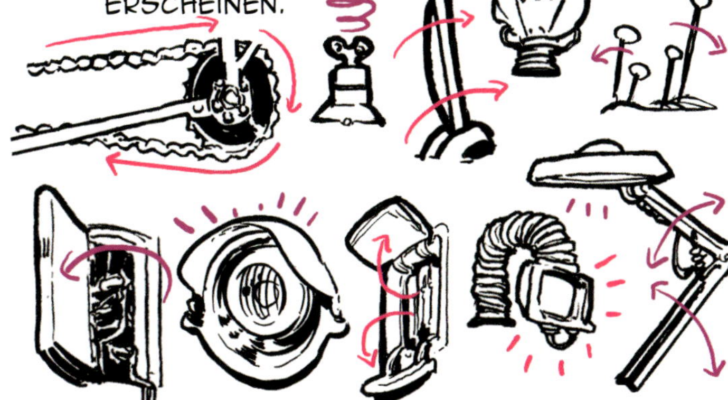

LOSE **DRÄHTE UND KABEL** LASSEN EINE MASCHINE GEBRAUCHT UND **ORGANISCHER** AUSSEHEN.

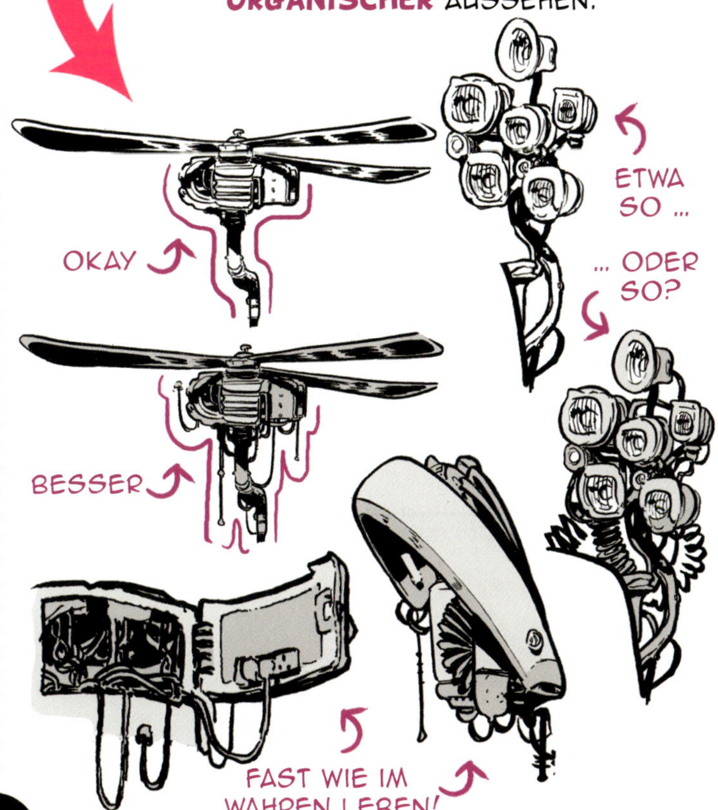

DETAILS AN MASCHINEN

ANREGUNGEN!

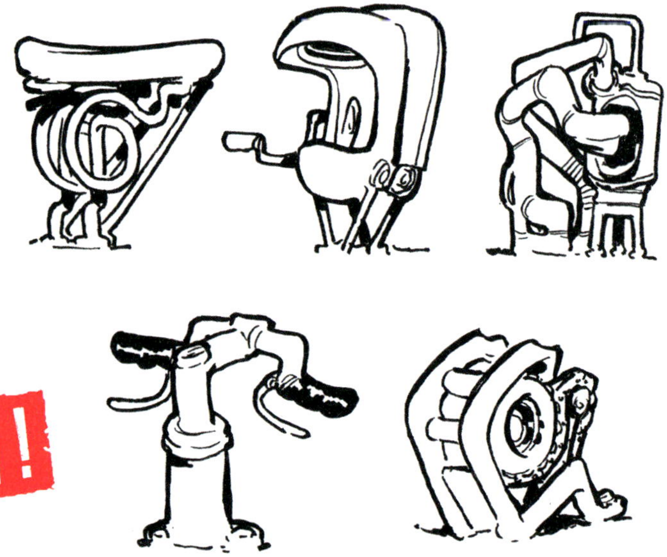

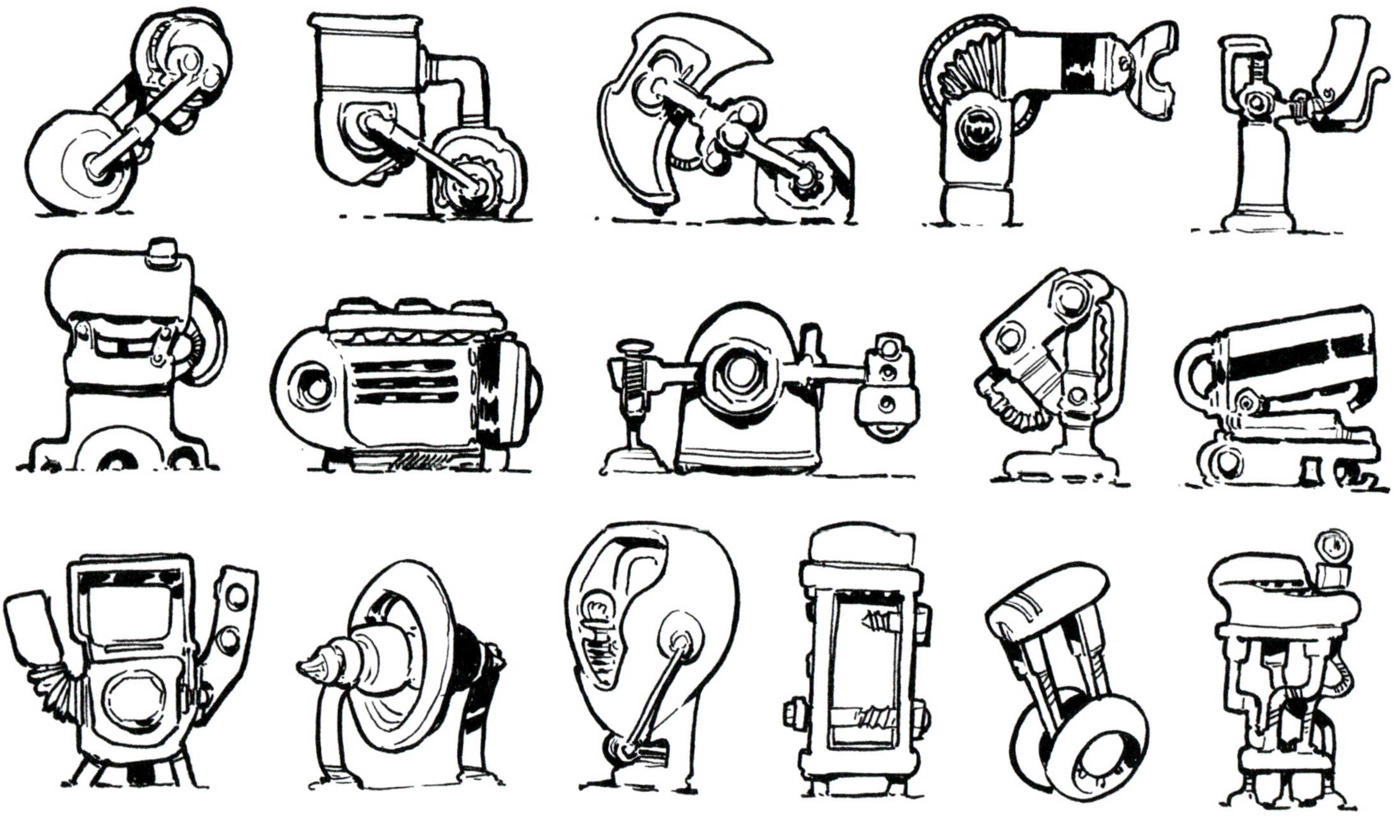

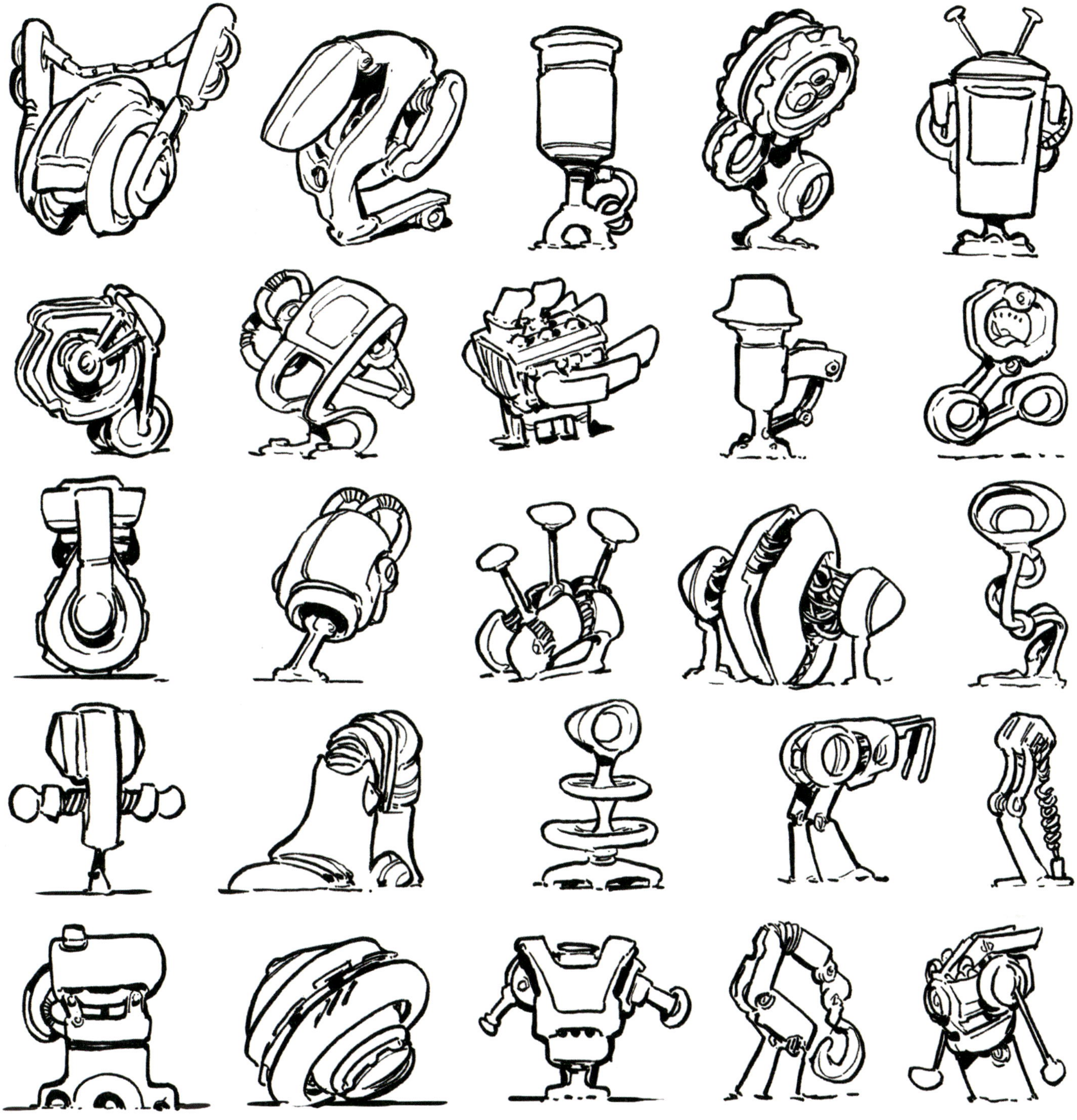

KABEL & DRÄHTE

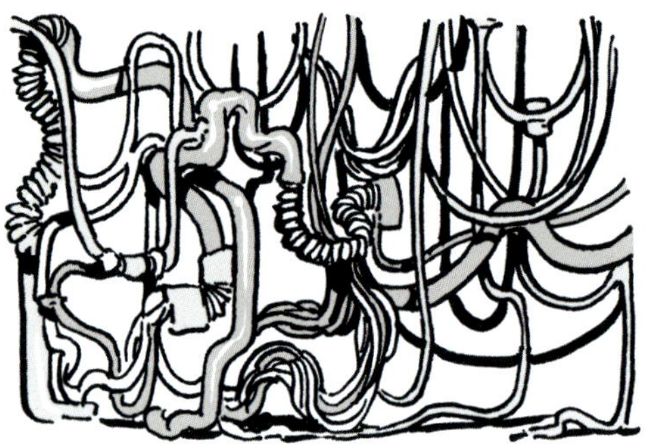

ES SCHEINT ZWAR, DASS EIN KABEL JA **NUR EINE LINIE** IST, ABER ES IST EINE LINIE IM **DREI-DIMENSIONALEN** RAUM UND DESHALB EXTREM HILFREICH.

HIER EINE **ÜBUNG,** DAMIT DU DIR KABEL IN 3D BESSER VORSTELLEN KANNST:

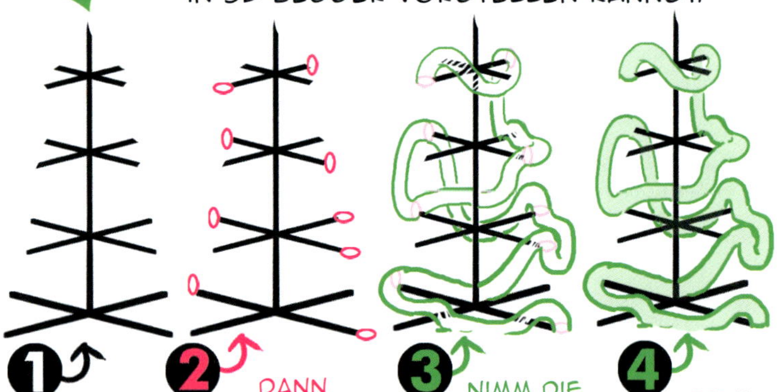

1. ZEICHNE EINE SENKRECHTE MIT VIER KREUZEN.
2. DANN VERTEILE WAHLLOS WAAGERECHTE UND SENKRECHTE OVALE.
3. NIMM DIE OVALE ALS QUERSCHNITTE UND VERBINDE SIE.
4. ETWA SO!

SELBST EIN **KURZES STÜCK** KABEL MIT RECHT WENIG TIEFE KANN **INTERESSANTE** BEREICHE HABEN.

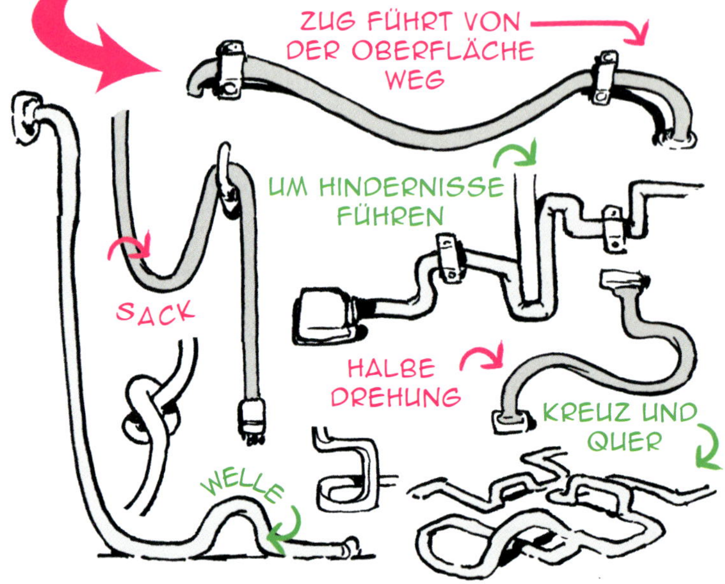

DAS **WICHTIGSTE AN KABELN** IST ABER, DASS SIE **ZUSÄTZLICHE KONTUREN** SIND, DIE GROSSEN, NICHTSSAGENDEN FORMEN STRUKTUR GEBEN.

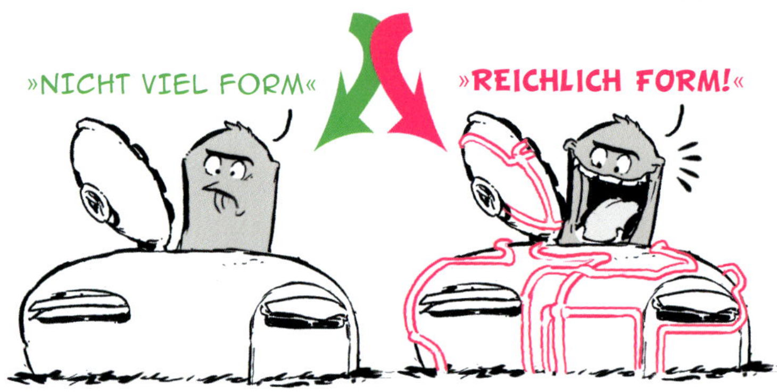

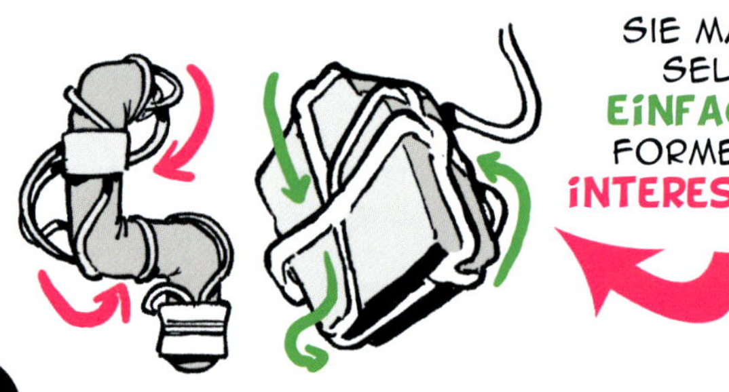

SIE MACHEN SELBST **EINFACHSTE** FORMEN VIEL **INTERESSANTER.**

TUTORIAL #22

KABEL, DRÄHTE UND SCHLÄUCHE KÖNNEN **MASCHINEN** EINE **ORGANISCHE** NOTE GEBEN.

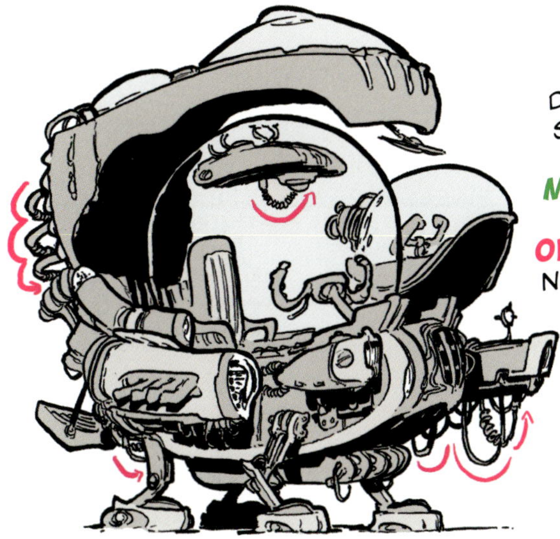

STELL DIR DEINE KABEL WIE **KINETISCHE OBJEKTE** VOR UND SCHENK IHNEN **PERSÖNLICHKEIT.**

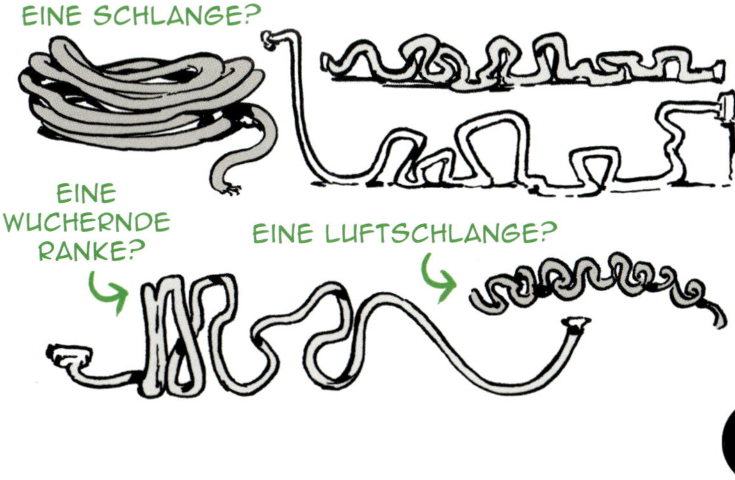

ES GIBT VIELE **MÖGLICHKEITEN** FÜR **KNÄUEL.**

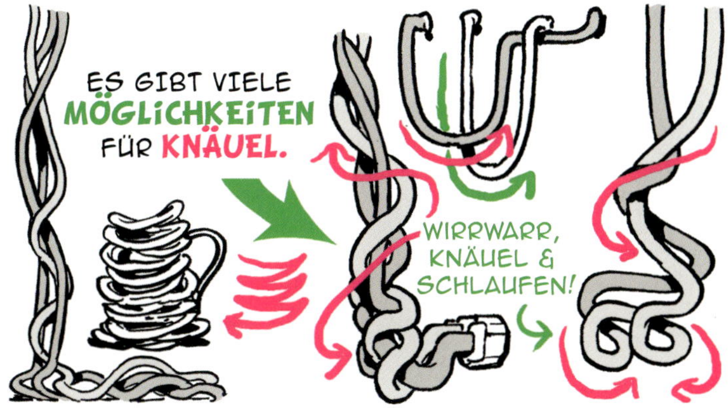

SO ENTSTEHT AUS **VERFLOCHTENEN** LEINEN ODER KABELN EIN **DICKES SEIL:**

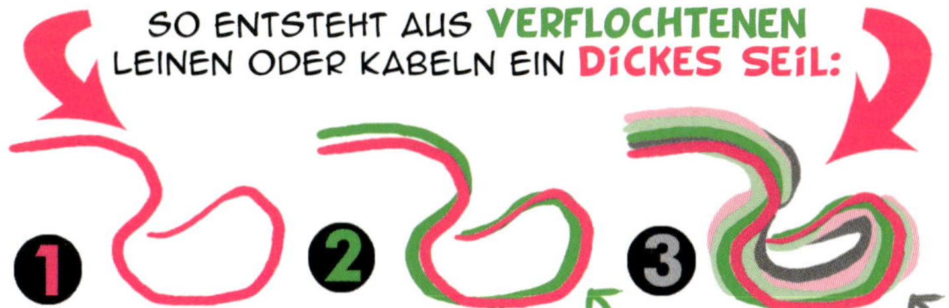

1. ZEICHNE DIE HAUPTLINIE.
2. DIE ZWEITE SCHLÄNGELT SICH HINTER DER ERSTEN ENTLANG.
3. FÜGE MEHRERE LINIEN HINZU.

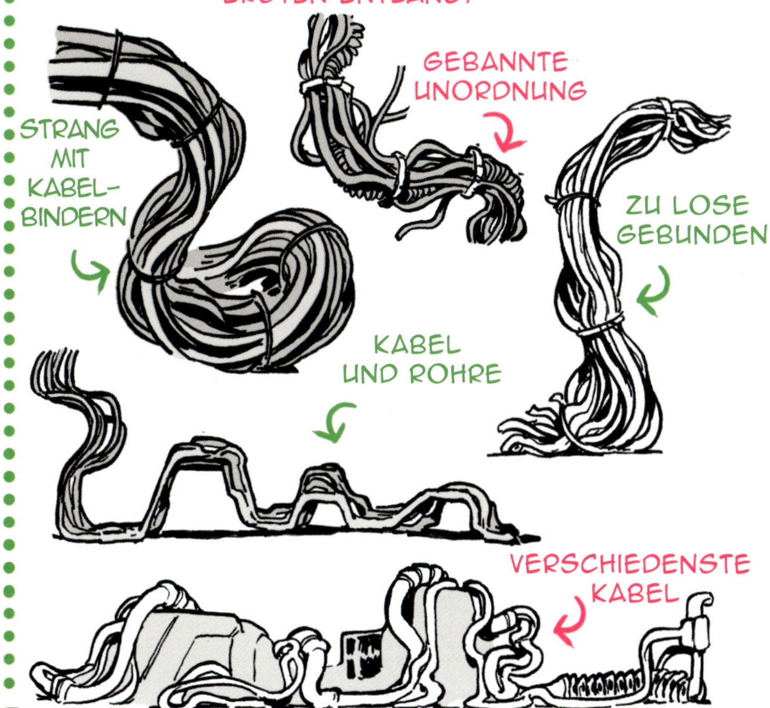

ROBOTER-ARME

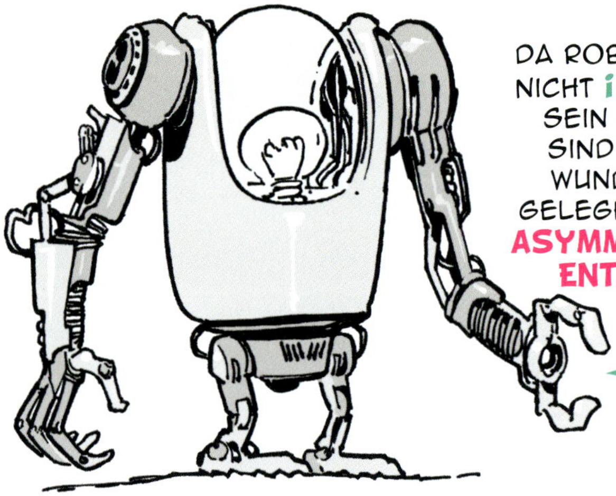

DA ROBOTERARME NICHT **IDENTISCH** SEIN MÜSSEN, SIND SIE EINE WUNDERBARE GELEGENHEIT FÜR **ASYMMETRISCHE ENTWÜRFE.**

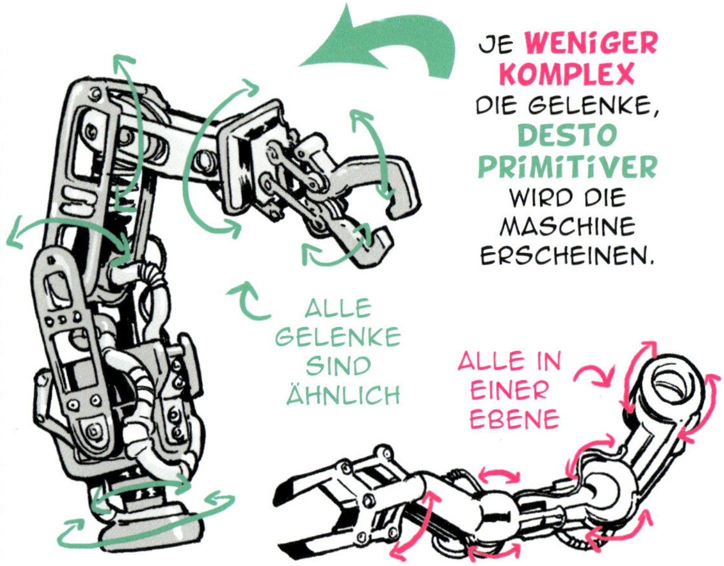

MECHANISCHE GLIEDMASSEN KÖNNEN VIEL MEHR GELENKE HABEN ALS **MENSCHLICHE GLIEDMASSEN.**

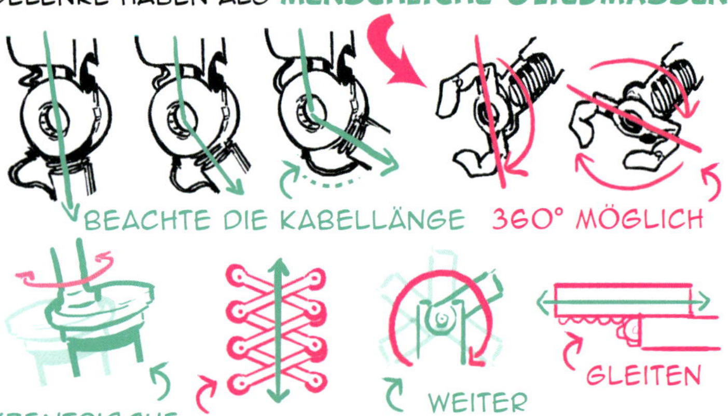

EIN EINFACHER WEG ZU EINEM **ORIGINELLEN** DESIGN:

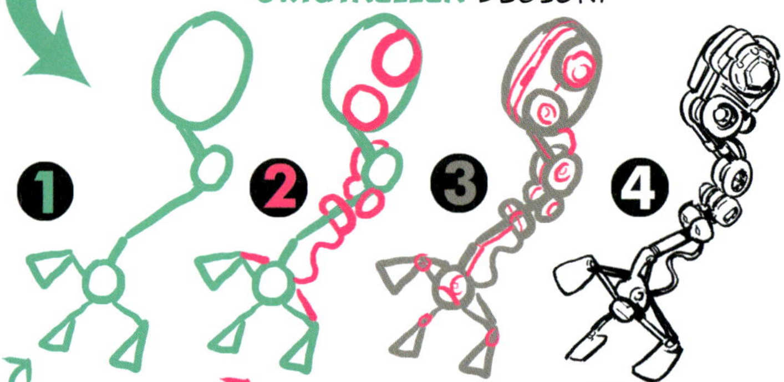

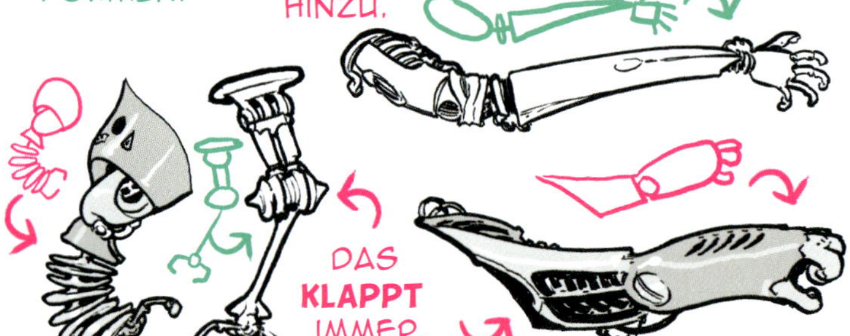

TUTORIAL #23

MACH DIE ARME ZUM **BLICKFANG,** INDEM DU IHNEN **EIN DESIGNELEMENT** GIBST, DAS NIRGENDWO SONST AN DEINEM ROBOTER AUFTAUCHT.

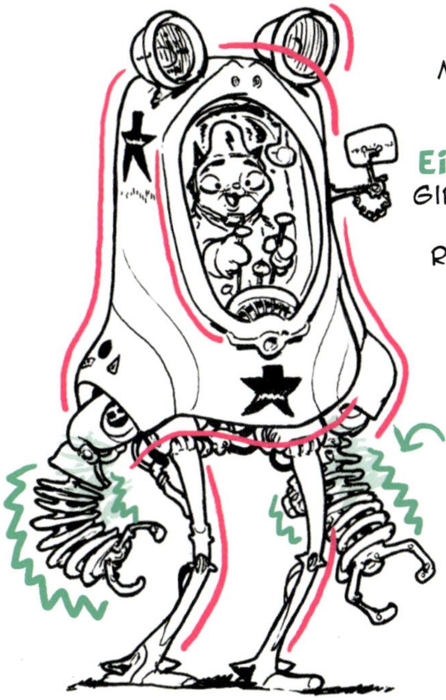

DIE AUSNAHME VON DER REGEL

WENN DU DAS SKELETT **VERKLEIDEST,** DENK DARAN, AUSREICHEND **PLATZ FÜR BEWEGUNG** ZU LASSEN.

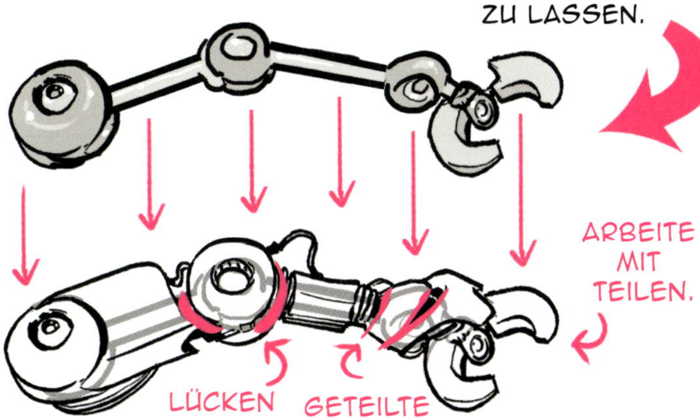

WENN DIE ARME SICH AN DER **MENSCHLICHEN ANATOMIE** ORIENTIEREN, SPIELE MIT **VERZERRTEN PROPORTIONEN.**

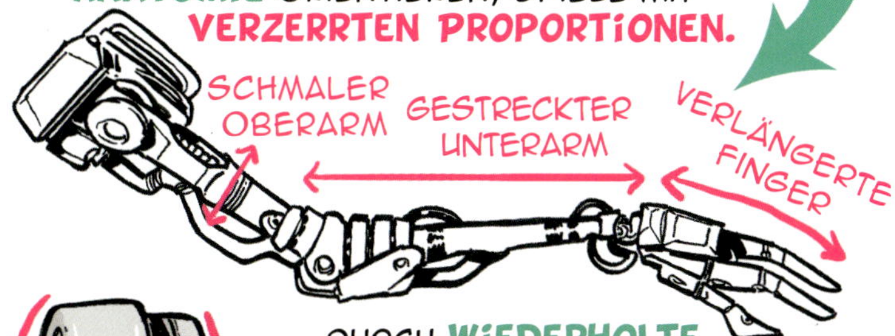

DURCH **WIEDERHOLTE FORMEN** DER VERKLEIDUNG WIRKT DER **ENTWURF EINHEITLICH.**

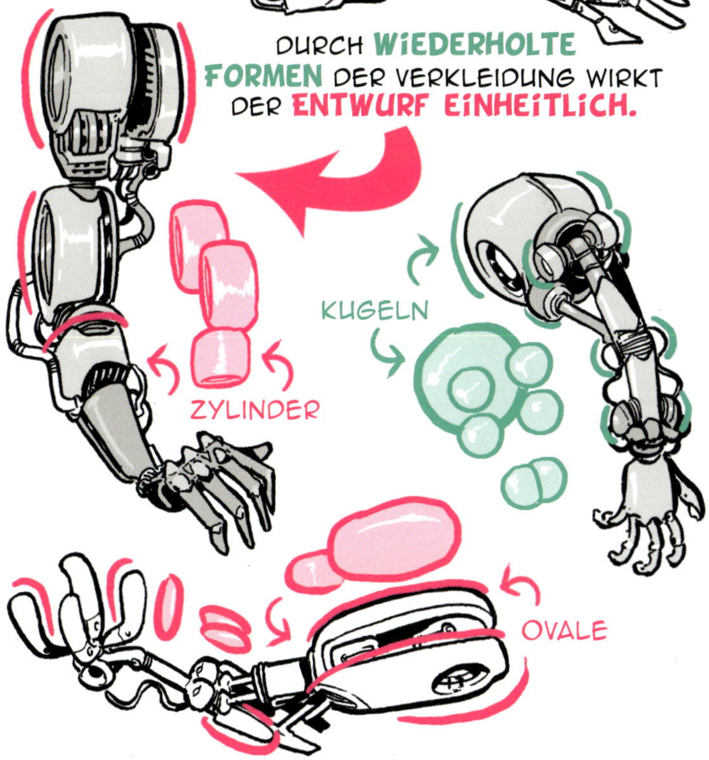

ALTERNATIV MISCHE EINE **IRRE VIELFALT** VON ELEMENTEN UND MACH DEN ENTWURF **ÜBERTRIEBEN KOMPLEX!**

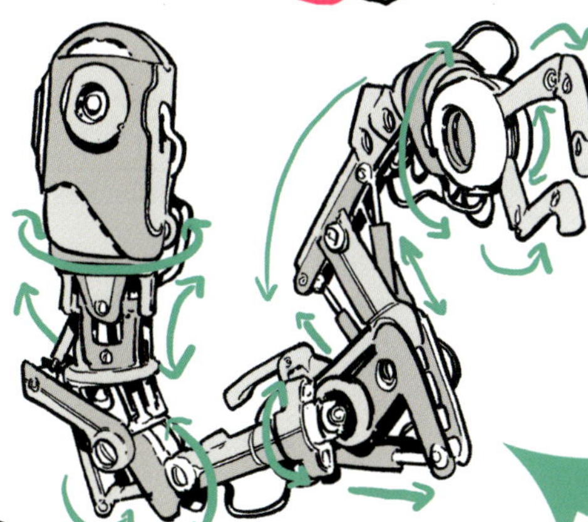

ROBOTER

ANREGUNGEN!

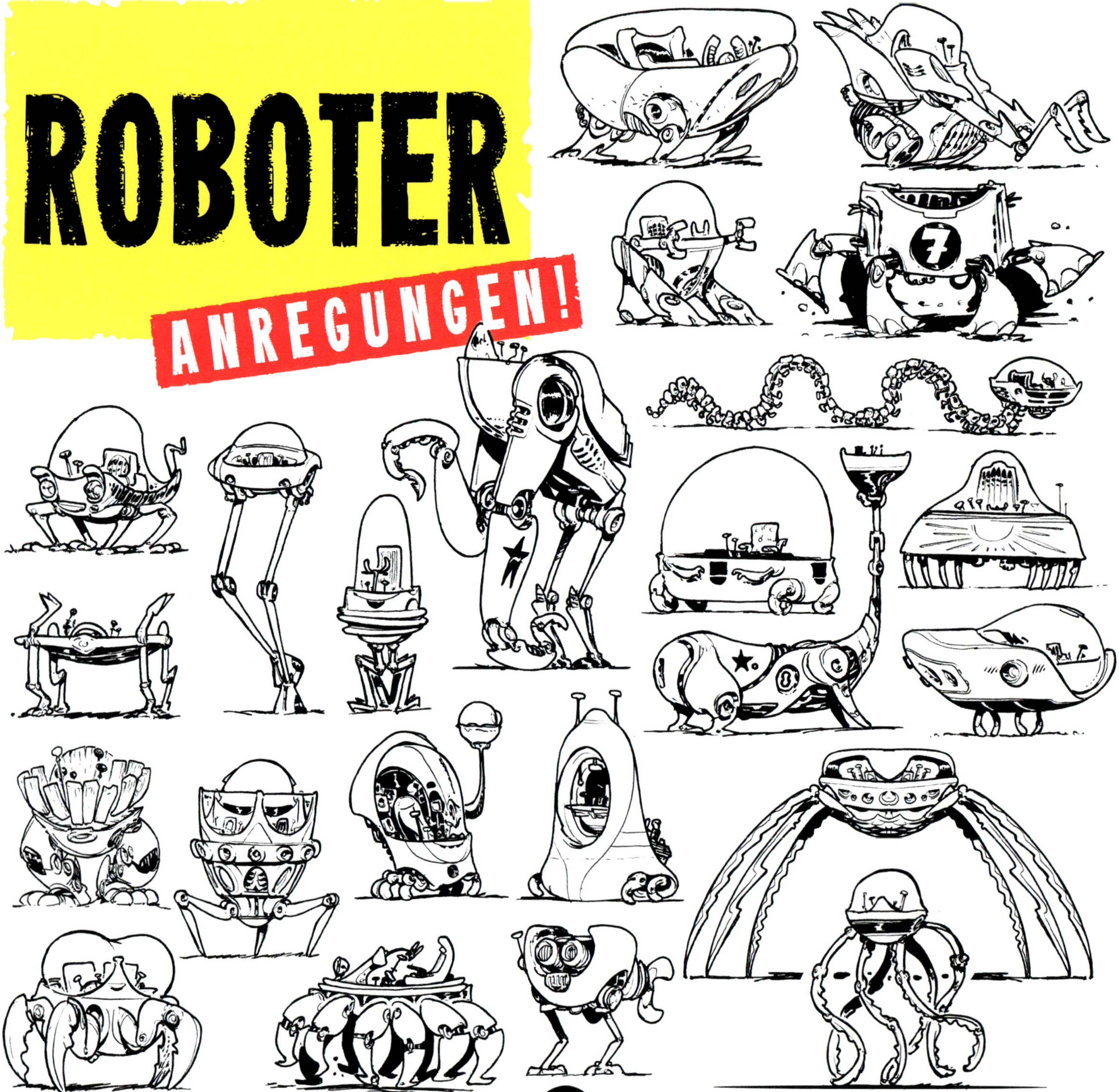

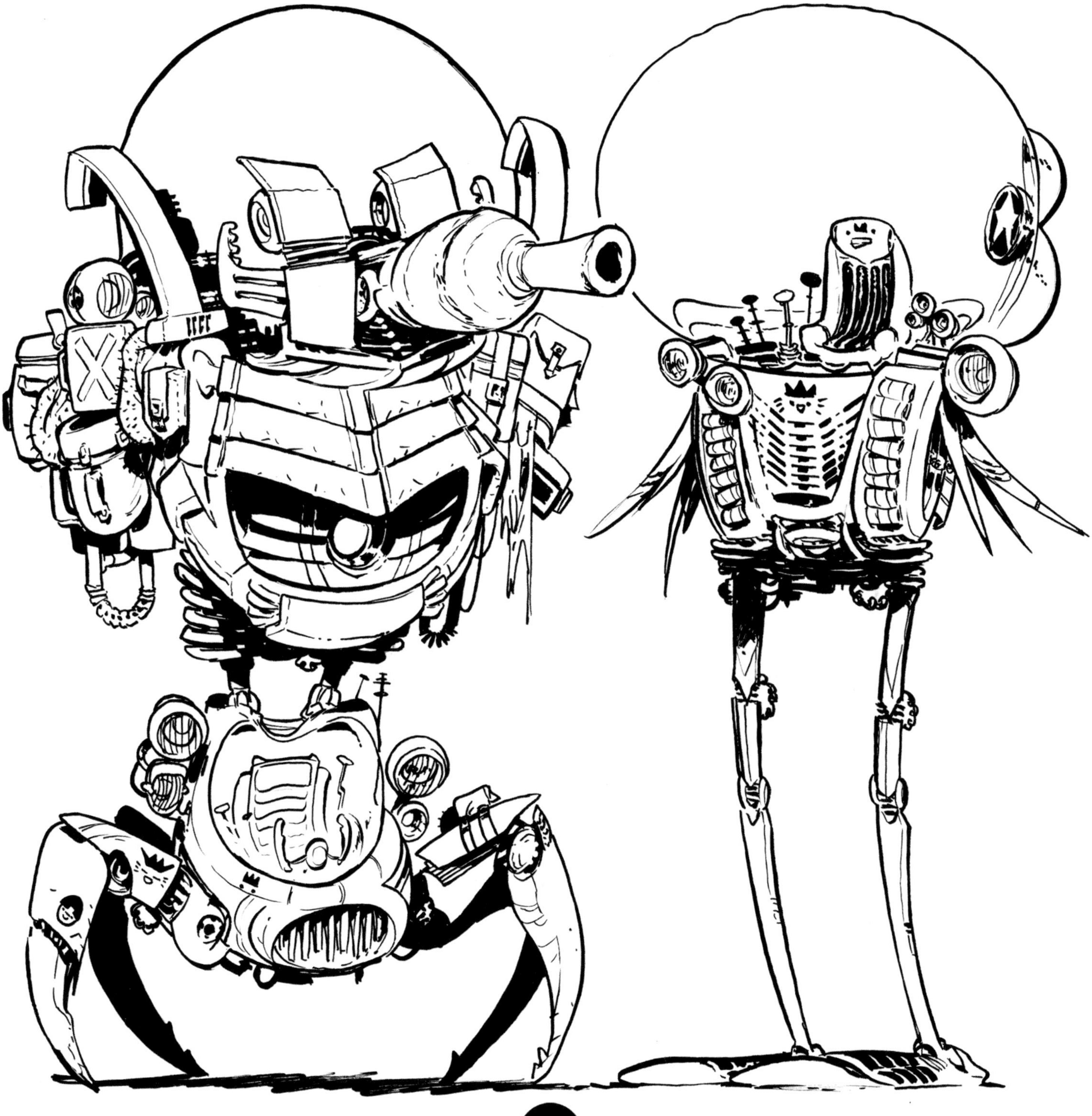

RAUPEN-KETTEN

RAUPEN- UND **PANZERKETTEN** FOLGEN EIN PAAR **EINFACHEN REGELN.**

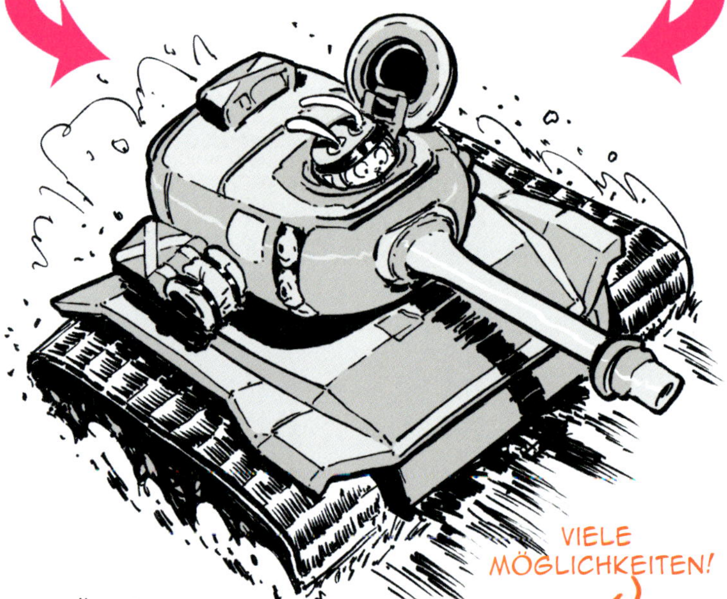

VIELE MÖGLICHKEITEN!

WÄHLE ZUERST DAS **PROFIL** DEINES **KETTEN-FAHRWERKS.**

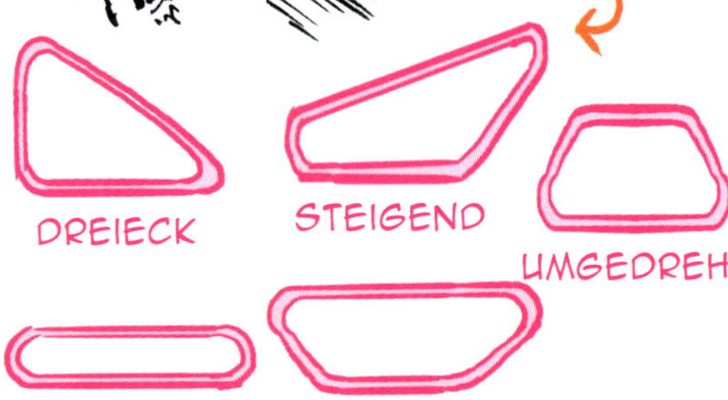

DENK DARAN, DASS DIE KETTEN **BÄNDER** SIND. SIE PERSPEKTIVISCH UMZUSETZEN, IST EINFACHER, WENN DU SIE DIR ALS **BANDSCHLAUFE** VORSTELLST.

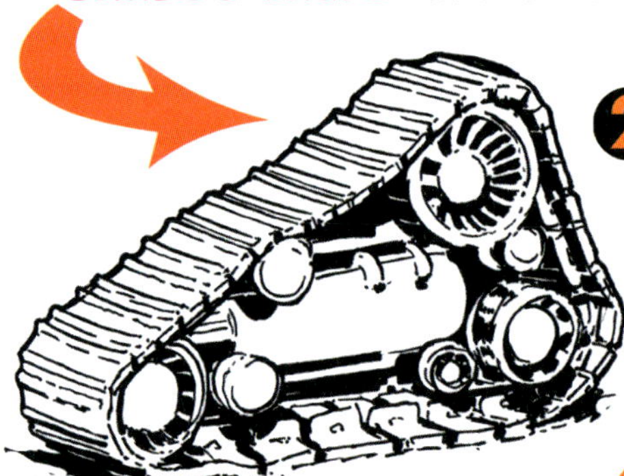

1 ZEICHNE DAS PROFIL.

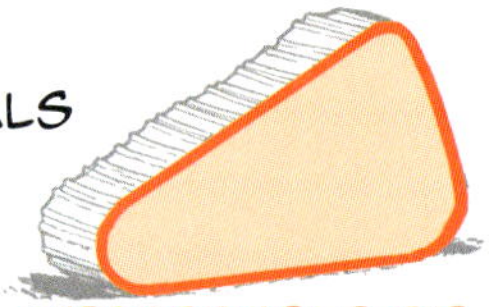

2 WIEDERHOLE DIE FORM.

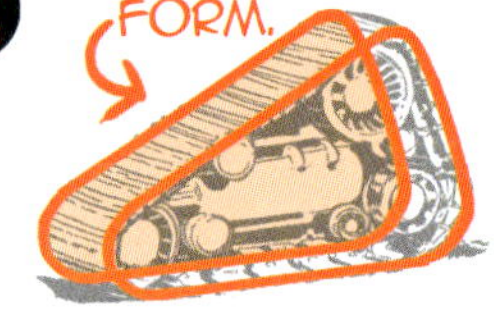

3 SCHON HAST DU EIN BAND.

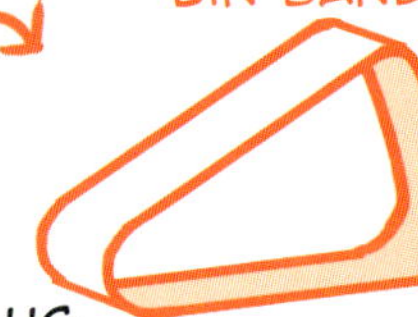

DIESE FORM BLEIBT BEI ALLEN ZEICHNUNGEN KONSISTENT.

ÜBERLEG IMMER, WIE DIE BÄNDER AUS ANDEREM **BLICKWINKEL** AUSSEHEN.

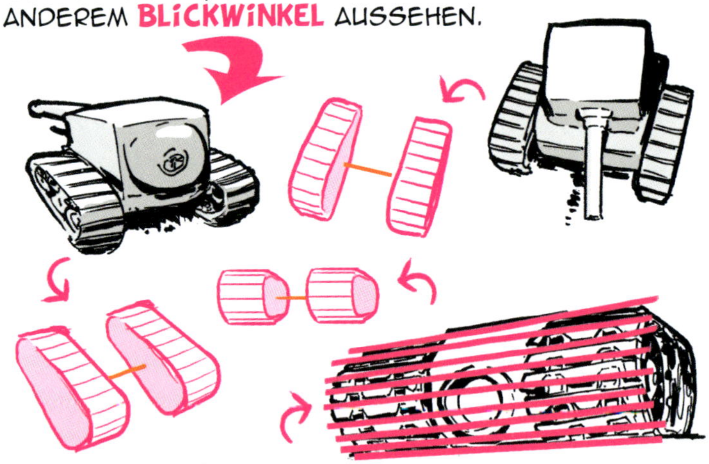

LINIEN FÜR DIE KETTENGLIEDER MACHEN DIE FORM DEUTLICHER.

DIE EINZELNEN **KETTEN-GLIEDER** KANNST DU NACH LUST UND LAUNE **GESTALTEN.**

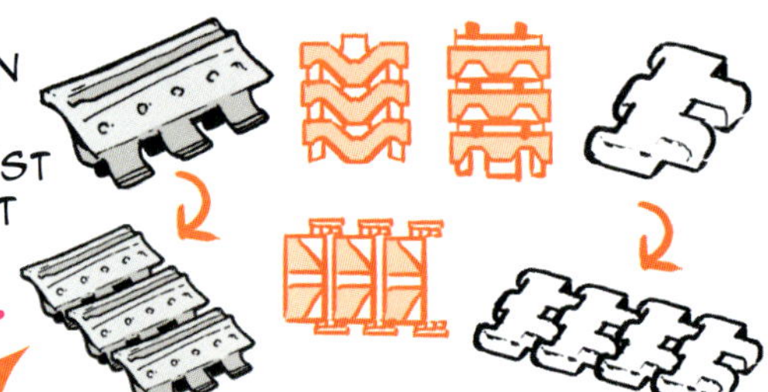

TUTORIAL #24

BEDENKE BEIM EINFÜGEN DER RÄDER UND ZAHNRÄDER DAS **GEWICHT** DES **FAHRZEUGS UND DER KETTEN.**

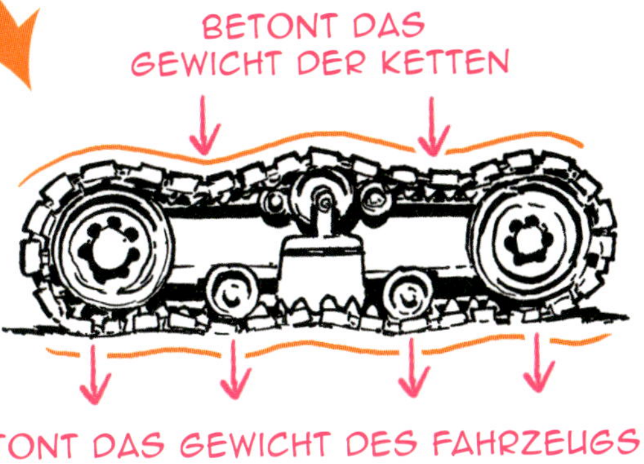

MIT LEICHT DURCHHÄNGENDEN **KETTEN** BEKOMMT EIN STEHENDES KETTENFAHRZEUG **CHARAKTER** UND **WIRKT GLAUBWÜRDIG.**

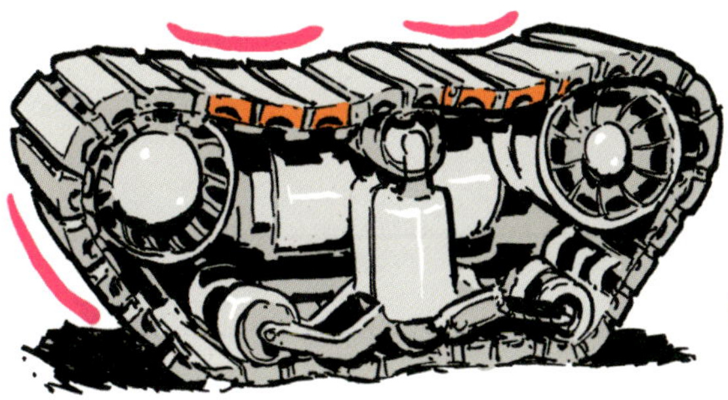

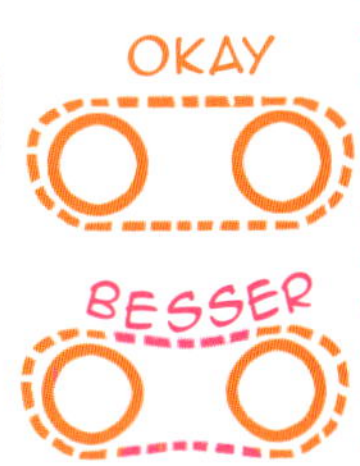

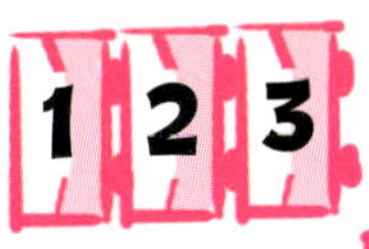

REGEL: SIND LÜCKEN ZWISCHEN RÄDERN MEHR ALS 2 – 3 KETTENGLIEDER LANG, LASS DIE KETTE DURCHHÄNGEN.

LASS DIE KETTE LEBENDIGER WIRKEN, INDEM DU SIE ALS **ORGANISCHE FORM** BETRACHTEST, DIE SICH DEM TERRAIN **ANPASSEN** KANN.

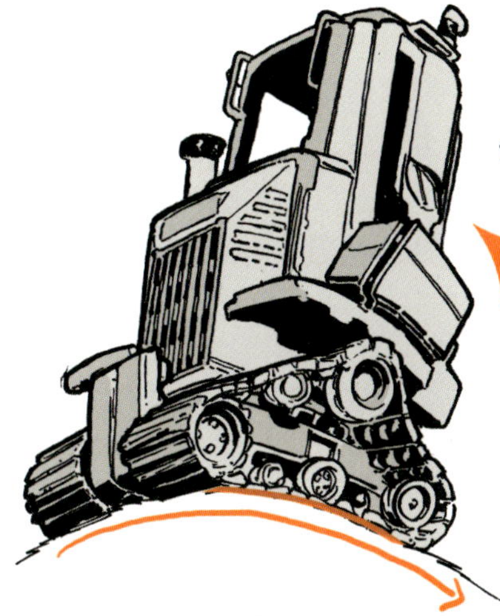

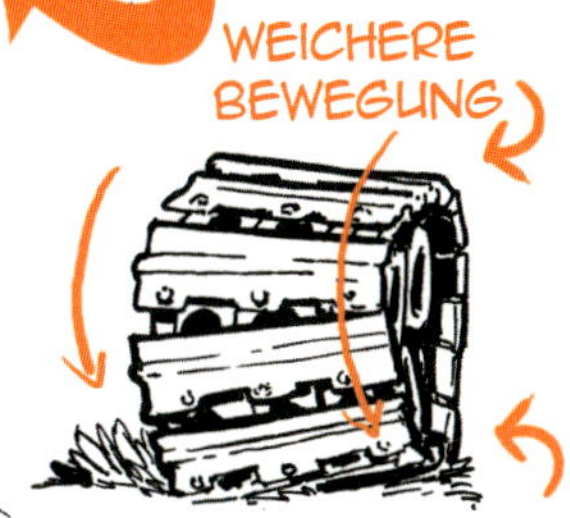

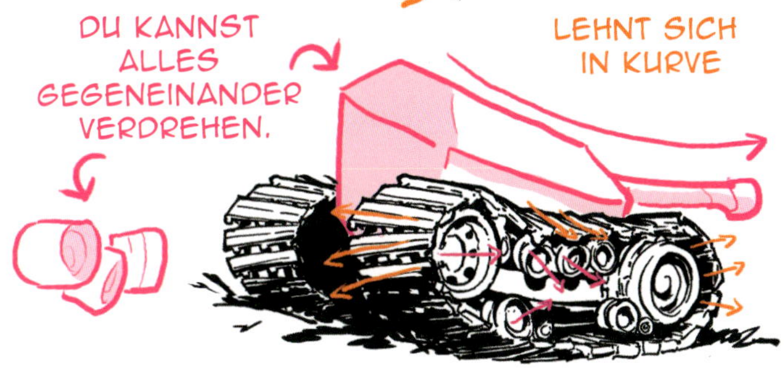

LOCKERE KETTEN BEI **HOHER GESCHWINDIGKEIT.**

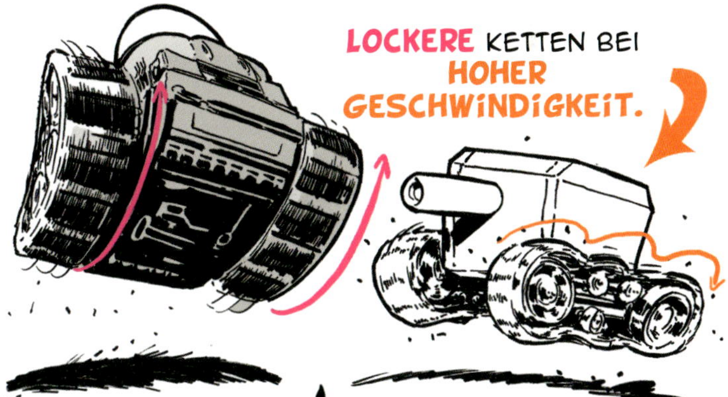

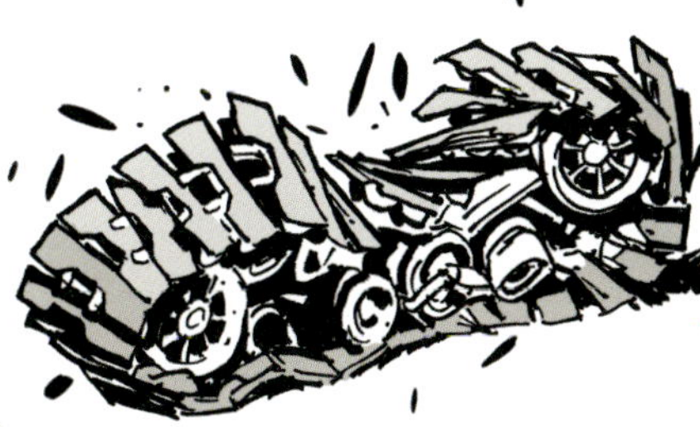

WIE WIR **FAHRZEUGE ZERSTÖREN,** BETRACHTEN WIR IN EINEM **SPÄTEREN TUTORIAL!**

FAHRZEUG-STAND

MIT DAS WICHTIGSTE AN EINEM FAHRZEUG IST SEIN **STAND.**

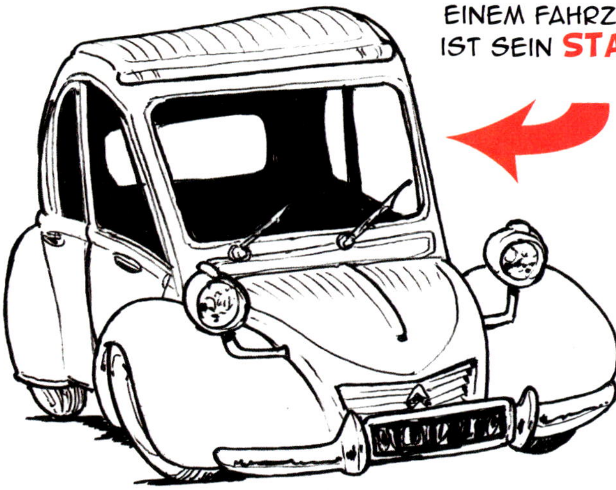

STELL DIR DEN STAND ALS BEZIEHUNG ZWISCHEN **KAROSSERIE** UND **RÄDERN** VOR.

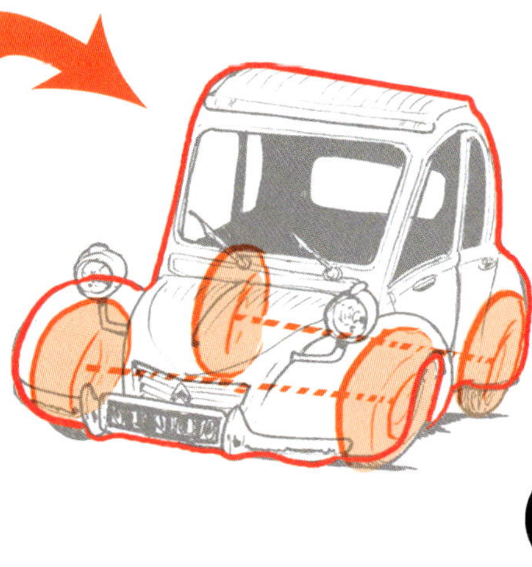

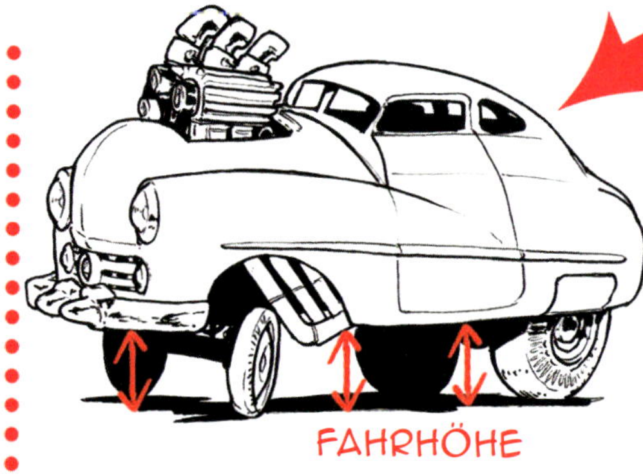

DIE **FAHRHÖHE** LEGT DIE **PERSÖNLICHKEIT** DES FAHRZEUGS FEST UND WIE WIR ERWARTEN, DASS ES SICH **BEWEGT.**

AUFGEBOCKT – WIRKT **WITZIG,** ABER **INSTABIL.**

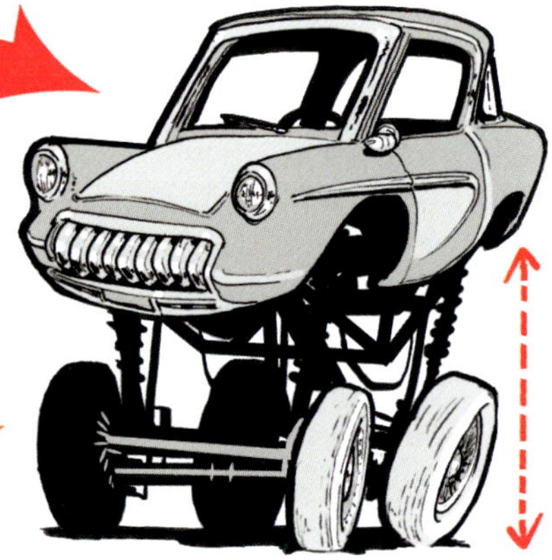

HÖHE EINES ALLRADERS – **WILD,** ABER **FAHRTÜCHTIG**

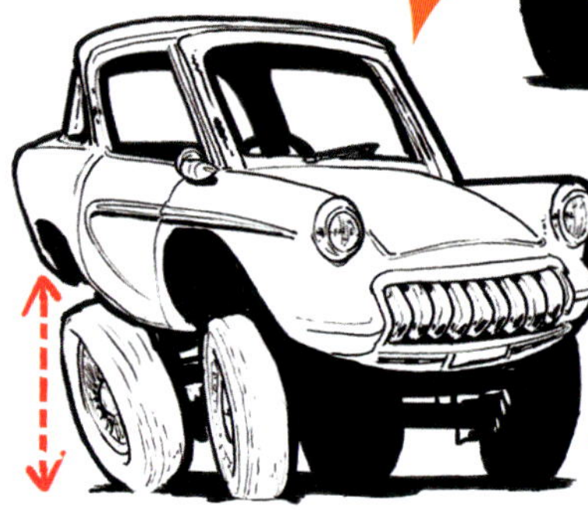

NORMALE LIMOUSINEN-HÖHE – **SICHER,** ABER **VORHERSEHBAR**

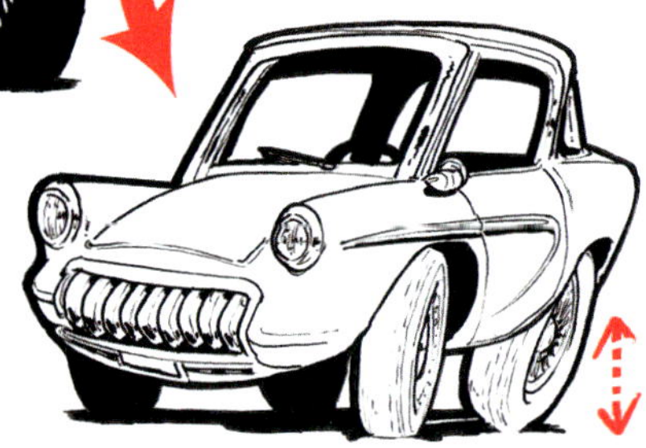

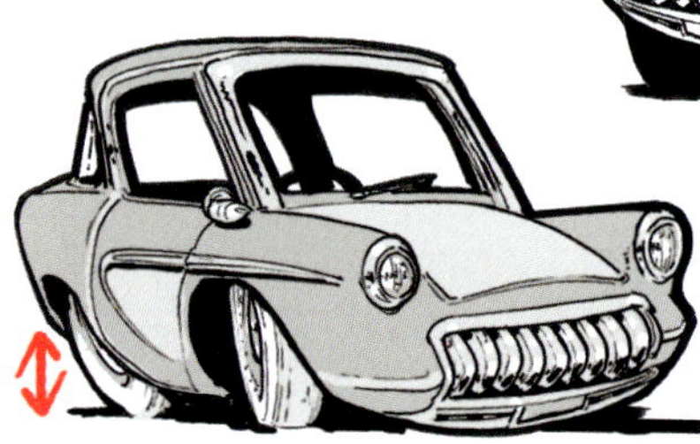

TIEFERGELEGT – **AUFREGEND,** ABER **EINGESCHRÄNKT**

TUTORIAL #25

DIE **NEIGUNG** IST DER **WINKEL** ZWISCHEN FAHRZEUG UND GLATTEM UNTERGRUND.

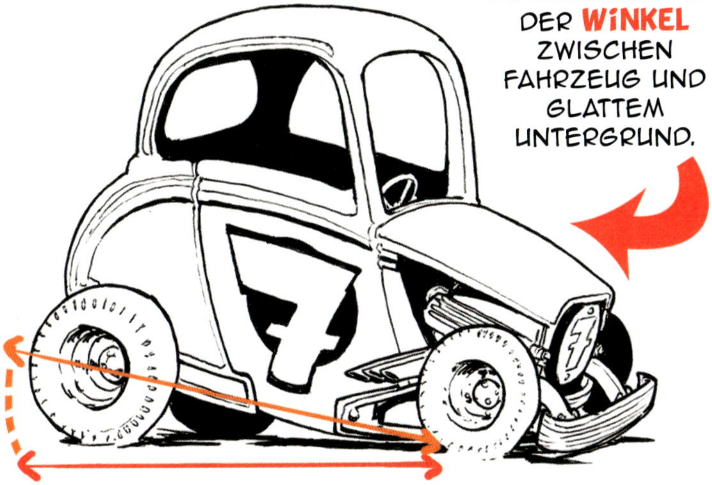

BETONE DEN WINKEL MIT DEN **TEILEN** DES AUTOS.

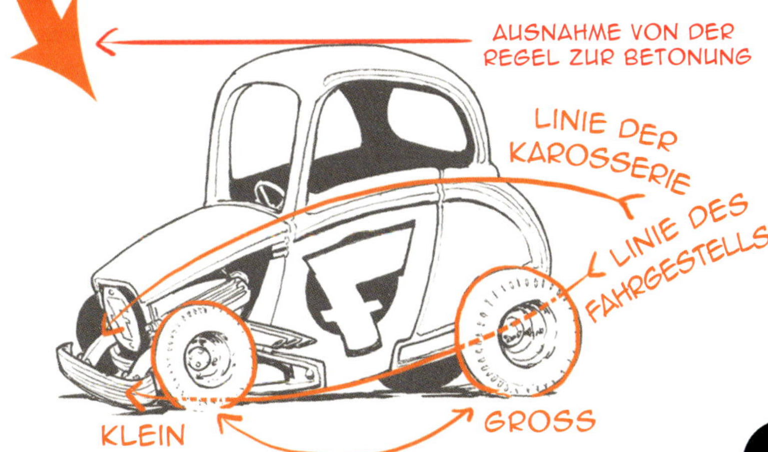

DIE **SPURWEITE** IST DER **SEITLICHE** ABSTAND ZWISCHEN DEN BEIDEN RÄDERN.

EIN BREITERES AUTO WIRKT **NIEDRIGER.** EIN ABGESENKTES **DACH** BETONT DEN EFFEKT.

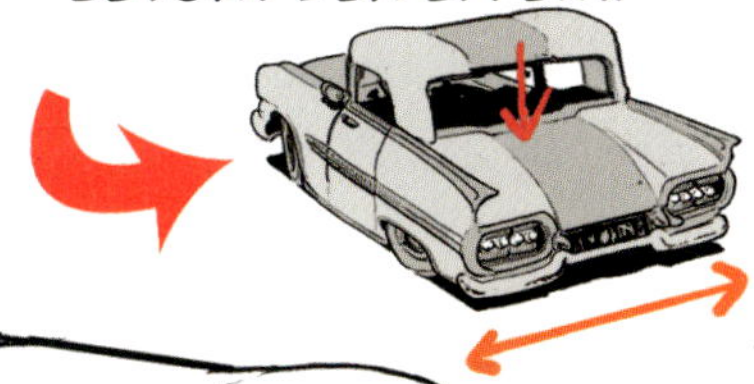

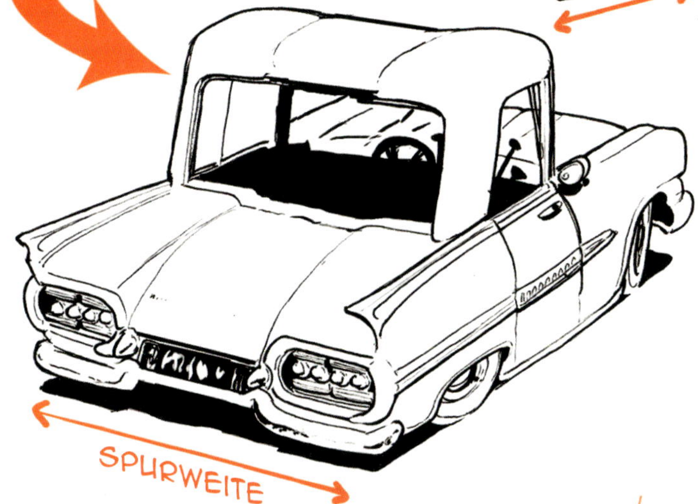

GIB DEM WAGEN EINE **HALTUNG,** INDEM DU SEINE VERTIKALEN **LINIEN** NEIGST.

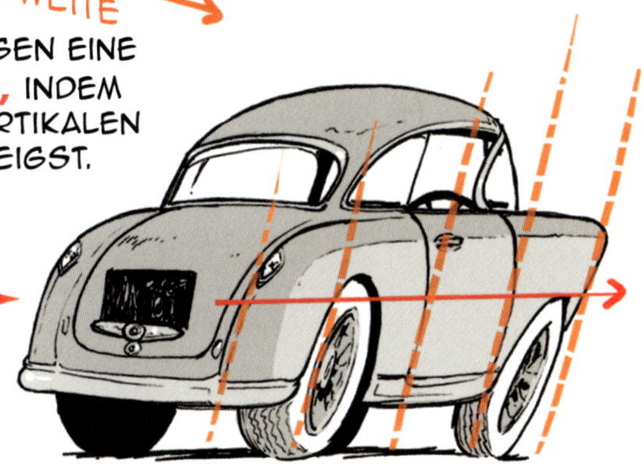

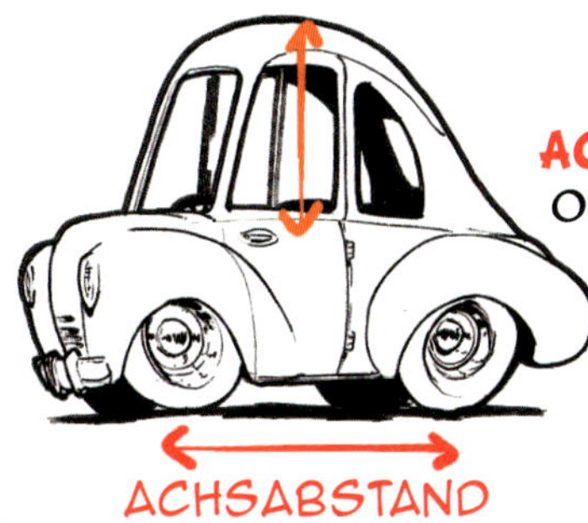

VERKÜRZTER **ACHSABSTAND** BETONT OPTISCH DIE **HÖHE DES DACHS**

FAHRZEUG-STAND

ANREGUNGEN!

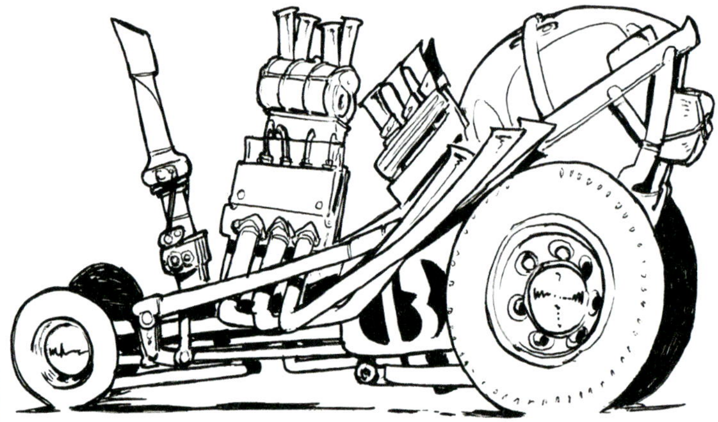

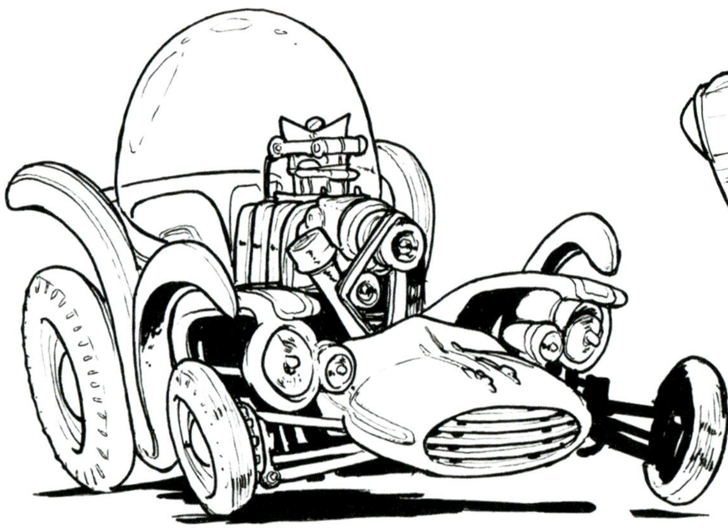

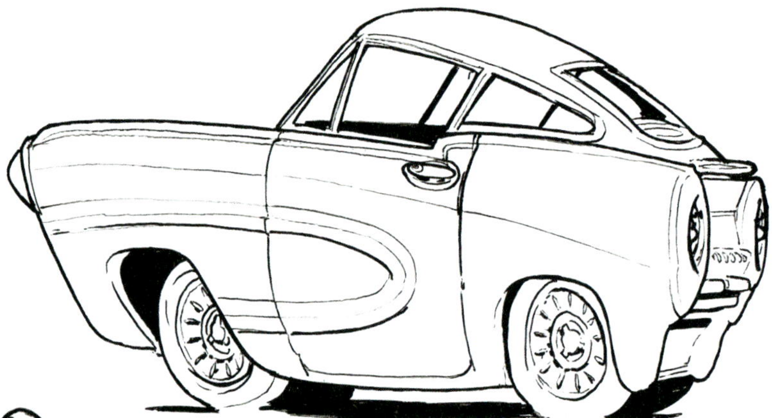

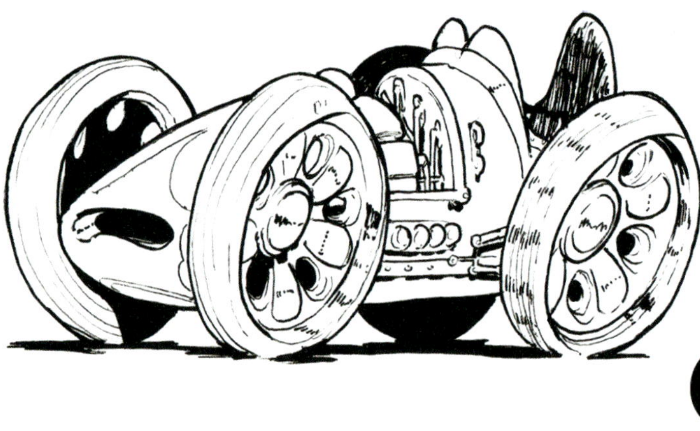

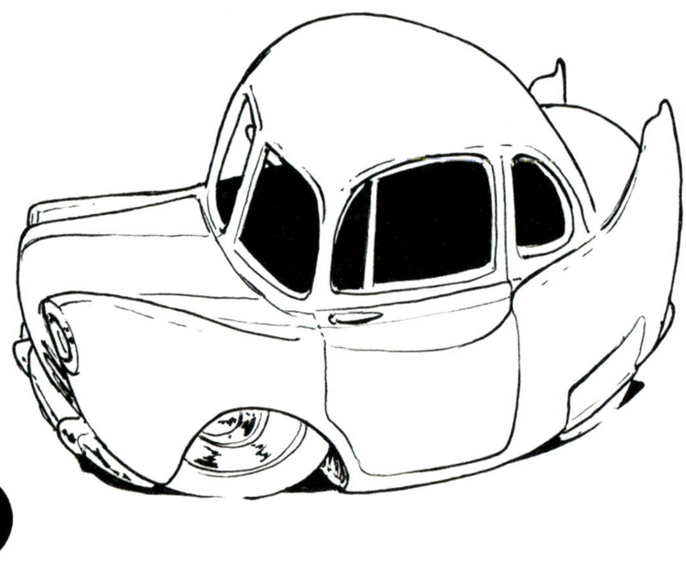

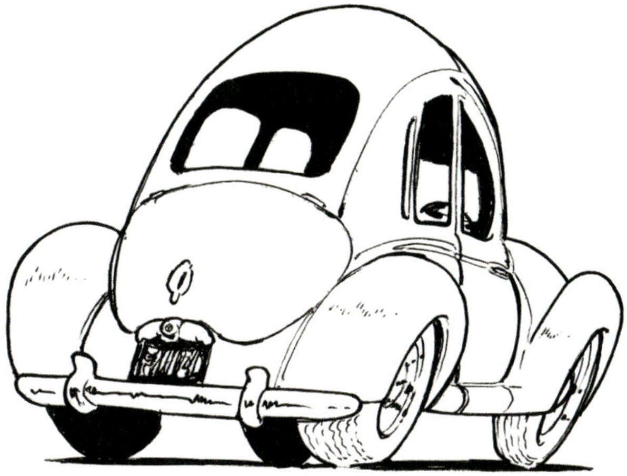
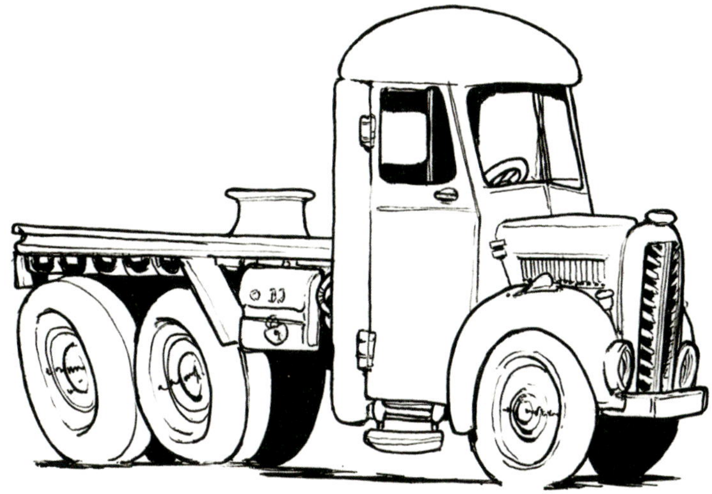
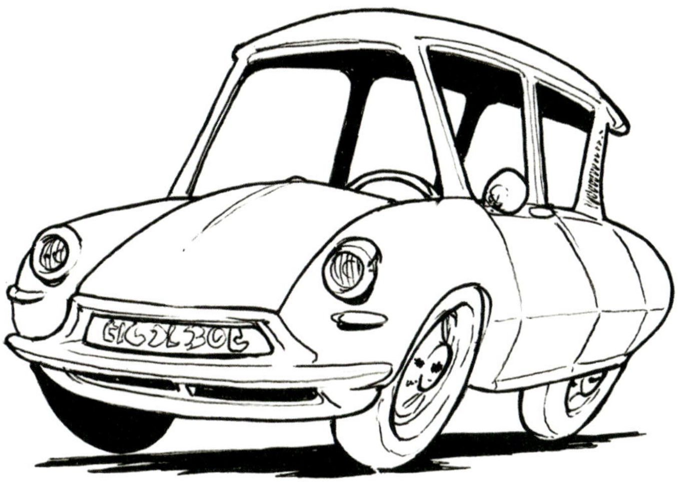
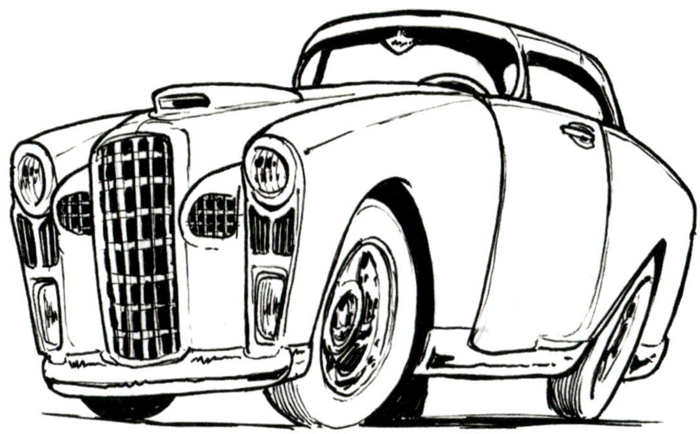
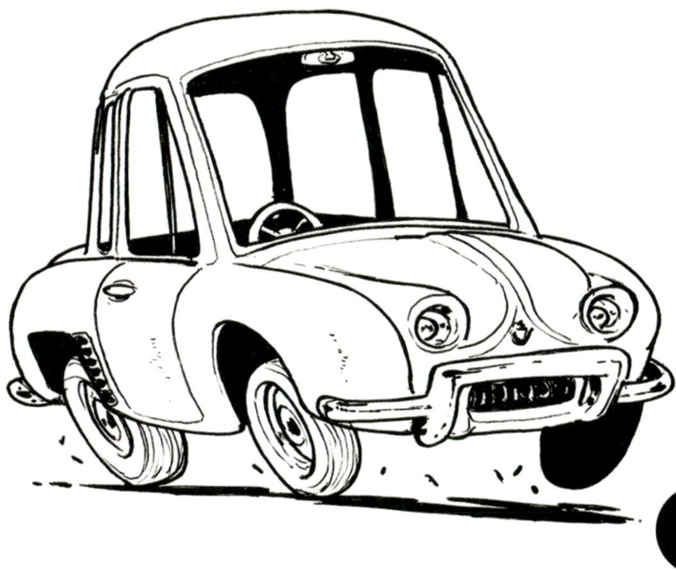
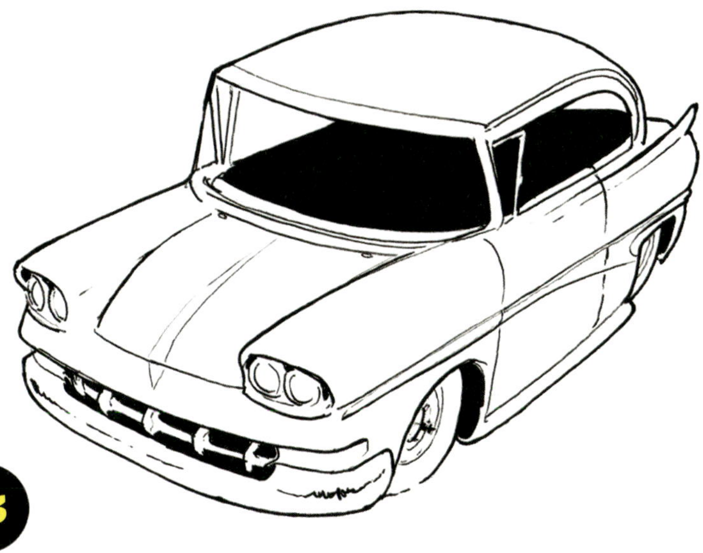

VINTAGE SPACE BIKES

WENN DU FAHRZEUGE ENTWIRFST, DIE **VINTAGE-AUSSEHEN** MIT **FUTURISTISCHER TECHNIK** VERBINDEN, IST AUSGEWOGENHEIT WICHTIG.

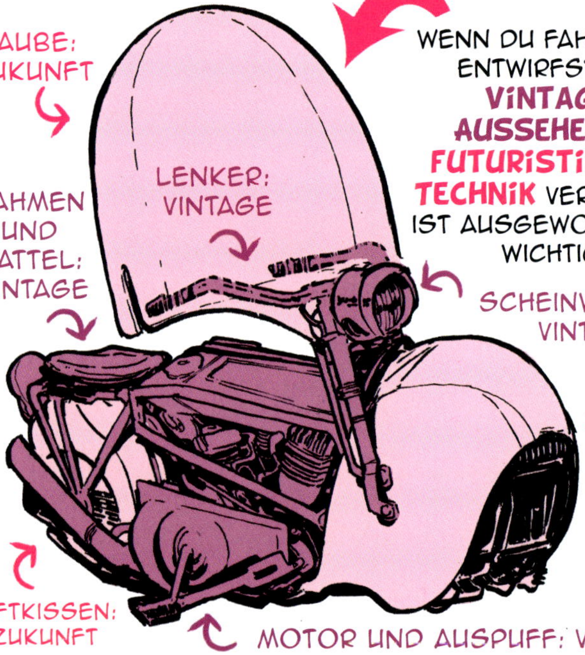

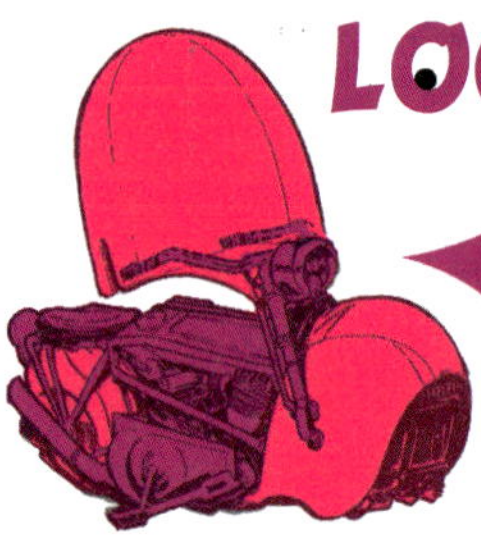

DIE MISCHUNG INNERHALB DES GESAMTENTWURFS IST:

50% VINTAGE,
50% FUTURISTISCH!

DAS IST **DAS GEHEIMNIS,** UM DESIGN-EPOCHEN HARMONISCH ZU KOMBINIEREN!

SUCH DIR EIN **HAUPTELEMENT** DER **DESIGNEPOCHE,** DIE DU DARSTELLEN MÖCHTEST.

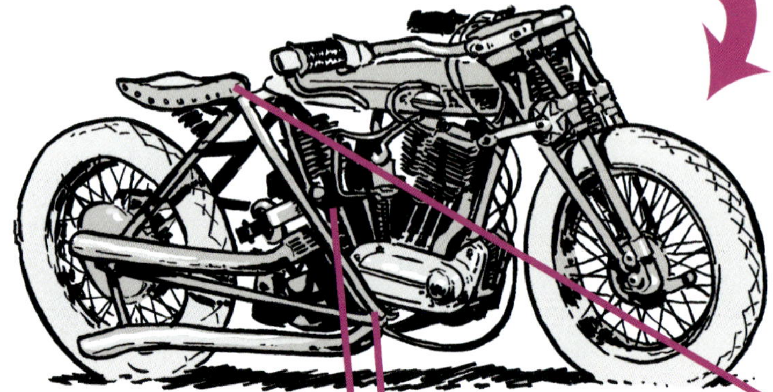

BEISPIEL...
VIELE VINTAGE-BIKES HABEN

DÜNNER ROHRRAHMEN
NIEDRIGER SATTEL
OFFENER MOTOR

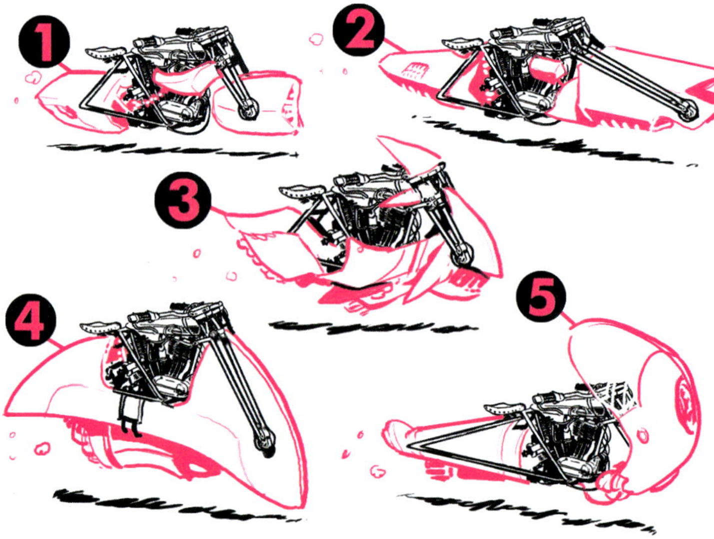

SOLANGE DIE **HAUPTMERKMALE** VORHANDEN SIND, KANNST DU HINZUFÜGEN, **WAS IMMER DU WILLST,** ES WIRD EINE VINTAGE-NOTE BLEIBEN.

SCHNELLE ÜBUNG:
VERSUCHE NEUE TEILE ZU **ENTWERFEN,** INDEM DU ALTE TEILE DES MOTORRADS WIEDERVERWENDEST!

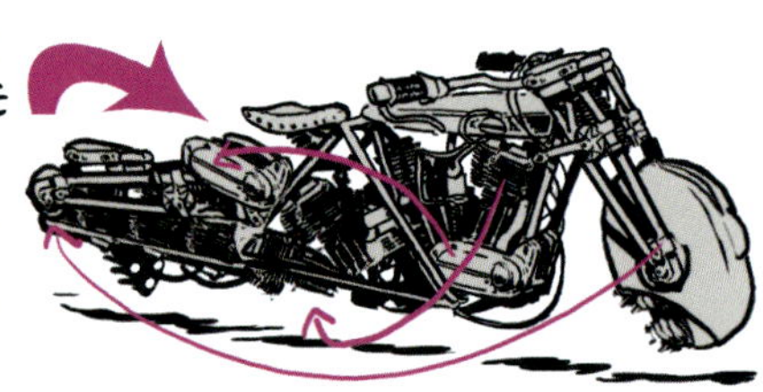

TUTORIAL #26

DEIN ENTWURF **FUNKTIONIERT** AUCH DANN NOCH, WENN DU FAST 100% DER HAUPTMERKMALE EINES BIKES ERHÄLTST (AUCH WENN ES NICHT SO ORIGINELL WIRKT), SOLANGE DIE NEUEN SICH **FLIESSEND** EINFÜGEN.

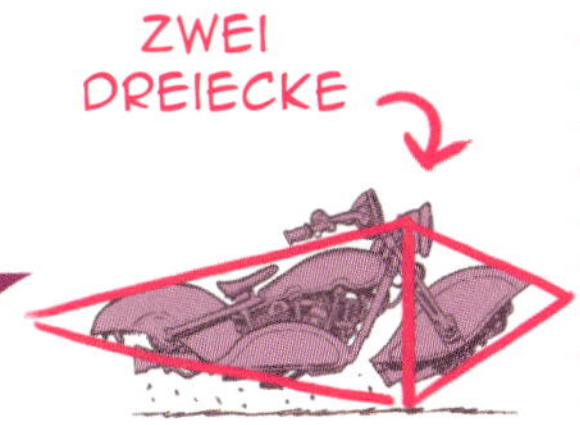

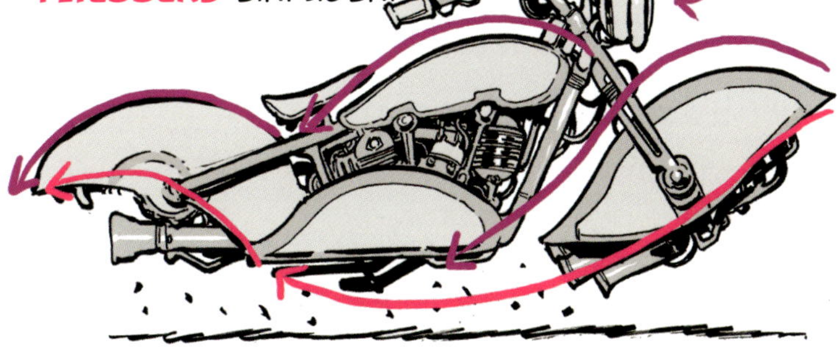

ACHTE DARAUF, DASS DIE **NEUEN ELEMENTE** SICH **IN DIE LINIEN** DES ENTWURFS EINFÜGEN.

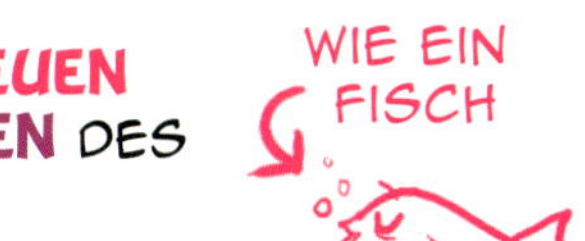

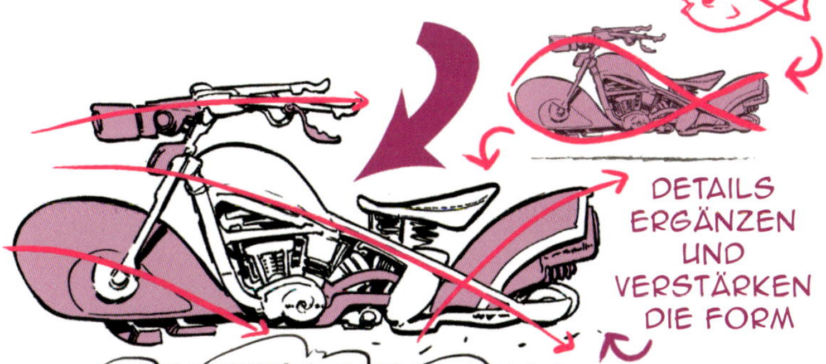

OFT WIRKT DAS RESULTAT **BEEINDRUCKENDER,** WENN EINE **FRÜHERE DESIGN-ÄRA** NUR MIT WENIGER AUFFÄLLIGEN DETAILS ANGEDEUTET WIRD.

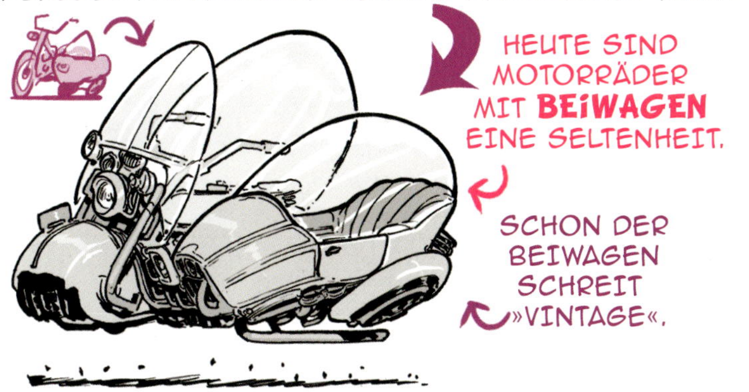

EINE ANDERE MÖGLICHKEIT IST, TEILE **VERSCHIEDENER FAHRZEUGE EINER ÄRA** ZU KOMBINIEREN.

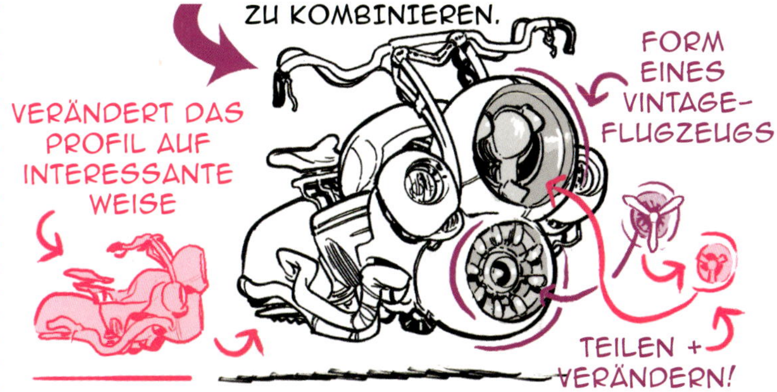

MANCHMAL REICHEN **EIN ODER ZWEI AUFFÄLLIGE DETAILS** FÜR DAS VINTAGE-FEELING.

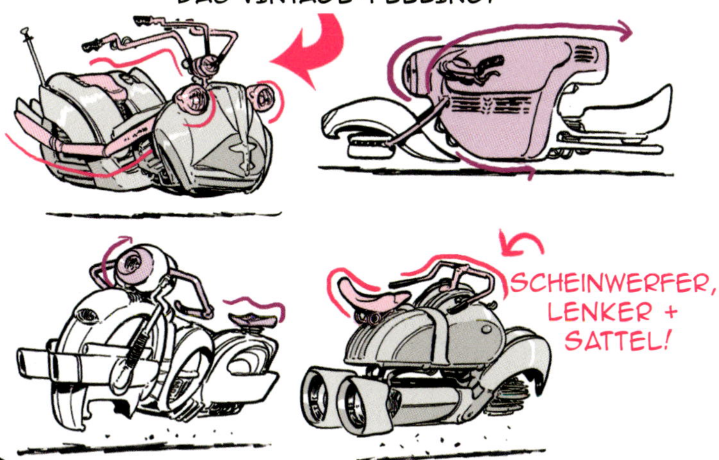

VINTAGE-FLIEGER

UM **FLUGZEUGE** ZU ZEICHNEN, BRAUCHST DU EIN GRUNDVERSTÄNDNIS VON **PERSPEKTIVE.**

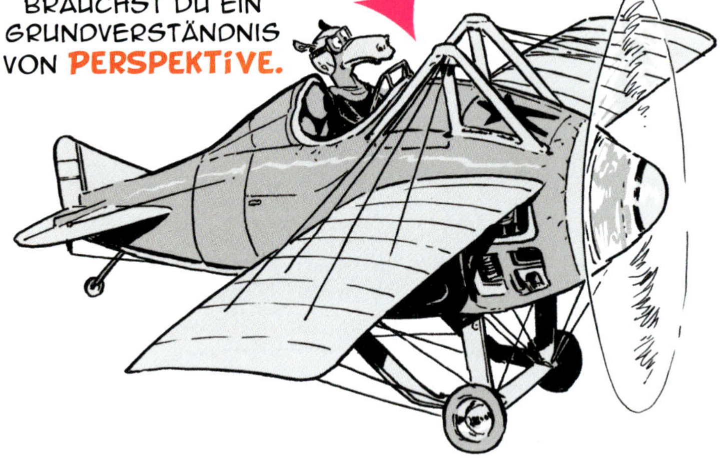

SKIZZIERE EIN LINEAL UND EINE KÜCHENROLLE AUS **VERSCHIEDENEN WINKELN.** SO BEKOMMST DU EIN GESPÜR FÜR DAS **VERHÄLTNIS** ZWISCHEN FLÜGELN UND RUMPF.

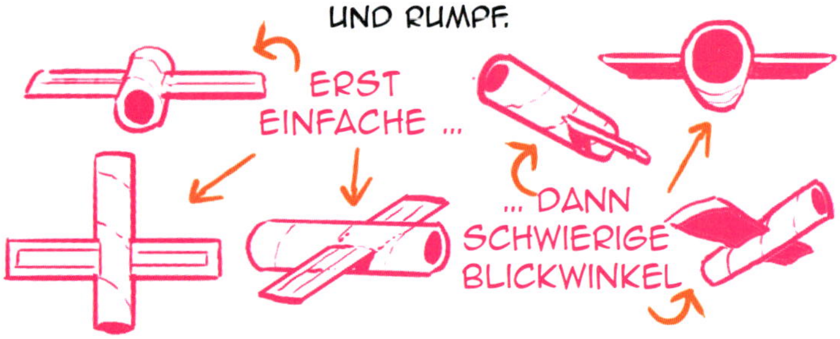

MIT DIESER ÜBUNG LERNST DU ALLES, WAS DU BRAUCHST!

WENN DU DIE FLÜGEL GROB IM **ZWEITEN VIERTEL** DES RUMPFS ANSETZT, KANN PRAKTISCH **JEDE FORM,** DIE SICH ZUM HECK VERJÜNGT, WIE EIN »FLUGZEUG« AUSSEHEN!

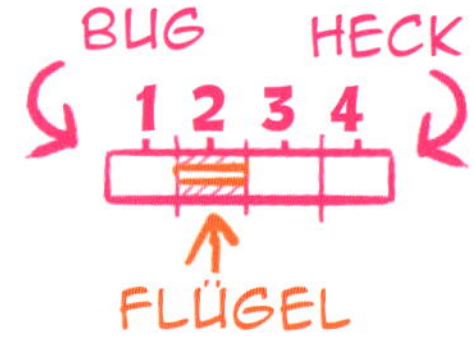

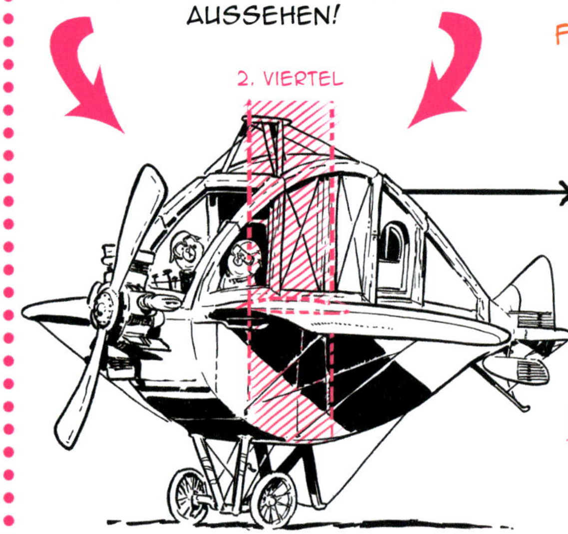

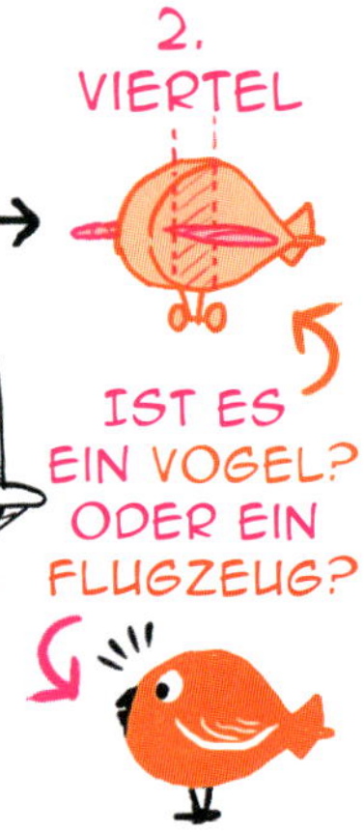

DIE MEISTEN FLÜGEL HABEN EINE **KONTUR.** NUTZE **FORMLINIEN,** UM DIE FORM BESSER ZU BESCHREIBEN.

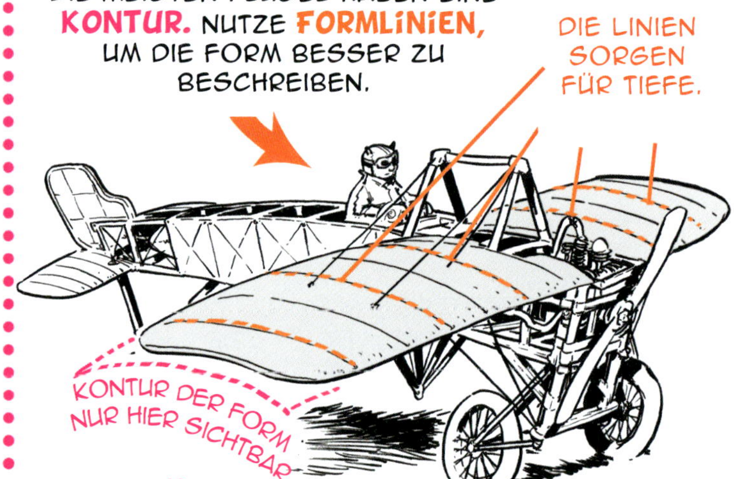

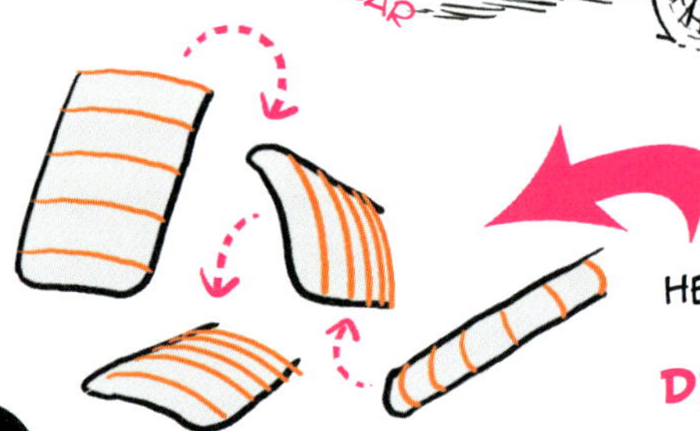

DIE **FORMLINIEN** HELFEN DIR DABEI, IN **DREI DIMENSIONEN** ZU DENKEN.

TUTORIAL #27

IM FLUG KÖNNEN WIR DIE **BEWEGUNG VERDEUTLICHEN,** INDEM WIR DIE EINZELNEN TEILE DES FLUGZEUGS VERBINDEN

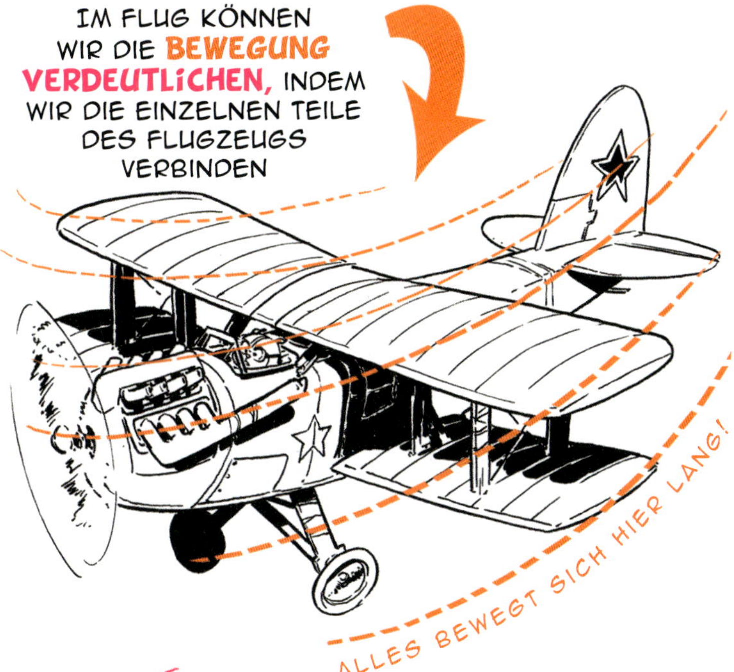

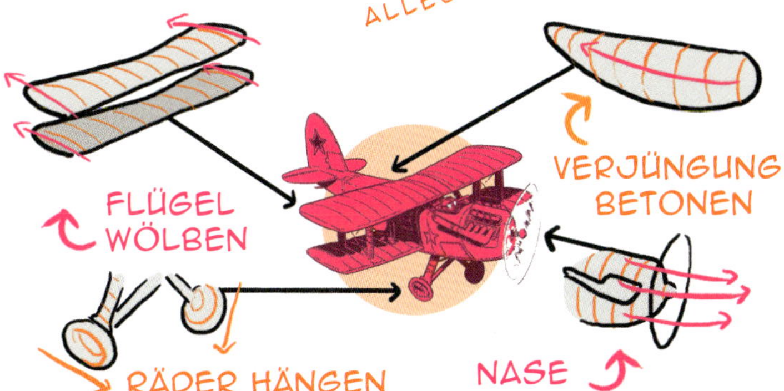

DAS KANNST DU SO WEIT **TREIBEN,** WIE DU MAGST!

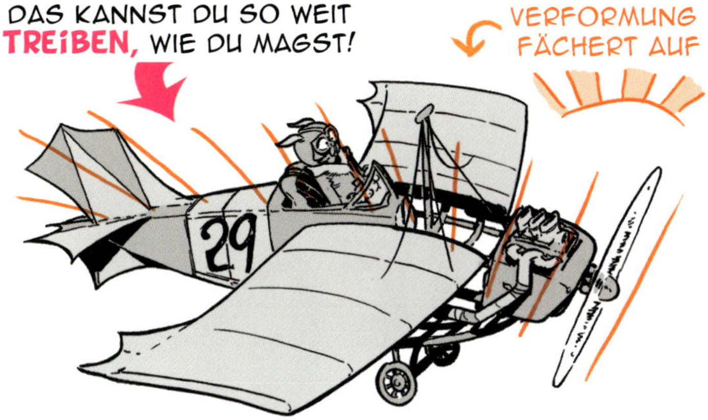

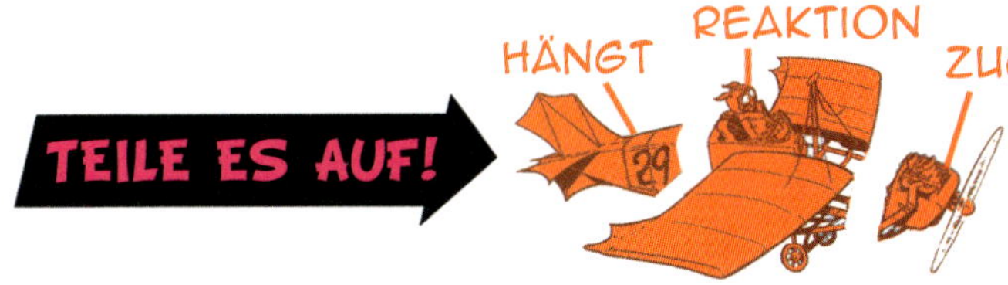

EIN PAAR **WICHTIGE FORMEN...**

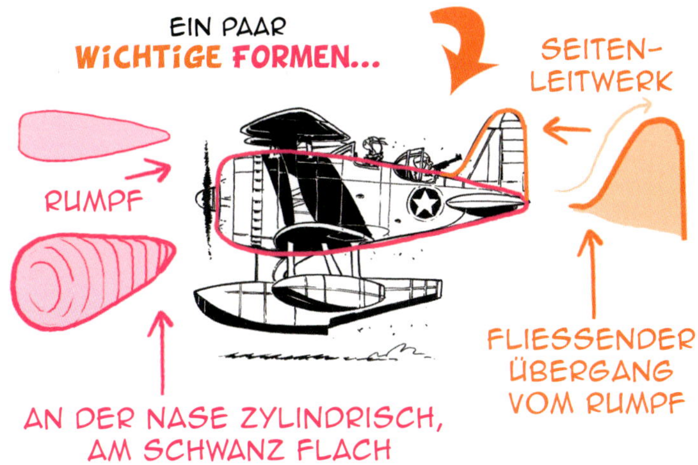

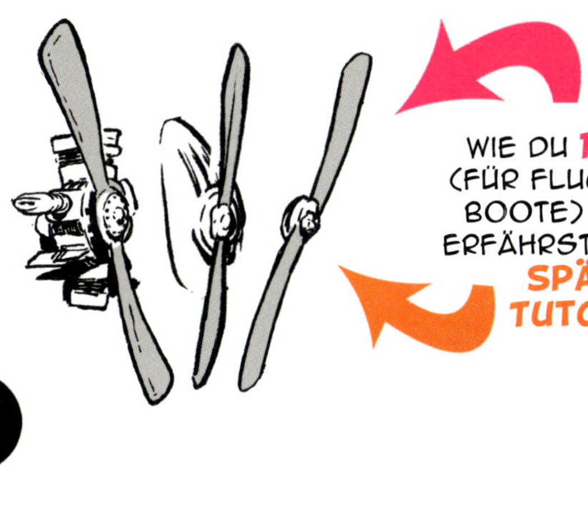

WIE DU **PROPELLER** (FÜR FLUGZEUGE UND BOOTE) ZEICHNEST, ERFÄHRST DU IN EINEM **SPÄTEREN TUTORIAL ...**

VINTAGE-FLIEGER

ANREGUNGEN!

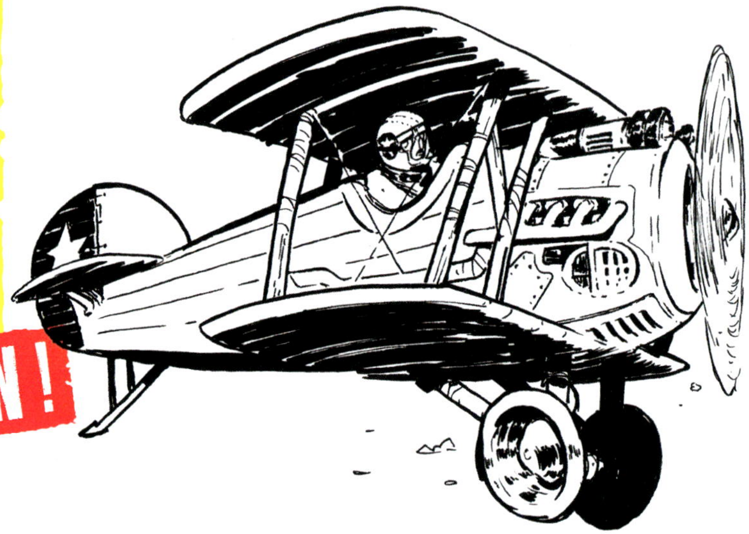

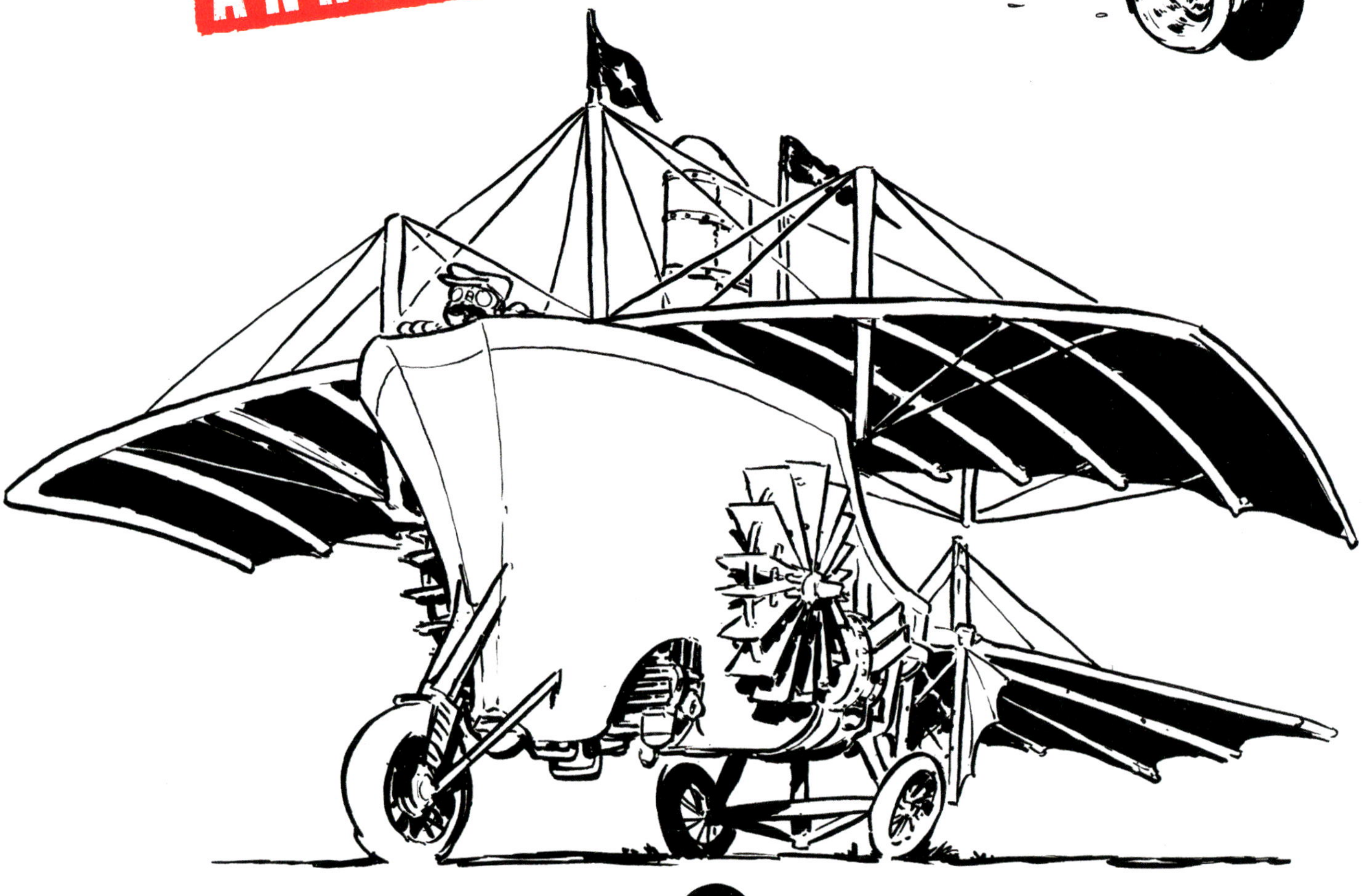

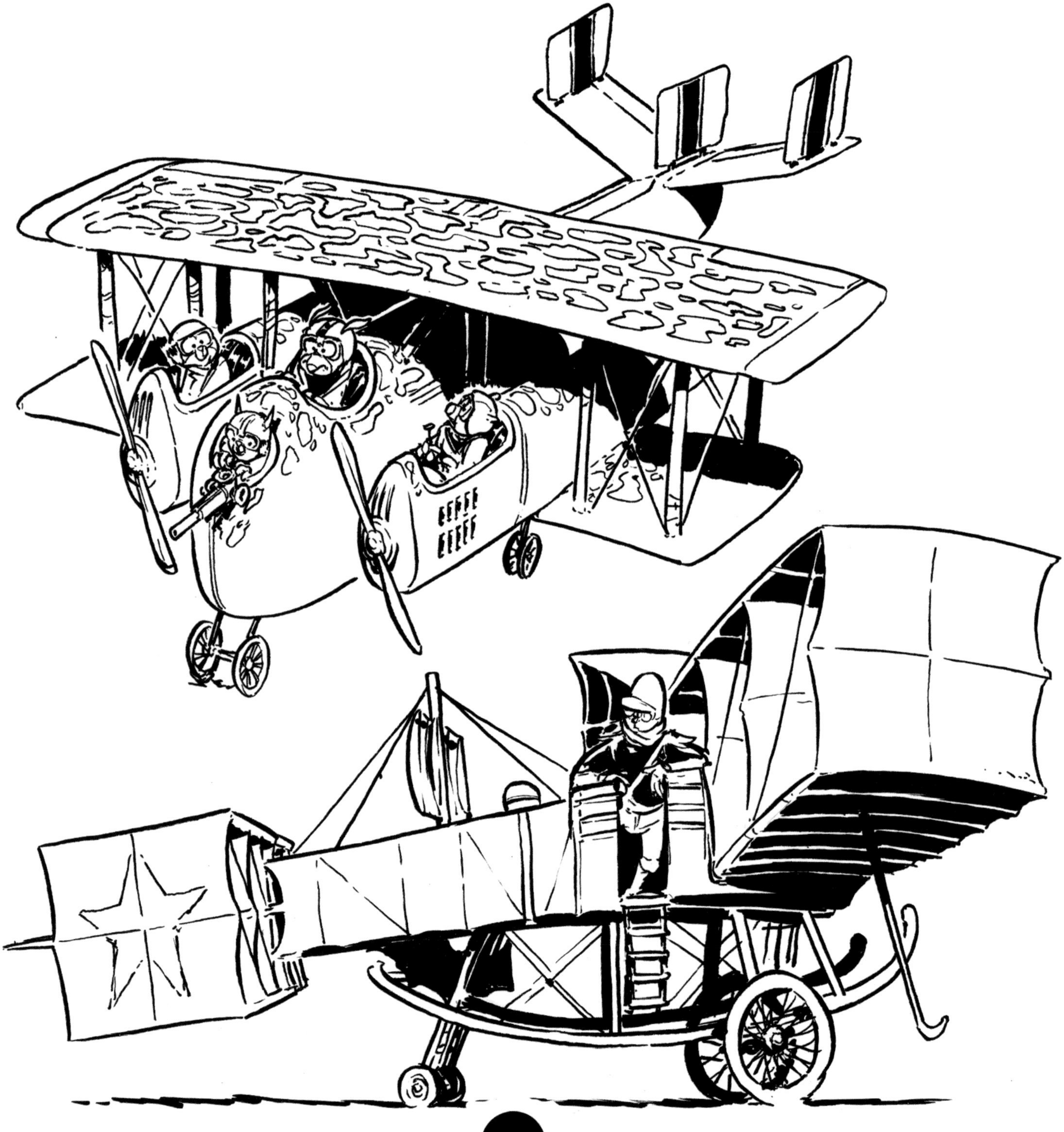

KAPITEL VIER

ELEMENTE

WASSER & WELLEN

WELLEN ROLLEN IN EINER REIHE VON **BERGEN** UND **TÄLERN.**

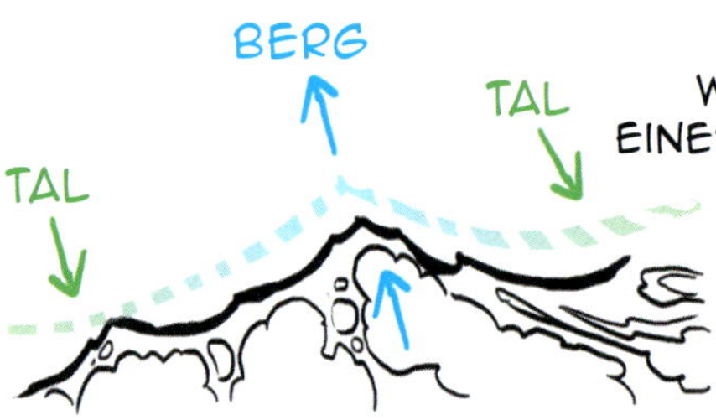

STAFFLE DIE **BERGE** IN EINER **ZICK-ZACK-LINIE.**

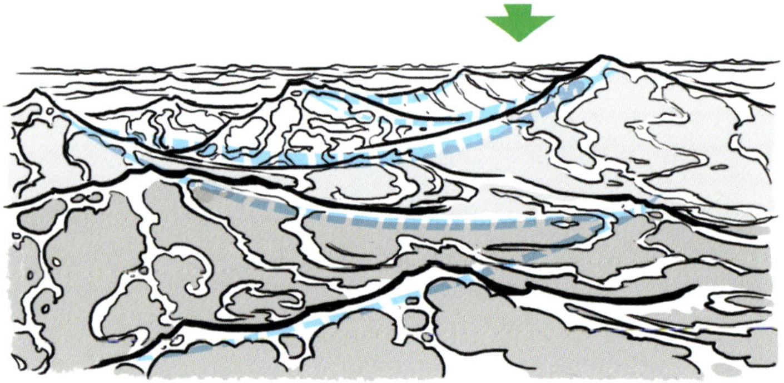

NUTZE DIE **SCHAUMLINIEN,** UM **BEWEGUNG** ZU ERZEUGEN …

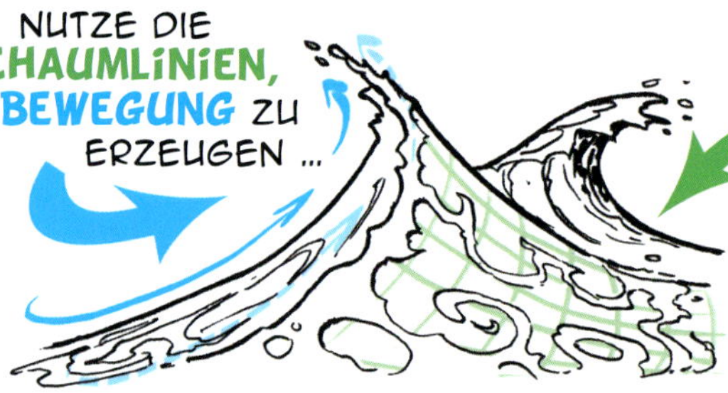

… UND DIE **FORM** DER WELLEN.

EIN SICH BEWEGENDES OBJEKT SCHIEBT DAS WASSER ERST NACH **OBEN** UND DANN **ZURÜCK.**

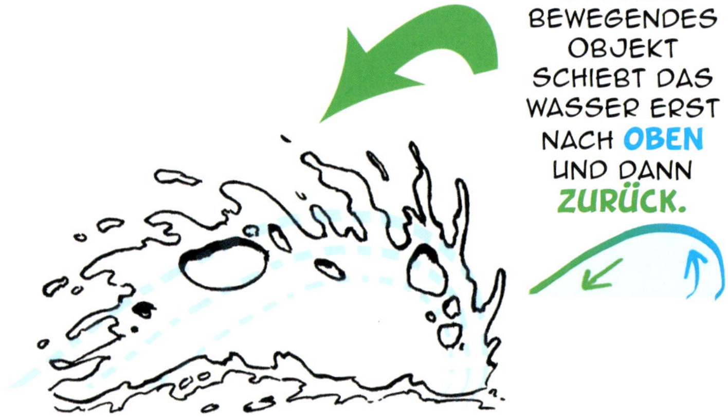

WENIG BEWEGTES WASSER KANNST DU WIE EINE REIHE UNREGELMÄSSIG **GEFORMTER FAHNEN** ZEICHNEN.

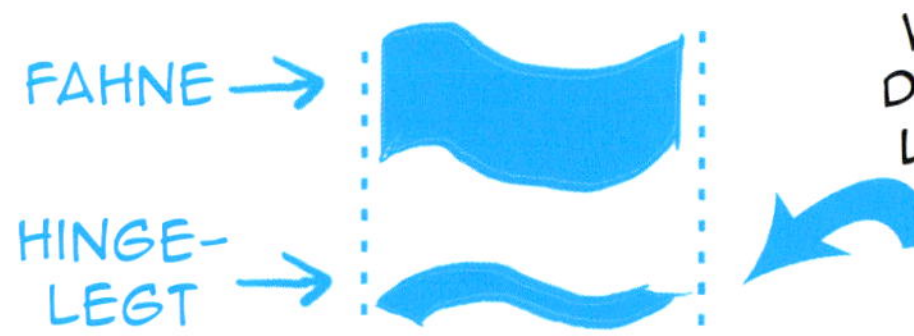

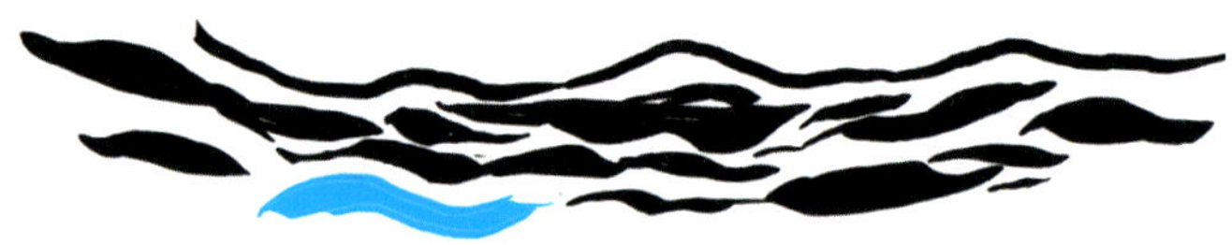

ZEIG DIE **FLIESSRICHTUNG** BEI RUHIGEM WASSER, INDEM DU ES SICH AN EINEM FESTEN OBJEKT **BRECHEN** LÄSST.

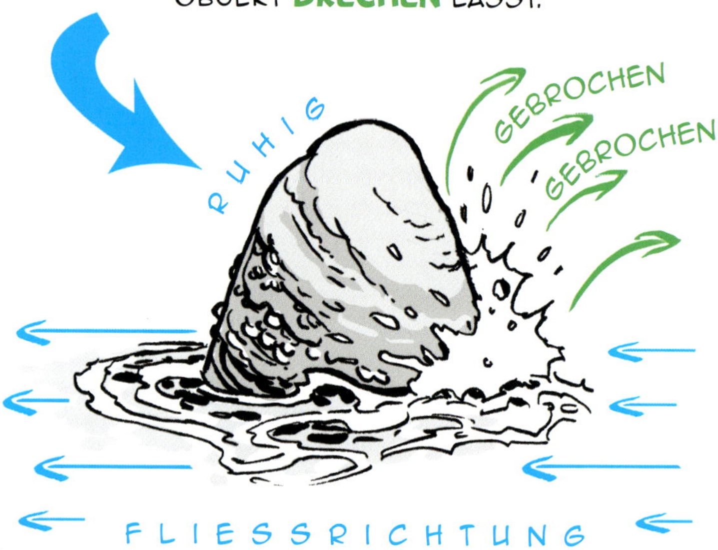

TUTORIAL #28

FÄLLT ETWAS INS WASSER, SPRITZT ES IN **ALLE RICHTUNGEN.**

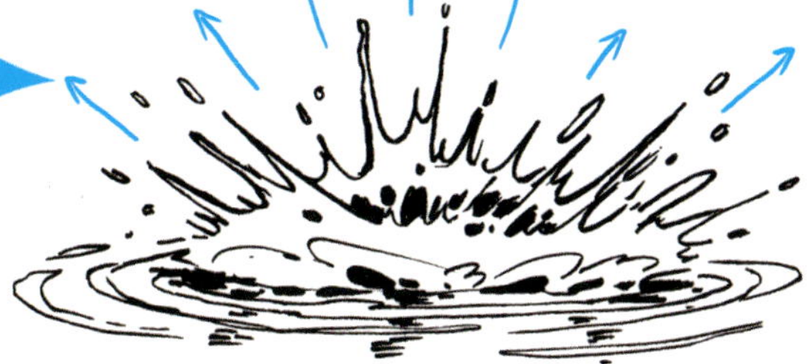

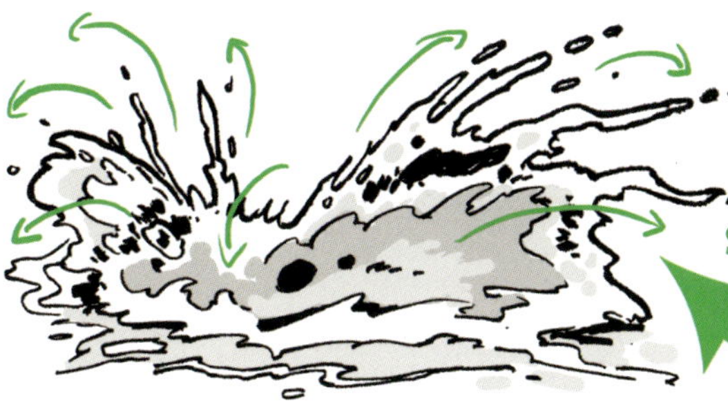

KÄMME AM RAND WERDEN SCHNELL RUND UND **SCHWAPPEN ÜBER.**

AM ENDE BERUHIGT SICH DAS WASSER UND ES BLEIBEN NUR KLEINE **RIPPEL** UND **BLASEN** ÜBRIG.

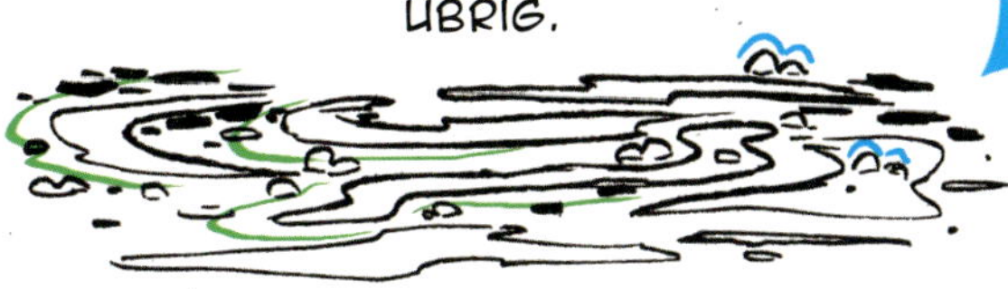

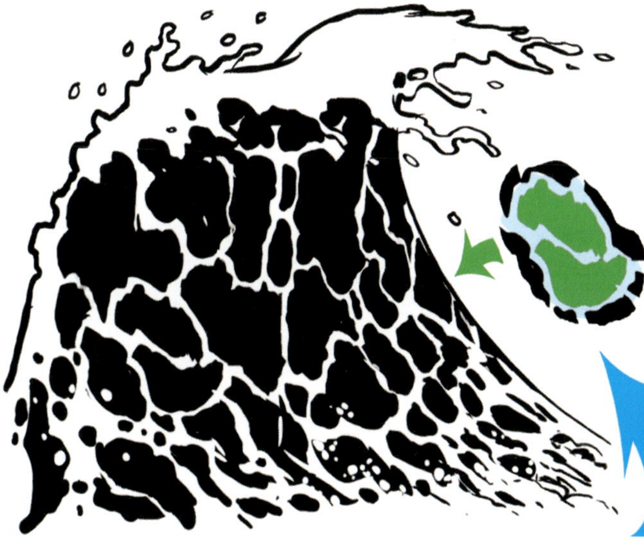

DIE SCHAUMLINIEN ERINNERN AN **KANTIGE BLITZE,** DIE UM VERFORMTE **JELLY BEANS** HERUMLAUFEN!

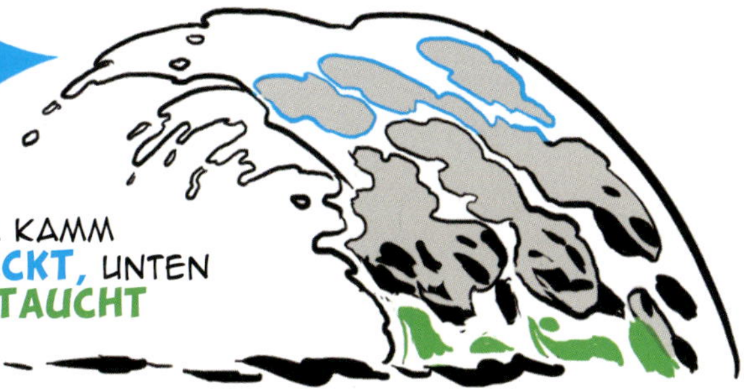

AM KAMM **GESTRECKT,** UNTEN **GESTAUCHT**

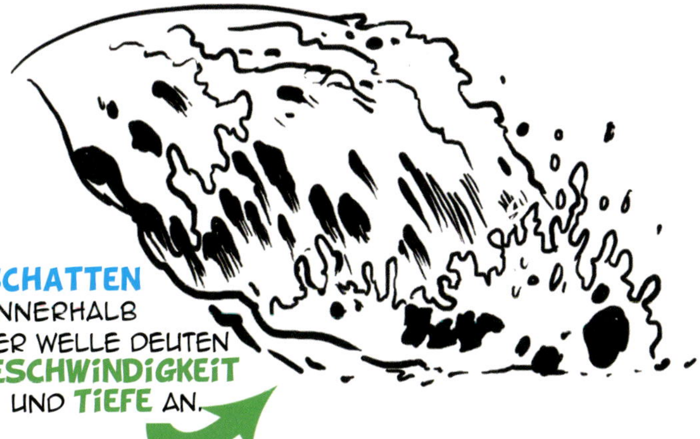

SCHATTEN INNERHALB DER WELLE DEUTEN **GESCHWINDIGKEIT** UND **TIEFE** AN.

FLÜSSIGKEITEN GIESSEN

BEIM EINGIESSEN GIBT ES ZWEI HAUPT-BEWEGUNGEN: DIE **FLIESSRICHTUNG** DER FLÜSSIGKEIT UND DIE ART, WIE SIE IM GEFÄSS **UMHERSCHWAPPT** UND SICH **SAMMELT.**

SCHAUEN WIR UNS **WASSER** AN, DAS IN EIN **GLAS** GEGOSSEN WIRD …

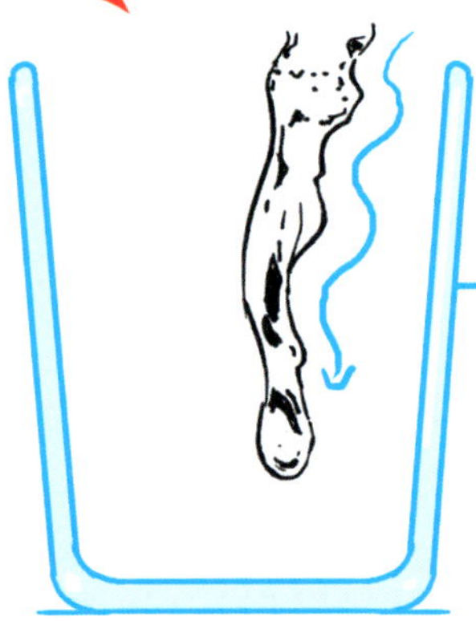

1 STROM SCHLÄNGELT SICH UNGLEICHMÄSSIG NACH UNTEN.

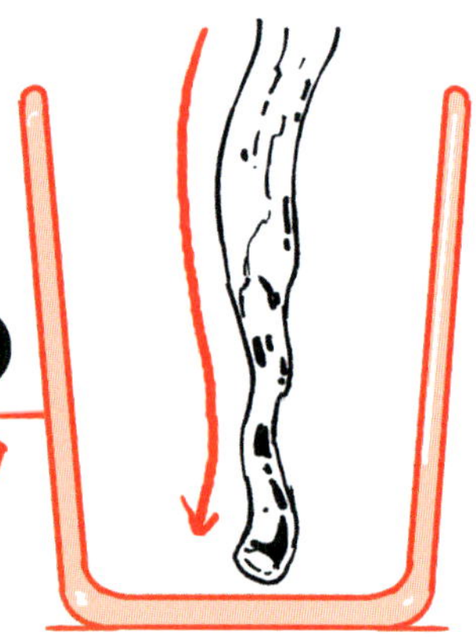

2 JE MEHR ER SICH STRECKT, DESTO GLATTER WERDEN DIE RÄNDER.

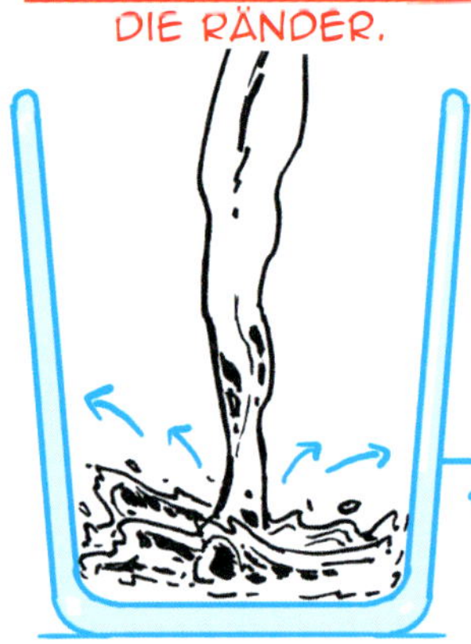

3 BEIM AUFTREFFEN SPRITZT ER IN ALLE RICHTUNGEN.

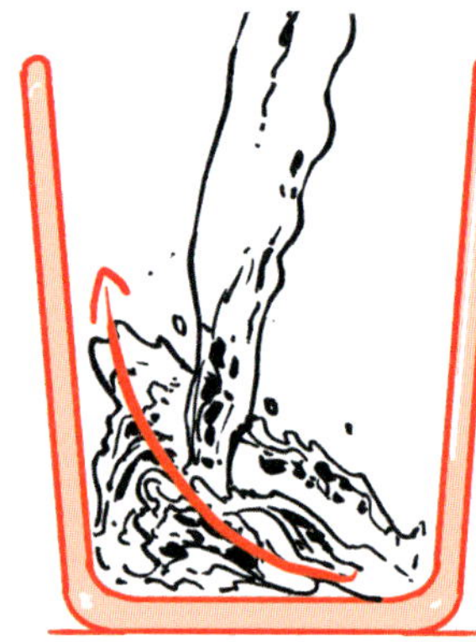

4 DIE SCHÜTTRICHTUNG SORGT FÜR MEHR SPRITZER ZU EINER SEITE.

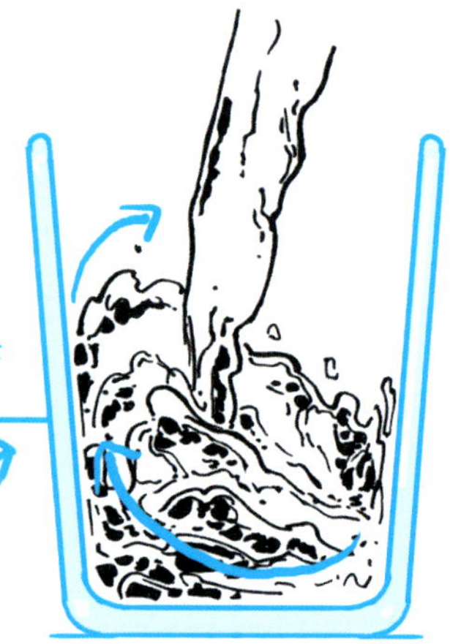

5 SIE SCHWAPPEN GEGEN DIE GLASWAND UND BRECHEN.

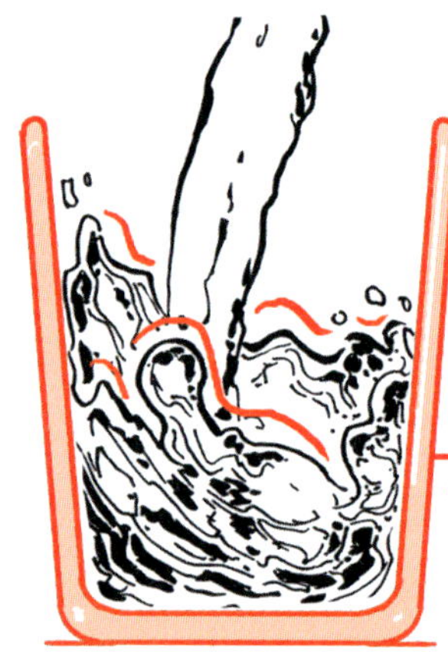

6 BEI HÖHEREM WASSERSTAND WIRD DIE OBERFLÄCHE RUHIGER.

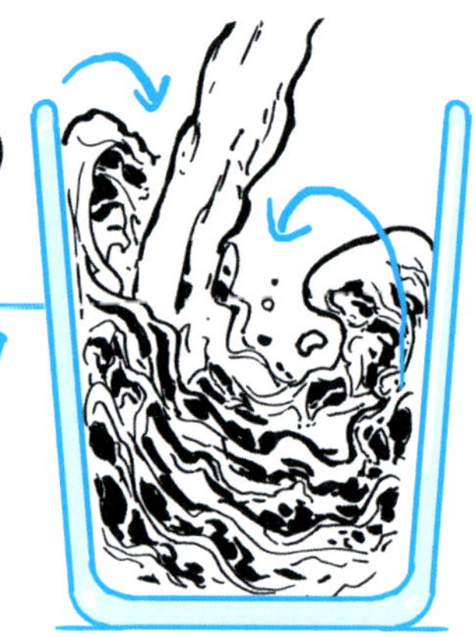

7 WASSER WALLT AUF UND FÄLLT NACH INNEN.

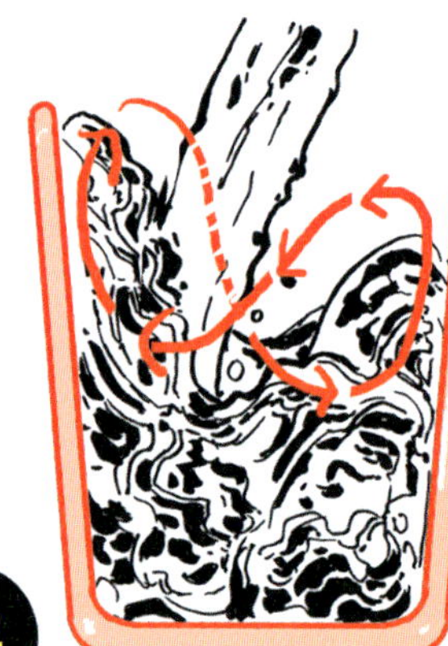

8 WASSER SCHWAPPT ZWISCHEN WÄNDEN HIN UND HER.

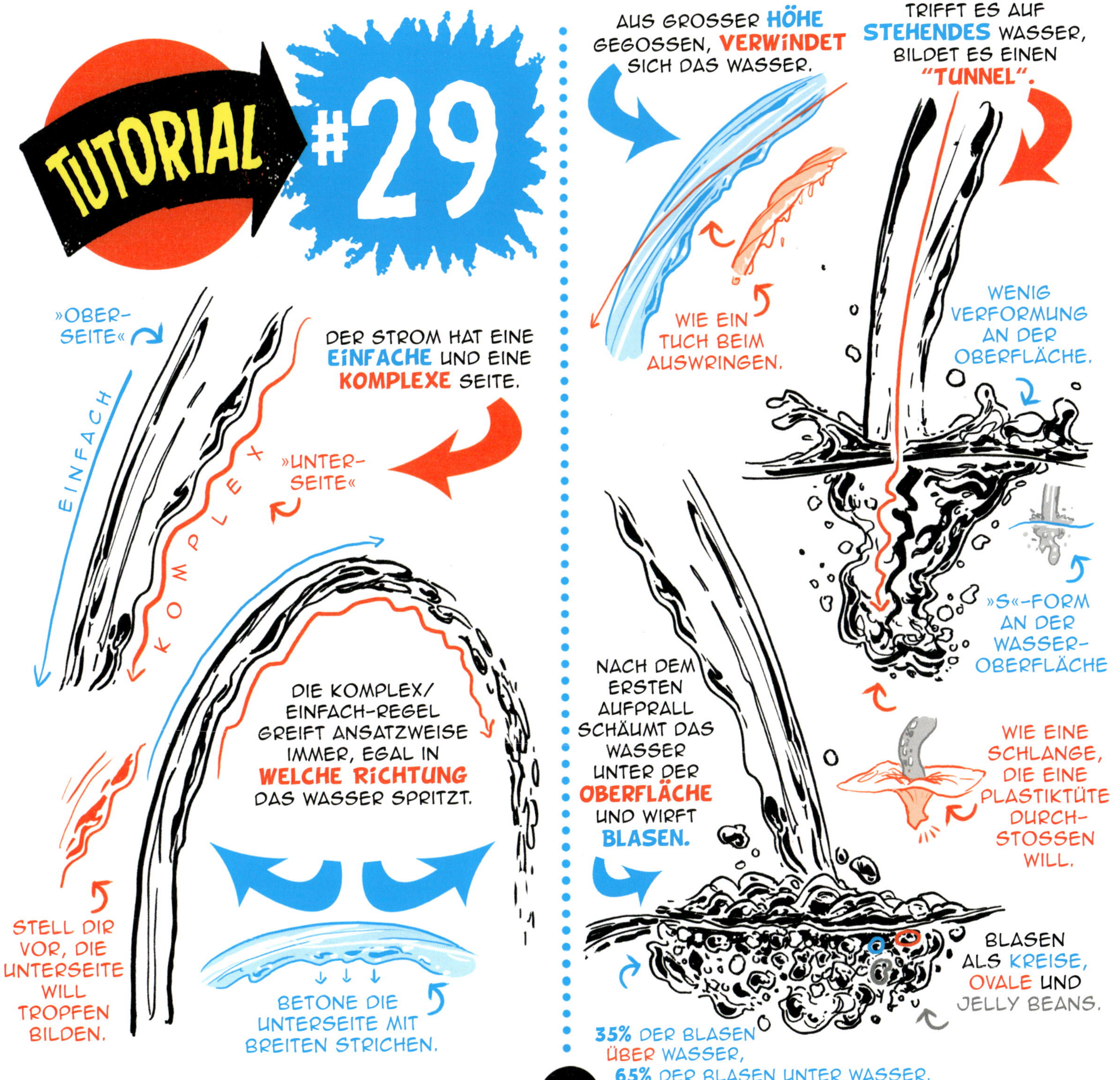
TUTORIAL #29
»OBER-SEITE«
EINFACH
KOMPLEX
DER STROM HAT EINE EINFACHE UND EINE KOMPLEXE SEITE.
»UNTER-SEITE«
DIE KOMPLEX/EINFACH-REGEL GREIFT ANSATZWEISE IMMER, EGAL IN WELCHE RICHTUNG DAS WASSER SPRITZT.
STELL DIR VOR, DIE UNTERSEITE WILL TROPFEN BILDEN.
BETONE DIE UNTERSEITE MIT BREITEN STRICHEN.
AUS GROSSER HÖHE GEGOSSEN, VERWINDET SICH DAS WASSER.
WIE EIN TUCH BEIM AUSWRINGEN.
TRIFFT ES AUF STEHENDES WASSER, BILDET ES EINEN "TUNNEL".
WENIG VERFORMUNG AN DER OBERFLÄCHE.
»S«-FORM AN DER WASSER-OBERFLÄCHE
NACH DEM ERSTEN AUFPRALL SCHÄUMT DAS WASSER UNTER DER OBERFLÄCHE UND WIRFT BLASEN.
WIE EINE SCHLANGE, DIE EINE PLASTIKTÜTE DURCH-STOSSEN WILL.
BLASEN ALS KREISE, OVALE UND JELLY BEANS.
35% DER BLASEN ÜBER WASSER, 65% DER BLASEN UNTER WASSER.

LAVA

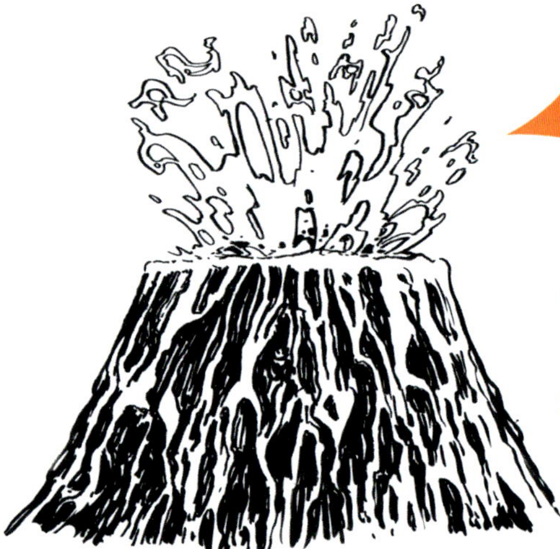

BEDENK BEIM ZEICHNEN VON LAVA, DASS SIE **EIGENTLICH WIEDER** ZU **STEIN** WERDEN WILL.

SELBST IN IHREM **AGILSTEN FLÜSSIGEN ZUSTAND** IST SIE **SCHWER** UND **ZÄHFLÜSSIG.**

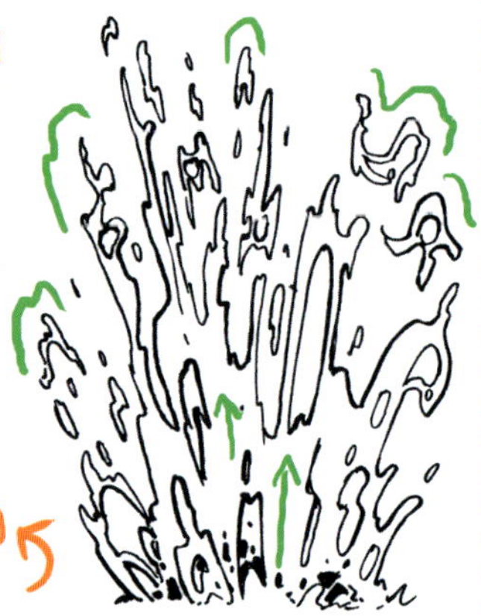

FÜR EINEN FLATSCHEN LAVA:

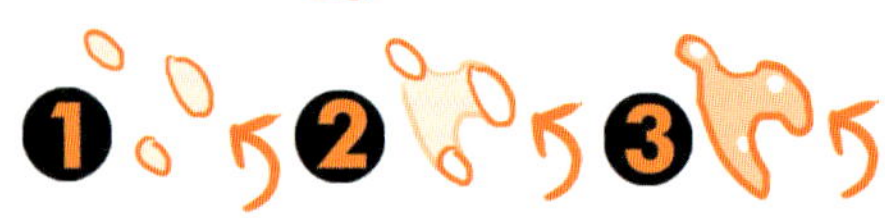

1. ZEICHNE EIN PAAR OVALE.
2. VERBINDE SIE MIT GESCHWUNGENEN LINIEN.
3. DAS VERLEIHT IHM MASSE UND AUSDEHNUNG.

UM DIE VISKOSITÄT, ALSO **ZÄHFLÜSSIGKEIT,** DER LAVA ZU ZEIGEN, DENK IMMER DARAN, DASS SIE SICH EHER **STRECKT** ALS ZU REISSEN.

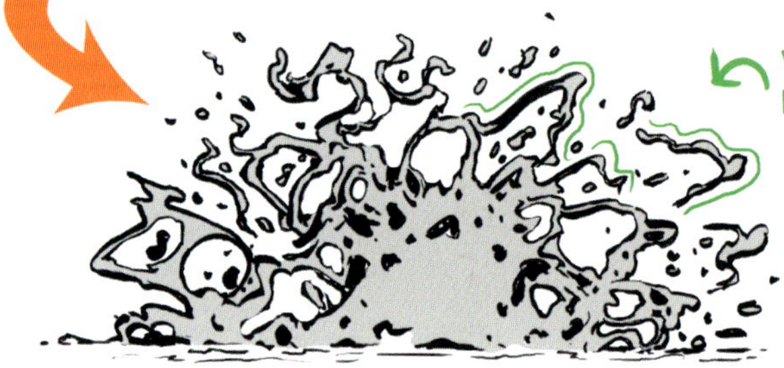

WOGT IN KREISEN

STELL DIR FÜR DIE STRECKUNG VOR, WIE DIE MASSE-OVALE SICH WEITERBEWEGEN.

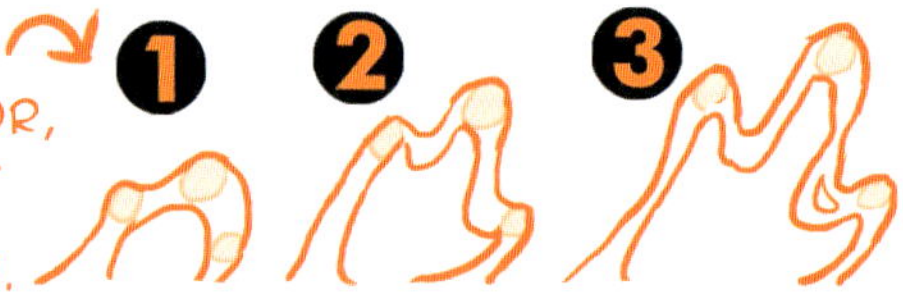

TEILE DIE LAVA FÜR EINEN **AUSBRUCH** IN MEHRERE STRÄNGE AUF, BEHALTE ABER DIE **BOGENFORMEN** BEI.

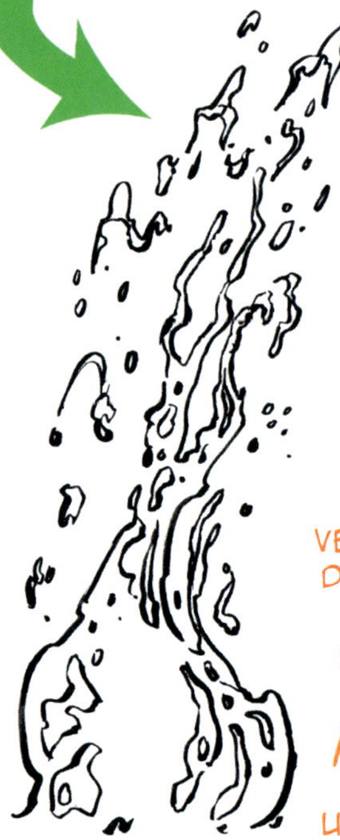

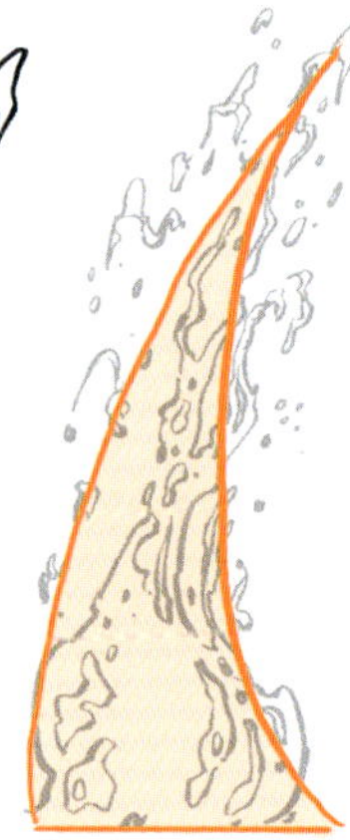

VERTEILUNG DER MASSE

OBEN = KOMPLEX

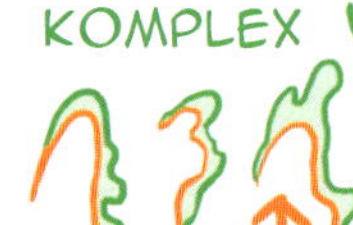

UNTEN = EINFACH

DIE BÖGEN ZEIGEN WIE **PFEILE** AN, WELCHE RICHTUNG DIE BEWEGUNG HAT.

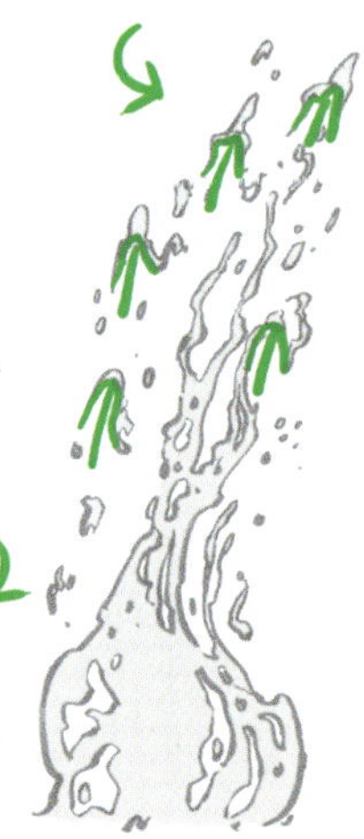

TUTORIAL #30

DU KANNST DIE ZÄHFLÜSSIGKEIT VON LAVA **MIT DER ART,** WIE DU SIE **FLIESSEN** UND TROPFEN LÄSST, **BETONEN.**

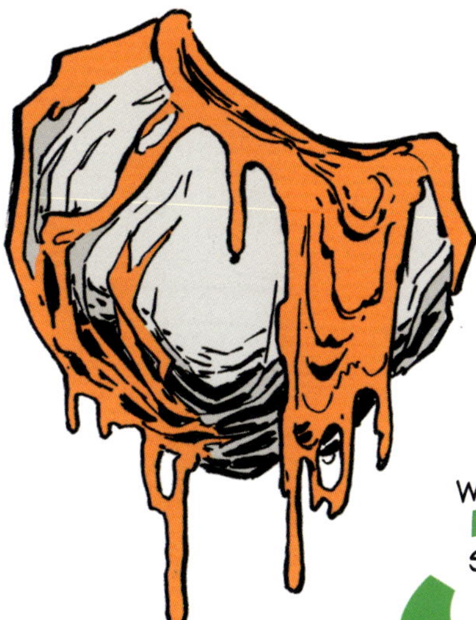

WENN LAVA AUF ETWAS **FLIESST** ODER SICH SAMMELT, BILDET SIE **FALTEN.**

SACK IN DER MITTE, WO DIE LAVA DURCH STRECKUNG DÜNN WIRD

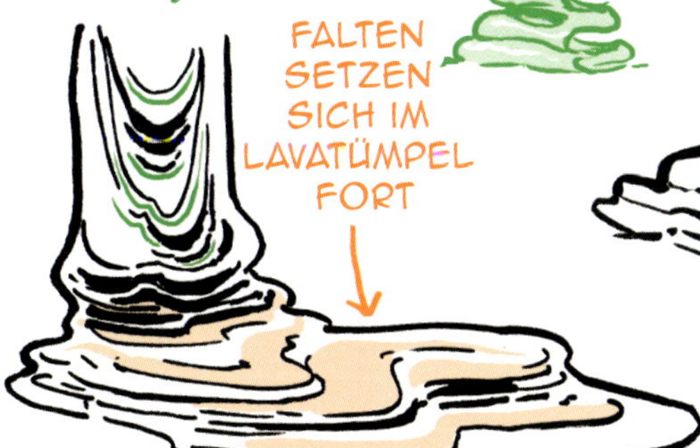

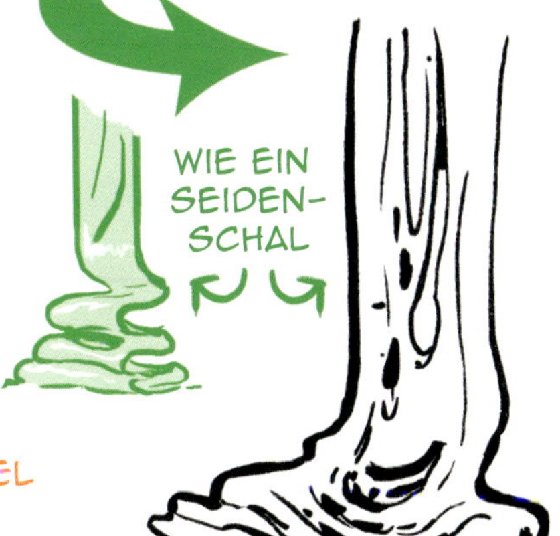

WECHSLE BEI **GRÖSSEREN LAVAMASSEN** SÄCKE UND TROPFEN AB.

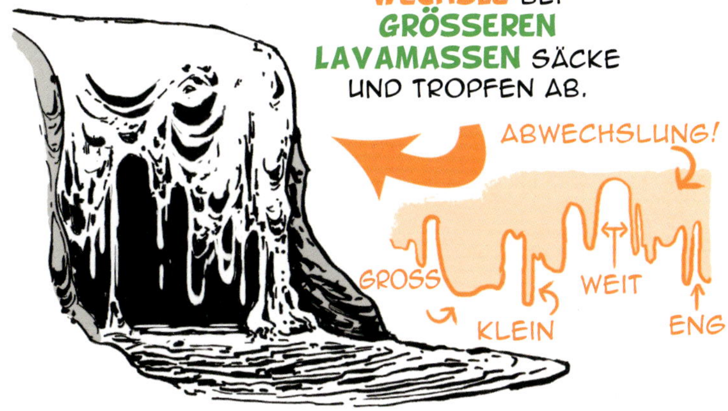

WENN LAVA **DURCHS GESTEIN** AUFSTEIGT, LASS SIE DURCH RISSE **HINDURCH GLÜHEN.**

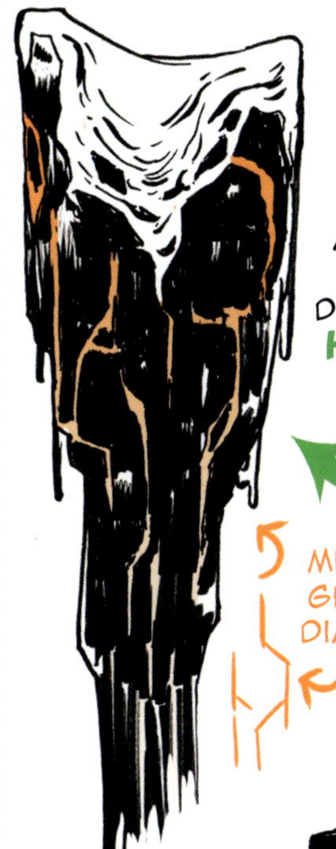

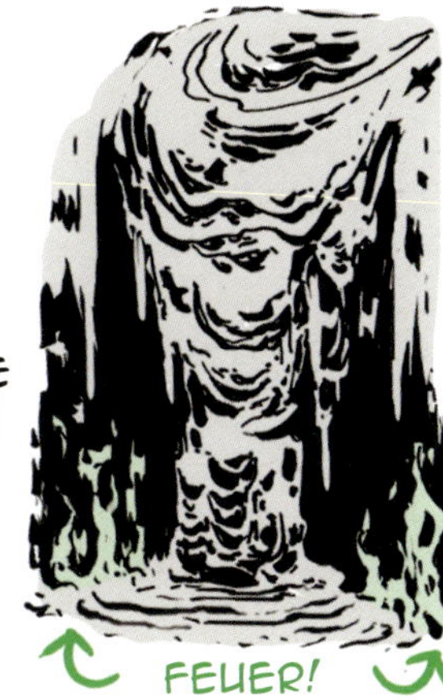

DENK IMMER DARAN, DASS DIE LAVA DEINE **LICHTQUELLE** IST!

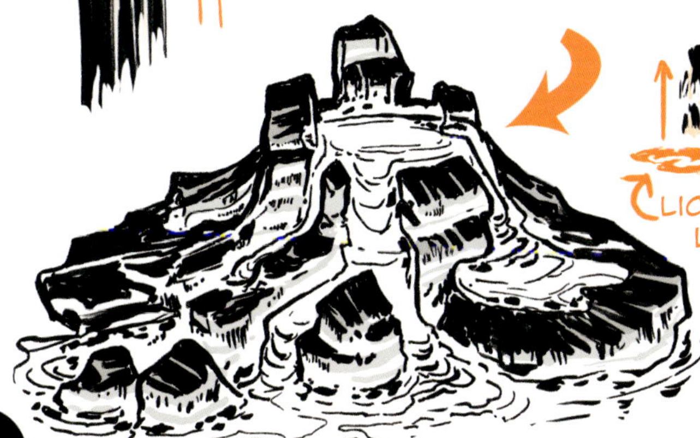

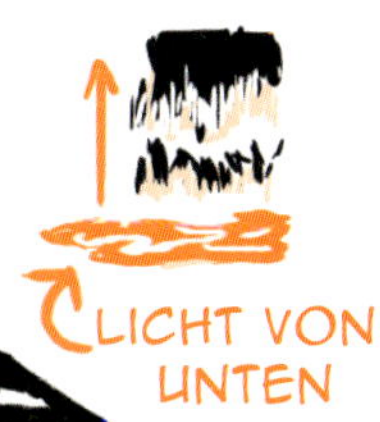

SCHNEE

SCHNEE ERZEUGT DICKE, **VEREINFACHTE VERSIONEN** DER **UNTER** IHM LIEGENDEN FORMEN.

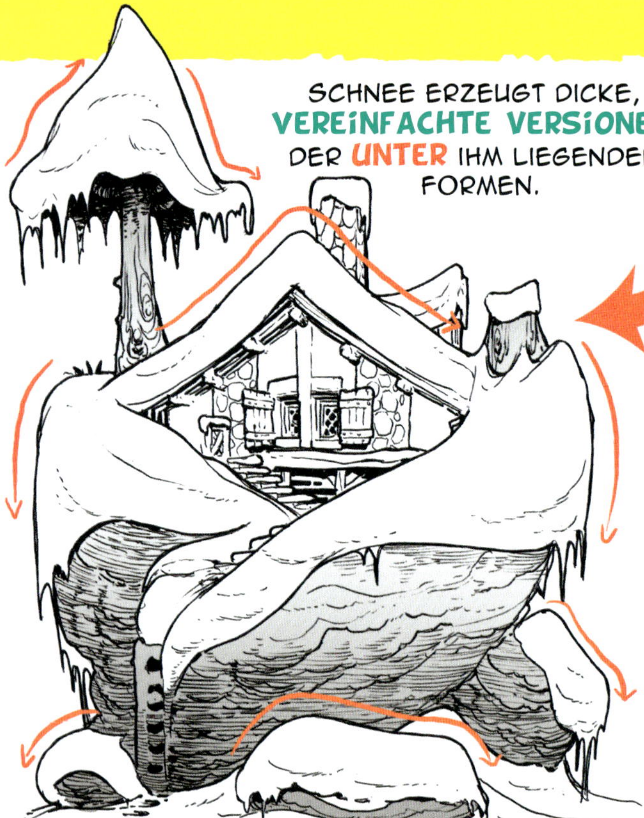

DETAILS, DIE **SICHTBAR BLEIBEN,** MÜSSEN REICHLICH **OPTISCHE INFORMATIONEN** LIEFERN.

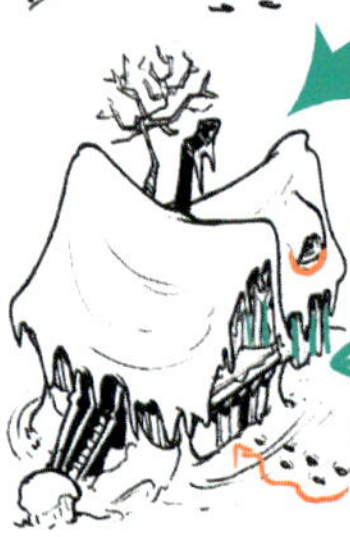

FENSTER

FACHWERK

SPUREN ZUM EINGANG

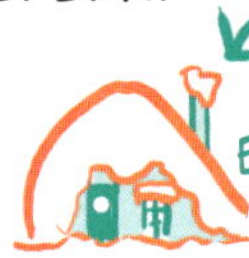

DETAILS ERKENNBAR HALTEN

HABE DIE **VOLLSTÄNDIGE FORM** VOR AUGEN, DIE DU BEDECKEN WILLST. DAS HILFT DIR, DEN SCHNEE REALISTISCH **AUFZUSCHICHTEN.**

1 OHNE SCHNEE

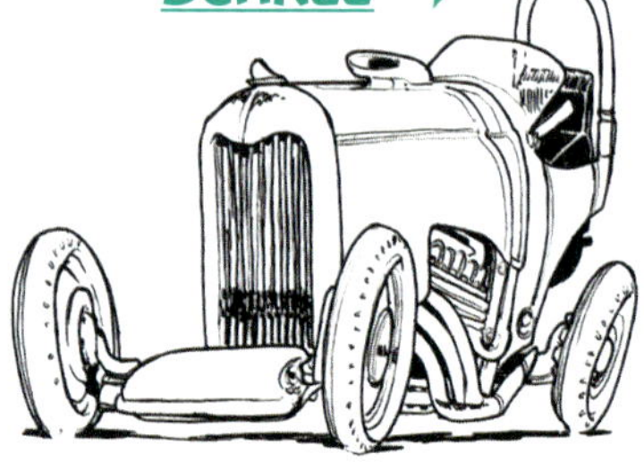

2 DÜNNER ÜBERZUG

WIE EIN SCHEINWERFER DIREKT VON OBEN

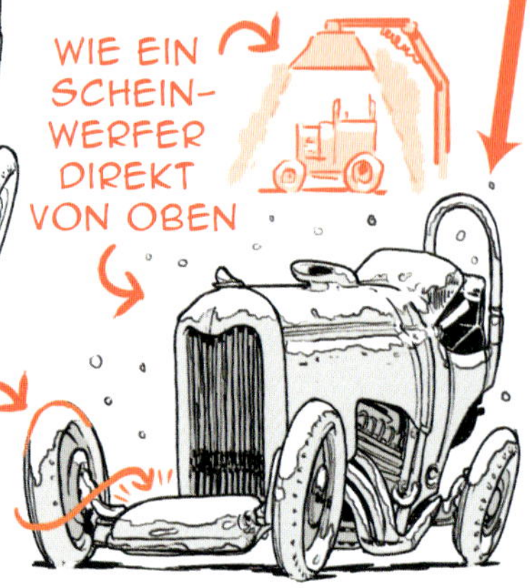

DAS VOLUMEN NIMMT AN DER OBERKANTE **NICHT** ZU.

HAUPTSÄCHLICH AUF HORIZONTALEN OBERFLÄCHEN

3 SCHNEESCHAUER

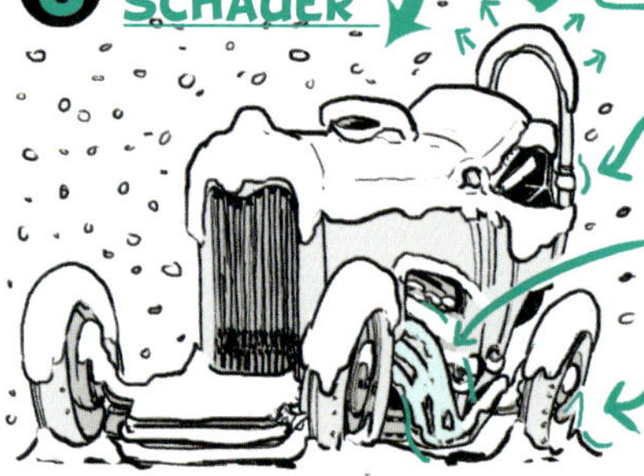

SCHNEE TÜRMT SICH AUF

LANDET AUF ALLEN OBERFLÄCHEN

KLEINERE FORMEN VERSCHMELZEN

SAMMELT SICH UNTEN UM DEN WAGEN

4 SCHNEEWEHE

VIELE FORMEN VERSCHMELZEN

NUR TIEFSTE HOHLRÄUME ERKENNBAR

BODENSCHNEE GEHT NAHTLOS IN WEGE ÜBER

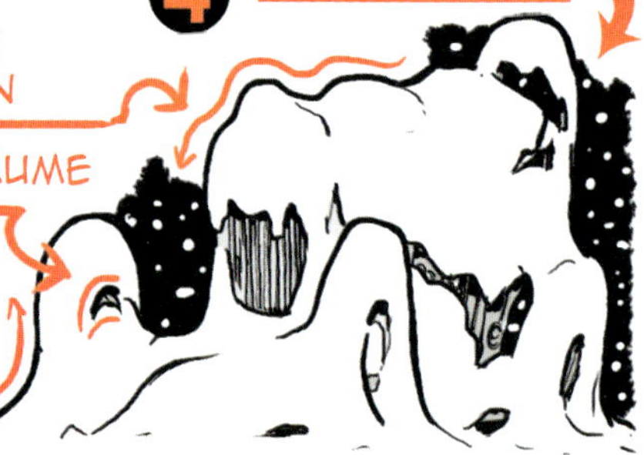

WIE EIN **SCHWERE BETTDECKE,** DIE ÜBER EINER FORM LIEGT

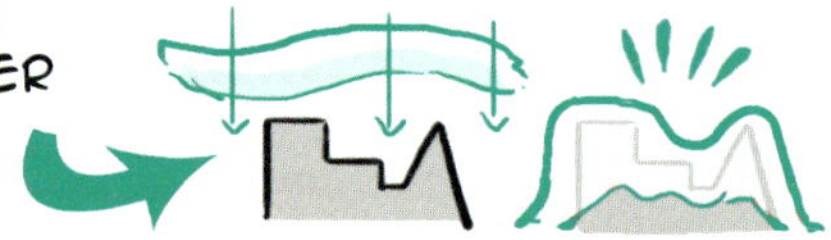

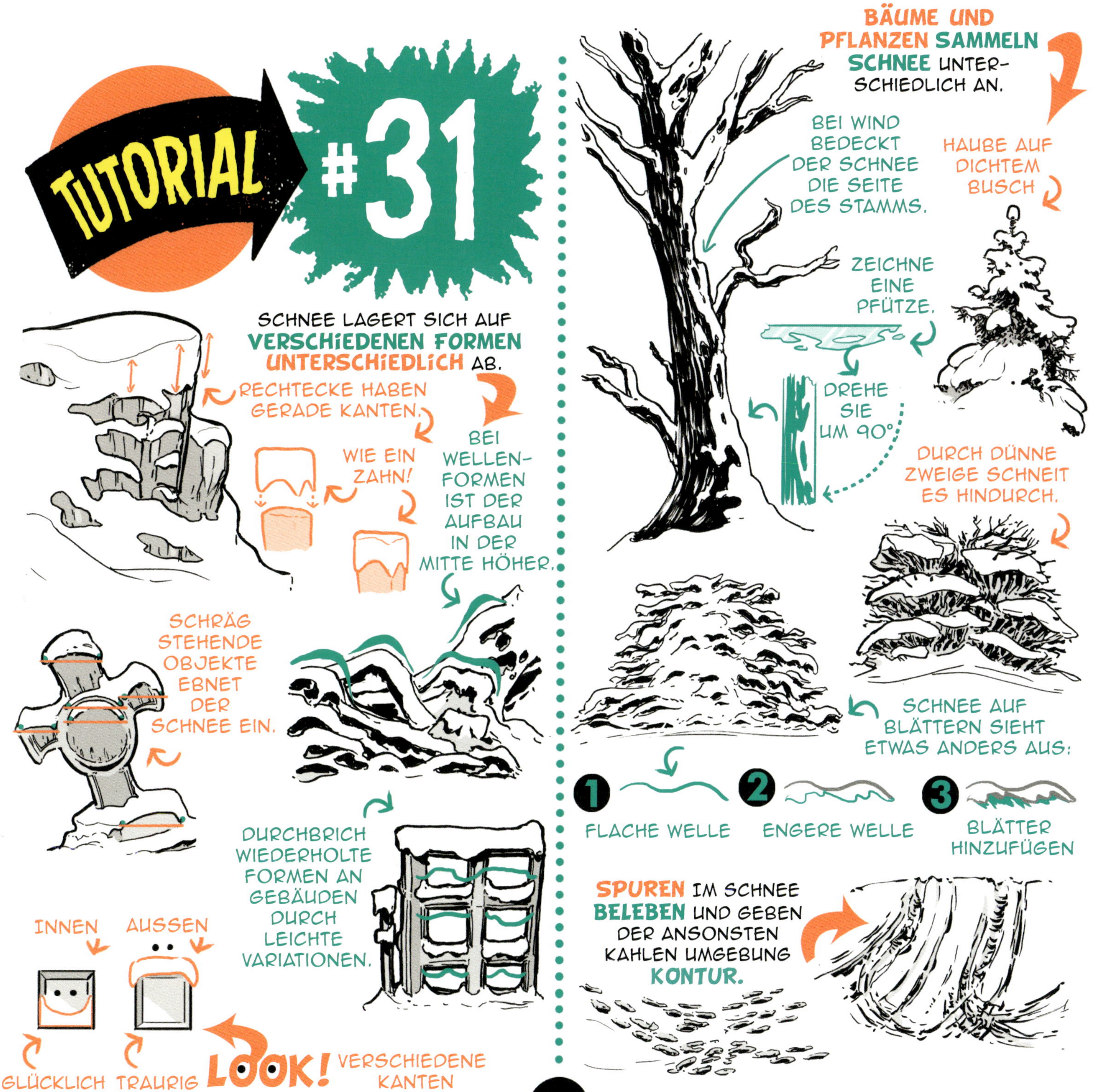
TUTORIAL #31
SCHNEE LAGERT SICH AUF VERSCHIEDENEN FORMEN UNTERSCHIEDLICH AB.
RECHTECKE HABEN GERADE KANTEN.
WIE EIN ZAHN!
BEI WELLENFORMEN IST DER AUFBAU IN DER MITTE HÖHER.
SCHRÄG STEHENDE OBJEKTE EBNET DER SCHNEE EIN.
DURCHBRICH WIEDERHOLTE FORMEN AN GEBÄUDEN DURCH LEICHTE VARIATIONEN.
INNEN
AUSSEN
GLÜCKLICH
TRAURIG
LOOK! VERSCHIEDENE KANTEN
BÄUME UND PFLANZEN SAMMELN SCHNEE UNTERSCHIEDLICH AN.
BEI WIND BEDECKT DER SCHNEE DIE SEITE DES STAMMS.
HAUBE AUF DICHTEM BUSCH
ZEICHNE EINE PFÜTZE.
DREHE SIE UM 90°.
DURCH DÜNNE ZWEIGE SCHNEIT ES HINDURCH.
SCHNEE AUF BLÄTTERN SIEHT ETWAS ANDERS AUS:
1 FLACHE WELLE
2 ENGERE WELLE
3 BLÄTTER HINZUFÜGEN
SPUREN IM SCHNEE BELEBEN UND GEBEN DER ANSONSTEN KAHLEN UMGEBUNG KONTUR.

RAUCH-EFFEKTE

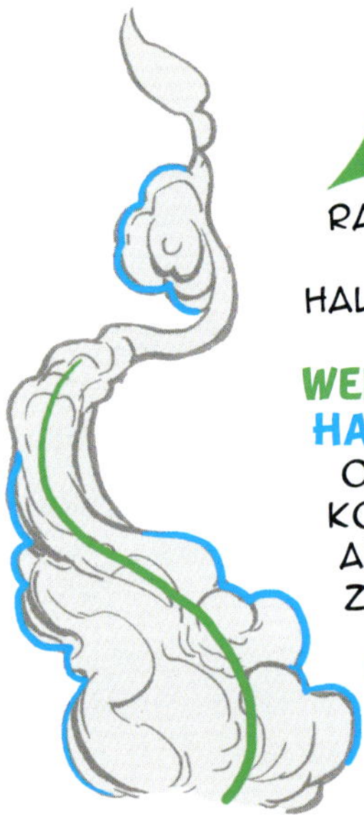

RAUCH SETZT SICH HAUPTSÄCHLICH AUS **WELLENLINIEN**, **HALBKREISEN** ODER EINER KOMBINATION AUS BEIDEM ZUSAMMEN.

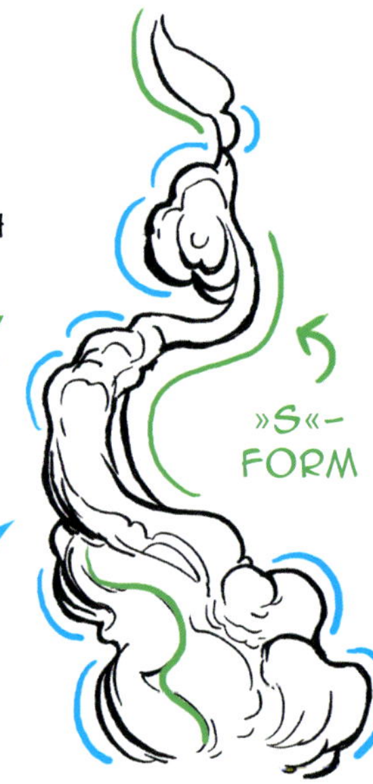

DÜNNER RAUCH **ENTSTEHT.** WENN ER AUSDÜNNT, ENTSTEHEN **LÖCHER** UND TEILEN IHN.

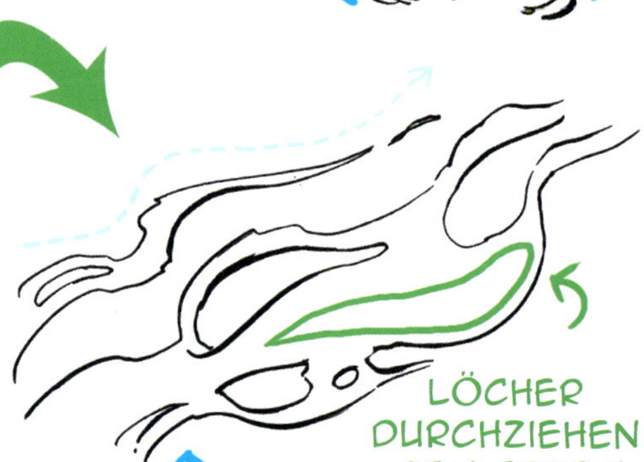

BEI LEICHTEM **WIND** STEIGT RAUCH IN LEICHTER **WELLEN**-FORM AUF.

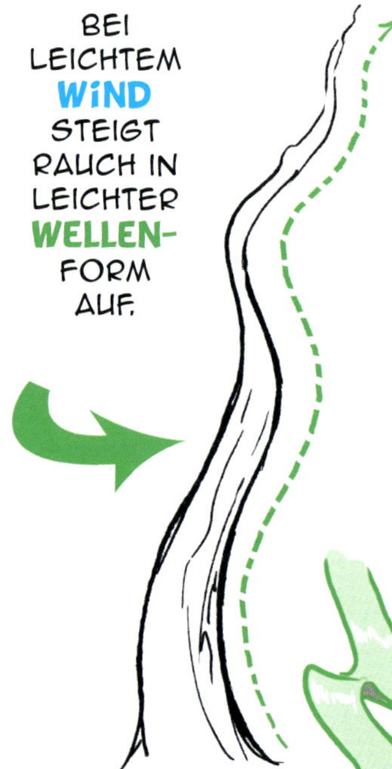

BEI **STARKEM** WIND KÖNNEN WIR DIE RAUCHSÄULE **FALTEN.**

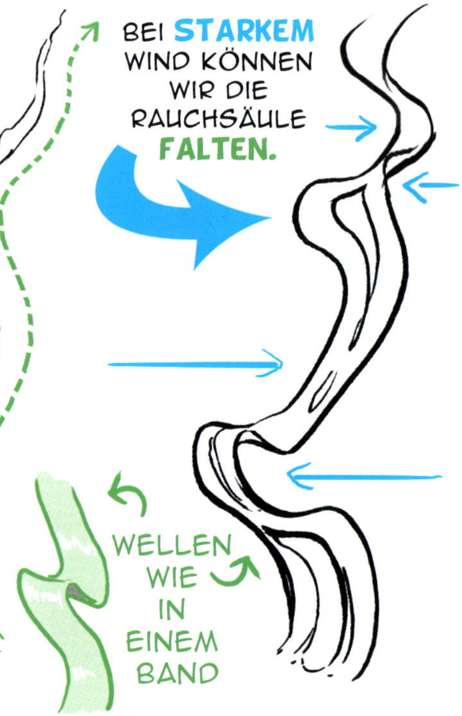

DICHTERER RAUCH WIRD SICH TEILS **VERDICHTEN,** TEILS ZU SCHWADEN **AUFBLÄHEN.**

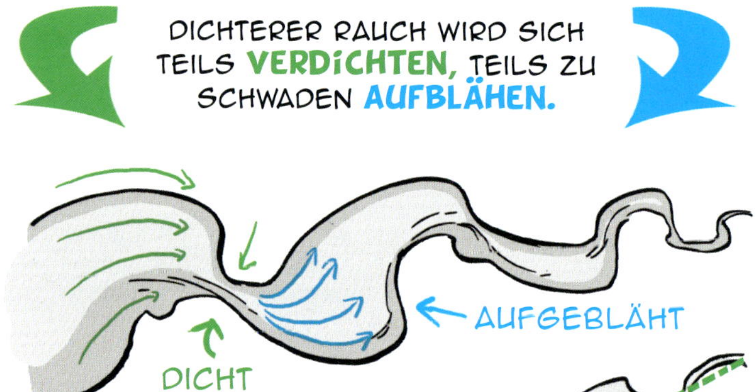

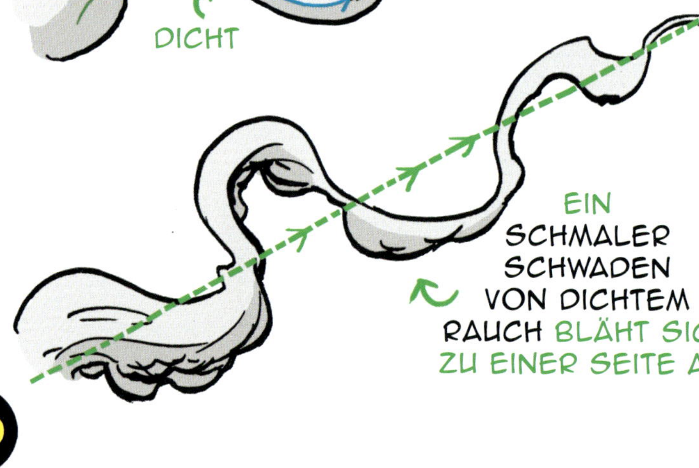

EIN SCHMALER SCHWADEN VON DICHTEM RAUCH BLÄHT SICH ZU EINER SEITE AUF.

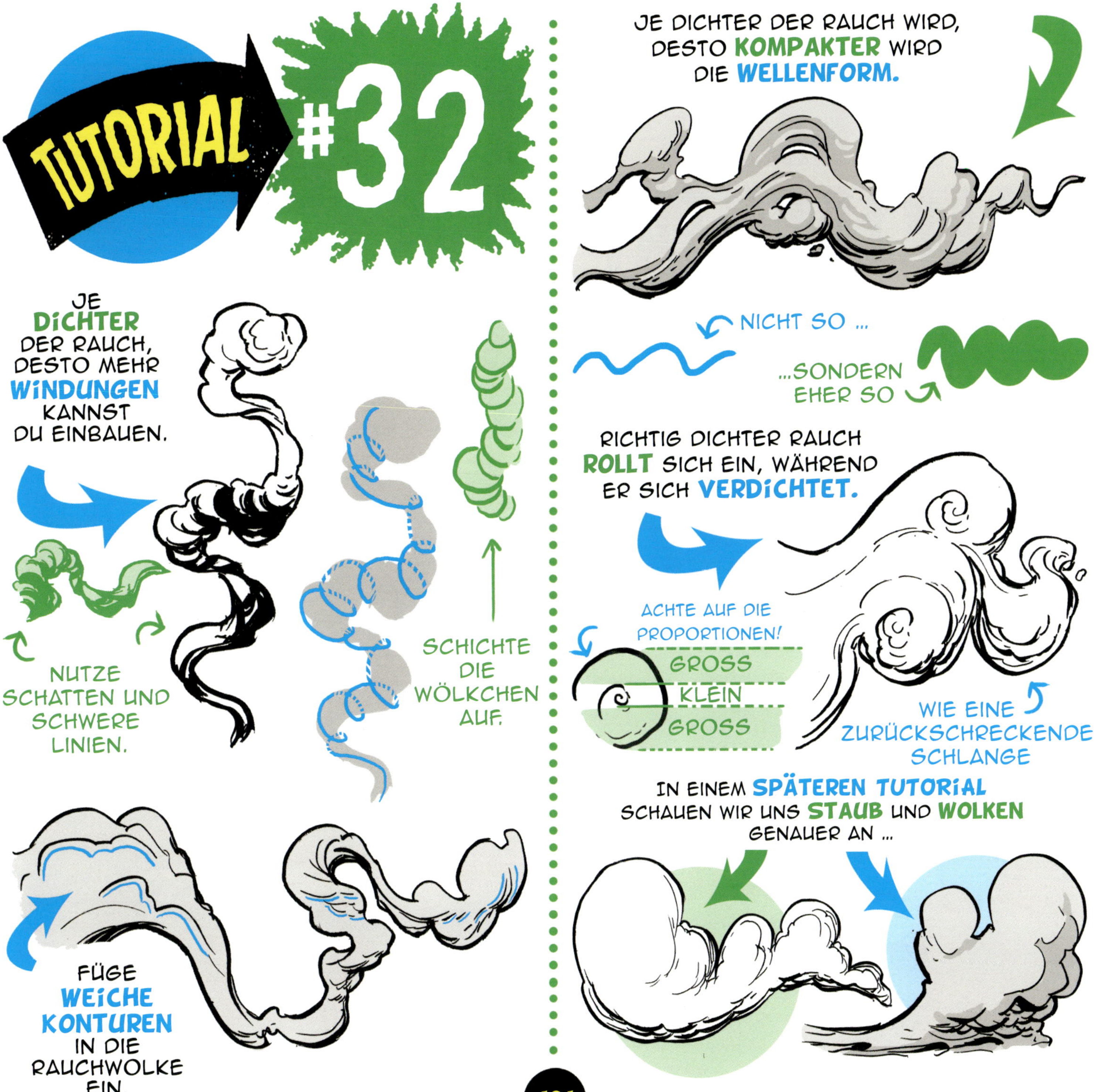
TUTORIAL #32
JE DICHTER DER RAUCH, DESTO MEHR WINDUNGEN KANNST DU EINBAUEN.
NUTZE SCHATTEN UND SCHWERE LINIEN.
SCHICHTE DIE WÖLKCHEN AUF.
FÜGE WEICHE KONTUREN IN DIE RAUCHWOLKE EIN.
JE DICHTER DER RAUCH WIRD, DESTO KOMPAKTER WIRD DIE WELLENFORM.
NICHT SO …
…SONDERN EHER SO
RICHTIG DICHTER RAUCH ROLLT SICH EIN, WÄHREND ER SICH VERDICHTET.
ACHTE AUF DIE PROPORTIONEN!
GROSS
KLEIN
GROSS
WIE EINE ZURÜCKSCHRECKENDE SCHLANGE
IN EINEM SPÄTEREN TUTORIAL SCHAUEN WIR UNS STAUB UND WOLKEN GENAUER AN …

BLITZE & ELEKTRIZITÄT

BEIM ZEICHNEN VON **BLITZEN UND ELEKTRIZITÄT** GILT ES, IHRE **SCHNELLE, UNBERECHENBARE BEWEGUNG** EINZUFANGEN.

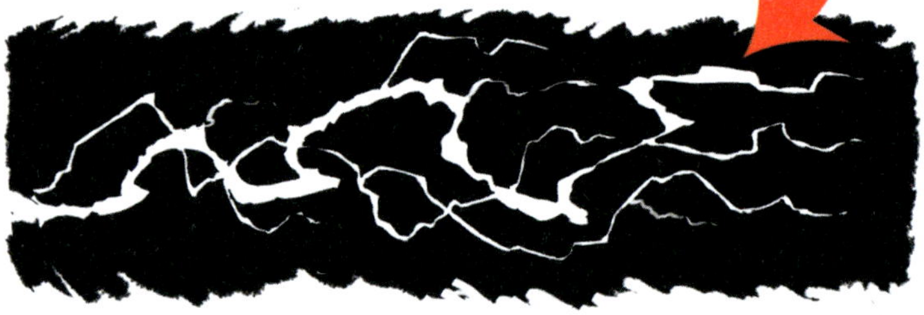

EINFACHE TECHNIKEN **FÜR DIE LINIEN:**

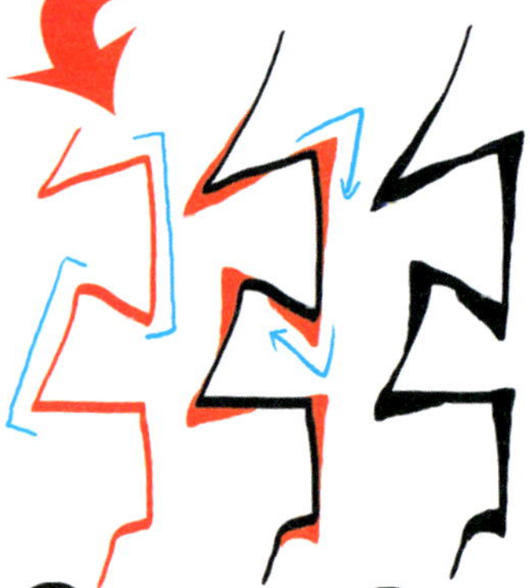

1 ZEICHNE EINE KANTIGE ZICKZACKLINIE.

2 BETONE DIE ECKEN.

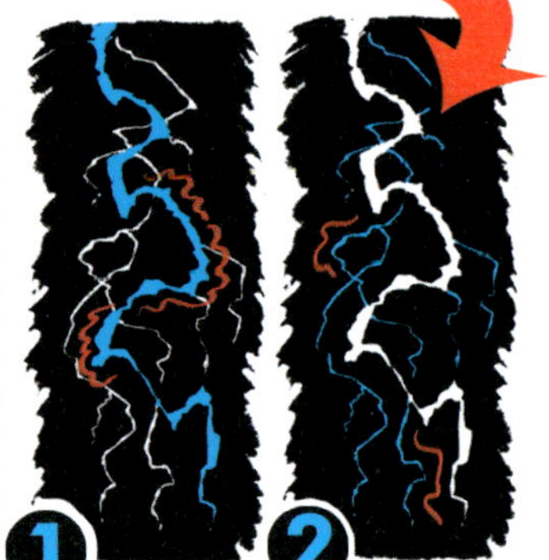

1 KOMPAKTES FLATTERN IM HAUPT-STRANG

2 WEICHERES FLATTERN IN NEBEN-STRÄNGEN

BEI **EXPLOSIONSARTIGEN ENTLADUNGEN** ENTSPRECHEN DIE BLITZE DETONATIONSWELLEN.

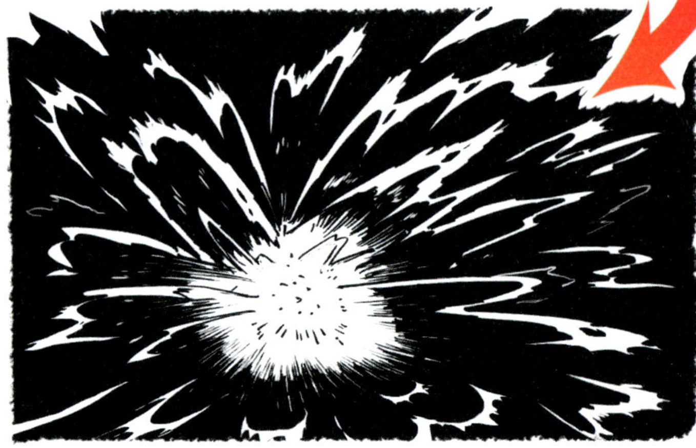

1 ZEICHNE EIN PAAR BÖGEN.

2 ERWEITERE SIE.

3 GIB IHNEN GEBOGENE ZACKEN.

4 SETZE LÖCHER IN GRÖSSERE BEREICHE.

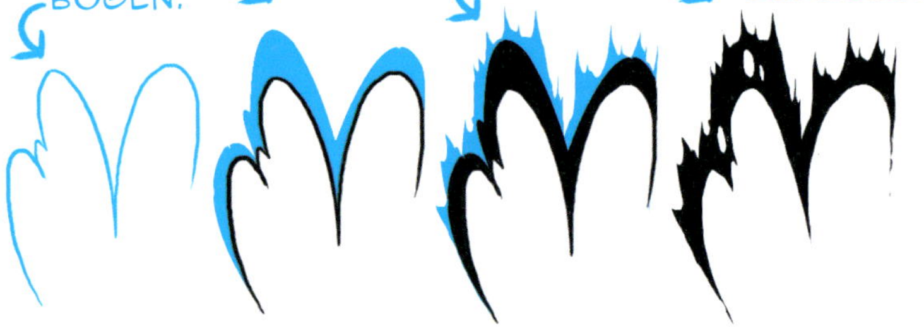

NUTZE BLITZE, UM MEHRERE **DYNAMISCHE LICHTQUELLEN** ZU SCHAFFEN:

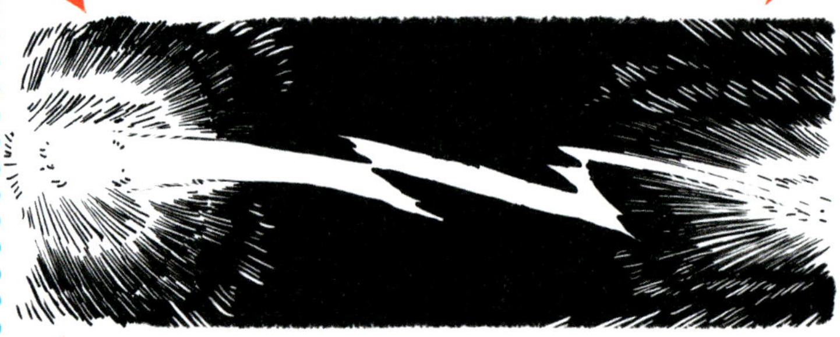

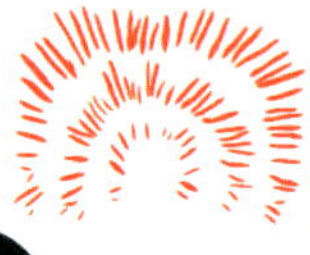

ABSTAND UND LÄNGE DER LINIEN NEHMEN NACH AUSSEN ZU

TUTORIAL #33

ARRANGIERE **GRUPPEN** VON BLITZEN IN **ORGANISIERTEM CHAOS.**

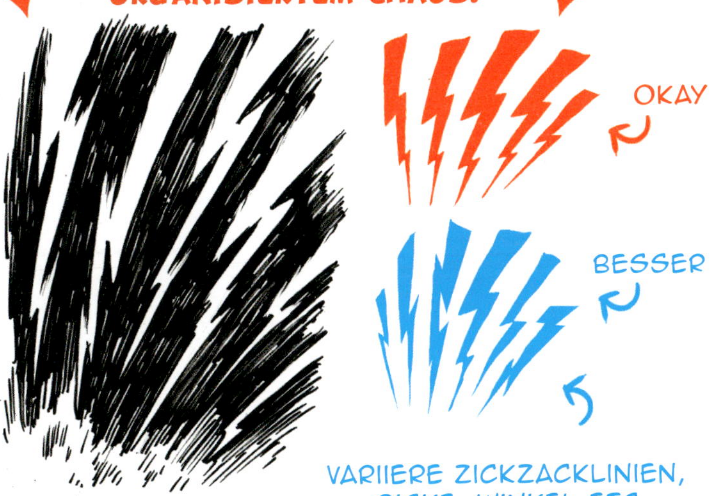

BETONE DIE **BEWEGUNG** BEI EINEM KUGELBLITZ DURCH DIE RICHTUNG DER **FUNKEN.**

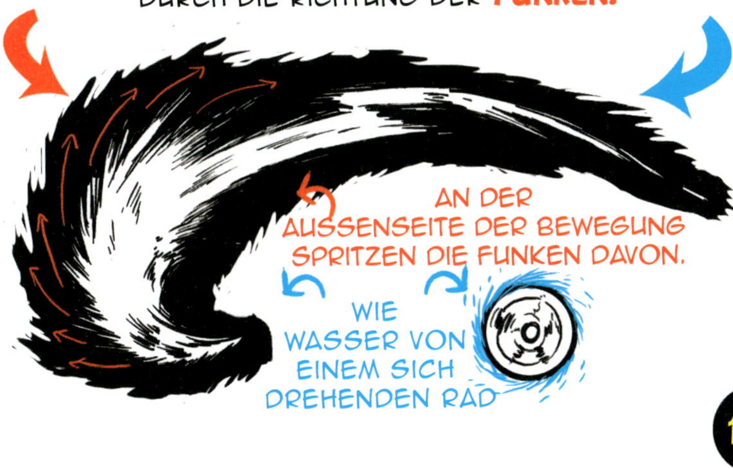

SPRINGT STROM VON EINEM OBJEKT ZUM NÄCHSTEN, BILDEN SICH OFT **BÖGEN.**

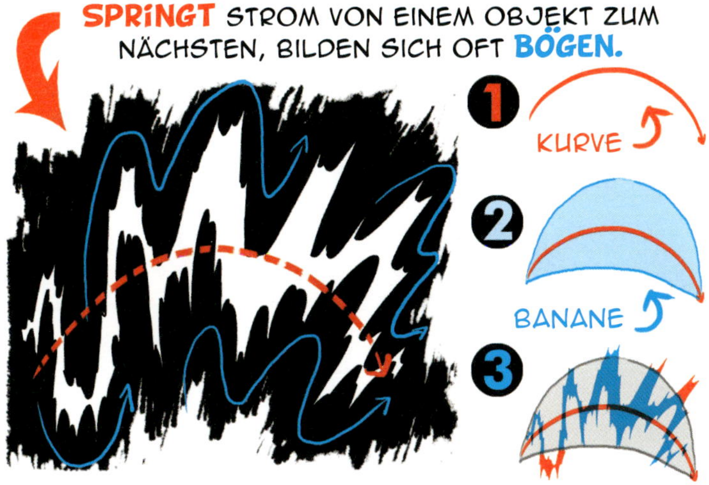

ZICKZACK-LINIE FOLGT DER FORM UND WIRD AN BREITESTER STELLE DICKER, AUSBRÜCHE ÜBER RAND BETONEN UNBERECHENBARKEIT

DU KANNST ELEKTRIZITÄT MIT **ANDEREN ELEMENTEN VERBINDEN**

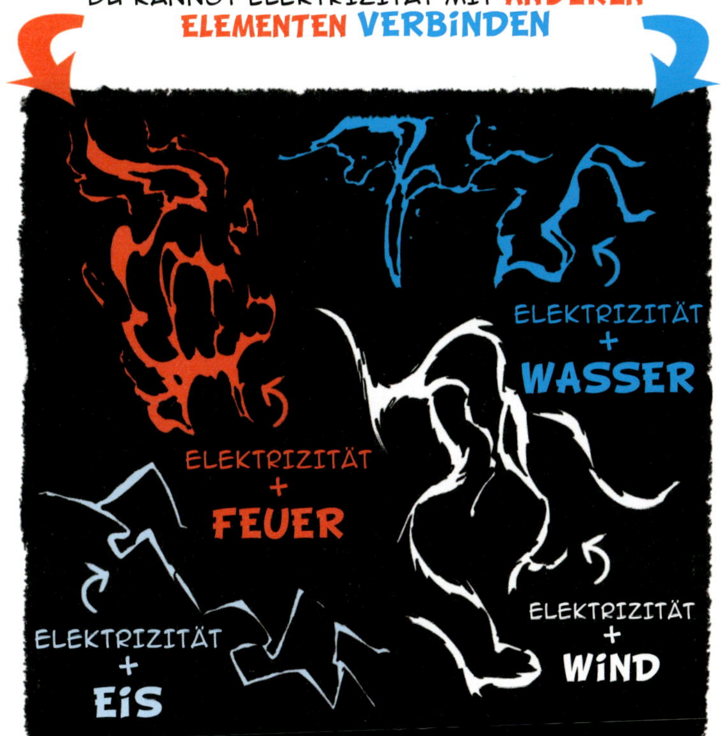

BERSTENDES GLAS

WIE SICH **ZERSPRINGENDES** GLAS VERHÄLT, HÄNGT VOM STADIUM AB. HIER DURCHBRICHT **EIN SCHNELLES GESCHOSS** EINE GLASSCHEIBE …

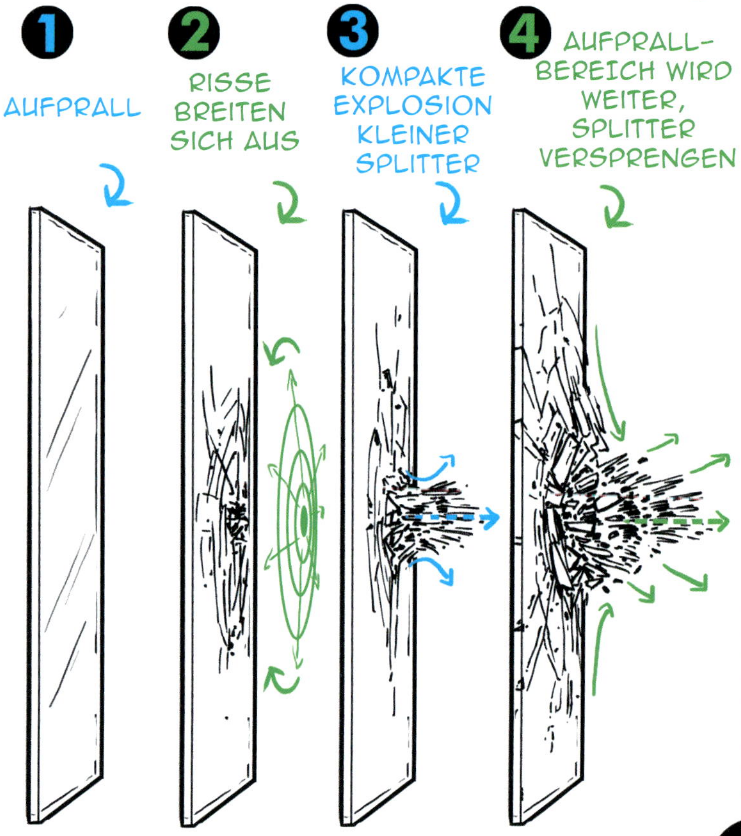

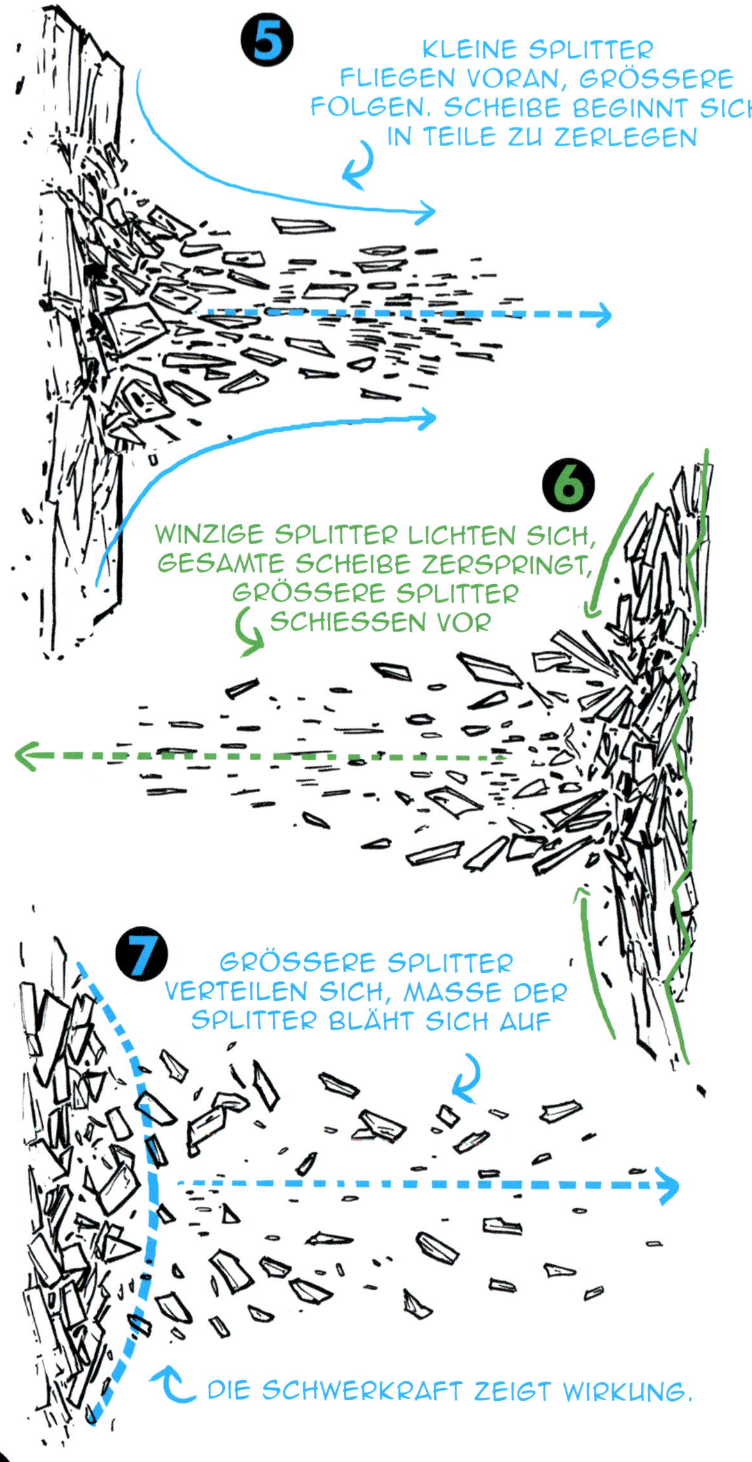

TUTORIAL #34

GESTALTE DIE FORMEN BEI **BERSTENDEM** GLAS MÖGLICHST **UNREGELMÄSSIG.**

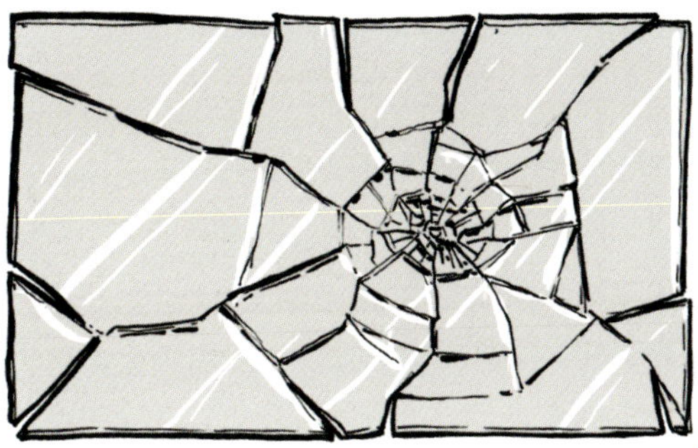

1

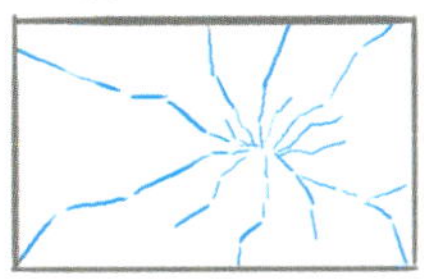

ZEICHNE EIN PAAR FLACHE ZICKZACKLINIEN.

2

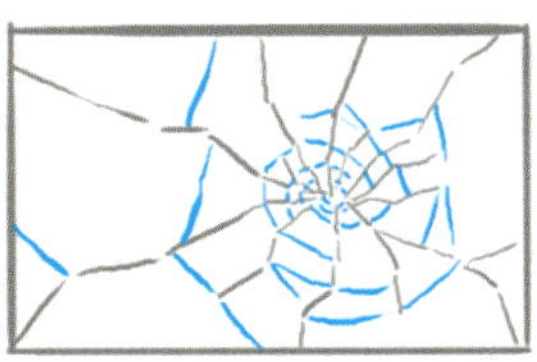

FÜGE AN DEN ECKEN DER ZICKZACKLINIE KONZENTRISCHE BRUCHLINIEN EIN.

3

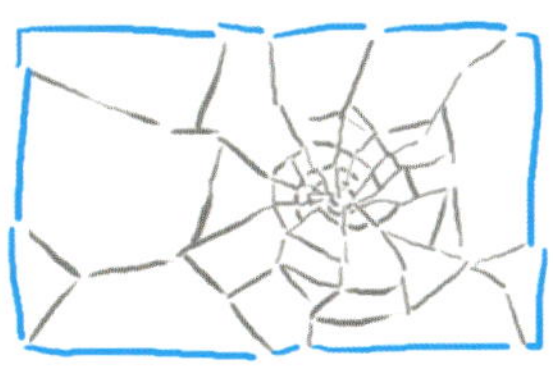

VERSCHIEBE DIE AUSSENKANTEN.

SCHNEIDE FÜR EIN **LOCH** IM GLAS EIN PAAR DER **RISSKREISE** AUS.

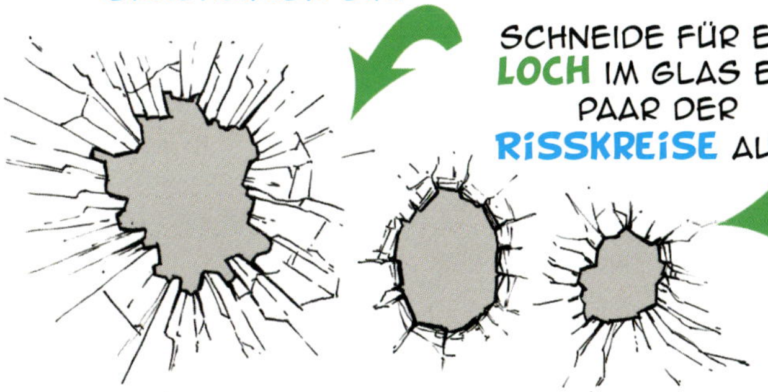

SICHERHEITSGLAS **ZERSPLITTERT** AUF **ETWAS ANDERE WEISE**

1: HAUPTRISSE TAUCHEN AUF, GROSSE ANZAHL KONZENTRISCHER RISSE

1

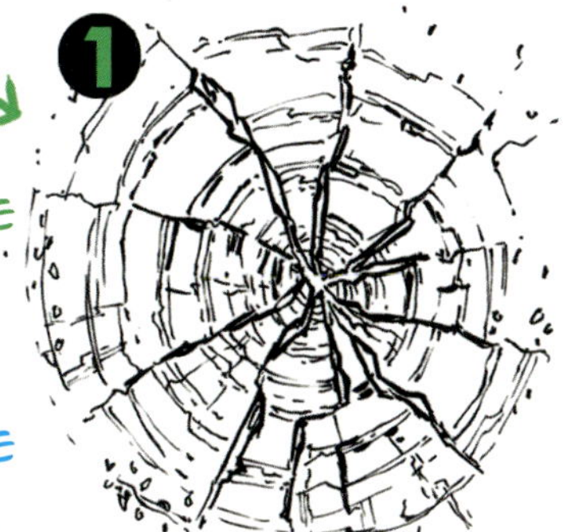

2: HAUPTTEIL DES GLASES SPLITTERT ENTLANG KONZENTRISCHER RISSE

3: ZERBRICHT IN RECHT EINHEITLICHE SPLITTER

2 **3**

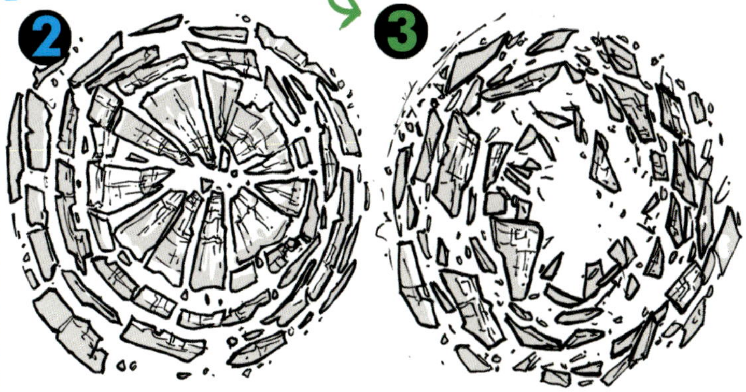

ZEIG MIT DEN **SPLITTERN,** IN WELCHE **RICHTUNG** DAS GLAS SPLITTERT.

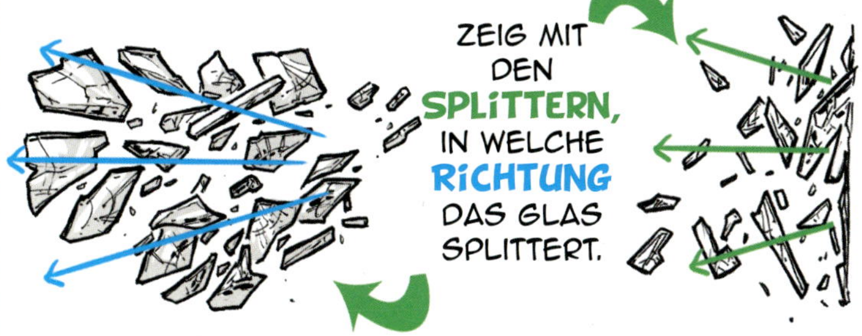

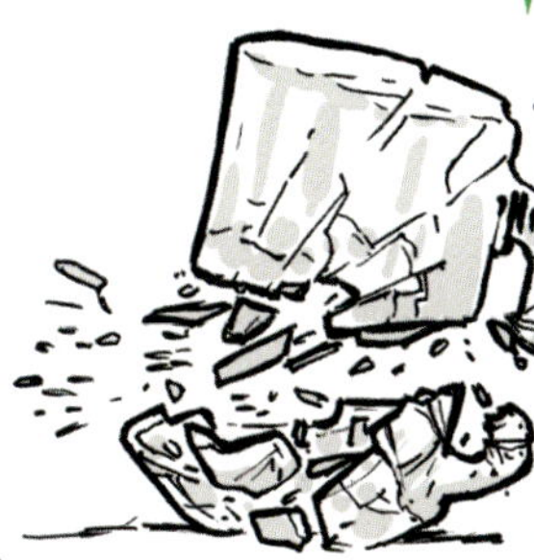

AUF DER **NÄCHSTEN SEITE** FINDEST DU MEHR ZU ZERSPLITTERNDEN **DREI-DIMENSIONALEN** OBJEKTEN!

TRÜMMER

BEI DEN MEISTEN GEBÄUDEN LASSEN SICH **TRÜMMER** IN **DREI ARTEN** TEILEN:

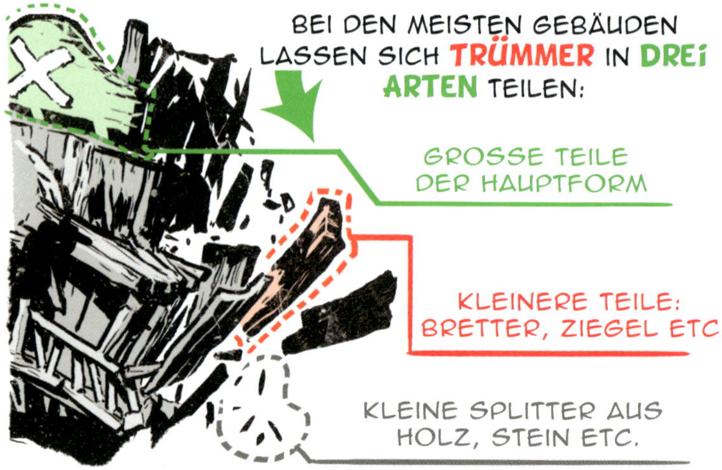

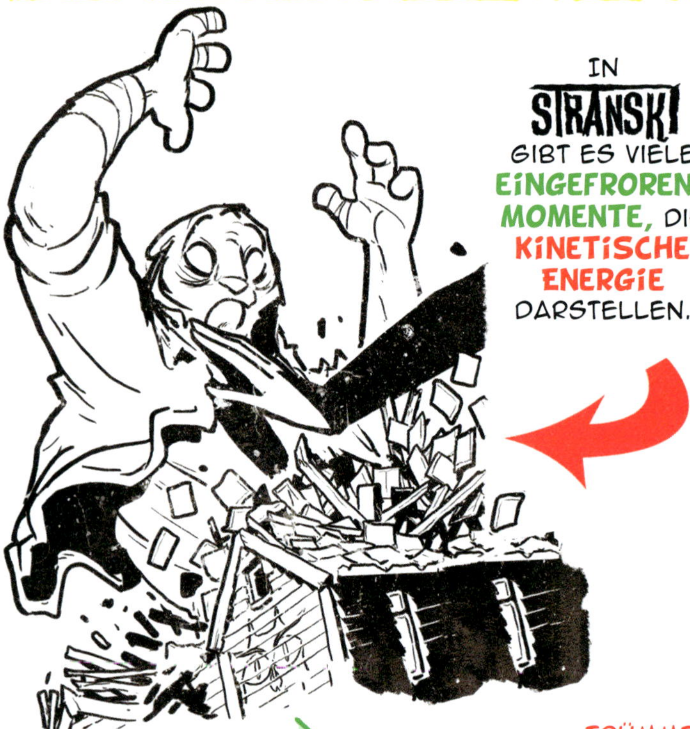

IN **STRANSKI** GIBT ES VIELE **EINGEFRORENE MOMENTE,** DIE **KINETISCHE ENERGIE** DARSTELLEN.

JEDE **TRÜMMERART** VERHÄLT SICH **UNTERSCHIEDLICH.**

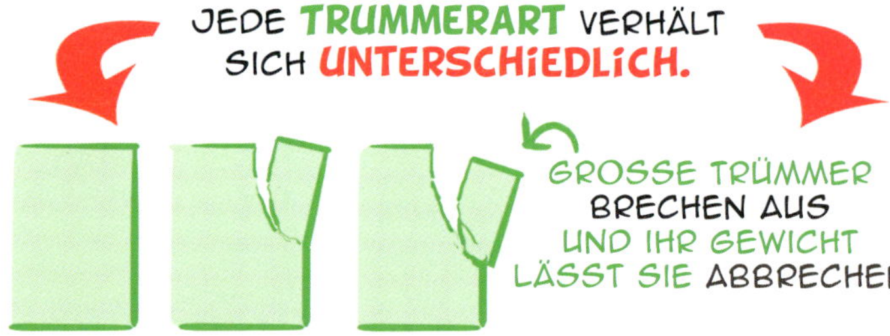

GROSSE TRÜMMER BRECHEN AUS UND IHR GEWICHT LÄSST SIE ABBRECHEN.

KLEINERE TEILE STARTEN ALS RISSE UND FLIEGEN DAVON, WAS DIE DRUCKWELLE ZEIGT. SIE HABEN EINEN GRÖSSEREN BEWEGUNGSRADIUS.

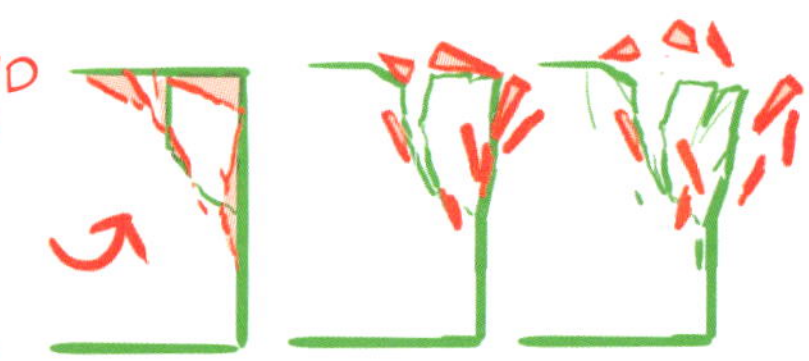

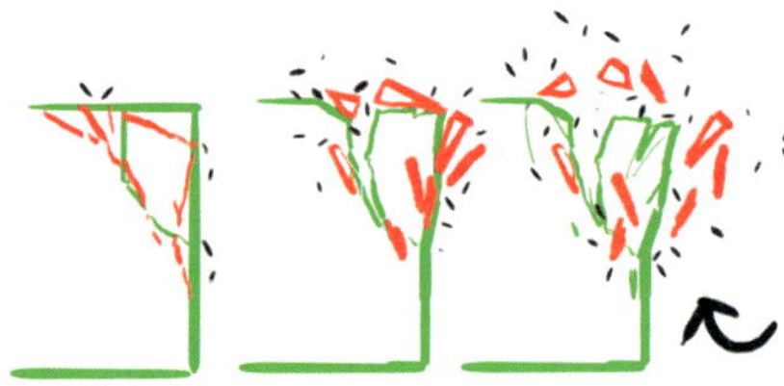

KLEINSTE TEILE SPLITTERN NOCH VOR DEN GRÖSSEREN TEILEN AB. SIE FLIEGEN IN ALLE RICHTUNGEN.

DU KANNST **TRÜMMERTEILE** NUTZEN, UM STÄRKE UND RICHTUNG VON **EINSCHLÄGEN** ODER **EXPLOSIONEN** ZU ZEIGEN.

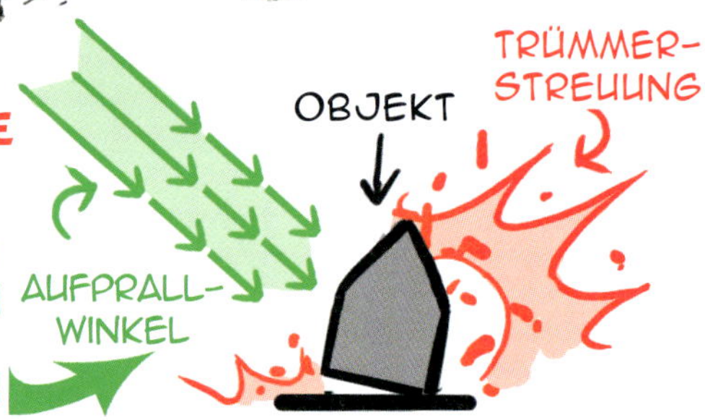

EINE EXPLOSION IM INNERN IST WIE **AUFSPRITZENDES WASSER.**

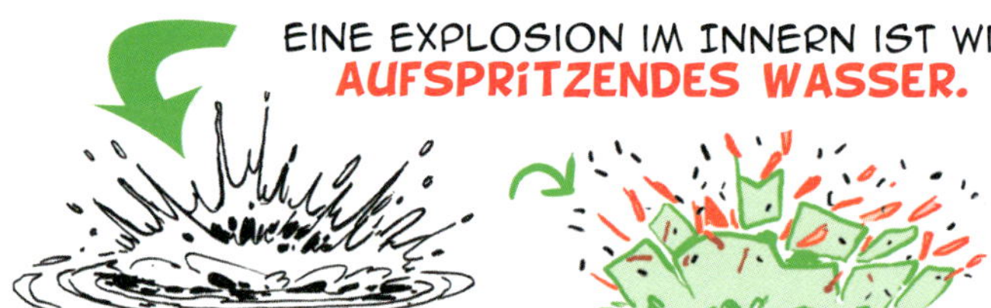

TUTORIAL #35

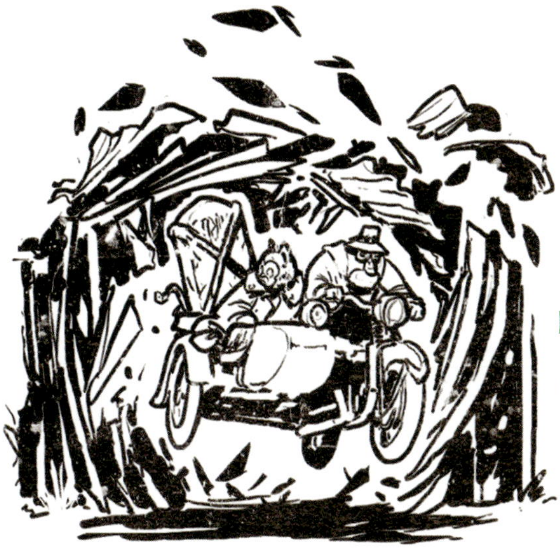

BEI **STRANSKI** SIND TRÜMMER OFT TEIL DER **KOMPOSITION** UND **RAHMEN** DIE HANDLUNG.

DU KANNST ALLE **STADIEN** EINER EXPLOSION IN **EINEM BILD** VEREINEN.

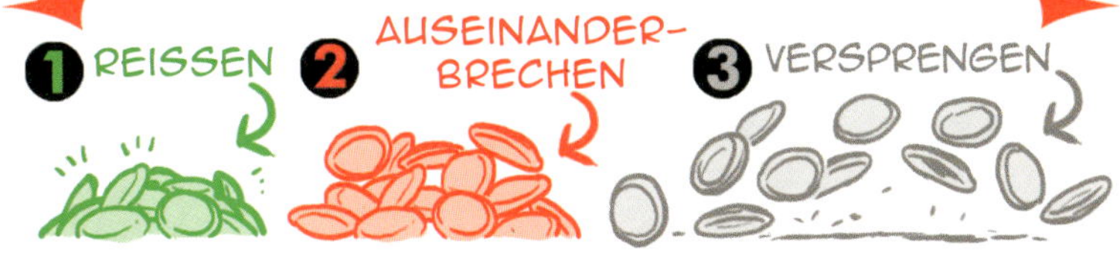

KOMBINIERE SIE.

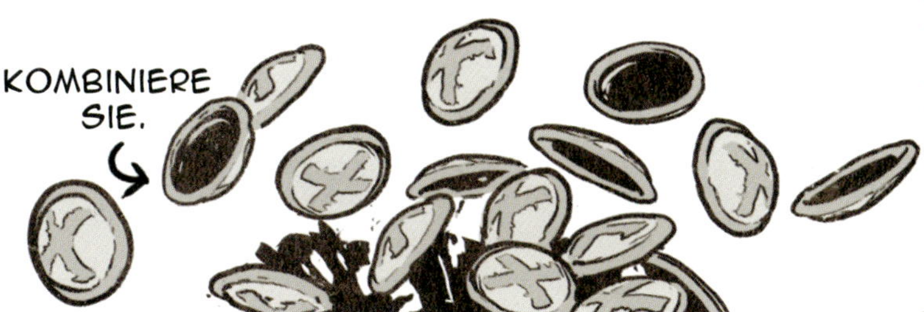

DENK AN DIE **MATERIALSCHICHTEN** EINER KONSTRUKTION, DIE **AUSEINANDERFLIEGT.**

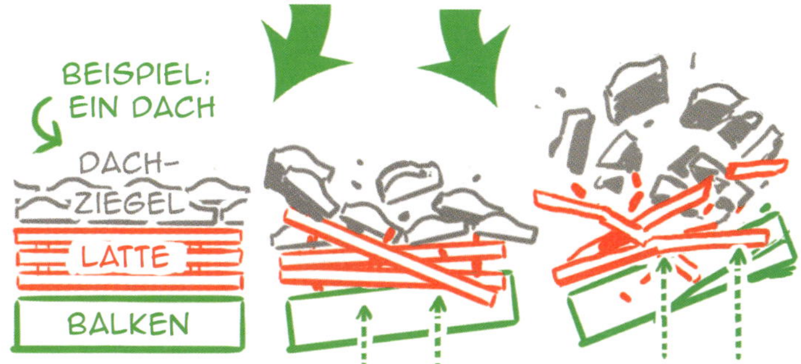

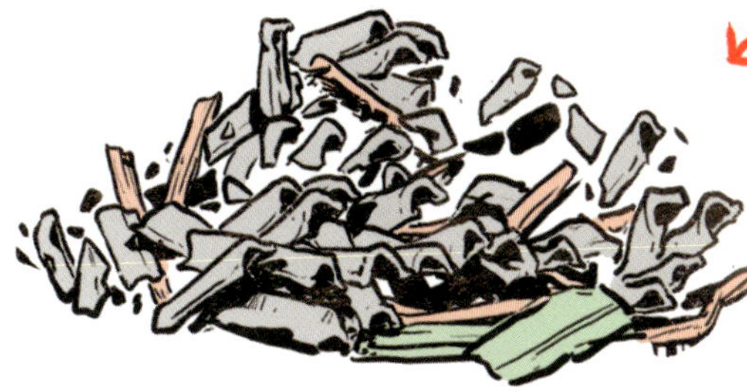

LATTEN BRECHEN DURCH UND DRÜCKEN DIE ZIEGEL IN WELLEN HOCH.

TRÜMMER ZEIGEN DIE **REAKTION** AUF EINEN **EINSCHLAG.**

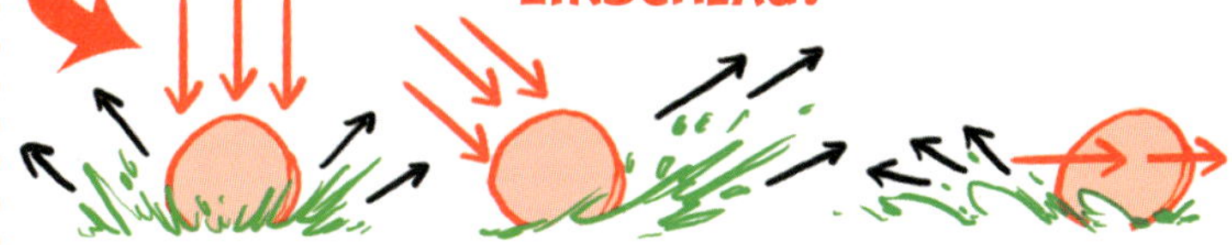

ZEIG NICHT DEN **TREFFER,** SONDERN DIE BEWEGUNG **DIREKT DANACH.**

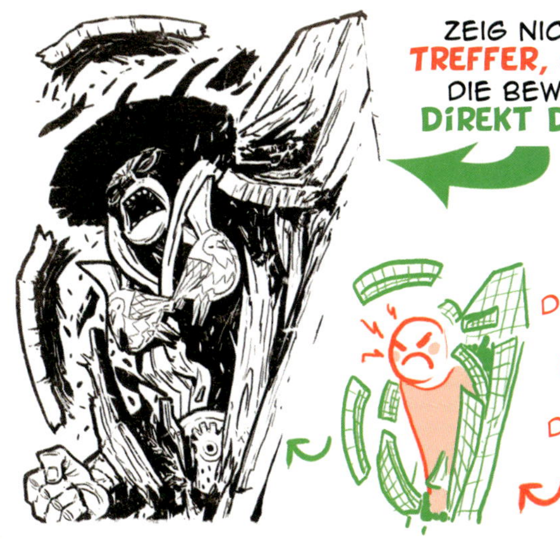

NUTZE DIE STELLUNG DER TRÜMMER, UM DIE EXPLOSION IN DREI DIMENSIONEN ZU ZEIGEN.

STOFF DRAPIEREN

SPANNUNG

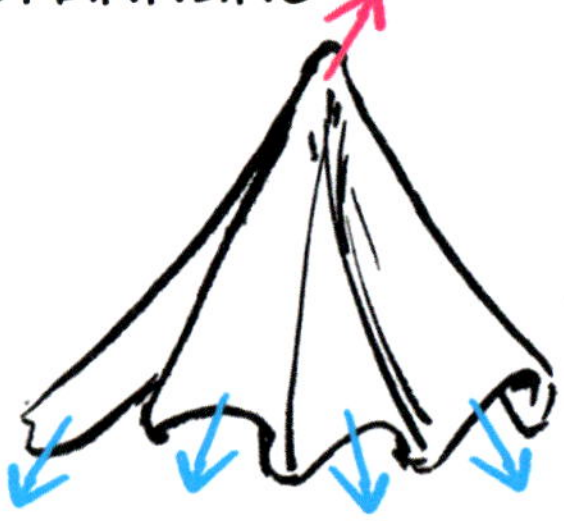

DIE FORM DER FALTEN ENTSTEHT DURCH **SCHWERKRAFT** (ODER BEWEGUNG) UND **SPANNUNG.**

SCHWERKRAFT/ BEWEGUNG

FINDE DIE **QUELLE** DER SPANNUNG IM STOFF.

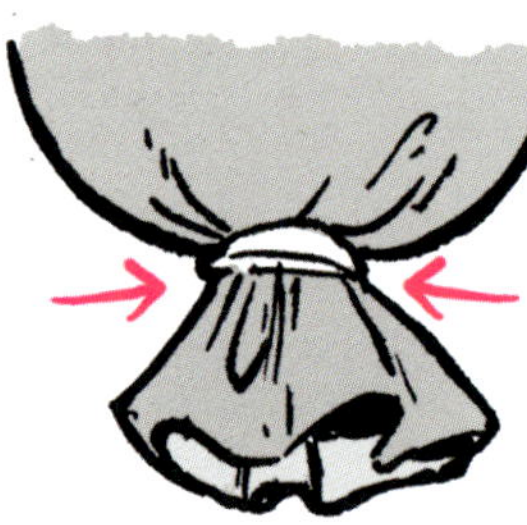

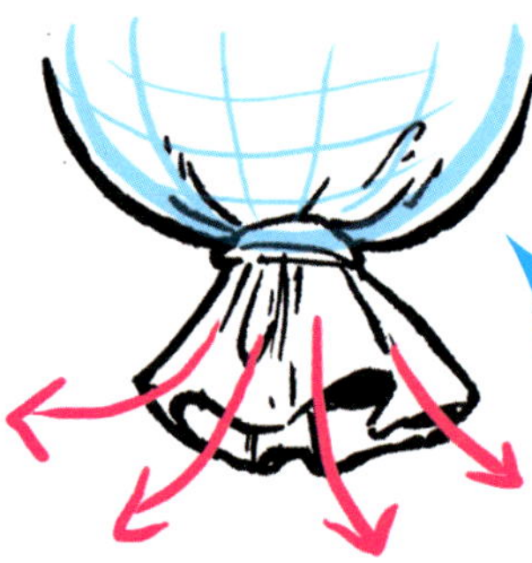

STELL DIR DIE FORM AN ORTEN HOHER SPANNUNG IMMER **DREIDIMENSIONAL** VOR.

LIEGT EIN STOFF AUF EINER **OBERFLÄCHE,** HAT ER **MEHRERE PUNKTE** HOHER SPANNUNG.

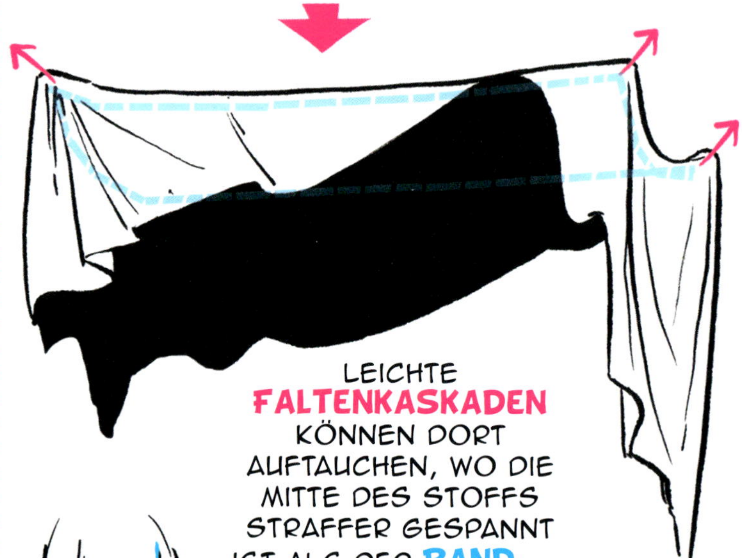

LEICHTE **FALTENKASKADEN** KÖNNEN DORT AUFTAUCHEN, WO DIE MITTE DES STOFFS STRAFFER GESPANNT IST ALS DER **RAND.**

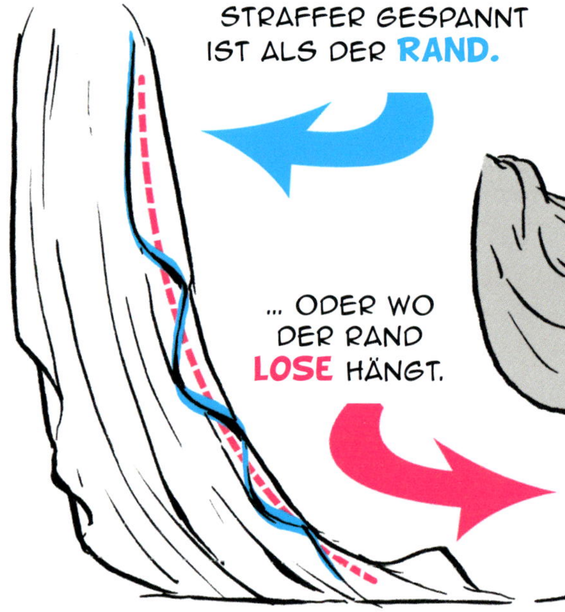

... ODER WO DER RAND **LOSE** HÄNGT.

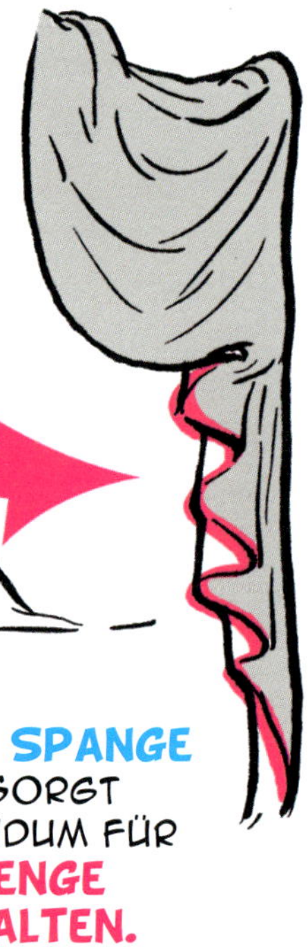

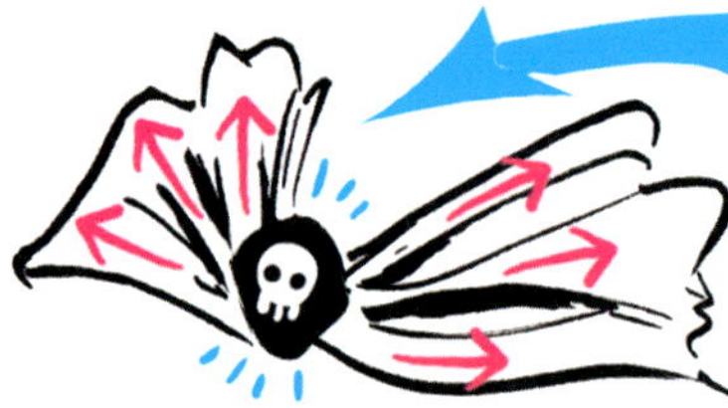

EINE **SPANGE** SORGT RUNDUM FÜR **ENGE FALTEN.**

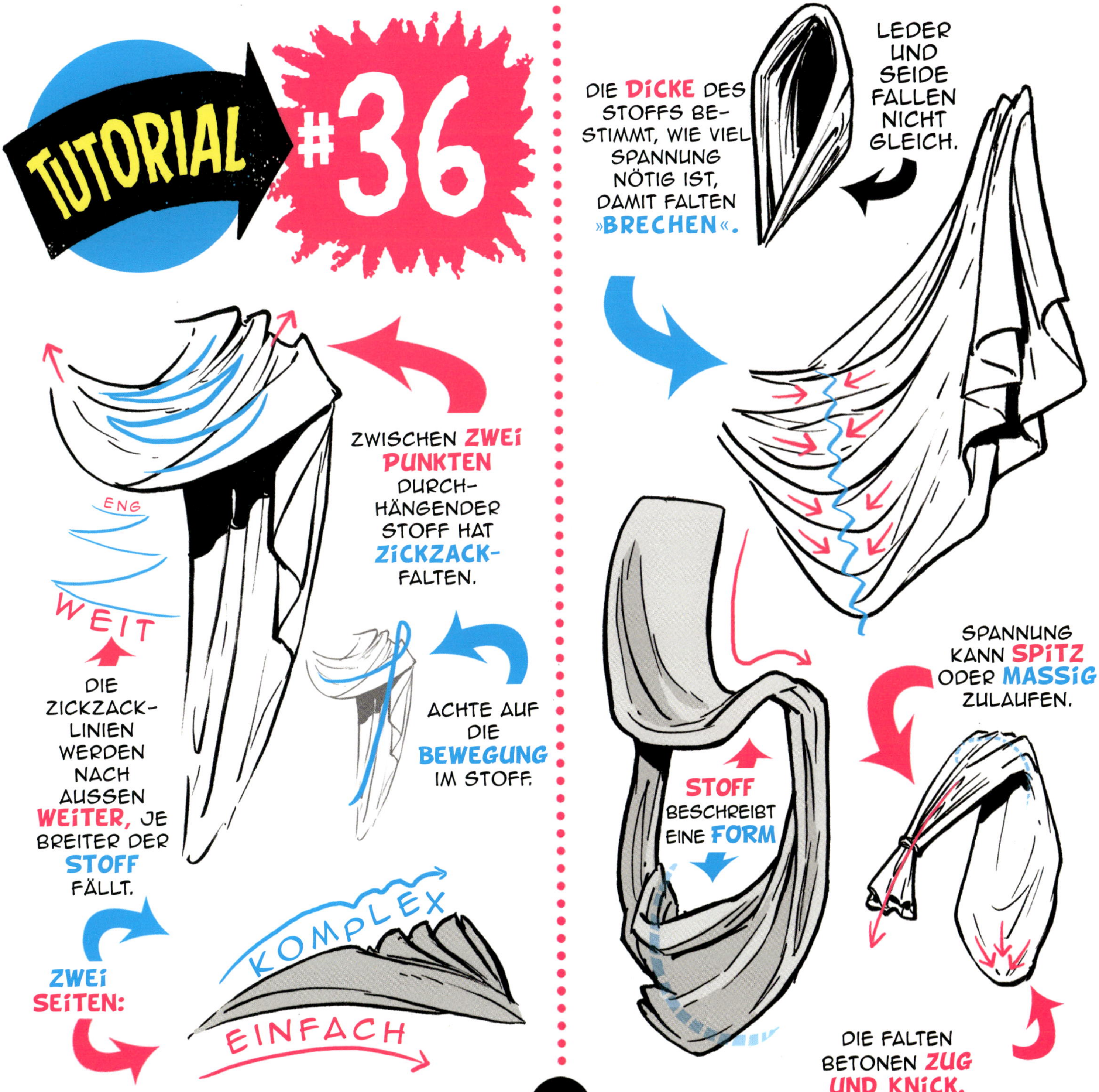
TUTORIAL #36
ZWISCHEN ZWEI PUNKTEN DURCH-HÄNGENDER STOFF HAT ZICKZACK-FALTEN.
ENG
WEIT
DIE ZICKZACK-LINIEN WERDEN NACH AUSSEN WEITER, JE BREITER DER STOFF FÄLLT.
ACHTE AUF DIE BEWEGUNG IM STOFF.
ZWEI SEITEN:
KOMPLEX
EINFACH
DIE DICKE DES STOFFS BE-STIMMT, WIE VIEL SPANNUNG NÖTIG IST, DAMIT FALTEN »BRECHEN«.
LEDER UND SEIDE FALLEN NICHT GLEICH.
STOFF BESCHREIBT EINE FORM
SPANNUNG KANN SPITZ ODER MASSIG ZULAUFEN.
DIE FALTEN BETONEN ZUG UND KNICK.

KAPITEL FÜNF

GESTALTUNG & KOMPOSITION

VORDERGRUND MITTELGRUND HINTERGRUND

DYNAMISCHE KOMPOSITIONEN ERZIELST DU AM BESTEN, INDEM DU DIR GEDANKEN ÜBER DIE FORM DEINER ELEMENTE IM **VORDERGRUND, MITTELGRUND** UND **HINTERGRUND** MACHST UND WIE SIE SICH ERGÄNZEN ODER MITEINANDER KONTRASTIEREN.

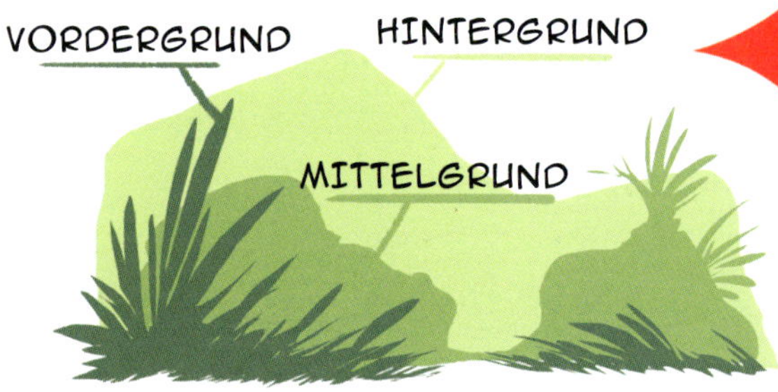

IN DIESEM TUTORIAL PRÄSENTIERE ICH DIR NUR **JEDE MENGE IDEEN,** WIE DU DEIN LAYOUT **ALLEIN MIT DIESEN DREI ELEMENTEN** AUFBAUEN KANNST. VIEL SPASS!

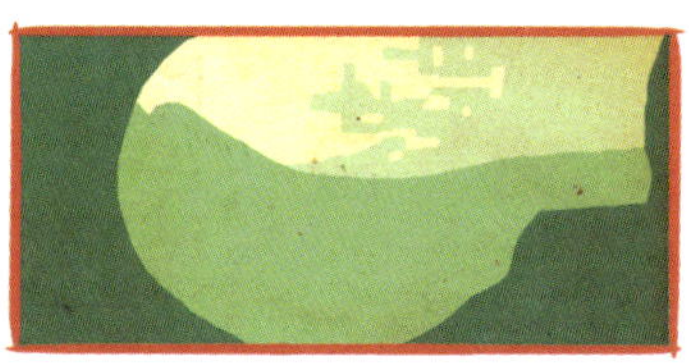
FORMEN MISCHEN

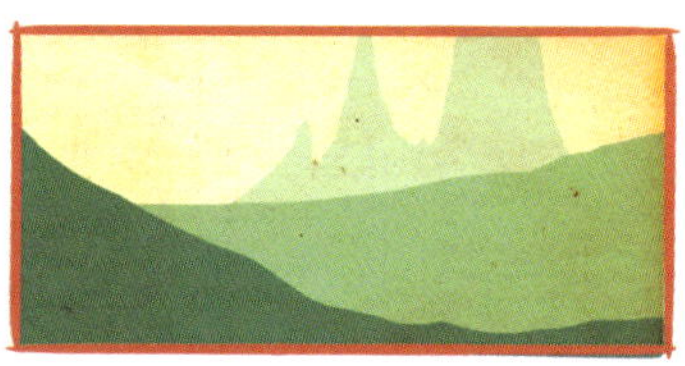
GESCHICHTETE EBENEN

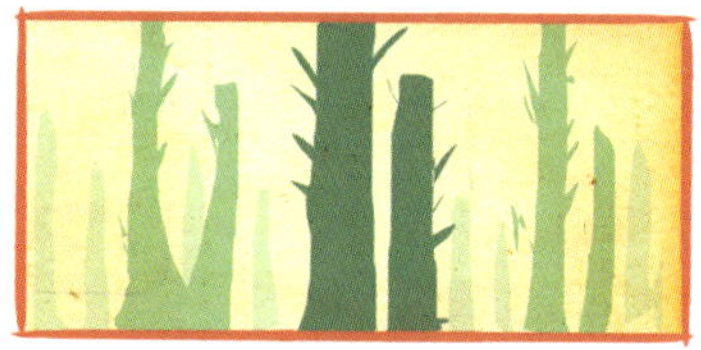
FOKUS IN MITTE

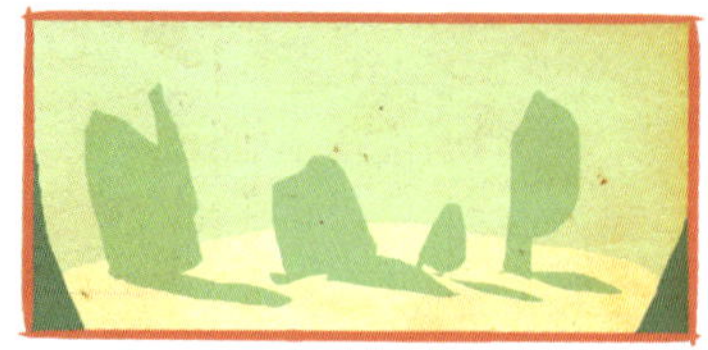
FOKUS AUF MITTELGRUND

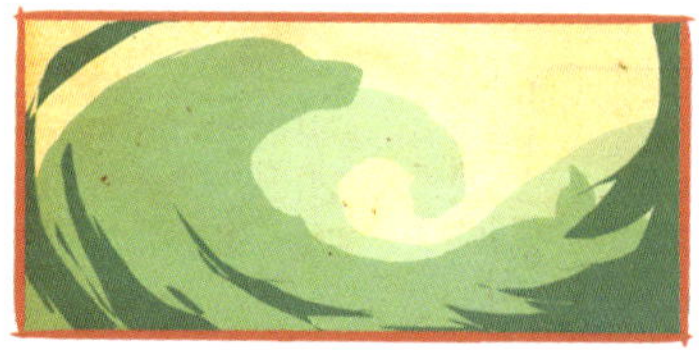
WIEDERHOLENDE FORMEN

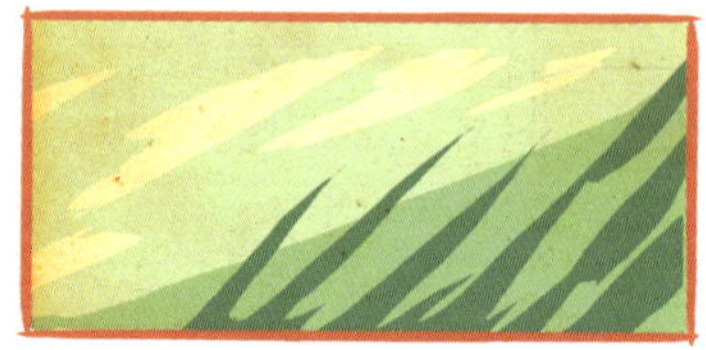
DIAGONALEN

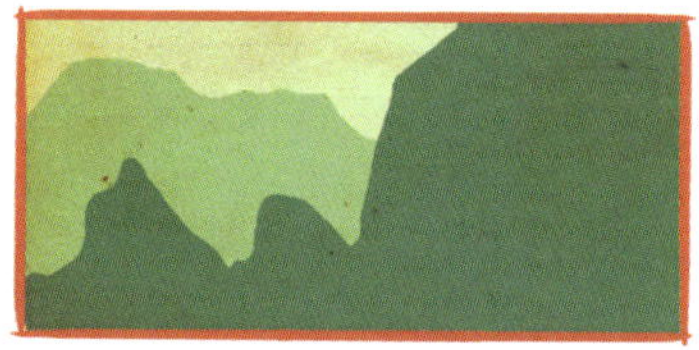
BETONTER VORDERGRUND

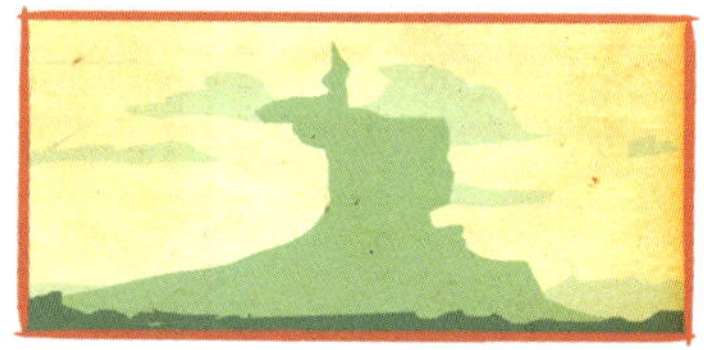
BETONTER MITTELGRUND

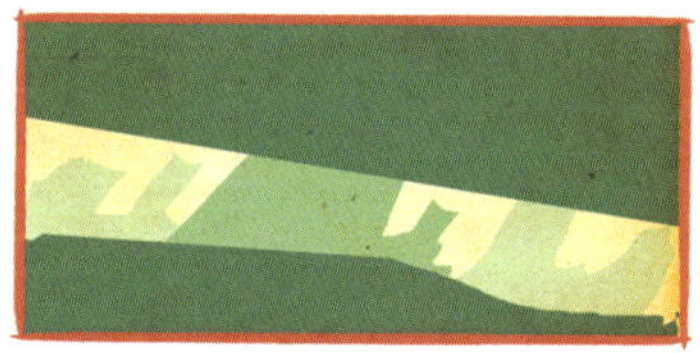
BRIEFKASTENSCHLITZ

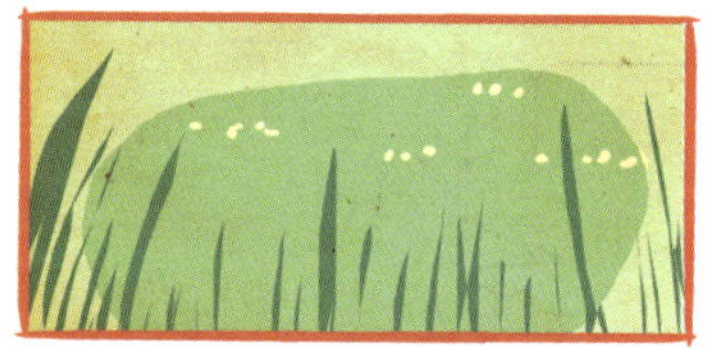
KONTRASTIERENDE FORMEN

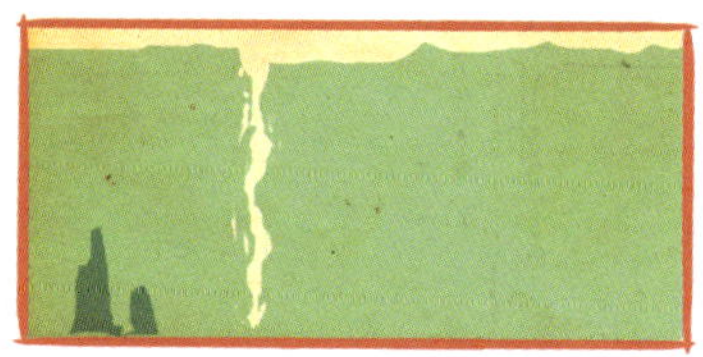
BEENGTE SICHT

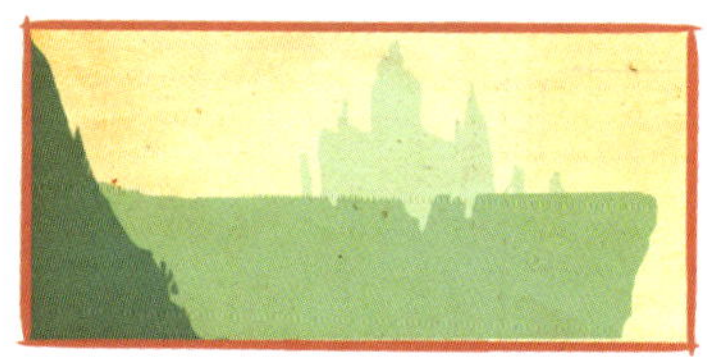
NEGATIVER RAUM

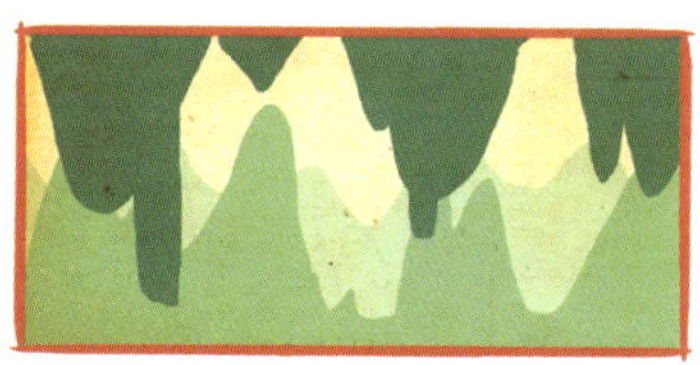
SICH ÜBERSCHNEIDENDE FORMEN

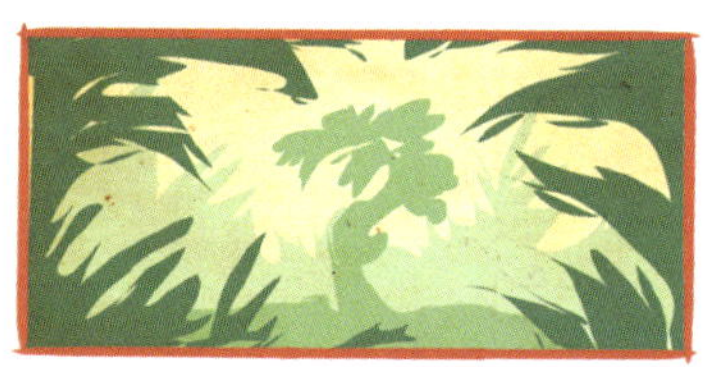
RAHMENDER VORDERGRUND

TUTORIAL #37

IM ZWEITEN TEIL DIESES TUTORIALS PRÄSENTIERE ICH DIR **NOCHMAL 16 IDEEN,** WIE DU DEIN LAYOUT MIT HILFE VON ELEMENTEN IN **VORDERGRUND, MITTELGRUND UND HINTERGRUND** AUFBAUEN KANNST. SIE ALLE LASSEN SICH MISCHEN, WODURCH DU EINE ENDLOSE VIELZAHL AN LAYOUT-KOMPOSITIONEN ERHÄLTST.

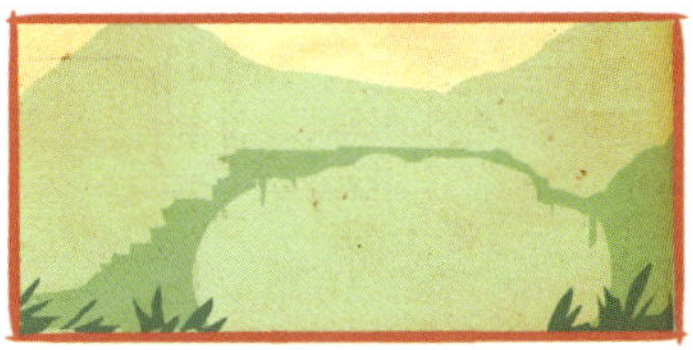

EINDRUCKSVOLLER HINTERGRUND

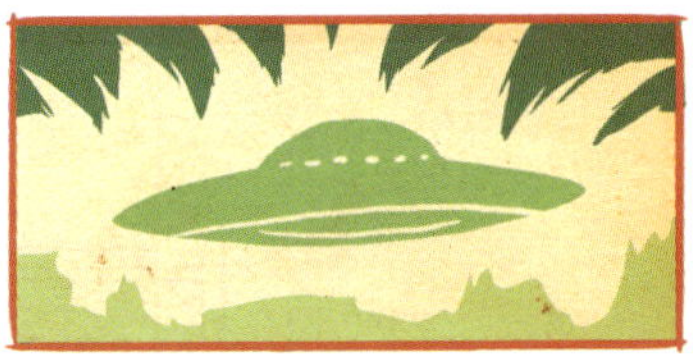

OBERE/MITTLERE/UNTERE EBENE

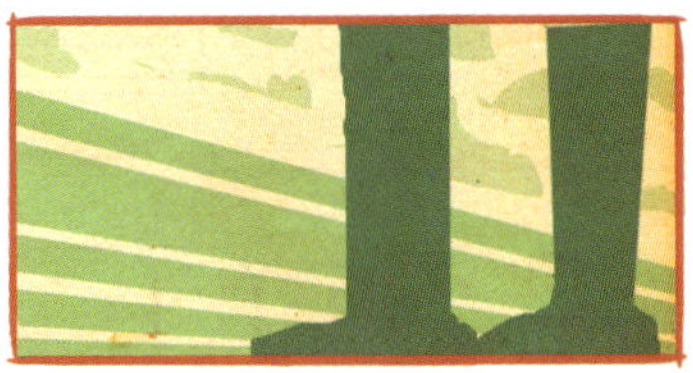

DIAGONALEN/VERTIKALEN

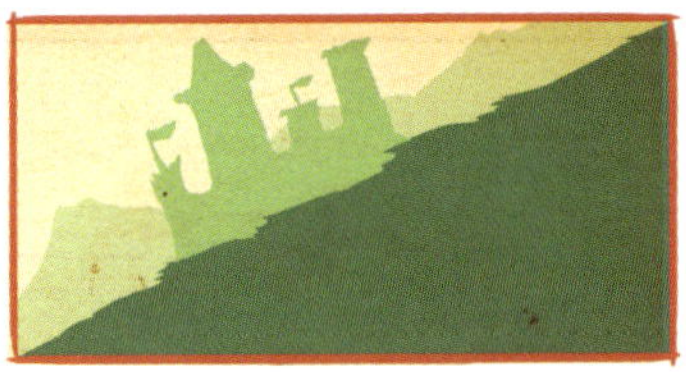

GETEILTER VORDERGRUND

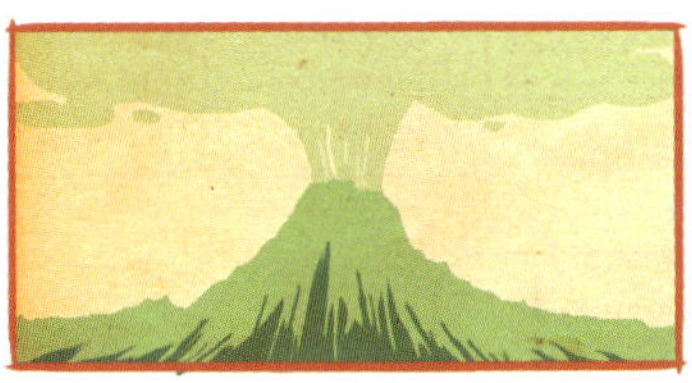

EINZELNE GESCHICHTETE FORM

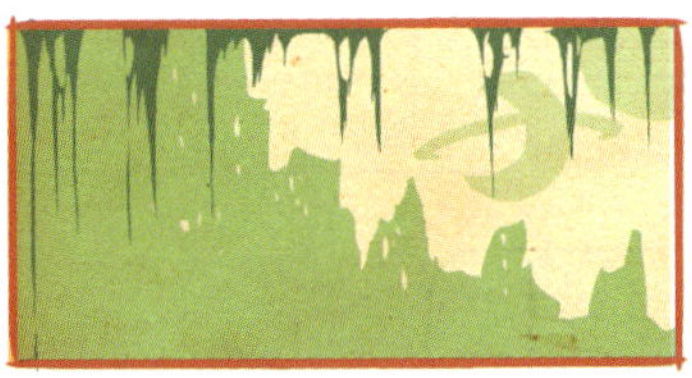

KONTRAST DÜNN/KRÄFTIG

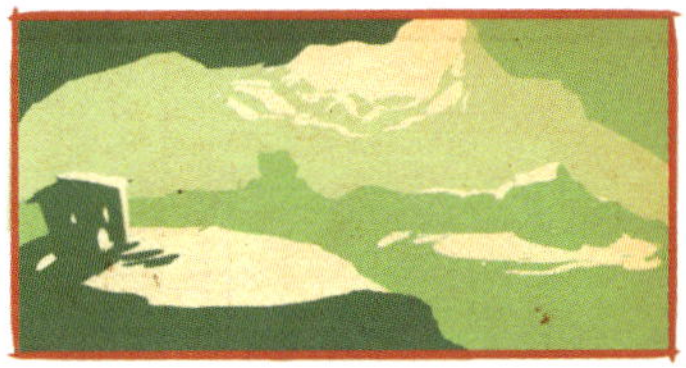

DREI SCHLAGLICHTER

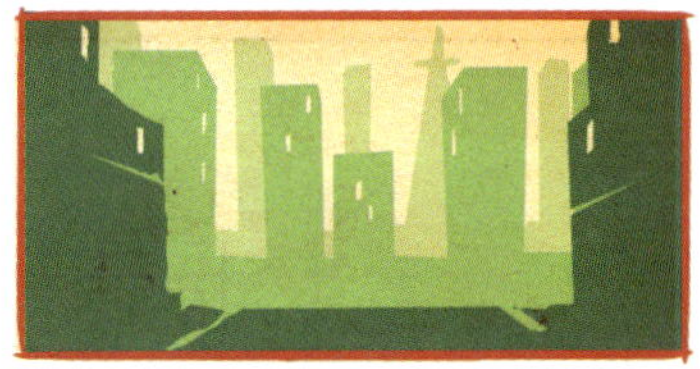

ANGEDEUTETE PERSPEKTIVE

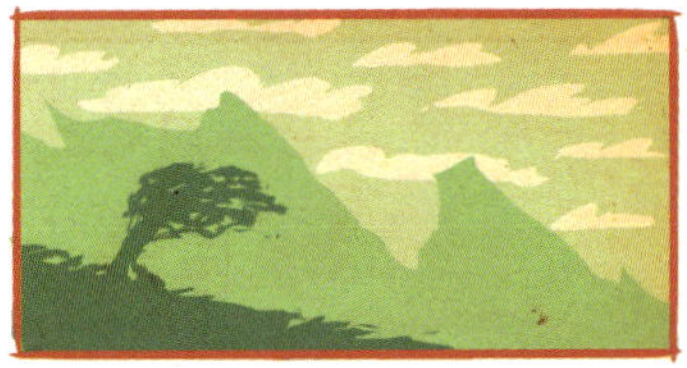

WECHSELNDE RICHTUNGEN

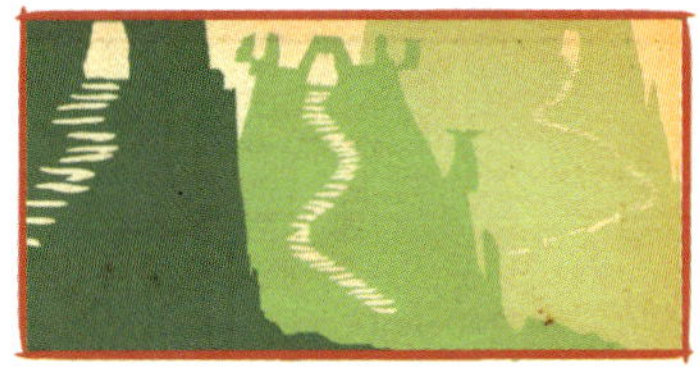

IN DRITTEL GETEILT

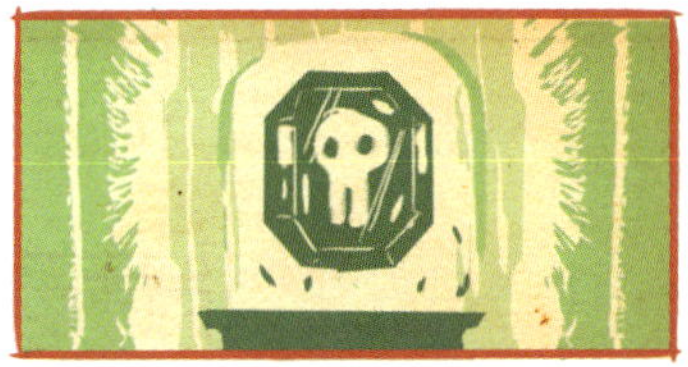

SCHWEBENDER VORDERGRUND

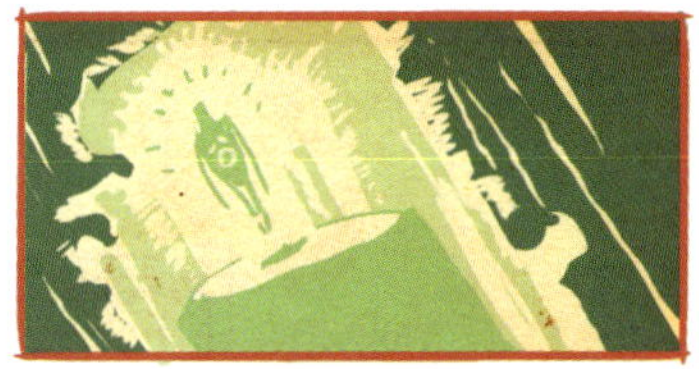

SCHWEBENDER MITTELGRUND

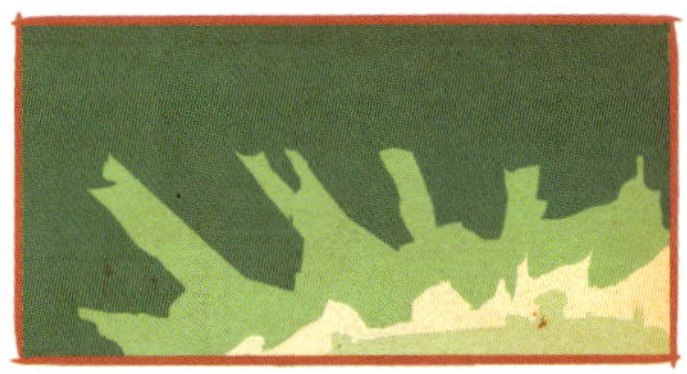

AUF HINTERGRUND DEUTEN

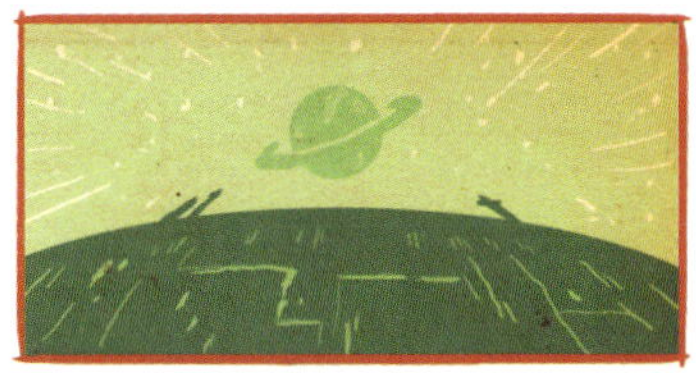

MINIMALER MITTELGRUND

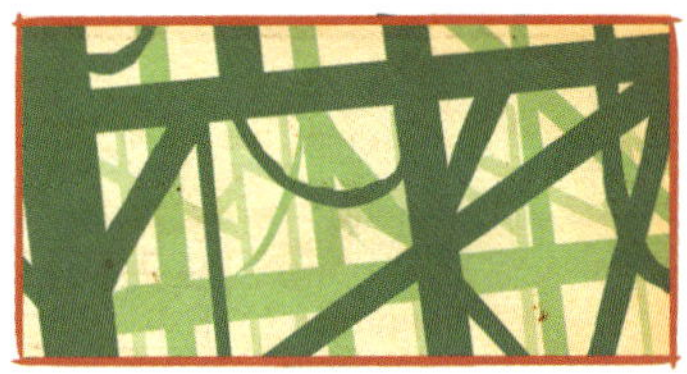

RAUM AUFTEILEN

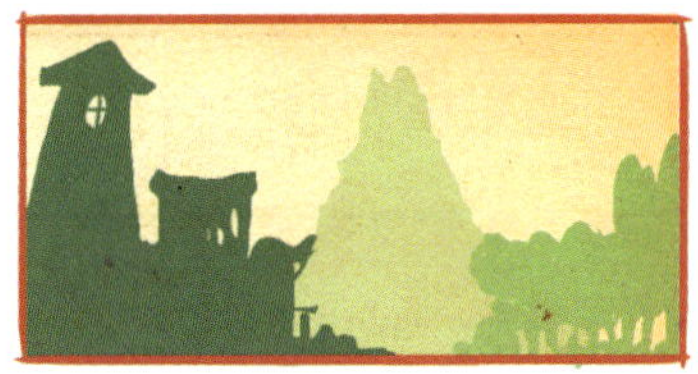

VERLÄNGERTE LINIE

DAS IST NUR EIN **WINZIGER TEIL** ALLER MÖGLICHKEITEN. WEITER HINTEN FINDEST DU NOCH MEHR MITTEL ZUR **KOMPOSITION.**

GRUNDLAGEN INNENRÄUME

BEI RÄUMEN GIBT ES VIEL ZU BEACHTEN. (ZU DEM THEMA KOMMEN NOCH REICHLICH TUTORIALS!) FÜR DEN ANFANG HIER ERST MAL ...

DIE **TOPSECHS-TIPPS** ZUM ENTWERFEN UND ZEICHNEN **GROSSARTIGER RÄUME**

1 FANG **NICHT** MIT EINEM **RECHTECK** AN!

GIB DEINEM GRUNDRISS EINE **INTERESSANTE FORM**.

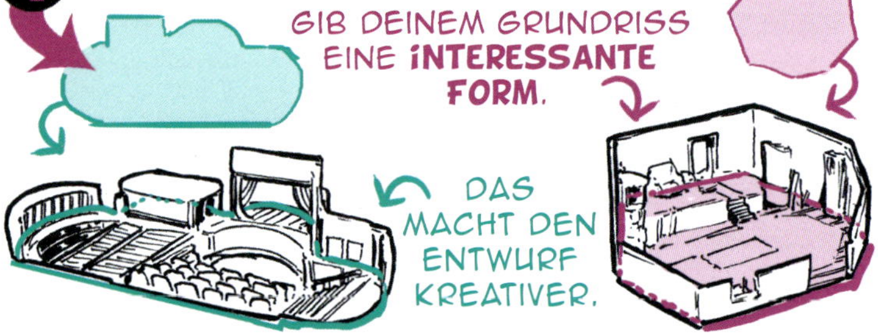

DAS MACHT DEN ENTWURF KREATIVER.

2 **SCHAFFE** EINEN ARCHITEKTONISCHEN **BLICKPUNKT!**

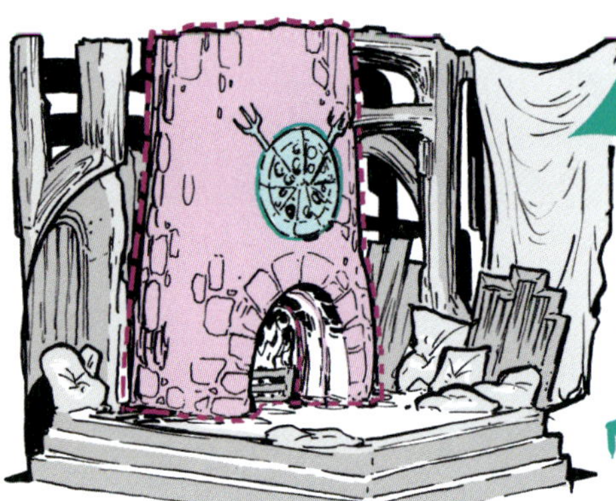

BAUE ALLES UM EIN AUFFÄLLIGES **HERZSTÜCK** HERUM AUF.

3 SCHAFFE **MEHRERE EBENEN!**

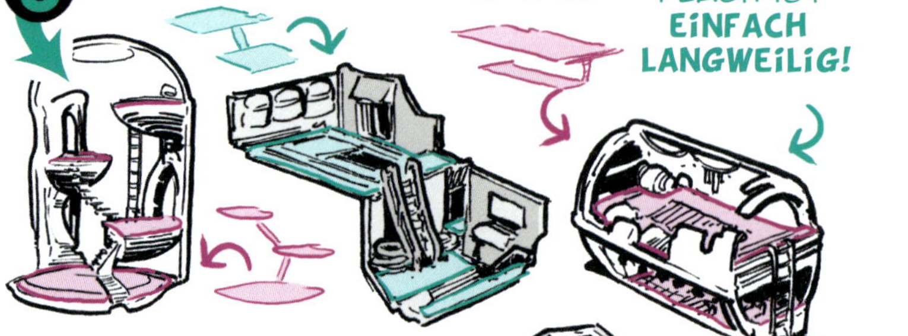

FLACH IST **EINFACH LANGWEILIG!**

4 SEI **UNORDENTLICH!**

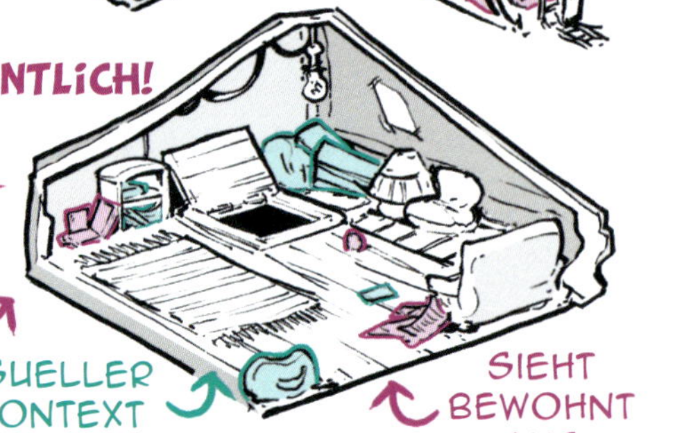

MENSCHEN HINTERLASSEN **DURCHEINANDER.** ZEIG ES!

VISUELLER KONTEXT

SIEHT BEWOHNT AUS.

5 NUTZE **VERSCHIEDENSTE BAUMATERIALIEN!**

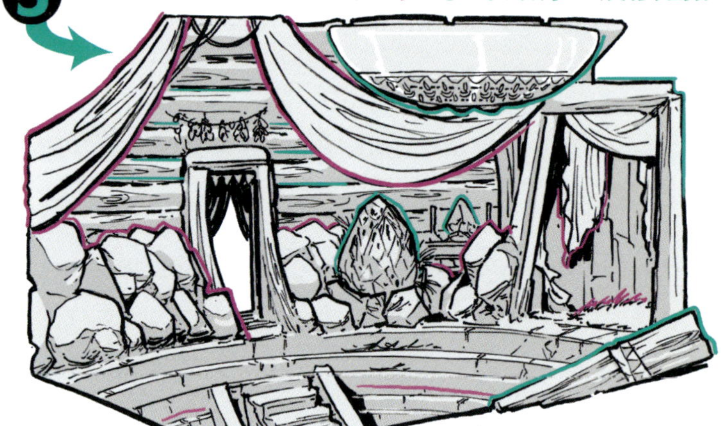

MEHR TEXTUR = GRÖSSERE TIEFE

6 LEGE **EINEN WEG** AN.

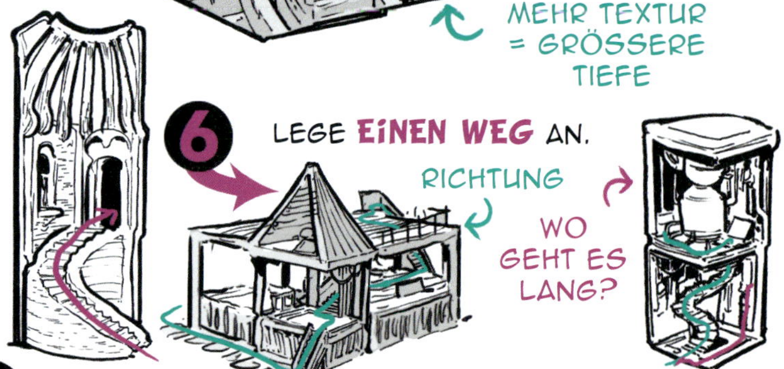

RICHTUNG

WO GEHT ES LANG?

TUTORIAL #38

WENN DU DEINEN RAUM FÜR EIN BILD **RAHMEN WILLST,** IST ES HILFREICH, EINE REIHE VON **BLICKWINKELN UND KOMPOSITIONEN** IM HINTERKOPF ZU HABEN. HIER SIND **16 ÄNSATZE,** DIE **IMMER FUNKTIONIEREN!**

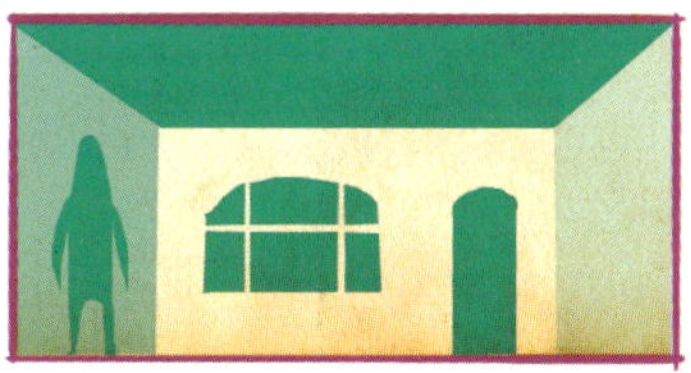
SEITLICH ERHÖHT

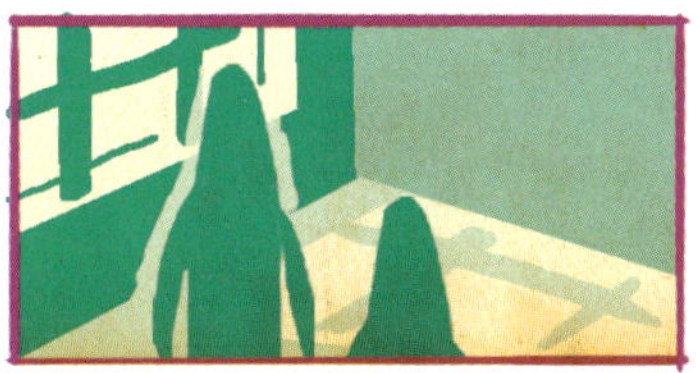
HOHE ECKE

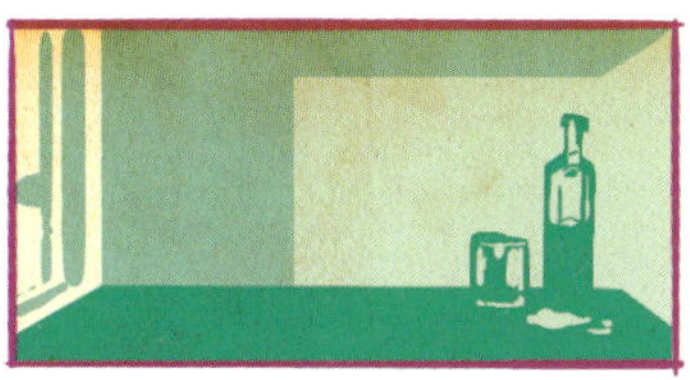
MÖBEL IM VORDERGRUND

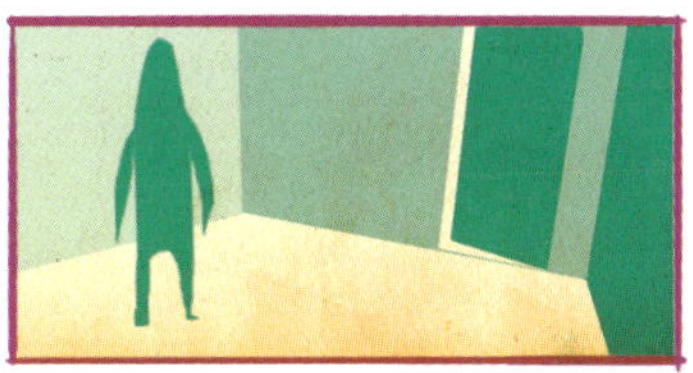
MITTLERE HÖHE, GENEIGT

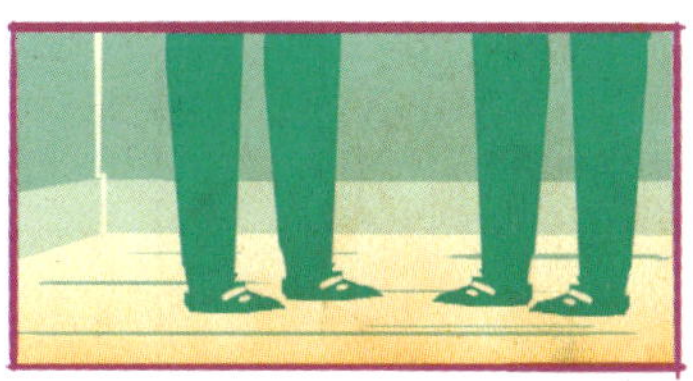
BODENAUSSCHNITT

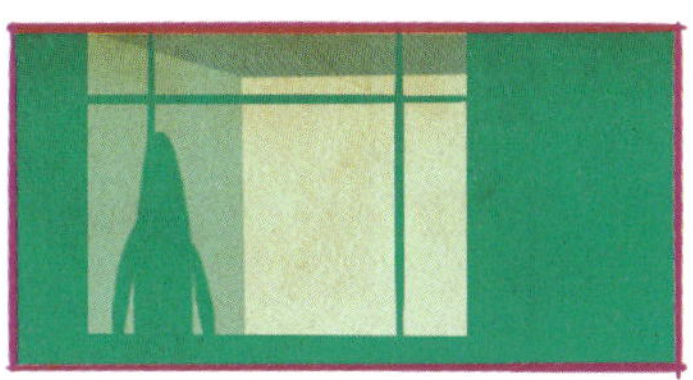
BLICK DURCH FENSTER

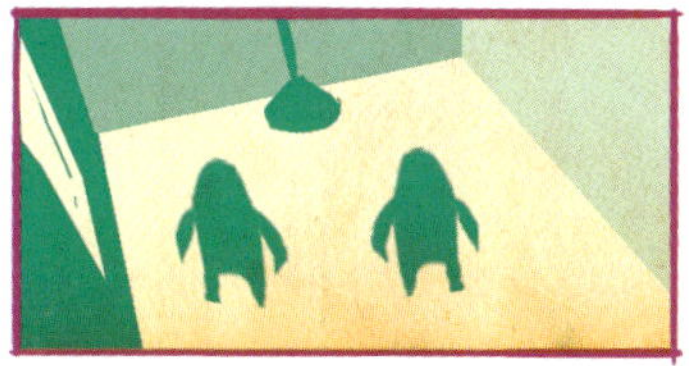
VOGELPERSPEKTIVE

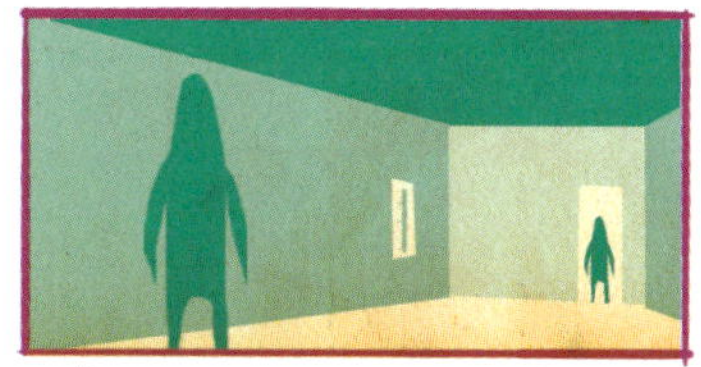
ÜBERTRIEBENE TIEFE

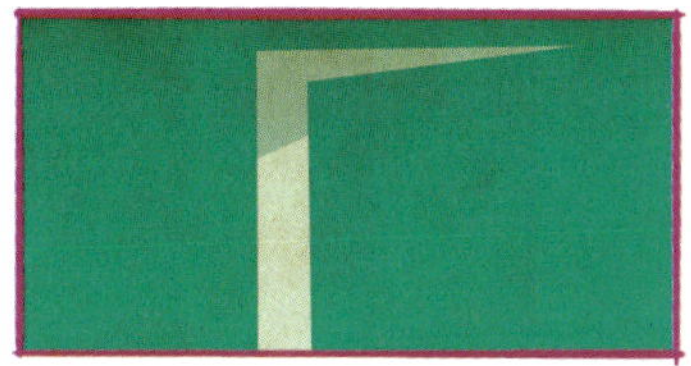
BLICK DURCH TÜRSPALT

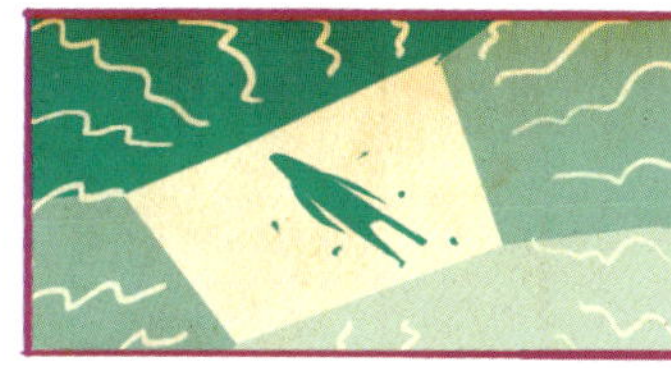
GENEIGT UND VERZERRT

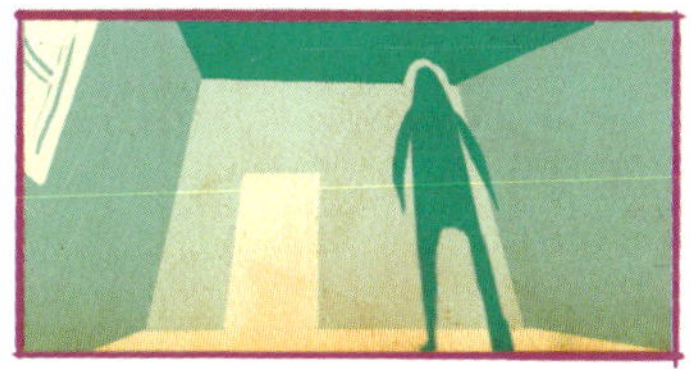
FROSCHPERSPEKTIVE

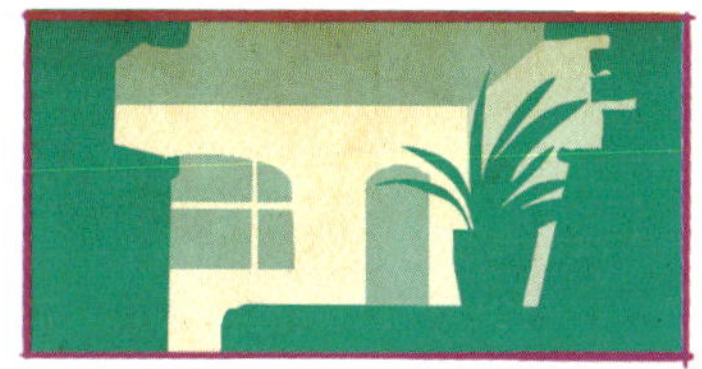
MÖBEL ALS RAHMEN

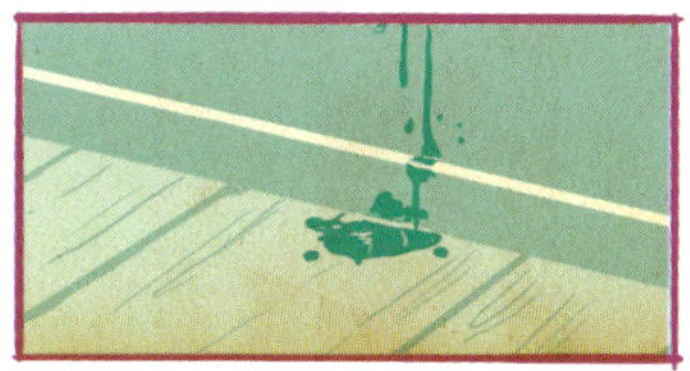
DETAILANSICHT

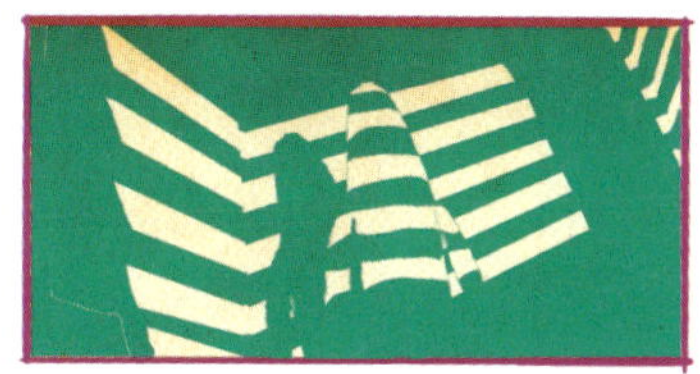
LICHT BESCHREIBT FORM

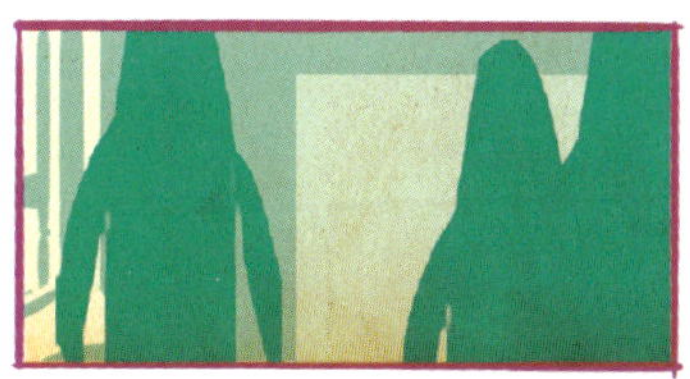
PERSONEN ALS RAHMEN

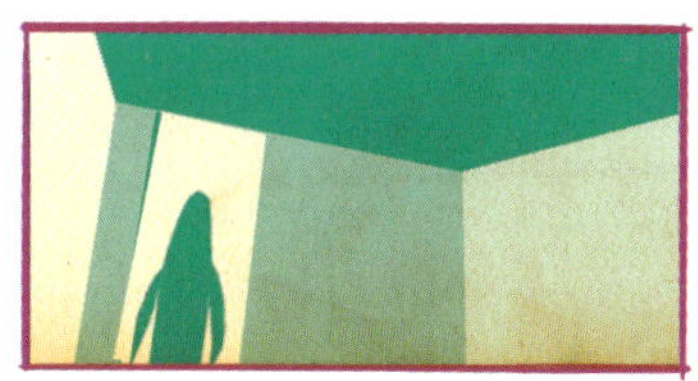
FROSCHPERSPEKTIVE, GENEIGT

LICHT, PERSPEKTIVE UND **ANDERE ELEMENTE** IN RÄUMEN SEHEN WIR UNS IN **SPÄTEREN BÄNDEN** AN!

IN 3D DENKEN

UM DIR **VOLUMEN** BESSER VORSTELLEN ZU KÖNNEN, VERSUCH MIT EINEM **GITTERRAHMEN** ZU ZEICHNEN.

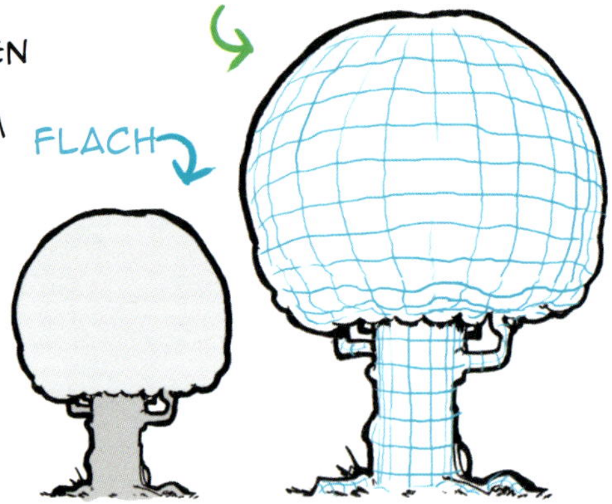

BEGINNE MIT **EINFACHEN GEOMETRISCHEN FORMEN:** RECHTECKE, OVALE, ZYLINDER, WÜRFEL ETC.

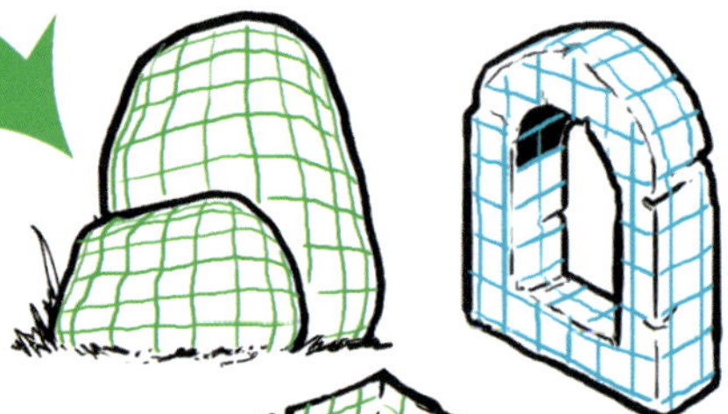

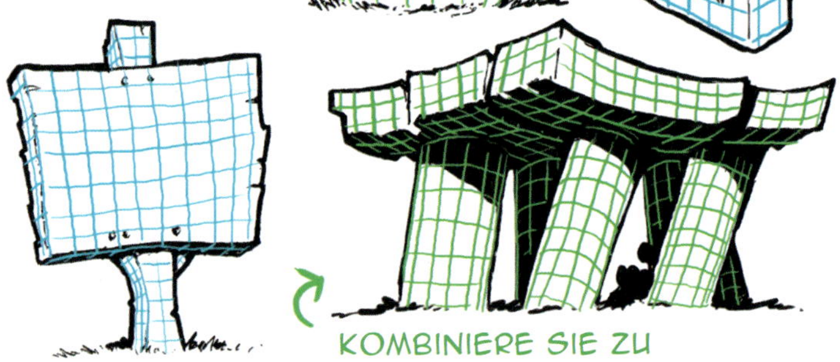

KOMBINIERE SIE ZU KOMPLEXEREN KONSTRUKTIONEN.

ORGANISCHE FORMEN KÖNNEN SEHR KOMPLEX ERSCHEINEN, BESTEHEN ABER OFT NUR AUS SICH **WIEDERHOLENDEN FORMEN.**

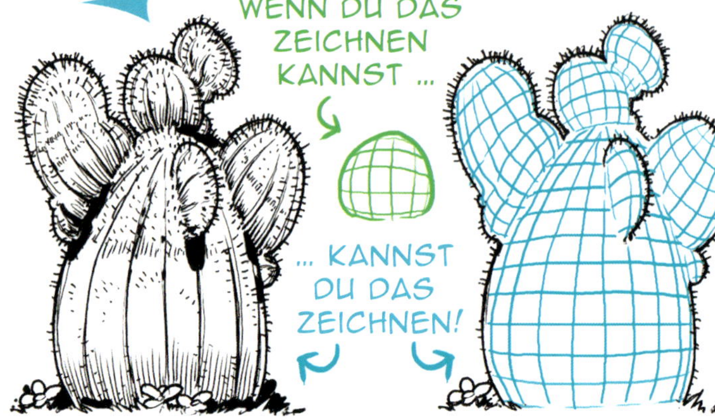

SCHON MIT EIN ODER ZWEI **KONTURLINIEN** KANNST DU DIE FORM EINES OBJEKTS GUT **BESCHREIBEN.**

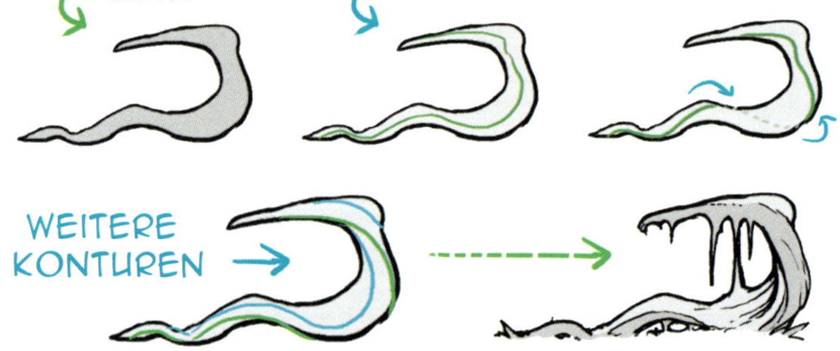

WINDUNGEN ERZEUGEN **ENORME TIEFE.**

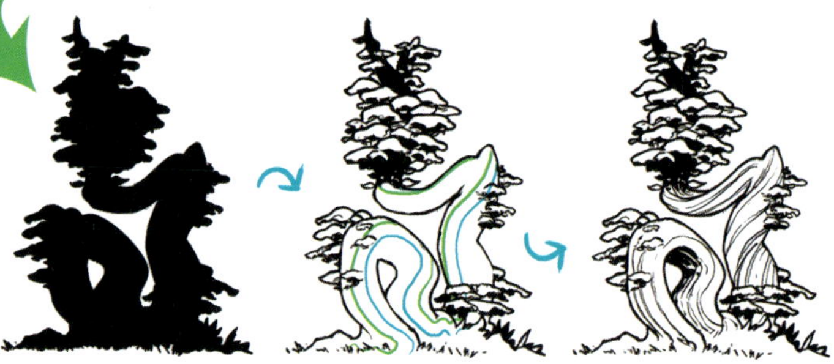

TUTORIAL #39

DENK DARAN, DASS ALLES **PERSPEKTIVISCH** ERSCHEINT. DAS MACHT ES GLAUBWÜRDIGER UND ERZEUGT **TIEFE.**

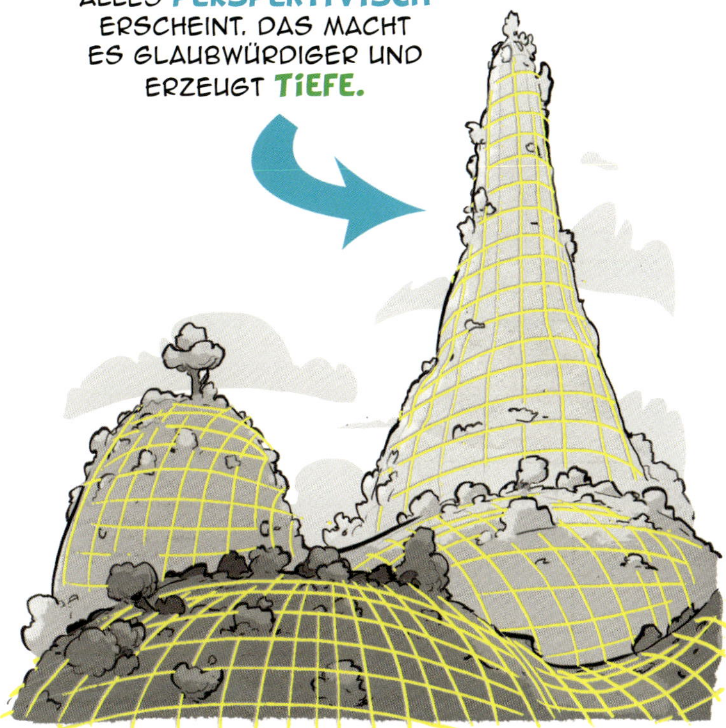

PLATZIERE KLEINERE ELEMENTE SO, DASS SIE DIE FORM DER GRÖSSEREN, EBENEREN **FLÄCHEN** BETONEN.

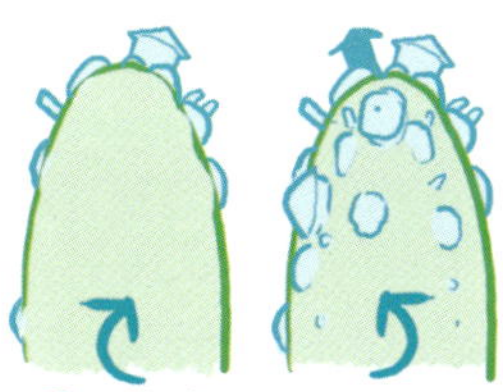

JE BESSER DU DIR DAS GITTERNETZ VORSTELLEN KANNST, DESTO BESSER KANNST DU **FORMEN IN DEINEM ENTWURF** MIT KONTUREN UND FORMLINIEN HERAUSARBEITEN.

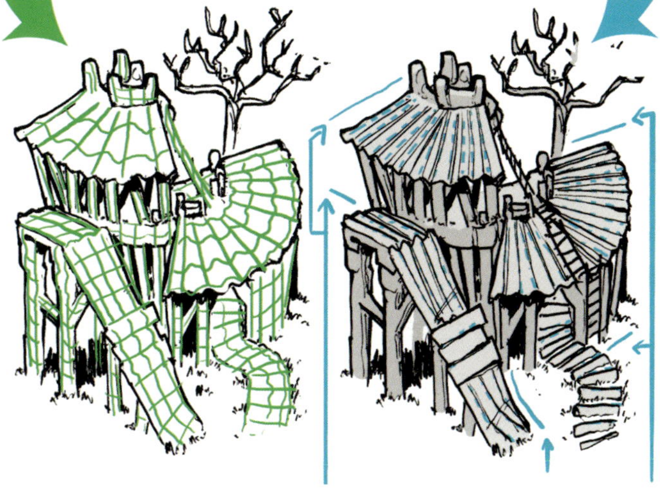

DIESE LINIEN BESCHREIBEN DIE OBERFLÄCHEN.

VIELE OBERFLÄCHEN HABEN **EIN TEXTURMUSTER** ODER **NATÜRLICHE KONTUREN.**

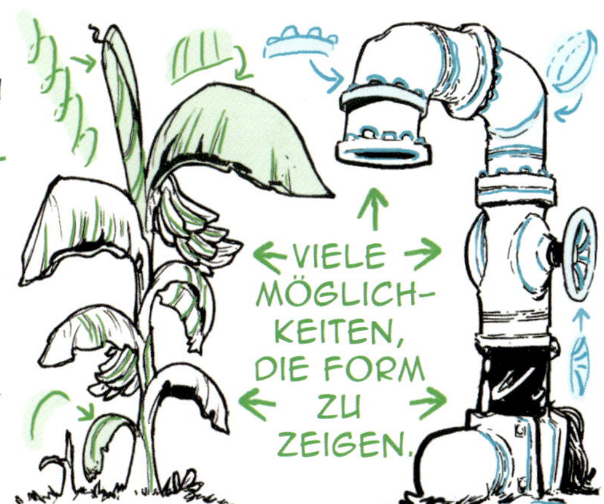

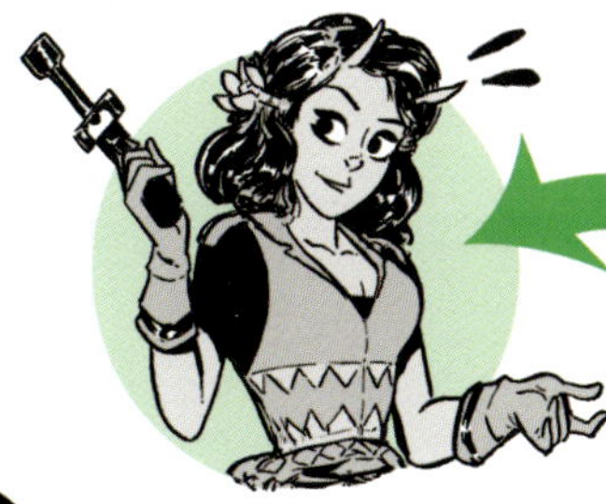

KONTUREN FINDEN SICH ÜBERALL, AUCH IN **KLEIDUNG** UND **FRISUR!**

STRANSKI
KOMPOSITION

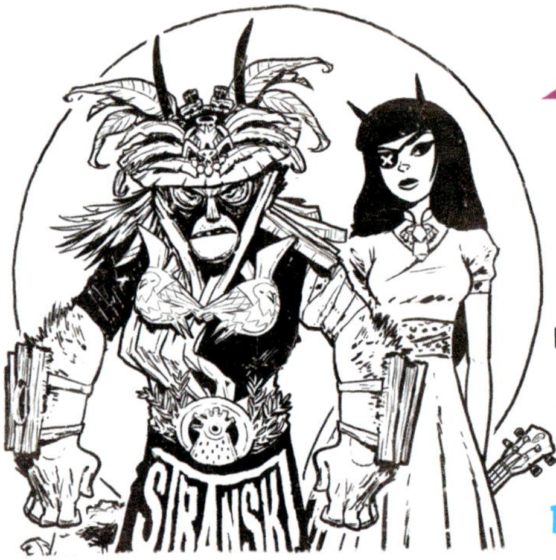

BEI **STRANSKI** WIRD DIE **KOMPOSITION** NICHT NUR FÜR AUFFÄLLIGE DESIGNS GENUTZT, SONDERN AUCH, UM **DETAILS DER GESCHICHTE** UND **BEZIEHUNGEN DER CHARAKTERE** ZU UNTERSTREICHEN.

SICH **WIEDERHOLENDE** FORMEN SCHAFFEN VISUELLE **VERBINDUNG** ZWISCHEN VERSCHIEDENEN ELEMENTEN.

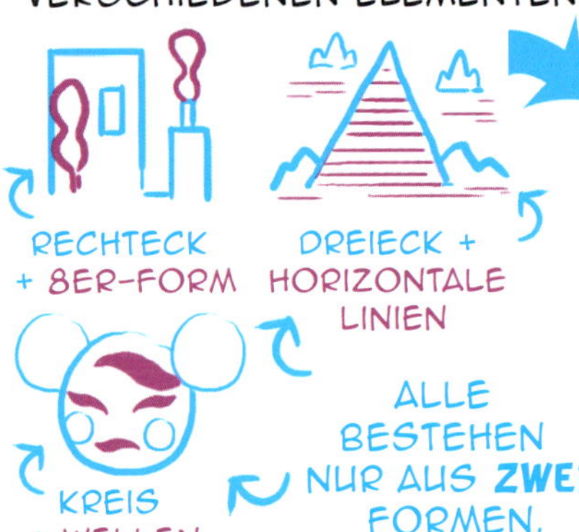

ALLE BESTEHEN NUR AUS **ZWEI** FORMEN.

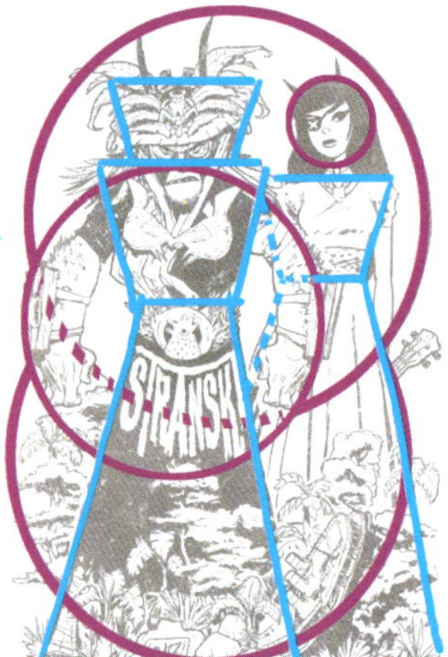

KOMPOSITIONEN MIT **KEGELN** BAUEN:

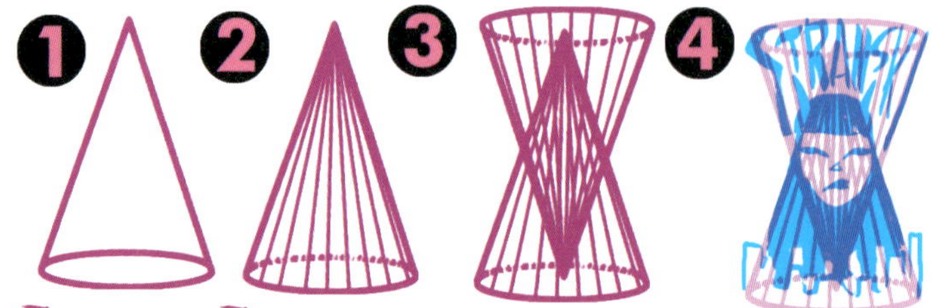

1. ZEICHNE EINEN KEGEL.
2. STELL IHN DIR IN 3D VOR.
3. FÜGE EINEN ZWEITEN DAZU.
4. ZEICHNE DARÜBER. NUTZE FORM UND VOLUMEN.

DAS ERGIBT IMMER EINE STARKE VISUELLE STRUKTUR.

IM **VORDERGRUND** MIT **ZENTRALPERSPEKTIVE** ZU ARBEITEN, ZIEHT DEN BLICK INS BILD.

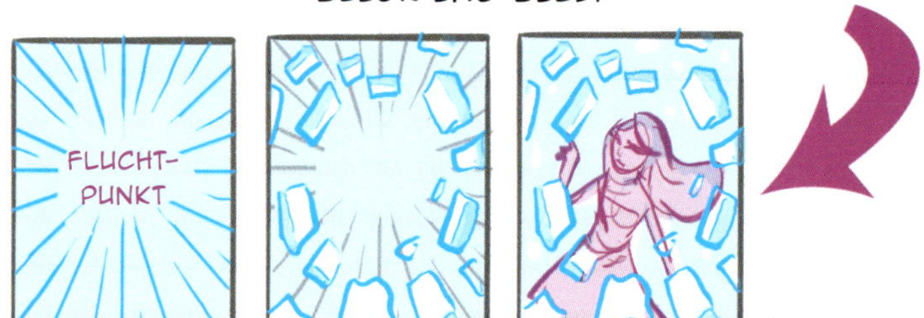

TUTORIAL #40

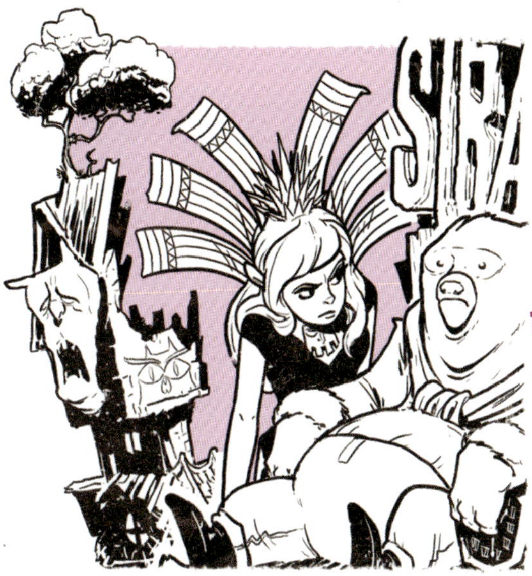

BEI **STRANSKI** WIRD **NEGATIVER RAUM** GENUTZT, UM BESTIMMTE **SILHOUETTEN** ZU BETONEN.

NUTZE DEN NEGATIVEN RAUM FÜR **AUSGEWOGENHEIT** UND UM **DEN FOKUS ZU WAHREN.**

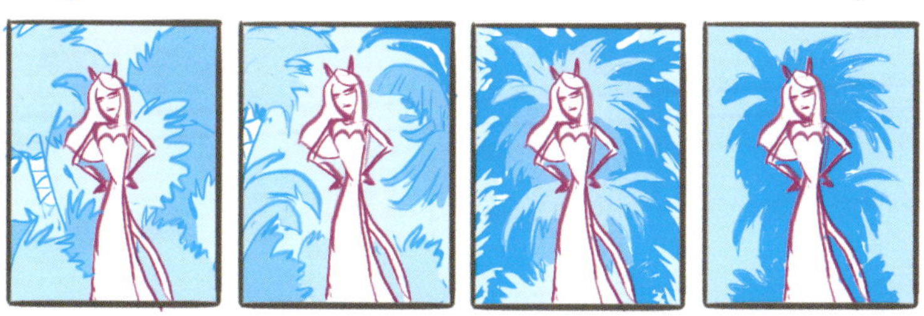

ALLE NUTZEN DEN NEGATIVEN RAUM AUF VIELFACHE WEISE.

EIN STARKES KOMPOSITORISCHES MITTEL SIND **GESTAFFELTE PROFILE.**

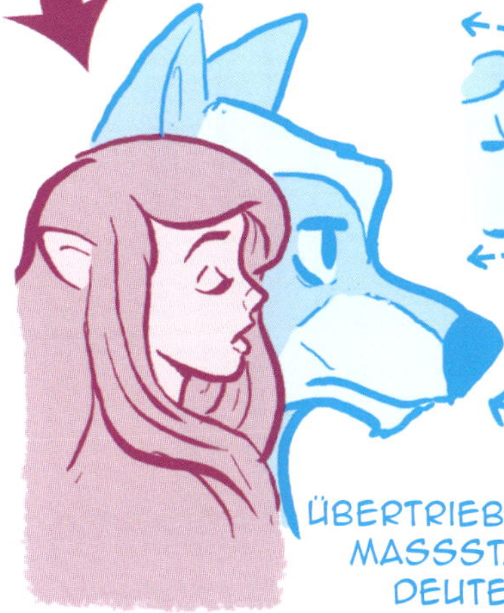

ÜBERTRIEBENER MASSSTAB DEUTET BEZIEHUNG AN

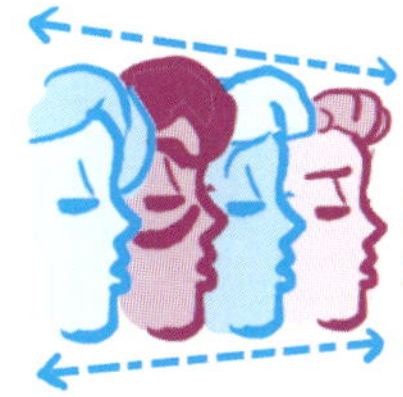

KÖPFE IM GLEICHEN MASSSTAB DEUTET TEAM AN

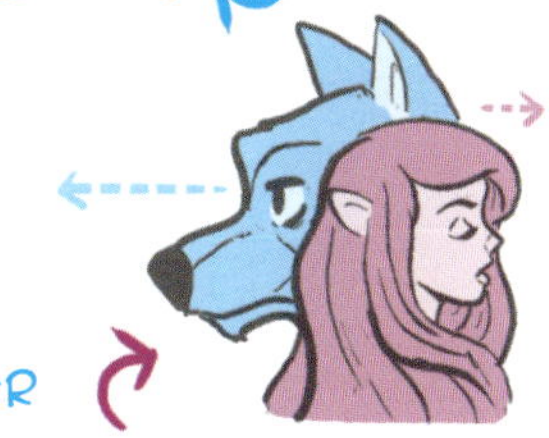

GEGENLÄUFIG-KONFLIKT

SCHAFFE IN DEINEM ENTWURF **EINFACHE/KOMPLEXE** SEITEN. DER BLICK WIRD VON DER **KOMPLEXEN** SEITE ANGEZOGEN.

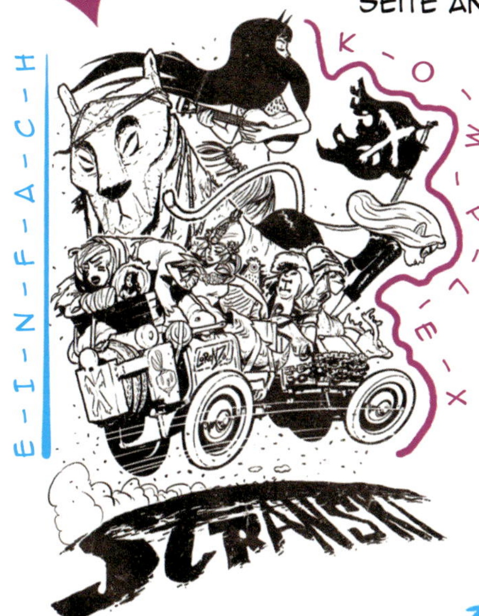

LÄSST SICH AUF ALLES ANWENDEN ...

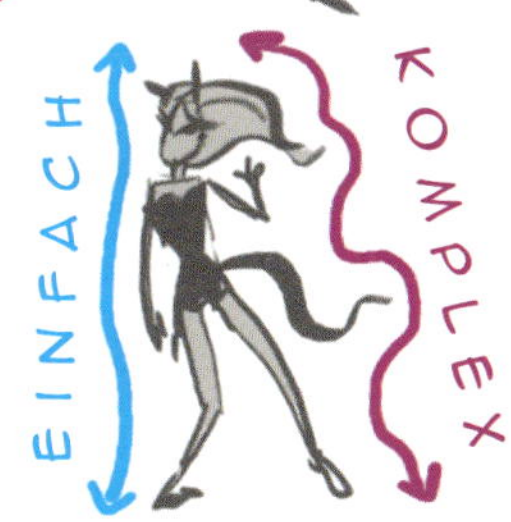

POSE

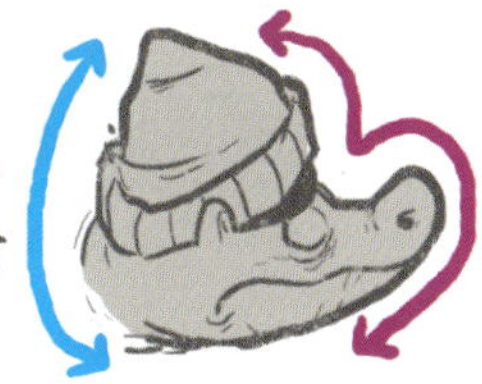

GESICHT

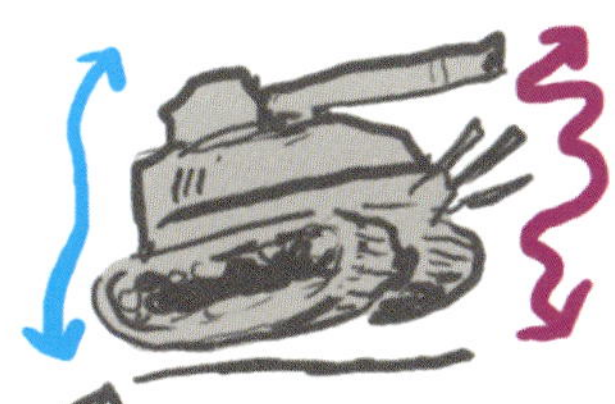

FAHRZEUG

STRANSKI
KOMPOSITION
ANREGUNGEN!

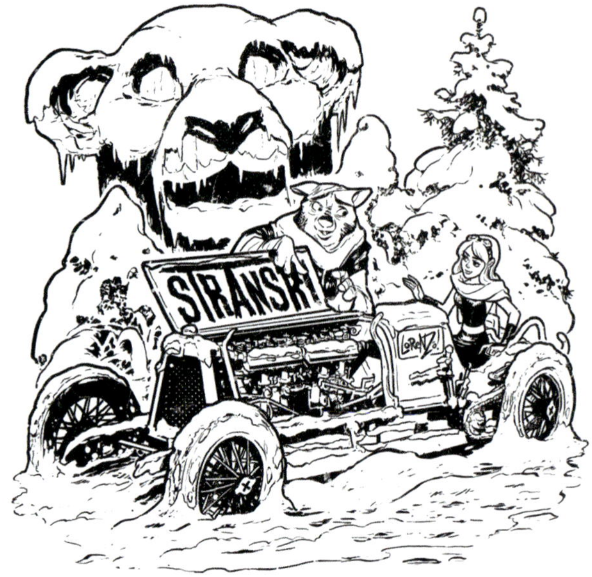

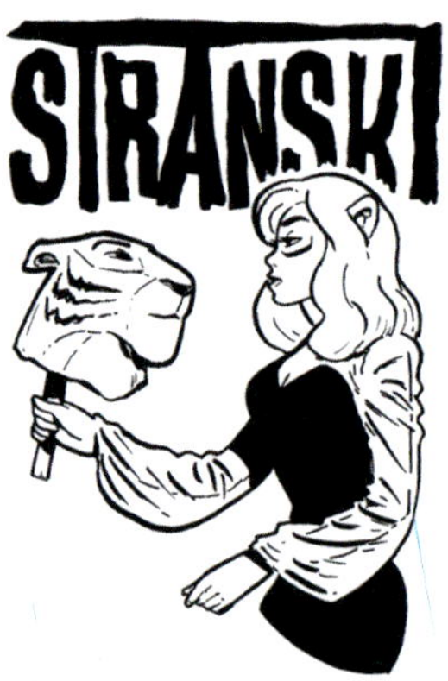

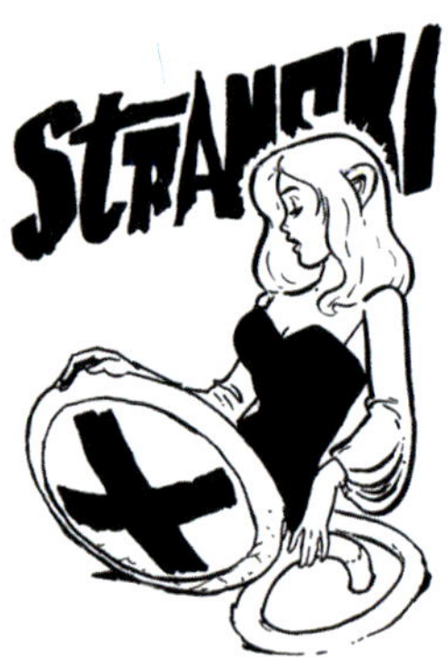

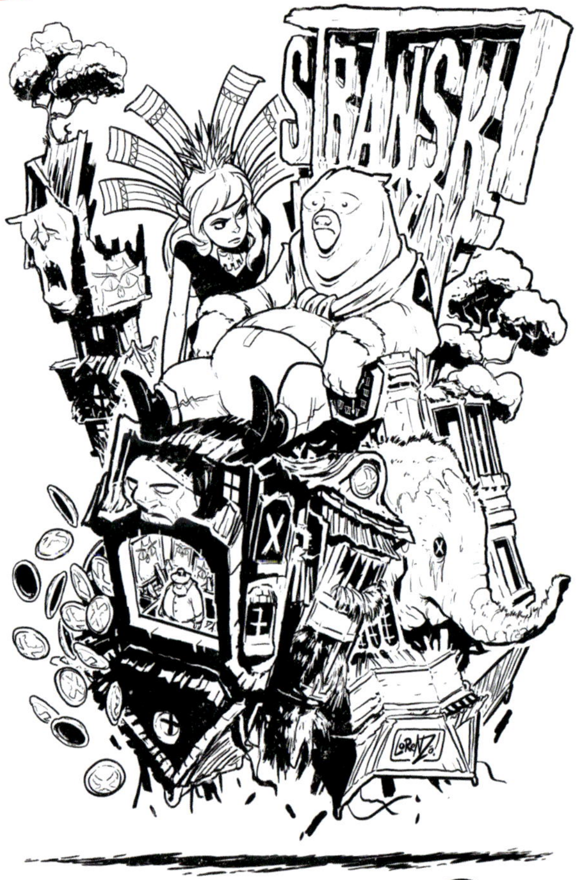

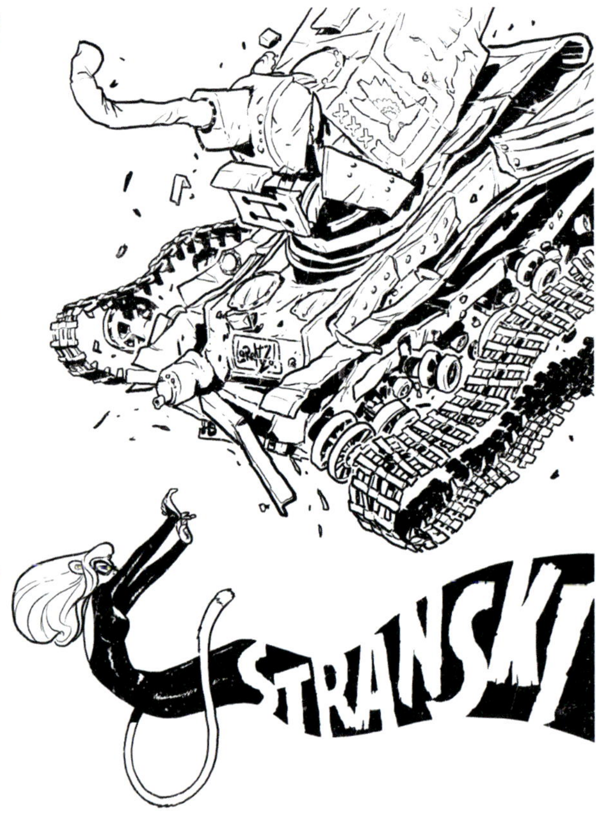

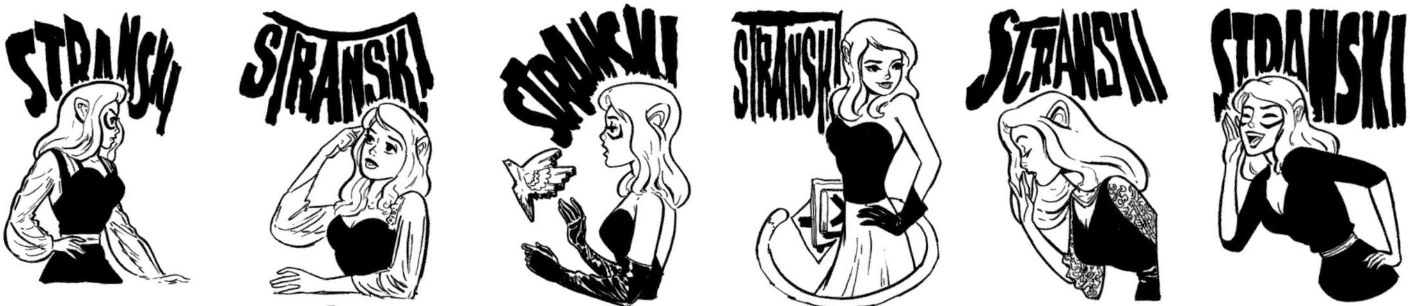
STRANSKI
STRANSKI
STRANSKI
STRANSKI
STRANSKI
STRANSKI

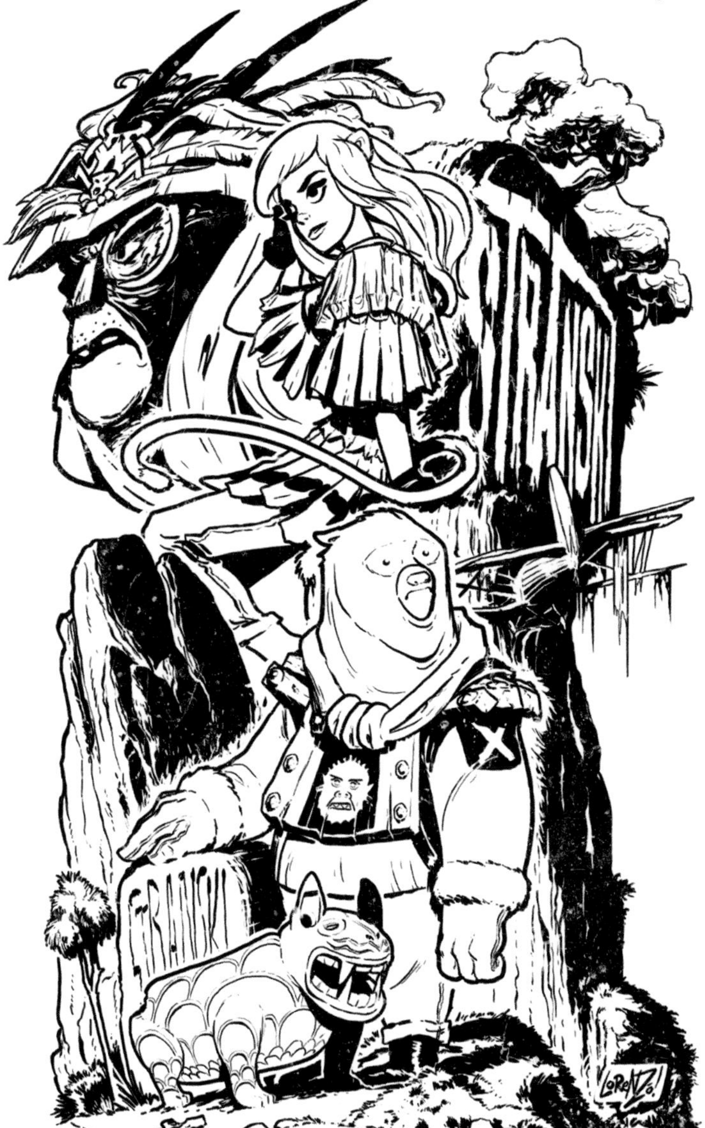
STRANSKI
STRANSKI

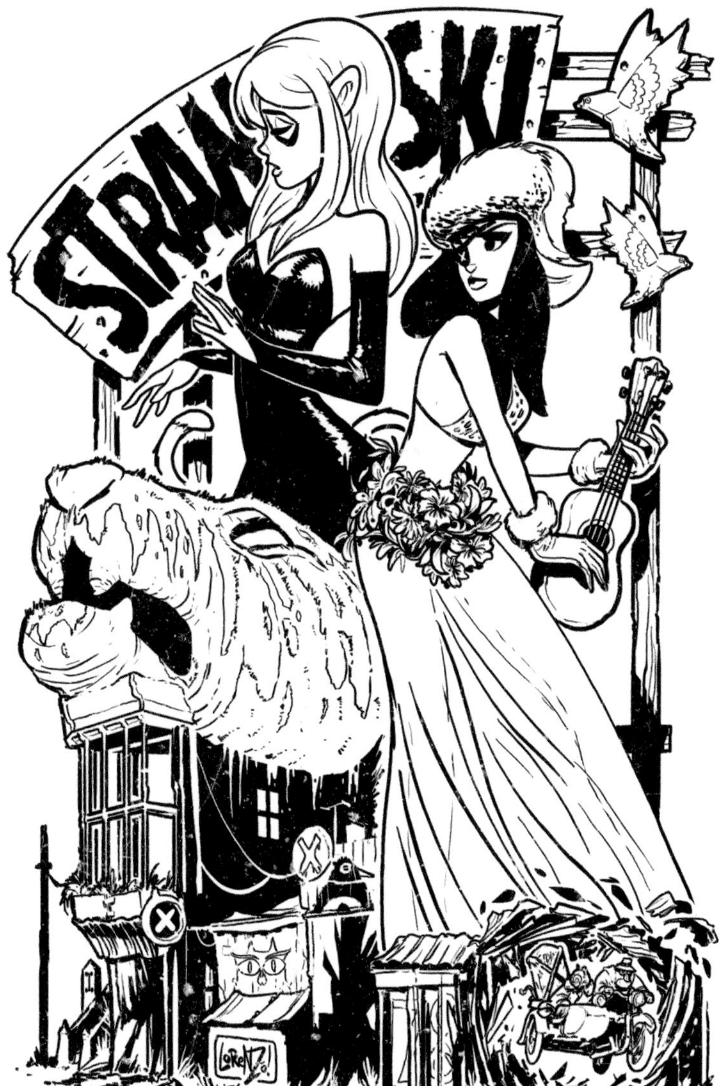
STRANSKI

PERSPEKTIVE RASTERBOX

EINE RASTERBOX IST EIN BEGRENZTER RAUM, IN DEM DU EINFACH 3D-ENTWÜRFE ANLEGEN KANNST.

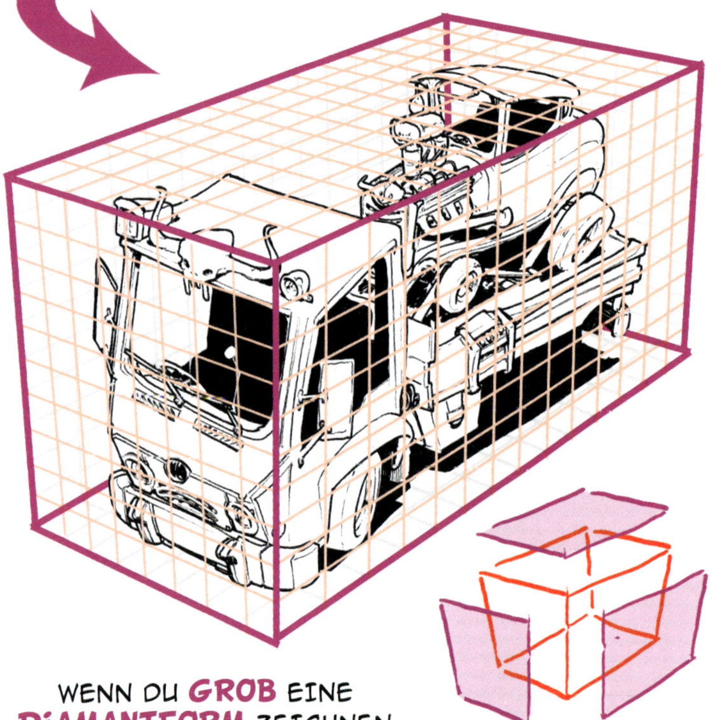

WENN DU **GROB** EINE **DIAMANTFORM** ZEICHNEN KANNST UND EINE **GERADE LINIE,** KANNST DU EINE RASTERBOX ZEICHNEN.

DU KANNST EINE RASTERBOX SOGAR NUTZEN, WENN DU **NOCH** KEINE AHNUNG VON **PERSPEKTIVE** HAST:

1 ZEICHNE EINE LEICHT SCHRÄGE LINIE.

2 ZEICHNE EINE ZWEITE, FAST PARALLELE LINIE, ABER ETWAS KÜRZER, DEREN WINKEL EIN WENIG FLACHER IST.

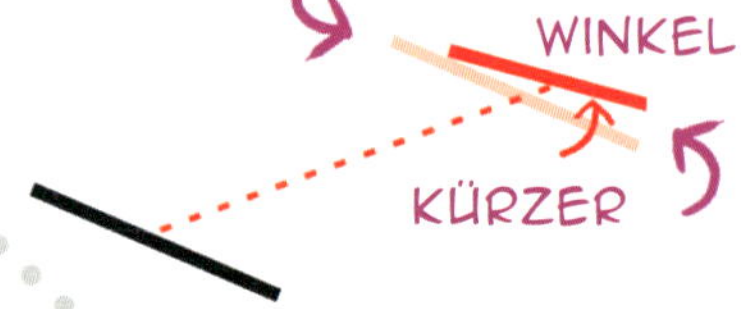

3 VERBINDE SIE.

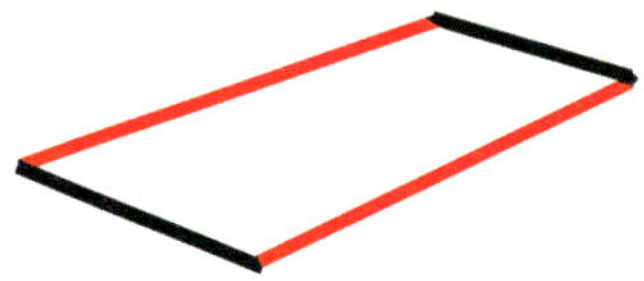

4 ZEICHNE HIER EINE SENKRECHTE LINIE.

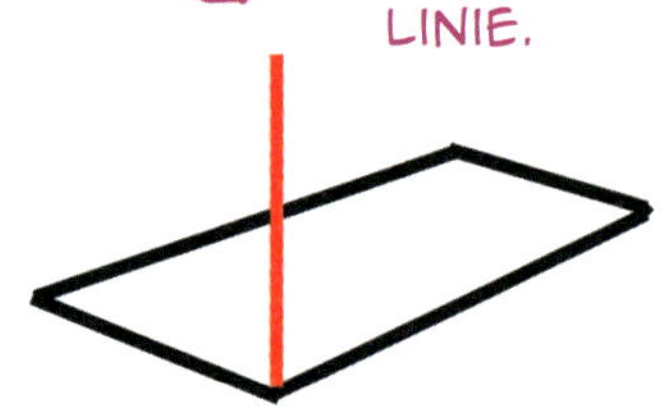

5 ZEICHNE DREI WEITERE AUF DIESE WEISE:

2. LINIE. ETWAS KÜRZER, NACH LINKS GENEIGT

4. LINIE. KÜRZESTE, LEICHT NACH RECHTS GENEIGT

3. LINIE. NOCH KÜRZER, NACH RECHTS GENEIGT

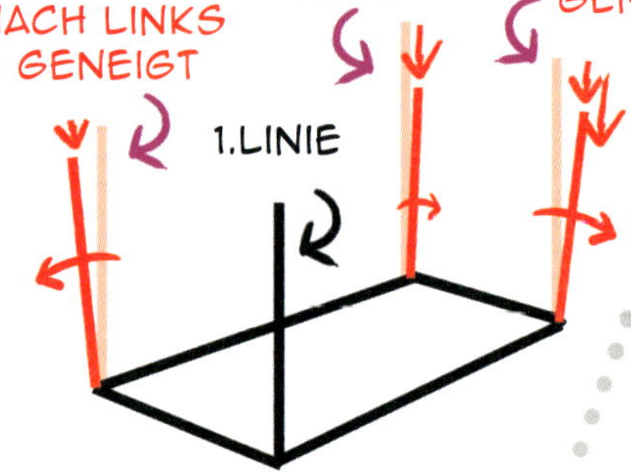

6 VERBINDE SIE UND DU BIST FERTIG!

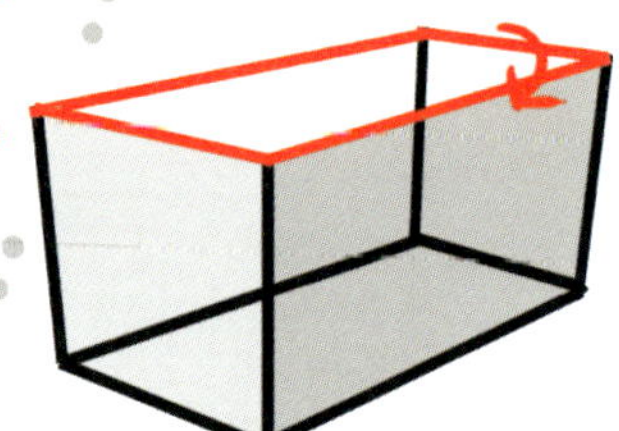

DAS RESULTAT **IST PERSPEKTIVISCH NICHT** ABSOLUT KORREKT, ABER DAS IST NICHT SCHLIMM. WIR NUTZEN DIE BOX NUR ALS **GROBES HILFSMITTEL.**

TUTORIAL #41

EINE RASTERBOX HILFT DIR, DIR DIE DIMENSIONEN **INSTINKTIV** VORZUSTELLEN, STATT **ANALYTISCH.**

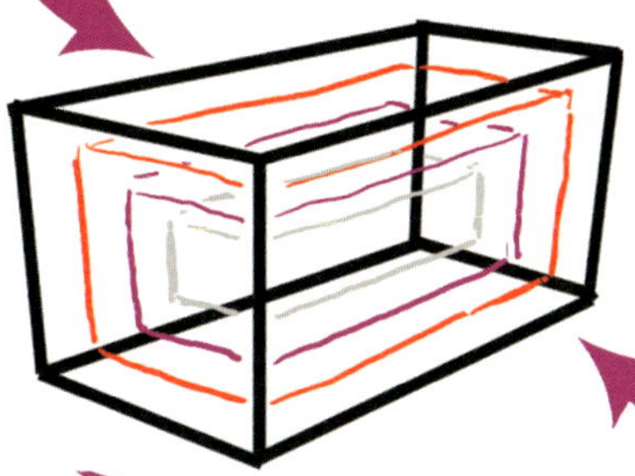

ZEICHNE EINMAL GROB EINE KLEINERE BOX IN DEINE BOX, UND DA HINEIN WIEDER EINE KLEINERE, UND SO WEITER.

MACH DEINEM GEHIRN KLAR, WIE FORMEN IN EINEM RAUM **KLEINER** WERDEN.

1. SKIZZIERE **WAHLLOS FORMEN** IN DEINER BOX.

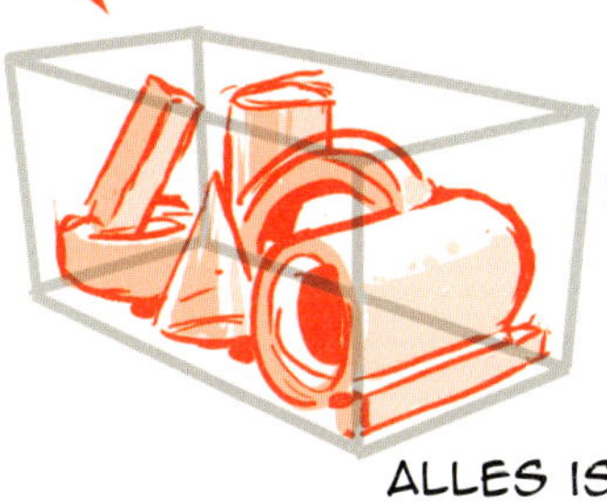

2. VERFEINERE SIE.

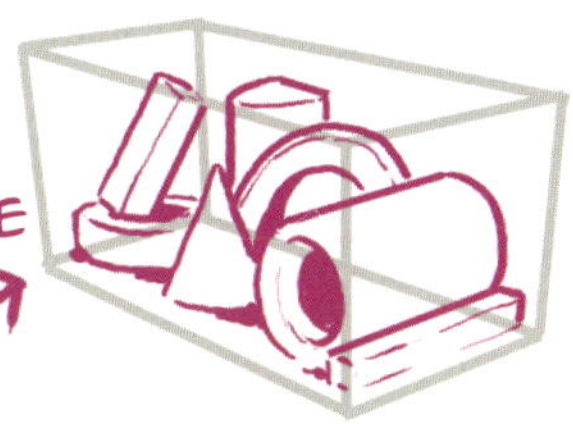

3. FÜGE DETAILS ZU.

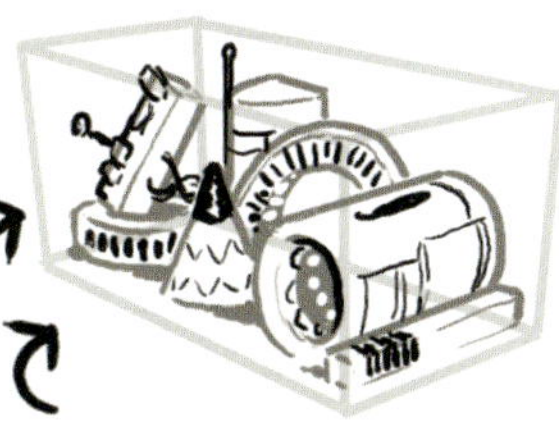

ALLES IST PERSPEKTIVISCH RICHTIG.

WENN DU **INNERHALB** DER BOX ENTWIRFST, FÜLLE ZUERST DEN RAUM MIT DEN **HAUPTFORMEN,** WIE VORHER BEI DEN ANDEREN FORMEN.

1. HALTE ES SCHLICHT.

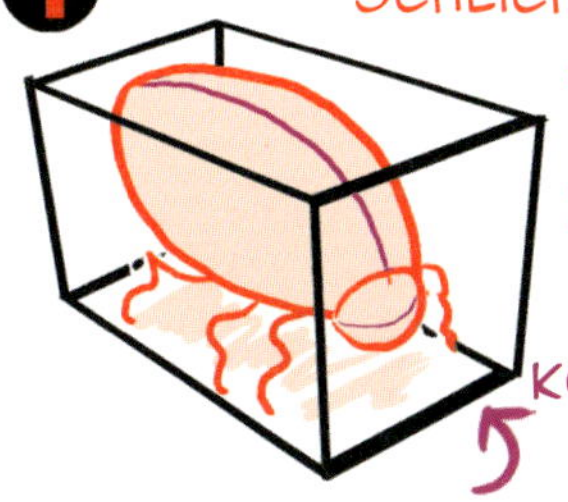

2. IN DIESEM STADIUM HELFEN KONTURLINIEN.

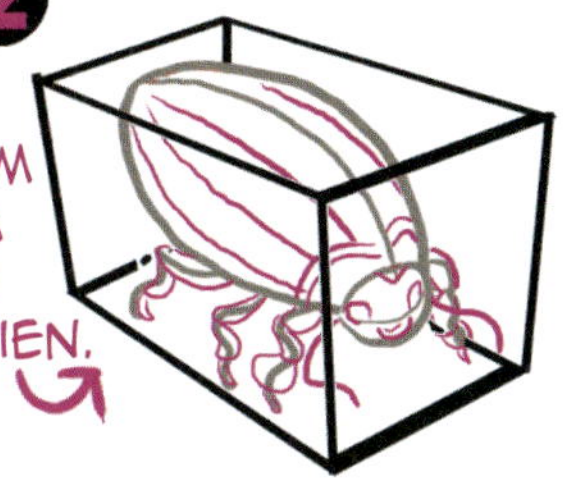

DETAILS FOLGEN DEN HAUPTFORMEN

AUCH EIN SEHR EINFACHES DESIGN WIRD SEHR PLASTISCH UND DADURCH **REALISTISCHER.**

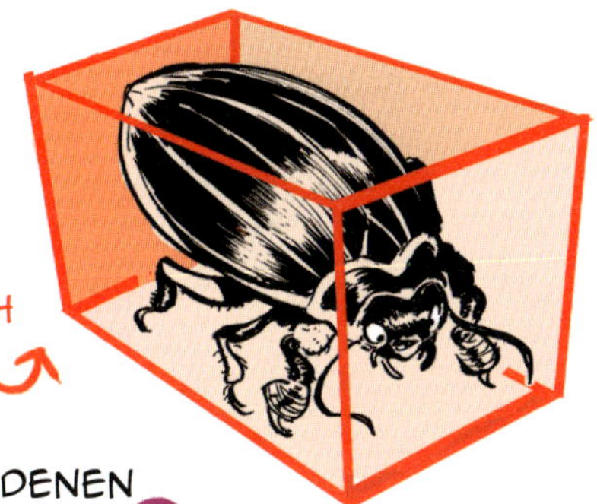

BOXEN IN VERSCHIEDENEN **FORMEN UND BLICKWINKELN** FOLGEN ALLE **DENSELBEN REGELN.**

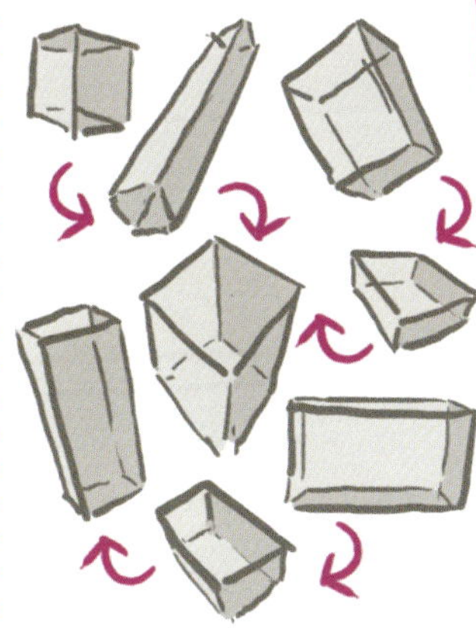

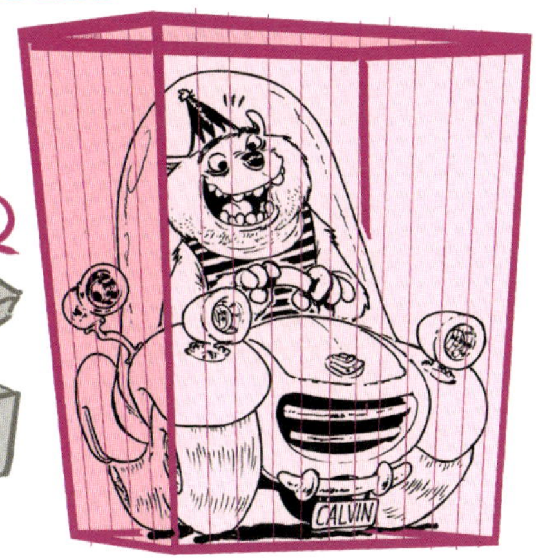

WIR WERDEN UNS IN **SPÄTEREN TUTORIALS** NOCH ANDEREN ANSÄTZEN ZUM **PERSPEKTIVISCHEN ZEICHNEN** WIDMEN!

DER HORIZONT

DER HORIZONT IST DIE LINIE, AN DER SICH **ERDOBERFLÄCHE** UND HIMMEL ZU **BERÜHREN SCHEINEN.**

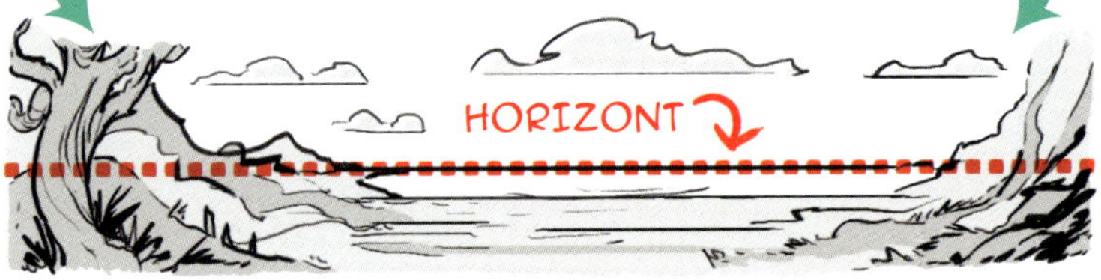

AB DER HORIZONTLINIE **WIRD** ALLES **GRÖSSER,** JE **NÄHER** ES DEM BETRACHTER KOMMT.

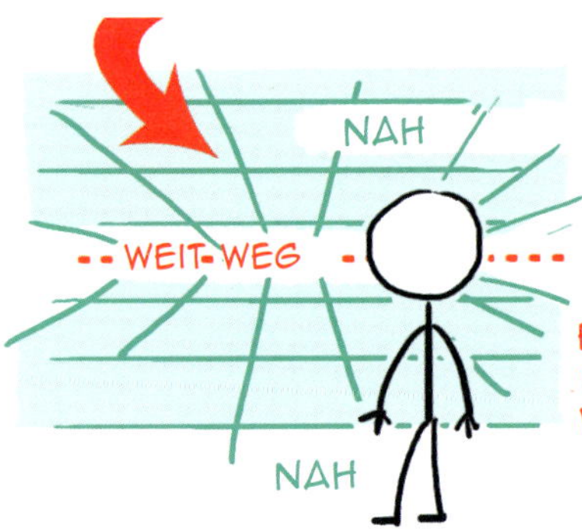

DAS **GEGENTEIL** GILT FÜR **UNSEREN BLICKWINKEL.**

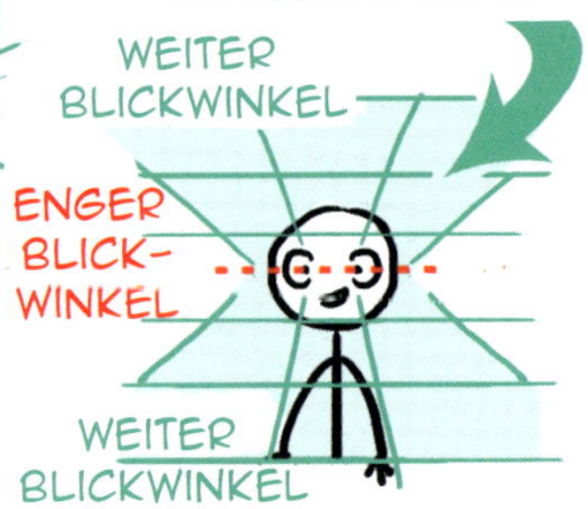

ZEICHNETE MAN FLUCHTLINIEN **ZU BEIDEN ENDEN** DES **HORIZONTS,** WÜRDE DAS SO AUSSEHEN.

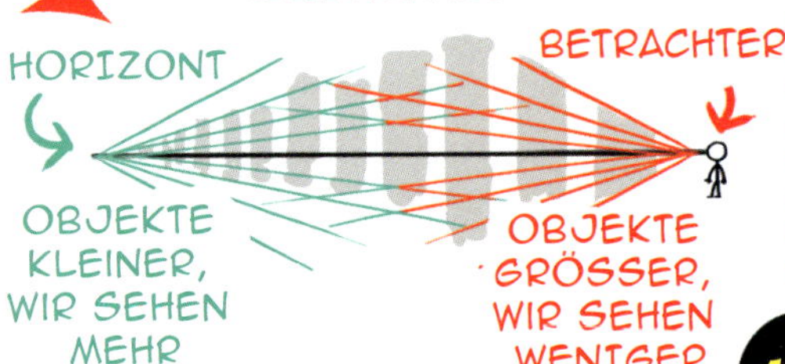

DA DER HORIZONT SELBST SICH **NIE BEWEGT,** IST ES VERLOCKEND, IHN IMMER **GENAU IN DIE MITTE** ZU ZEICHNEN.

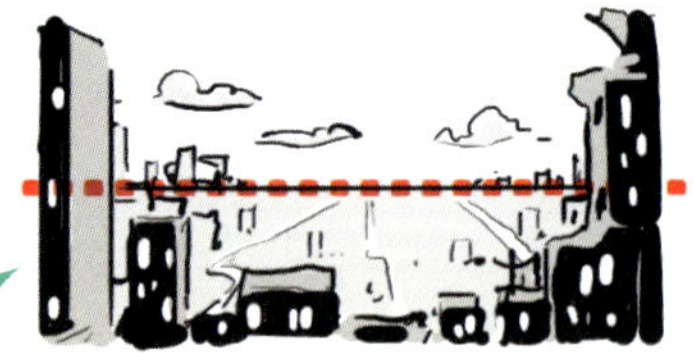

IN DER **KUNST** SEHEN WIR DEN HORIZONT ABER MEIST **ANDERS,** ALS WIR IHN IN WIRKLICHKEIT SEHEN!

IM WAHREN LEBEN VERÄNDERT SICH DIE **LAGE** DES HORIZONTS EIGENTLICH NUR, WENN WIR UNS IN GROSSE HÖHE ODER **TIEFE BEGEBEN.**

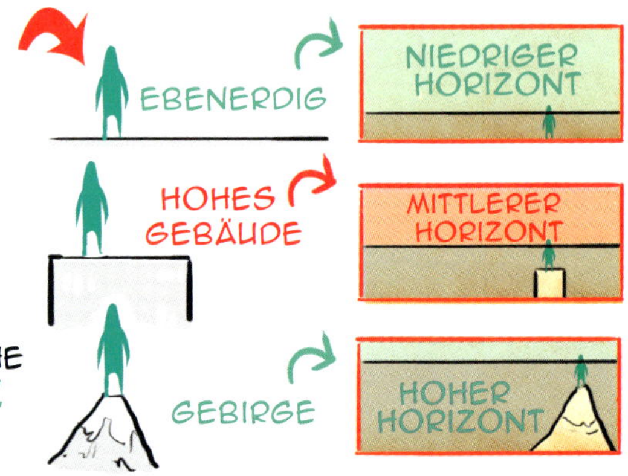

DURCH DEN ERHABENEN BLICKWINKEL KÖNNEN WIR MEHR VON DER ERDOBERFLÄCHE SEHEN.

IM WAHREN LEBEN SEHEN WIR DEN HORIZONT IMMER AUS DEMSELBEN BLICKWINKEL: **AUS AUGENHÖHE.** ABER IN DER KUNST KÖNNEN WIR DEN BLICKWINKEL UNSERES PROTAGONISTEN **IGNORIEREN** UND MIT DEM HORIZONT EINE STIMMUNG ERZEUGEN!

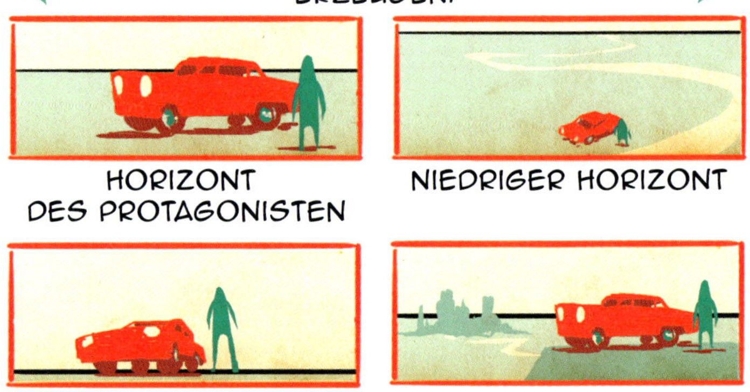

HORIZONT DES PROTAGONISTEN

NIEDRIGER HORIZONT

HOHER HORIZONT: BEDEUTUNGSLOSIGKEIT

MITTLERER HORIZONT: AUSGEWOGEN / NACHDENKLICH

TUTORIAL #42

DER **GRÖSSTE UNTERSCHIED** ZWISCHEN UNSEREM BLICK AUF DEN HORIZONT IN DER KUNST UND IN DER REALITÄT IST, WIE ER **GERAHMT** IST.

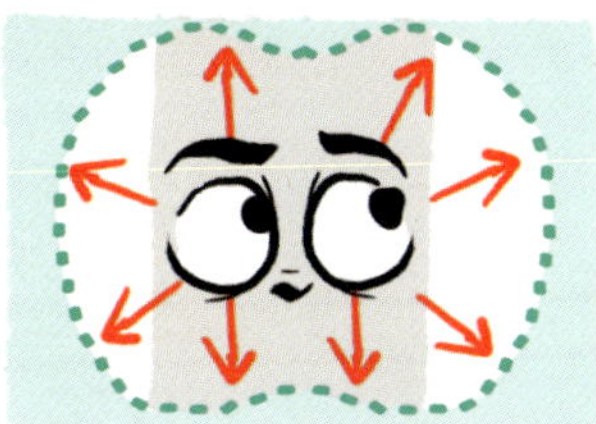

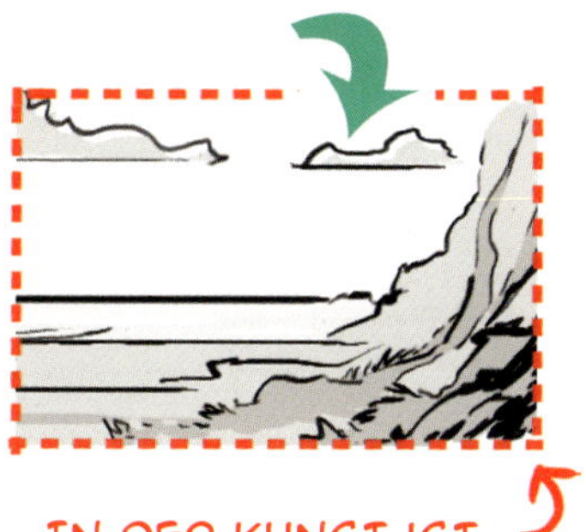

DER BLICK AUS UNSEREN AUGEN **HAT** EINE GRENZE, DIE WIR ABER NUR SCHWER VOLLSTÄNDIG ERFASSEN.

IN DER KUNST IST UNSERE SICHT NORMALERWEISE DEUTLICH EINGEGRENZT.

DIE RÄNDER DEINES BILDS SIND EIN **RAHMEN,** DER DIE SICHT DES BETRACHTERS **EINGRENZT.**

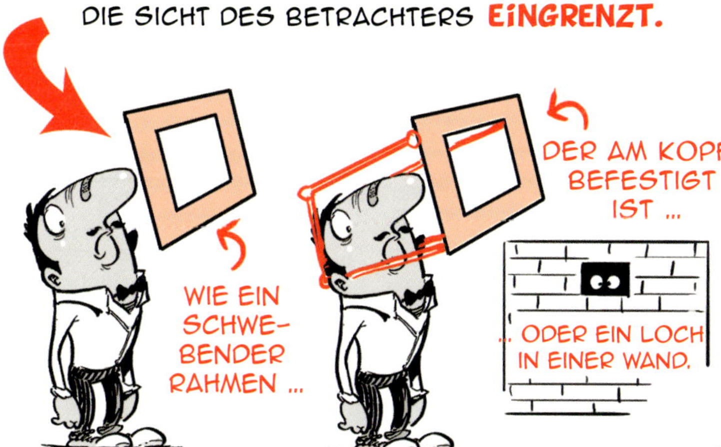

DER RAHMEN HAT AUCH **KOMPOSITORISCHEN** EINFLUSS DARAUF, WIE WIR DEN **RAUM** MIT DEM HORIZONT **UNTERTEILEN.**

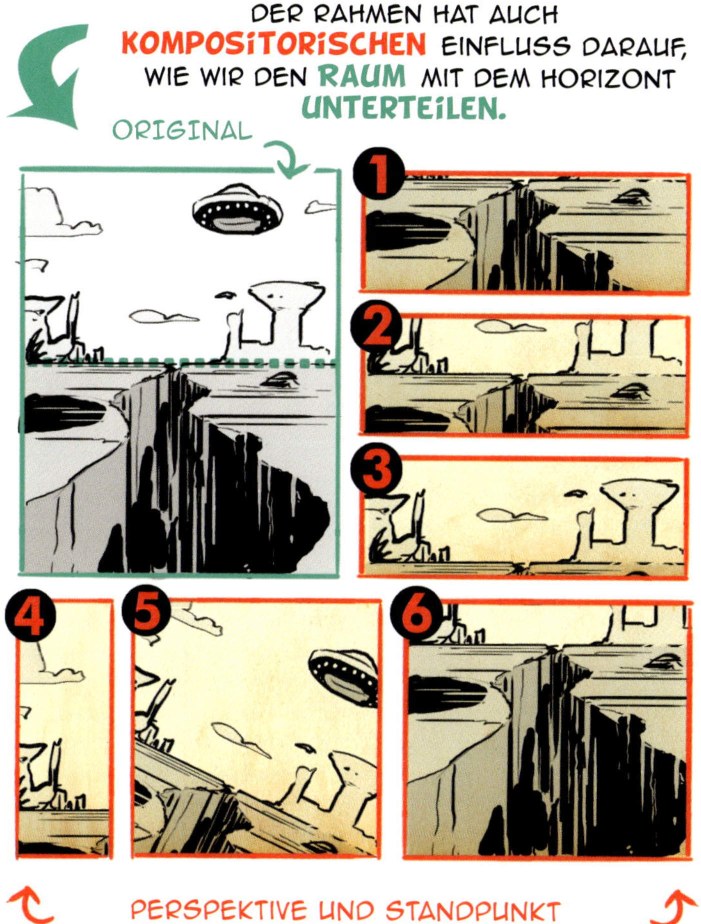

PERSPEKTIVE UND STANDPUNKT DES BETRACHTERS BLEIBEN GLEICH, NUR DER RAHMEN ÄNDERT DIE LAGE DES HORIZONTS IM BILD.

DER **HORIZONT** WIRKT **ENTFERNTER,** DAS BILD **TIEFER,** WENN LINIEN UND FARBEN **AUSDÜNNEN.**

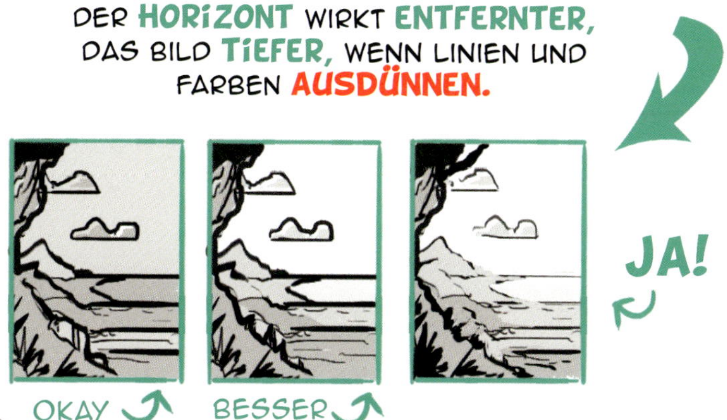

LOGOS INTEGRIEREN

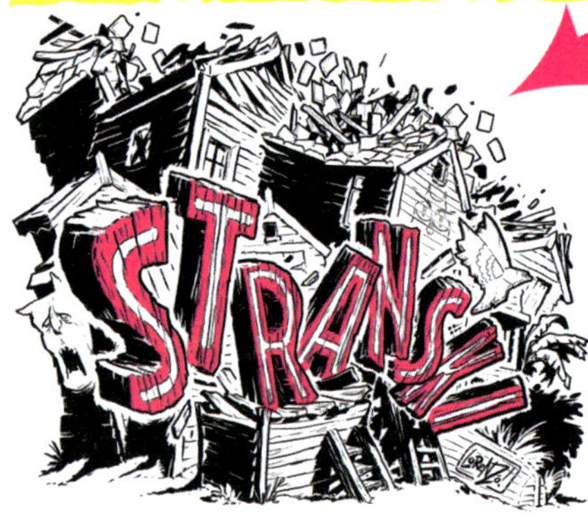

UM EIN **LOGO** HARMONISCH IN DAS KUNSTWERK ZU INTEGRIEREN, MUSST DU ES VON **BEGINN** AN **EINPLANEN**, NICHT ERST AM ENDE EINFÜGEN.

UM DIR BEI DER GROBEN SKIZZE ZU HELFEN, HIER DIE …

TOP SECHS-TIPPS, UM DEIN LOGO UND DEIN BILD ZU VERBINDEN!

1 LASS DAS BILD RUHIG **INS LOGO** RAGEN.

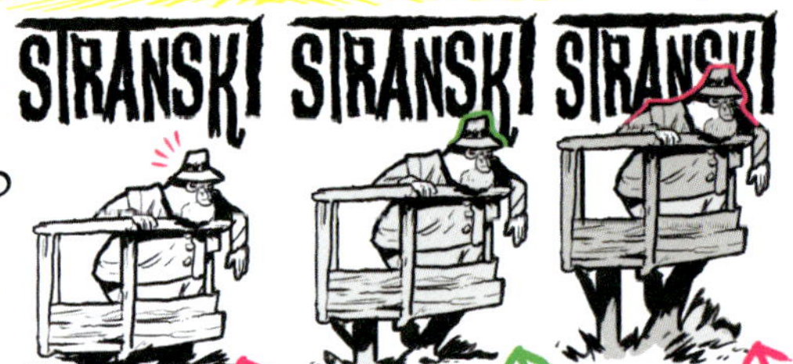

OKAY – BESSER – JA!

2 **SCHRIFT, KUNSTSTIL** UND **GENRE** DER **GESCHICHTE** SOLLTEN ZUSAMMENPASSEN.

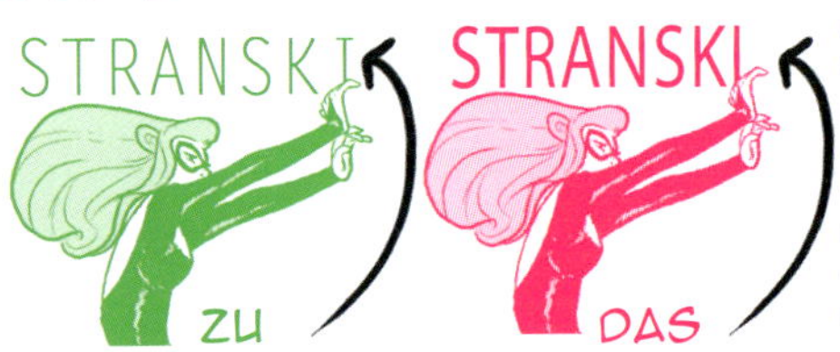

ZU FEIN + MODERN – DAS PASST BESSER

3 IM ZENTRUM DES LOGOS STEHT EIN **AUFFÄLLIGES, EINFACHES DESIGN.** SO LÄSST ES SICH **UNENDLICH ANPASSEN!**

WENN DEIN LOGO MIT EINER **GRUNDFARBE** AUSKOMMT …

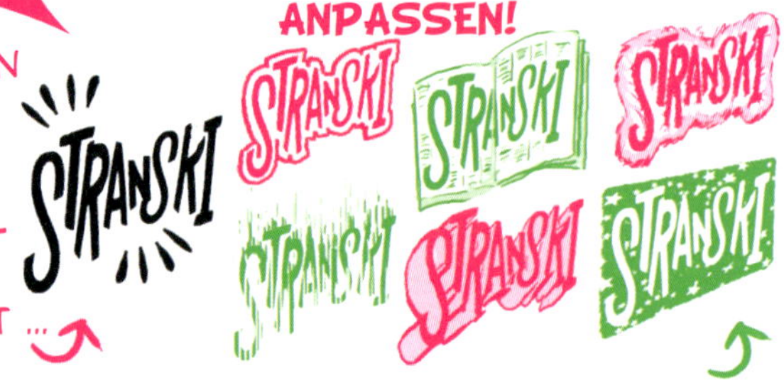

… KANNST DU **ALLES** DAMIT MACHEN!

4 SCHENK DEINEM LOGO **MINDESTENS 20%** DES **BLATTS**, ODER AUCH WESENTLICH MEHR!

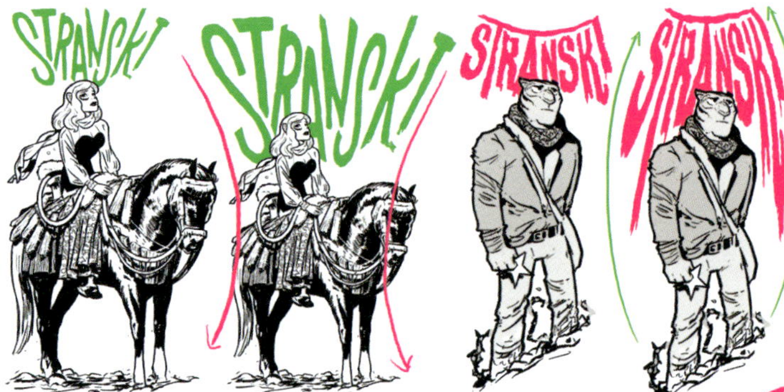

OKAY – KNALLIGER – OKAY – JAUCHZ!

5 PASSE DEIN LOGO DER PERSPEKTIVE DES BILDS AN.

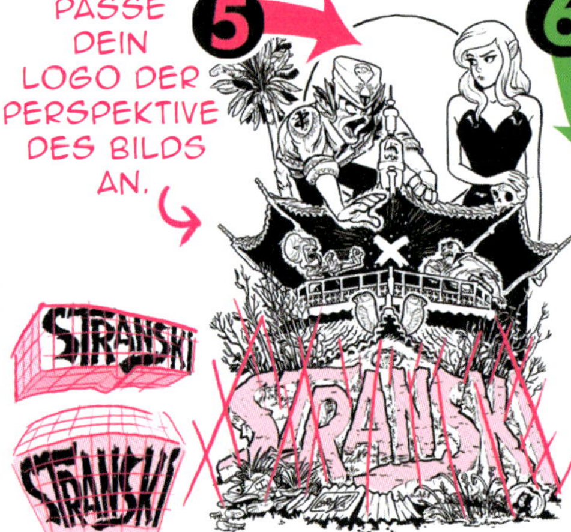

6 NUTZE DEN RAUM **KREATIV** FÜR DEIN LOGO.

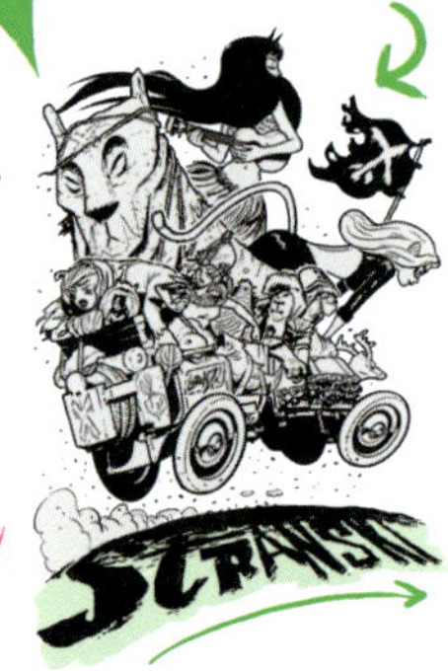

TUTORIAL #43

HANDGEMALTE BESCHRIFTUNGEN HELFEN, DEN STIL DES LOGOS ZU ERHALTEN. WENN DU ABER KEINE ÜBUNG IM LETTERING HAST, ÜBE DAS ANPASSEN VON **FONTS.**

Lorem ipsum

DIESE ÜBUNG KANN DIR HELFEN:

1 FINDE EIN PAAR SCHRIFTARTEN, DIE ZU DEINEM STIL PASSEN.

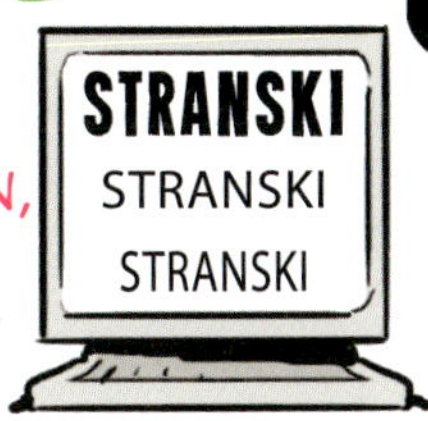

2 DRUCK SIE **SEHR HELL** AUS UND VARIIERE SIE MIT TINTE.

SECHS TECHNIKEN ZUM AUSPROBIEREN:

1 IN **ÖL:**

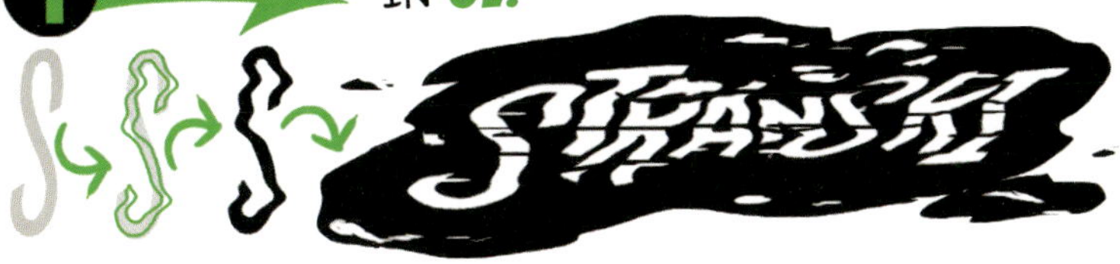

2 IN **STEIN** GEMEISSELT:

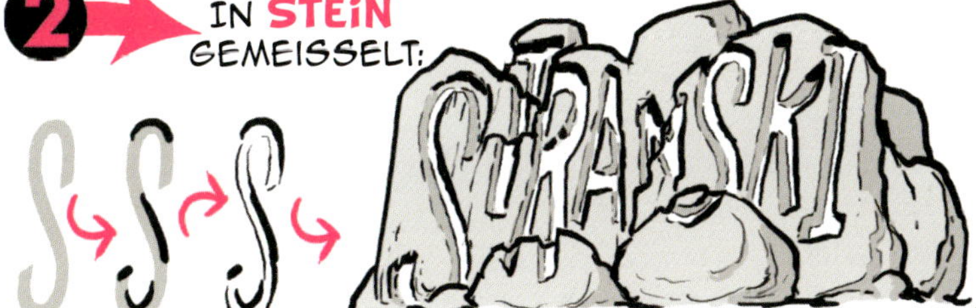

3 IN **FLAMMEN:**

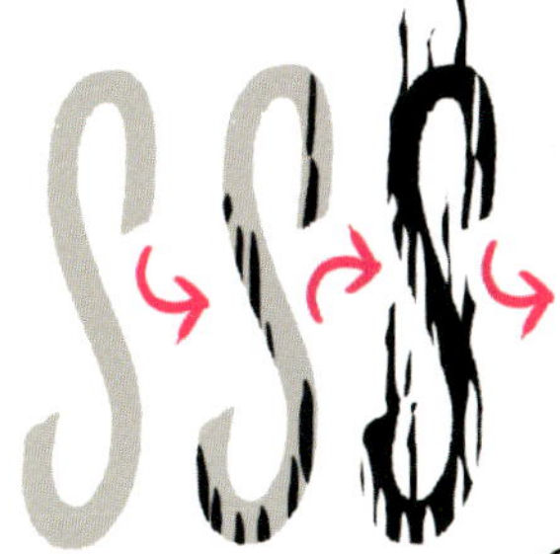

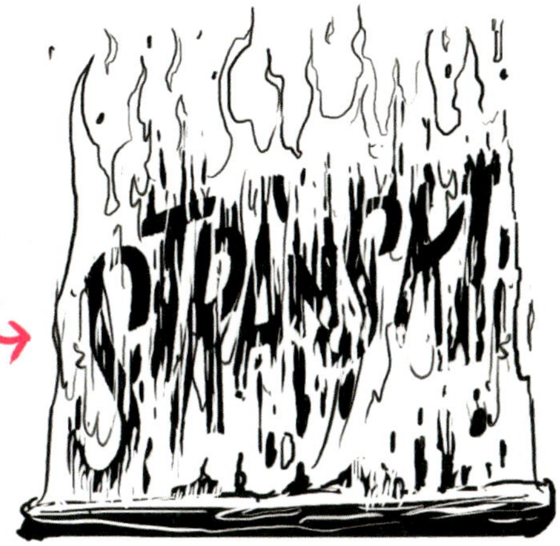

4 AUF **STEINPLATTEN:**

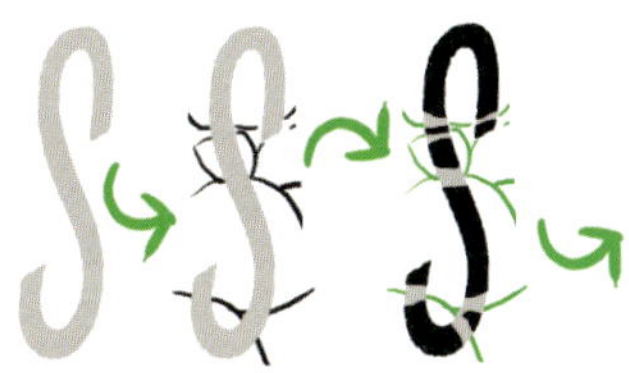

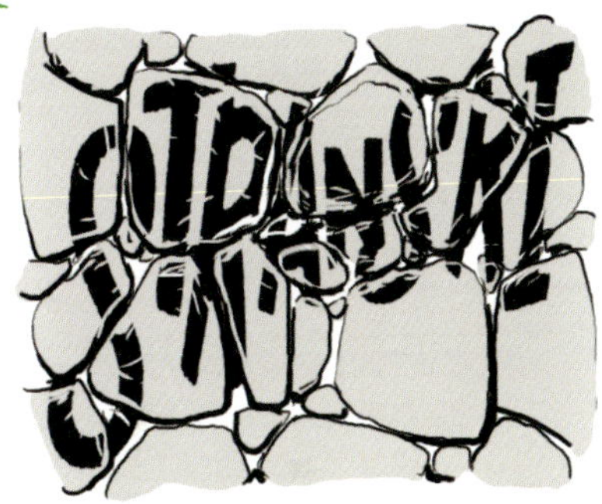

5 AUF **STOFF:**

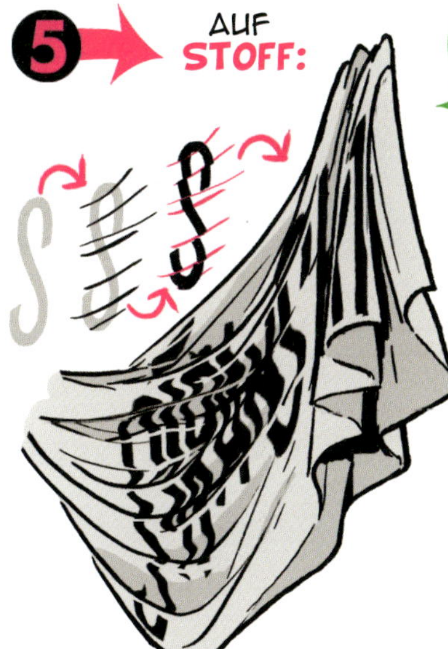

6 NASSE **FARBE:**

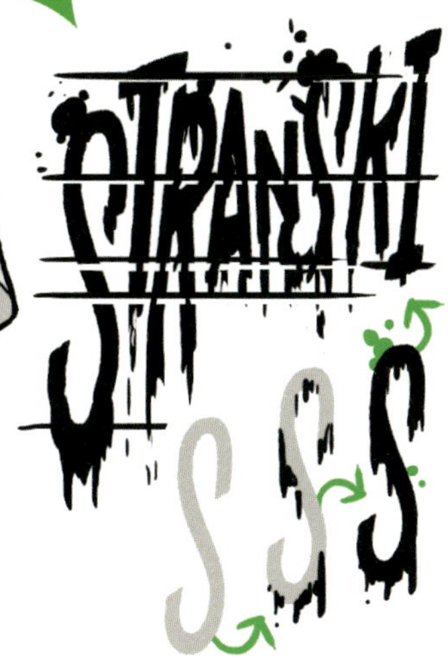

NEGATIVER RAUM

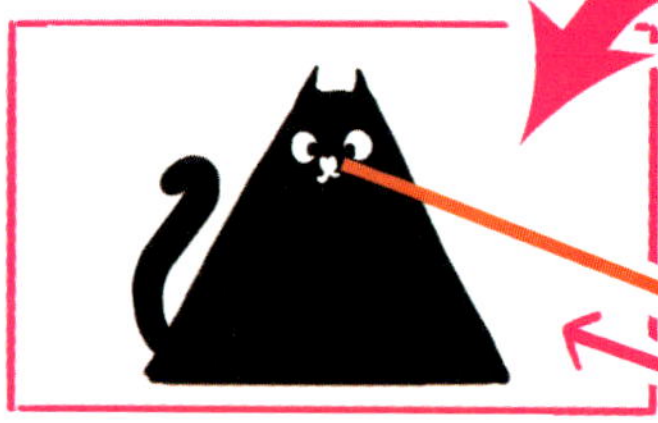

NEGATIVER RAUM IST DER RAUM **UM UND ZWISCHEN** DEINEM MOTIV.

MOTIV

NEGATIVER RAUM

NEGATIVER RAUM IST WICHTIG, DA ER UNSEREM GEHIRN ERLAUBT, UNTERSCHIEDLICHE FORMEN ZU **ERKENNEN** UND ZU **VERSTEHEN.**

DESHALB IST **DAS** HIER SCHWERER ZU LESEN ...

I'M ADDICTED TO MAKING FREE TUTORIALS BECAUSE IT MAKES ME FEEL SO GOOOOOOOOOOOOOOOOOD!

... ALS **DAS!**

I'M ADDICTED TO MAKING FREE TUTORIALS BECAUSE IT MAKES ME FEEL SO GOOOOOOOOOOOOOOOOOD!

DAS AUGE BRAUCHT DEN **PLATZ** UM DIE WÖRTER, UM SIE ZU **ERKENNEN.**

DAS HAT NICHT NUR MIT DER **MENGE** AN RAUM ZU TUN, SONDERN AUCH MIT DEN **VERSCHIEDENEN FORMEN** IN DIESEM RAUM.

DAS LIEST SICH **GUT** ...

LASST UNS PIZZA KAUFEN!

ABER HIER IST JEDES WORT **SCHNELLER** ERKENNBAR!

Lasst uns Pizza kaufen!

NEGATIVER RAUM IST IM GRUNDE EINE **ZUTAT ZUR KOMPOSITION,** DIE WIR **OPTIMAL** EINSETZEN KÖNNEN, WENN WIR WISSEN, WAS SIE TUT.

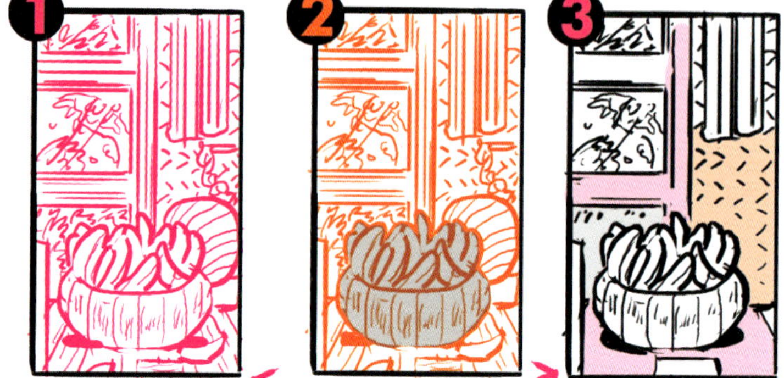

1 SEHR UNRUHIG, EINZELNE FORMEN GEHEN UNTER

2 LEGE FEST, WO DER FOKUS LIEGT.

3 UM DER FORM RAUM SCHAFFEN, VEREINFACHE DAS MUSTER.

NEGATIVEN RAUM NUTZEN HEISST ALSO IM GRUNDE NUR, UM DIE HAUPTFORMEN HERUM PLATZ LASSEN. DAS KÖNNEN WIR BEI **EINER FIGUR** GLEICH **MEHRFACH ANWENDEN.**

1

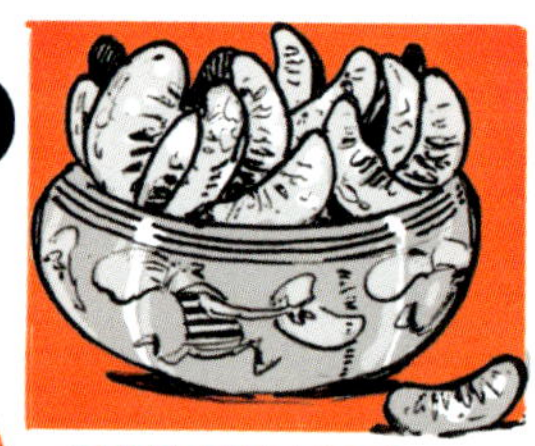

HAUPTRAUM UM DIE FORM

2

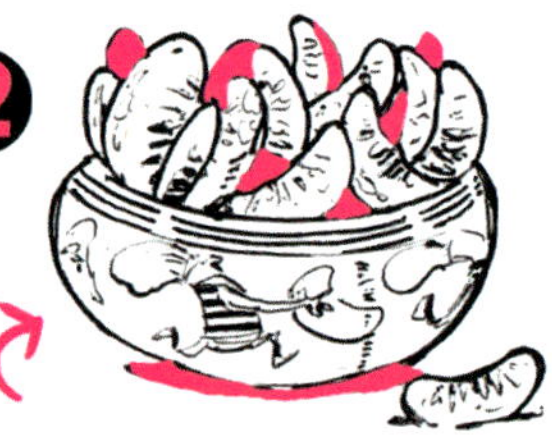

SCHATTEN – KLEINE BEREICHE NEGATIVEN RAUMS

3

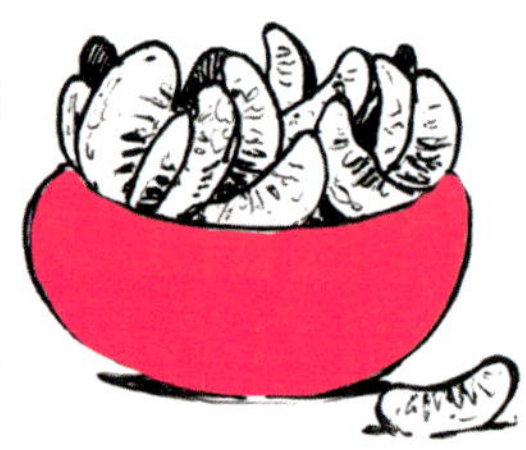

GROSSE, SCHLICHTE, GESCHLOSSENE FORMEN

4

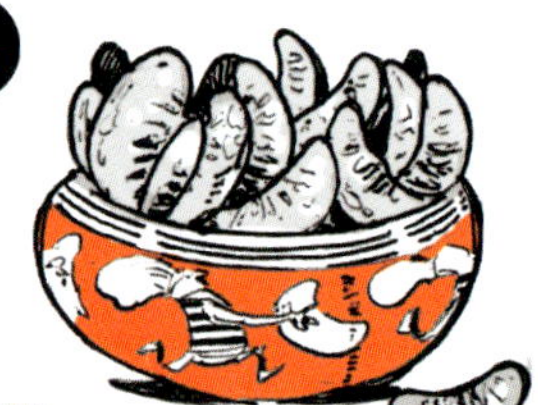

PLATZ INNERHALB DES MUSTERS

TUTORIAL #44

DU KANNST DIR NEGATIVEN RAUM WIE DAS **SCHWARZ** UM EINE **INVERSE SILHOUETTE** VORSTELLEN.

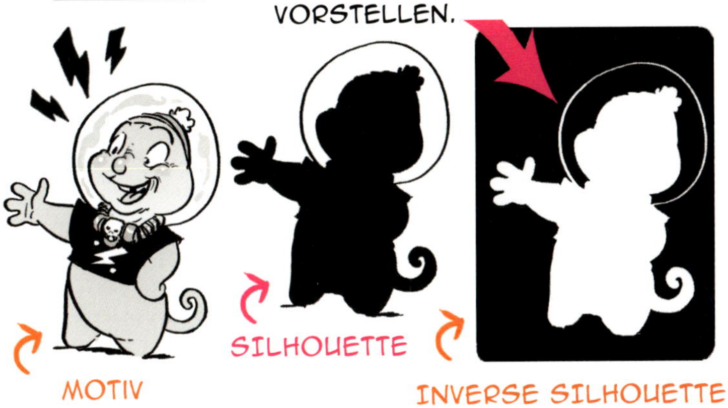

DU WEISST VERMUTLICH, DASS DU DEINEN FIGUREN POSEN GEBEN SOLLTEST, DIE ALS SILHOUETTE **GUT ERKENNBAR** SIND. ABER NEGATIVER RAUM IST AUCH UM **ALLES ANDERE** HERUM!

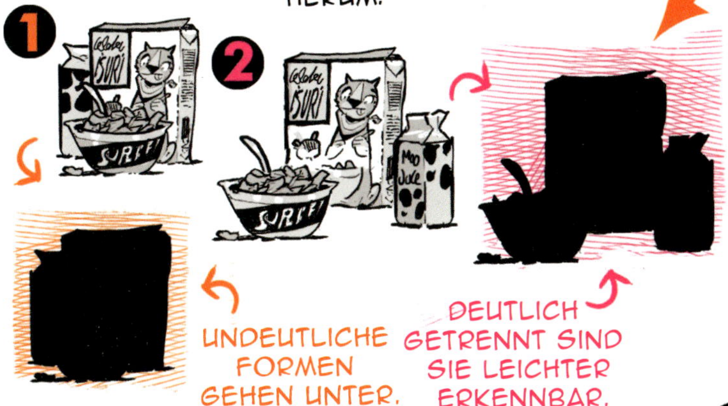

ES IST ABER NICHT NUR WICHTIG, FORMEN ZU TRENNEN, SONDERN AUCH SIE ZU **ÜBERLAPPEN,** UM DEN **NEGATIVEN RAUM** AUF INTERESSANTE WEISE **AUFZUTEILEN.**

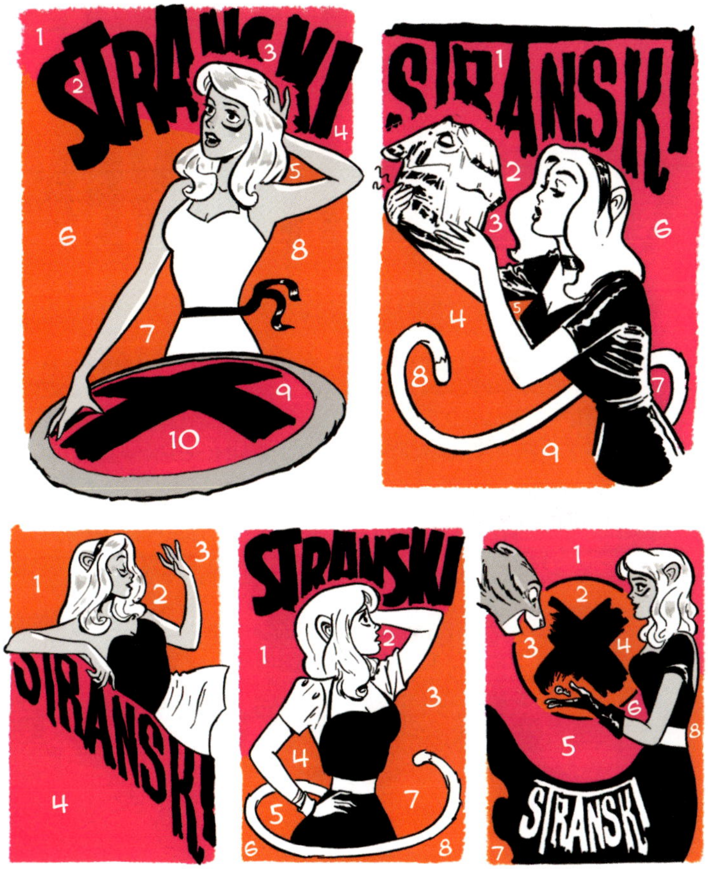

SO VIELE MÖGLICHKEITEN, DENSELBEN RAUM MIT DENSELBEN WENIGEN ZUTATEN AUFZUTEILEN!

NUTZE AUCH DIE **RÄNDER** DES BILDS, UM **FORMEN ABZUSCHNEIDEN** UND KRÄFTIGE, UNGEWÖHNLICHE BEREICHE NEGATIVEN RAUMS ZU SCHAFFEN!

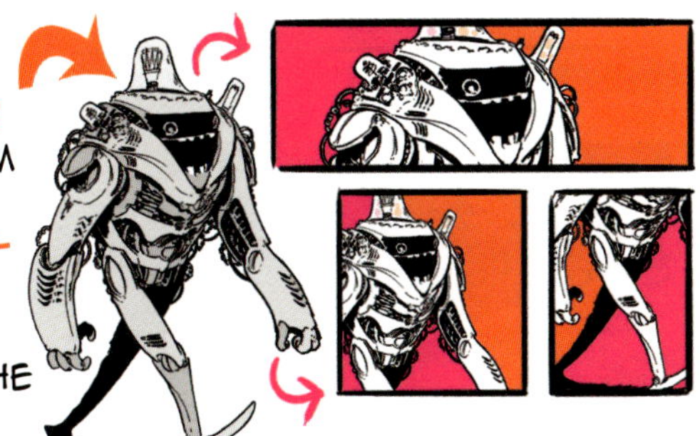

SCHATTEN-KOMPOSITIONEN

ZU SCHATTEN GIBT ES JEDE MENGE ZU SAGEN, ABER IN DIESEM TUTORIAL, KONZENTRIEREN WIR UNS DARAUF, WIE WIR **SCHATTEN** ALS **MÄCHTIGES MITTEL DER KOMPOSITION** IN UNSEREN LAYOUTS NUTZEN KÖNNEN.

HIER SIND **16 ANSÄTZE, DIE IMMER FUNKTIONIEREN!**

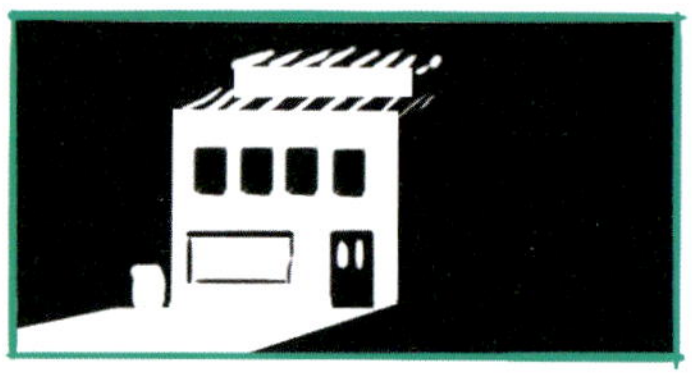
VERDUNKELTER HINTERGRUND

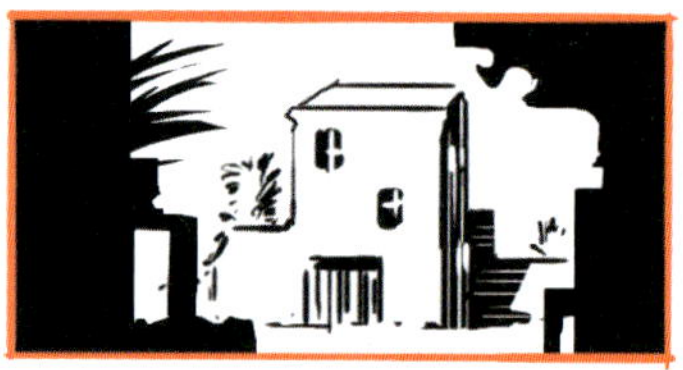
SEITLICHER SCHATTEN

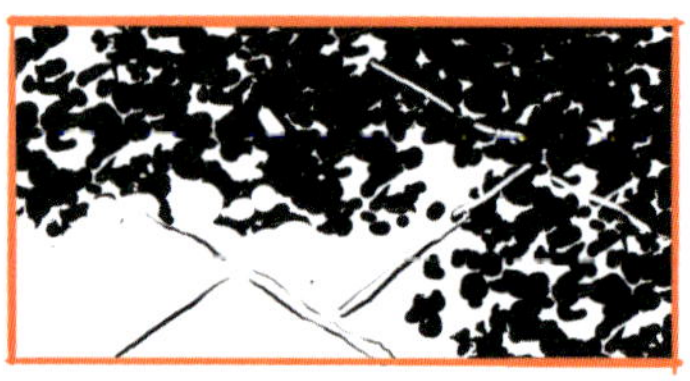
VERSTREUTE BLÄTTER

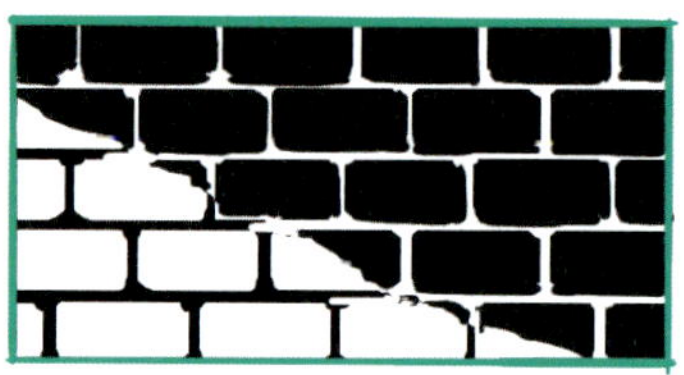
MAUERWERK INVERTIERT

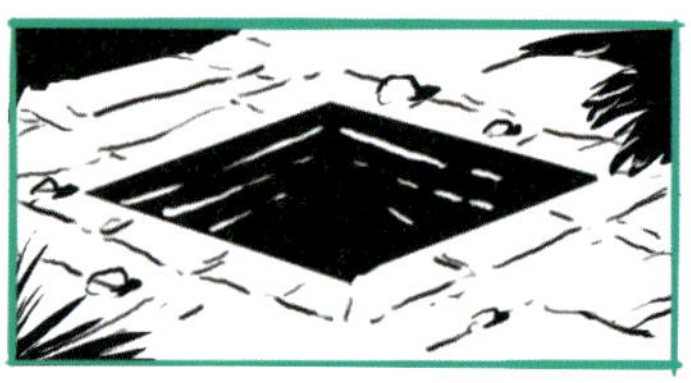
FOKUS LOCH/HOHLRAUM

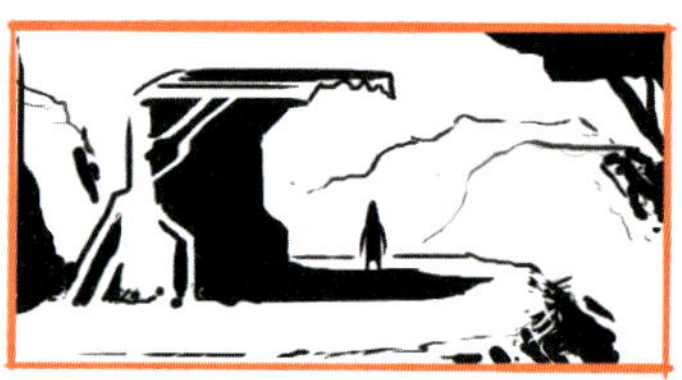
SCHATTEN/UNTERSTAND

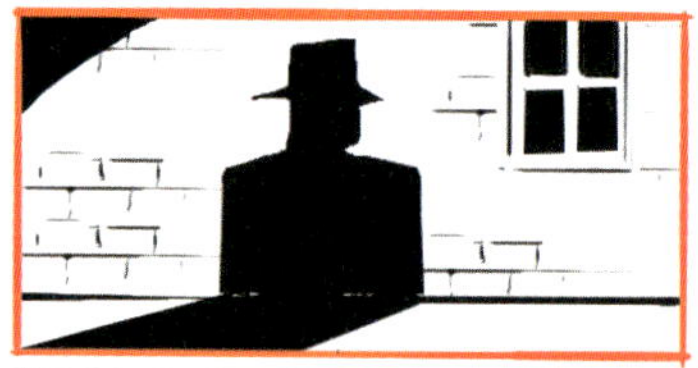
FIGUR AUSSERHALB BILD

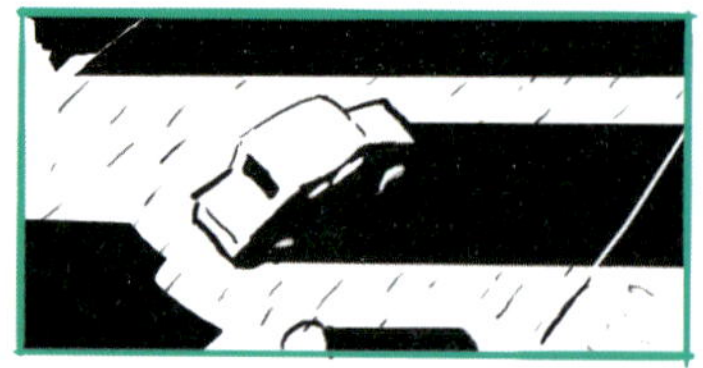
LANGE HORIZONTALEN

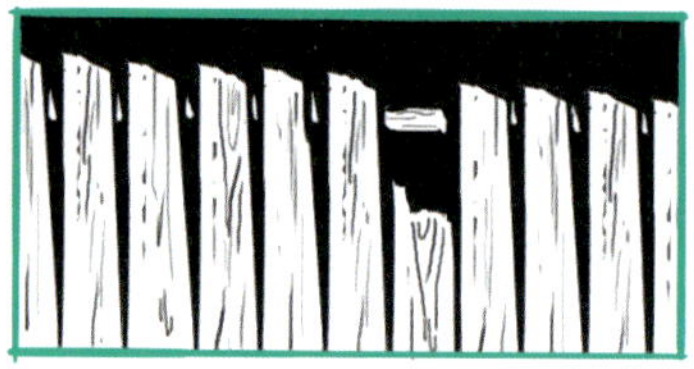
BRUCH IM SCHATTENMUSTER

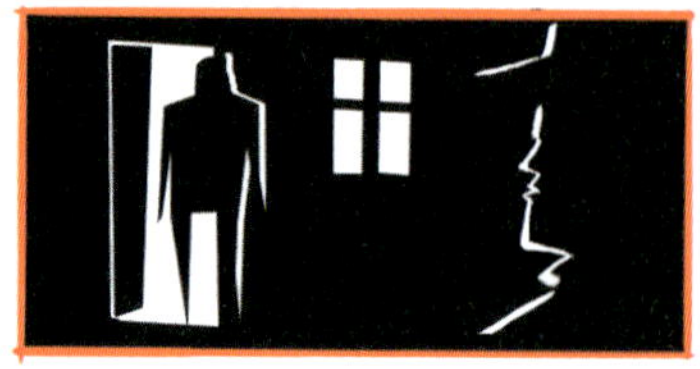
UMRISSBELEUCHTUNG

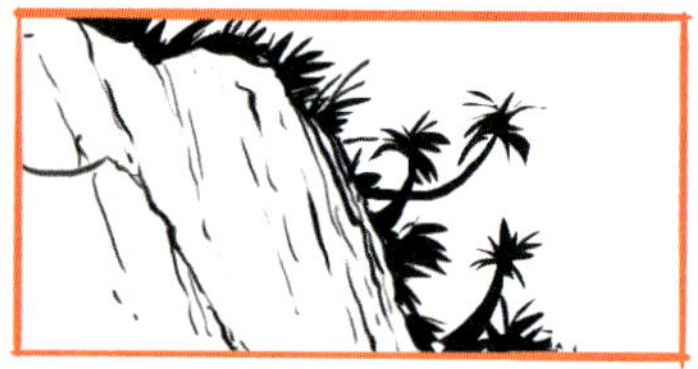
SILHOUETTEN IM HINTERGRUND

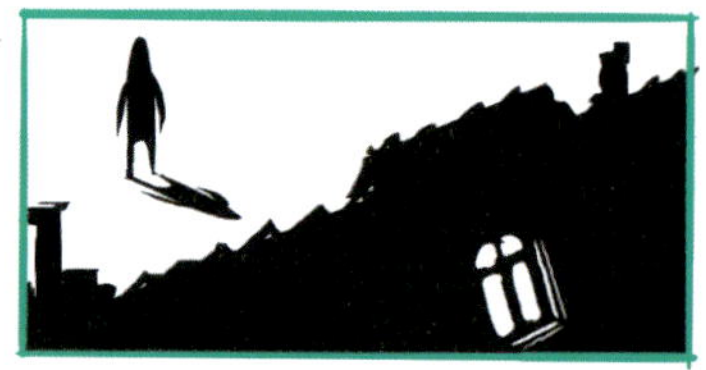
DIAGONALE UNTERTEILUNG

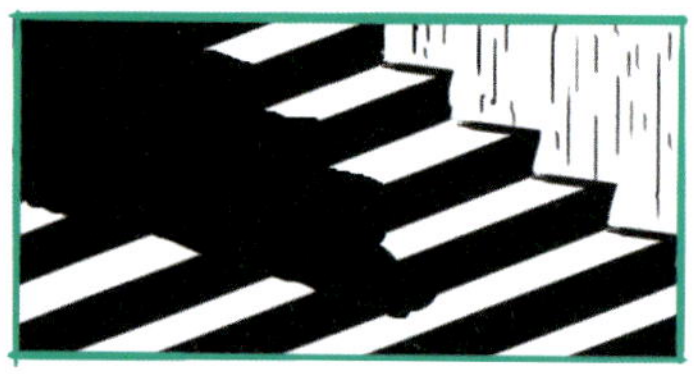
TREPPE (VON OBEN)

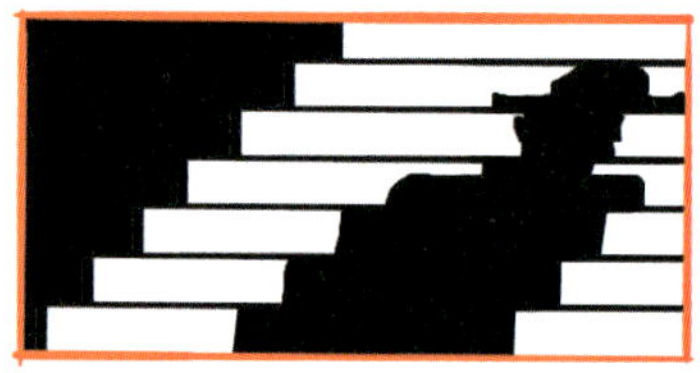
TREPPE (SEITLICH)

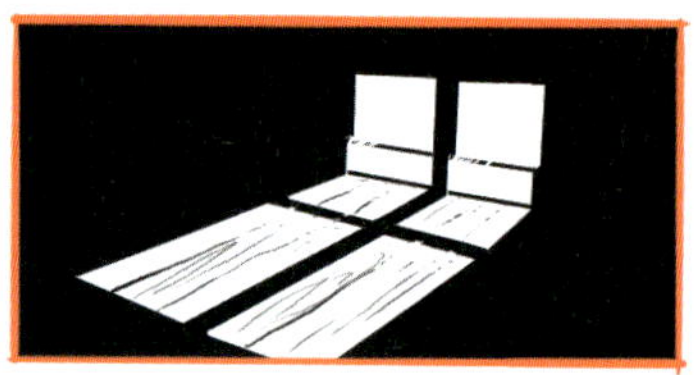
LICHT DURCH FENSTER

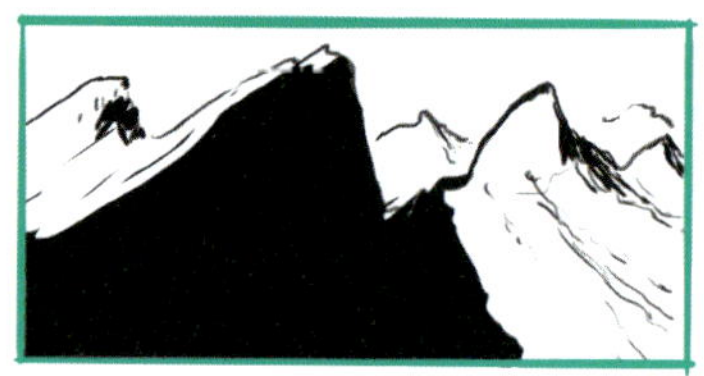
SCHATTEN AUF BERG

ES GIBT **ENDLOSE MÖGLICHKEITEN,** DIESE IDEEN ZU NUTZEN. SUCHE NACH MÖGLICHKEITEN, SCHATTEN ALS WICHTIGES OPTISCHES ELEMENT IM RAHMEN EINZUSETZEN.

TUTORIAL #45

WENN DU SCHATTEN ALS KERNELEMENT DEINER POSITION EINPLANST, KANNST DU NICHT NUR **ÜBERZEUGENDE GRAFISCHE LAYOUTS** SCHAFFEN, SONDERN AUCH KREATIVE WEGE FINDEN, DEN **RAUM AUFZUTEILEN UND AUFMERKSAMKEIT ZU LENKEN.**

SPIELE NICHT NUR MIT VERSCHIEDENEN **SCHATTENFORMEN,** SONDERN AUCH MIT DER ART, WIE SIE AUF **OBERFLÄCHEN** FALLEN.

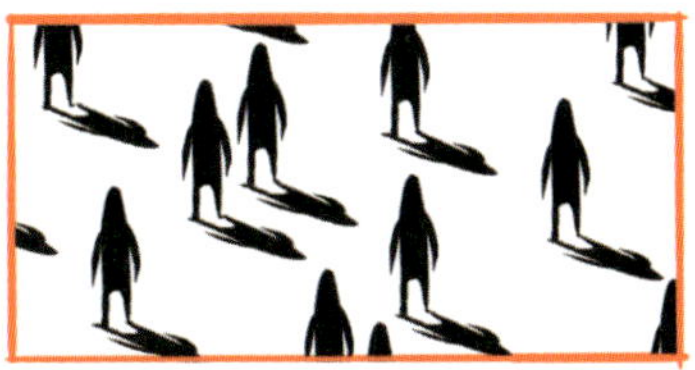

WIEDERHOLTE SCHATTEN

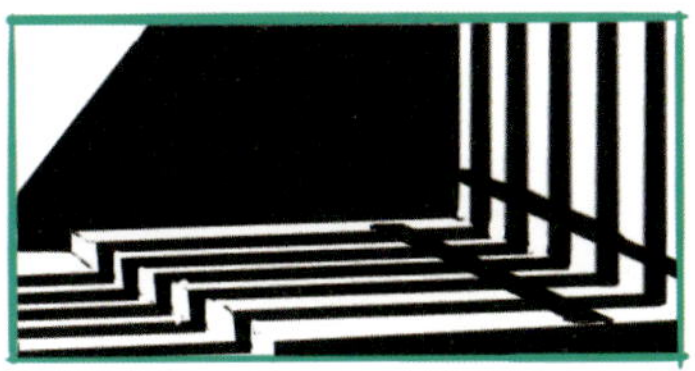

GELÄNDER/GITTER

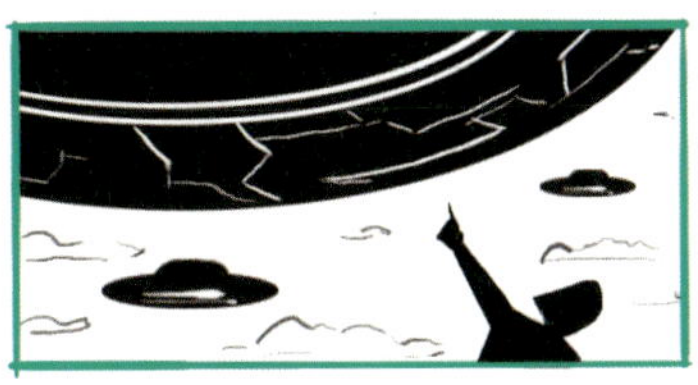

ÜBER KOPF

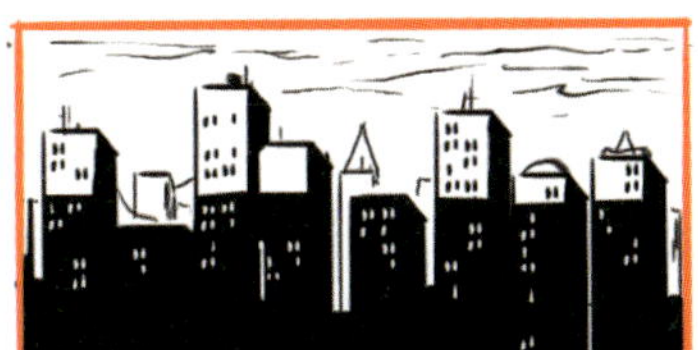

STADT BEI SONNENAUF/-UNTERGANG

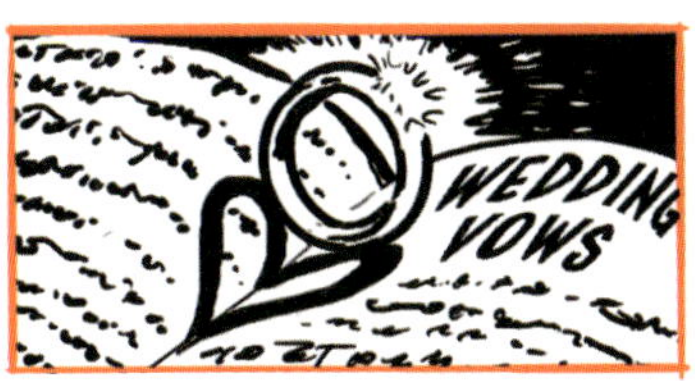

SYMBOLISCH

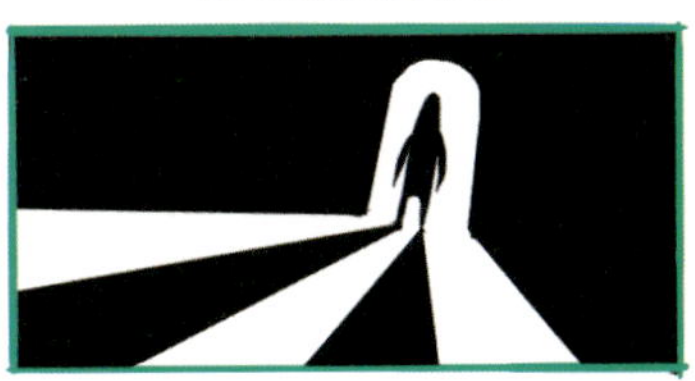

PERSPEKTIVISCH TIEF

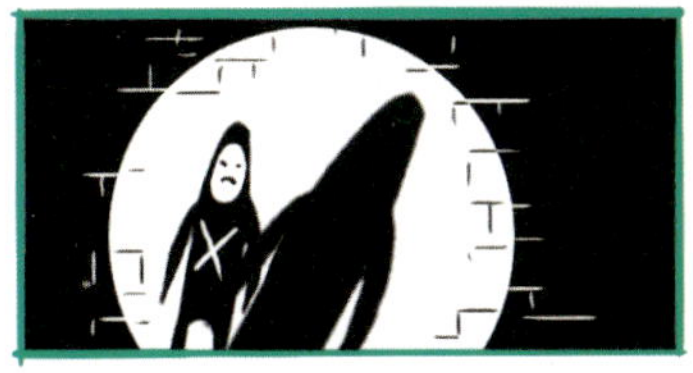

SCHLAGLICHT AUF WAND

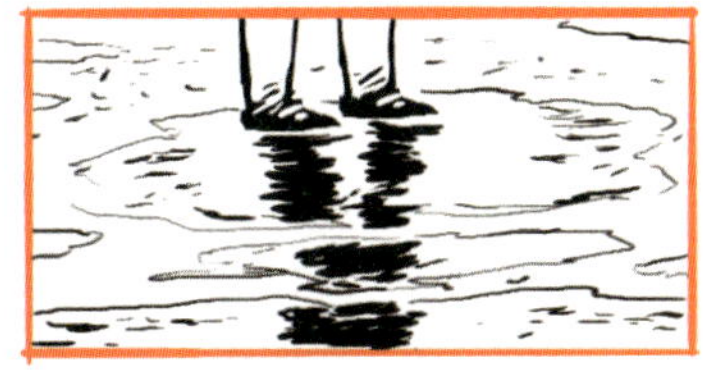

SPIEGELUNG ALS SCHATTEN

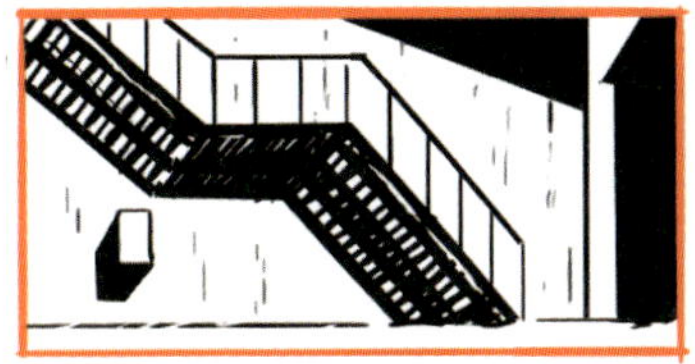

SCHATTEN NACH UNTEN

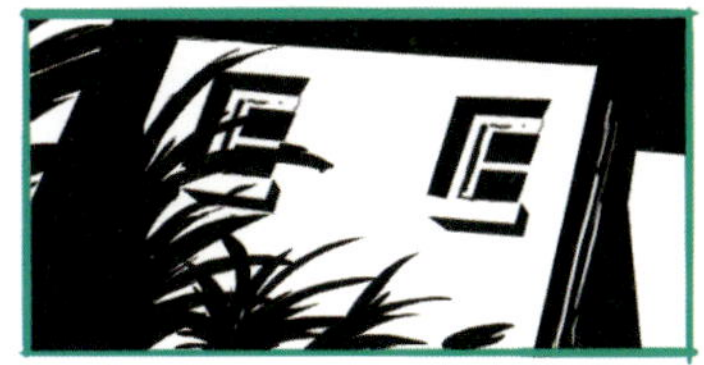

KONTRASTIERENDE FORMEN

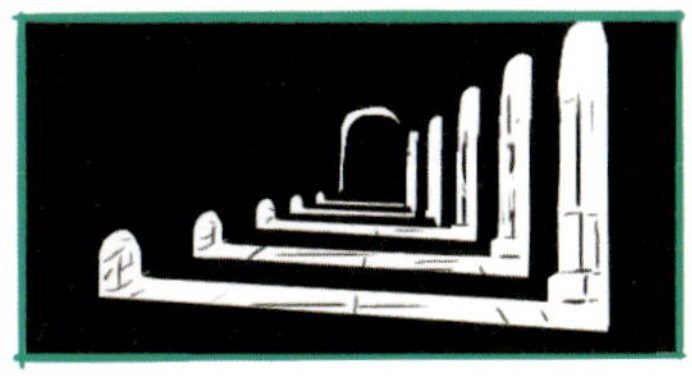

WIEDERHOLTE LICHTER

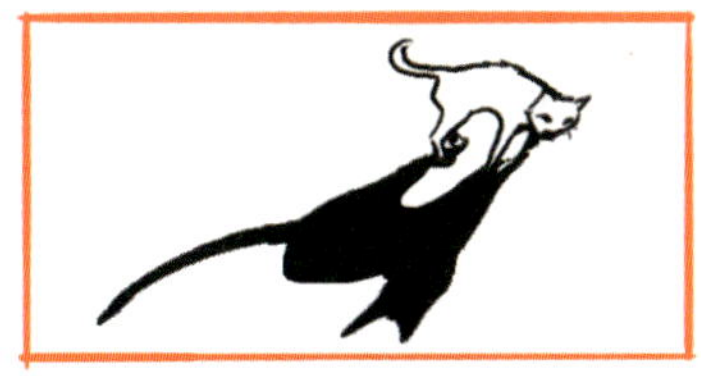

ÜBERTRIEBENER SCHATTEN

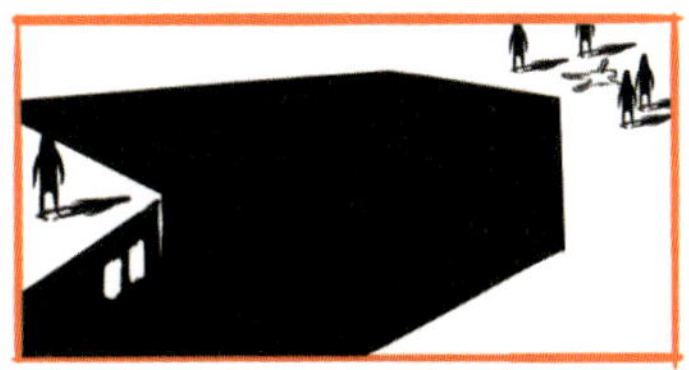

SCHATTEN WEIST RICHTUNG

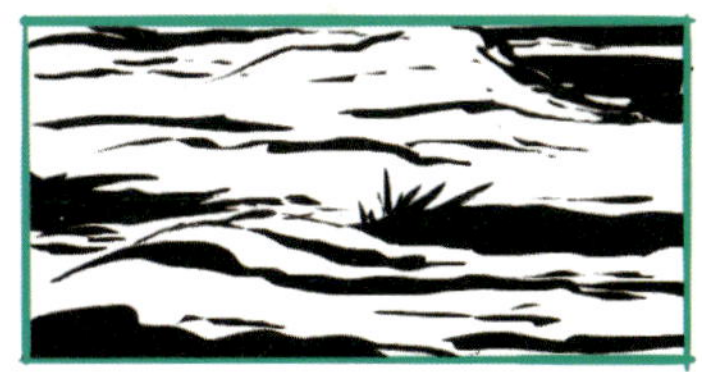

BESCHREIBT TERRAIN

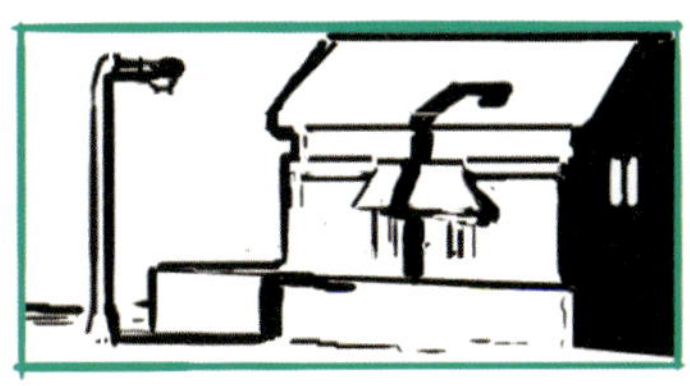

DURCHBRICHT FLÄCHE

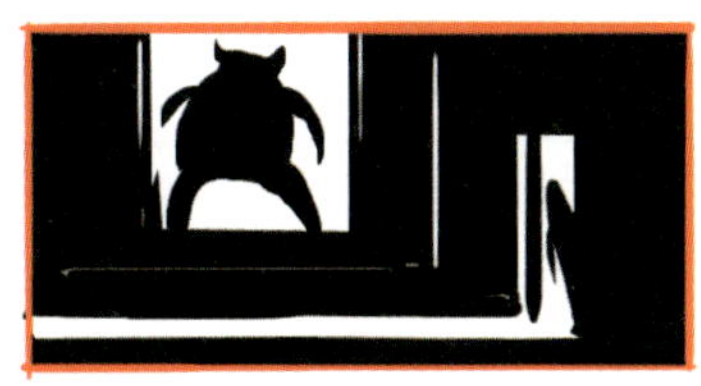

SILHOUETTE EINER FIGUR

MEHR WEGE, UM **SCHATTEN ZU ZEICHNEN UND DIE SZENE ZU BELEUCHTEN,** FINDEST DU IN **SPÄTEREN BÄNDEN!**

COMIC-COVER

BEIM ENTWURF VON **COMIC-COVERN** IST ES PRAKTISCH, EINE REIHE VON KONZEPTEN ZUR HAND ZU HABEN, DIE DU MISCHEN UND ANPASSEN KANNST. DESHALB HIER EINE AUSWAHL VON **ANREGUNGEN,** MIT DENEN DU HERUMSPIELEN KANNST, WENN DIR MAL IDEEN FEHLEN…

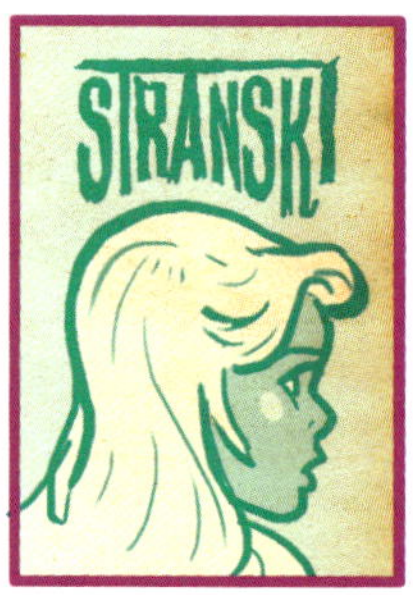
PROFILBILD

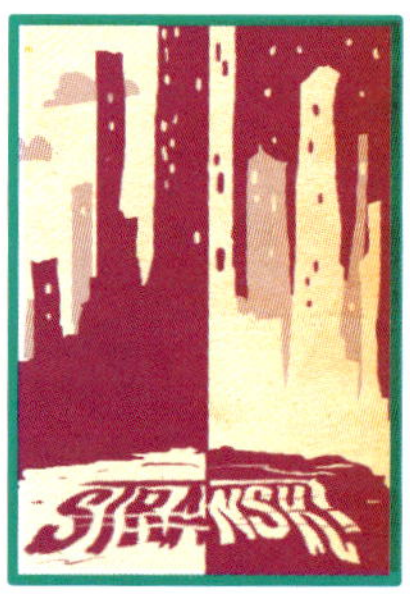
TAG/NACHT

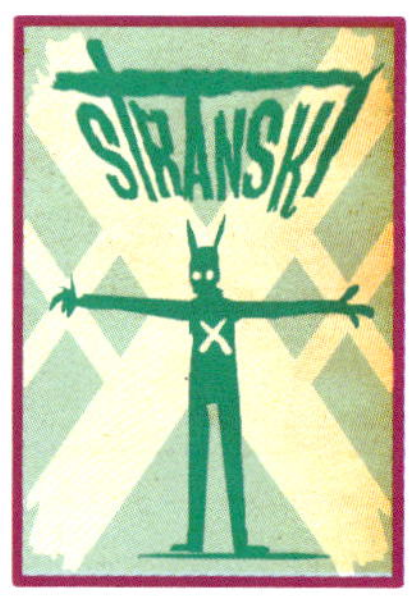
KREUZE

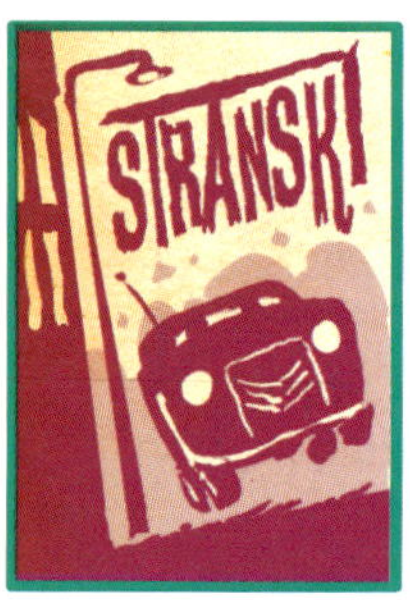
L-FORM

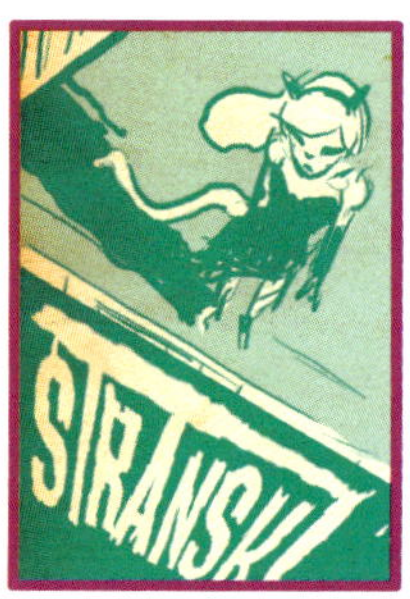
BLICK VON OBEN

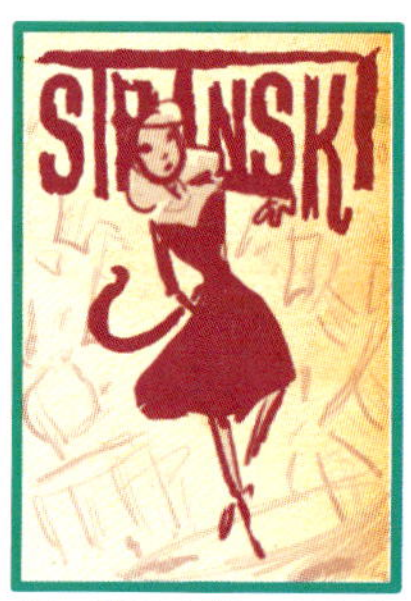
TINTE/SKIZZE

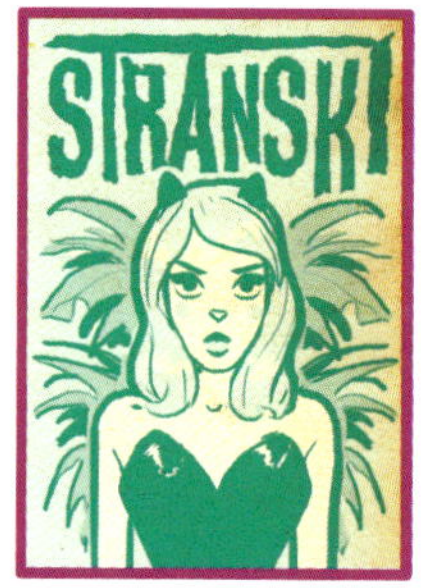
AUGENHÖHE

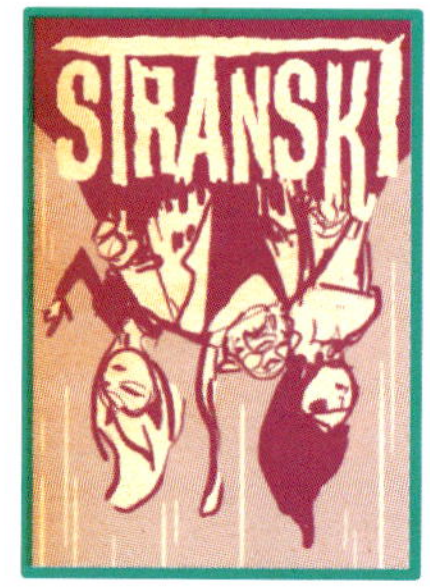
AUF DEM KOPF

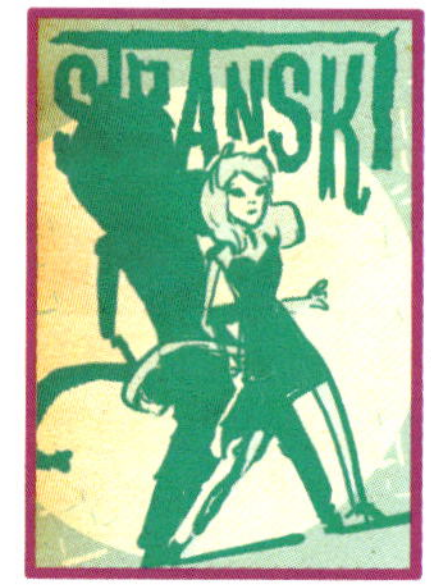
SCHATTEN

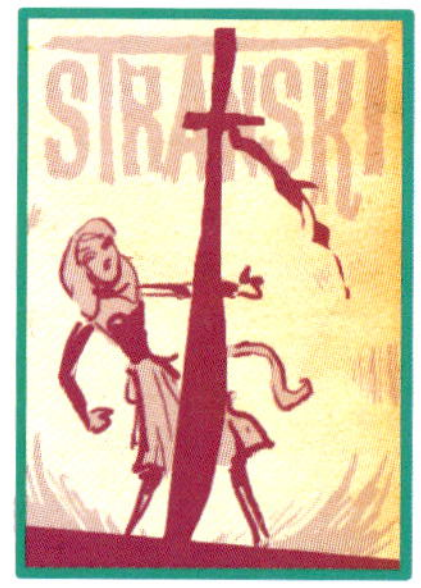
MITTIG GETEILT

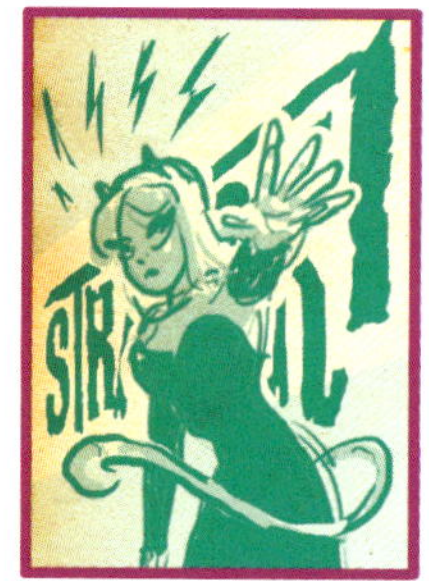
PERSPEKTIVISCH

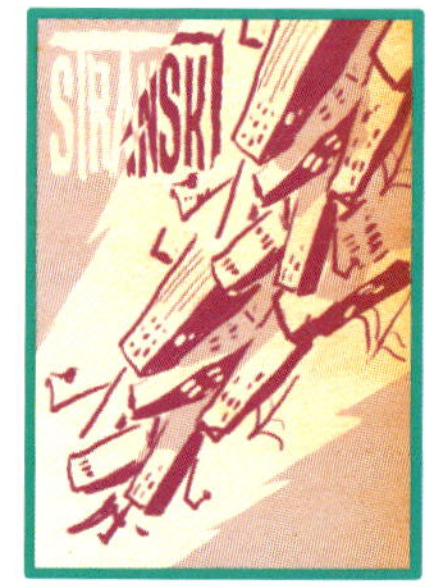
KASKADE

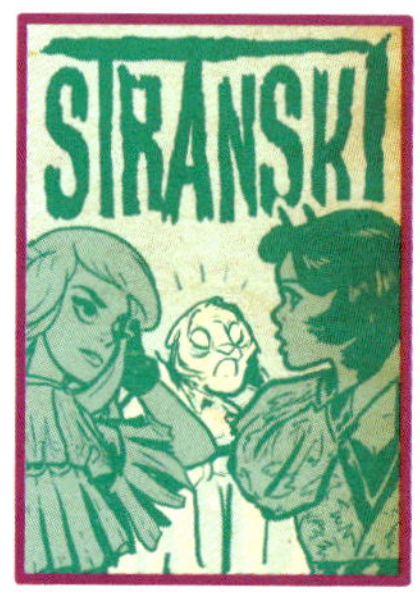
VORDERGRUND

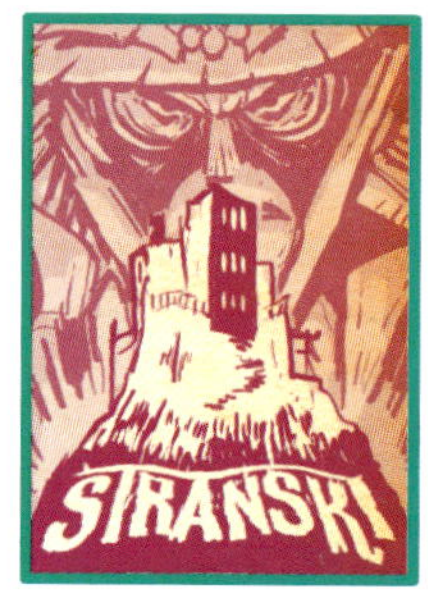
RIESE

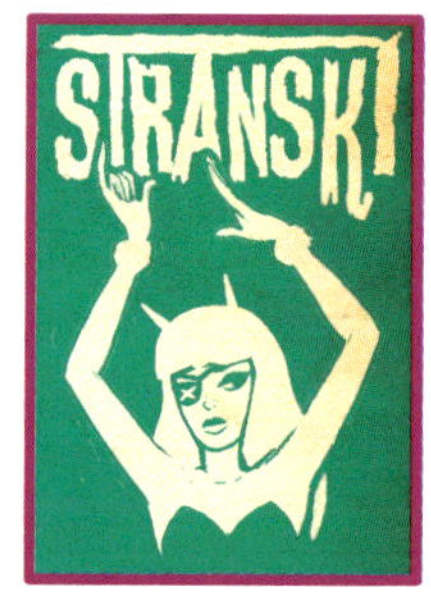
INVERSE SILHOUETTE

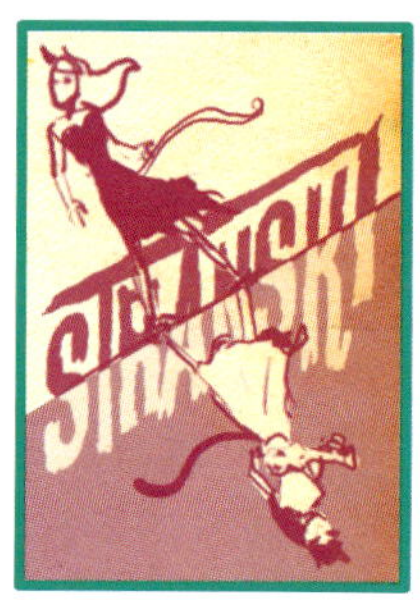
SPIEGELUNG

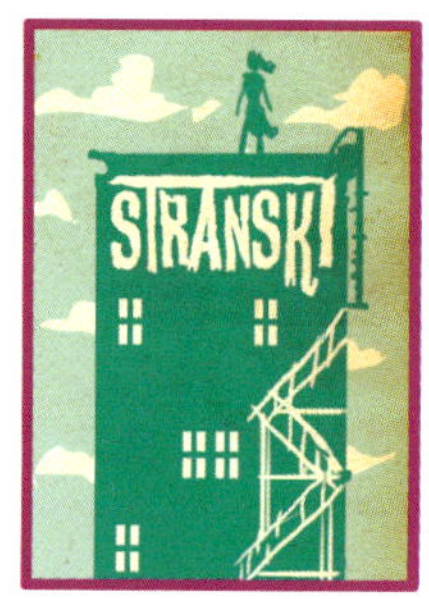
BLOCK-SILHOUETTE

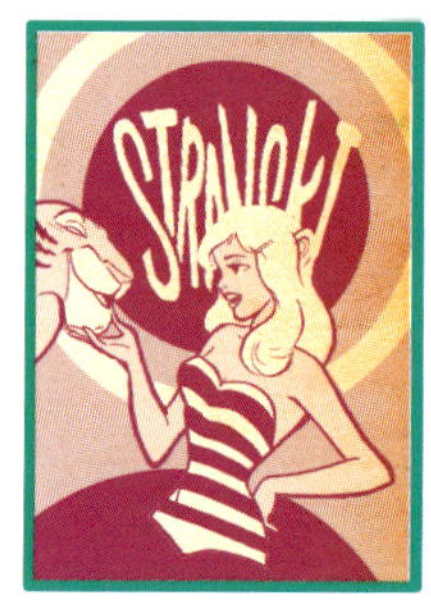
RONDELL

TUTORIAL #46

WENN DU DEINE COVER-DESIGNS ZUERST GROB ALS **MINIATUR SKIZZIERST,** SIEHST DU SCHNELL, OB DIE KOMPOSITION STIMMIG IST, HERAUSSTICHT UND ZUM **TON** DEINER GESCHICHTE PASST. DAS HILFT DIR BEIM ERSTELLEN ORIGINELLER, ÜBERZEUGENDER ENTWÜRFE, DIE SICH VON DER MASSE **ABHEBEN.**

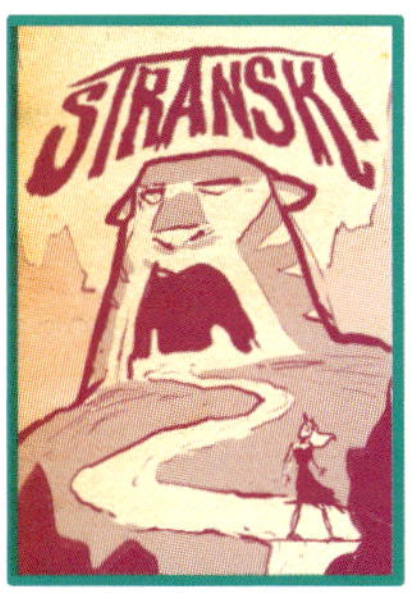

WEG

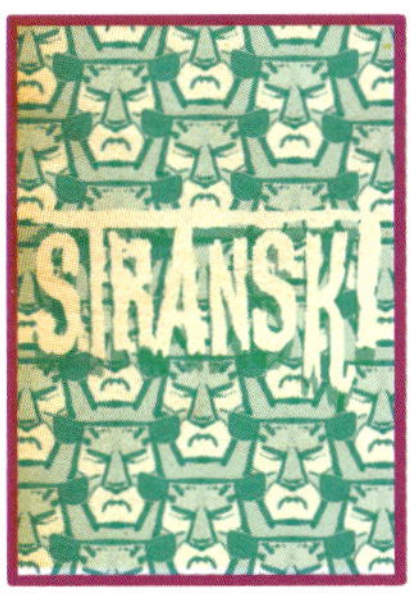

MUSTER

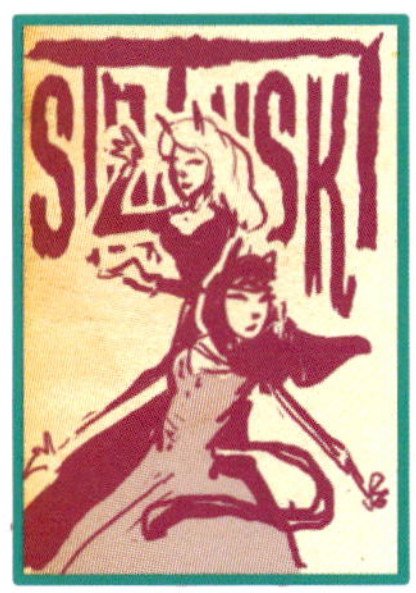
ÜBERLAGERT

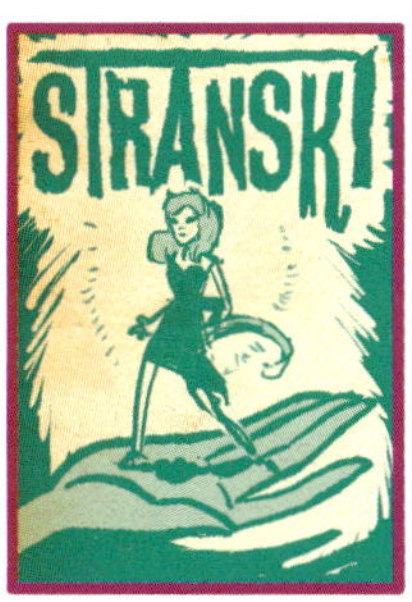

AUF DER HAND

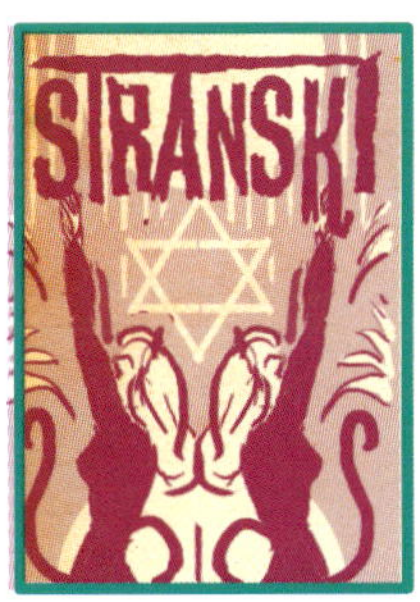

SYMMETRISCH

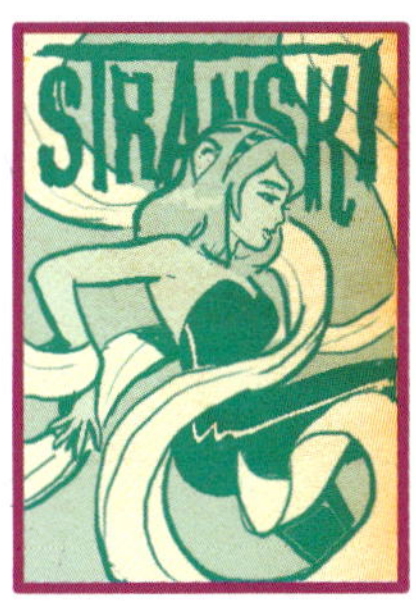
STOFF/BAND

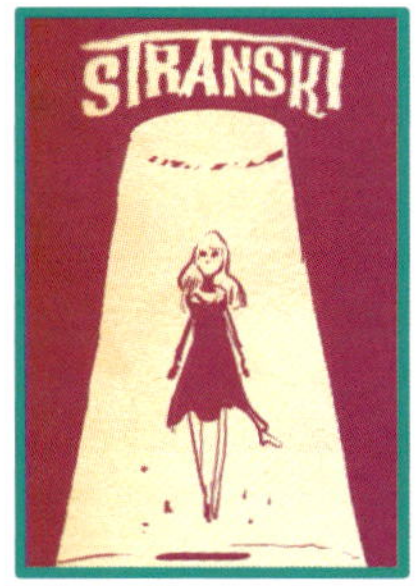

SCHEINWERFER

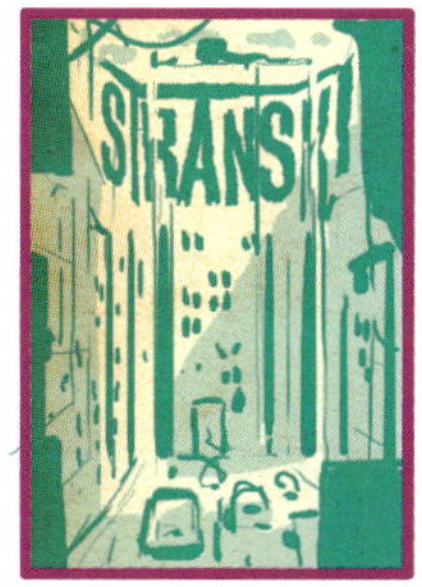

PERSPEKTIVE

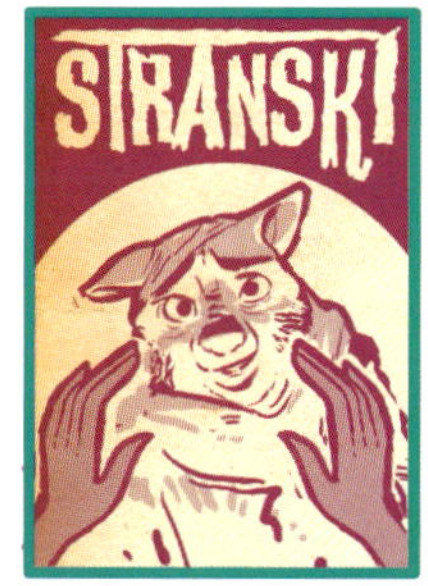

AUS FIGURENSICHT

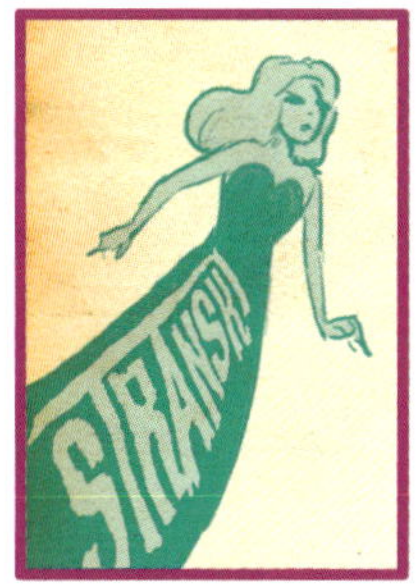

NEGATIVER RAUM

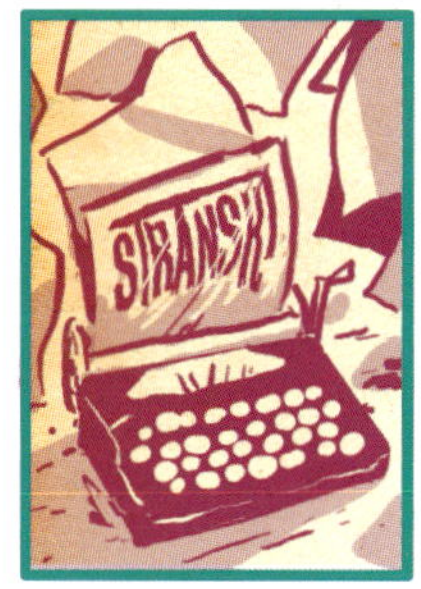

REQUISITE

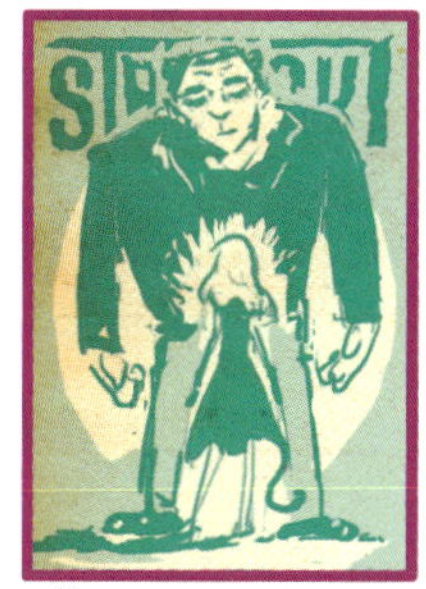
GRÖSSENORDNUNG

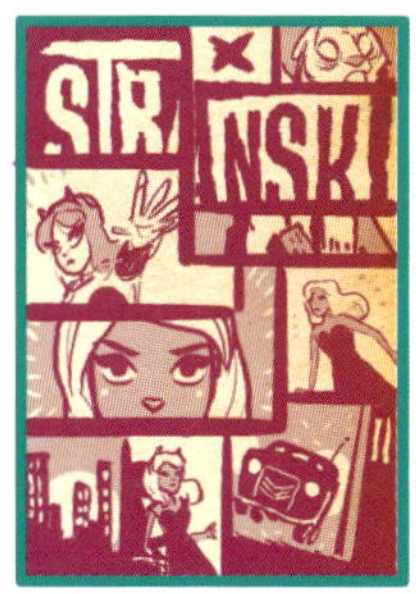
PANELAUFTEILUNG

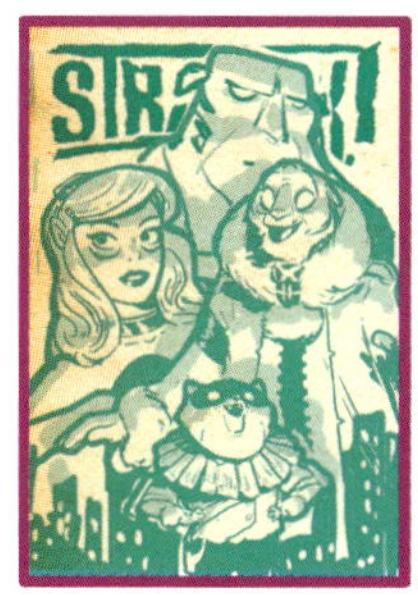
MONTAGE

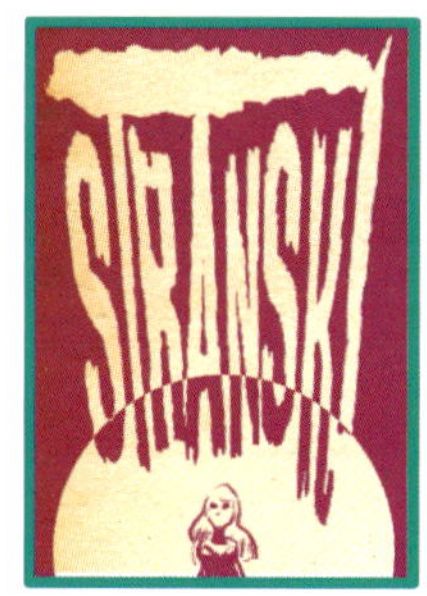
LOGO

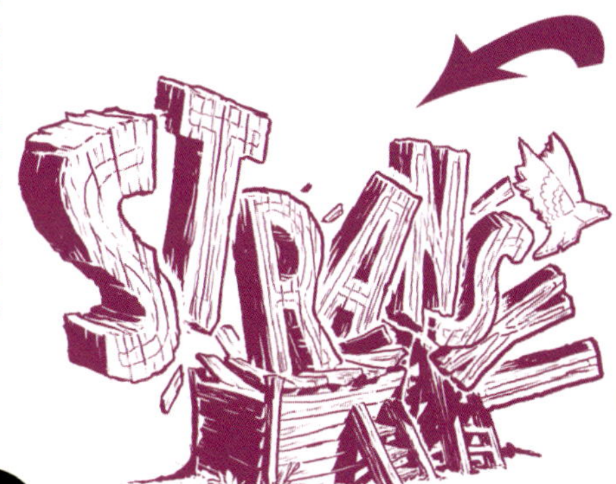

VERSUCH DIE IDEEN ZUM **LOGO-DESIGN (SEITE 126–127)** MIT DEN **LETTERING-TIPPS (SEITE 174–175)** ZU VERBINDEN UND BAU EINEN TITEL!

VERFOLGUNGS-JAGD

BEI **VERFOLGUNGSJAGDEN** GEHT ES UM **GESCHWINDIGKEIT, GEFAHR** UND **MASSIG KINETISCHE ACTION!**

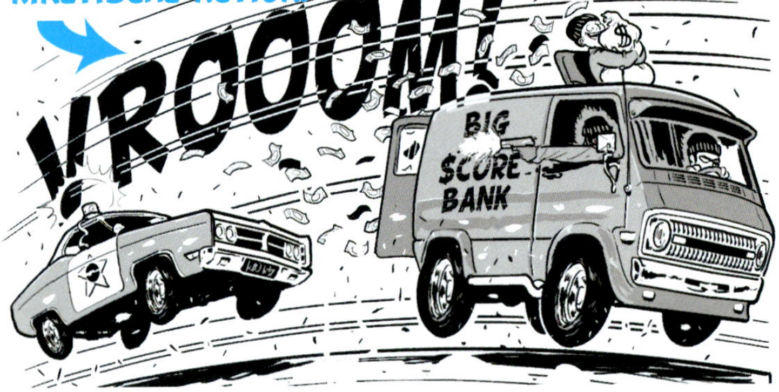

HIER EINE **BILDBIBLIOTHEK,** DIE DIR HILFT, DEINE BILDER **DYNAMISCH UND ABWECHSLUNGSREICH** ZU GESTALTEN!

SZENERIE AUFBAUEN

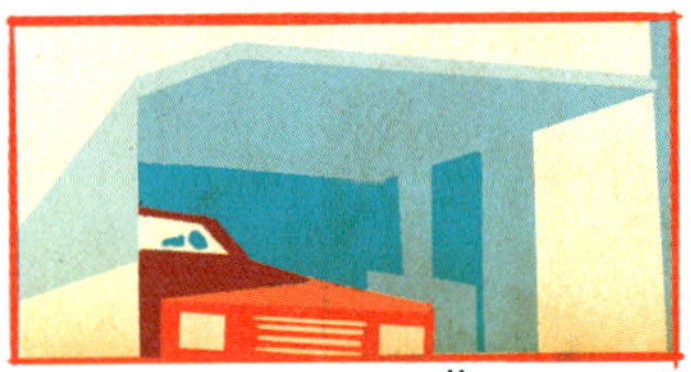

GARAGENTOR ÖFFNET

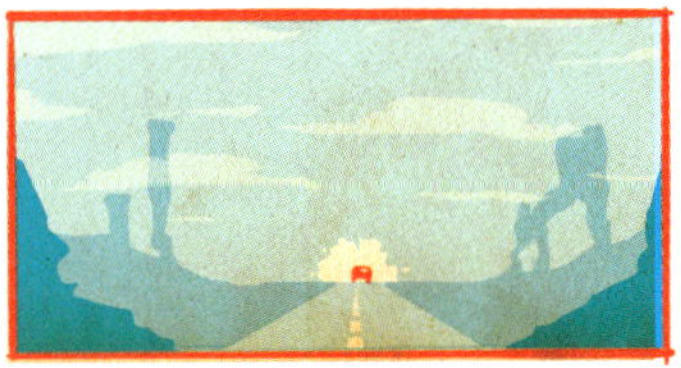

STAUBWOLKE

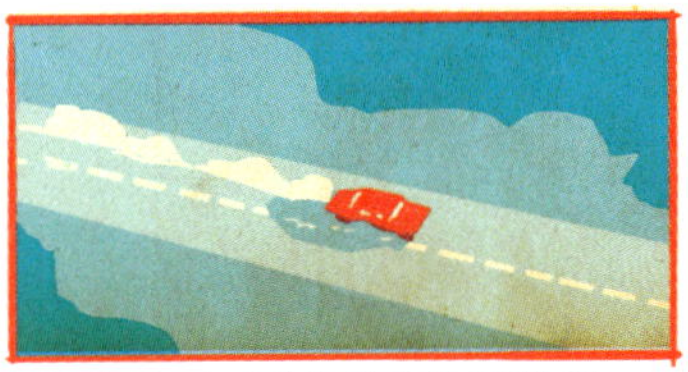

VOGELPERSPEKTIVE

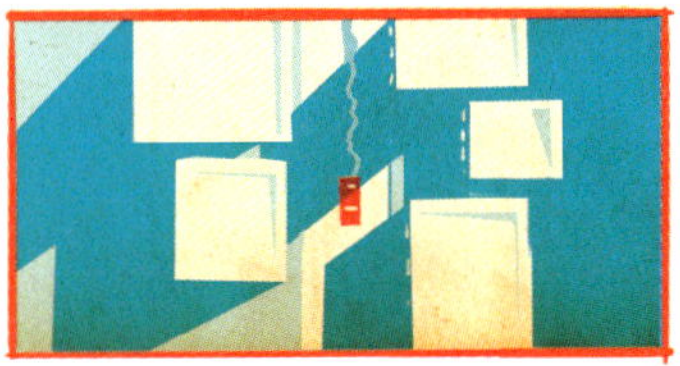

DRAUFSICHT

RÄUMLICHE TIEFE

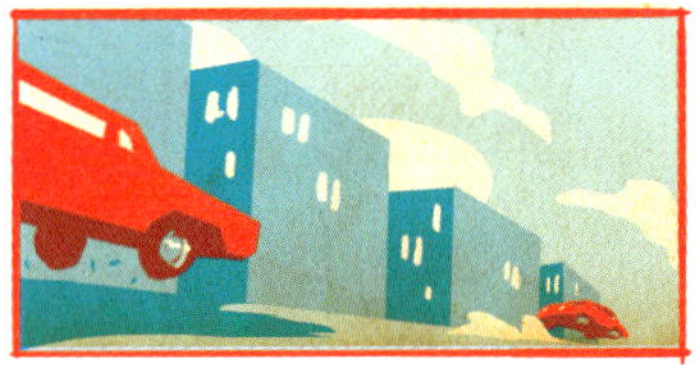

WEITE SICHT

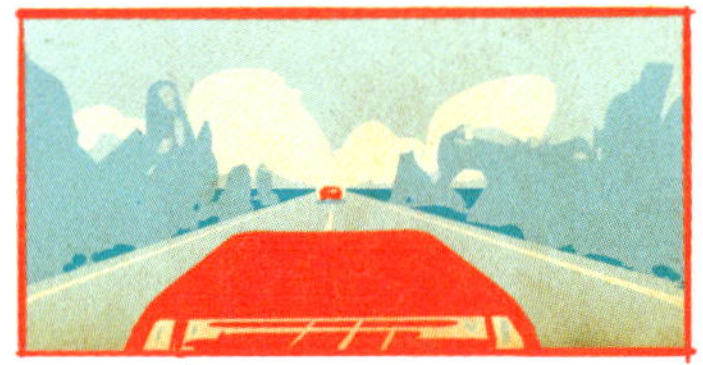

ÜBERS DACH

SPIEGELUNGEN

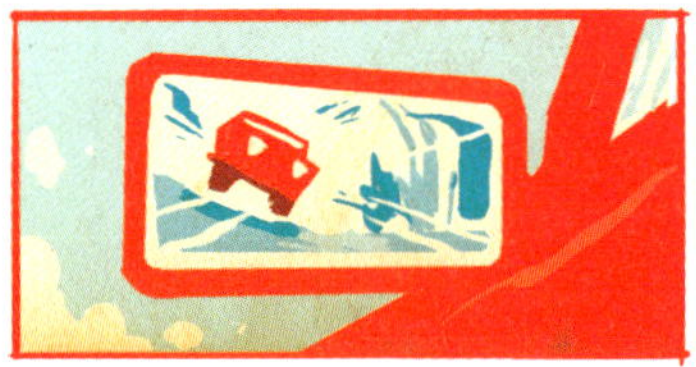

SEITENSPIEGEL

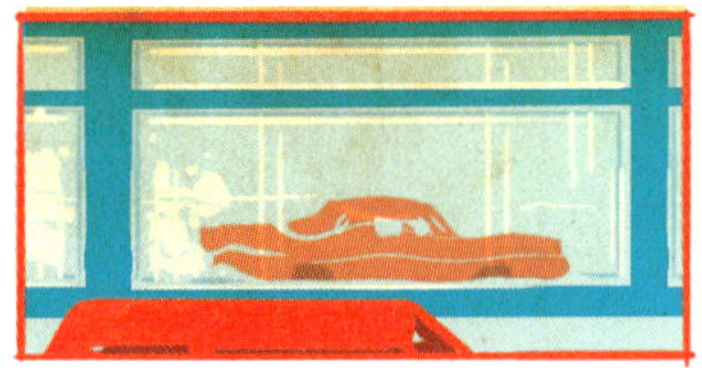

SCHAUFENSTER

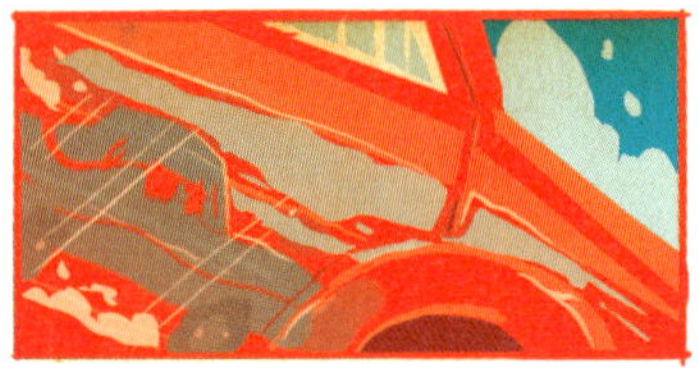

KAROSSERIE, AUSSCHNITT

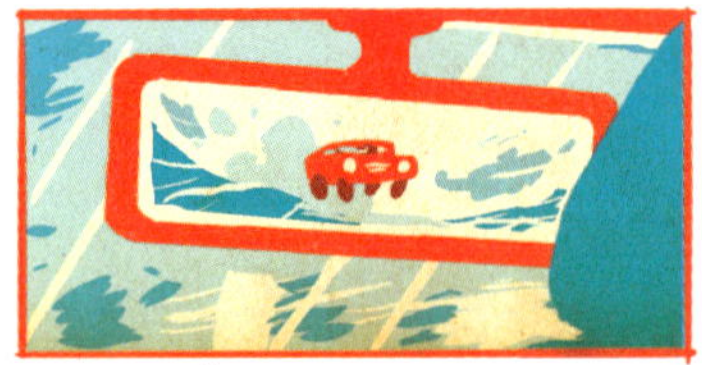

RÜCKSPIEGEL

VERZERRUNG

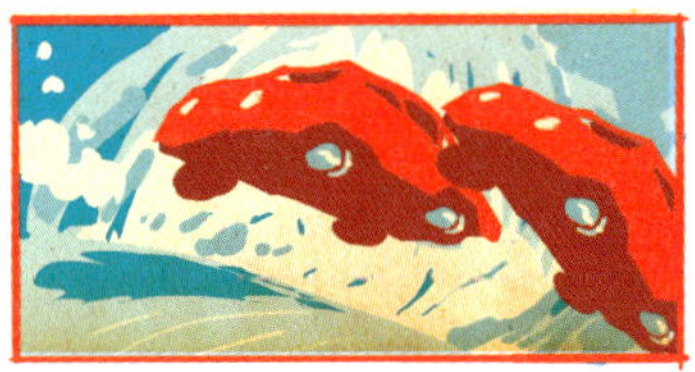

FISCHAUGE

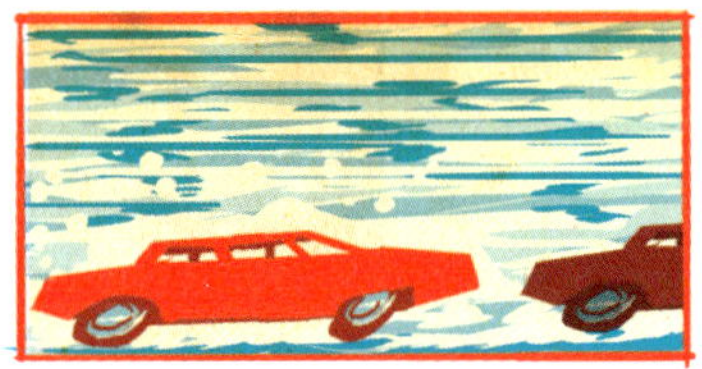

VERWISCHTER HINTERGRUND

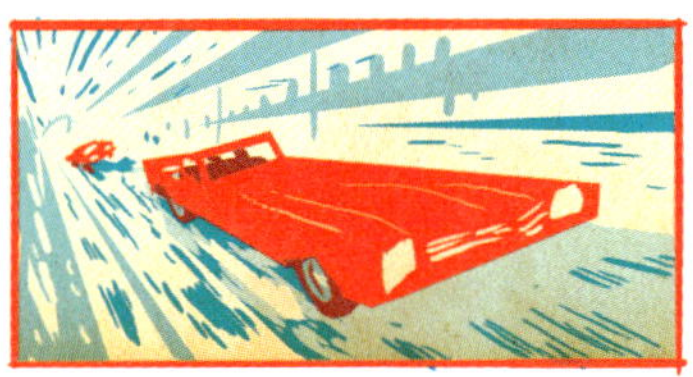

STRECKUNG

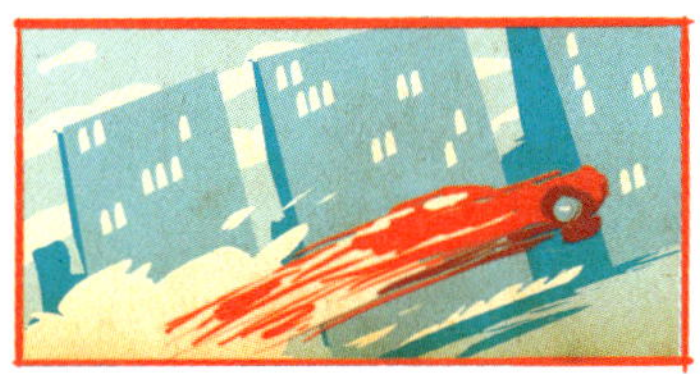

VERWISCHTES FAHRZEUG

TUTORIAL #47

DENK DARAN, WÄHREND DER JAGD IMMER WIEDER DEN/DIE FAHRER*IN DEN **BLICK ZU RÜCKEN,** UM IHN/SIE IN DER **GESCHICHTE** ZU VERANKERN.

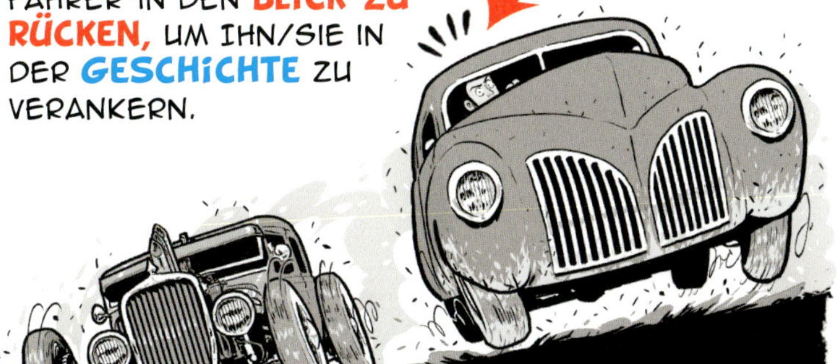

WEITERE IDEEN, WIE DU DIE **ACTION RAHMEN** KANNST ...

AUS SICHT DER FIGUR

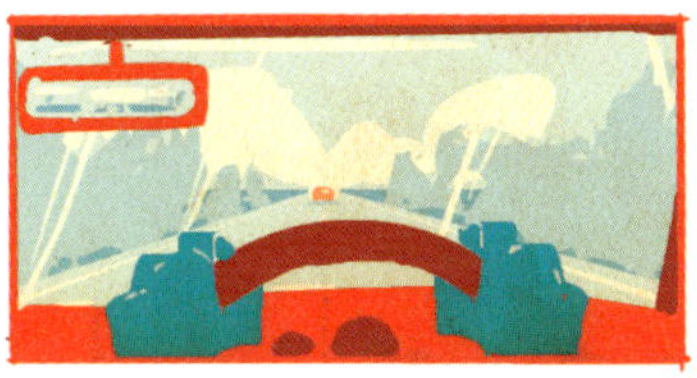

STEUER

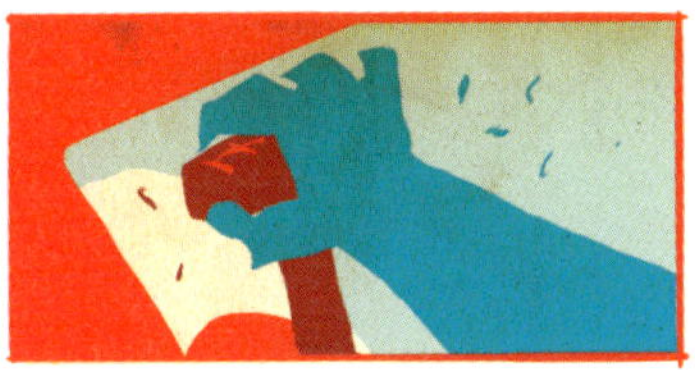

GANGSCHALTUNG

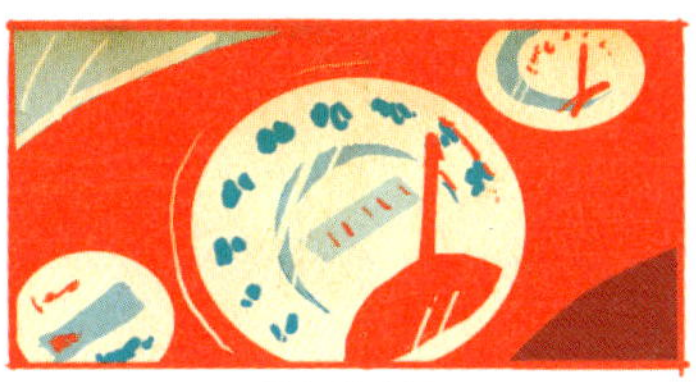

TACHO

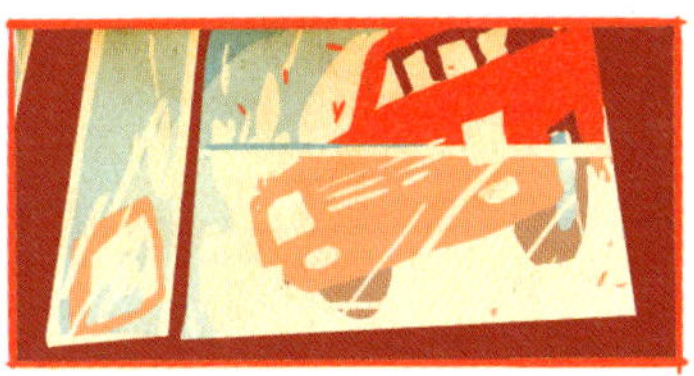

SEITENFENSTER

FAHRZEUG(E) IM VORDERGRUND

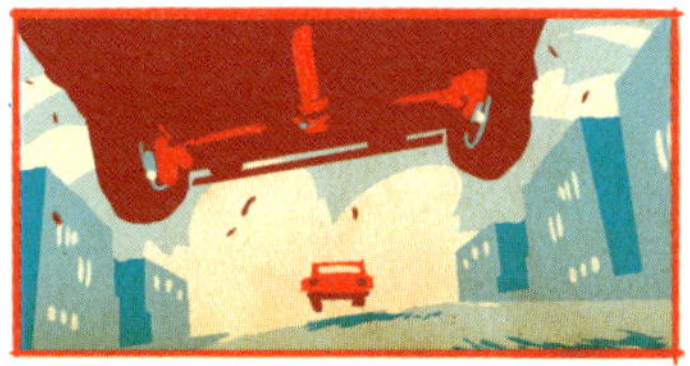

VON UNTEN

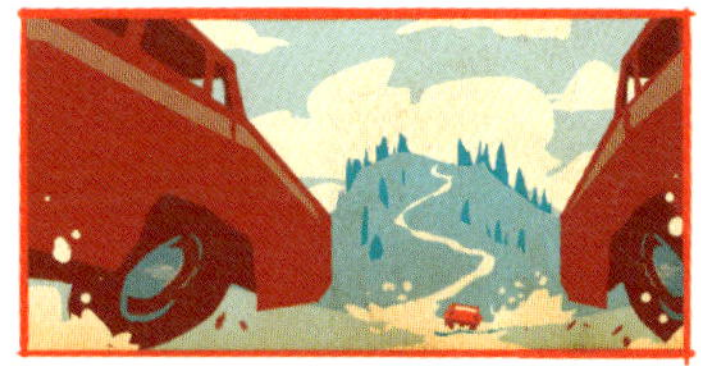

SEITEN

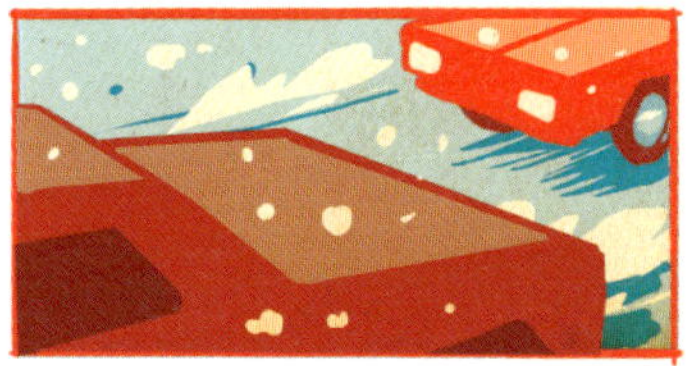

KOFFERRAUM/
MOTORHAUBE

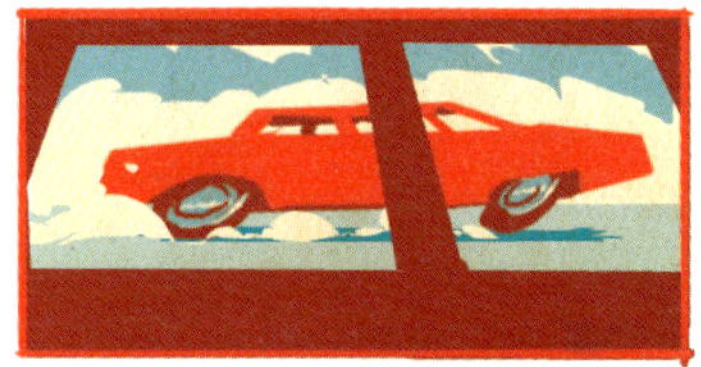

FENSTERRAHMEN

GEGENLÄUFIGE WINKEL

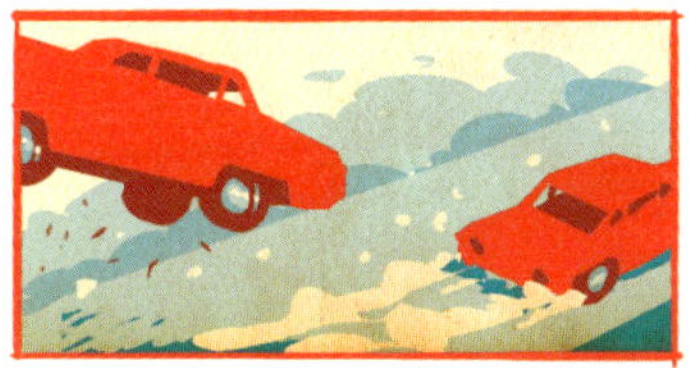

NACH OBEN/UNTEN GERICHTET

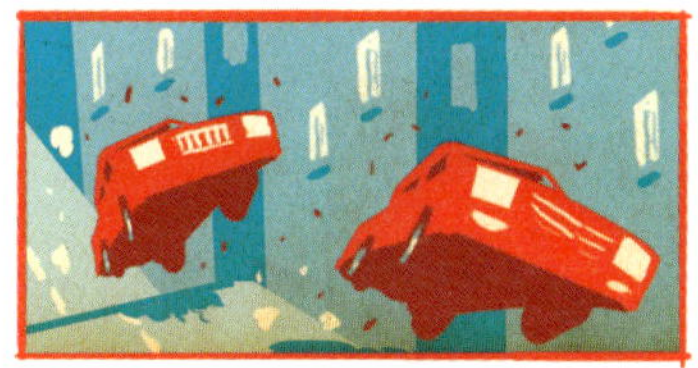

NEIGUNG LINKS/RECHTS

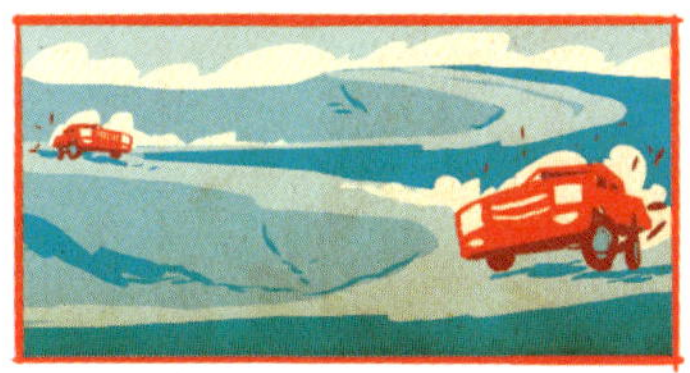

KURVE LINKS/RECHTS

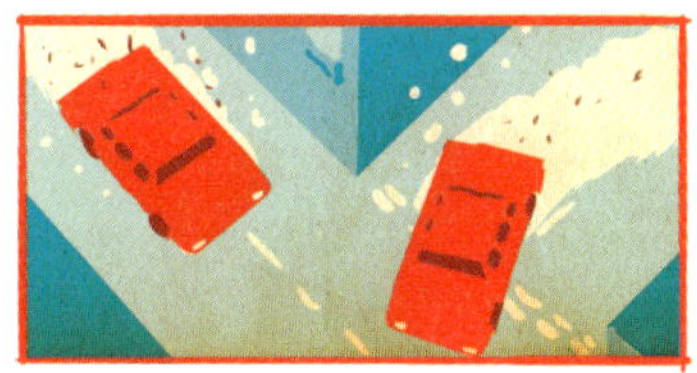

AUFEINANDER ZULAUFEND

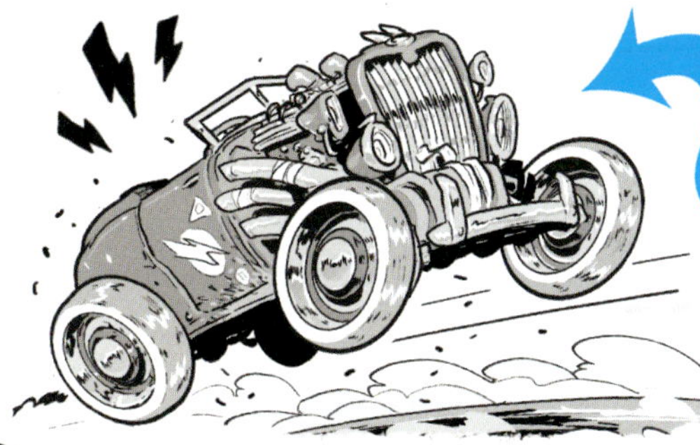

IN EINEM **SPÄTEREN BAND** SCHAUEN WIR UNS NÄHER AN, WIE DU **FAHRZEUGE IN BEWEGUNG** ZEICHNEN KANNST ...!

KAPITEL SECHS

NATUR

GRAS

BEI DER GESTALTUNG VON UMGEBUNGEN DIENT GRAS OFT NUR ALS **OBERFLÄCHENTEXTUR,** ABER MIT EIN WENIG ÜBERLEGUNG KANN ES ZUM SPANNENDEN **GESTALTUNGSMERKMAL** WERDEN.

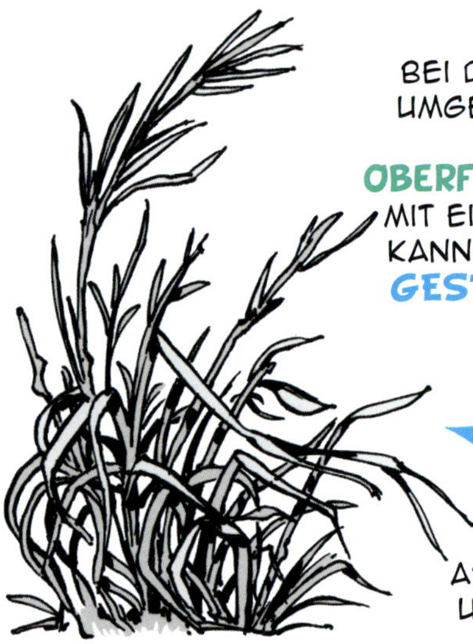

MACHE KLEINE **GRASBÜSCHEL** ABWECHSLUNGSREICHER UND ELEGANTER, INDEM DU SIE DIR WIE **HAARTOLLEN** VORSTELLST.

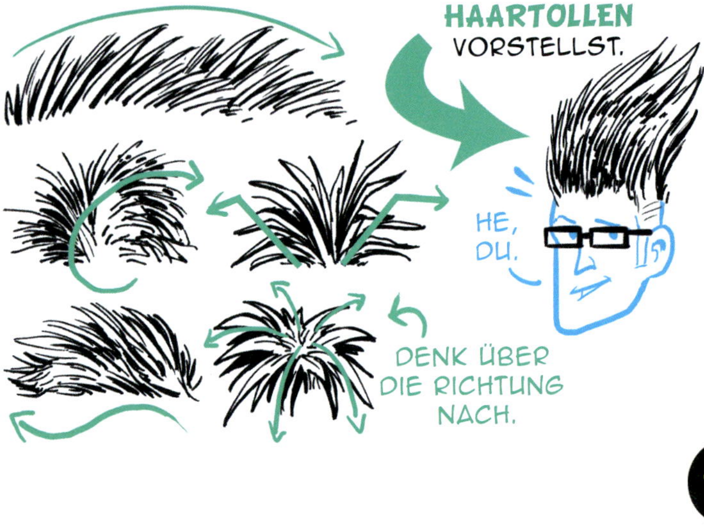

ERFINDE NEUE **FORMEN** FÜR KURZE GRASHALME.

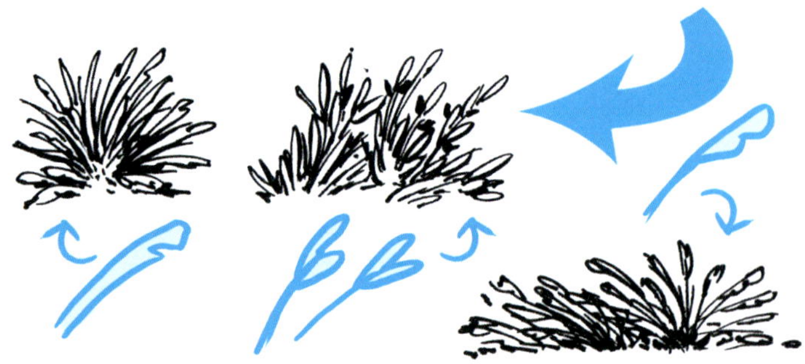

NUTZE GRAS, UM FREISTEHENDE OBJEKTE **INTERESSANTER** ZU MACHEN UND IHRE **FORM** ZU VERDEUTLICHEN.

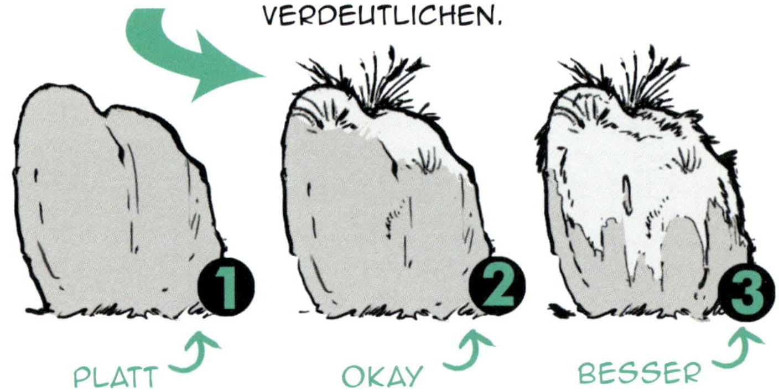

VERSUCH **LANGES GRAS** EINZUSETZEN, WO DU **KURZES** ERWARTEN WÜRDEST.

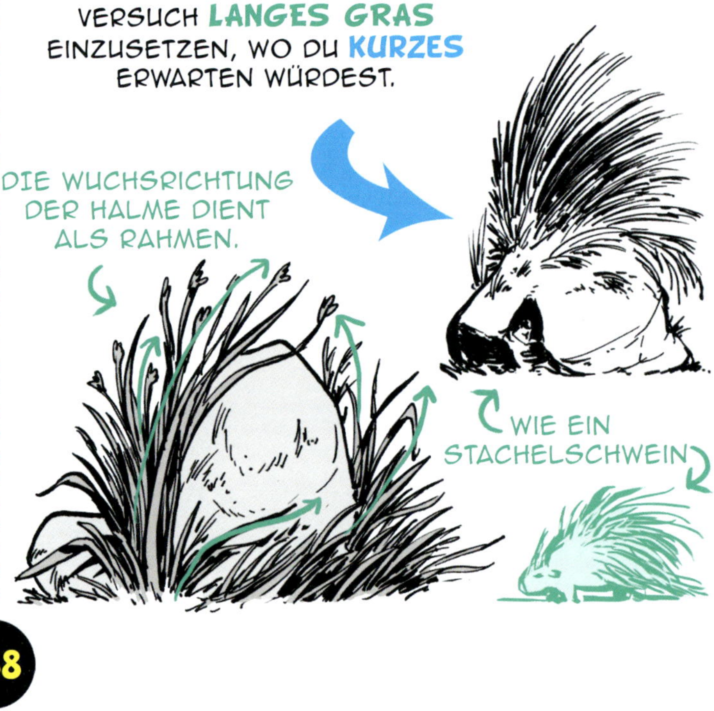

TUTORIAL #48

MIT UNTERSCHIEDLICHEN **SAMENSTÄNDEN** KANNST DU DEM GRAS REICHLICH **CHARAKTER** GEBEN.

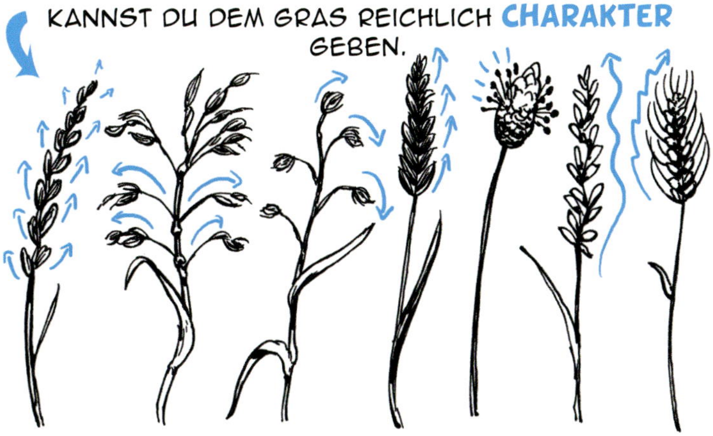

MIT **ZUNEHMENDER HÖHE** IST GRAS **WENIGER STARR.**

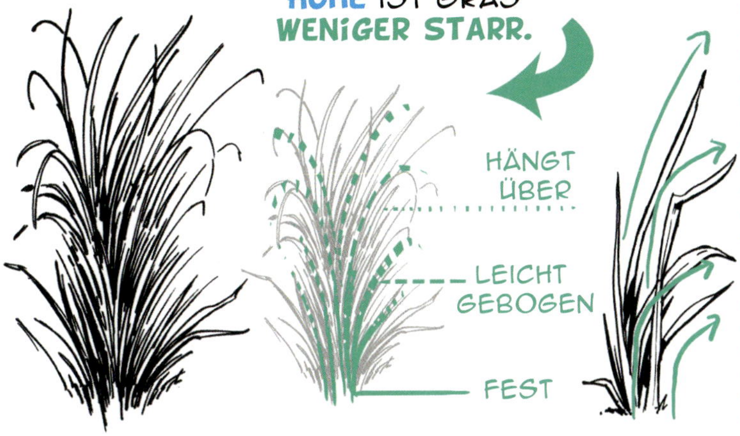

SCHAFFE MIT **GRUPPEN VON SAMENSTÄNDEN MINIATUR-LANDSCHAFTEN** IM KURZEN GRAS.
WIE KLEINE BAUMGRUPPEN

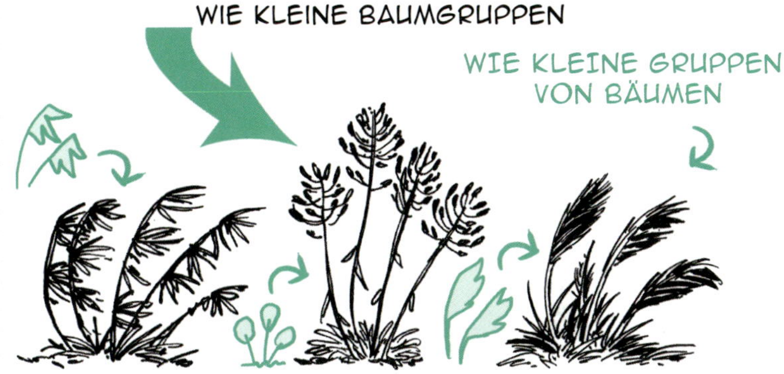

DENK DARAN, DASS SICH DIE HALME IN **ALLE RICHTUNGEN AUFFÄCHERN.**

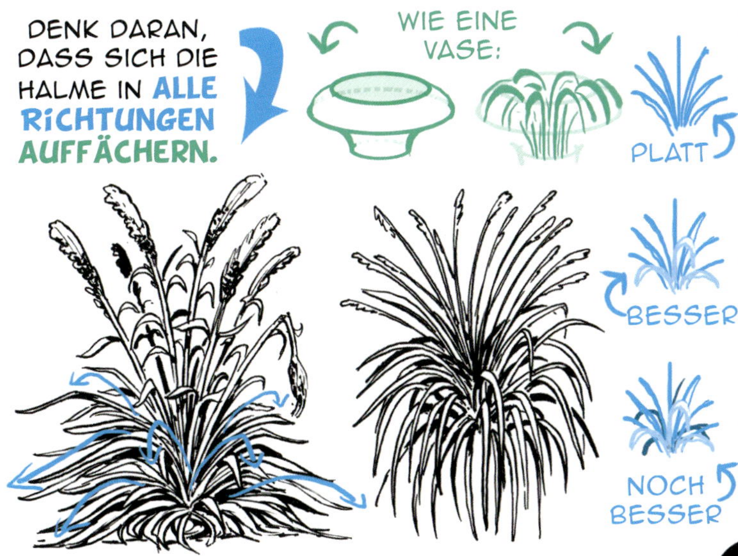

SORGE FÜR **ABWECHSLUNG,** INDEM DU KURZES GRAS, LANGES GRAS UND SAMENSTÄNDE **MISCHST.**

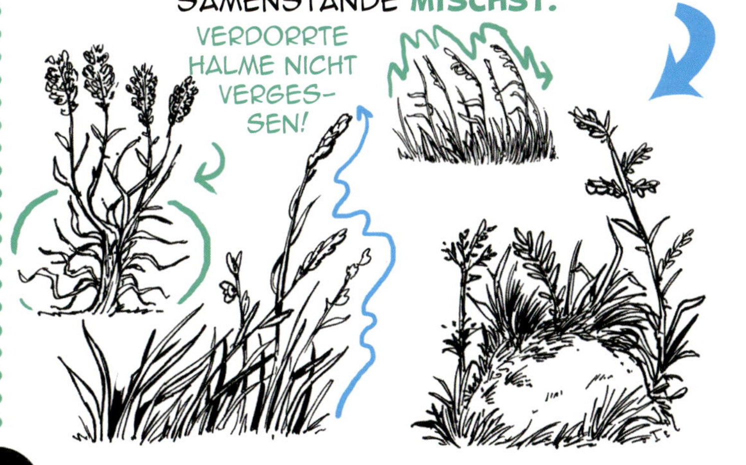

SEEGRAS

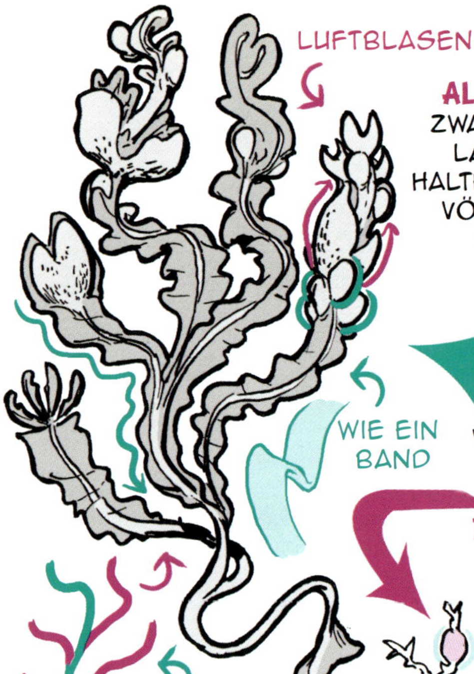

ALGEN ERINNERN ZWAR EIN WENIG AN LANDPFLANZEN, HALTEN SICH ABER MIT VÖLLIG **ANDEREN** STRATEGIEN AUFRECHT!

VIELE TANGARTEN HABEN **LUFTGEFÜLLTE BLASEN,** DIE WIE **KLEINE BOJEN** WIRKEN.

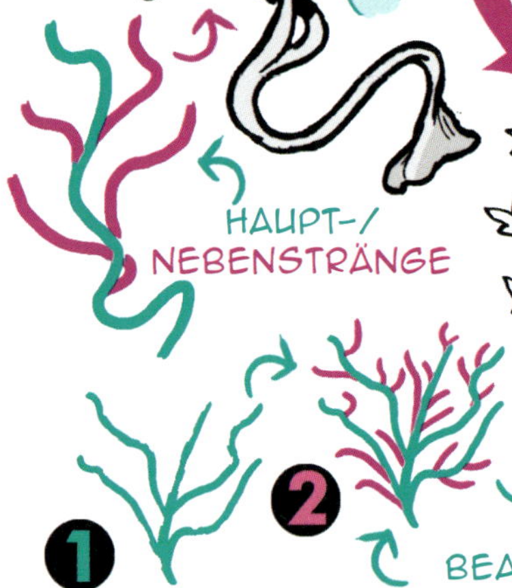

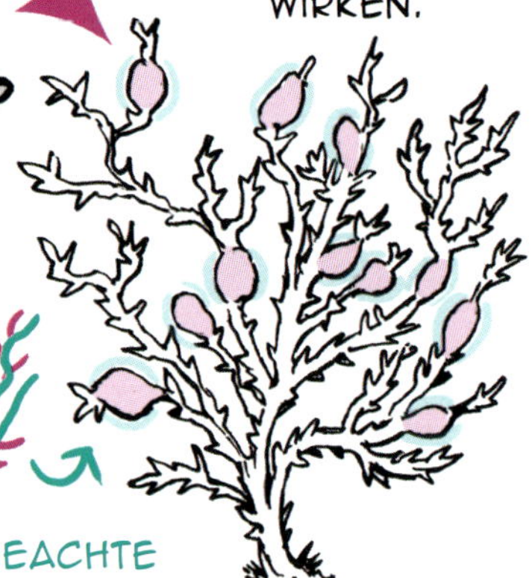

DIE **»BOJEN«** IM TANG SORGEN **SICHTBAR** FÜR **VOLUMEN.**

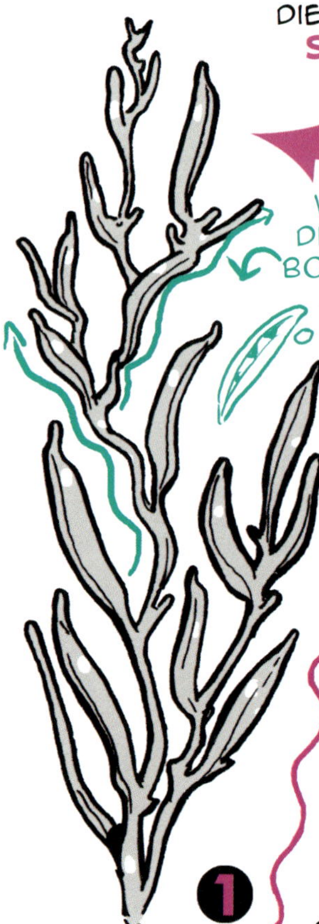

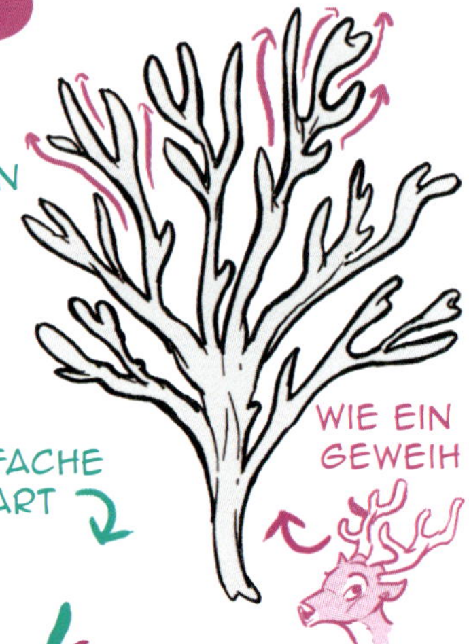

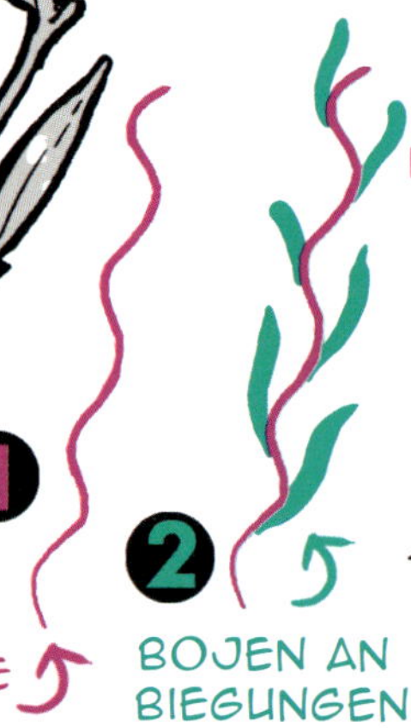

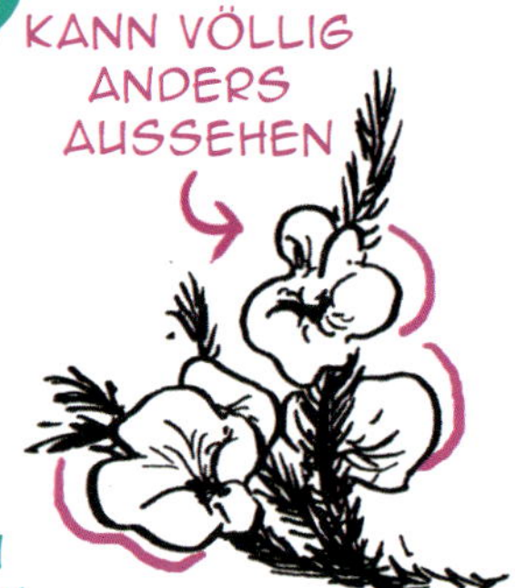

MANCHE HABEN **GROSSE KÖPFE** UND **EINZELNE** STÄNGEL.

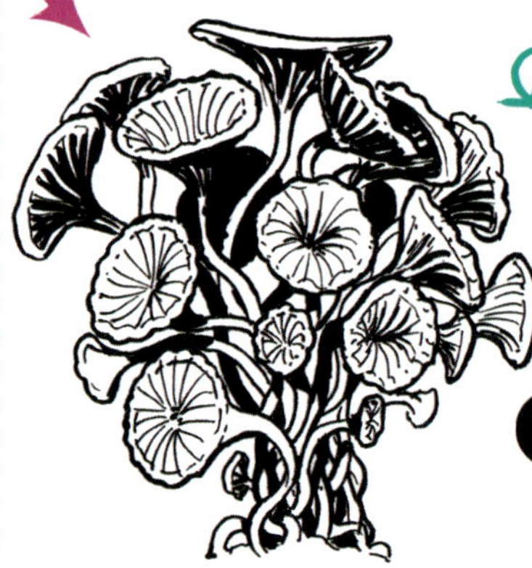

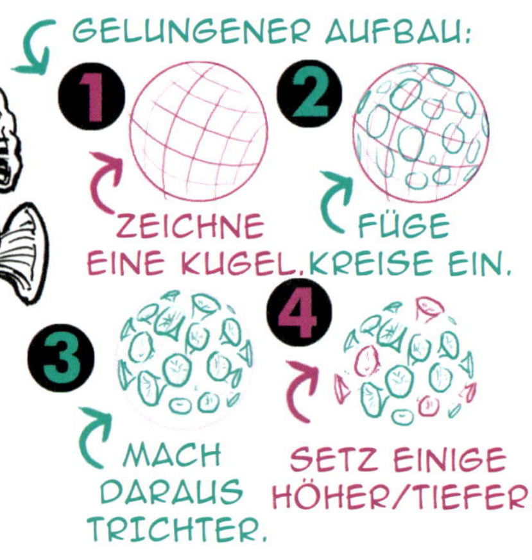

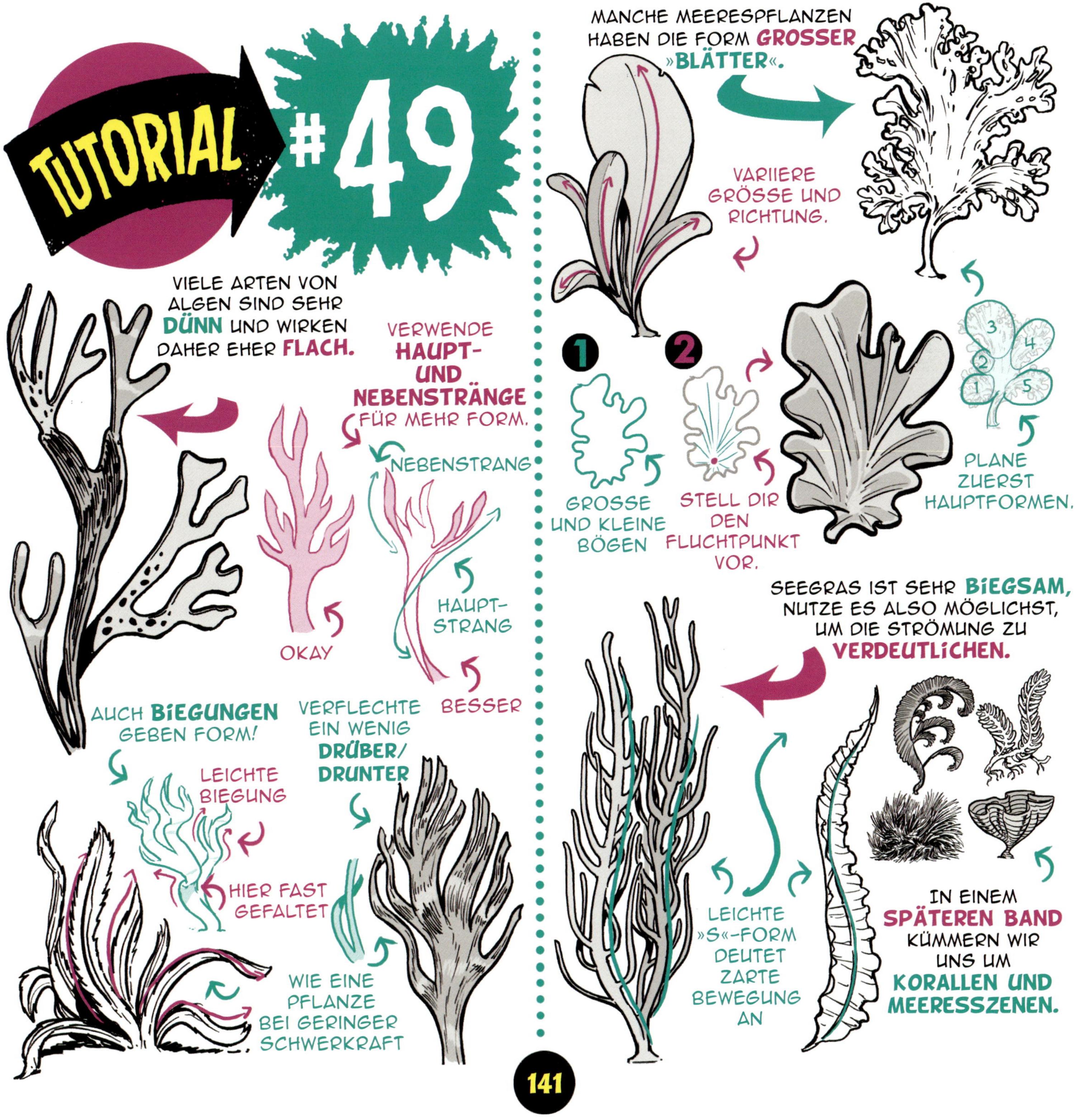
TUTORIAL #49
VIELE ARTEN VON ALGEN SIND SEHR DÜNN UND WIRKEN DAHER EHER FLACH.
VERWENDE HAUPT- UND NEBENSTRÄNGE FÜR MEHR FORM.
NEBENSTRANG
HAUPT-STRANG
OKAY
BESSER
AUCH BIEGUNGEN GEBEN FORM!
LEICHTE BIEGUNG
HIER FAST GEFALTET
VERFLECHTE EIN WENIG DRÜBER/ DRUNTER
WIE EINE PFLANZE BEI GERINGER SCHWERKRAFT
MANCHE MEERESPFLANZEN HABEN DIE FORM GROSSER »BLÄTTER«.
VARIIERE GRÖSSE UND RICHTUNG.
1
2
GROSSE UND KLEINE BÖGEN
STELL DIR DEN FLUCHTPUNKT VOR.
PLANE ZUERST HAUPTFORMEN.
SEEGRAS IST SEHR BIEGSAM, NUTZE ES ALSO MÖGLICHST, UM DIE STRÖMUNG ZU VERDEUTLICHEN.
LEICHTE »S«-FORM DEUTET ZARTE BEWEGUNG AN
IN EINEM SPÄTEREN BAND KÜMMERN WIR UNS UM KORALLEN UND MEERESSZENEN.

PILZE

AUFGRUND IHRER **PLASTISCHEN** FORM KANNST DU EINER SZENE MIT PILZEN WUNDERBAR **CHARAKTER** VERLEIHEN.

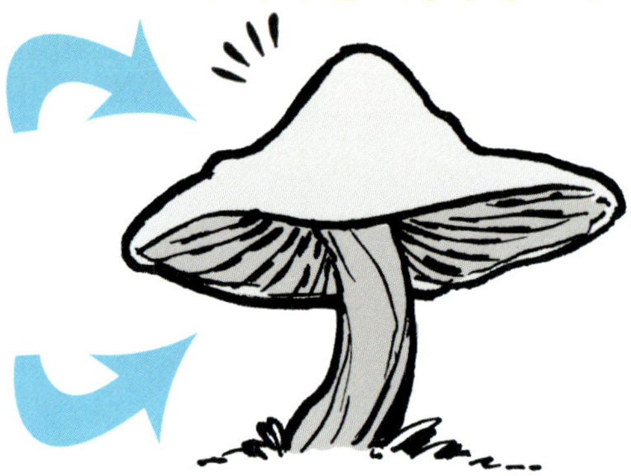

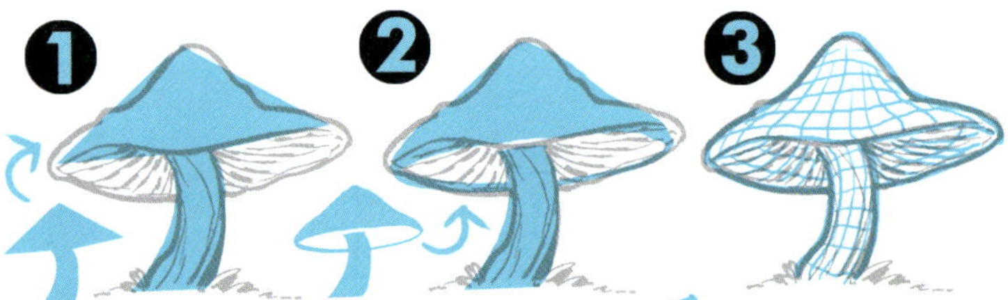

ZEICHNE EINEN PFEIL. FÜGE EIN OVAL AN. SIEH DREIDIMENSIONAL.

VARIIERE DIE FORM, INDEM DU DIE **LÄNGE** DES STIELS ODER DIE **HÖHE** DES PFEILS FÜR DEN KÖPF ÄNDERST.

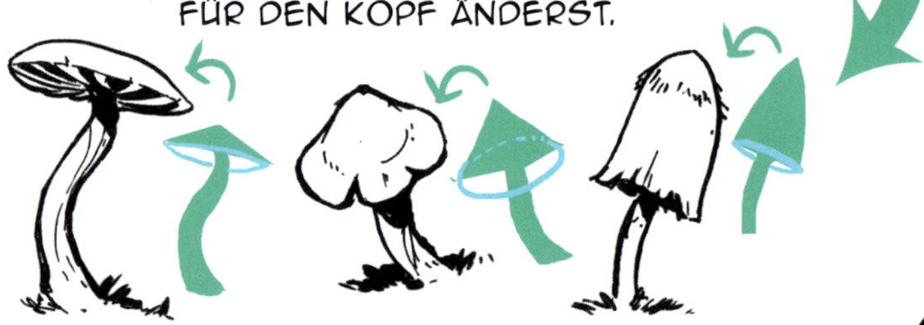

VARIIERE FÜR **PILZGRUPPEN** FOLGENDE ELEMENTE:

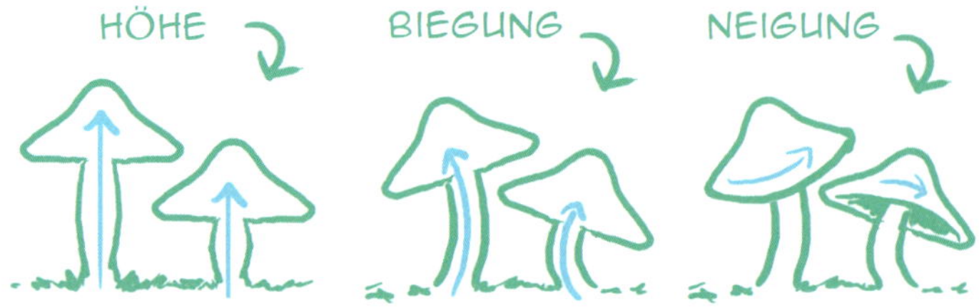

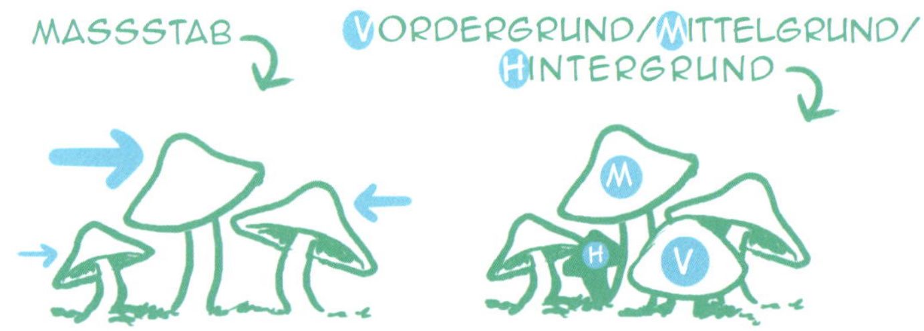

DURCH ABWANDLUNG **WENIGER** ELEMENTE KANNST DU VÖLLIG **VERSCHIEDENE GRUPPEN** ERSTELLEN.

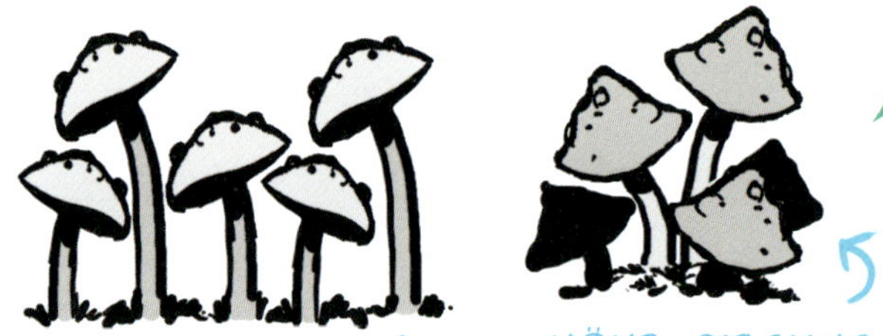

HÖHE, BIEGUNG

HÖHE, BIEGUNG, VORDERGRUND/ MITTELGRUND/ HINTERGRUND

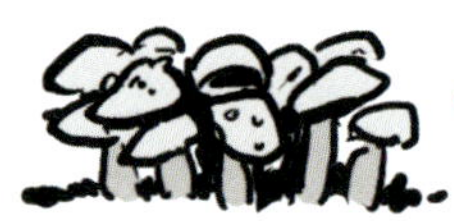

NEIGUNG, VORDERGRUND/ MITTELGRUND/HINTERGRUND

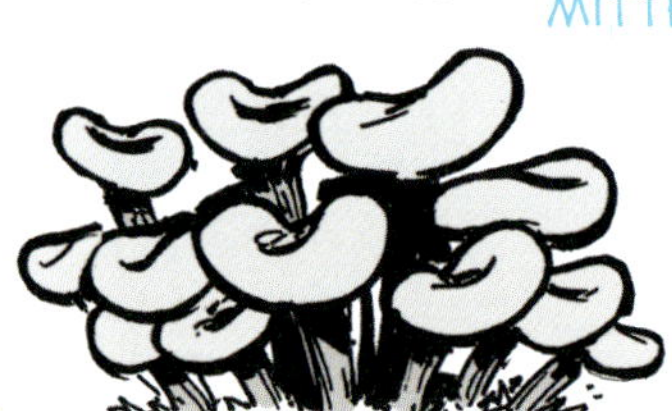

HÖHE, BIEGUNG, MASSSTAB, VORDERGRUND/ MITTELGRUND/ HINTERGRUND

TUTORIAL #50

MIT DER **»AUSNAHME ZUR REGEL«** KANNST DU DEINE GRUPPEN **OPTISCH INTERESSANTER** GESTALTEN.

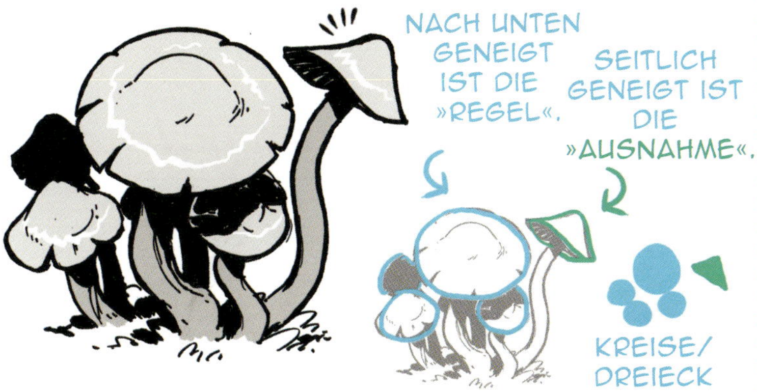

HIER NOCH EIN PAAR BEISPIELE ZUR **ANWENDUNG** DER »AUSNAHME«:

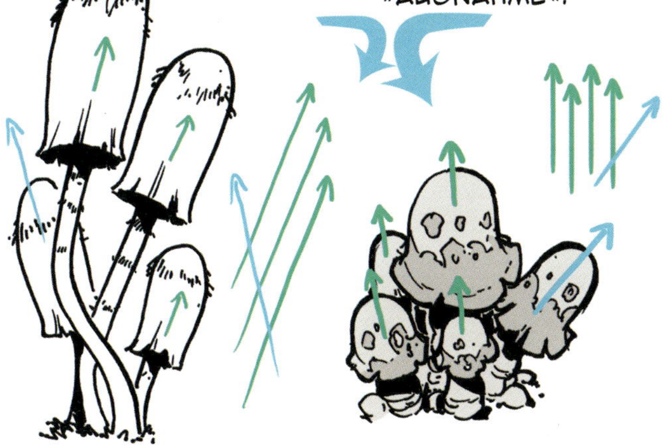

DU KANNST **PILZE** AUCH NUTZEN, UM EINEN SONST GLATTEN BAUMSTAMM ZU SCHMÜCKEN.

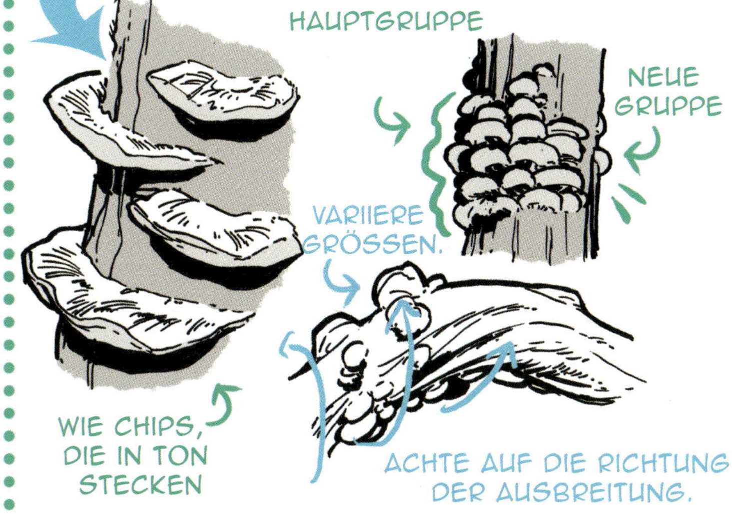

BEI PILZEN STEHEN DIR PRAKTISCH **UNENDLICH** VIELE **DESIGN-MÖGLICHKEITEN** OFFEN!

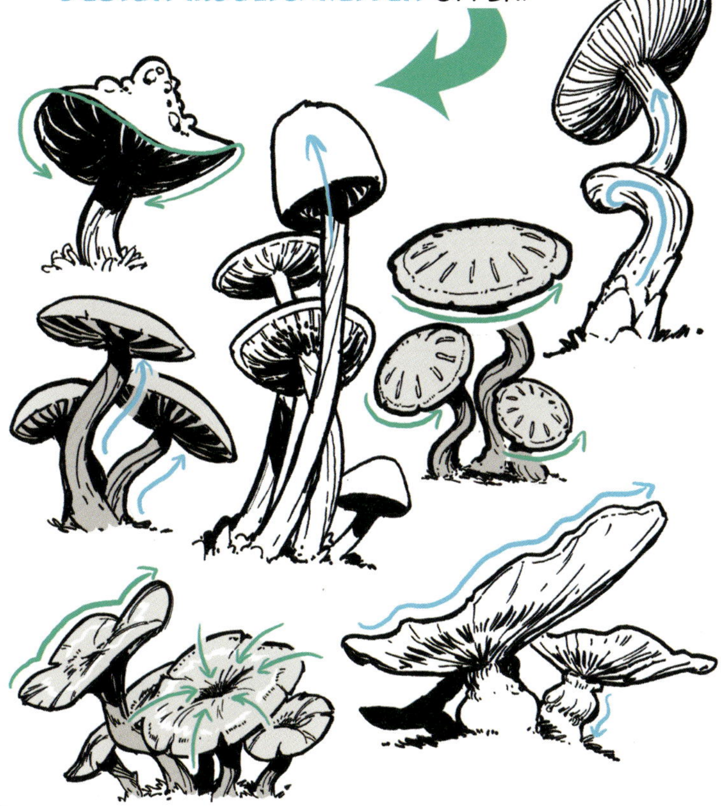

PFLANZEN IM DSCHUNGEL

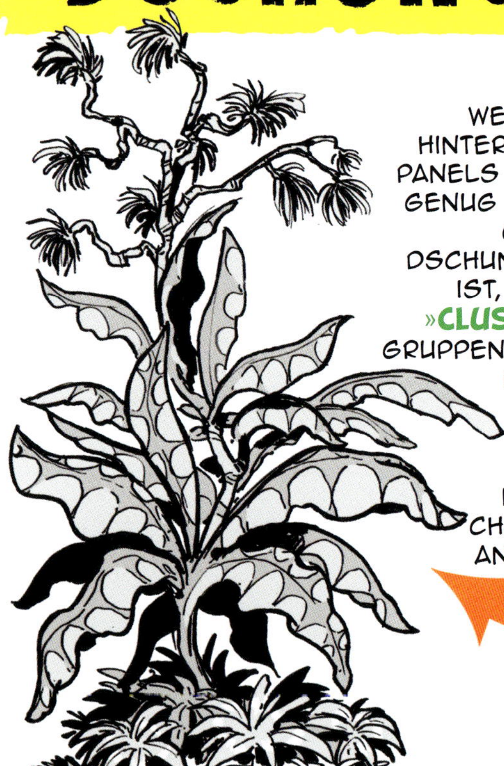

WEIL NICHT IM HINTERGRUND JEDES PANELS DEINES COMICS GENUG PLATZ FÜR EINE GROSSE DSCHUNGEL-SZENERIE IST, KANNST DU **»CLUSTER«** – KLEINE GRUPPEN VON PFLANZEN – NUTZEN, UM **ÜPPIG** WUCHERNDEN DSCHUNGEL UM DEINE CHARAKTERE HERUM ANZUDEUTEN.

DAS CLUSTER

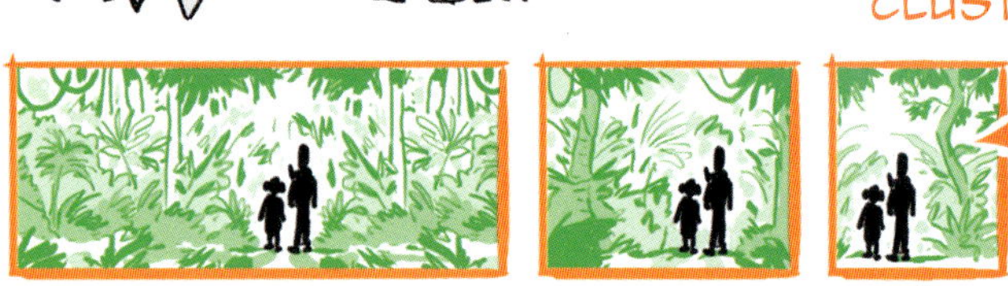

KEIN PLATZ FÜR ALL DAS?

DAS GEHT AUCH …

… UND DAS!

STELL DIR DAS CLUSTER WIE DIE **MINIATUR** DER **UMGEBUNG** VOR, MIT EIGENEM, VERDICHTETEM **VORDERGRUND, MITTELGRUND UND HINTERGRUND.**

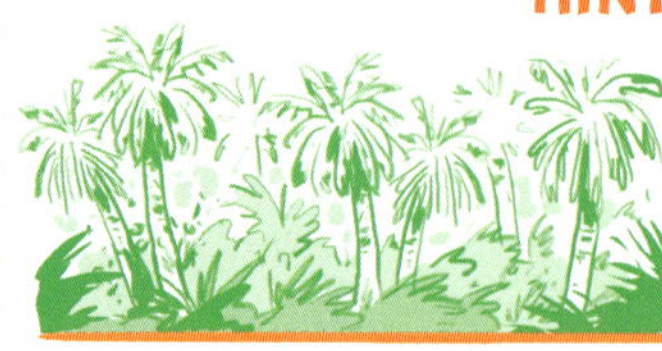

REDUZIERE DAS …

… AUF DAS!

ERHALTE DIE »TIEFE« DES DSCHUNGELS, NUR AUF WENIGER RAUM.

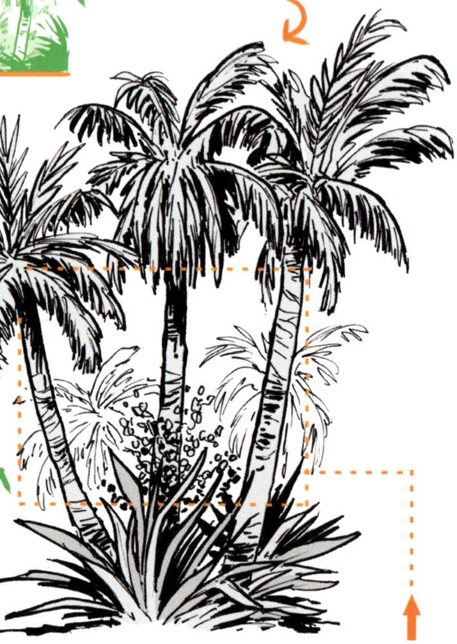

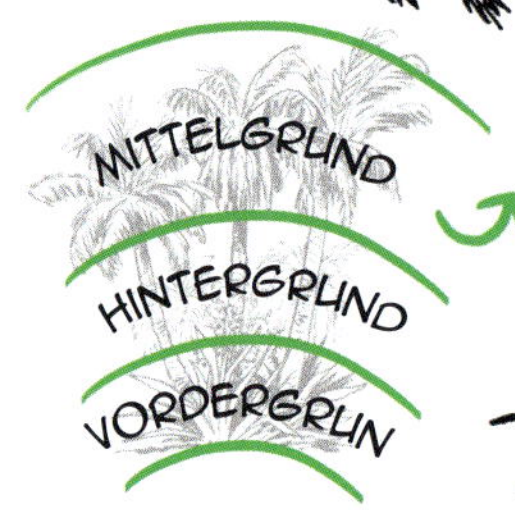

WENN DU DEN MITTELGRUND OBEN PLATZIERST, SCHAFFST DU EINEN »RAHMEN« INNERHALB DES AUFBAUS.

DURCH **OPTISCH AUFFÄLLIGE,** WENN AUCH WINZIGE GRUPPEN VON PFLANZEN VERMITTELN WIR DAS GEFÜHL DES **GRÖSSEREN DSCHUNGELS.**

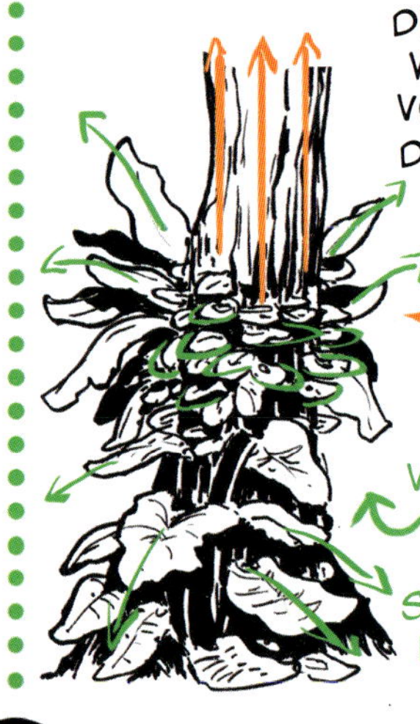

VIELFÄLTIGE GRUPPE FÜR STÄRKEREN KONTRAST

GIB SEHR KLEINEN CLUSTERN EINHEITLICHE RICHTUNG.

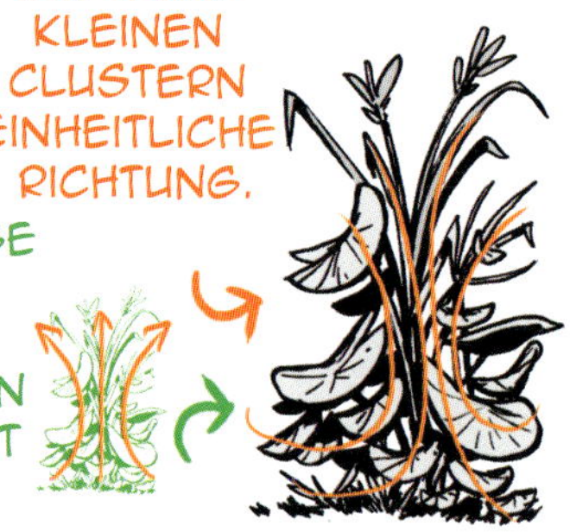

TUTORIAL #51

NUTZE ZUR **KOMPOSITION** DEINER PFLANZEN-GRUPPEN **NICHT MEHR ALS DREI** HAUPTPFLANZEN-/BAUMARTEN.

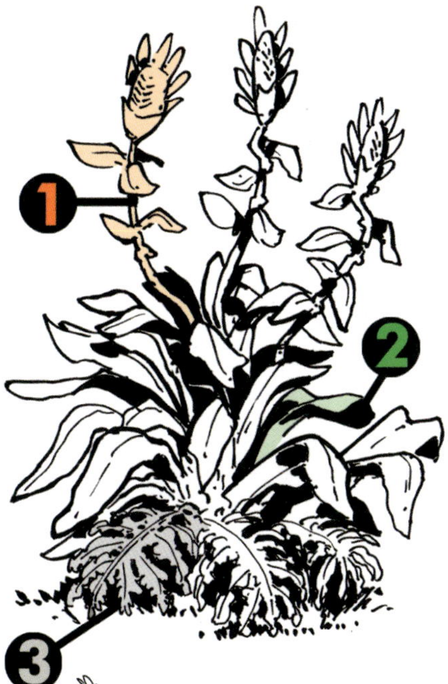

FORMEN KONTRASTIEREN, SCHMÜCKEN, RAHMEN **UND** RUNDEN AB

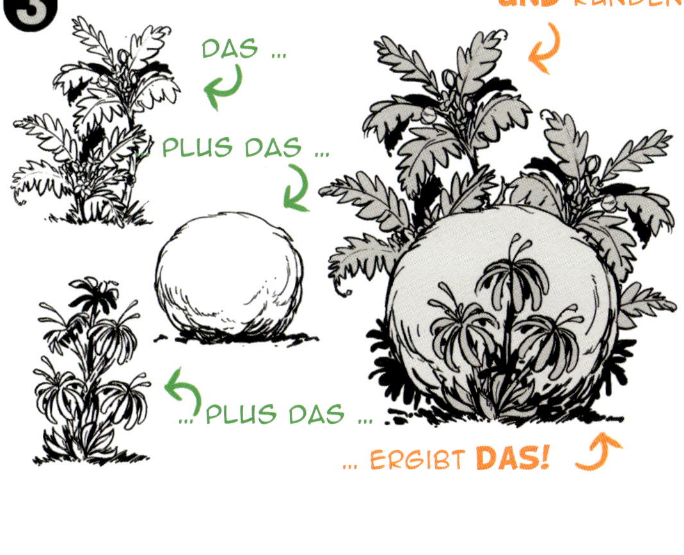

FÜGE SO VIELE **WEITERE** PFLANZENFORMEN DAZU, WIE DU MAGST, ABER DU SCHAFFST EINE **SOLIDERE FORMBASIS,** WENN DU DICH AUF DREI HAUPTPFLANZEN BESCHRÄNKST.

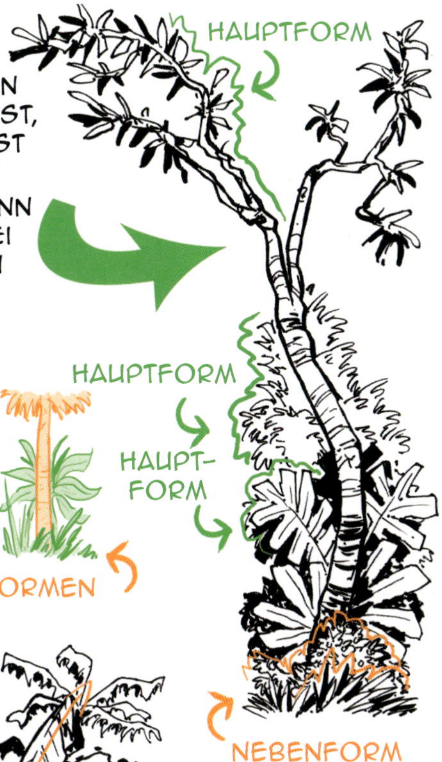

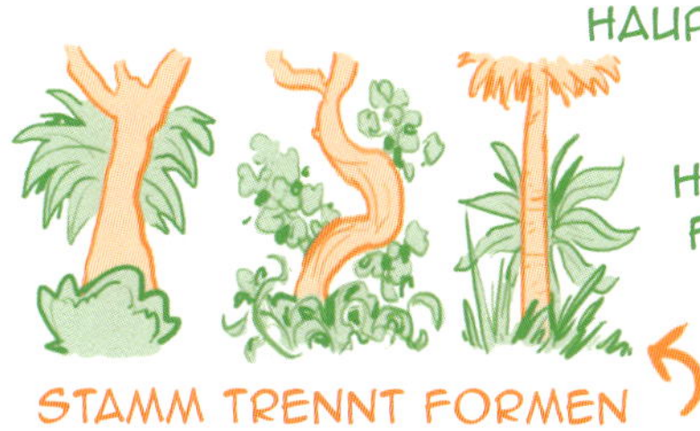

EIN **ZENTRALER FLUCHTPUNKT** INNERHALB DER GRUPPE, VON DEM AUS DIE PFLANZEN **AUFFÄCHERN,** IST EINE WEITERE MÖGLICHKEIT, DIE FORMEN MITEINANDER ZU VERKNÜPFEN.

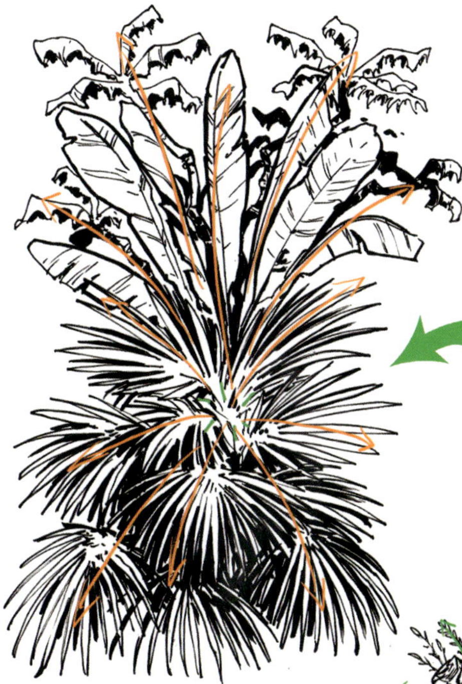

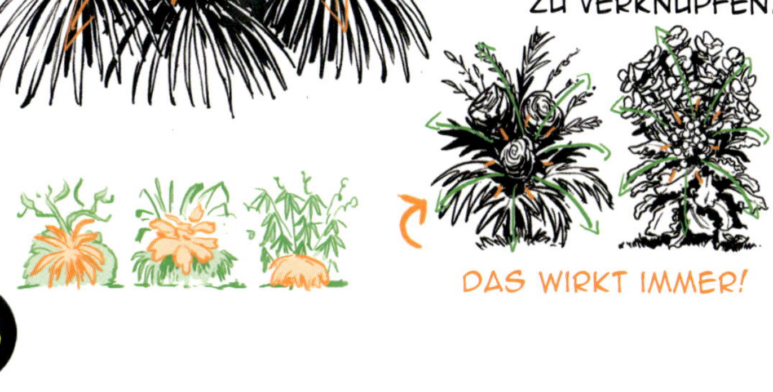

DSCHUNGEL-PFLANZEN

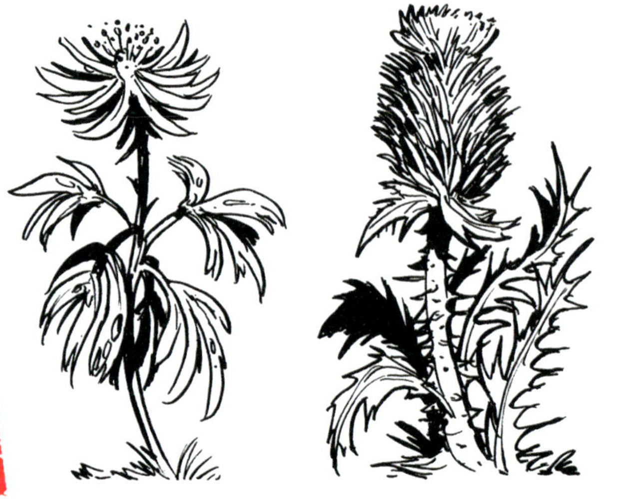

ANREGUNGEN!

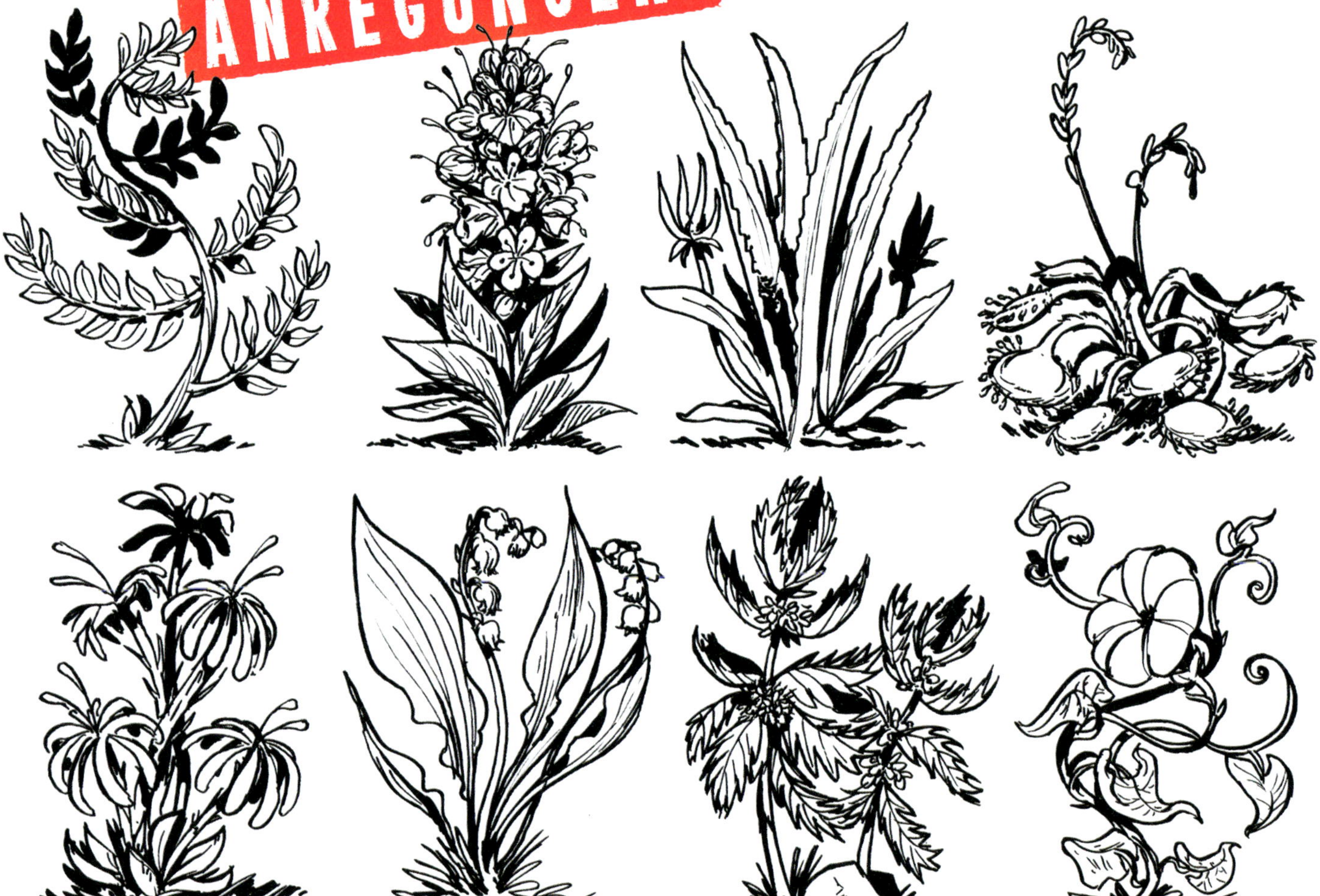

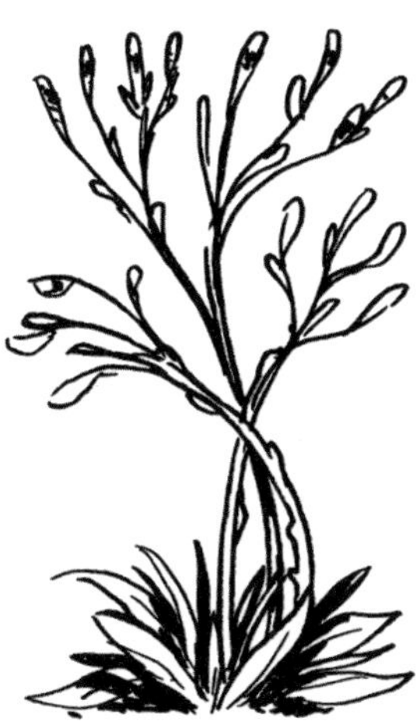
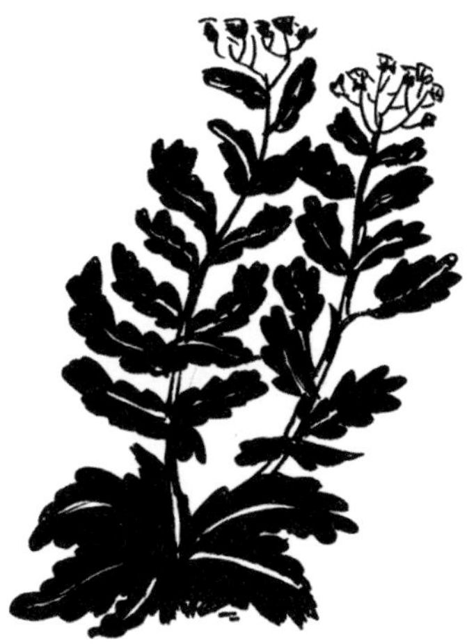
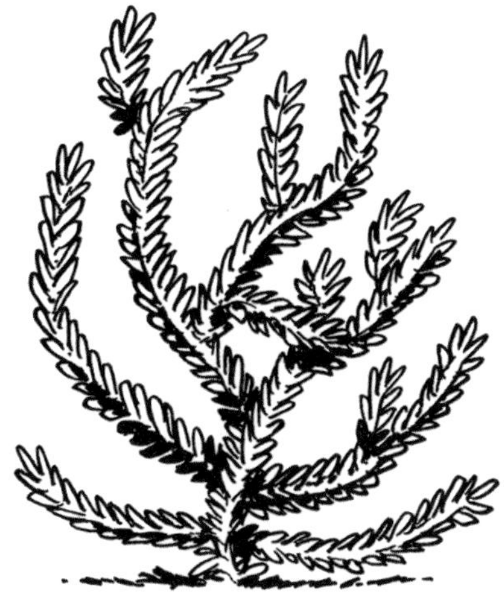
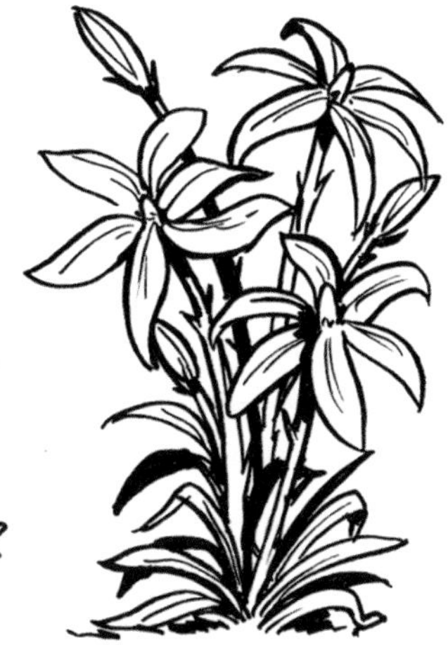
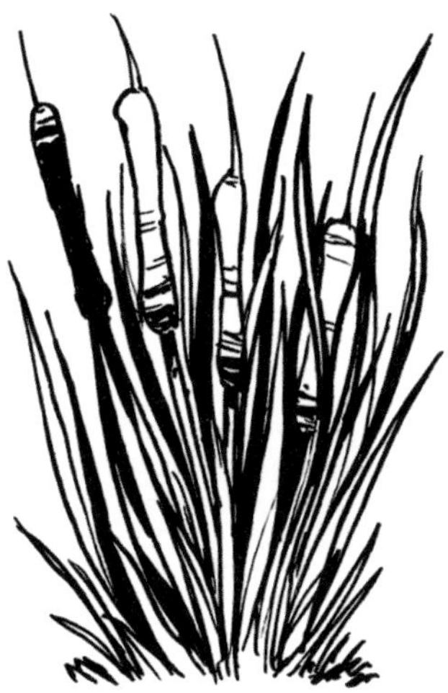
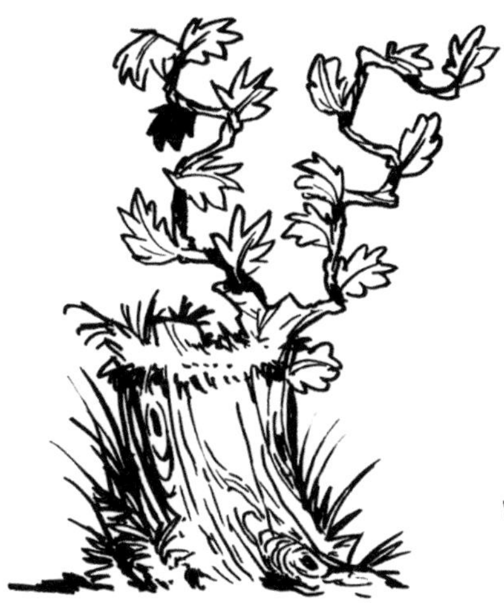
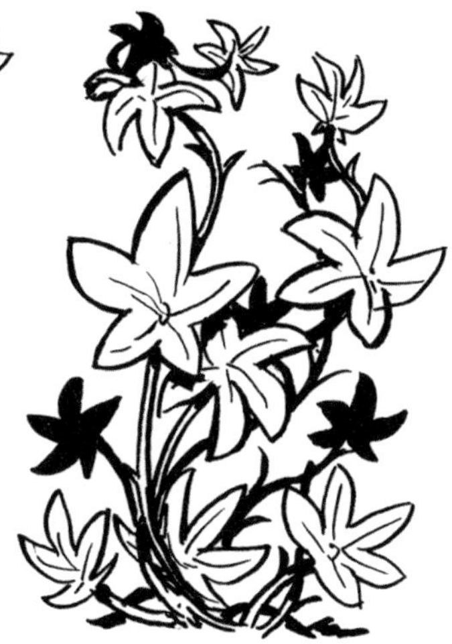
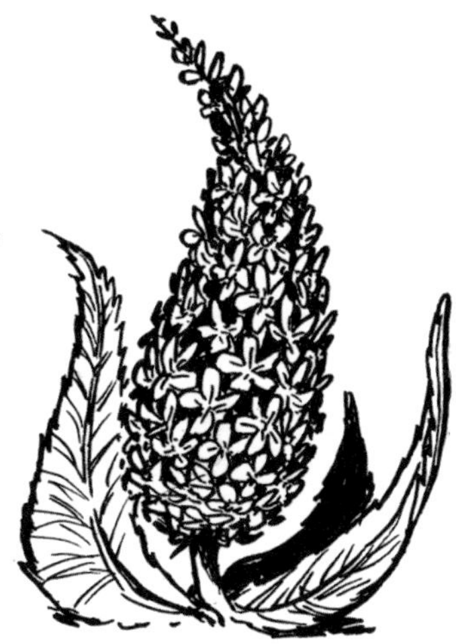
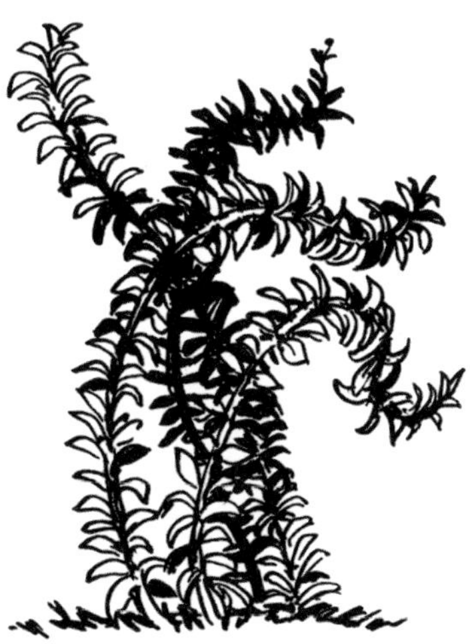
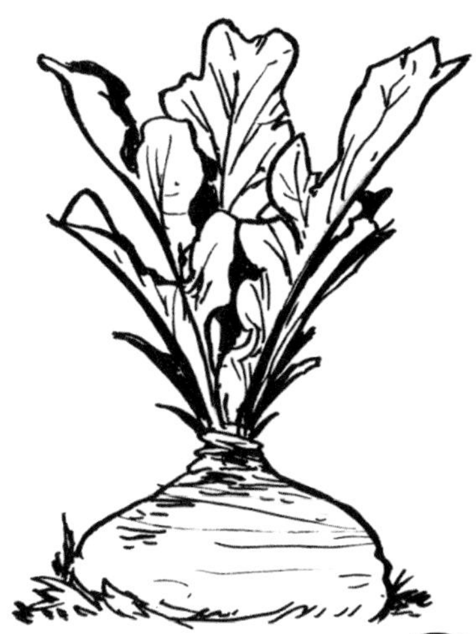
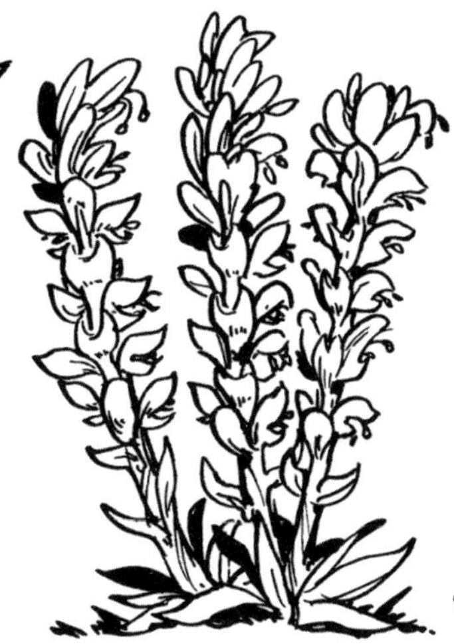
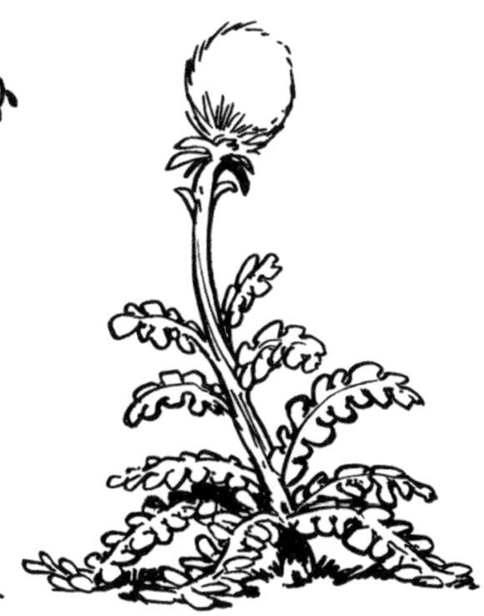

BAUM-RINDE

TEXTUR UND **KONTUR** VON **BAUMRINDE** KANN DEINEM BILDAUFBAU DYNAMISCHE LINIEN VERLEIHEN.

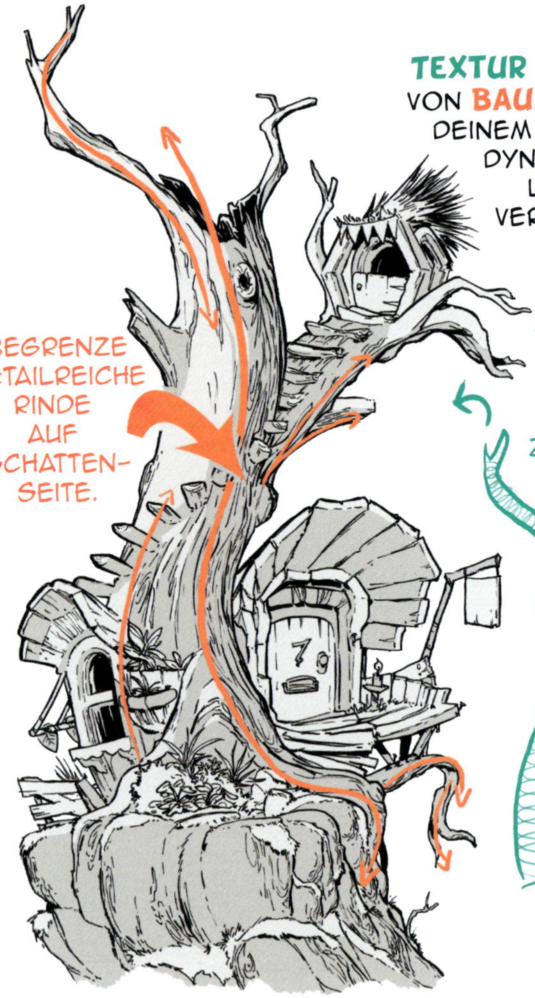

BEGRENZE DETAILREICHE RINDE AUF SCHATTENSEITE.

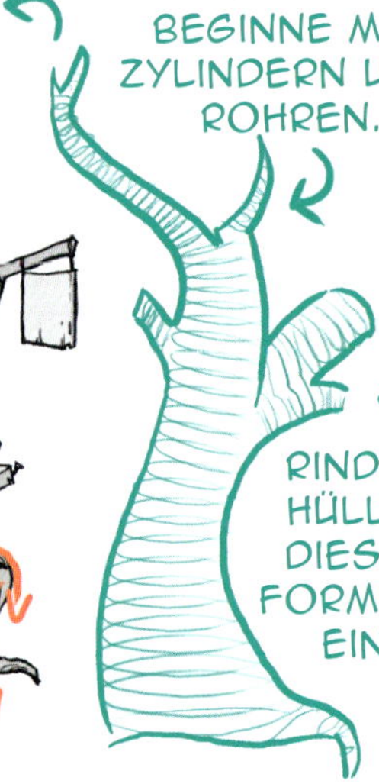

BEGINNE MIT ZYLINDERN UND ROHREN.

RINDE HÜLLT DIESE FORMEN EIN

EIN GUTER EINSTIEG IST DAS RINDENMUSTER DER **BIRKE,** DENN ES WINDET SICH **HORIZONTAL** UM DEN UMFANG DES STAMMS.

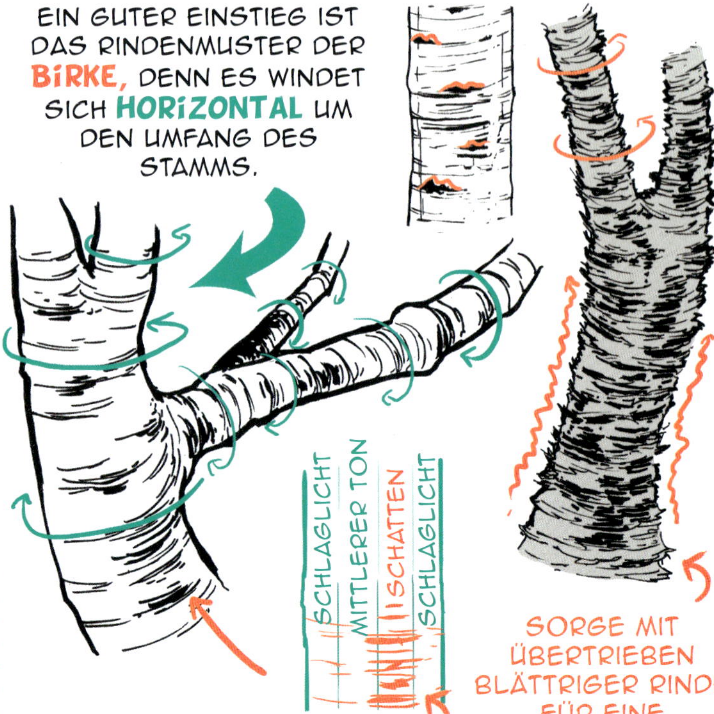

SCHATTEN ZEIGT SICH IM DRITTEN VIERTEL

SORGE MIT ÜBERTRIEBEN BLÄTTRIGER RINDE FÜR EINE ORIGINELLE TEXTUR.

DIE KNORRIGEN **VERTIKALEN RIPPEN** EINES STAMMS LASSEN SICH MIT EINEM **HORIZONTALEN** RINDENMUSTER GUT HERAUSARBEITEN.

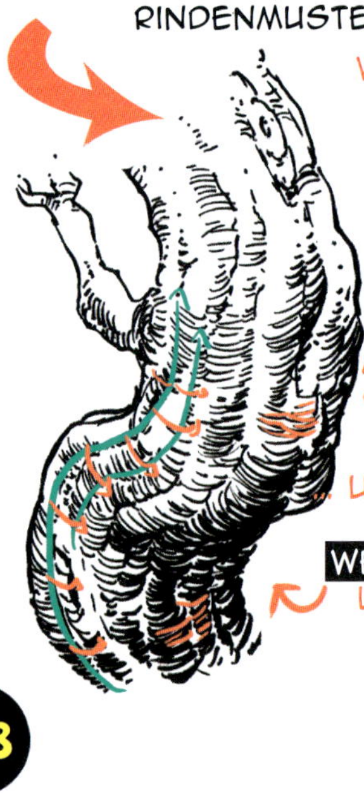

WECHSEL BEI DER DARSTELLUNG DER RINDE VON HELL NACH **DUNKEL.**

WIE LOCKERE MÜNZSTAPEL

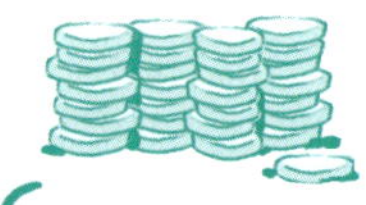

HIER IST DIE RINDE MIT SCHWARZEN LINIEN DARGESTELLT …

… UND HIER MIT **WEISSEN** LINIEN.

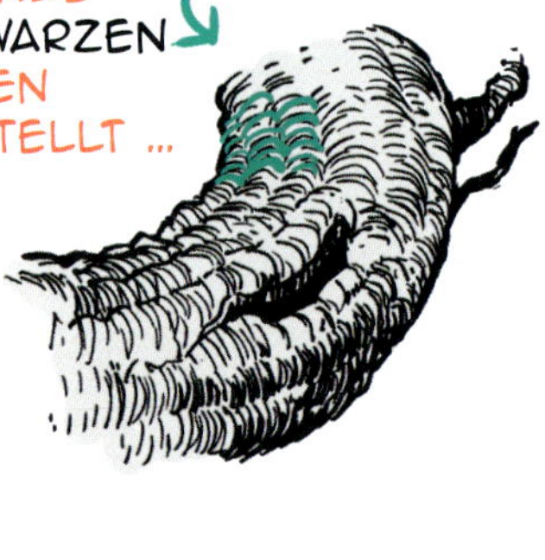

TUTORIAL #52

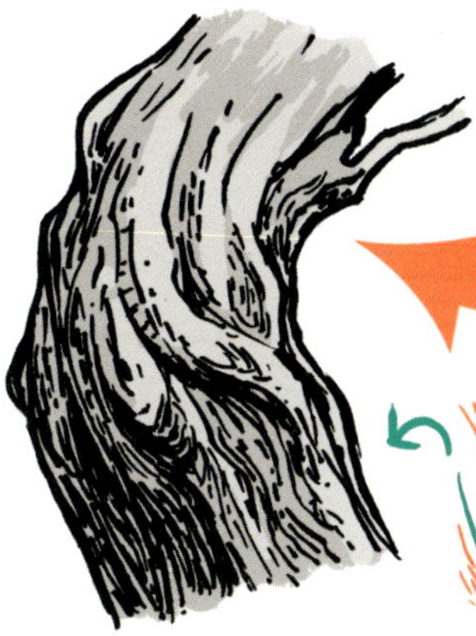

FEINE RINDENMUSTER KANNST DU WIE DIE MASERUNG VON **HOLZ ZEICHNEN.**

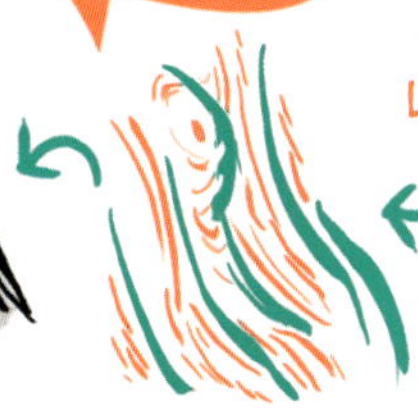

BREITE PRIMÄRSTRICHE UND SCHMALERE, SEKUNDÄRE »SCHWÜNGE«.

BEI BÄUMEN WIE EICHEN SIND DIE RINDENRIPPEN **HORIZONTAL DURCHBROCHEN.**

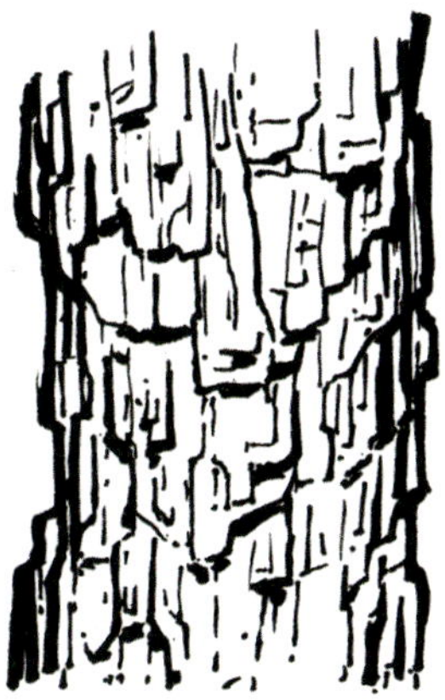

1. ZEICHNE WAHLLOS EINIGE SENKRECHTEN.

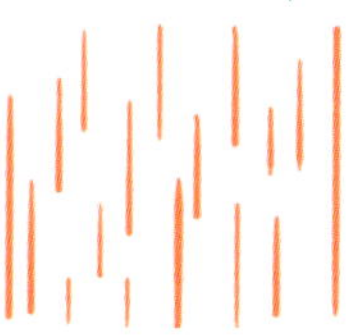

2. VERBINDE SIE WAAGERECHT ODER DIAGONAL.

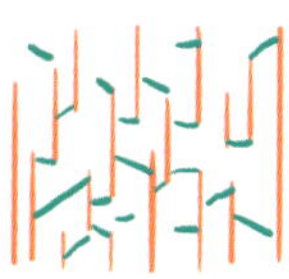

3. BETONE DIE FORM MIT SCHATTEN.

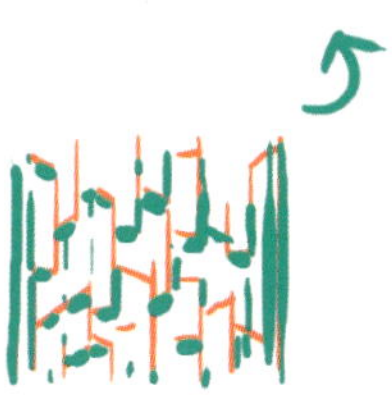

IST EIN BAUM BESONDERS **KNOTIG,** BESCHREIBE DIESE FORMEN, INDEM DU DAS RINDENMUSTER PUNKTUELL **KONZENTRIERST.**

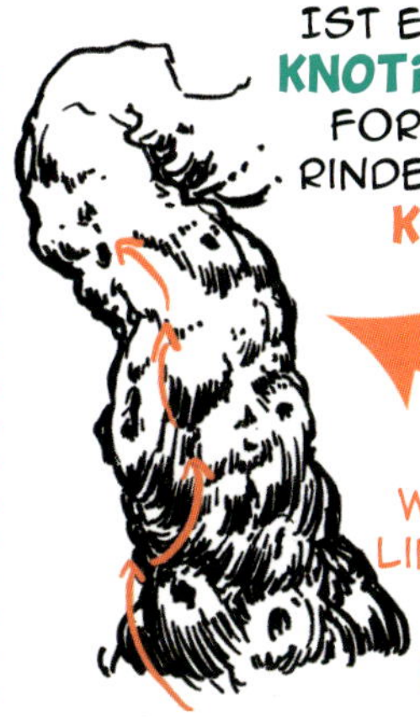

RINDE LÄUFT WIE WASSER DEN STAMM HERUNTER

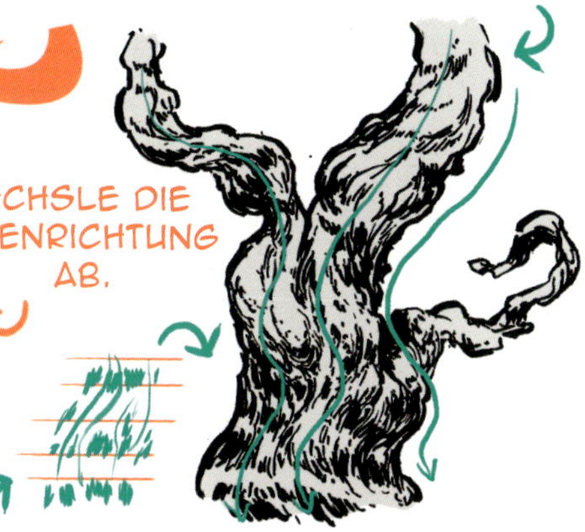

EIN **GEDREHTER** BAUMSTAMM SORGT BEI DER RINDE FÜR VERSCHIEDENE **INTERESSANTE** BEREICHE.

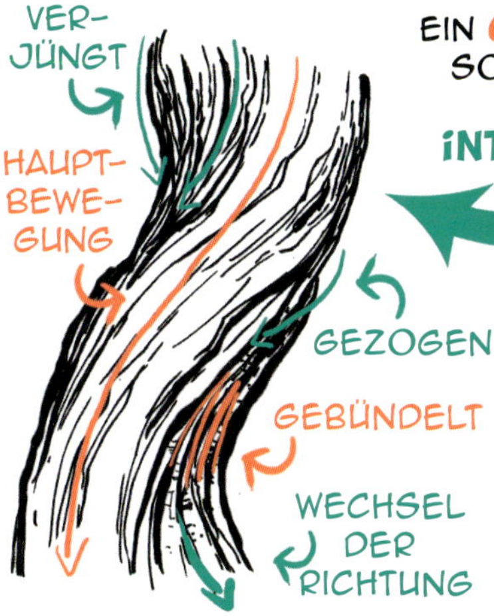

ZUM ÜBEN:
VERDREHE EIN HANDTUCH UND ACHTE DARAUF, WIE UNTERTEILUNGEN UND HOHLRÄUME IN DEN FALTEN ENTSTEHEN.

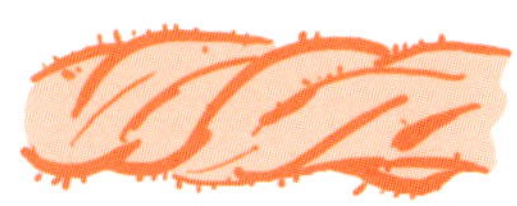

LEGE STAMMABSCHNITTE MIT **ABBLÄTTERNDER RINDE FREI.**

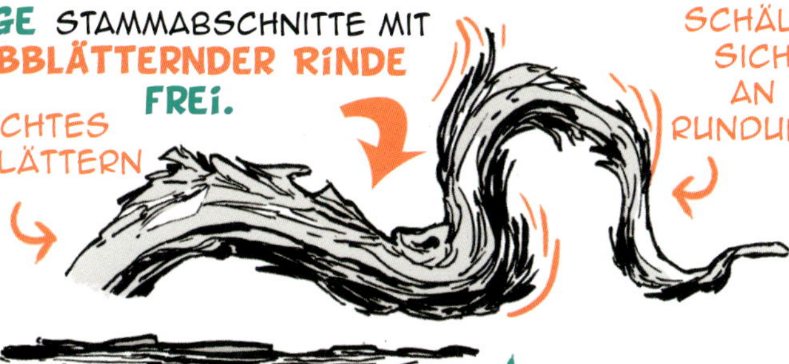

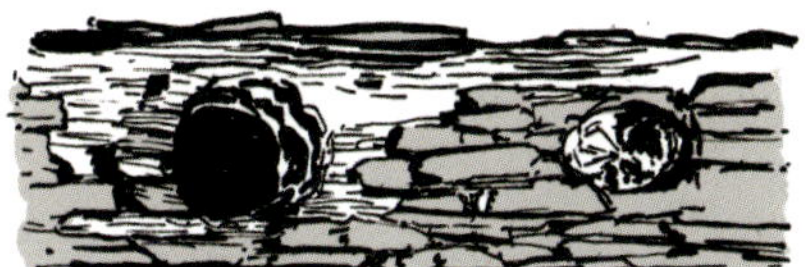

BAUM-WURZELN

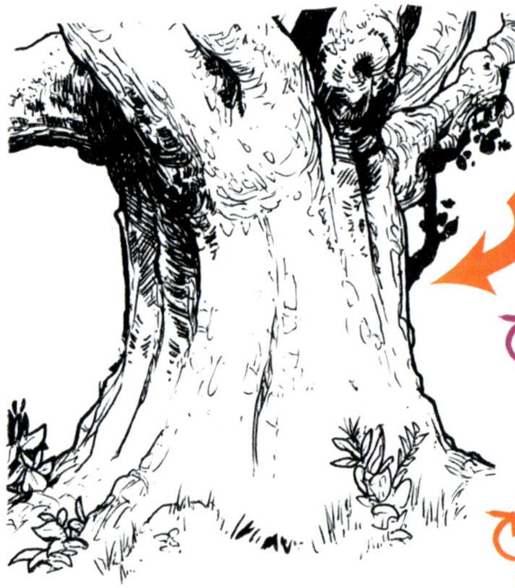

DIE MEISTEN BÄUME VERSTECKEN IHRE WURZELN **UNTER DER ERDE,** ABER WIR MÖCHTEN **SIE ZEIGEN!**

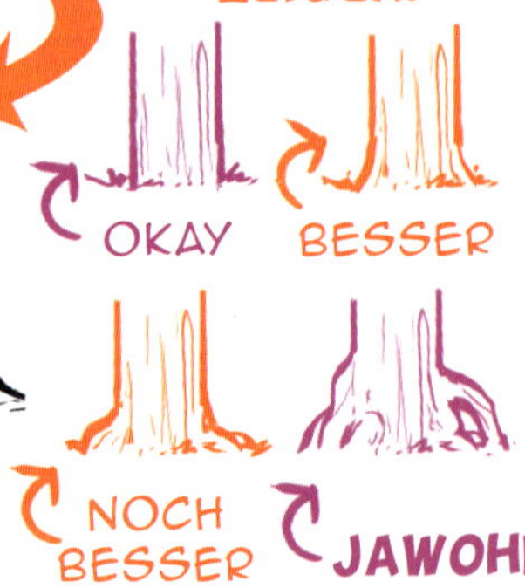

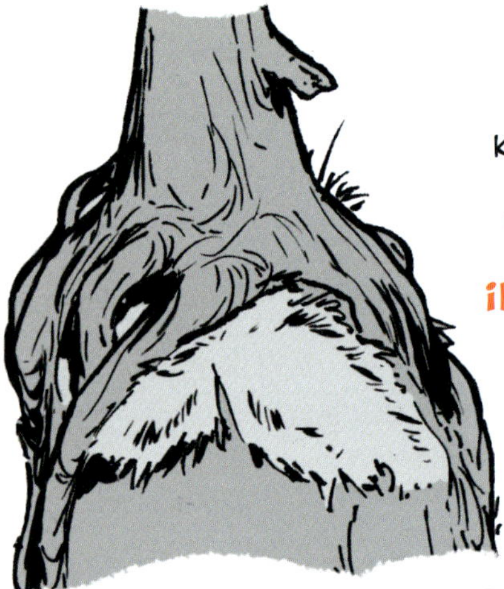

DU KANNST **BAUMWURZELN** KREATIV NUTZEN, UM EINE WALD- ODER DSCHUNGELSZENE **OPTISCH** VIEL **INTERESSANTER** ZU GESTALTEN.

DAS WURZELSYSTEM IST WIE EIN **SPIEGELBILD** DER **BAUMKRONE,** NUR ETWAS KLEINER UND MIT KOMPAKTEREN HAUPTWURZELSTRÄNGEN.

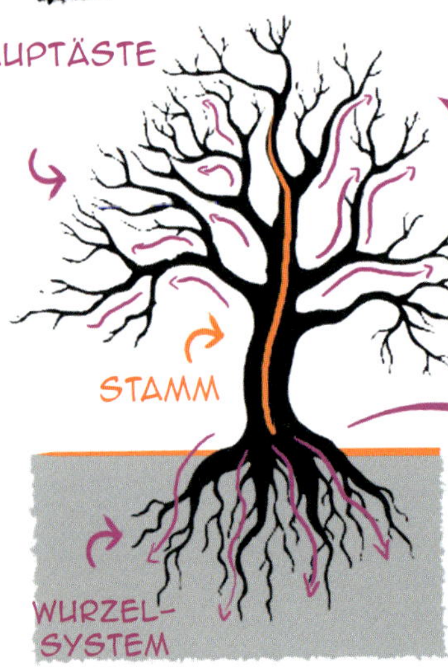

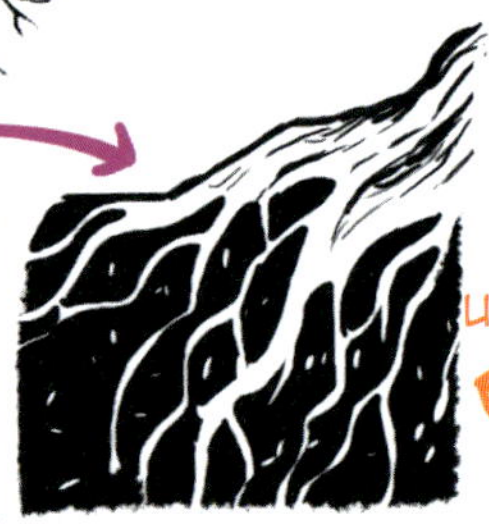

KLEINERE WURZELN SETZEN UNMITTELBAR AN.

STELL DIR VOR, DASS DER **BODEN** UNTER DEINEM BAUM **ABGETRAGEN IST.**

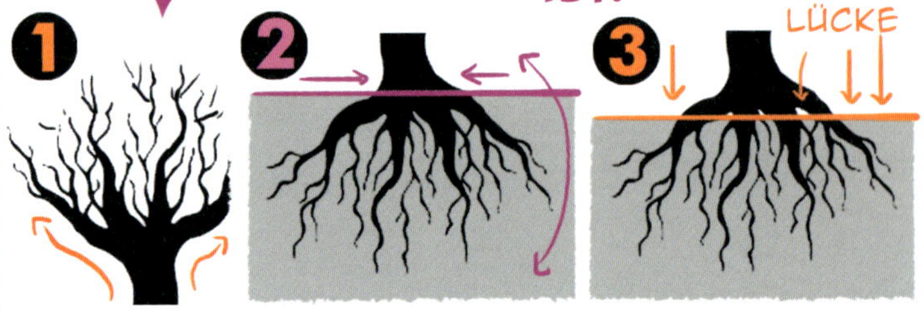

1. ZEICHNE EIN PAAR HAUPTÄSTE.
2. DREHE DAS BILD AUF DEN KOPF UND ZIEH DIE BODENLINIE AM STAMMENDE.
3. SENKE DEN BODEN AB, BIS KLEINE LÜCKEN UNTER WURZELN SICHTBAR WERDEN.
4. BEACHTE DIE FORM: ES SIND ALLES RÖHREN!

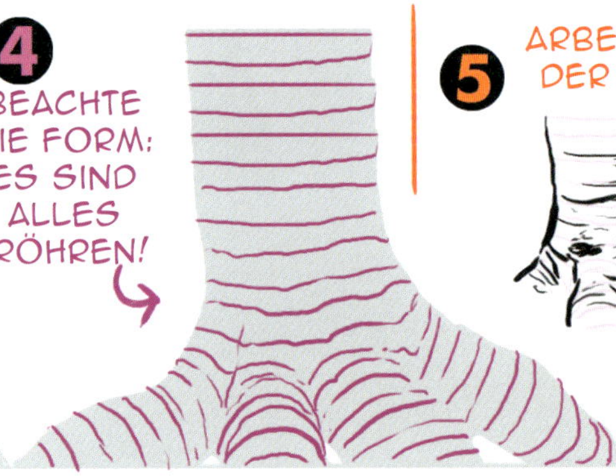

5. ARBEITE DETAILS DER RINDE AUS.

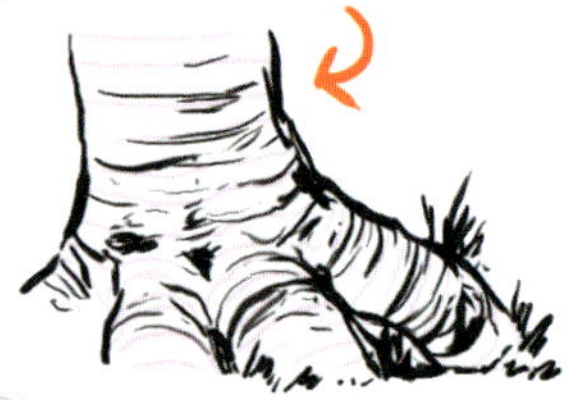

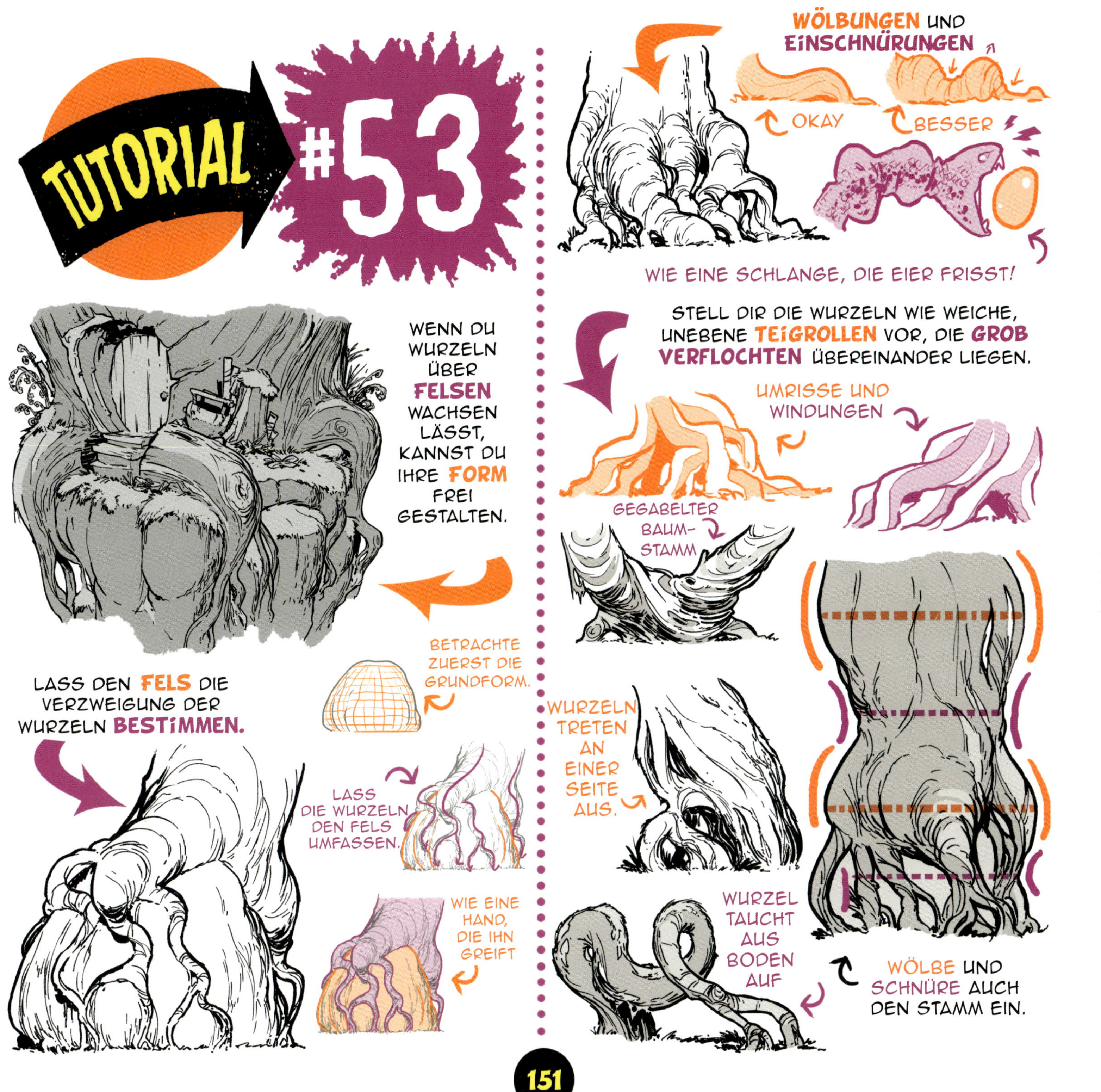
TUTORIAL #53
WENN DU WURZELN ÜBER FELSEN WACHSEN LÄSST, KANNST DU IHRE FORM FREI GESTALTEN.
BETRACHTE ZUERST DIE GRUNDFORM.
LASS DEN FELS DIE VERZWEIGUNG DER WURZELN BESTIMMEN.
LASS DIE WURZELN DEN FELS UMFASSEN.
WIE EINE HAND, DIE IHN GREIFT
WÖLBUNGEN UND EINSCHNÜRUNGEN
OKAY
BESSER
WIE EINE SCHLANGE, DIE EIER FRISST!
STELL DIR DIE WURZELN WIE WEICHE, UNEBENE TEIGROLLEN VOR, DIE GROB VERFLOCHTEN ÜBEREINANDER LIEGEN.
UMRISSE UND WINDUNGEN
GEGABELTER BAUM-STAMM
WURZELN TRETEN AN EINER SEITE AUS.
WURZEL TAUCHT AUS BODEN AUF
WÖLBE UND SCHNÜRE AUCH DEN STAMM EIN.

BÄUME

ANREGUNGEN!

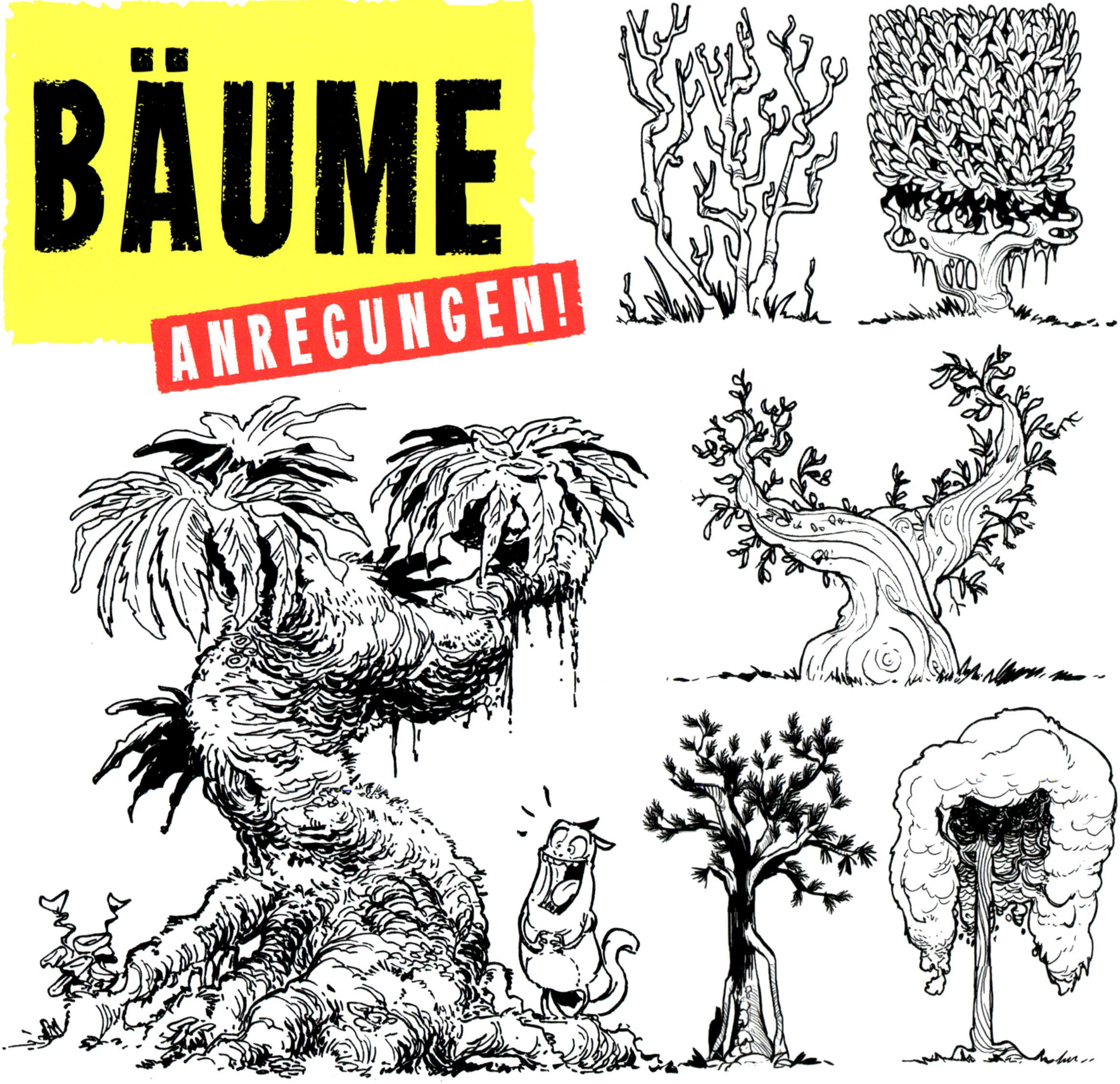

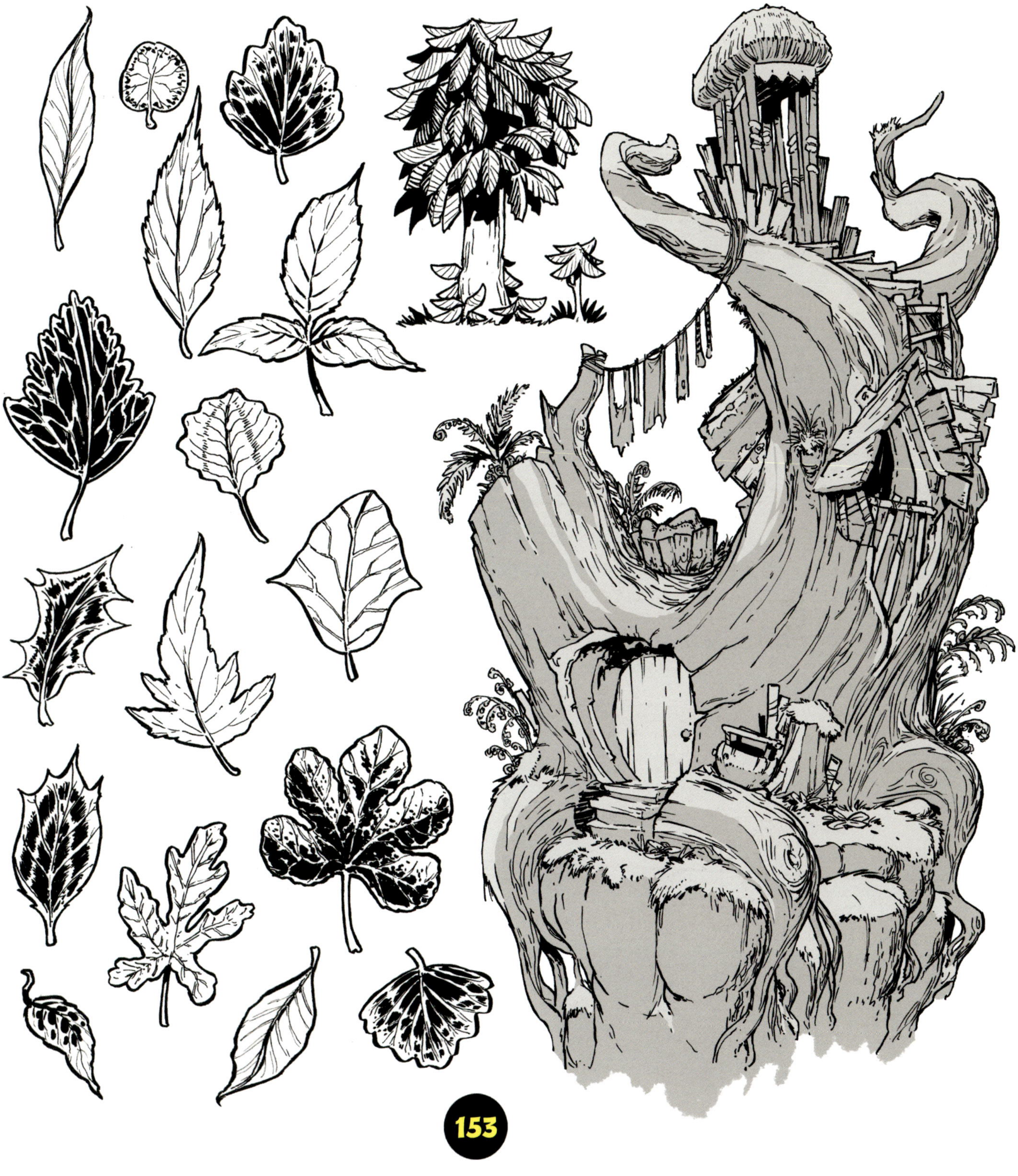

EDELSTEINE & KRISTALLE

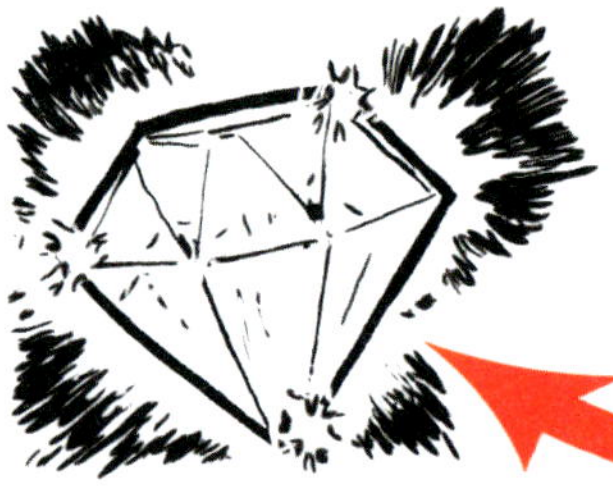

EDELSTEINE UND KRISTALLE ZEICHNEN SICH OFT DURCH IHRE **GEOMETRISCHEN** FORMEN UND MUSTER AUS.

BEIM SCHLEIFEN ERHALTEN DIE STEINE SCHARFE **KANTEN**, AN DENEN DIE **FLÄCHEN DER HAUPTFORM** ANEINANDER ANGRENZEN UND DIE DIE HAUPTFORM UNTERTEILEN.

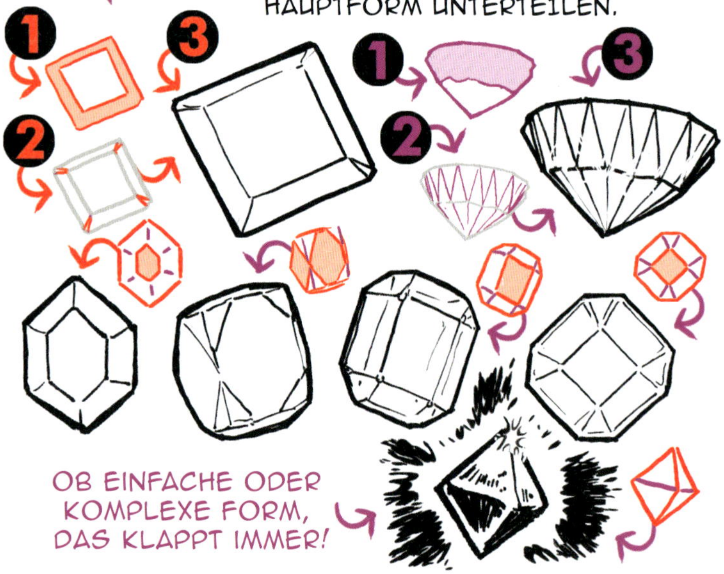

SO KANNST DU **UNGLEICHMÄSSIGERE, GRÖBERE** EDELSTEINE ENTWERFEN:

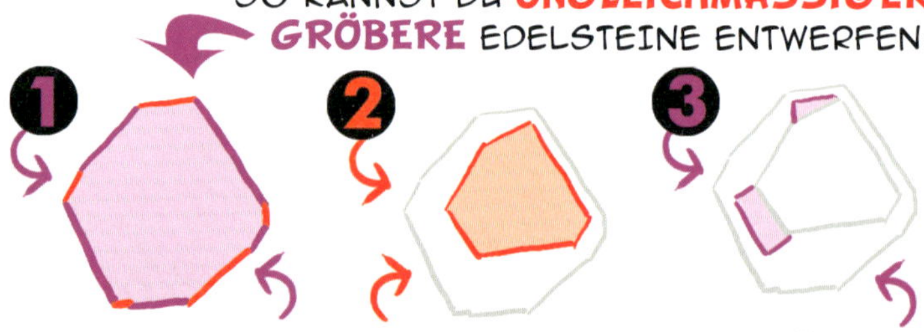

1. ZEICHNE EINE FORM MIT MEHREREN, UNTERSCHIEDLICH LANGEN SEITEN.
2. LEGE DARIN – ABER NICHT MITTIG – EINE KLEINERE FORM MIT WENIGER SEITEN AN.
3. FÜGE MEHRERE KLEINERE FORMEN AN.

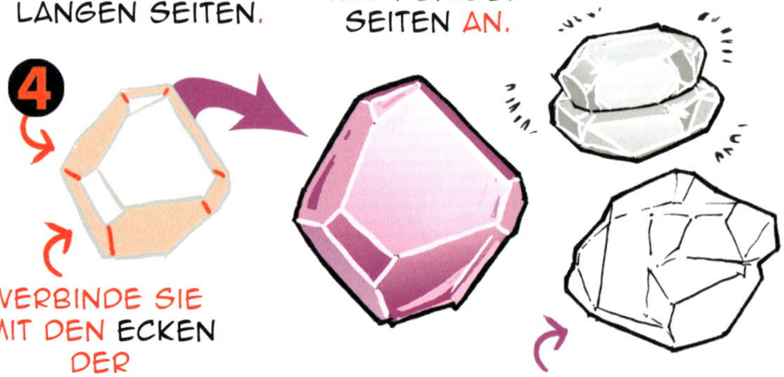

4. VERBINDE SIE MIT DEN ECKEN DER ÄUSSEREN FORM.

FÜGE FÜR EINEN NATÜRLICHEN MINERAL-LOOK NOCH MEHR INNERE FORMATIONEN EIN.

MANCHE KRISTALLE WACHSEN IN **SÄULENFORM.**

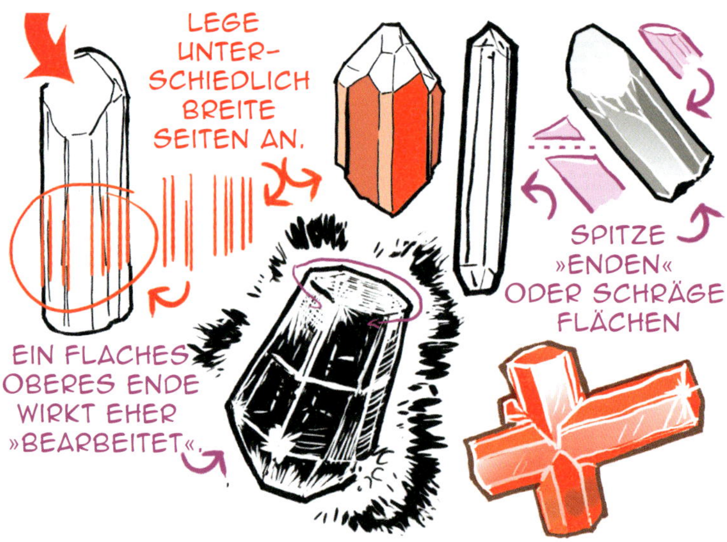

TUTORIAL #54

AUFGRUND IHRER FÄRBUNG SIND VIELE EDELSTEINE **NICHT VÖLLIG DURCHSICHTIG.** DADURCH UNTERSCHEIDEN SIE SICH IN DER **LICHTDURCHLÄSSIGKEIT** EIN WENIG VON GLASS.

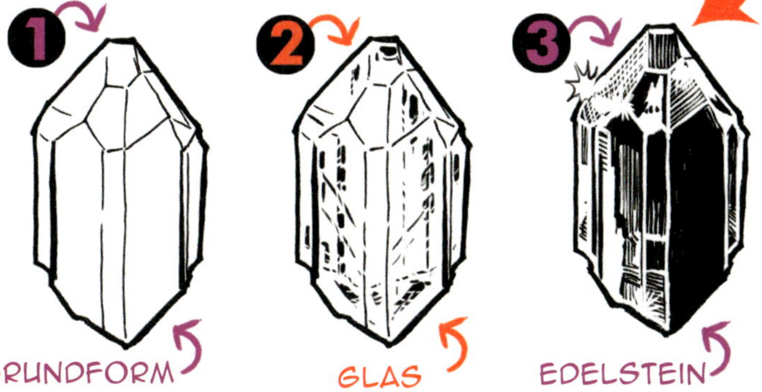

VERTEILUNG DER FARBTÖNE: ETWA 1/3 **SCHATTEN,** 1/3 **MITTELTÖNE,** 1/3 **GLANZLICHTER**

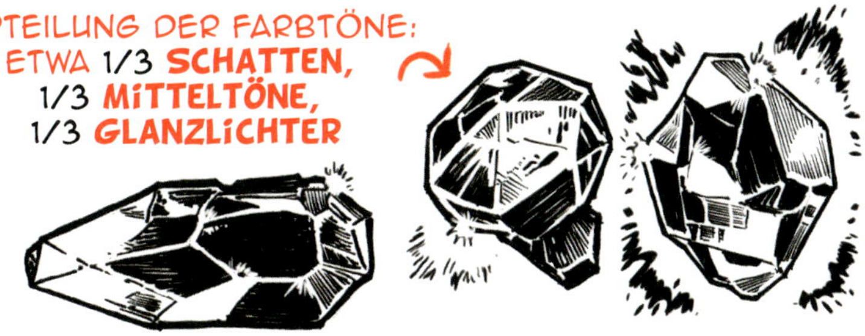

LOOK!

INNERE LINIEN SIND **WEISS!**

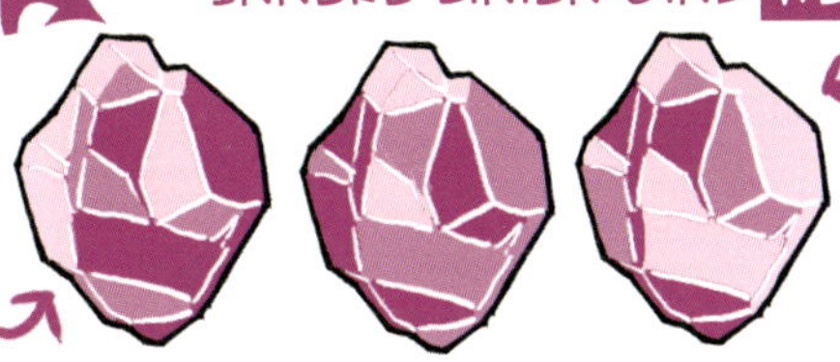

GLANZLICHTER UND SCHATTEN LASSEN SICH FAST WAHLLOS VERTEILEN!

KRISTALLE WACHSEN HÄUFIG ZU MEHREREN **SÄULEN** ODER **SCHERBENÄHNLICHEN** GRUPPEN.

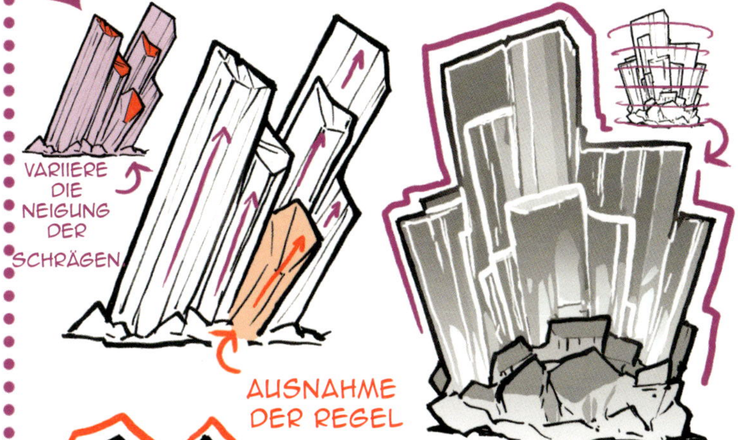

GLEICHE WINKEL:

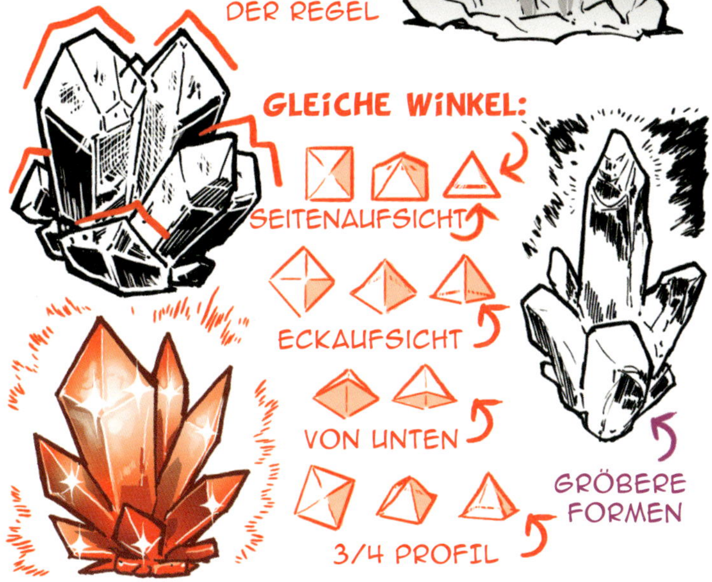

HIER **EIN PAAR MEHR FORMEN** ZUM AUSPROBIEREN:

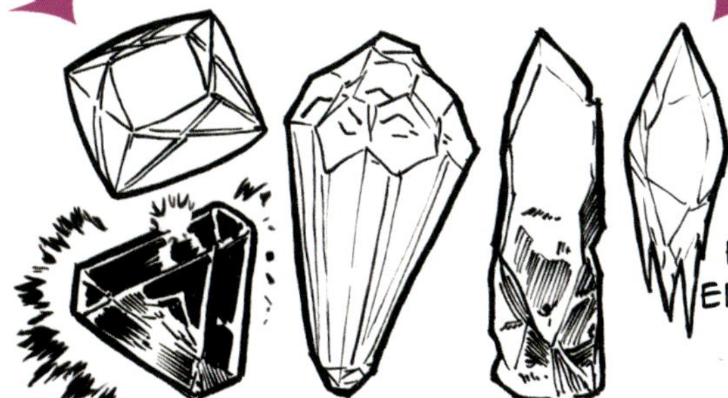

WIE DU **GLÜHENDE OBJEKTE** ZEICHNEN KANNST, ERFÄHRST DU IN EINEM **SPÄTEREN BUCH!**

FELS-FORMATIONEN

DAMIT EINE FELSFORMATION INTERESSANT WIRKT, MUSS SIE **ABWECHSLUNGSREICH** UND **NICHT** ZU **ORDENTLICH** SEIN.

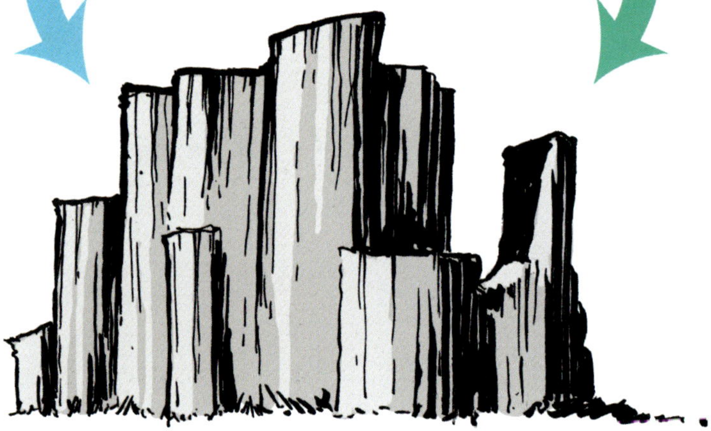

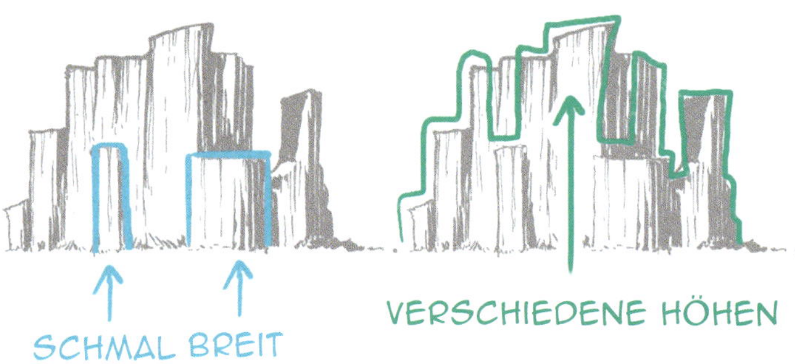

STAPELE FORMATIONEN NACH DEM **ZICK-ZACK-PRINZIP.**

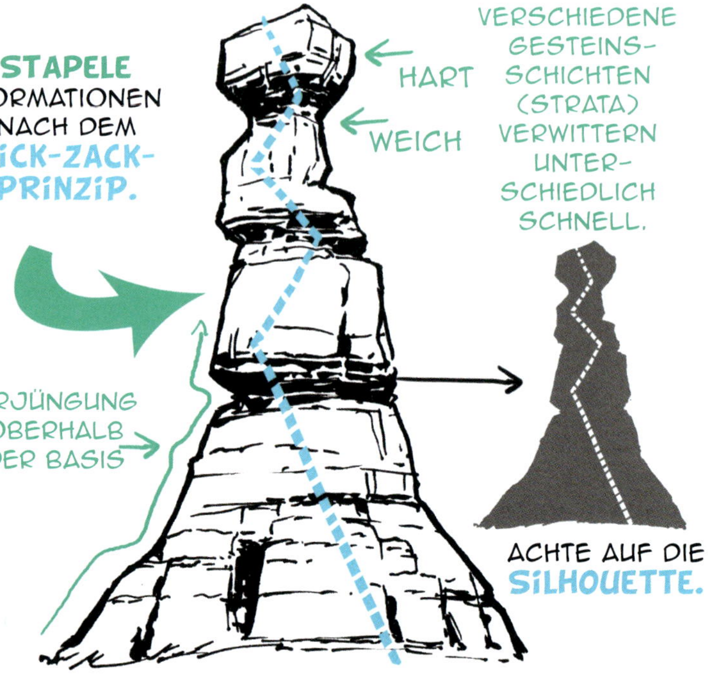

VARIIERE DIE **DICKE** UND **NEIGUNG** DER EINZELNEN SCHICHTEN.

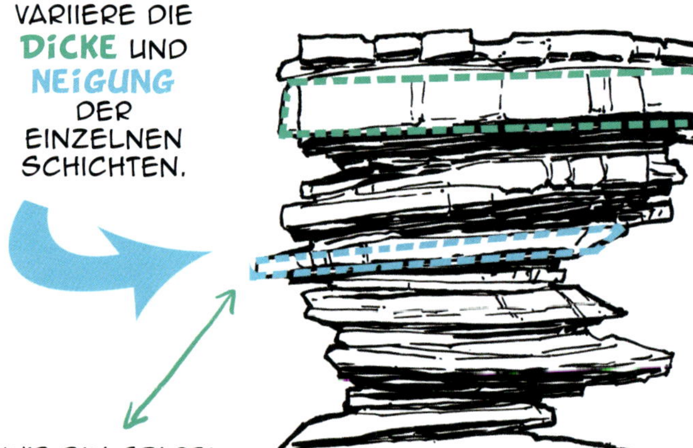

WIE EIN STAPEL NICHT PASSENDER **TELLER** UND **SCHÜSSELN**

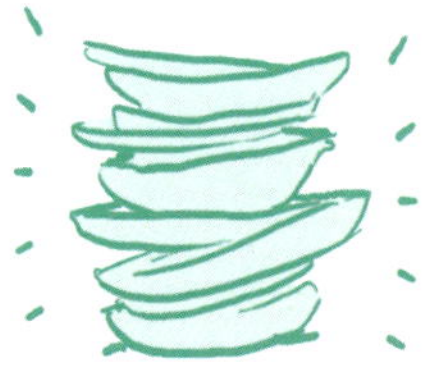

OBERFLÄCHE REISST **(MOSAIK)** BEI EROSION AN **FLANKE**

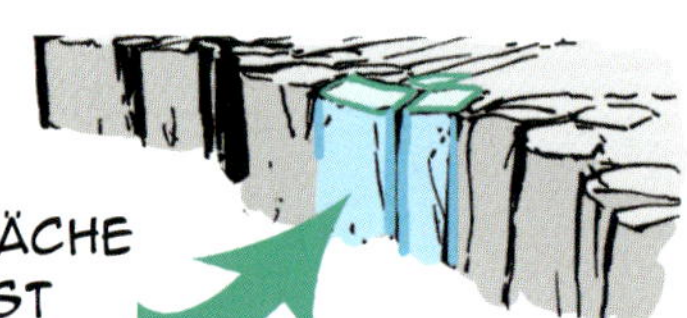

TUTORIAL #55

NEIGE **FINDLINGE** IN VERSCHIEDENEN **WINKELN.**

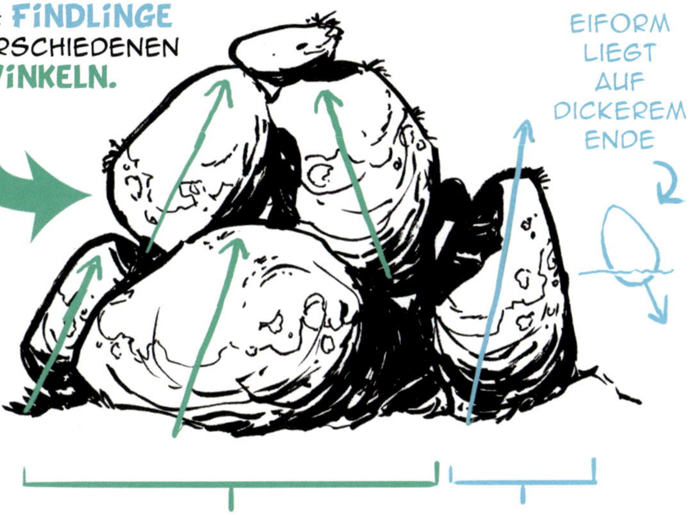

FINDLINGE RUHEN **IM** BODEN, **NICHT** DARAUF.

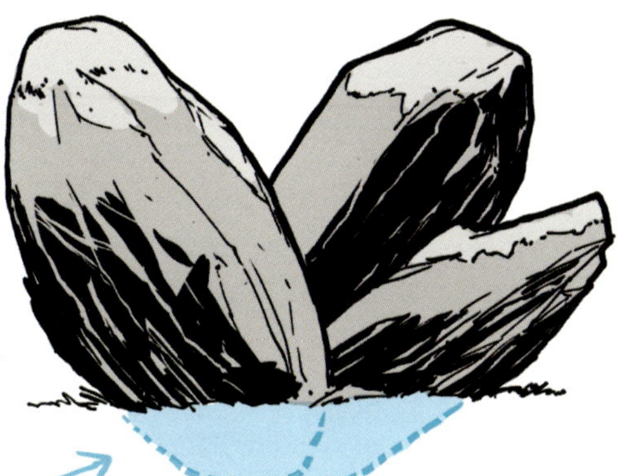

WIE EIN UMGEKEHRTER EISBERG

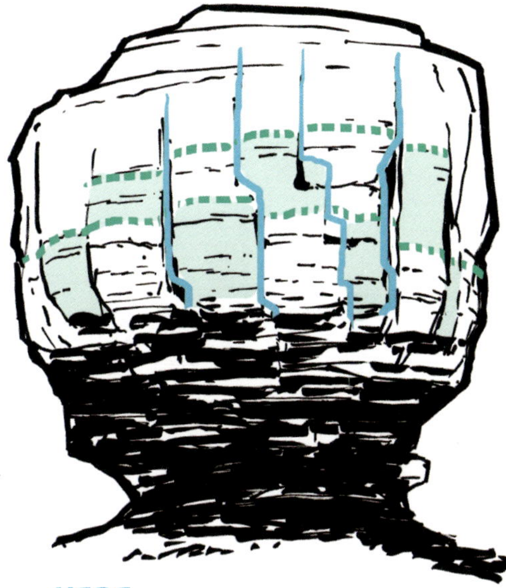

ÜBERLEG DIR, WIE DIE VERTIKALEN LINIEN DER RISSE DIE **HORIZONTALEN** LINIEN DER **SCHICHTEN** DURCHSCHNEIDEN UND SO DIE **FELSFLANKE** UNTERTEILEN.

HEBE EINZELNE BEREICHE **AN.**

OKAY

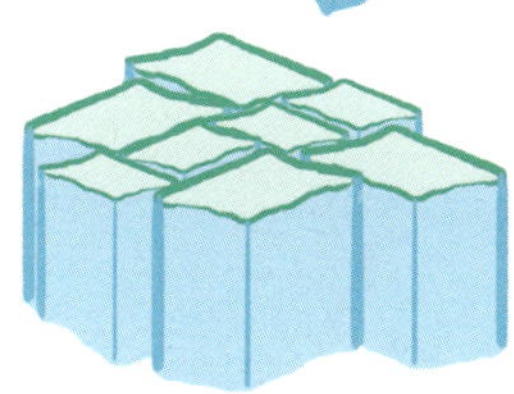

BESSER

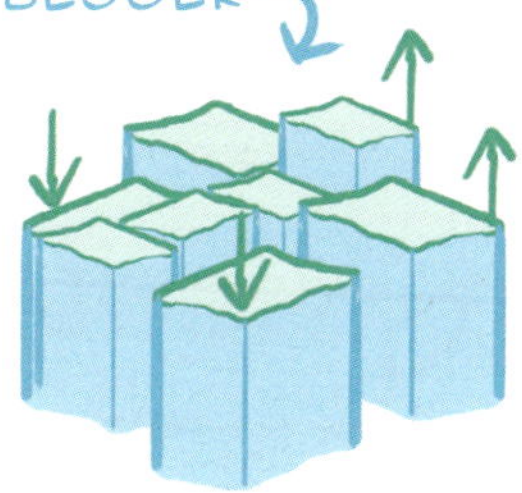

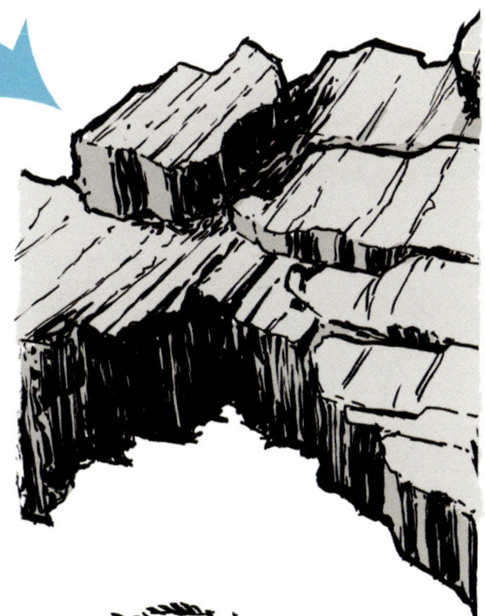

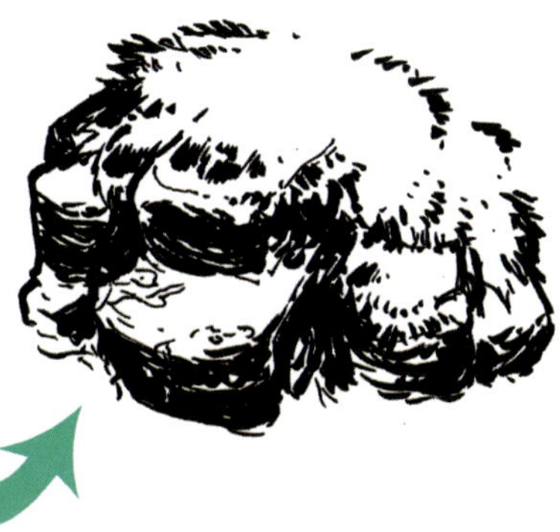

PFLANZEN HELFEN, DIESE **MASSIVEN FORMATIONEN** NOCH DEUTLICHER DARZUSTELLEN.

FELSEN

ANREGUNGEN!

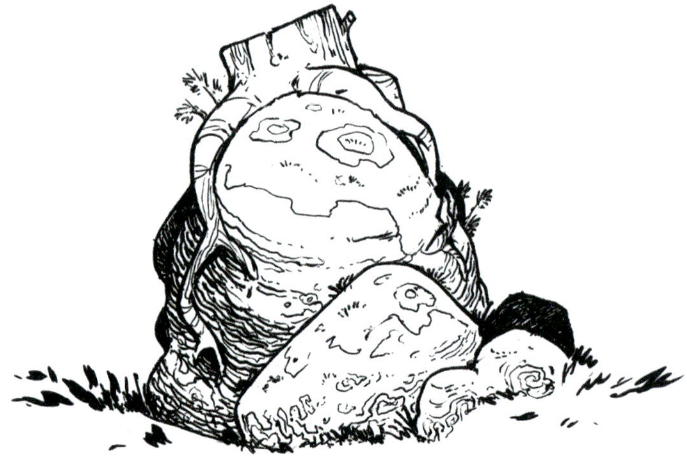

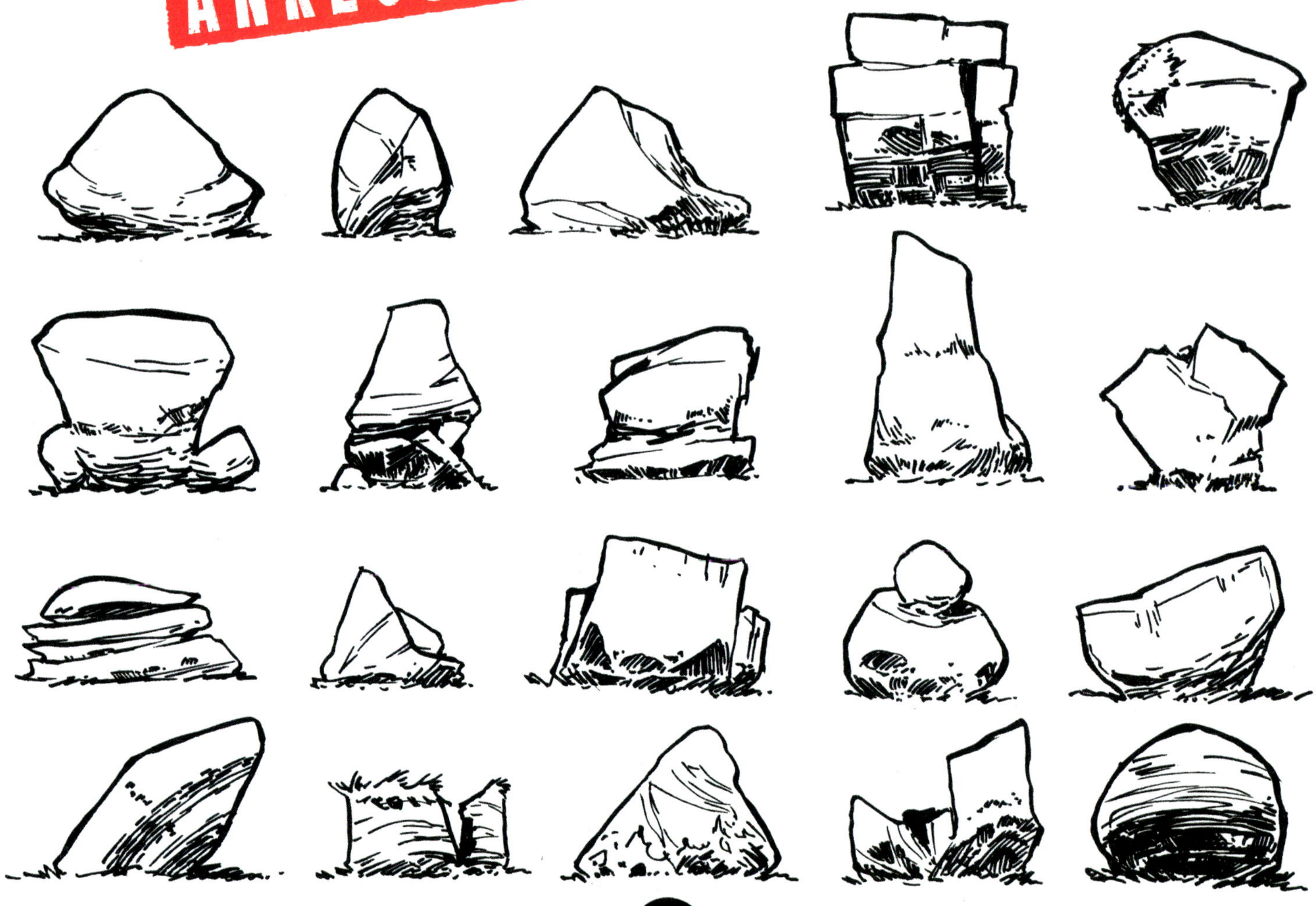

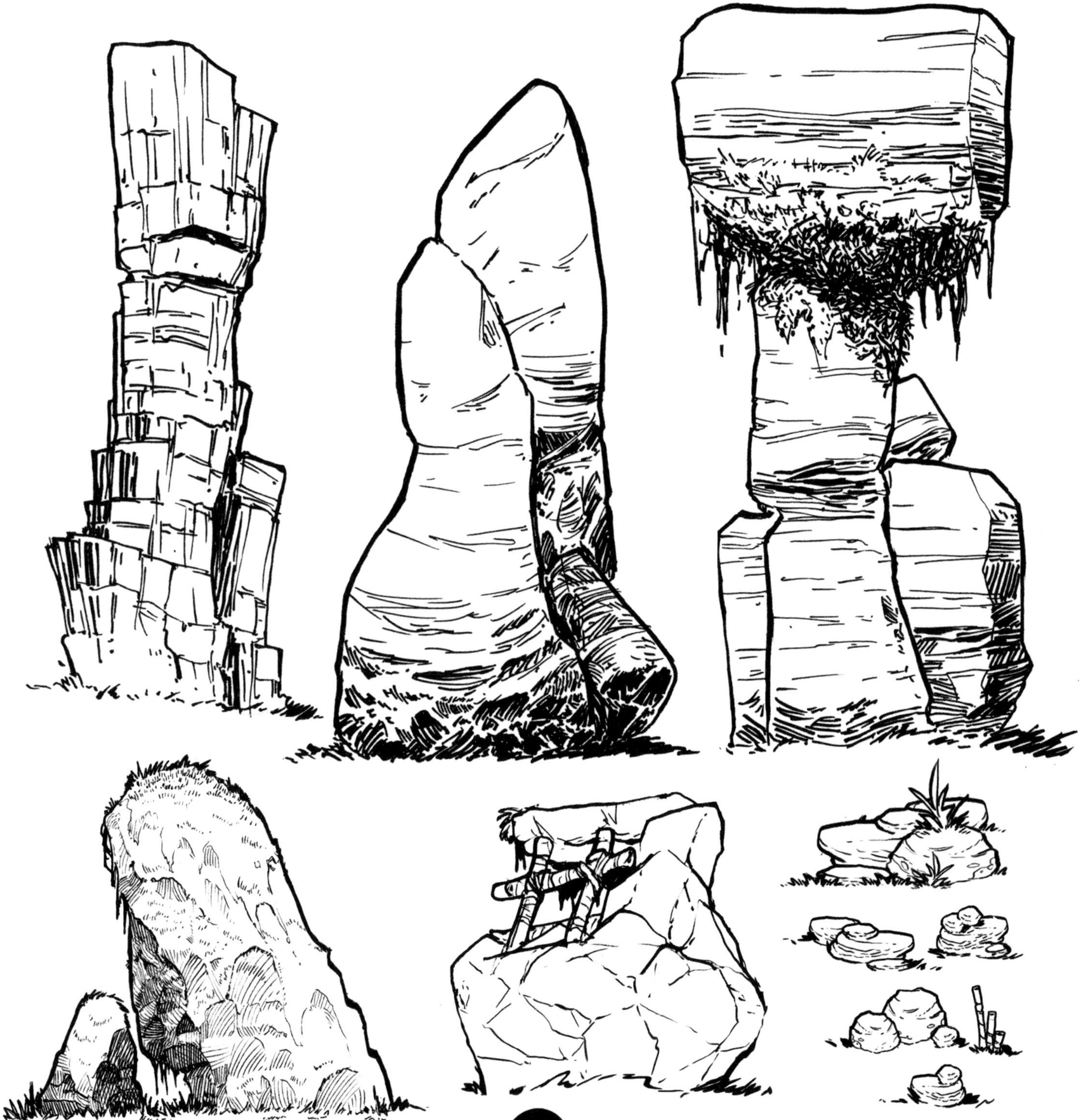

HÖHLEN

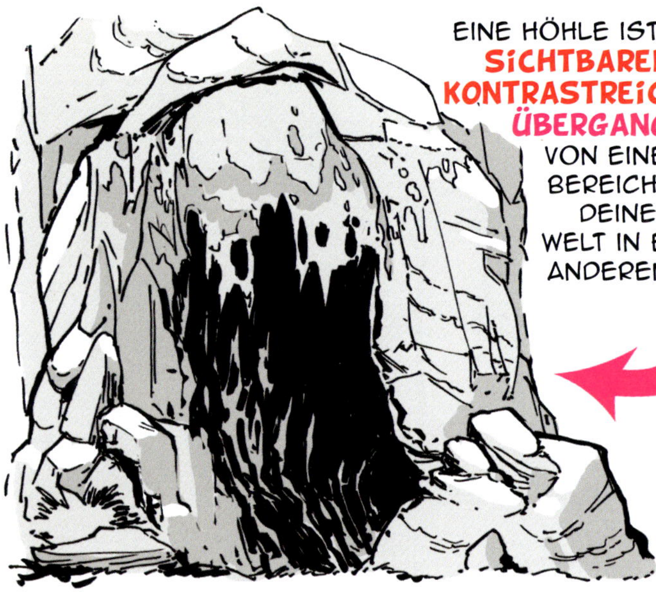

EINE HÖHLE IST EIN **SICHTBARER, KONTRASTREICHER ÜBERGANG** VON EINEM BEREICH DEINER WELT IN EINEN ANDEREN.

DURCH BETONUNG DES KONTRASTS ZWISCHEN **HELL UND DUNKEL** KANNST DU DIE HÖHLE ALS **FOKUS** FESTLEGEN.

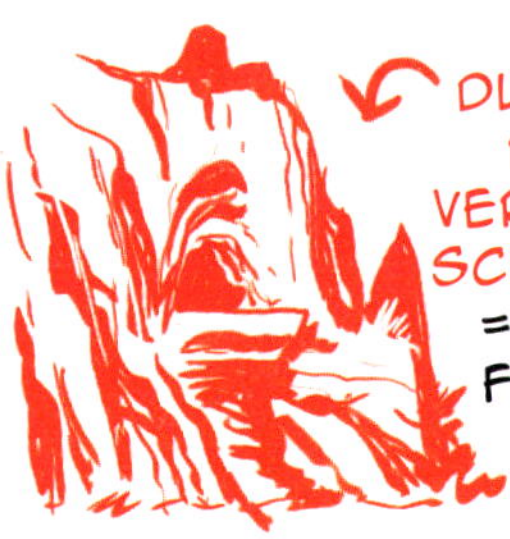

DURCHS BILD VERTEILTE SCHATTEN = KEIN FOKUS

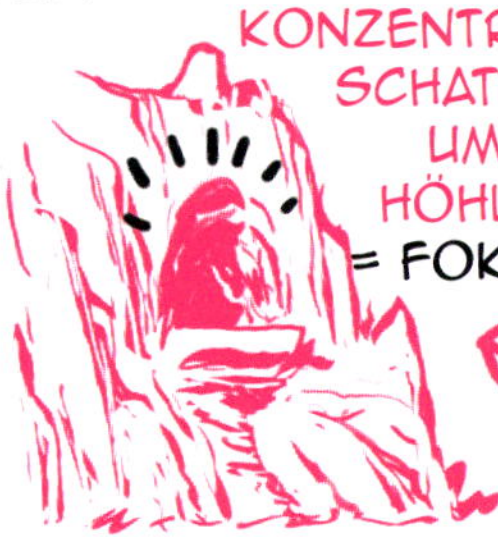

KONZENTRIERTER SCHATTEN UM HÖHLE = FOKUS!

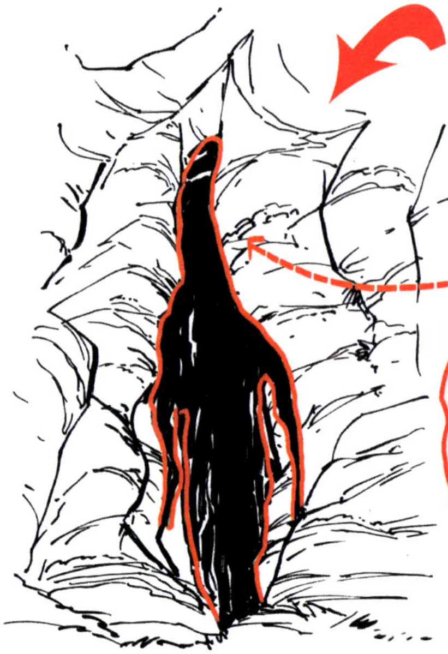

DER **EINGANG** DEINER HÖHLE IST DER BESTIMMENDE FAKTOR FÜR DIE **STIMMUNG!**

LOOK!

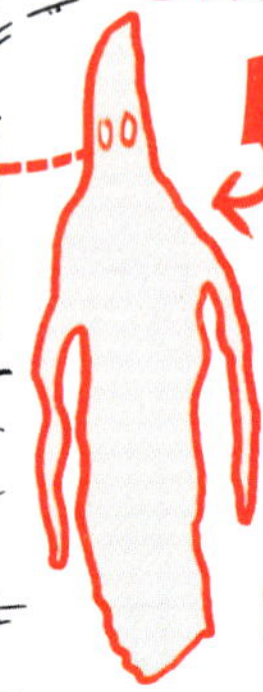

DU KANNST DER ÖFFNUNG EINE SYMBOLISCHE FORM GEBEN!

DU KANNST DIE **NATÜRLICHEN KONTUREN** DES GESTEINS NUTZEN, UM **MARKANTE FLUCHTLINIEN** ZU SCHAFFEN, DIE IN DIE TIEFE WEISEN.

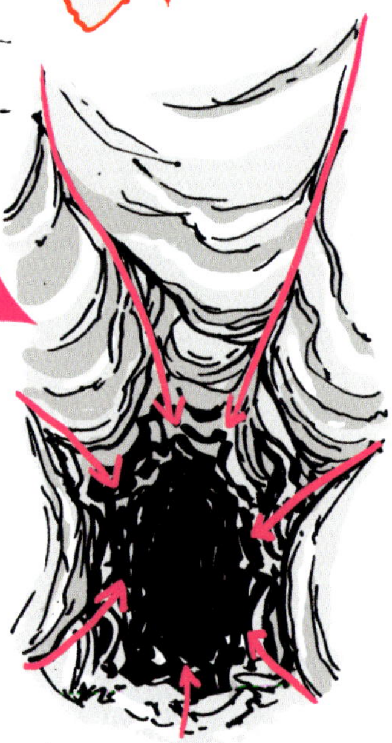

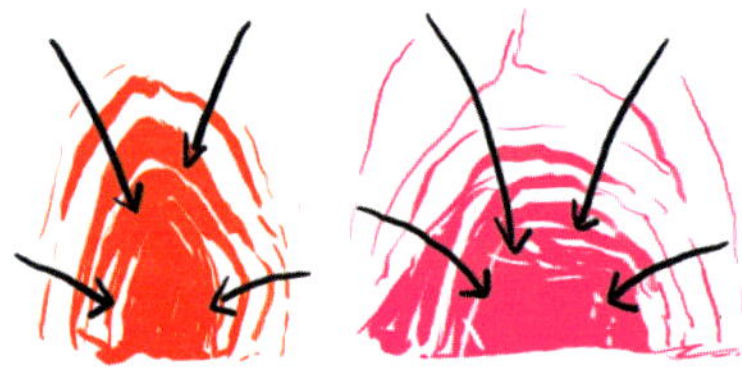

PERSPEKTIVE UND VERKÜRZUNG

STELL DIR VERSCHIEDEN **GEFORMTE, AUFGEREIHTE** GESTEINSSCHICHTEN VOR.

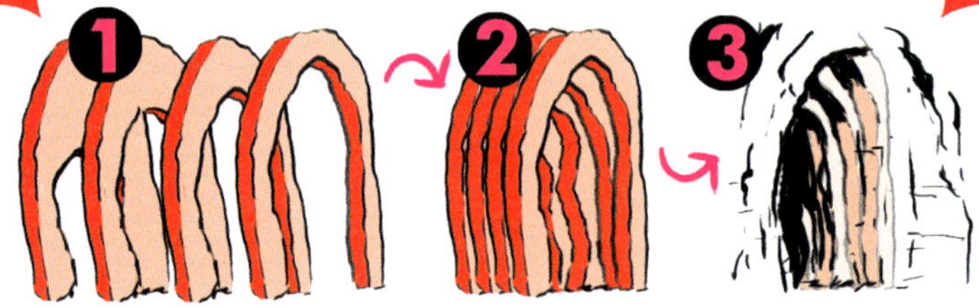

TUTORIAL #56

GEFALLENE/AUFGESTELLTE STEINEN GEBEN DIR GRÖSSERE **FREIHEIT** BEIM GESTALTEN DER FORMEN.

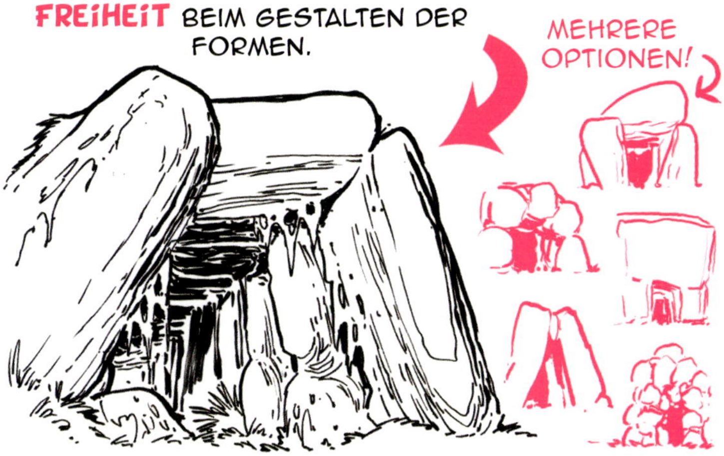

EINE **SPIRALE** ZIEHT DAS **AUGE DES BETRACHTERS** INS BILD.

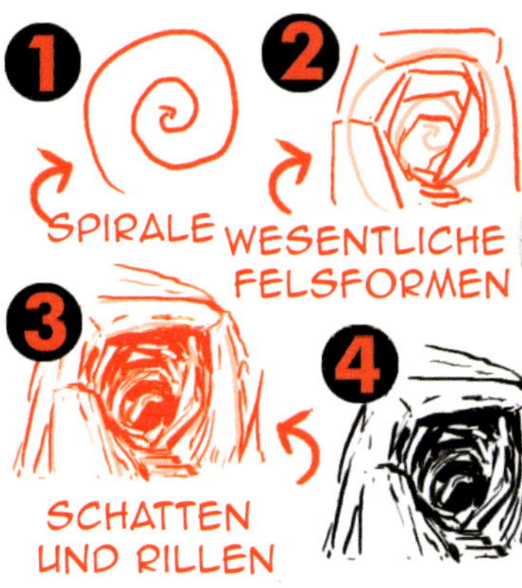

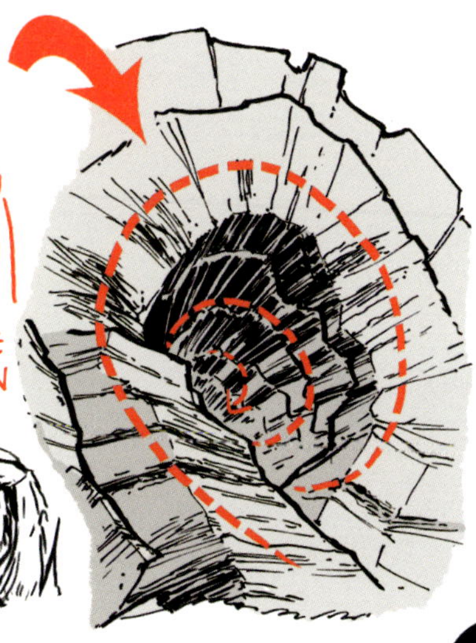

DAS INNERE DER HÖHLE KANN DURCH **EBENEN, RAHMUNG** UND **SCHLAGLICHTER** IN **UNTERSCHIEDLICHE BEREICHE** UNTERTEILT WERDEN.

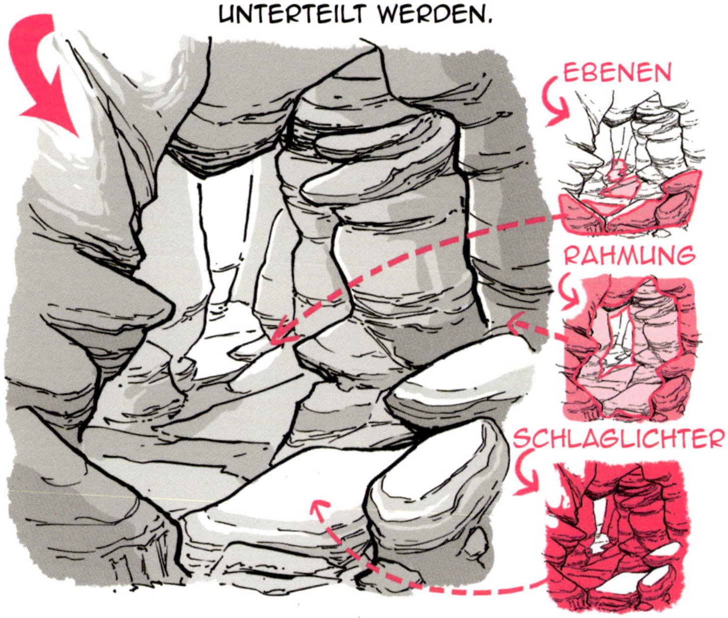

SO KANNST DU DAS **INNERE DEINER HÖHLE SCHNELL** ENTWERFEN:

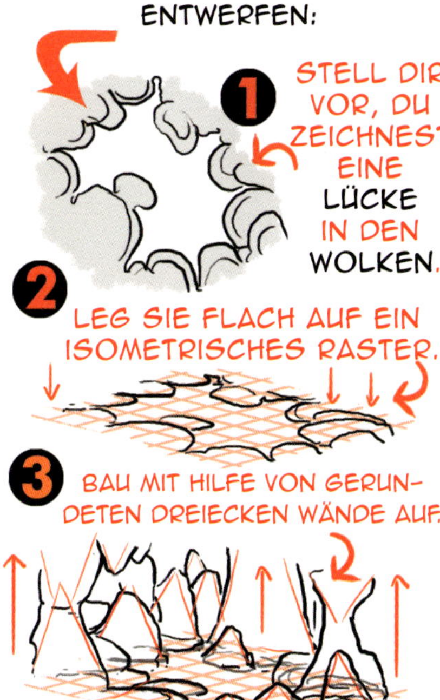

SELBST UNTER DER **ERDE** KANNST DU DIE **VOGELPERSPEKTIVE** NUTZEN!

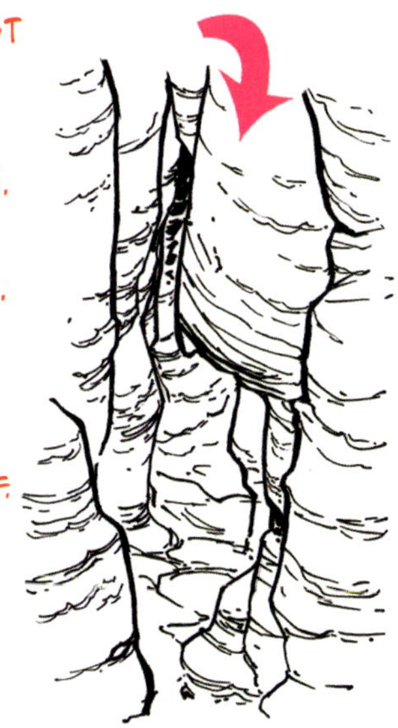

KAPITEL SIEBEN

WELTEN ERSCHAFFEN

BÜCHER

MIT BÜCHERN KANNST DU AUF EINFACHE WEISE KLAR MACHEN, DASS DEINE SZENE VON **MENSCHEN BEWOHNT** IST.

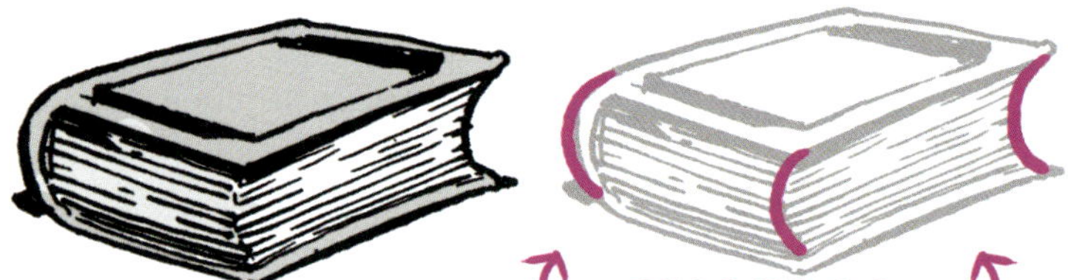

BÜCHER HABEN EINE **FESTE HÜLLE,** ABER EIN KOMPLEXES UND SEHR **DYNAMISCHES INNENLEBEN.**

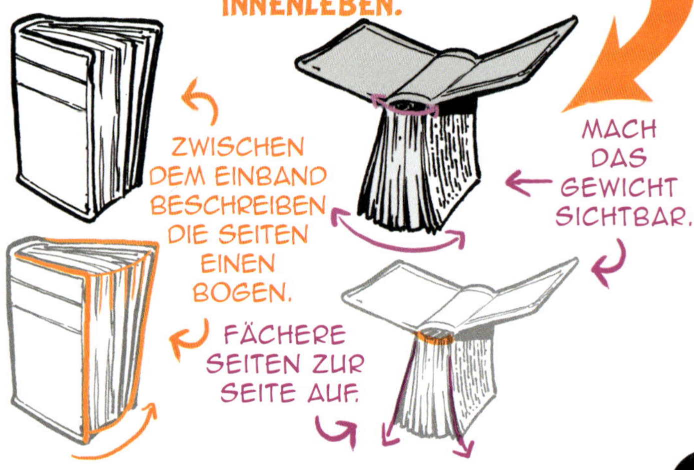

DIE SEITEN SIND AM BUCHRÜCKEN **BEFESTIGT.** DAS SCHRÄNKT IHREN **BEWEGUNGSSPIELRAUM** EIN.

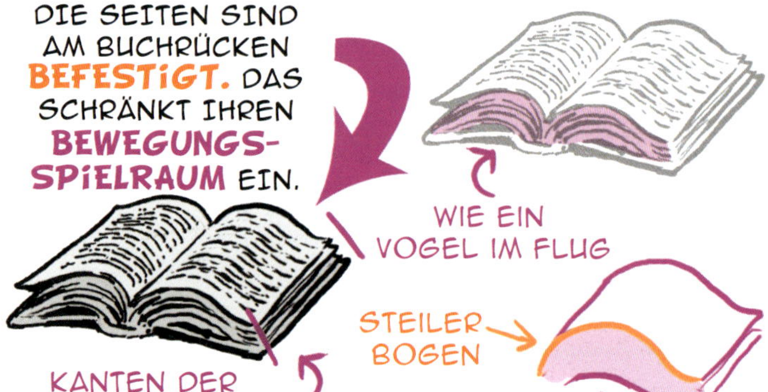

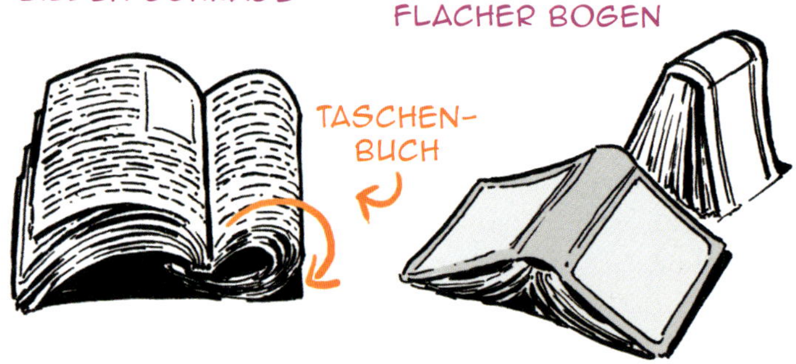

AUFGESCHLAGENE SEITEN GEBEN DEM BUCH MEHR **CHARAKTER UND BEWEGUNG.**

TUTORIAL #57

WENN DU DIE **DYNAMISCHEN EIGENSCHAFTEN** VON BÜCHERN EINMAL VERSTEHST, KANNST DU SIE ZUM **LEBEN** ERWECKEN!

VARIIERE IN BÜCHERSTAPELN **ART, POSITION** UND **ALTER** DER BÜCHER.

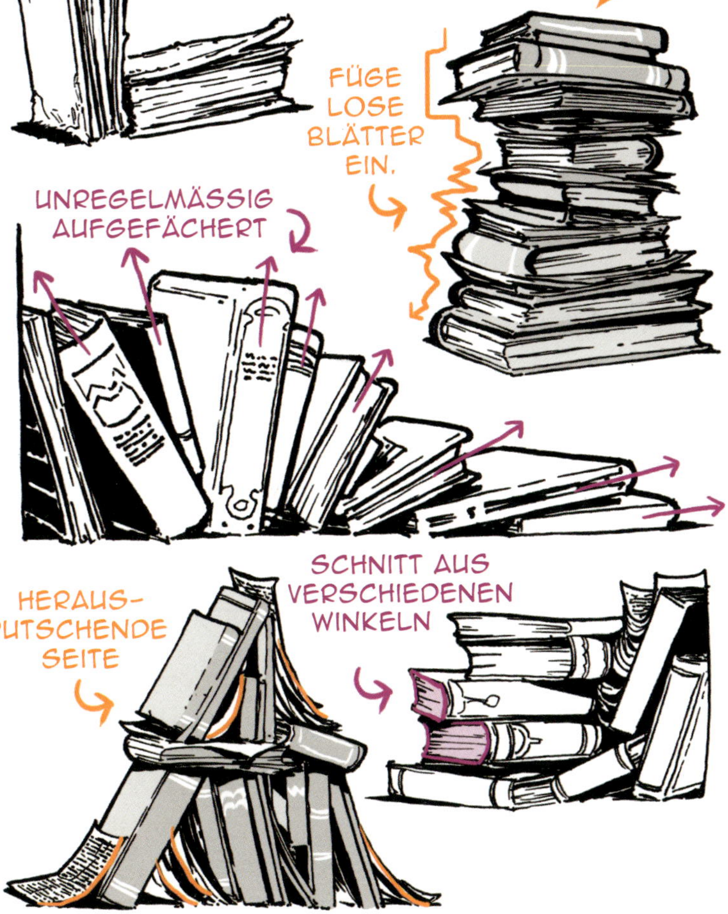

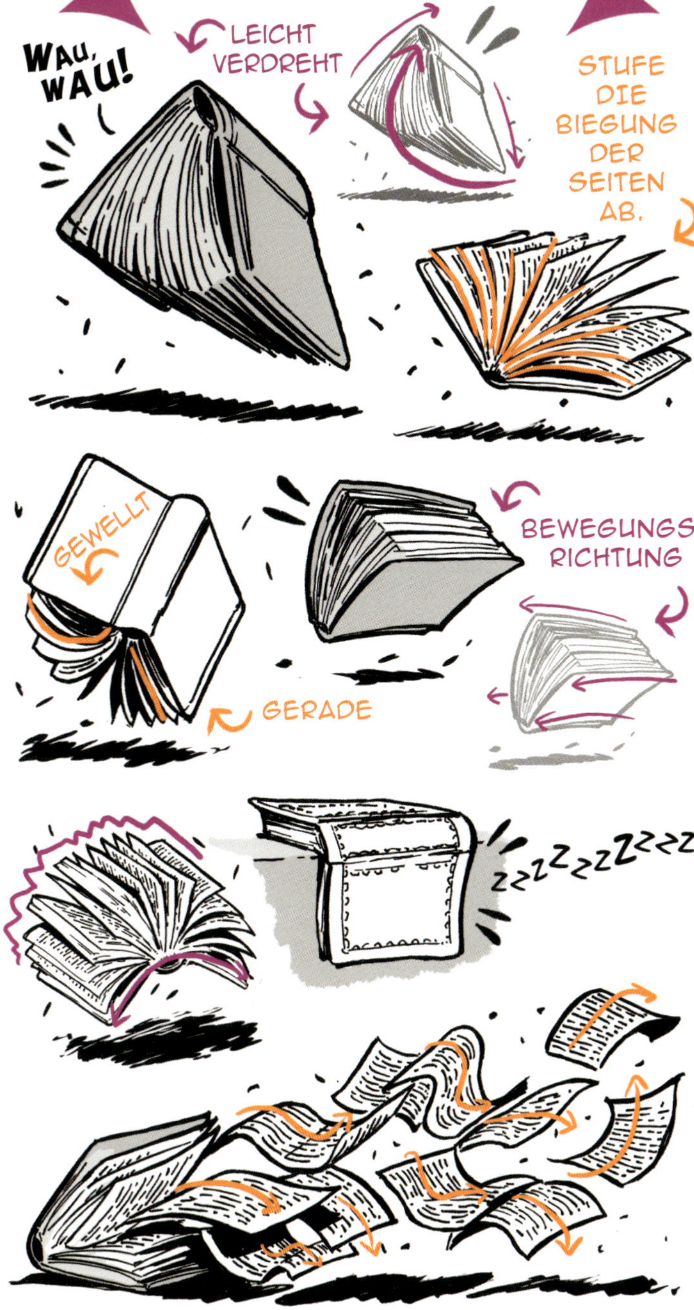

ZEITUNGEN

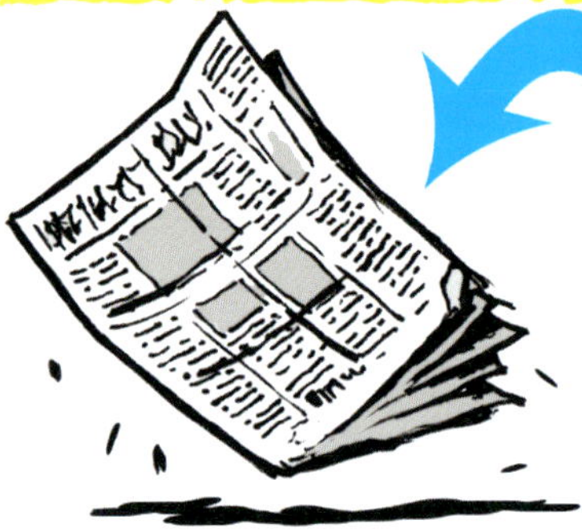

ZEITUNGEN SIND EIN WUNDERBARES GESTALTUNGSELEMENT. SIE SETZEN EINE **SZENE RÄUMLICH** UND **ZEITLICH** IN **ZUSAMMENHANG** UND GEBEN BEWEGUNG.

BEI **EINZELNEN SEITEN** WIRD DIE FORM DURCH DIE **FALTLINIEN** UND DIE **DÜNNE** DES PAPIERS BESTIMMT.

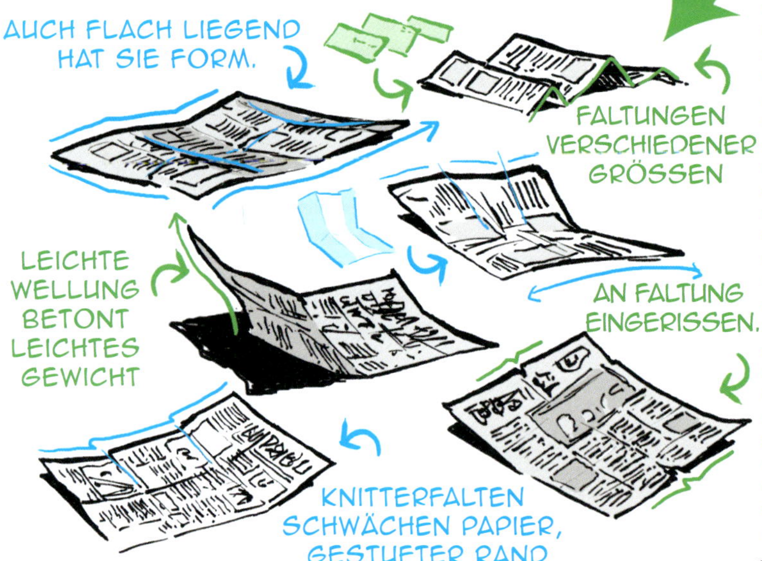

GIB **GEKNÜLLTEN** EINZELSEITEN CHARAKTER. STELL DIR **MENSCHLICHE POSEN** VOR.

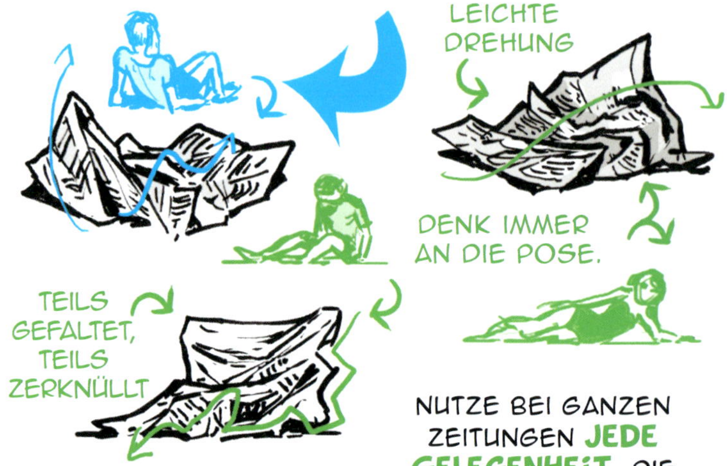

NUTZE BEI GANZEN ZEITUNGEN **JEDE GELEGENHEIT**, DIE SEITEN **AUFZUFÄCHERN** UND AUFZUBAUSCHEN.

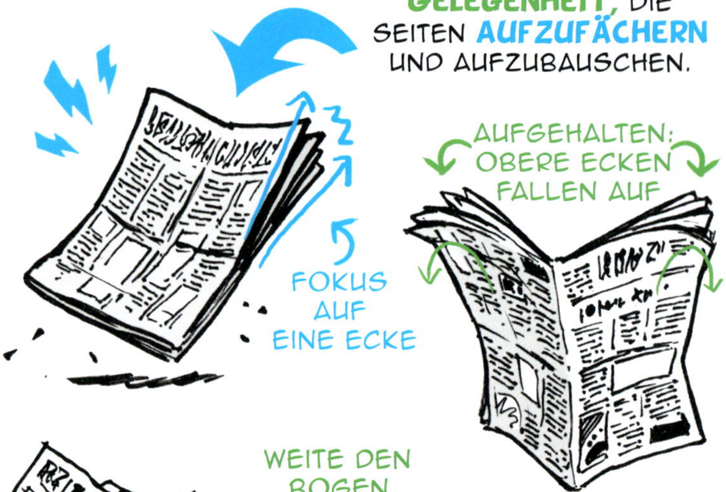

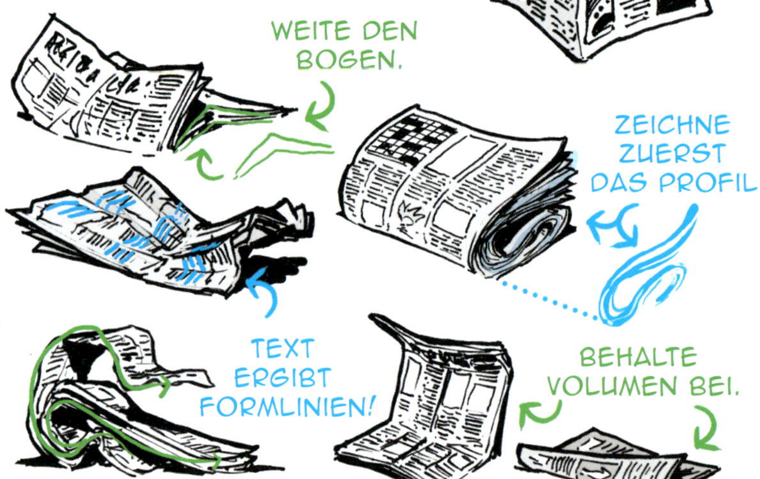

TUTORIAL #58

BEDENK BEI **ZEITUNGSBÜNDELN,** WIE DICK DIE **EINZELNEN ZEITUNGEN** SIND UND WIE SICH DAS IM STAPEL BEMERKBAR MACHT.

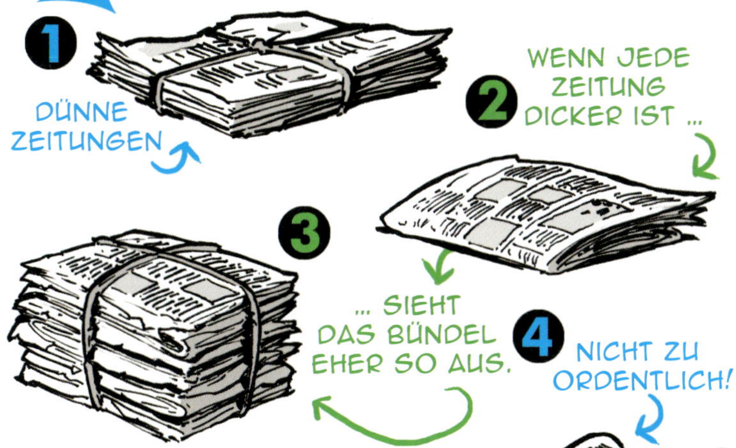

MIT ZEITUNGEN KANNST DU BEI LANGWEILIGEN **AUSSEN-SZENEN LINIEN AUFBRECHEN.**

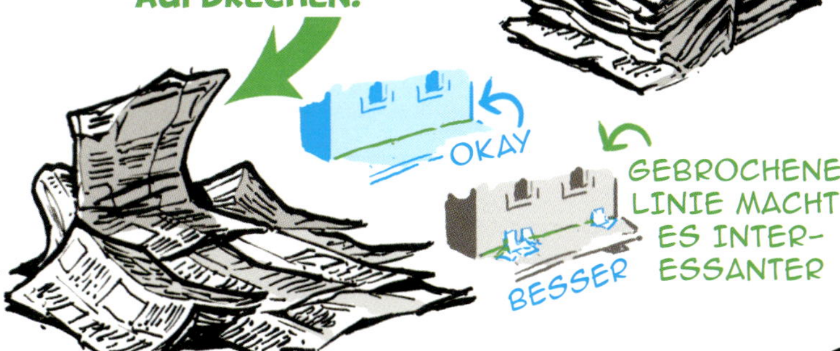

ZEITUNGEN KANNST DU AUF GANZ VERSCHIEDENE WEISEN **AUFTÜRMEN.** KOMBINIERE **UNTERSCHIEDLICHE FORMEN** UND SEI KREATIV!

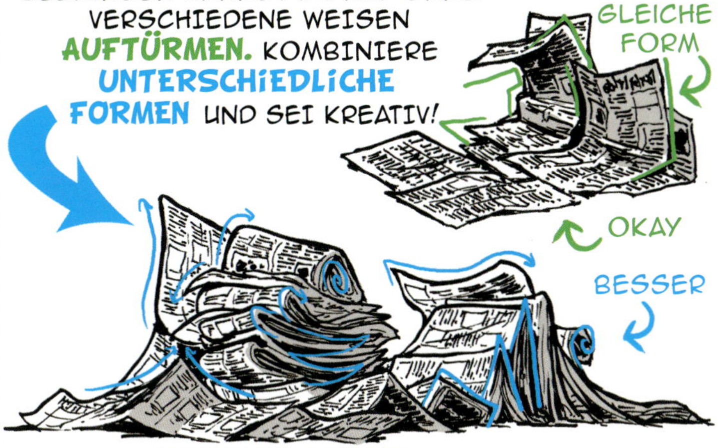

BEI EINER **LEICHTEN BRISE** KANN DER **BOGEN** DER BLÄTTER OFT ERHALTEN BLEIBEN:

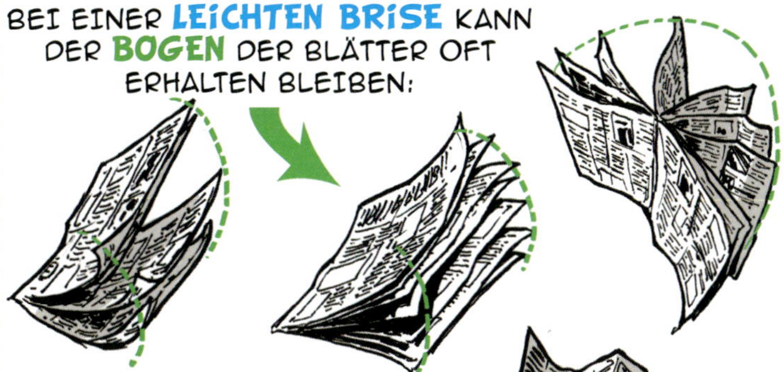

MIT DEN SICH **TRENNENDEN** BLÄTTERN KANNST DU **RICHTUNG UND WUCHT** DES WINDS ZEIGEN.

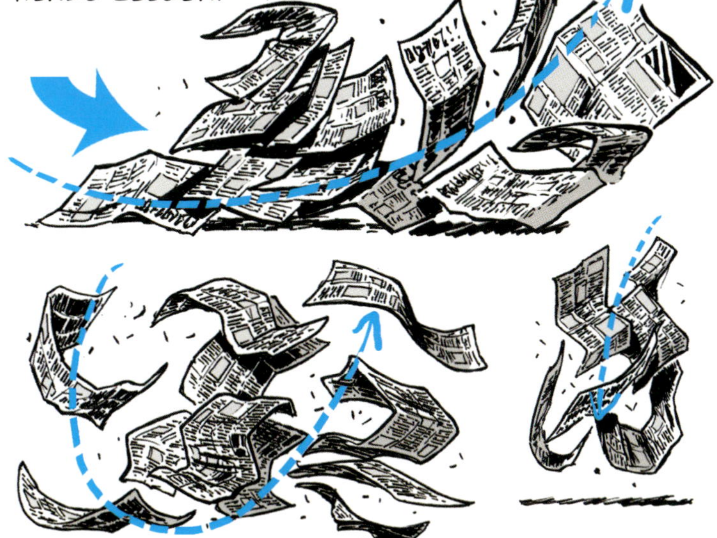

KARTONS

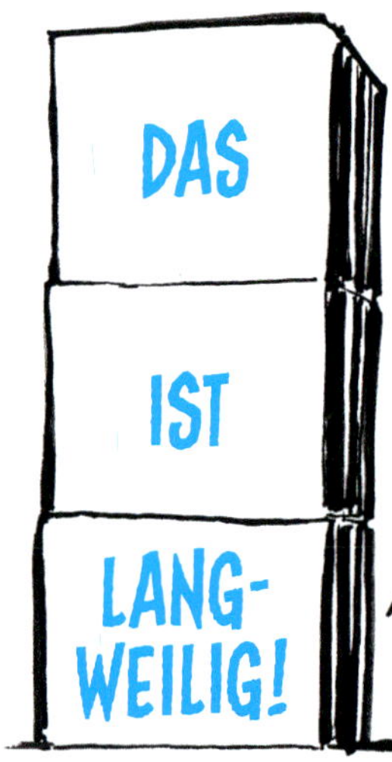

KARTONS WERDEN OFT GENUTZT, UM FADE **STADT- ODER INDUSTRIE-LANDSCHAFTEN** AUSZUSCHMÜCKEN. DAS PROBLEM IST, DASS AUCH KARTONS OFT **FADE** WIRKEN!

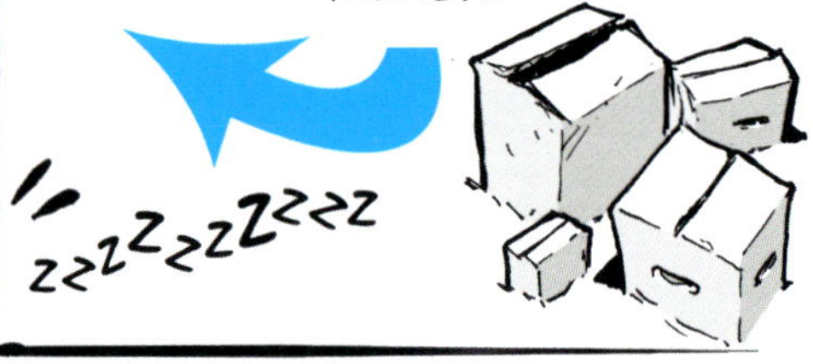

ZUNÄCHST KÖNNEN WIR DIE FORMEN **AUFLOCKERN,** INDEM WIR LINIEN **AUFBRECHEN.**

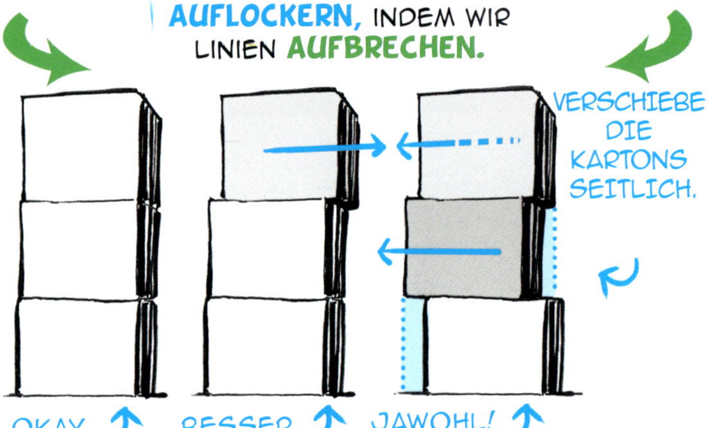

MIT DIESEN **FÜNF MÖGLICHKEITEN** KANNST DU AUCH DIE GESAMTFORM **INTERESSANTER** GESTALTEN:

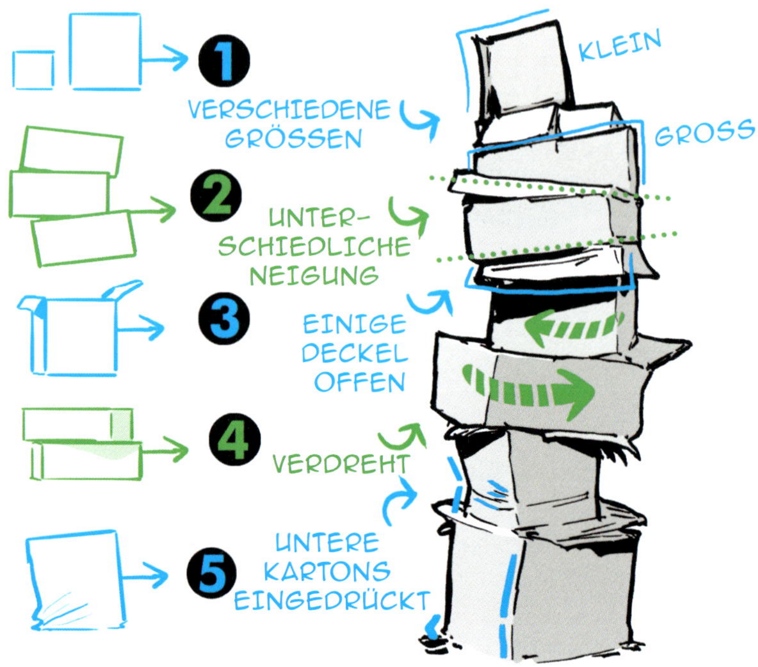

ABER AUCH WENN DU SIE **NICHT STAPELST,** DENK IMMER DARAN, DASS **NICHT ALLE KARTONS RECHTECKIG SIND!**

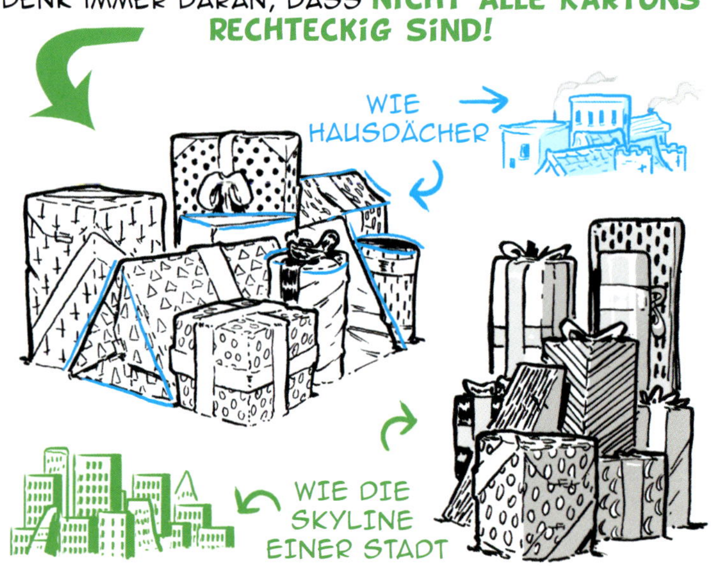

TUTORIAL #59

STELL DIR JEDEN KARTON UND JEDES PAKET ALS **EIGENES ELEMENT** MIT EIGENEM **CHARAKTER UND EIGENER GESCHICHTE** VOR UND GIB DEINER WELT DAMIT KONTEXT.

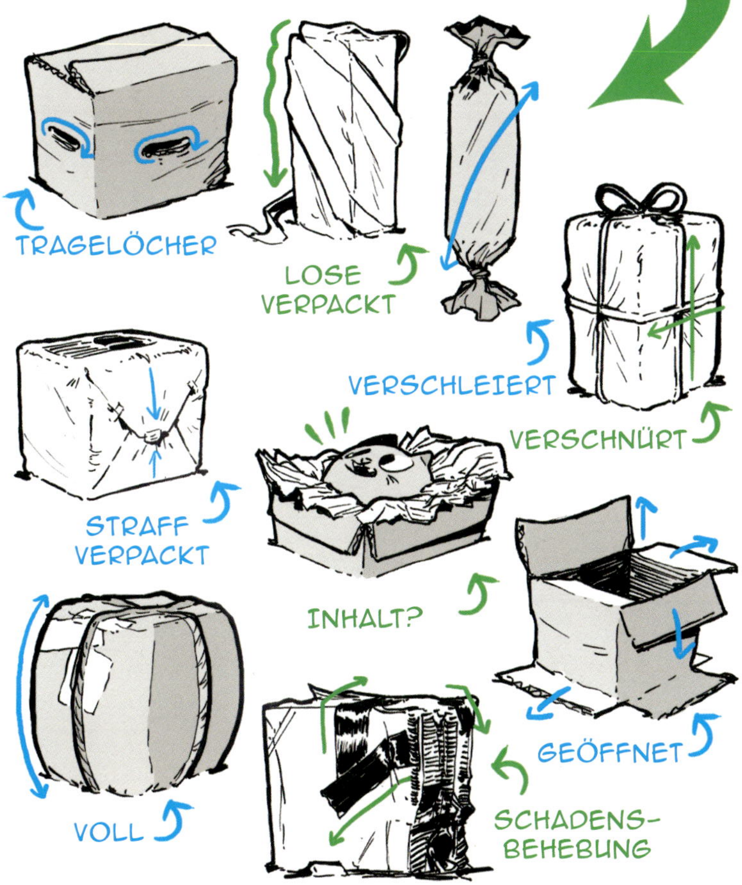

KARTONS HABEN DIE INTERESSANTE EIGENSCHAFT, DASS SIE **GLEICHZEITIG STABIL UND INSTABIL** SIND.

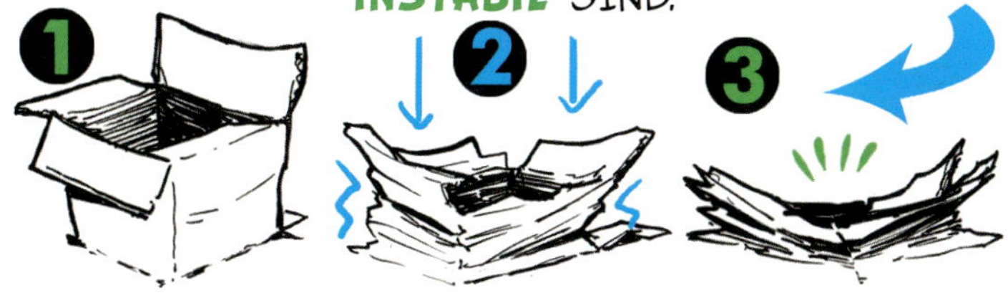

DA IHRE GEOMETRISCHE FORM **LEICHT UND BIS ZU EINEM GEWISSEN GRAD STEIF** IST, LASSEN SICH MIT KARTONS **AUFPRALLBEWEGUNGEN** GUT ZEIGEN.

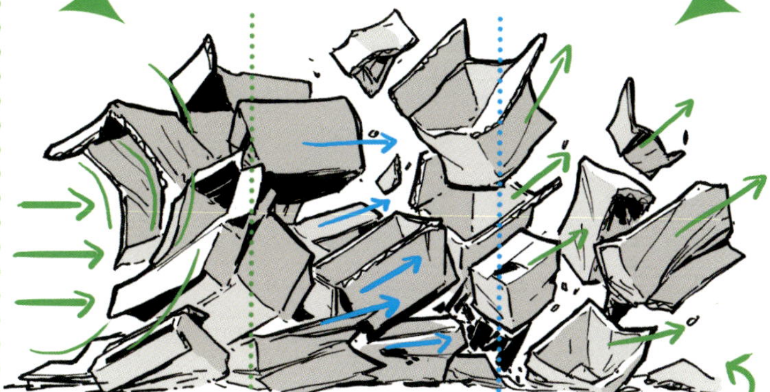

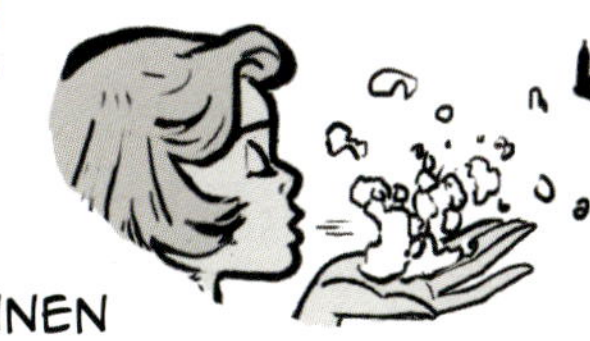

KARTONS KÖNNEN DIE GESCHICHTE EINES AUFPRALLS ERZÄHLEN.

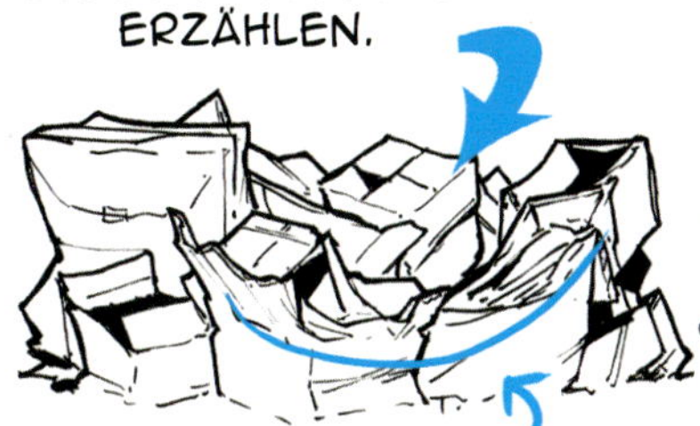

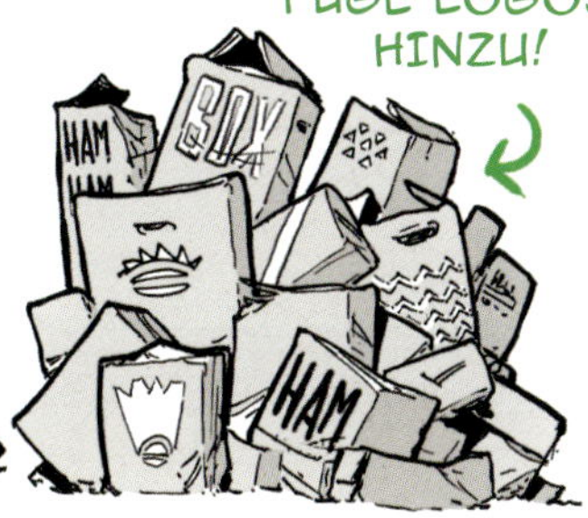

SCHATZ-TRUHEN

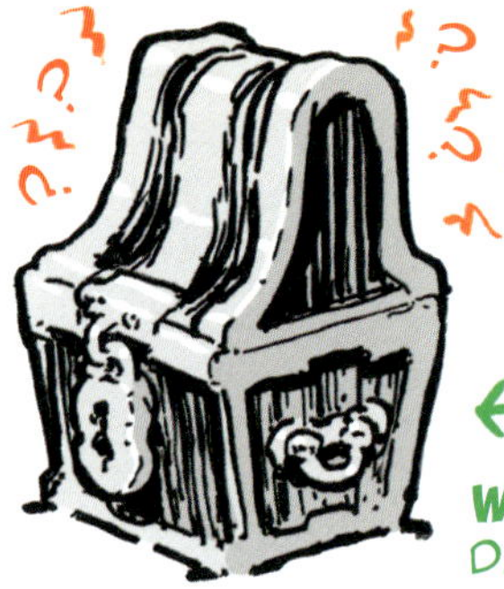

IN DER VISUELLEN GESCHICHTE HAT DIE **SCHATZTRUHE** DIE AUFGABE, UNSERE **FANTASIE ANZUREGEN** UND UNS **NEUGIERIG ZU MACHEN!**

WIE BEI ALLEM **VERPACKTEN** FÄLLT UNS ZUERST DIE **GRÖSSE** AUF.

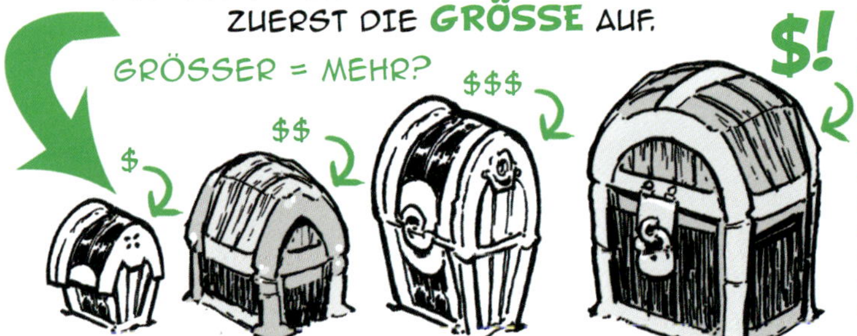

DURCH **KONTRASTE** KÖNNEN WIR ABER EINEN ANDEREN **WERT DES SCHATZES** ANDEUTEN!

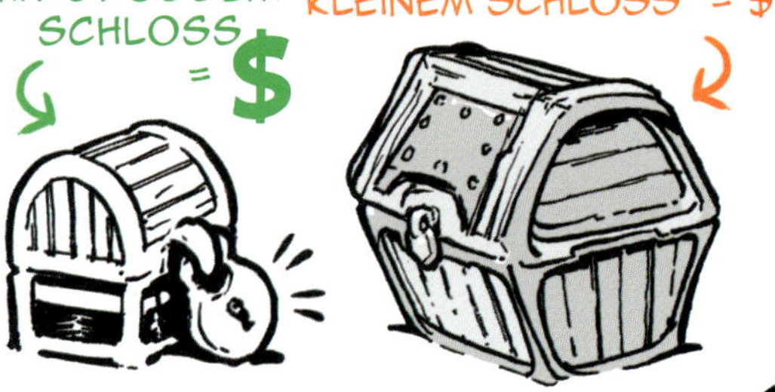

AUCH **STABILITÄT** IST EINE WICHTIGE EIGENSCHAFT, DIE **WERTVOLLEN** INHALT ANDEUTET!

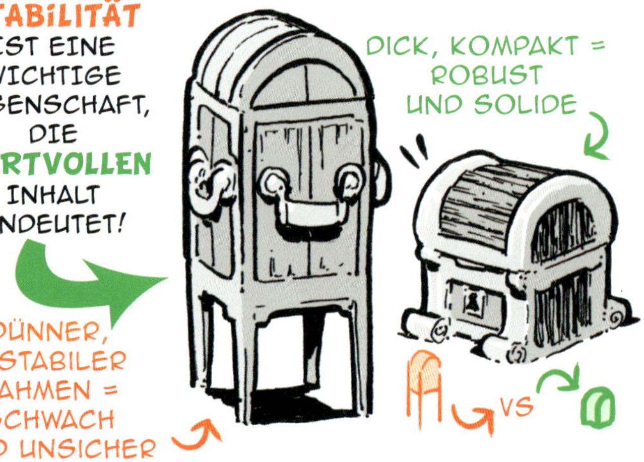

EINE TRUHE MIT **UNGEWÖHNLICHER FORM** DEUTET AUF EINEN **EINZIGARTIGEN, EXOTISCHEN SCHATZ** HIN.

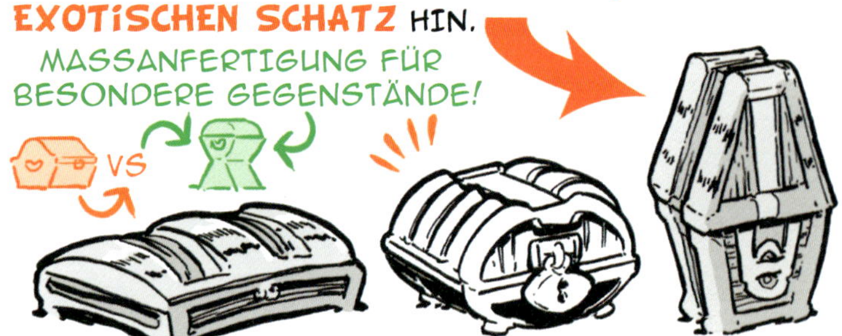

DAS **SCHLOSS SELBST** KANN **UNÜBERWINDLICH** SCHEINEN, ODER NOCH BESSER **UNERGRÜNDLICH.**

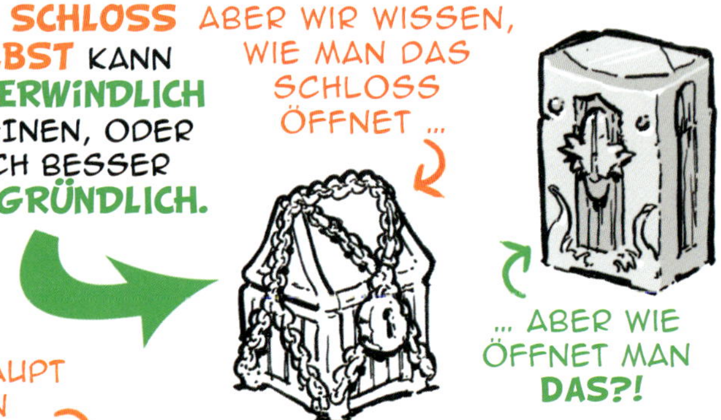

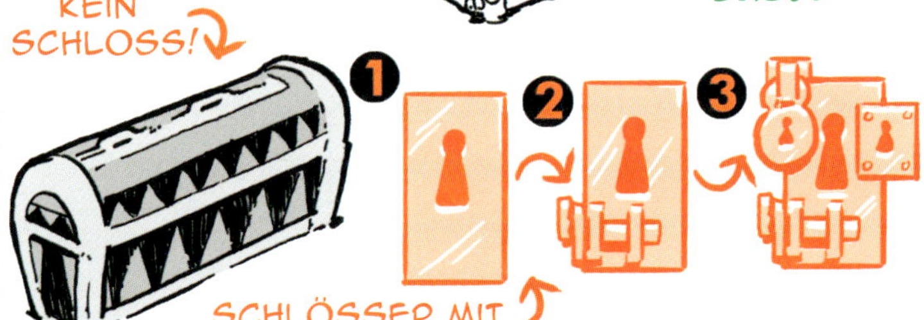

TUTORIAL #60

DU KANNST EINEN **WERTVOLLEN** SCHATZ ABER AUCH DURCH EINE **REICHHALTIG UND WERTVOLL VERZIERTE** TRUHE ANDEUTEN.

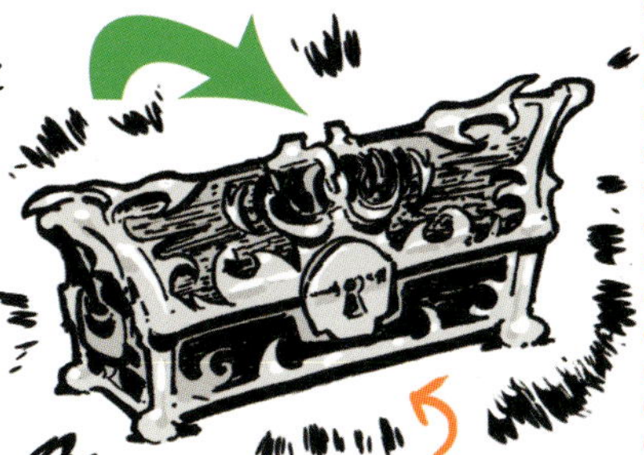

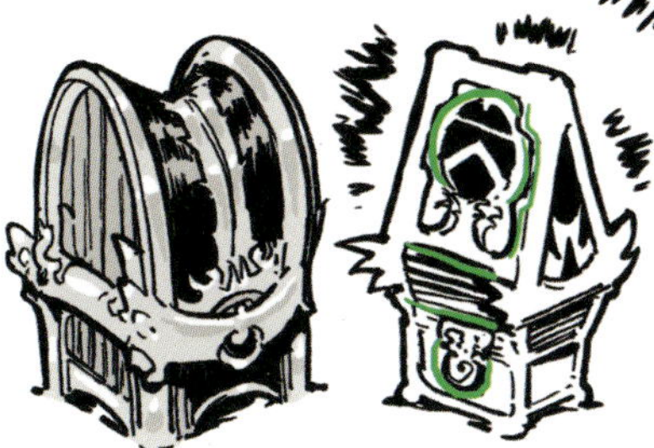

WENN DIE **TRUHE** SO AUSSIEHT, WAS KÖNNTE DRIN SEIN?!

MATERIALMIX WEIST AUF REICHTUM HIN

BETONE DAS GEFÜHL **ÜBERBORDENDEN REICHTUMS,** INDEM DU DEN SCHATZ FÖRMLICH AUS DER TRUHE **QUELLEN LÄSST!**

DAS IST OKAY ...

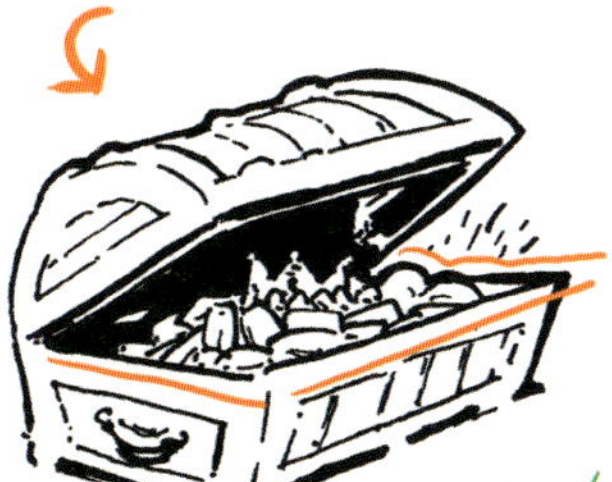

... ABER DAS WIRKT ÜPPIG!

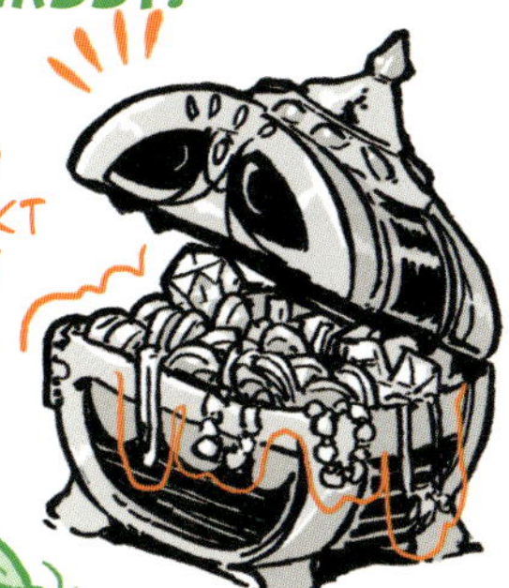

PLATZT AUS ALLEN NÄHTEN!

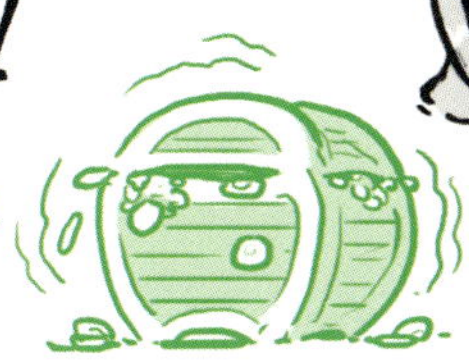

DENK DARAN, DASS SICH SCHATZTRUHEN AUF **ALLE MÖGLICHEN ARTEN ÖFFNEN** LASSEN.

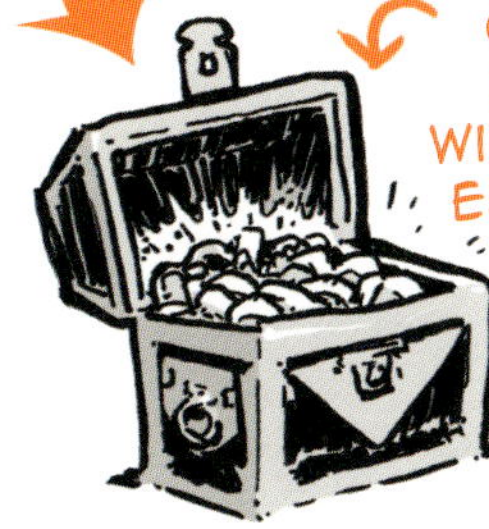

DAS IST OKAY, ABER WIE WÄRE ES MIT ...

... SCHARNIEREN AN EINEM ENDE?

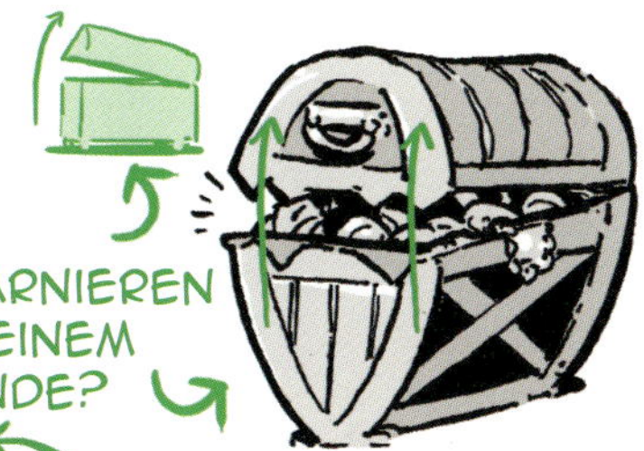

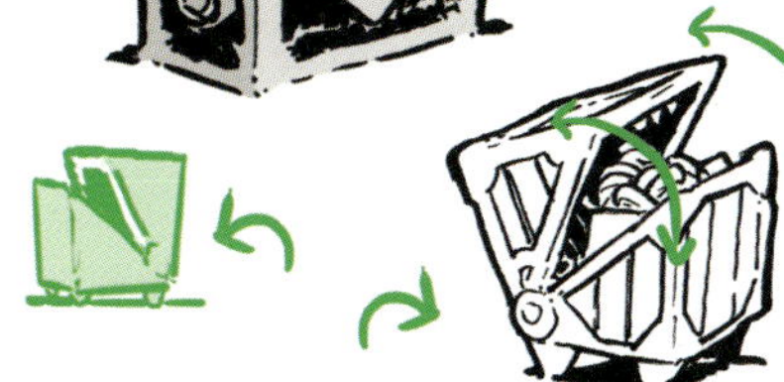

... SCHARNIEREN AN EINER UNTERKANTE?

... EINEM MITTLEREN SCHARNIER UNTEN?

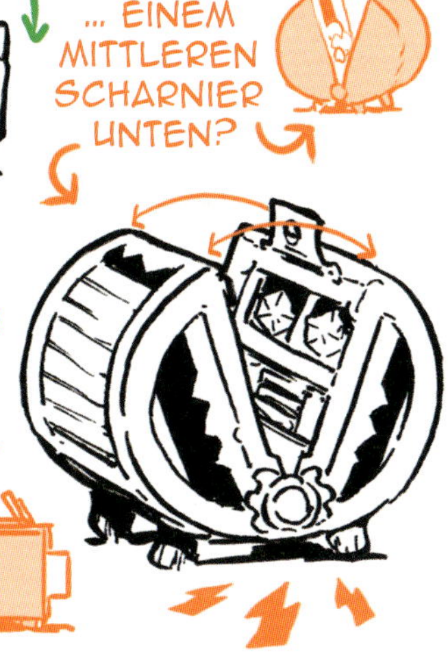

... GANZ VIELEN KLAPPEN?

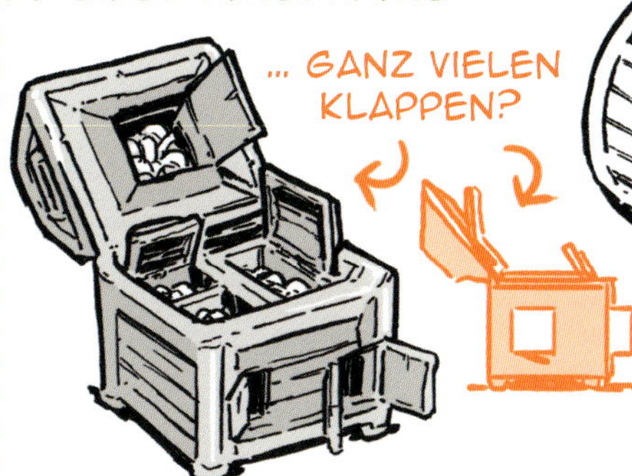

NUTZE DIE **MATERIALIEN UND MOTIVE** DER WELT, AUS DER DEINE SCHATZTRUHE STAMMT, ZUR **DEKORATION.**

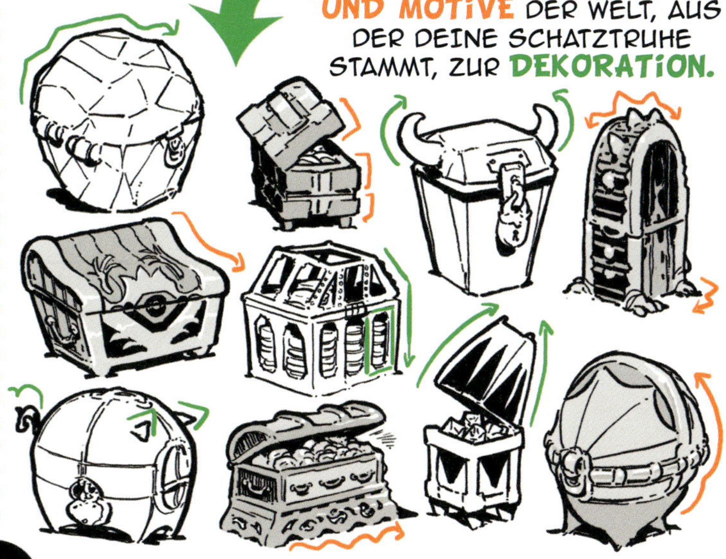

TIKI STATUEN

TIKI-STYLE WAR EINE MODE-ERSCHEINUNG DER WESTLICHEN POPKULTUR DER 1950ER-UND -60ER JAHRE, DIE TRADITIONELLE POLYNESISCHE STATUEN UND SCHNITZEREIEN IN **ÜBERTRIEBENER** FORM NACHAHMTE.

UM DIE **FORM** BESSER ZU VERSTEHEN, STELL DIR ZUERST DEN **BAUM** VOR, AUS DEM SIE GESCHNITZT WIRD.

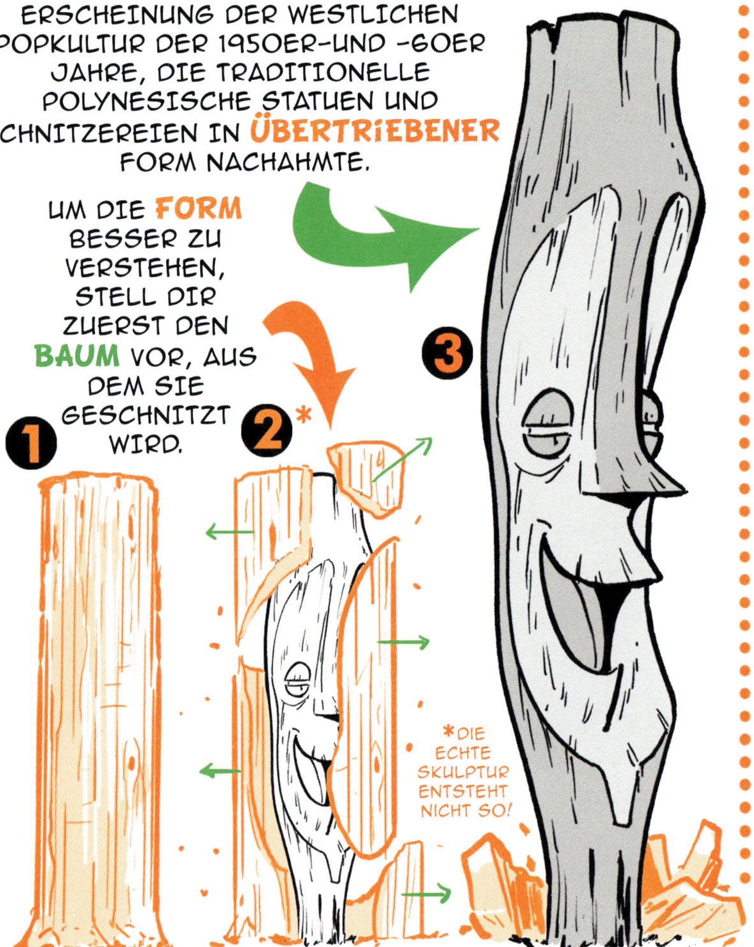

DIE **GESICHTSZÜGE** DER STATUEN FOLGTEN OFT DER NATÜRLICHEN **RUNDUNG** DES STAMMS.

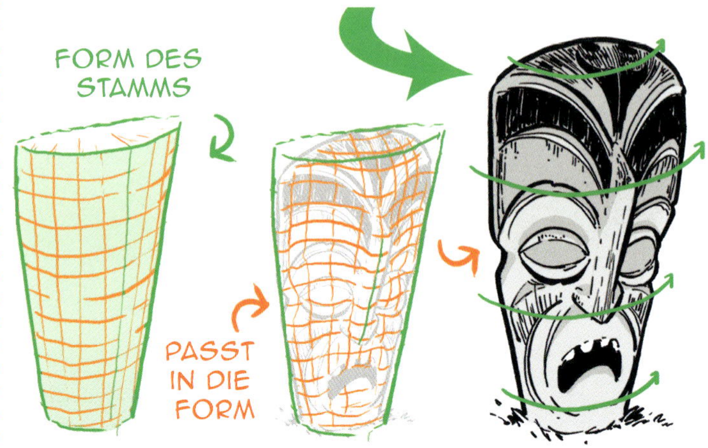

WENN DU DIR DEN BAUM ALS **ZYLINDER** VORSTELLST, IST ES EINFACHER, DIE GESICHTSMERKMALE ZU **PLATZIEREN.**

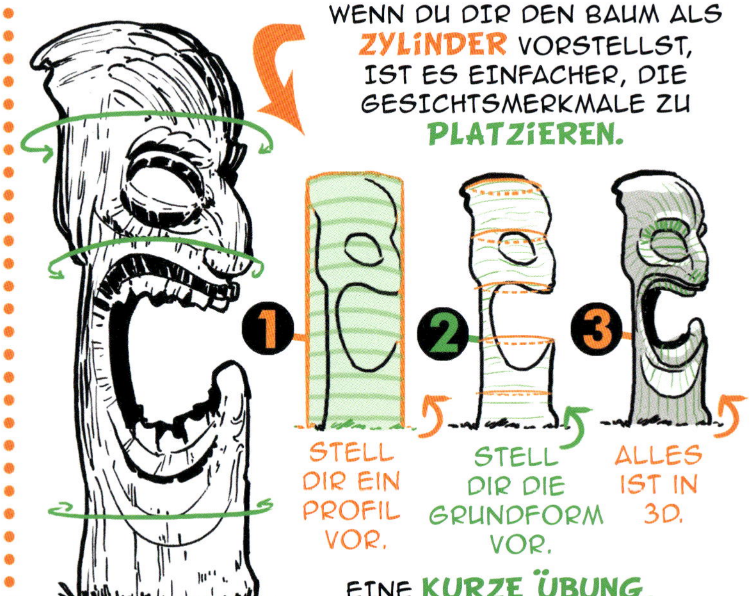

EINE **KURZE ÜBUNG,** UM DAS BESSER ZU VERSTEHEN:

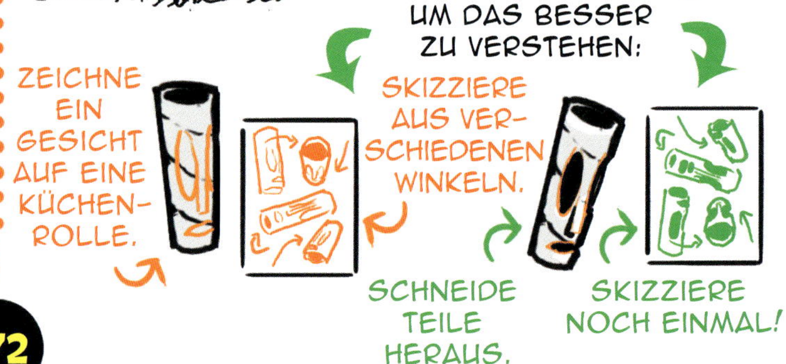

TUTORIAL #61

BEI STEINSTATUEN KANNST DU DURCH **MEISSELSPUREN** ODER UNREGELMÄSSIGKEITEN IM STEIN DEN BLICK DES BETRACHTERS LENKEN ODER **KONTUREN ERZEUGEN.**

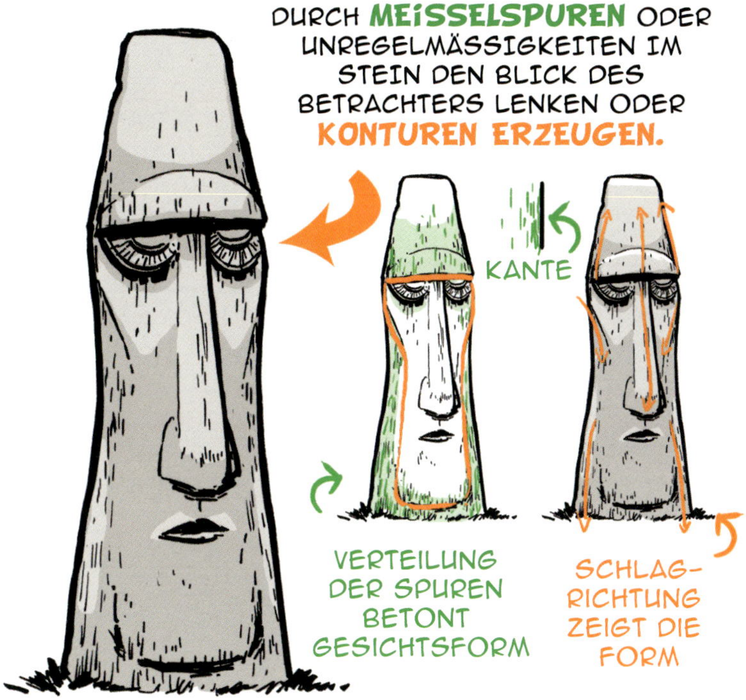

MACH DIR **GEDANKEN** UM **ORT UND ALTER.**

LOOK! DIESES BILD ERZÄHLT EINE **GESCHICHTE!**

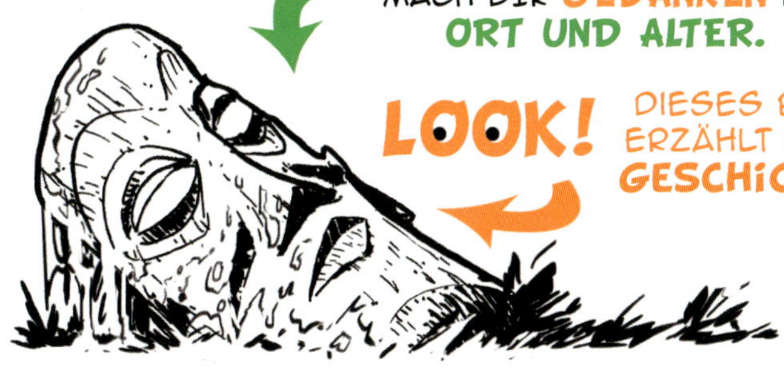

NUTZE DIESE IDEEN FÜR **FORMGEBUNG UND CHARAKTERENTWURF DEINER GESCHICHTEN UND DEINER WELT!**

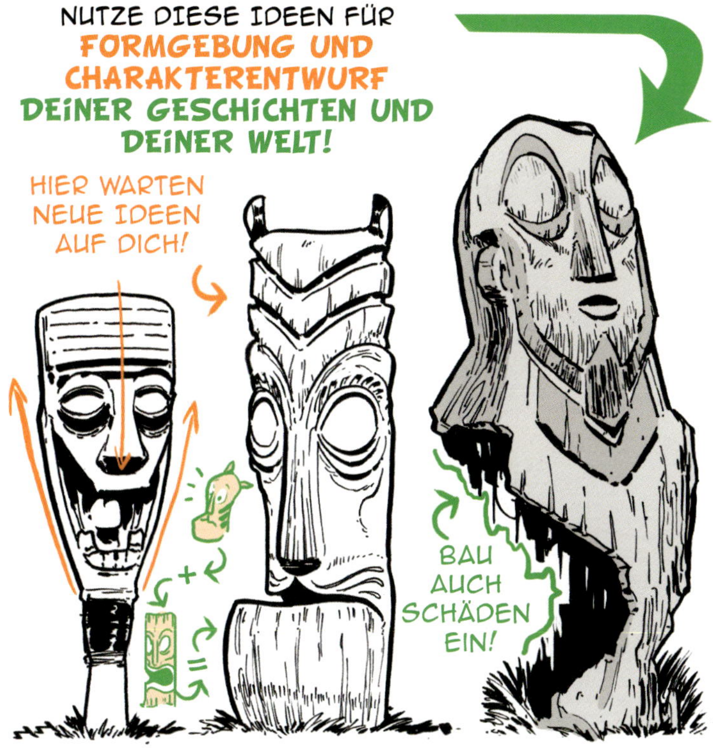

DA DIE STATUEN DEN **ELEMENTEN** AUSGESETZT SIND, **VERWITTERN** SIE AUCH.

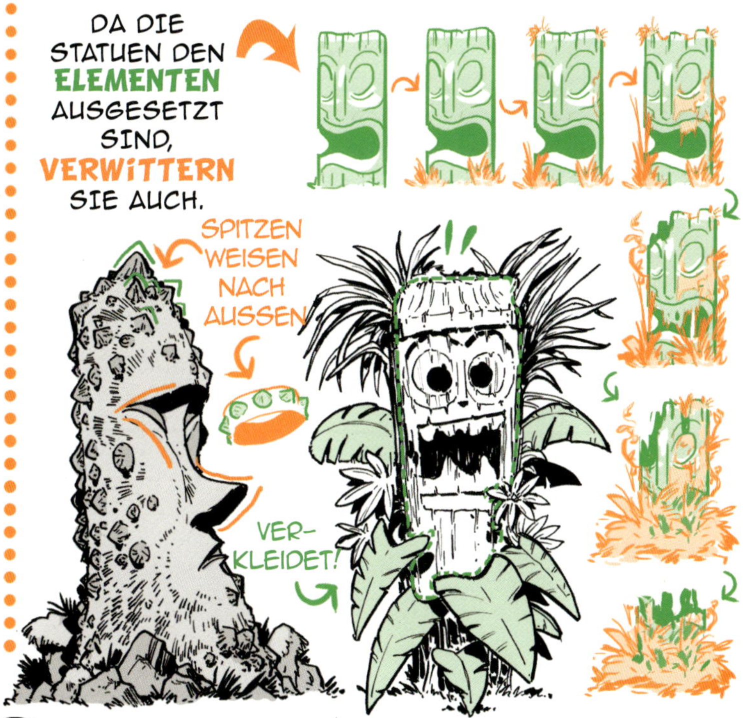

BESCHRIFTETE WELT

SCHILDER UND SCHRIFTEN KÖNNEN DEN CHARAKTER DEINER WELT STARK UNTERSTREICHEN.

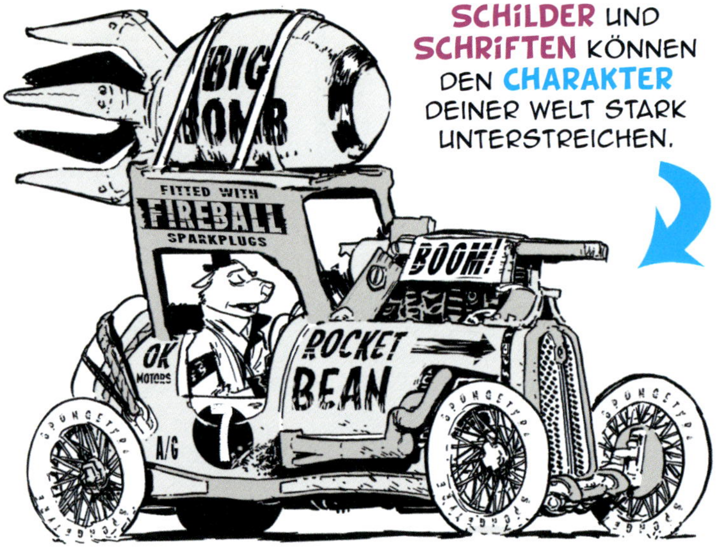

ACHTE AUF EBENEN FLÄCHEN DARAUF, WIE SCHRIFT DURCHBROCHEN WIRD.

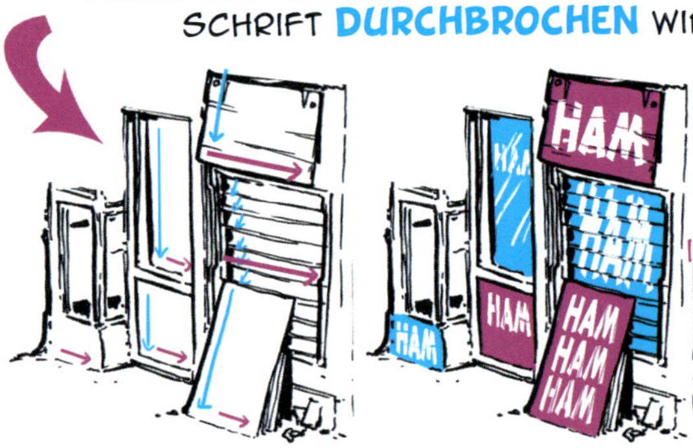

EIN WENIG ABWECHSLUNG MACHT ALLES INTERESSANTER!

BEI GEWÖLBTEN FLÄCHEN HILFT ES, DAS RASTER ZU NUTZEN.

SELBST DIE KRÜMMUNG EINES TEILS WIRKT SICH AUS.

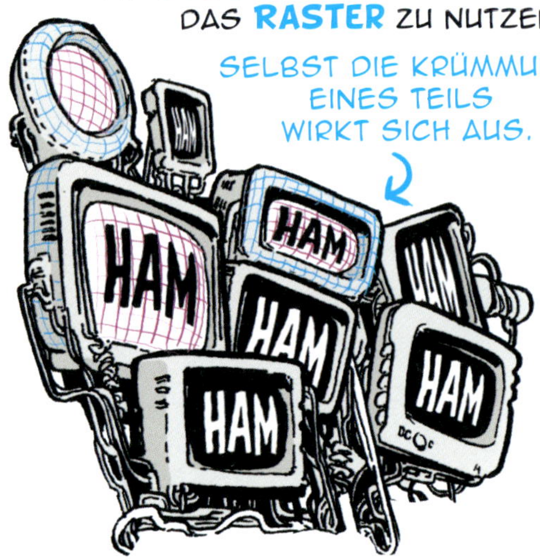

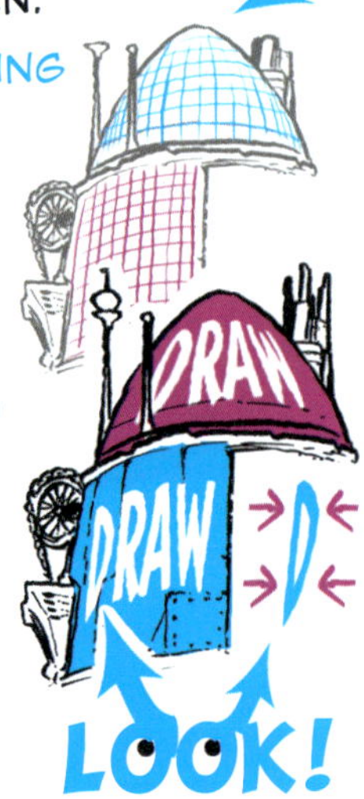

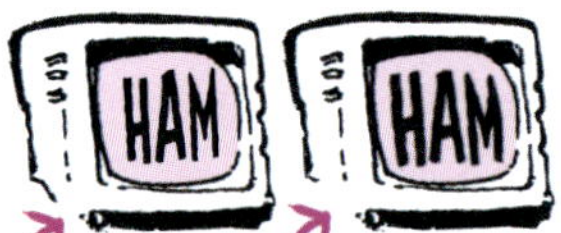

OKAY BESSER

DAS AUGE KANN DEN FEINEN UNTERSCHIED »FÜHLEN«.

GESTAUCHTER BUCHSTABE AM RAND DER WÖLBUNG

DAMIT TEXT SICH HARMONISCH IN DEINE WELT EINFÜGT, SOLLTE DIE SCHRIFTART ZU DEINER LINIENFÜHRUNG PASSEN.

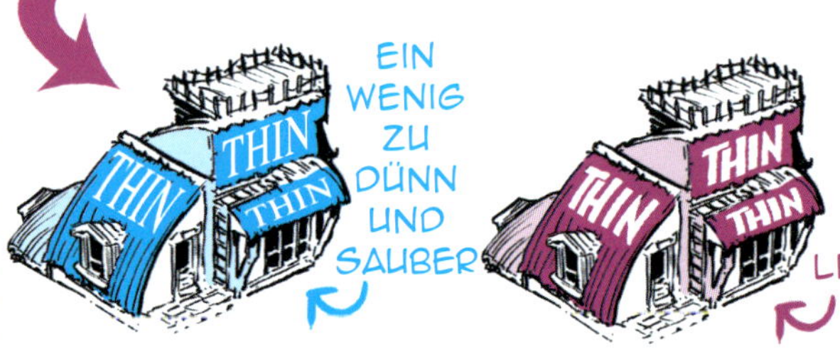

EIN WENIG ZU DÜNN UND SAUBER

PASST BESSER ZUR LINIENFORM

FÜR DREIDIMENSIONALE BUCHSTABEN …

1 SIEH DAS RASTER.

2 PLATZIERE DEN BUCHSTABEN.

3 GIB IHM TIEFE!

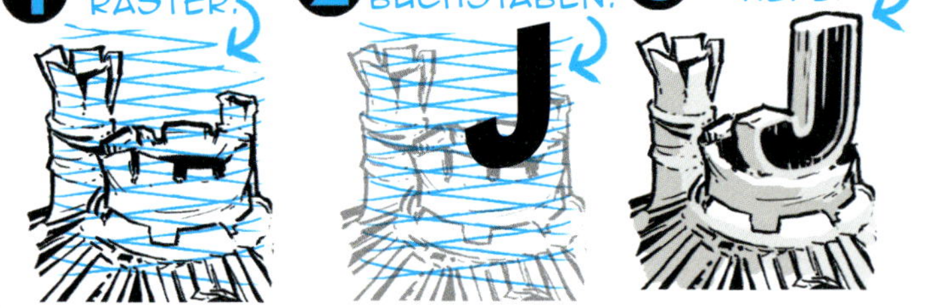

TUTORIAL #62

MACH DEINE WELT **GLAUBWÜRDIG,** INDEM DU ERLAUBST, DASS SCHILDER AUCH ANDERE **VERDECKEN.**

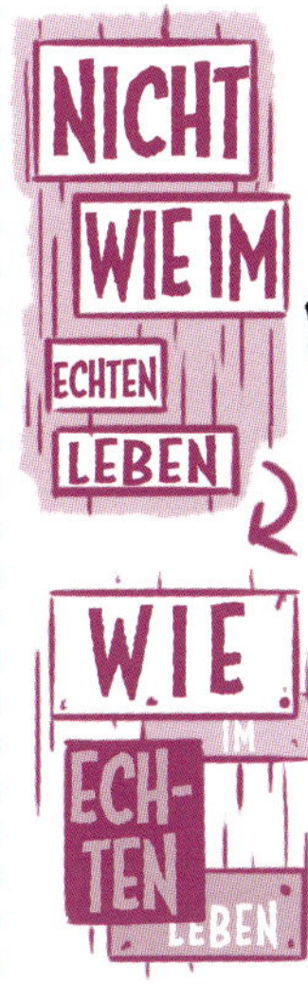

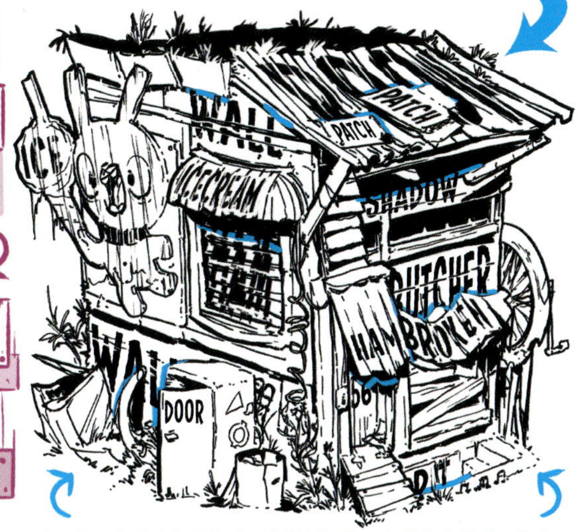

VIELE GELEGENHEITEN, TEXT ZU VERDECKEN

MACH DIE **STRUKTUR DES UNTERGRUNDS** AUCH IN DER SCHRIFT **SICHTBAR.**

HOLZ-MASERUNG

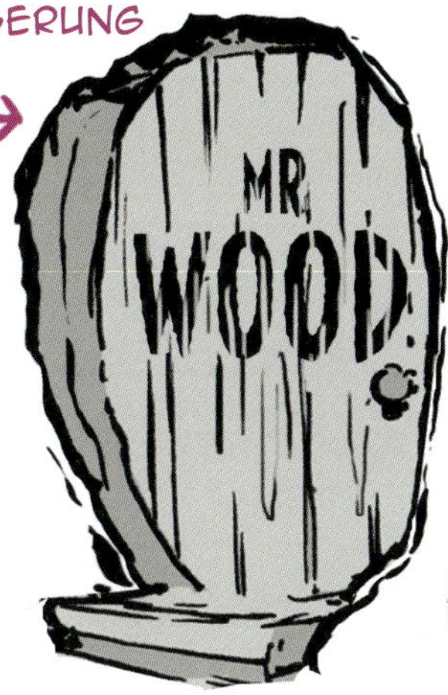

MATSCH UND KRATZER

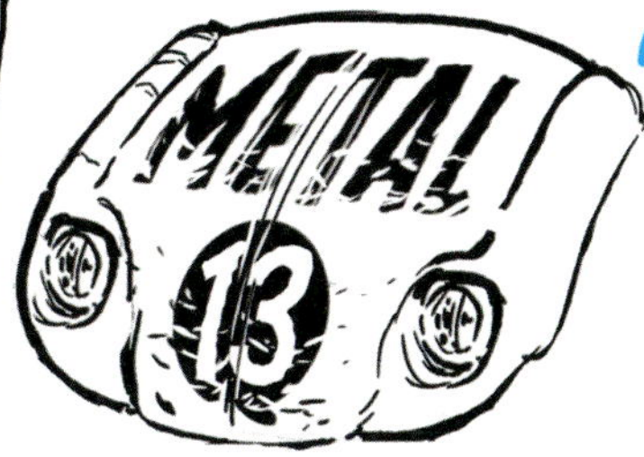

ABBRÖCKELNDER PUTZ

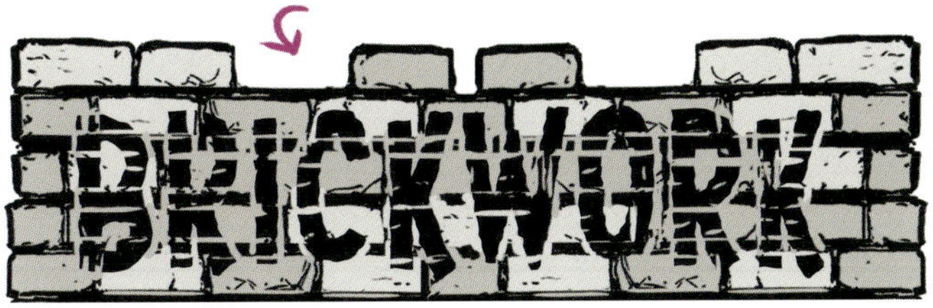

ROSTIGE OBERFLÄCHE BEEIN-TRÄCHTIGT SCHRIFT

HERAUSGEHOBENE BUCHSTABEN MACHEN SCHILDER PLASTISCHER UND ZUM **TEIL DER WELT.**

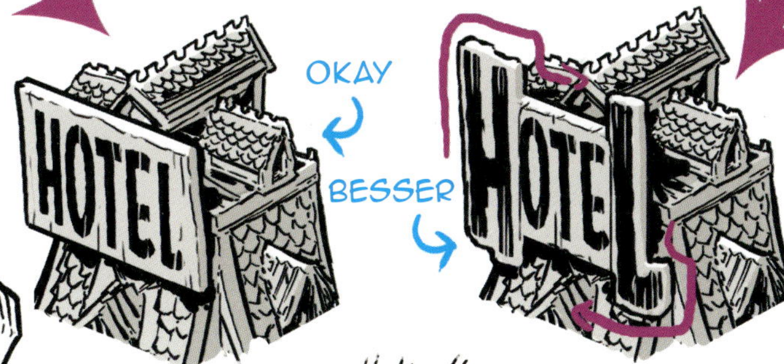

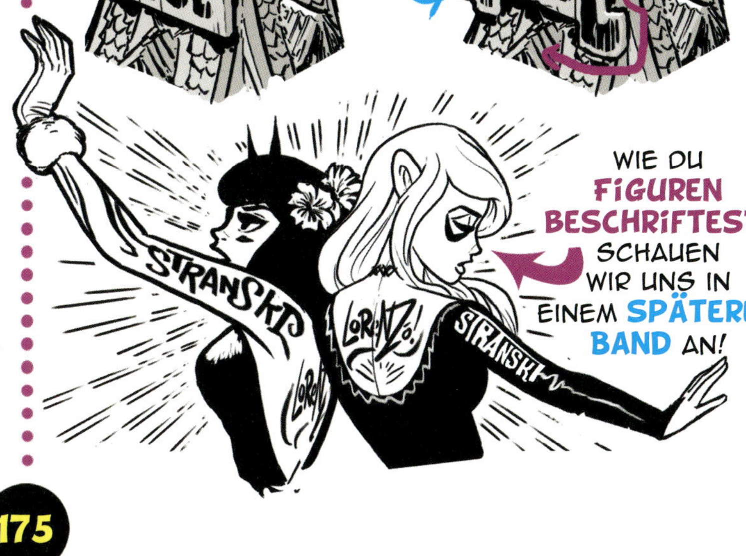

WIE DU **FIGUREN BESCHRIFTEST,** SCHAUEN WIR UNS IN EINEM **SPÄTEREN BAND** AN!

MAUERWERK

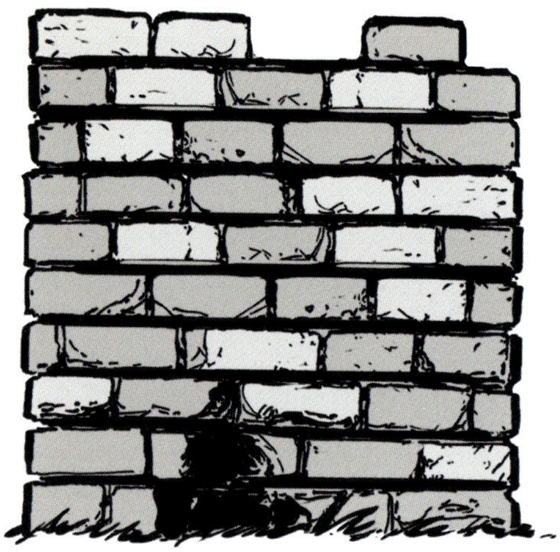

OBWOHL SIE SO EIN **ALLTÄGLICHES** MATERIAL SIND, SIND STEINE UND ZIEGEL **SEHR VIELSEITIGE** GESTALTUNGS-ELEMENTE.

MACH DAS MAUERWERK **HINTER** DEM **PUTZ SICHTBAR.**

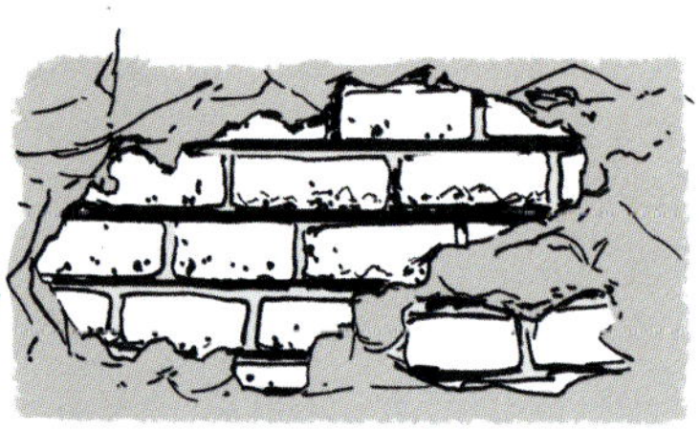

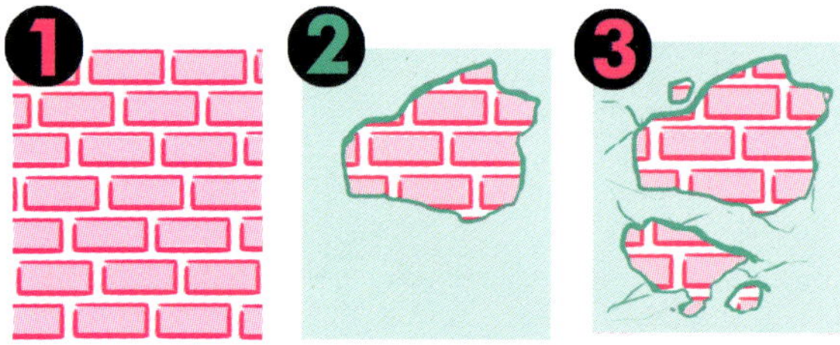

1 OKAY

2 BESSER

3 JAWOHL!

MEHRFACH ABGEPLATZT WIRKT ES NATÜRLICHER

PROBIERE **VERSCHIEDENE MUSTER** FÜR DEIN MAUERWERK AUS UND DENK DARAN, DASS STEINE AUCH FÜR **WEGE** GENUTZT WERDEN.

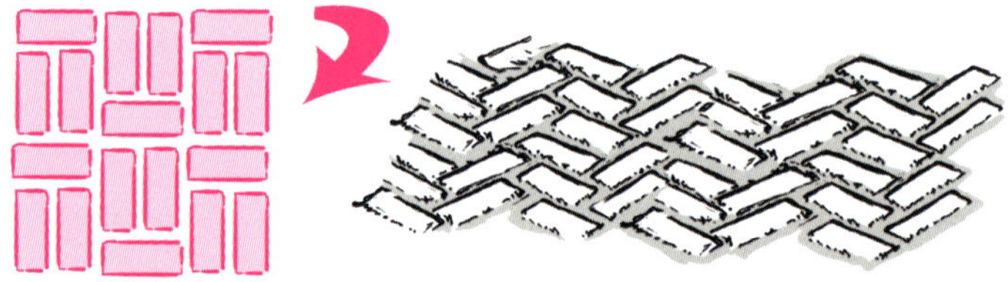

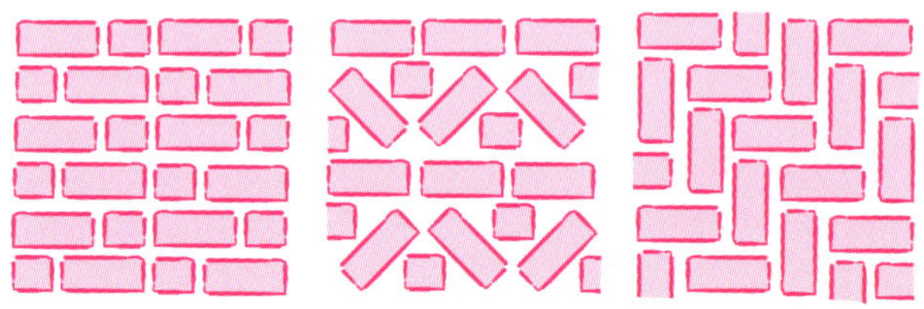

SO VIELE MUSTER!

MIT STEINEN KANNST DU **FORMEN** SO GUT ZEIGEN, WEIL SIE PRAKTISCH EIN **OPTISCHES RASTER** BILDEN.

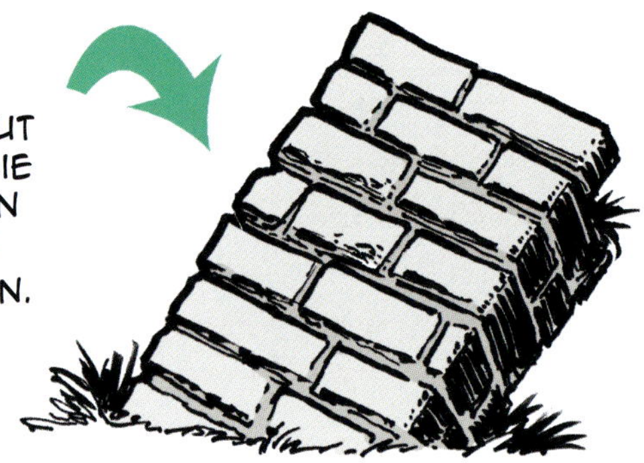

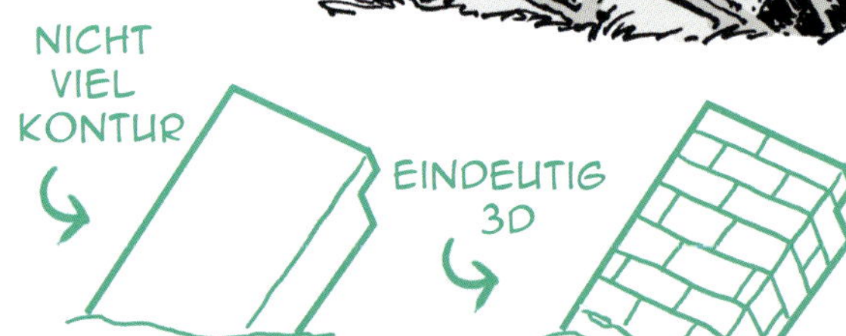

JE **KOMPLEXER** DIE FORM UND DER BLICKWINKEL, DESTO STÄRKER KANNST DU DIE KONTUREN NUTZEN, UM DAS ELEMENT **HERAUSZUARBEITEN.**

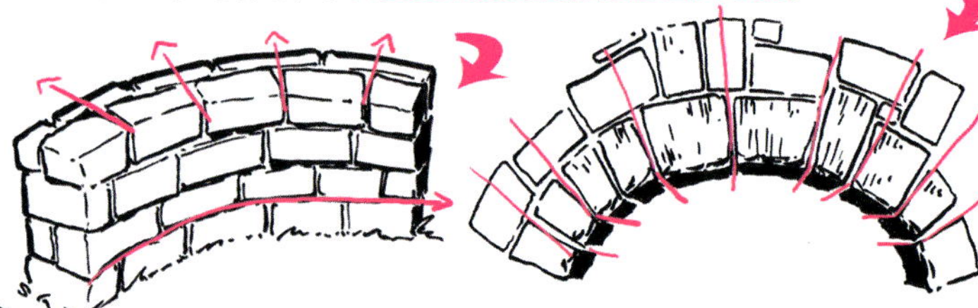

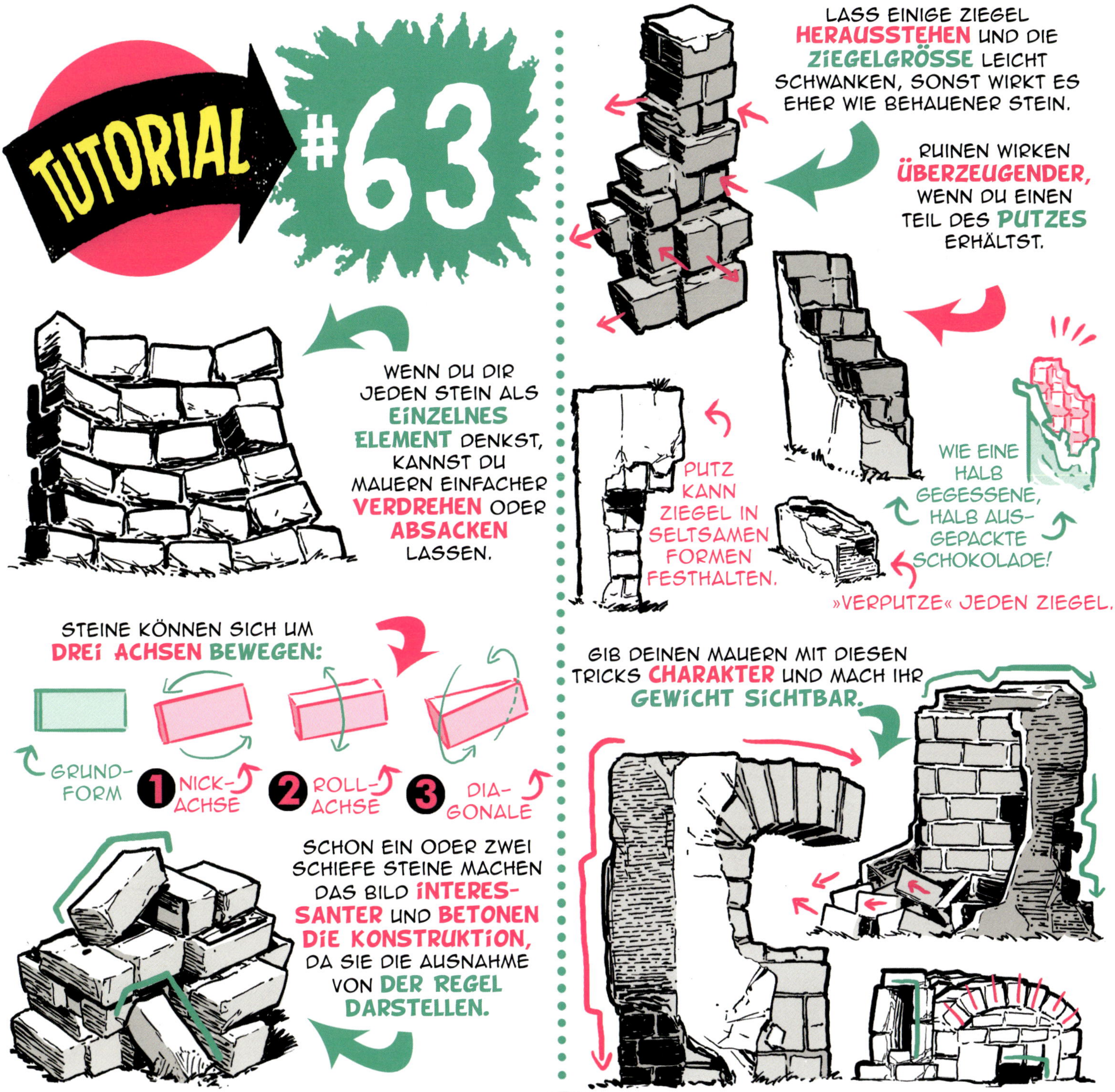
TUTORIAL #63
WENN DU DIR JEDEN STEIN ALS EINZELNES ELEMENT DENKST, KANNST DU MAUERN EINFACHER VERDREHEN ODER ABSACKEN LASSEN.
STEINE KÖNNEN SICH UM DREI ACHSEN BEWEGEN:
GRUNDFORM
1 NICKACHSE
2 ROLLACHSE
3 DIAGONALE
SCHON EIN ODER ZWEI SCHIEFE STEINE MACHEN DAS BILD INTERESSANTER UND BETONEN DIE KONSTRUKTION, DA SIE DIE AUSNAHME VON DER REGEL DARSTELLEN.
LASS EINIGE ZIEGEL HERAUSSTEHEN UND DIE ZIEGELGRÖSSE LEICHT SCHWANKEN, SONST WIRKT ES EHER WIE BEHAUENER STEIN.
RUINEN WIRKEN ÜBERZEUGENDER, WENN DU EINEN TEIL DES PUTZES ERHÄLTST.
PUTZ KANN ZIEGEL IN SELTSAMEN FORMEN FESTHALTEN.
WIE EINE HALB GEGESSENE, HALB AUSGEPACKTE SCHOKOLADE!
»VERPUTZE« JEDEN ZIEGEL.
GIB DEINEN MAUERN MIT DIESEN TRICKS CHARAKTER UND MACH IHR GEWICHT SICHTBAR.

BAUTEN AUS HOLZ

WENN DU HÄUSER ENTWIRFST, BEGINNE IMMER MIT DEM **UMRISS.** DAS KANN **ALLES** SEIN.

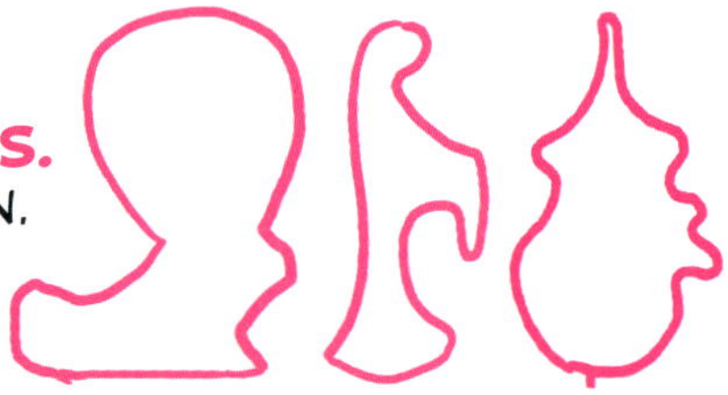

DANN FÜGE EINFACHE **FORMLINIEN** HINZU UND EIN PAAR FENSTER, UM DIE GRÖSSE **DEUTLICH** ZU MACHEN.

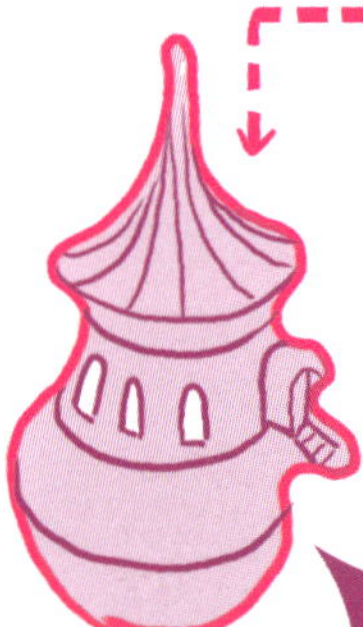

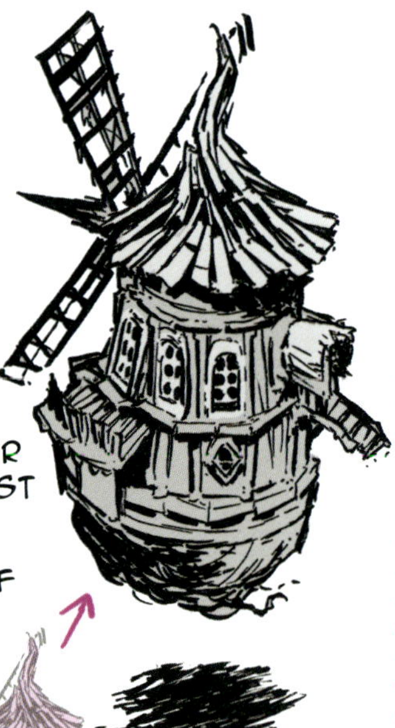

NUN STELL DIR VOR, DU KLEBST **STREICH-HÖLZER** AUF DIE FORM.

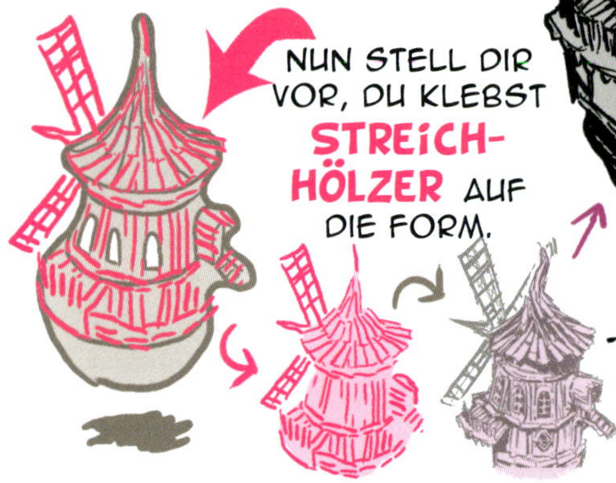

DURCH **UNTERSCHIEDLICHE LÄNGE,** BIEGUNG UND AUSRICHTUNG DER BRETTER GEWINNT DAS HAUS MASSIV AN **CHARAKTER.**

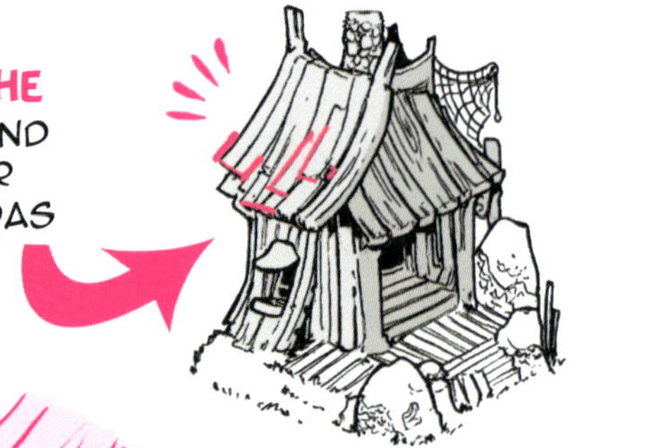

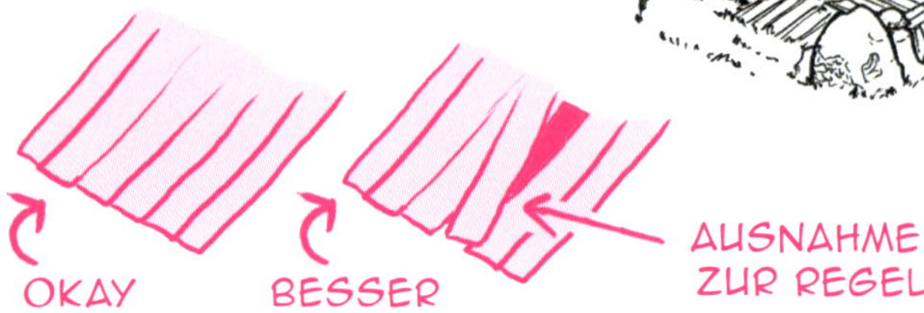

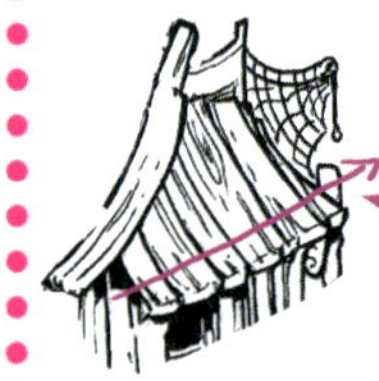

LOOK! SCHON EIN KÜRZERES BRETT LÄSST ES INTERESSANTER AUSSEHEN!

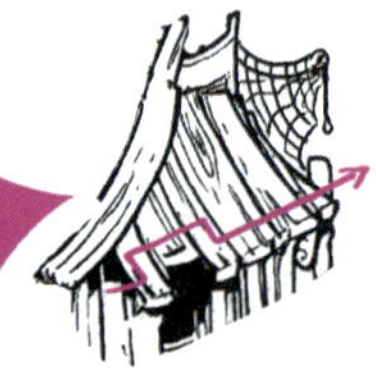

EIN OBJEKT WIRKT PLASTISCHER, WENN DIE **FORMLINIEN** EINZELNER FLÄCHEN **UNTERSCHIEDLICHE RICHTUNG** HABEN.

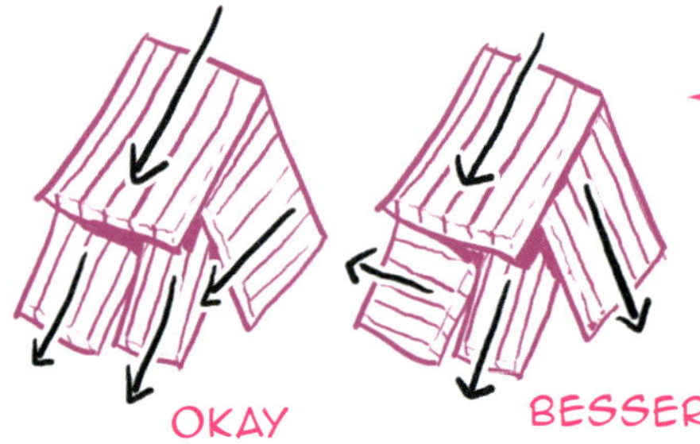

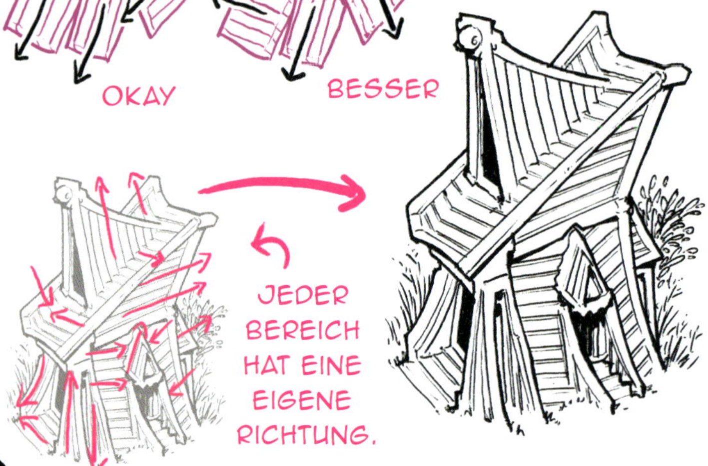

JEDER BEREICH HAT EINE EIGENE RICHTUNG.

TUTORIAL #64

SCHON KLEINSTE **ABWEICHUNGEN** SORGEN DAFÜR, DASS SICH DEIN BILD **REALISTISCHER** ANFÜHLT.

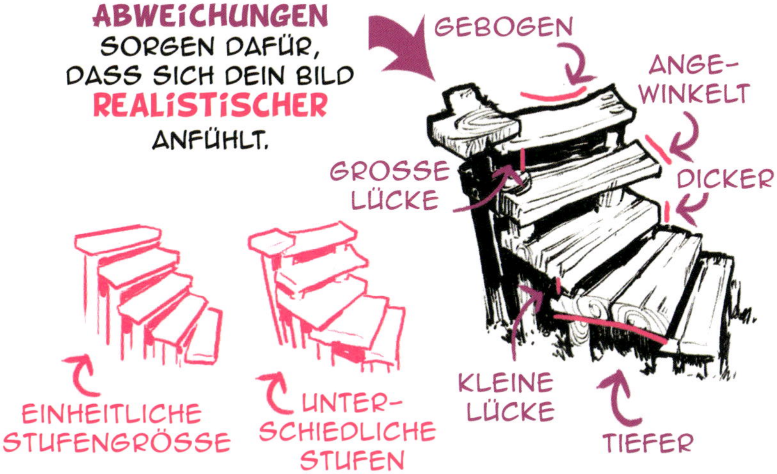

GESTALTE DACHPANELE MIT FLICKEN UND **BEWUCHS LEBENDIGER.**

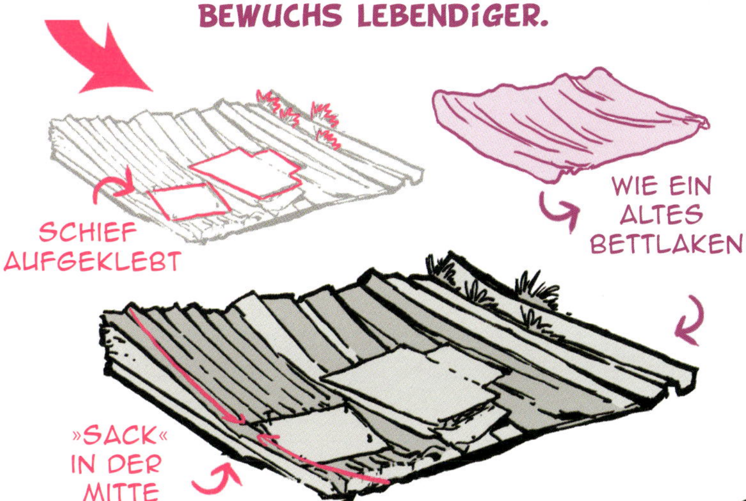

EIN GEBÄUDE MIT **OFFENEN WÄNDEN** WIRKT OPTISCH SEHR INTERESSANT.

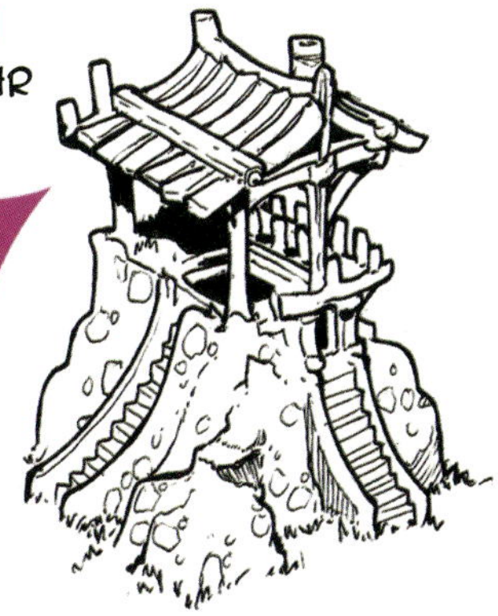

1 BEGINNE MIT EIN PAAR SENKRECHTEN.

2 FÜGE BÖDEN UND VERBINDUNGSWEGE EIN.

3 VERSTÄRKE DIE SENKRECHTEN TRÄGER.

4 VERKLEIDE MIT BRETTERN.

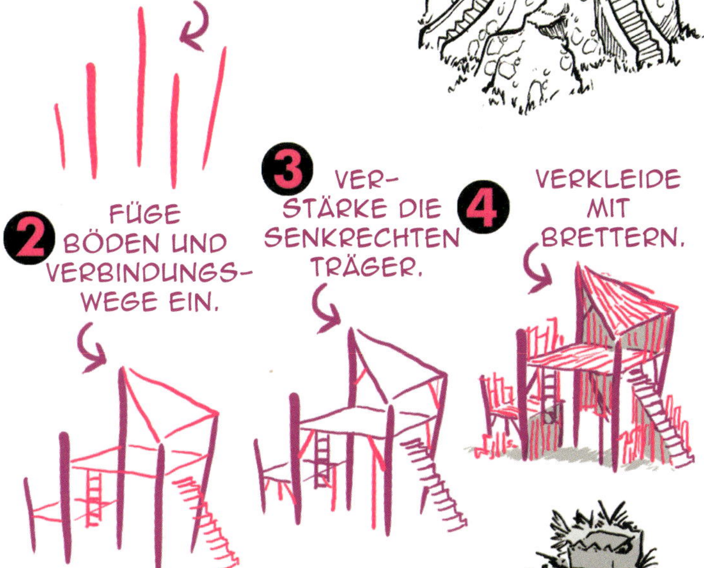

MIT DIESER EINFACHEN METHODE KANNST DU **OPTISCH SEHR KOMPLEXE** UND WUNDERBAR **ORIGINELLE KONSTRUKTIONEN** BAUEN.

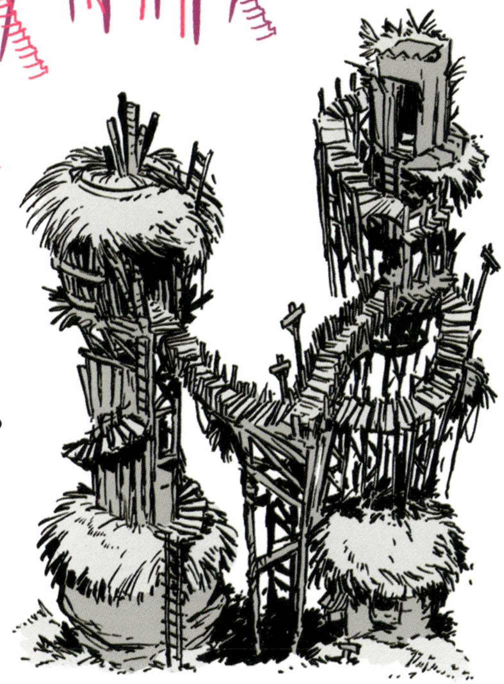

BAUTEN AUS HOLZ

ANREGUNGEN!

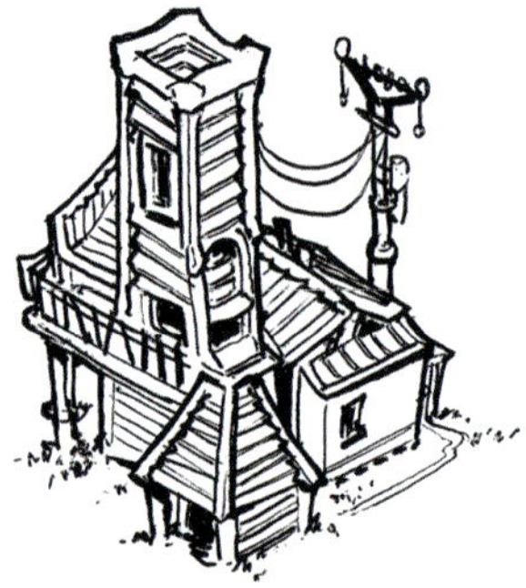

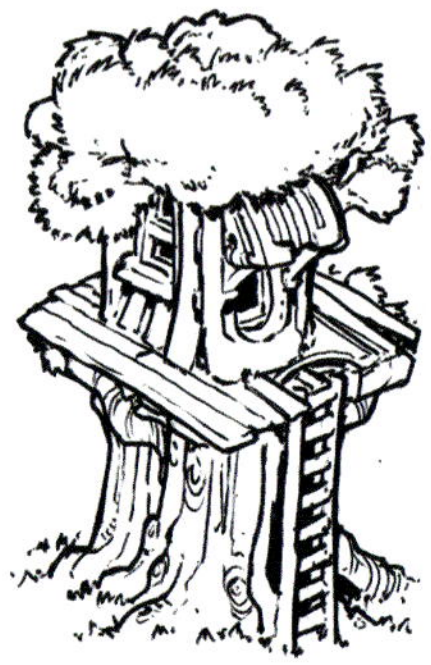

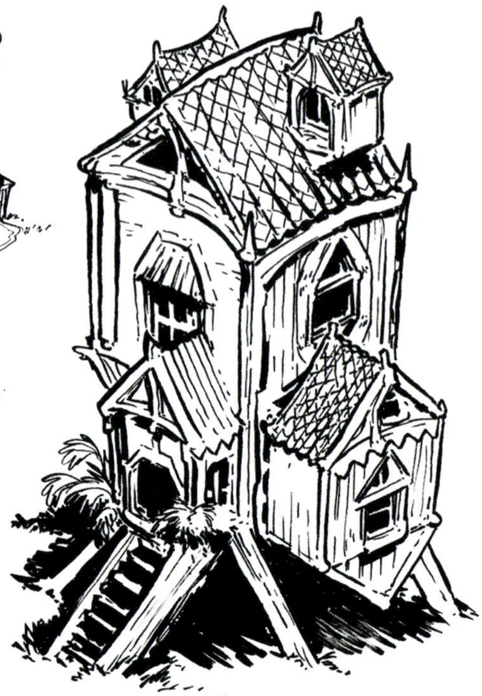

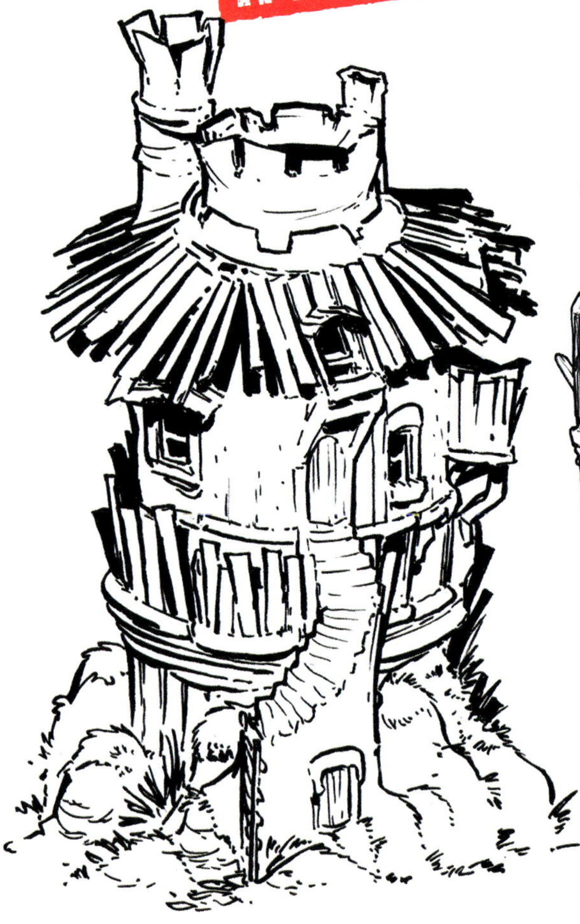

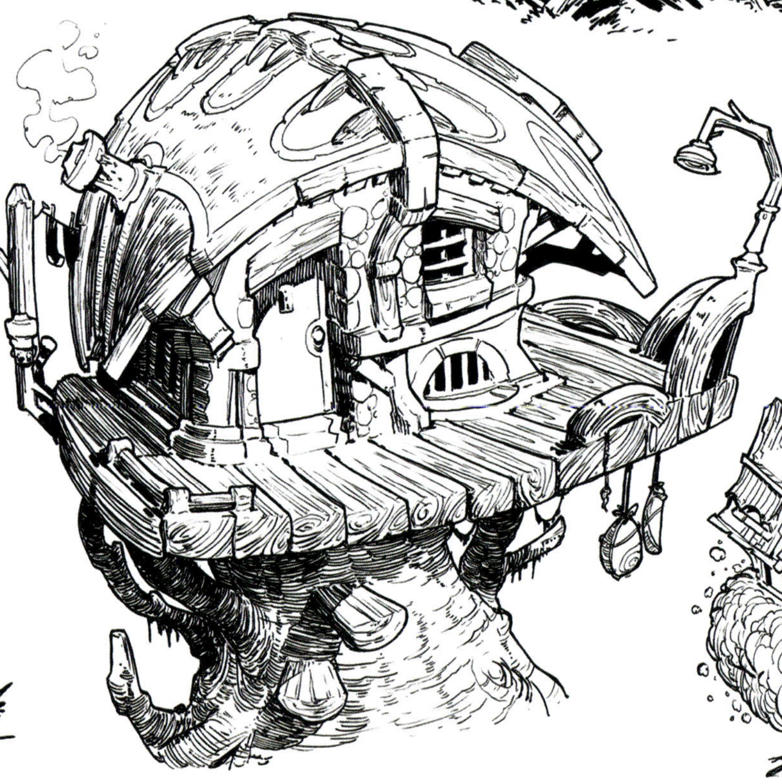

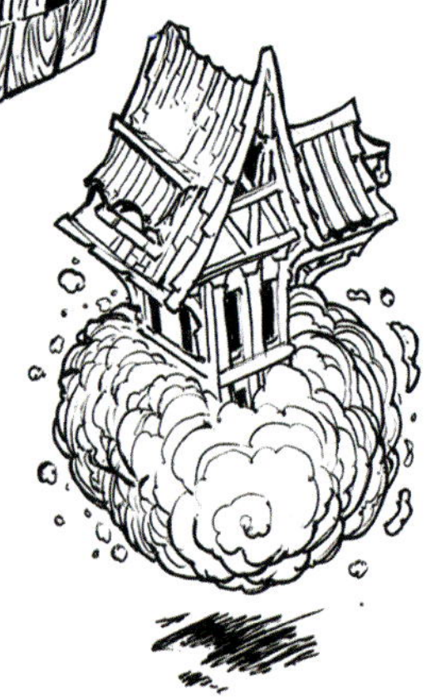

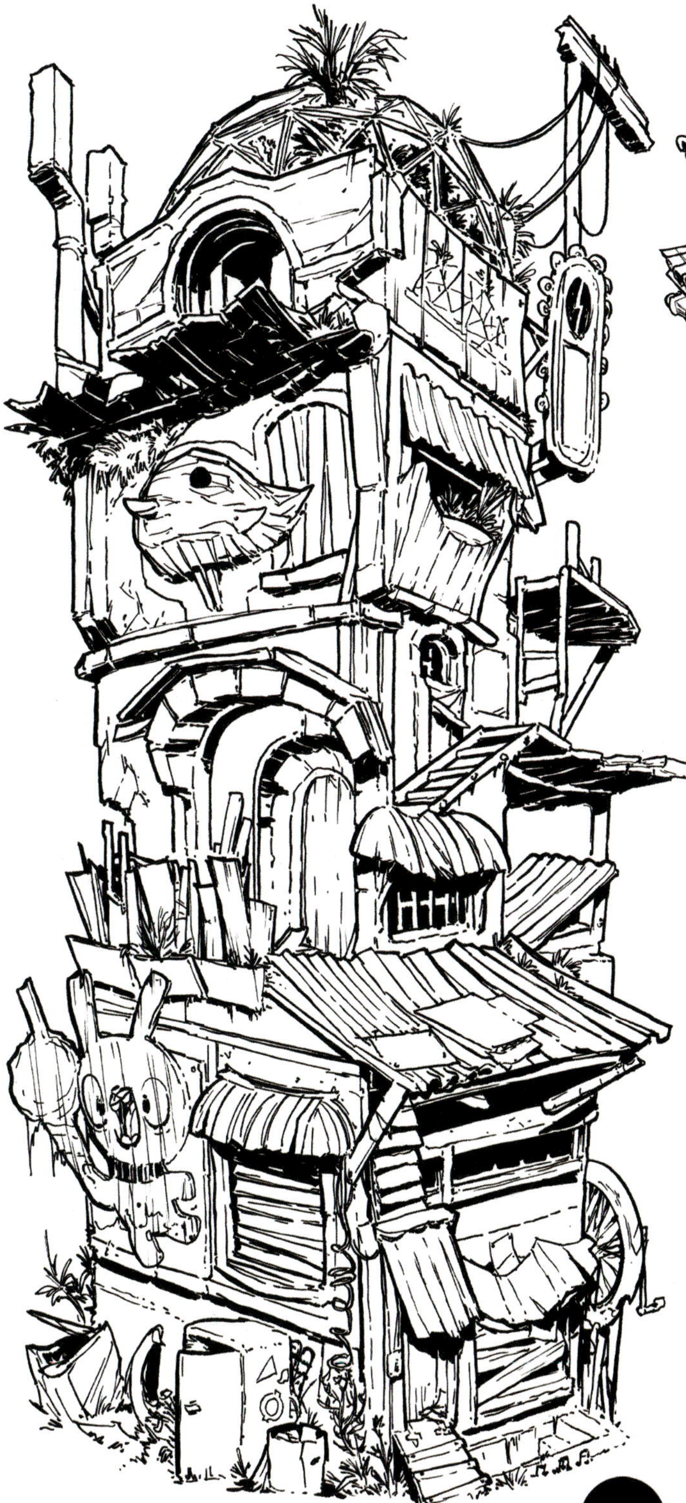

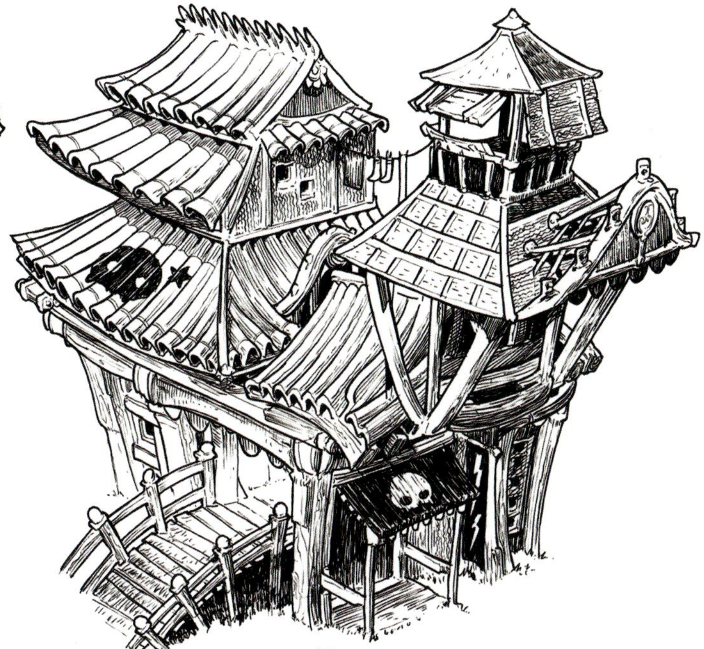

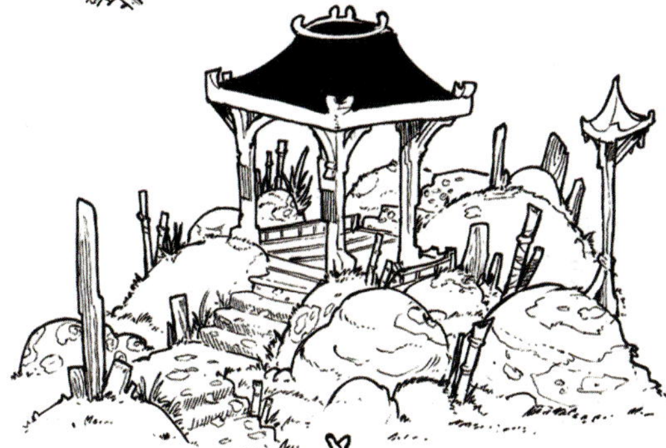

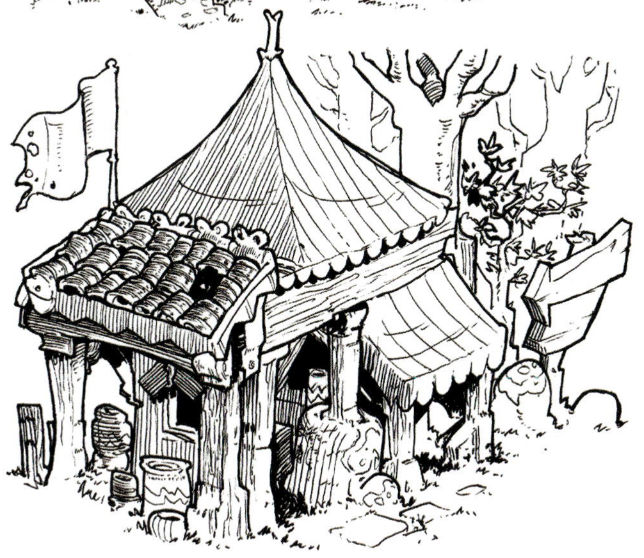

RECYCLING-HÄUSER

ÜBERLEG DIR ZUERST, **WO DEIN HAUS** STEHT UND WELCHE **MATERIALIEN** DORT VERFÜGBAR SIND.

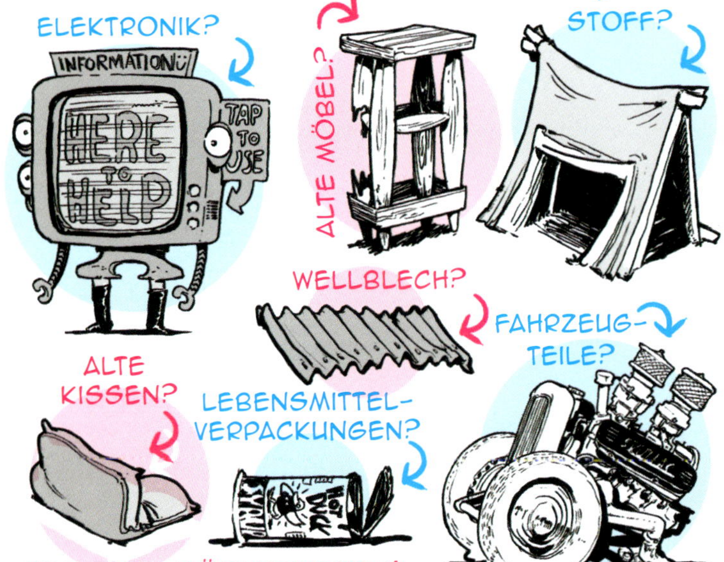

VERSUCH TEILE ZU KOMBINIEREN, DIE NORMALERWEISE NICHT **ZUSAMMENPASSEN.** DAS MACHT ES **INTERESSANT!**

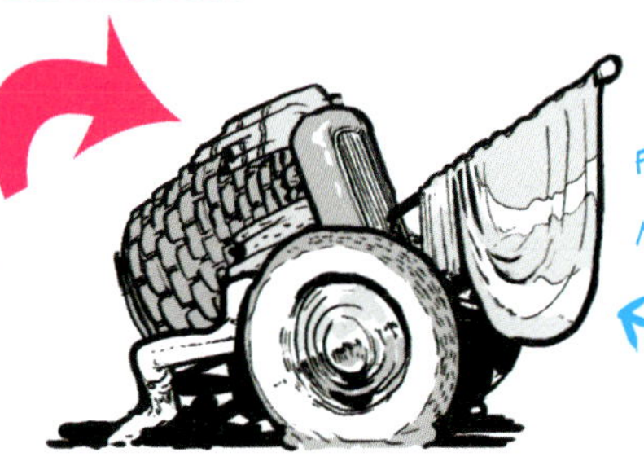

ZEICHNE EINE **EINFACHE,** ABER **UNGLEICHMÄSSIGE** FORM.

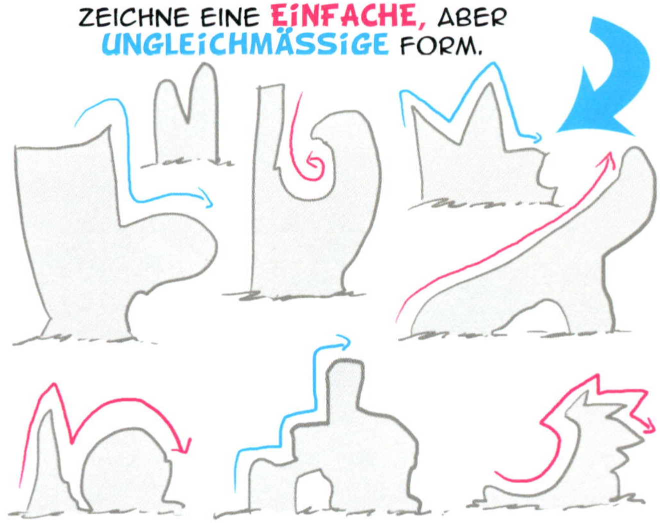

DANN **VERKLEIDE** SIE MIT DEINEN **SCHROTTTEILEN.** BAU EIN PAAR FENSTER UND TÜREN EIN.

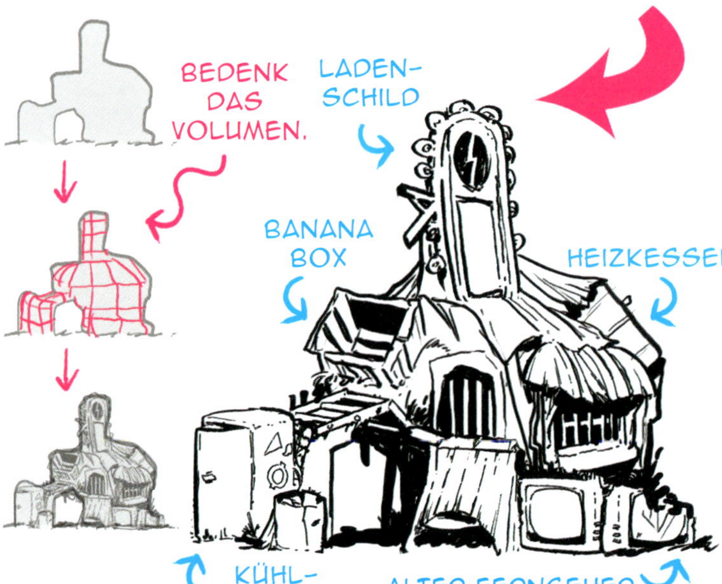

WENN DU EIN OBJEKT VERKLEIDEST, STELL DIR VOR, DU WÜRDEST EINEN **KÄSEIGEL** MIT **KÄSEWÜRFELN** SPICKEN.

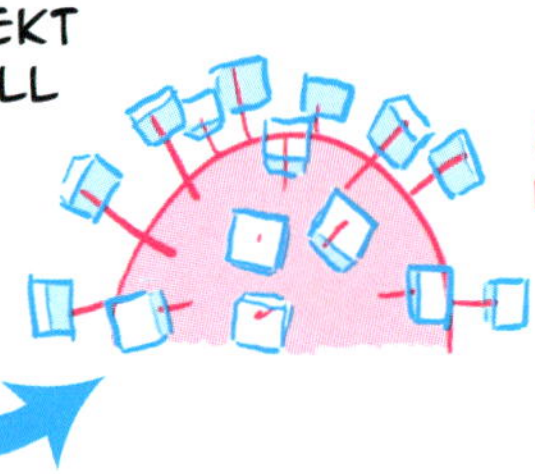

TUTORIAL #65

BEGINNE MIT EINEM **STABILEN KERNBEREICH.**

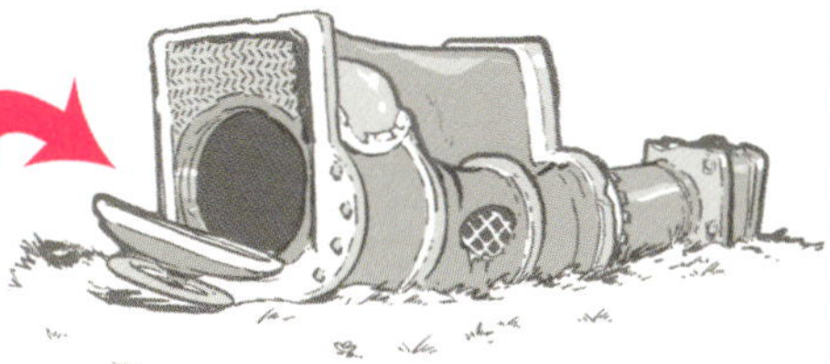

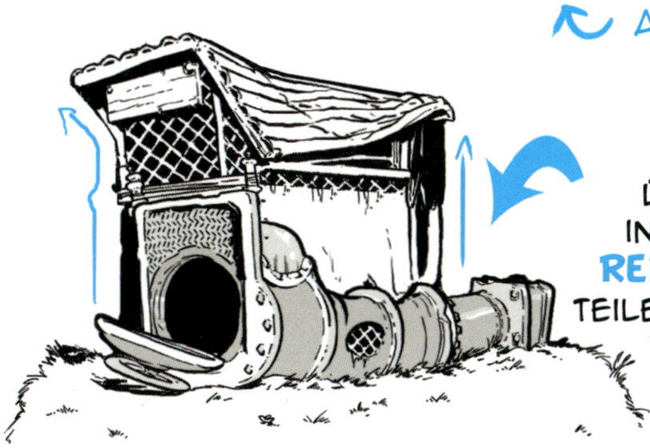

DANN ÜBERLEG, IN WELCHER **REIHENFOLGE** TEILE **ANGEBAUT** WÜRDEN.

DAS GIBT DEINEM BAU **TIEFE** UND LÄSST IHN **GLAUBWÜRDIGER** AUSSEHEN.

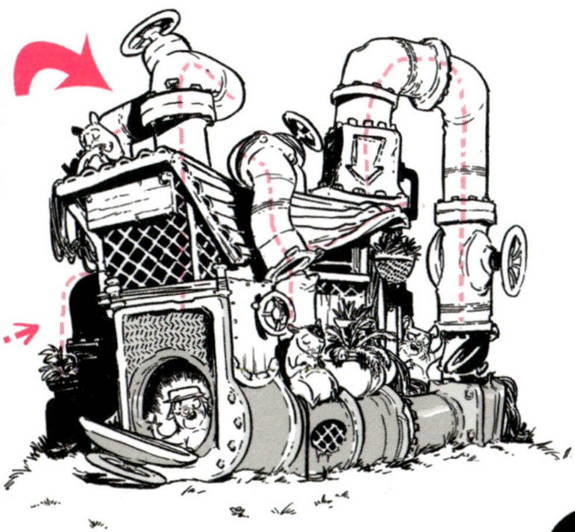

ANBAUTEN LAUFEN ÜBER, ABER AUCH DURCH DIE GRUNDFORM.

BEGINNE MIT EINEM GROSSEN, **VERTRAUTEN OBJEKT,** UM DEINEM BAU EIN **THEMA** ZU GEBEN.

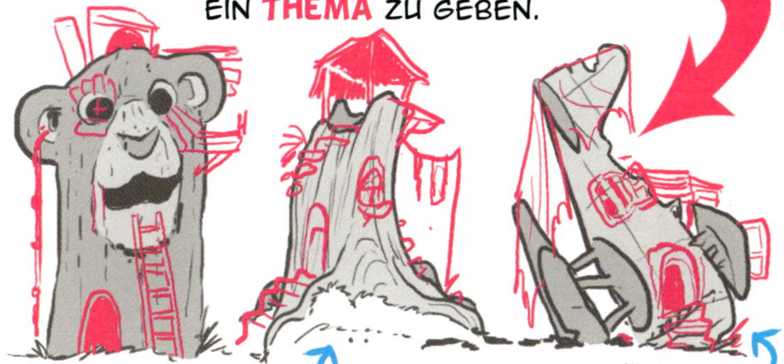

NUTZE UND KOMBINIERE DIE **TEILE** DES AUSGANGSOBJEKTS AUF **KREATIVE** WEISE.

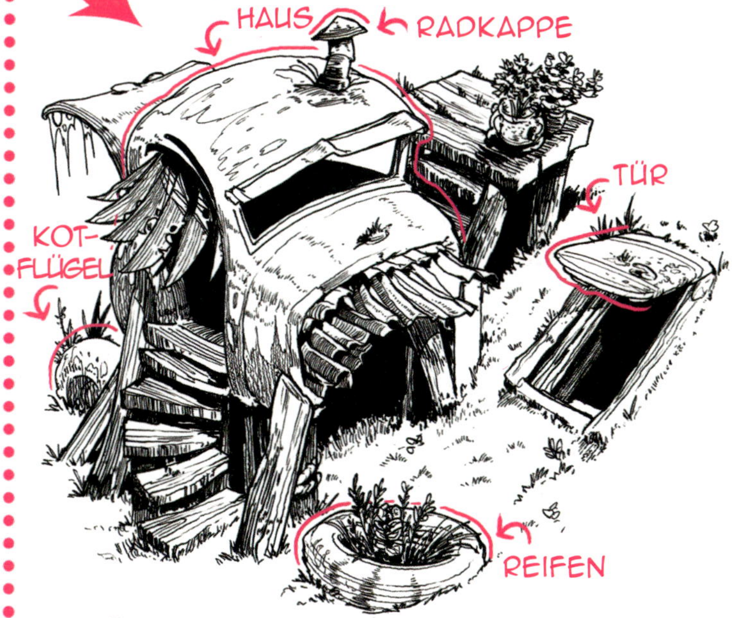

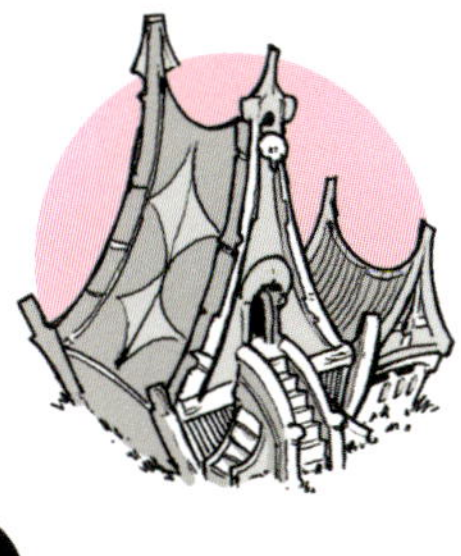

AUF DEN **FOLGENDEN SEITEN** SEHEN WIR UNS NOCH **ANDERE** GEBÄUDE AN.

RECYCLING-HÄUSER

ANREGUNGEN!

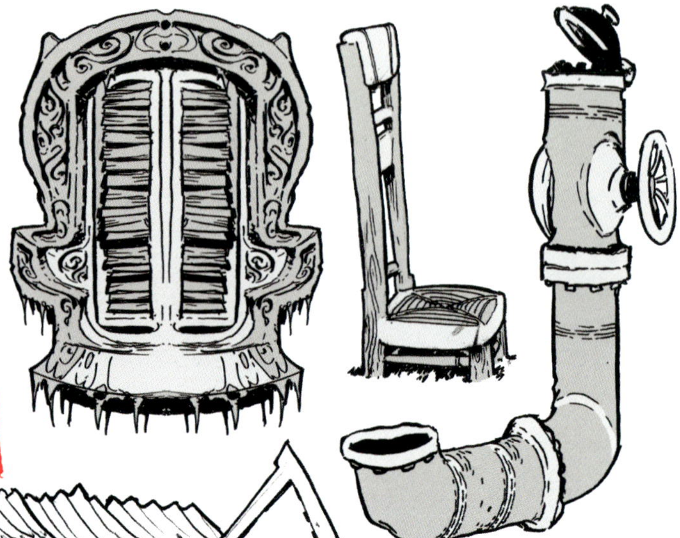

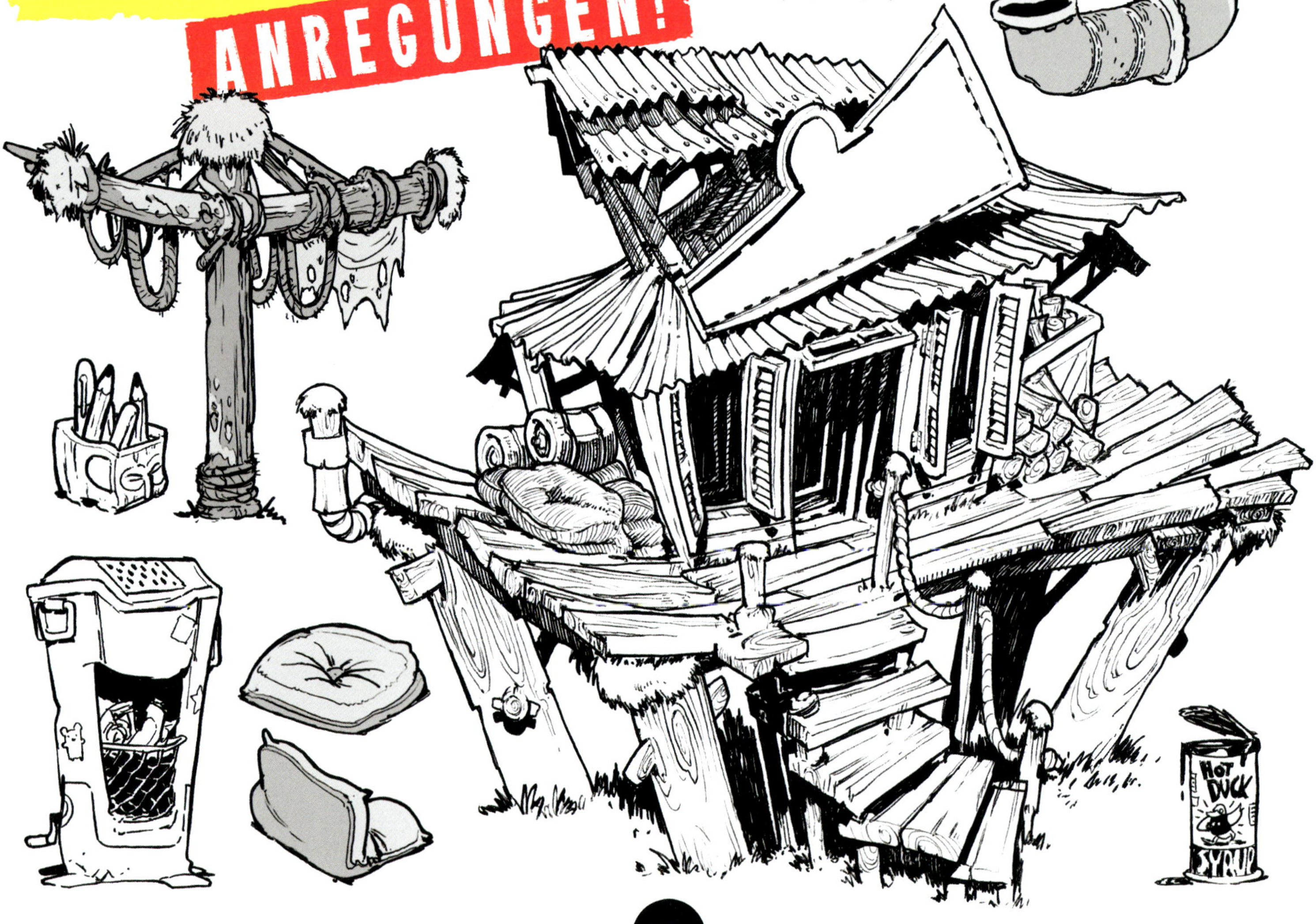

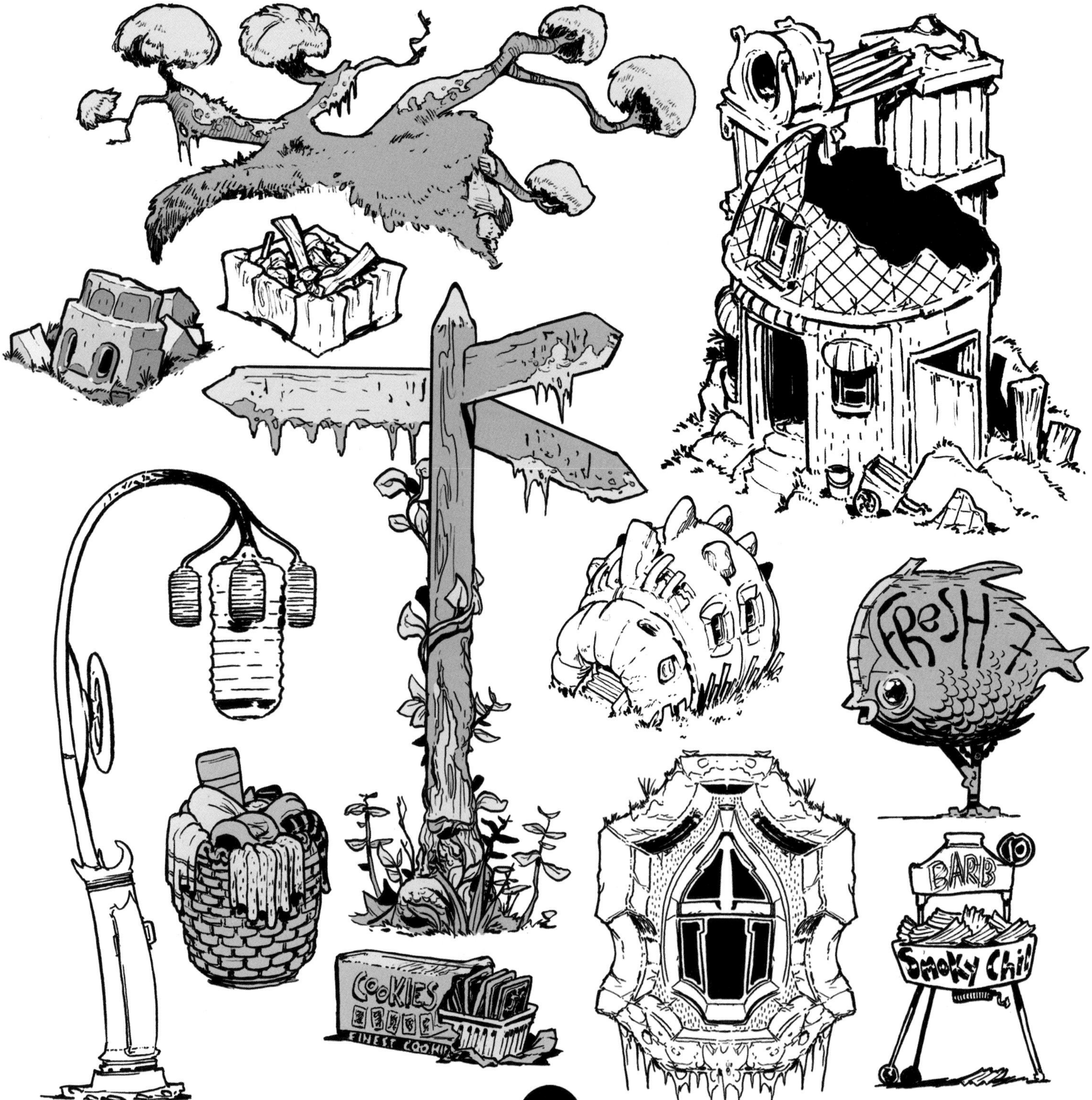
FRESH
BARB
Smoky Chic
COOKIES

SPIEL-HÄUSER

DU KANNST STABILE MINI-VERSIONEN VON HÄUSERN ERZEUGEN, INDEM DU IHRE **FORM KOMPRIMIERST** UND HAUPTELEMENTE **ÜBERTRIEBEN** DARSTELLST.

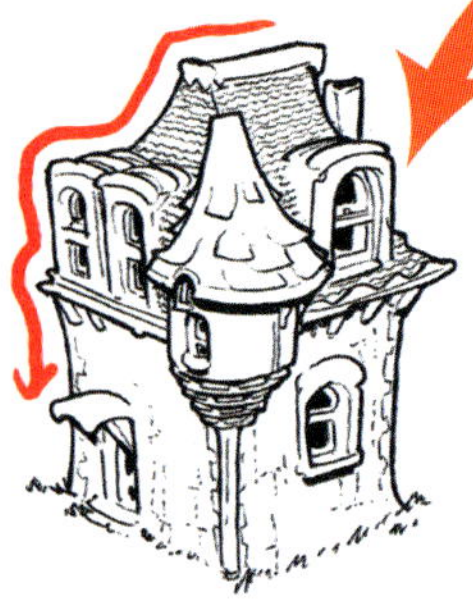

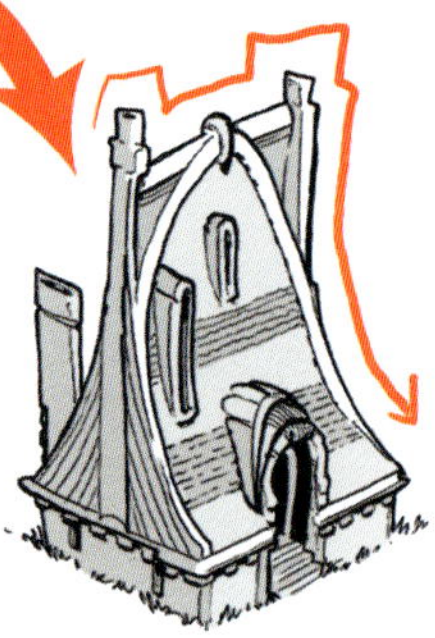

ACHTUNG! WIR NEHMEN **NICHT** EINFACH EIN PROPORTIONAL REALISTISCH WIRKENDES HAUS UND MACHEN ES KLEINER!

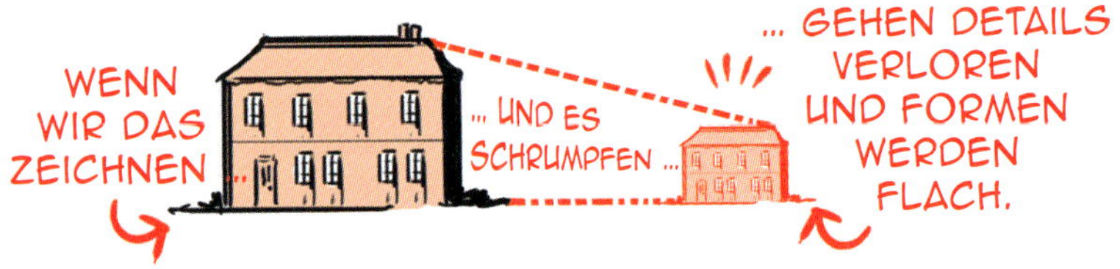

UND! WIR MACHEN UNSER HAUS AUCH **NICHT** NUR »**FETTER**«!

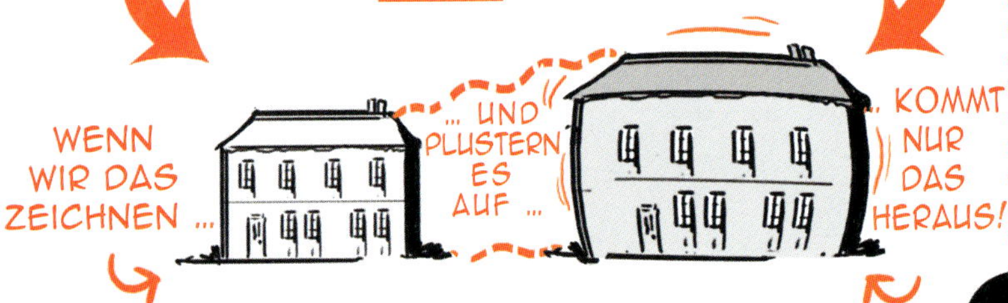

STATTDESSEN **KOMPRIMIEREN WIR FORMEN**, VERDICHTEN SIE, MACHEN SIE **INNERHALB** IHRER DIMENSIONEN DICKER.

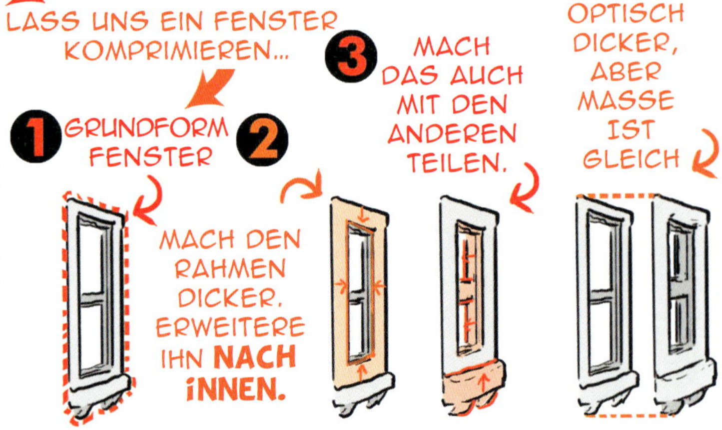

MACH **FENSTER, TREPPEN UND TÜREN ETC.** IN **RELATION** ZUM REST DES BAUS GRÖSSER.

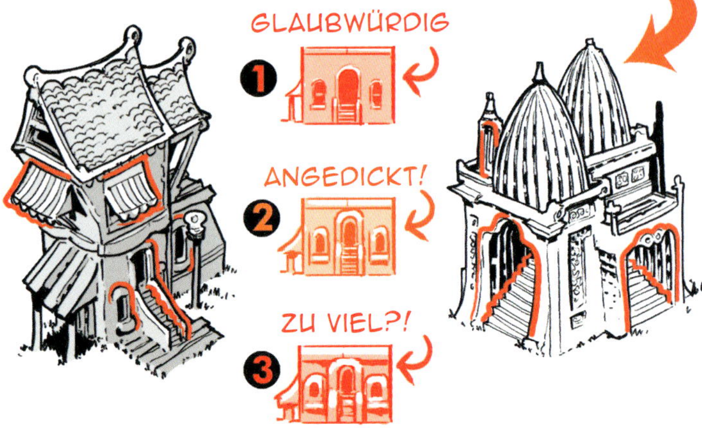

WENN DU MIT EINIGEN **ÜBERGROSSEN ELEMENTEN** BEGINNST, KANNST DU UM SIE HERUM **KONSTRUIEREN.**

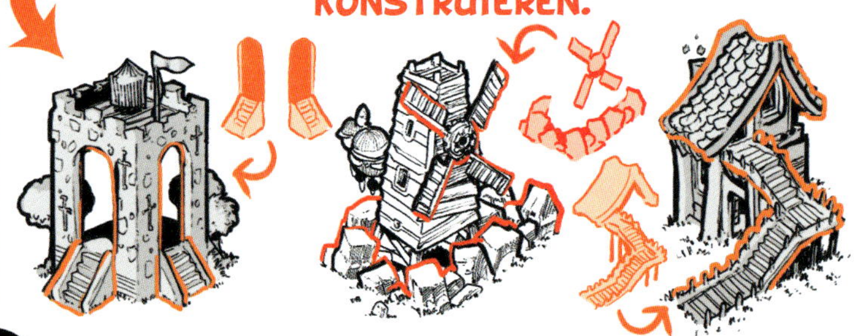

TUTORIAL #66

SCHAFFE AUF BASIS VON ZWEI **GRUNDFORMEN MARKANTE UND ERKENNBARE** GEBÄUDE.

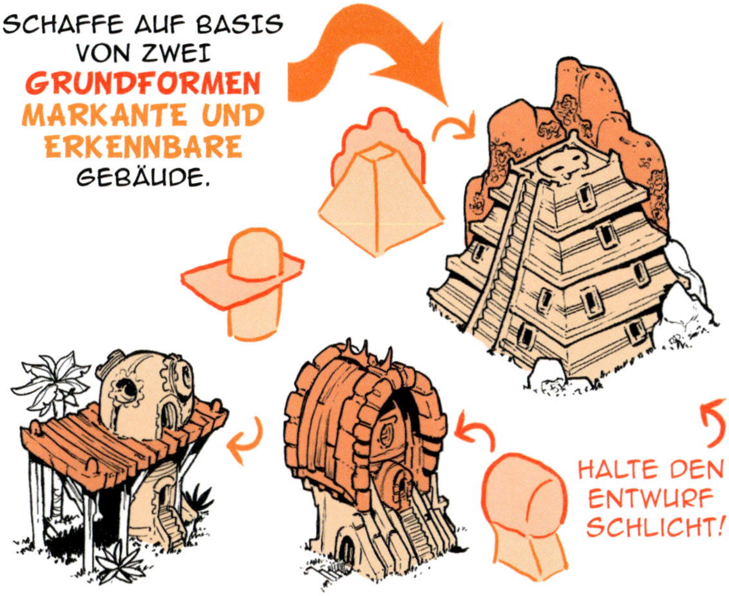

HALTE DEN ENTWURF SCHLICHT!

SYMBOLE AUF ÜBERGROSSEN SCHILDERN KÖNNEN **ZUSÄTZLICH INFORMATIONEN** LIEFERN.

EIN PIRATENHAUS?

EINE SEE-MANNSKNEIPE?

EINE BANK?!

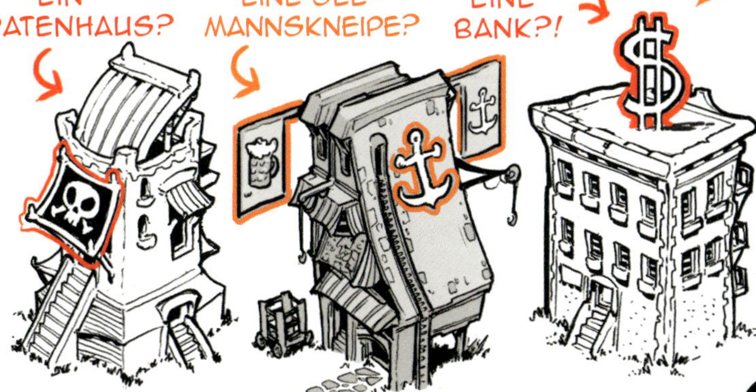

GESTALTE ALL DEINE GEBÄUDE MIT WECHSELNDEN **DACHSILHOUETTEN** UND **BAUMATERIALIEN** INDIVIDUELL.

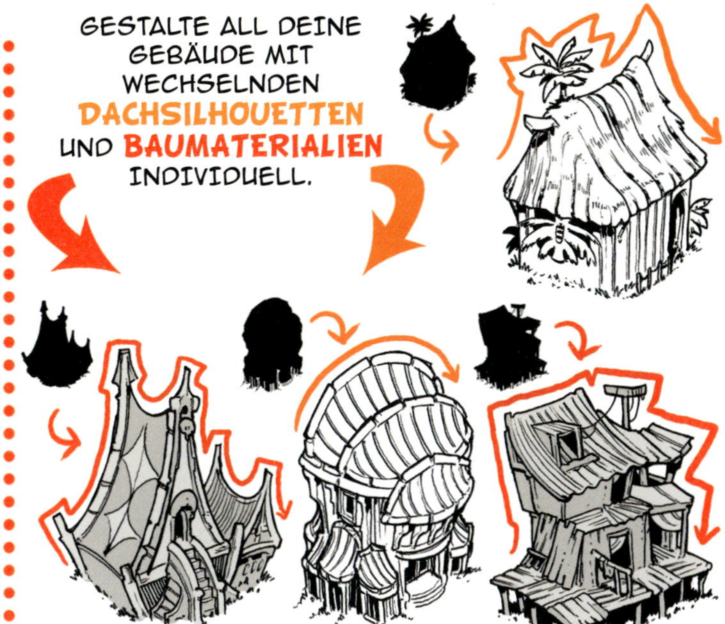

STELL DIR VOR, **JEDE ETAGE** HAT EINE ANDERE **FORM ODER FUNKTION.**

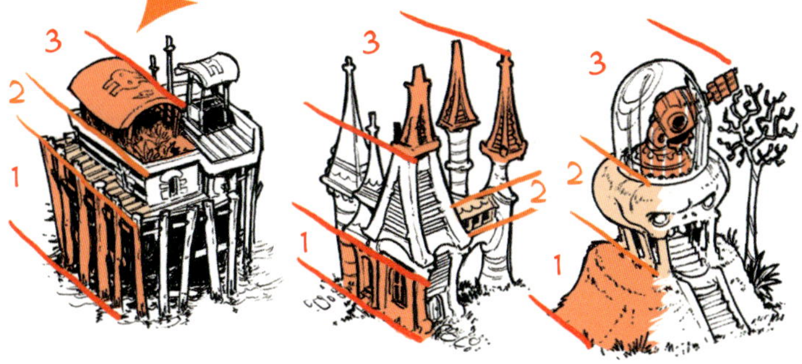

NUTZE DIE **UMGEBUNG!** DU KANNST ALLEM FENSTER UND TÜREN VERPASSEN UND ES ZUM **HAUS** MACHEN!

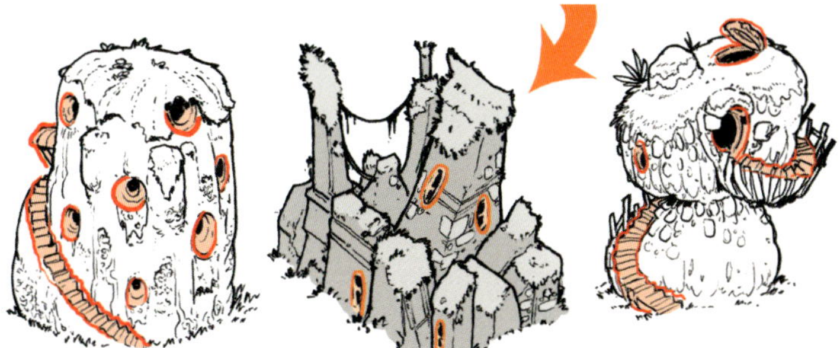

KAPSEL-HÄUSER

KAPSELHÄUSER ODER GEBÄUDE AUS GERUNDETEN, KAPSELÄHNLICHEN ELEMENTEN SIND **EXTREM VIELSEITIG,** DA SIE SOWOHL **ORGANISCH,** ALS **AUCH URALT UND FUTURISTISCH** ZUGLEICH WIRKEN.

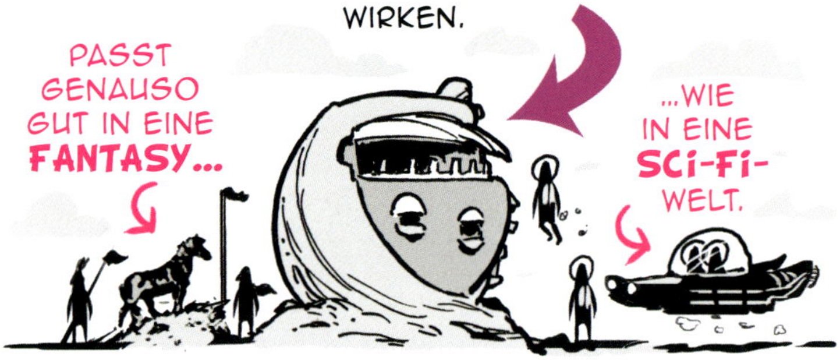

DU KANNST DIE FORM DER **KAPSEL** MIT **ANDEREN ELEMENTEN** BETONEN.

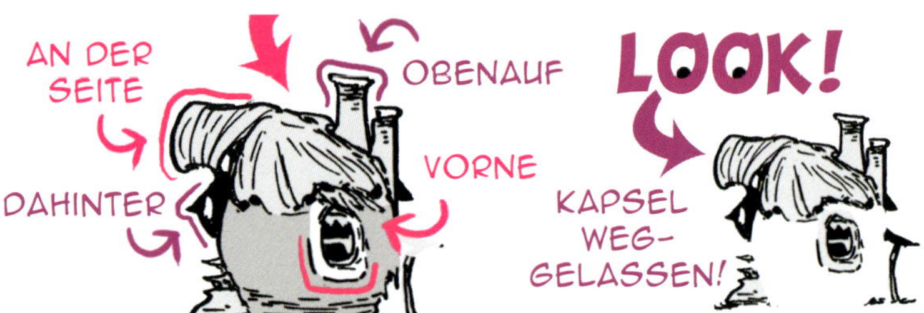

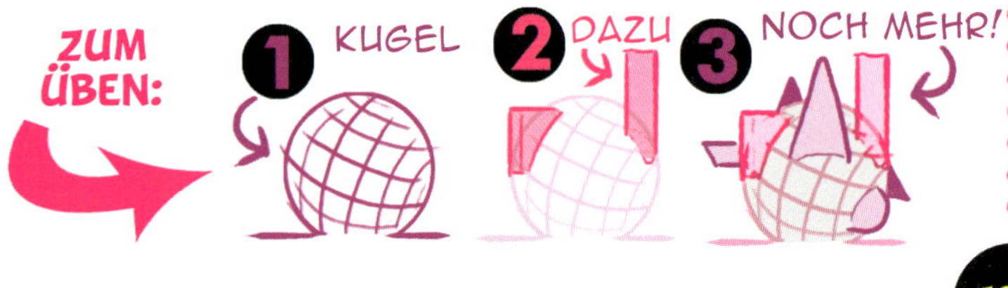

DIE KAPSELFORM MUSS AUCH NICHT IMMER **OFFENSICHTLICH** SEIN. DU KANNST SIE IM ENTWURF **VERSTECKEN.**

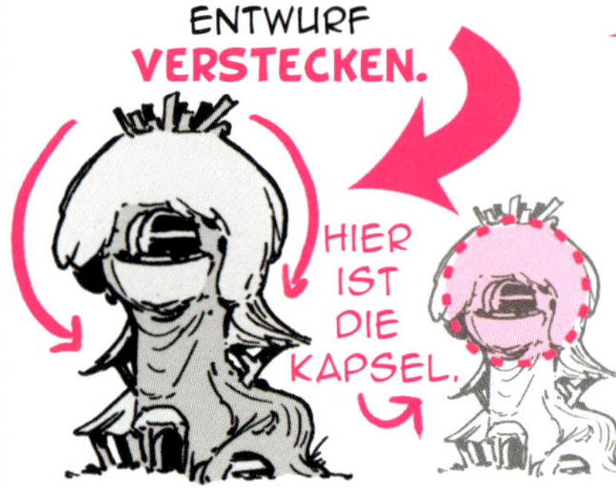

... UND NATÜRLICH KÖNNEN WIR SIE **AUCH EINGRABEN.**

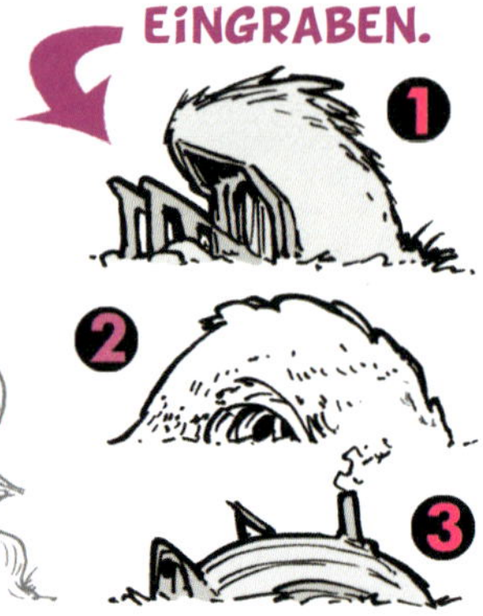

TESTE **VERSCHIEDENE KOMBINATIONEN** AUS **GROSSEN, MITTLEREN UND KLEINEN** KAPSELN.

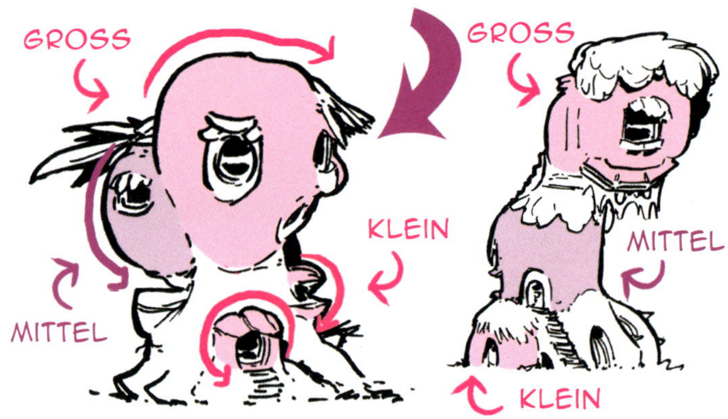

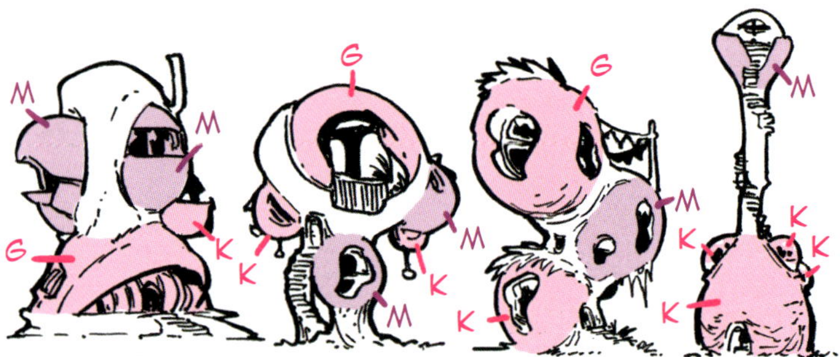

DREI MÖGLICHKEITEN, KAPSELN **ORGANISCH** ZU **VERBINDEN:**

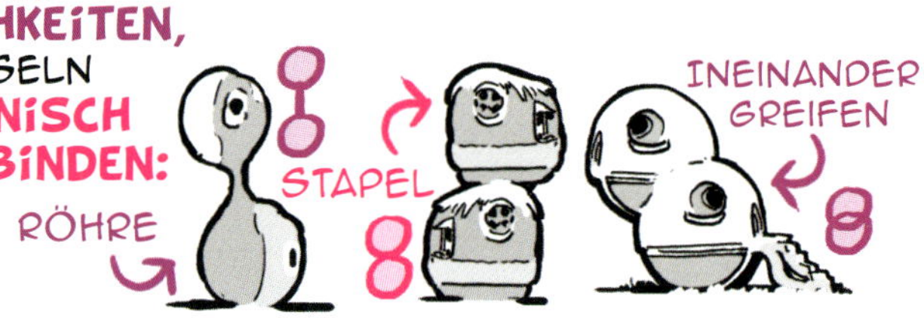

TUTORIAL #67

DU KANNST KAPSELHÄUSER WUNDERBAR IN EINE **NATÜRLICHE** UMGEBUNG EINFÜGEN, WENN DU SIE IN **BÄUMEN** ANLEGST …

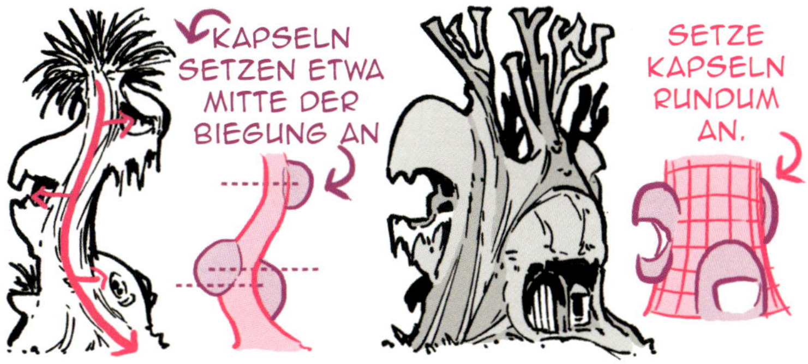

KAPSELHÄUSER WIRKEN EIN WENIG WIE **BIENENSTÖCKE** ODER NESTER. MIT **HOLZ** ALS BAUMATERIAL KANNST DU DAS VERSTÄRKEN.

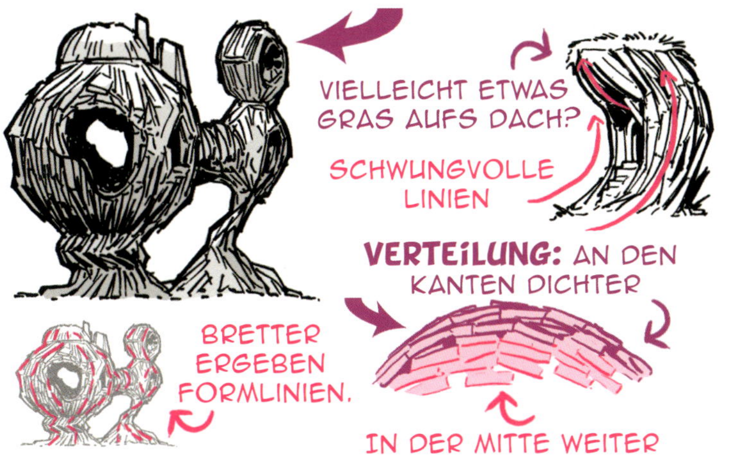

NUTZE BEI UNFERTIGEN KAPSELHÄUSERN DIE **INNERE KONSTRUKTION,** UM DIE **ENDGÜLTIGE FORM** ANZUDEUTEN.

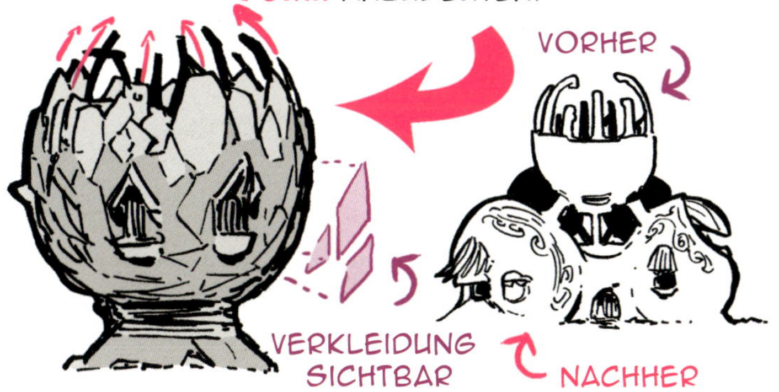

WIEDERKEHRENDE ELEMENTE SORGEN FÜR **INNEREN ZUSAMMENHALT** MEHRERER OBJEKTE.

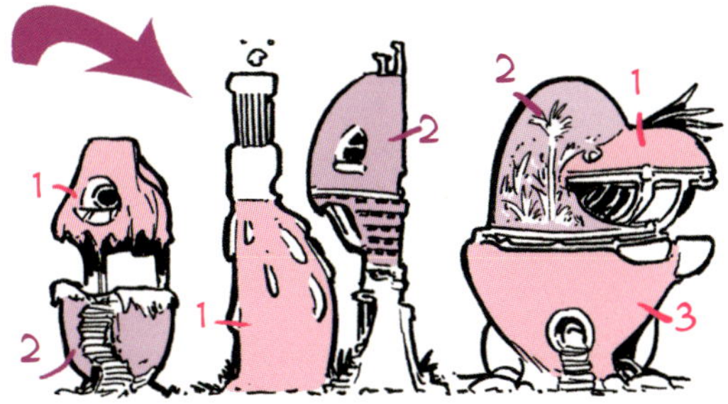

WENN DU ZUR KONSTRUKTION WENIGE **EINFACHE FORMEN** NUTZT, BLEIBEN DEINE BAUTEN **GUT ERKENNBAR.**

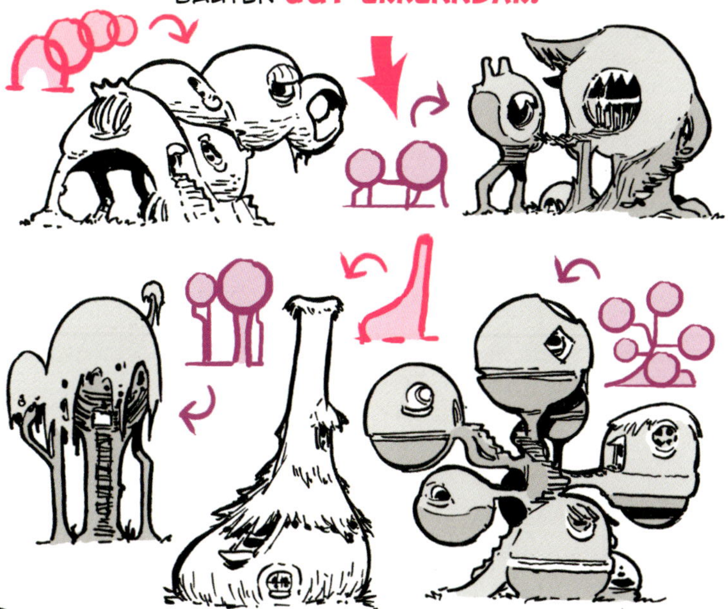

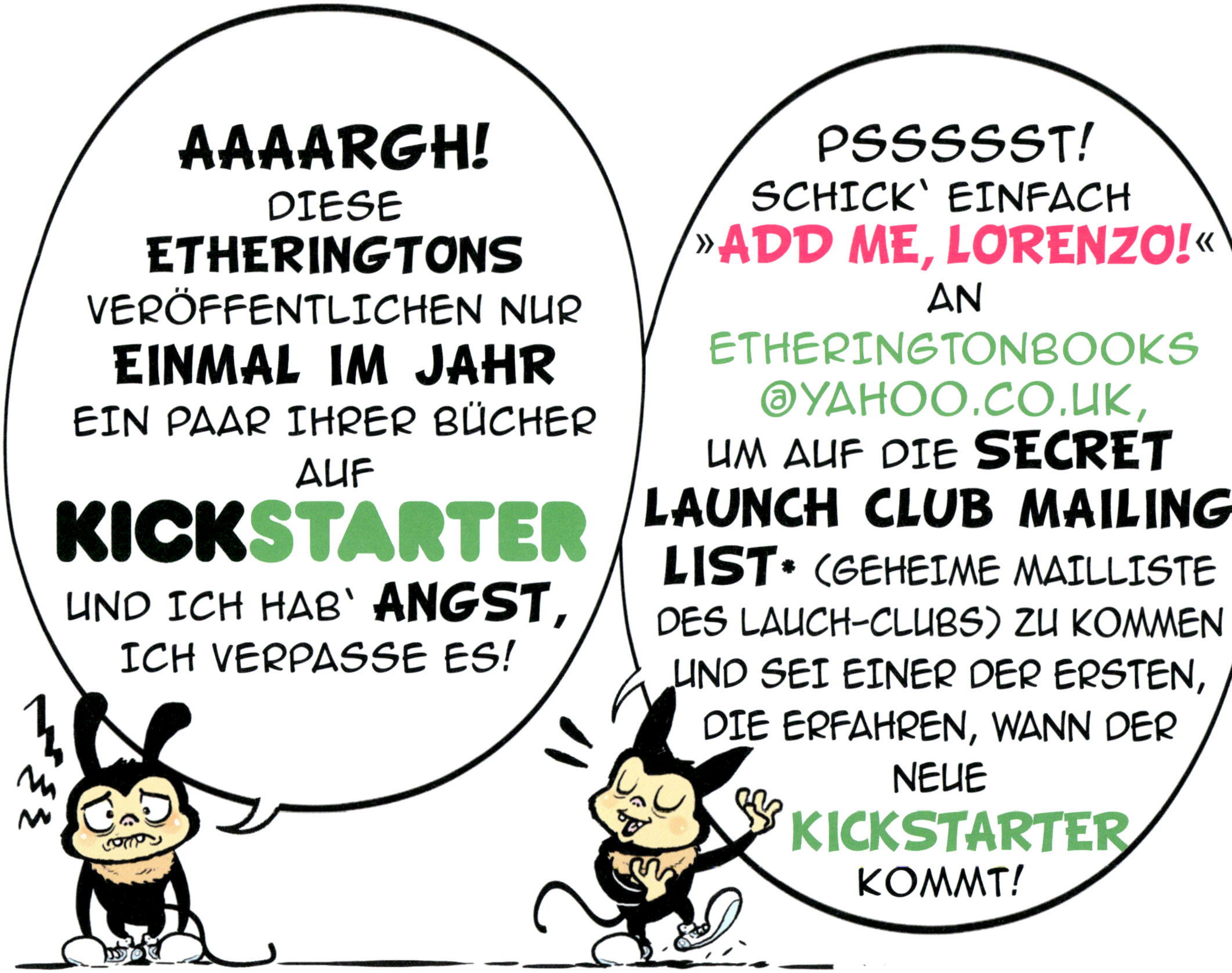

*WER SICH AUF IRGENDEINER UNSERER FRÜHEREN MAILINGLISTEN ANGEMELDET HAT, IST AUTOMATISCH DABEI!

Bibliografische Information der Deutschen Nationalbibliothek
Die Deutsche Nationalbibliothek verzeichnet diese Publikation in der Deutschen Nationalbibliografie. Detaillierte bibliografische Daten sind im Internet über https://dnb.de abrufbar.

Für Fragen und Anregungen
info@m-vg.de

Originalausgabe
2. Auflage 2025

Türkenstraße 89
80799 München
Tel.: 089 651285-0

Wichtiger Hinweis
Ausschließlich zum Zweck der besseren Lesbarkeit wurde auf eine genderspezifische Schreibweise sowie eine Mehrfachbezeichnung verzichtet. Alle personenbezogenen Bezeichnungen sind somit geschlechtsneutral zu verstehen.

Übersetzung: Brigitte Rüßmann, Wolfgang Beuchelt
Redaktion: Christiane Geldmacher
Umschlaggestaltung: Catharina Aydemir
Umschlagabbildung und Illustrationen: Lorenzo Etherington
Satz: Manuela Amode, Andreas Linnemann
Druck: Florjancic Tisk d.o.o., Slowenien
Printed in the EU

ISBN Print 978-3-7474-0466-9